《天台四教仪集注》译释

达　照　译释

上海古籍出版社

图书在版编目（CIP）数据

《天台四教仪集注》译释/达照译释. —上海：
上海古籍出版社,2011.9(2024.1重印)

ISBN 978-7-5325-6051-6

Ⅰ.①天… Ⅱ.①达… Ⅲ.①天台宗—宗教仪式—注
释 Ⅳ.①B946.1

中国版本图书馆CIP数据核字（2011）第172412号

《天台四教仪集注》译释

达照 译释

上 海 古 籍 出 版 社 出版发行

（上海市闵行区号景路159弄1-5号A座5F 邮政编码 201101）

(1) 网址:www.guji.com.cn
(2) E－mail:gujil@ guji.com.cn
(3) 易文网网址:www.ewen.cn

上海颛辉印刷厂有限公司印刷

开本 890×1240 1/32 印张 16.125 插页 3 字数 433,000
2011年9月第1版 2024年1月第4次印刷
印数：16,651－37,150
ISBN 978－7－5325－6051－6
B·744 定价:52.00 元

如有质量问题，读者可向工厂调换

教觀總持

光光敬題

^上觉^下光长老为本书题词

缘　起

中国是佛教的第二故乡。

中国佛教延续印度佛教的大小二乘、空有二轮、显密二教,从晋代迄于中唐,前后建立了所谓"十三宗"体系,并最终整合为八大宗派,对东流大法有继承,有发扬,光大圣教,专学专修,蔚为大观。至宋、元、明、清四朝,则以台、贤、禅、净四宗各领风骚,流布最广,影响最深。面对佛教二千年,我们必须认同这样一个基本事实:各宗开祖,无非教界泰斗,释门之光;历朝高僧,无不宗有所属,义有所归。故研究印度佛学,必不离中观、瑜伽;研究中华佛学,必重视天台、禅那。这是佛法的精粹所在。

综观历史,教典散则义学晦,章疏备而法门昌。故振兴学术,传播佛法,文献的整理与推广是不容忽视的基础工作。"天台宗系列"是中国佛学院教育学院筹建以来首批立项的教材建设项目。本系列以文献整理为主,编撰为辅,效法唐梁肃删订《止观》、明蕅益节略《妙玄》的用意,对天台宗的教观名著进行"选要"并予解读,同时遵循现代规范对该宗其他重要典籍进行"点校"。

此项工作开始于 2006 年春天,由普陀山佛教文化研究所和复旦大学宗教研究所合作进行,延请了国内有关高校、佛学院的部分学者、法师共同参与,由复旦大学哲学学院宗教系系主任王雷泉教授和本人担任主编,历经寒暑,喜见硕果。这一丛书的出版,如能对现代中国的佛教教育事业和天台宗在当代的传承普及有所助益,则幸莫大焉!

敬述缘起,以告来哲。

释净旻
2010 年秋于普陀山佛教文化研究所

目　　录

序

　　《天台四教仪》一卷，为佛教学人必读必修的重要课目。为什么这样说呢？因为这是关系着正确地、科学地、透彻地、全面地理解全部佛法的大问题；对于佛教学人来说，这是树立正知、正见、正信、正修的根本性质的大问题。正因为如此，自此书——《天台四教仪》问世以来（其时约当北宋之初、公元十世纪末），便有天台宗诸大德为之著述集解、备释、集注，乃至汇补辅宏记等，阐发其义，策助习学。明末清初蕅益智旭大师重述《教观纲宗》一卷，同为佛苑教本。

　　达照法师1994年就学于中国佛学院本科，至2001年硕士研究生毕业，曾任本科学僧班主任及佛学讲师。法师慧根夙具，天资颖悟，学业优异，尤重实修；于佛教文献学、佛教史学、诸宗学无不广学博研，对于天台宗学特为契机。法海汪洋，须以智眼，善择法门；法城森严，须以妙智，把握关钥；法师可谓其人。

　　法师于普陀山佛学院担任天台宗学研究生导师，教学相长，益加深入堂奥，于是成就了《〈天台四教仪集注〉译释》这一丰硕的结果。本书按现代治学要求，把原来《集注》中的名词术语、人氏、地名等皆一一作了详尽的注解，并把《集注》原文译为语体，使学人一书在手，万法顿彰，但肯发心习学，便可了无疑滞。喜值出版，乐为之序。

传印

2009 年 7 月于中国佛学院

译 释 说 明

《天台四教仪集注》，又名《四教仪集注》，为中国佛教天台宗论典注疏，作者蒙润大师，流通本作十卷或三卷。

本注系元代蒙润大师对宋朝谛观大师《天台四教仪》的详细注释，主要是广泛地引用了天台宗的各种著作，站在天台山家派的立场，对天台四教的判释仪轨，以及各类经证，都作了重要的发挥，是研究天台判教思想必不可少的重要著作。

本注与从义的《集解》、元粹的《备释》，被称为《天台四教仪》的"三大注"，而以本注为所有注释书中最盛行的一种。有关本注的注疏，在中国有灵耀的《节义》一卷，性权的《四教仪辅宏记》二十卷。在日本则多达三十六种，可见其流通之广。

在历代藏经中，明《永乐北藏》有收录，而《明南藏》和《明北藏》都没有收录，乃至《大正藏》和《卍续藏》也没有单独收录。清末谛闲大师发起刊刻了《四教仪辅宏记》，1996 年 4 月台湾湛然寺根据该刻本影印出版；《卍续藏》里也收录了《四教仪辅宏记》，其中夹带着完整的本注内容。明末清初智旭大师的《阅藏知津》给予著录，《频伽大藏经》第七十九册、《中华大藏经》第九十七册收录。1997 年 2 月台湾中华佛教文献编撰社将《集注》、《集解》、《备释》进行分段标点合刊出版。

在以上各种现存的版本中，《中华大藏经》本作十卷，首卷为"科文"，科文之后是《序》，然后在每卷末了之处有简单的校勘说明，这是所有版本中最为完善者。《频伽大藏经》本亦作十卷，卷一是"科文"，没有蒙润大师写的《〈天台四教仪集注〉序》，所以实际上正文只有九卷。《卍续藏》本和木刻影印本是原文与其每段的注释参糅在一起的。而"合刊本"是与《集解》一起排印,也作十卷。

本次译释实际上做了两部分工作:首先对《天台四教仪集注》进行整理。再者,对该书加以注释并译成白话文。具体工作说明如下:

一、这次整理以《中华大藏经》本作为底本,上述其余版本作为校本。

二、在尊重原著的基础上,依现代汉语规范予以标点、分段,分章节,并加了章节名称。因原书十卷之卷次纯是根据篇幅大小而定,与内容章节无关,故删去。

三、《集注》表示引文的部分,在引文之后多加"文"字标识,今以引号表明引文起讫,而将"文"字径直删除。

四、《集注》在引自某书的卷数后往往加上页码,但无版本说明,如《妙玄》一(六)"、"《辅行》一上(十七)"、"《法界次第》中(十二)"等,为了阅读方便,将原著标识的页码径直删去。

五、《集注》个别地方标有"××纸"表示出于引文的第几张纸,但无版本说明,径直删去。《集注》夹有小号字作为夹注,今改为在起讫处加括号表示。

六、译释工作由两部分组成:一部分是将《集注》译为白话,尽量忠实原文的意思,但也有为了阅读方便而进行意译的;另一部分是将原著的生词、典故、引文加以注释,采用"脚注"的方式。

七、为了研读方便,《天台四教仪》原文采用大号宋体字,首行顶格。《集注》部分采用小号宋体字,首行缩进二格,并以中括号加"集注"二字开头。译文部分采用楷体字,首行缩进二格,并以中括号加"今译"二字开头。

八、注释部分所引《大正藏》(为《大正新修大藏经》的简称)、《卍续藏》,一律采用台湾新文丰出版公司印行的版本,故不一一列出。

概　说

关于《天台四教仪》和《天台四教仪集注》的成书经过、流传情况、大概内容,这里首先作一个简单的交待。分两个部分来说,第一部分是《天台四教仪》的情况,第二部分是《天台四教仪集注》的情况。

一、《天台四教仪》概况

1. 成书经过

《天台四教仪》的产生,牵涉到中国佛教天台宗中兴的一段历史事迹,也就是把历史追溯到唐末五代。在那个国家战乱频仍、百姓流离失所的年代里,佛教也是萎靡不振,佛教理论更是无人问津。由于"安史之乱"和"会昌法难"的摧残,佛教典籍散失殆尽,天台宗的"天台三大部"等主要著作也湮灭于世,可以想见那时的佛教是何等的凄凉,社会又是何等的惨淡! 幸而,江南一带的吴越国,由于钱氏国王以及他们家族信仰佛教,这个地方的百姓还能够过着相对稳定的生活。吴越国第五代王钱弘俶①

---

①　钱弘俶(929~988):五代十国中的吴越国第五代王。杭州临安(浙江省钱塘县)人,字文德。天性诚厚,笃敬佛法,在位期间(948~978),大力推展佛教,为五代末叶佛教衰颓时代的大护法。即位后,奉天台德韶为国师,自执弟子之礼。且从永明道潜受菩萨戒,自号慈化定慧禅师。后周显德二年(955),欲学阿育王造塔,乃以铜铸八万四千小宝塔,中纳宝箧印心咒,广行颁施,总计十年完成,后甚至远传至日本。北宋建隆元年(960),复兴杭州灵隐寺,迎请智觉延寿为中兴第一世。又恭请螺溪羲寂讲说《法华》,并赐予"净光大师"号与紫衣。又为复兴天台教学,遣使赴高丽、日本等地,求取天台宗典。太平兴国元年(976),于钱塘建立兜率院。端拱元年薨,年寿六十。谥号"忠懿王",后追封为"秦国王"。

(音 chù)更是大力推展佛教,曾经模仿印度的阿育王,造八万四千铜佛塔,遍布全国供养,甚至有流传到日本供养的。又致力于《大藏经》的雕刻及译经院的复兴等佛教事业。他还特别奉天台德韶①为国师,认真学习佛教理论。

有一天,他读到永嘉禅师的《永嘉集》中的"同除四住,此处为齐,若伏无明,三藏则劣"(《大正藏》卷四十八,第 392 页下)的时候,茫然不知所云。于是就请教德韶国师,国师告诉他"这是教下的理论,可以去问螺溪羲寂②法师,他肯定会告诉你的"。所以,他就专门恭请羲寂法师到宫中供养,然后请教这个问题。法师告诉他:这句话出自智者大师的《法华玄义》,是关于"迹门十妙"第四"位妙"当中的句子,可惜由于战乱和法难等原因,致使国内无存,现在只是在海外诸国尚有保存。吴越王马上表示将要专门派人去请回教典。

公元 961 年,吴越王准备了五十种珍宝,派遣使臣前往高丽,献上珍宝之后,并说明了要请回天台教典的愿望。高丽王便诏请谛观大师

---

① 德韶(891～972):唐末五代僧。法眼宗第二祖。处州(浙江)龙泉人,一说缙云人。俗姓陈。十五岁出家,十七岁受业处州龙归寺,十八岁于信州开元寺受戒。其后,历访投子山大同、龙牙山居遁、疏山匡仁等五十四师,但皆机缘不契;后至临川参法眼文益,乃豁然开悟,遂其法嗣。不久,登天台山访智顗遗迹,住于白沙寺。尝得吴越忠懿王礼遇,被尊为国师。当时天台山螺溪羲寂,尝叹天台教籍散佚,闻高丽天台教籍多备,遂与师商量,师乃乞忠懿王,请求遣使至高丽抄写经本。后移住天台般若寺。先后兴建智者道场达数十处。宋太祖开宝五年六月二十八日示寂,年八十二。江浙之人咸尊称师为"大和尚"。门弟百余人,有名者如永明延寿、长寿朋彦、大宁可弘、五云志逢、报恩法端、奉先清昱、兴教洪寿、灵隐处先、报恩德谦等人。

② 羲寂(919～987):北宋天台宗山家派始祖。温州永嘉人,俗姓胡,字常照,世称螺溪尊者、净光大师。初于开元寺习《法华经》,后从会稽清律师学南山律、天台山清竦学止观。深受吴越忠懿王钱弘俶敬重,尝为王讲说《法华》,蒙赐"净光大师"号与紫衣。师鉴于安禄山之乱、会昌法难之后,天台典籍散佚不全,乃劝请忠懿王派遣使者前往高丽、日本等国,搜集天台典籍,开天台教观兴隆之端绪。乾德二年(964),于螺溪创建传教院,大开讲筵,中兴天台宗。雍熙四年示寂,世寿六十九。著有《止观义例》、《法华十钞》等书。门下人才辈出,有义通、谛观、澄昱、宗昱等人。

为奉还使臣,护送天台教典来到我国。在临别高丽之际,高丽王对谛观大师作了特别的交待,嘱咐他说:"到了中国之后,必须向该国的僧人问难,如果他们不能回答你的问题,就把这些教典全部都带回来,不要让他们拿去糟蹋了。"由此可见高丽王对天台教典的重视程度。

谛观大师到了中国,在螺溪传教院,听羲寂大师说法,再看他道貌超群、以德摄众,马上生起恭敬心,就对羲寂大师执弟子之礼,而且奉侍达十年之久,也就是一直到圆寂为止。

本书撰著的具体年代已经无从知晓了,但可以肯定是谛观大师来到中国之后才写的,也就是 961—971 年之间所写的。因为本书的"明圆教"一章中,特别标示了"永嘉云"那句话,说明是他来中国的发起原因。他写完本书之后,并没有马上刻板流通,而是自己悄悄地藏在书筐里面,所以他生前也就没有人知道《天台四教仪》的存在。一直到大师圆寂后,大家收拾整理他的房间,看见一个旧书筐里面在放光(见《佛祖统纪》卷十,《大正藏》卷四十九,第 206 页上、中),把书筐打开一看,没有别的东西,只有这一本书。因此,一时间传为"圣典"而流通开来,历千年而不衰! 直到今天,我们仍然把它作为天台教学的重要典籍。

2. 流传情况

本书自发现后就被各种大藏经所收录,现在收于《大正藏》第四十六卷、《中华大藏经》第九十七册、《频伽大藏经》第二十册等。智旭大师的《阅藏知津》卷四十二有著录(见《昭和法宝总录》第三册,1240 页)。

本书由于"放光现瑞"的传说,便很快得到了广泛的流传,而为学习天台宗的后生学子提供了入门,甚至是全局把握天台教理的方便,因此在中国乃至日本都有非常大的影响。但在流传的过程中,又发生了一次巨大的变革,那是在北宋初年发生的。本书原有二卷,上卷说明天台宗的判教,下卷分析南北诸师的不同判教。宋初山外派的智圆法师(976—1022)校勘时,认为上卷很有价值,而下卷专述古人的判教思想,对初学者无关紧要,所以就把下卷删除了。现在流通的只有当时的上卷,这是一件非常可惜的事情。不然的话,我们对古代的判教思想又有更多的资料来研究了。不过,对于学习天台宗的初入门者来说,上卷也确实就足够了。

3. 相关的注释

除了天台宗的学者对本书特别加以关注外,本书也可以作为佛教基础课的教材,所以在流传的过程中,就不仅仅是学习天台宗才对其进行了解。因此,本书的注释也就特别多,据说在各种大藏经中所收录的注释书刊本,就有七十多部(含日本学者的注释)。其中比较重要,具有很大影响的注释有如下几种:

《天台四教仪科》一卷,宋·仁岳

《天台四教仪科》一卷,宋·从义①

《天台四教仪集解》三卷,宋·从义

《天台四教仪决疑》一卷,宋·善荣

《天台四教仪科》一卷,宋·铠庵②

《天台四教仪问答》一卷,宋·铠庵

《天台四教仪地位集解》一卷,宋·铠庵

《天台四教仪科》一卷,元·蒙润

《天台四教仪集注》十卷(又三卷),元·蒙润

《天台四教仪备释》二卷,元·元粹

---

① 从义(1042～1091):温州(浙江省)平阳人,俗姓叶,字叔端。八岁剃度出家。年十七,师事扶宗继忠,研习天台教义。其后,历住大云、真白、五峰、宝积、妙果诸刹。晚年,住秀州寿圣寺,大振教化。元祐六年示寂,世寿五十,谥号"神智"。师致力显扬天台宗学。后世以其学说迥异于天台山家派之四明知礼,故称之为"后山外"。著有《天台四教仪集解》三卷、《法华三大部补注》十四卷、《金光明玄义顺正记》三卷、《止观义例纂要》六卷、《金光明文句新记》七卷、《始终心要注》一卷等书。

② 铠庵:吴克己,字复之,号铠庵。幼颖悟,学无所不通。忽患目疾,以人劝念圆信道大士之号,使愈。于是深信佛法,读《楞严》至"空生心内,犹云点太清",豁然发蒙。尝读《宗镜录》、《宝积》,曰:此书无规矩,不如读《止观》。日夜使悟"境观"二字,果有悟入。嘉定七年冬,终于宝山,以僧礼荼毗,寿七十五。所著有《法华枢键》、《楞严集解科》等。晚编《释门正统》,未就而亡。良渚宗鉴,续成之。参见《佛祖统纪》卷十七。

《天台四教仪目图》一卷，明·智旭

《天台四教仪备简补遗》一卷，清·天溪

《天台四教仪详解》四卷，日诠

《天台四教仪直解》三卷，性庆义瑞

《天台四教仪冠导》一卷，智泉

《天台四教仪略录》一卷，兴隆

《天台四教仪冠导》一卷，町元吞空

《天台四教仪活解》一卷，男英

《天台四教仪闻书》二卷，博仁

《天台四教仪备忘录》二卷，尧霈

《天台四教仪纲要钞》十卷，南都贯光

《天台四教仪赘言》三十卷，实观

《天台四教仪赘言》九十卷，东瑞学寮义范

日本方面的注释还有很多，这里不一一列举。

上列诸种注释当中，在中国影响最大的，是从义大师的《集解》、蒙润大师的《集注》和元粹大师的《备释》三种，被认为是古来的三大注释书。其中《集注》的主要宗旨，是站在天台山家派的立场而展开，并且广泛地引用了"天台三大部"等多种台教著作，是最受后人重视的一部。因此，自古以来，学习《天台四教仪》之后，都必须参考《集注》作为指南。

现代有台湾的永本法师，对《天台四教仪》进行释译，用注释和翻译成白话的形式，由佛光山出版流通。对我们现代人学习《四教仪》具有非常好的帮助作用。

中华佛教文献编辑社对上述三大注释书进行合刊出版，书前并有慧岳法师撰写的《概说》。虽然书中的断句、校勘方面都有很大的错漏，但作了标点，并分段落、章节，对于我们阅读古书来说，也是不无裨益的。

4. 大概内容

《天台四教仪》的大概内容，可以分为四个部分：一是总论、二是化仪四教和五时、三是化法四教、四是依教起观。而这中间又是以"化法四教"为本书的重心,讲述了藏、通、别、圆四教的修证次第,在修行的每一个位置上所断的烦恼有多少,以及各自的思想境界如何。这是本书的要点,也是整个佛法的中心,如果能够很好地把握这些思想内容,也就能够全面掌握佛法的核心思想了。不但使自己以后的修行有一条理路可循,而且以后接引众生,就知道该如何对机施教了。

二、《天台四教仪集注》概况

1. 成书经过

本书是蒙润大师六十岁的时候所写。他一生究心天台教典,以弘扬教观为己任,白天宣讲"天台止观",夜间坐禅礼忏,实践过九十天为期的"常行三昧",共计有七次之多,而以四十九天为期的"法华"、"金光明"、"大悲"、"净土"等忏法的实践修持不计其数。六十岁的时候写了这本书,六十八岁的十二月二十六日,聚集弟子说"止观安心法门"而安然圆寂,僧腊五十四。

他为什么要写这部书呢? 在《〈天台四教仪集注〉序》里,他说:"《天台四教仪》者,实教门之要道也! 自昔至今,注释者众,或略而不备,或博而太繁,矧(音 shěn,另外、况且、何况)又节去正文,但标初后,苟非精诵者,莫之能阅也。"

这段话说明了作者为什么要写本书,以及他对本书的价值判断,指出前人的相关注释已经很多,但是都不很理想。有的过于简略,有的又太繁杂,有的省略了原文,而只有注释的文字单独流行。凡此种种,对于初学行人来说,都有非常大的麻烦。所以,作者就广泛地搜罗天台宗的相关著作,对其中的各种思想理论进行注释,并与原文一起流通,这样就方便了大家的阅读。作者还强调了本书的内容,有一些与其他人注释不同的地方,申明是从前人那里学习来的,并不是他个人的任意猜测。

更重要的是,他对本书的文末观法部分,作了提示性的指导。指出

"诸新学人,究心于兹,忘言忘思,荃罤俱掷"的修行次第问题,这是值得我们特别加以注意的地方。

2. 流传情况

虽然《集解》、《备释》和本书被称为"《四教仪》三大注",但最盛行的还是本书,其次是《集解》,这与本书完全站在山家的立场有很大关系。《集解》带有山外的色彩,被后世的天台宗徒们视为异说,在中国的天台学当中影响不是特别大,但在日本却受到了普遍的欢迎。而《备释》虽然也是站在山家的立场,但正如蒙润大师所说的那样:过于简略,而且省略了《四教仪》的原文,给阅读带来很大的困难。因此,中国的天台子孙就以《集注》作为学习《四教仪》的最好参考书。不过,《卍续藏》收了《集解》和《备释》,唯独没有收《集注》,这可能是由于《卍续藏》并不是中国人所编吧。而中国人编的《频伽大藏经》、《中华大藏经》等,就收录了本书。智旭大师《阅藏知津》卷四十二亦有著录(见《昭和法宝总录》第三册,1240 页)。近年佛光山编辑出版的《法华藏》也只收了《集解》和《备释》,也没有收《集注》,这是因为现代人已经淡化了宗派观念,不是天台子孙更不会在意山家还是山外的立场了。另外,他们的共同原因可能是《辅宏记》里面已经有《集注》全部内容的缘故。

3. 相关的注释

有关本书的注释,我国现存的有:清朝灵耀大师的《节义》一卷,清朝性权大师集的《四教仪集注汇补辅宏记》二十卷,都收于《卍续藏》第一〇二册。1996 年 4 月台湾湛然寺也影印了谛闲大师发起的木刻版的《汇补辅宏记》。《辅宏记》的内容非常丰富,包括了"记"、"补"、"备"等方面的内容,由不同的人所做出的注释集中在一起,是目前《集注》的权威注释,也是学习天台教观的主要参考书。

除了中国人的现存著作外,在日本也有关于本书的注释,据慧岳法师所说,共有三十六种之多,《合刊》本第 5 页列有详细的目录。

4. 大概内容

本书的内容,主要有三个方面:一是理顺了《四教仪》的内在思想理路;二是广泛引用天台教典,对《四教仪》的义理进行发挥;三是解释《四教仪》中的名词;四是通过许多图表,把各种思想的内在关系展现出来,使读者能够一目了然。

　　其最大的特色便是广引天台宗的各种著作,以及各种佛经典籍。所以,对于初学者来说,也有一定的困难。在学习方法上,应该作一个比较适当的调整,也就是对《四教仪》的内容进行详细地讲解和把握,而对《集注》的内容就以"消文解读"的方式通过。

《天台四教仪集注》序

　　《天台四教仪》者，实教门之要道也！自昔至今，注释者众，或略而不备，或博而太繁，矧又节去正文，但标初后，苟非精诵者，莫之能阅也。今集诸部之文，注于其下，将无便于披览者欤！其间一二，与诸家有同异者，盖述所闻于先德，非任胸臆也。

　　若夫文末正修，初乘观法，文虽简约，理亦备焉。诸新学人，究心于兹，忘言忘思，筌罤俱掷，奚以是为，然能尔也。则无适而不可，亦岂离是云乎哉。

　　时元统甲戌夏五，南天竺白莲华沙门蒙润谨序。

天台四教仪集注

南天竺①沙门蒙润②集

题　　解

天台四教仪

[集注] 天台,山名也。

天者,颠也。元气③未分,混而为一。两仪④既判,清而为天,浊而

---

①　南天竺:浙江杭州的古刹。南天竺即指下天竺寺,今称法镜寺,位于灵隐山(飞来峰)山麓。东晋咸和(326～334)初年,西天竺僧慧理至此,始建灵鹫寺。隋开皇十五年(595),真观、道安同至石室修头陀行,檀越陈仲宝拓而修之,号南天竺寺。唐大历年间(766～779),法诜、澄观、道标先后住此。贞元二十一年(805),住持道齐劝请四方学者至本寺讲《华严经》,显种种奇瑞,蒙敕额天竺灵山寺。唐末,遭兵火烧毁。五代时,吴越王钱镠再兴,建五百罗汉院。宋真宗祥符年间(1008～1016),天台宗僧慈云遵式入住此寺,大张天台教纲,学徒云集。南宋高宗绍兴十四年(1144),寺名改为思荐福寺。宁宗庆元三年(1197),恢复天竺灵山寺旧称。嘉定(1208～1224)初年,日僧俊芿曾来本寺,习天台教学。元代时,凤山子仪、真净、蒙润等师相次来住。元末又遭回禄之灾,明洪武年间(1368～1398)重建。清高宗乾隆三十八年(1773),重修大殿;高宗临幸之际,御赐今名。存有真观、遵式之墓塔与经幢(系祖韶所建)。

②　蒙润:蒙润大师(1275～1342),号玉冈。嘉禾(浙江嘉兴)人,俗姓顾。十四岁于白莲华寺从古源永清出家。学《止观》、《金刚錍论》、《十不二门论》等,能了大义。永清示寂后,侍竹堂传公,刻苦精勤。后于南天竺思荐福寺大振宗风。居六年后辞去,至龙井风篁岭白莲庵,专修念佛三昧。闻风来集者日众,仍讲说止观之妙旨。后依宣政院之命,继下天竺灵山寺之席,元统二年著《天台四教仪集注》十卷,经三年复归白莲庵养老。至正二年示寂,世寿六十八。

③　元气:古人认为天地未分前最初的混一之气,也即混沌未开之前的宇宙本体。《汉书·律历志》上:太极元气,函三(天、地、人)为一。

④　两仪:又称二仪,指天、地。

为地。此本俗名,且依俗释。台者,星名也。其地分野①,应天三台②,故以名焉。如《辅行》③一上。

此山即大师栖身入寂④之所。盖以西方⑤风俗,称名为尊;此土,避名为敬。故以此处显其人也。复以人命家,则天台为宗矣。今题意在焉。

四教者,别文明化仪、化法⑥,有乎八教。今但言四教者,以通名立题,义摄两种。盖非化仪无以判,非化法无以释。一书之旨,莫越于斯。教者,圣人被下之言,亦诠理化物为义。

问:或约化仪立题,乃据《签》⑦文"化仪四教,文义整足,任运摄得,三藏等四"⑧为证。或谓颁宣藏等,以为顿等,谓化仪无体。又谓顿等四教,古师⑨亦用;藏等四教,起自天台,以此为化法立题。今何以从通名耶?

答:化仪化法,有体无体,或彼此相摄,文各有意,皆不为此立题而设。况古师所立顿等,与今不同,故《妙乐》⑩以顿等、藏等,为天台一家

① 分野:古代天文学说,把十二星辰的位置跟地上州、国的位置相对应,如以鹑火对应周,鹑尾对应楚等。就天文说,称分星;就地上说,称分野。见《周礼·春宫·保章氏》封域皆有分星,汉郑玄注。

② 三台:星名,即上台、中台、下台共六星,两两相比。也作三阶,又称泰阶。见《晋书·天文志上》。

③ 《辅行》:全称《摩诃止观辅行传弘决》,十卷,唐荆溪湛然大师(711~782)著,是《摩诃止观》的详细注解。收于《大正藏》卷四十六。

④ 入寂:也称圆寂。德无不周为圆,惑无不尽为寂。

⑤ 西方:此处指印度。

⑥ 化仪化法:佛陀化导众生的形式和方法,称为化仪。佛陀教化众生的经典和思想内容,称为化法。

⑦ 《签》:全称《妙法莲华经玄义释签》,略称《法华玄义释签》、《释签》或《玄签》,二十卷,唐荆溪湛然大师著,是《妙法莲华经玄义》的详细注解。收于《大正藏》卷三十三。

⑧ 见《释签》卷二,《大正藏》卷三十三,第825页中。

⑨ 古师:是指南三北七判教的各家。《法华玄义》卷十说:南北地,通用三种教相:一顿、二渐、三不定。《大正藏》卷三十三,第801页上。此处所谓顿等四教,古师亦用,是指秘密和显露都属于不定教的范围而言。

⑩ 《妙乐》:全称《妙法莲华经文句记》,又称《法华经文句记》等,三十卷(或十卷、二十卷),唐代湛然大师述。为天台智者大师《法华文句》的注释书。收于大正藏第三十四册。荆溪湛然大师住常州妙乐寺,讲《法华经》,号妙乐大师。《观心略要集冠注》说:吾山先哲皆指湛然尊者云妙乐大师。相传云:妙乐,寺号也。故该书以"妙乐"为名。

判释之纲目。今此一书,既明判释,立题四教,岂偏属乎?

　　仪者,天台一家四教,判释仪式也。文末既云:"自从此下,略明诸家判教仪式。"显今一书,明判明释,在乎天台。岂可谓如来施化,次第仪式耶?

　　[今译]天台是山的名称(在浙江省天台县)。"天"就是颠顶的意思。古人认为天地原本是混一不分的,这种混一的情况就是元气。到二仪分开之后,能够覆盖一切而清明澄澈的在上者为天,能够承载一切而混浊厚重的在下者为地。这本来是世俗人们对天地的解释,现在权且依此世俗的说法。"台"是星宿的名称,古代天文学认为天上的十二星辰和地上州、国位置相互对应,就地上来说称为"分野",相对的天上则称为"分星"。那个地方(天台山)的分野对应于天上的三台星,所以就叫做"天台"了。如《辅行》卷一上所说。

　　此山是智者大师居住修行乃至圆寂的地方。根据印度的风俗习惯,称呼长辈的姓名为"尊敬",我国的礼仪则要以避讳名字来表示恭敬,所以就用"天台"这个地名来代替人名,表示对他的恭敬,也显示他道德智慧的殊胜。另外,又以人名来命名他所开创的宗派,这就是天台宗了。现在的题目就是这个意思。

　　所谓四教,在别的天台宗著作里面,通常说有化仪四教和化法四教,合成八教,现在只说"四教",是以一种通融的方法来命题,也就是贯摄了化仪和化法这两层含义。因为不用化仪四教就无法判别佛说法的仪式,不用化法四教就无法解释佛说法的实际内容。本书的根本宗旨就在于此,没有超出此外的。所谓教,是指圣人对凡人所说的言教,也具有诠释真理、教化众生的意义。

　　问:或者是从化仪来立题目,这是根据《释签》的文义而说的,化仪四教的文字义理具有完整的系统性,可以从各个方面非常自如地来统摄藏通别圆四教的内容。或者是从化法来立题目,(如《辅行》所说,如来能够善巧方便)宣说藏等化法四教就已经含摄了顿等化仪四教,因为化法是佛法的实际内容,而化仪却没有它自己的实际内容。再者,化仪

3

四教是以前其他人也用来判别佛一代时教的仪式,而化法四教却是从天台大师才开始的,根据这个,说明本书是以化法四教来立题目的。现在为什么要从通融的角度来解释本书的立题内涵呢?

答:化仪四教和化法四教,有没有各自的实际内容,或者可以用化仪来统摄化法,或者可以用化法来融摄化仪,各自都有它单独的义理,都不能说就是因为某一方面的意思而设立本书的题目。况且前人所设立的化仪四教,与我们天台宗是不一样的,所以湛然大师就以顿等化仪四教和藏等化法四教,作为天台宗判别解释如来一代圣教的总纲和要领。现在这本书,既然是判别和解释佛的一代时教,而其题目用"四教",难道还会偏颇吗?

所谓仪,是指把天台宗所阐述的四教思想,用本书来加以判别归纳,从而阐明天台一家的思想内容和教观理论的仪式。本书的结尾处既然说:"从此以下,概略地阐明其他人判别佛一代时教的说法仪式。"这就说明了本书所阐明的(判别佛法的仪式、解释佛法的内容)正是天台宗的观点。怎么可以说(书名上"仪"字)是指如来应机施教度化众生的次第仪式呢?

高丽①沙门②谛观③录

[集注] 高丽,东夷国名。

沙门,此云勤息,谓勤行众善、止息诸恶故。又沙门,复以释为姓

---

① 高丽:十世纪初至十四世纪末,建立于朝鲜半岛上的王朝。
② 沙门:又作沙门那、沙闻那、娑门、桑门、丧门。意译勤劳、功劳、劬劳、勤恳、静志、净志、息止、息心、息恶、勤息、修道、贫道、乏道。为出家者之总称,通于内、外二道。亦即指剃除须发,止息诸恶,善调身心,勤行诸善,期以行趣涅槃之出家修道者。中国一般专指僧人。
③ 谛观(? ~971):高丽天台宗僧。出生地不详。精通天台教观,道誉隆盛,深受高丽国王礼重。当时,中国自唐末五代战乱以来,佛教典籍多散佚不存,吴越王钱弘俶欲复兴天台教法,乃遣使至高丽,求天台典籍。北宋建隆二年(961),师奉高丽王之命,携天台教籍入宋。后谒天台山螺溪羲寂,一见心服,遂执弟子之礼。居此十年后入寂,年寿不详。

者，始于晋安法师①也。后《增一阿含》②来此土，云："四河③入海，同一咸味。四姓④出家，皆名为释。"《显性录》⑤以四句拣⑥云：一是沙门非释子⑦，出家外道；二是释子非沙门，在家释种(此王种之释也)；三是释子是沙门，两土之僧(此四姓出家通称为释)；四非释子非沙门，两土之俗。⑧ 四句拣之无遗矣！

或谓是释子是沙门，乃释种出家。且梵土⑨余种出家，及此土之僧，皆称沙门释子，为何句收耶？

录，谓观师抄录台教纲要也。

[今译] 高丽，是我国东边的一个小国的名称。

沙门，汉译为勤息，所谓勤奋地修习一切善法，停止和息灭一切恶行。另外，沙门都以"释"作为姓氏，这是从东晋道安法师的时候开始

---

①　安法师：即道安法师，为东晋高僧。常山扶柳(河北正定)人，俗姓卫。生于东晋永嘉六年(312)，一说建兴二年(314)。十二岁出家，敏睿逸伦，研习经论，识志超卓。曾经说：佛以释迦为氏，今为佛子者，宜从佛之氏，即姓释。一生功业，于佛教贡献至巨。太元十年(385)示寂，或说太元元年、太元十四年。

②　《增一阿含》：即《增一阿含经》，五十一卷，东晋瞿昙僧伽提婆译。四阿含之一。收于《大正藏》卷二。

③　四河：即印度的四条主要河流。《增一阿含经》卷二十一说：有四大河水从阿耨达池流出。云何为四？所谓：恒伽、新头、婆叉、私陀。见《大正藏》卷二，第658中、下。

④　四姓：又作西域四姓、四种姓。指古代印度四种社会阶级：(一) 婆罗门，指婆罗门教僧侣及学者之司祭阶级。(二) 刹帝利，乃王族及士族阶级。(三) 吠舍，乃从事农、工、商等平民阶级。(四) 首陀罗，乃指最下位之奴隶阶级，终身以侍奉前述三种姓为其本务。

⑤　《显性录》：全称《金刚錍论显性录》，四卷。宋代孤山智圆(976～1022)集。收于《卍续藏》第一〇〇册。

⑥　四句拣：拣，即料拣，又作料简等。指善能分别选择正法。《天台三大部补注》卷四说："料者理也，量也，其字从米从斗者，米积不可知以斗量……简与拣同，《左传》云：'简，车马也'，即量裁选择之义焉。"见《卍续藏经》第四十四册，第63页下。

⑦　释子：又作释种子、释迦子。释尊出身于释迦族，故指依释尊出家之弟子为释子。

⑧　参见《卍续藏》第一〇〇册，第502页上、下。文字表述不同，意思相同。

⑨　梵土：如言婆罗门国，即印度的别名。

的。后来《增一阿含》被翻译到我国，经中说："四条河流入大海，都合成为相同的咸味。四种姓出家了，也就都名为释子。"《显性录》用四句话来对"沙门"进行分别，说："一、是沙门非释子，指佛教之外的出家人；二、是释子非沙门，指释迦族中的在家人；三、是释子是沙门，这就是印度和中国这两地的出家僧人；四、非释子非沙门，指没有出家的世俗人。"用这四句来拣择，就没有遗漏了。

也有人认为"是释子是沙门"，就是指释迦族的出家人。那么，印度释迦族之外的出家人，以及中国本土的僧人，也都称为"沙门释子"，又应该属于上述四句的哪一句呢(可见跟随释尊出家的都应该称为"是释子是沙门")？

录，是指谛观大师所抄录的天台宗判教的总纲和要领。

天台智者大师①

[集注]《拾遗记》②云："天台，栖真③之处；智者，隋主所称④；大师，群生模范。"⑤亦帝王、大臣所师也。

[今译]《拾遗记》卷一说："天台是隐居修行的地方，智者是隋朝皇帝所给予的尊称，大师是群众百姓乃至一切生灵的楷模。"也是帝王、大臣们所尊崇的师长。

---

① 智者大师：俗姓陈，字德安，梁大同四年(538)生于华容(今湖南省华容县)。十八岁于湘州果愿寺礼法绪出家，法名智顗。依据《法华经》建立天台学说，是天台宗的实际创始人(从龙树菩萨开始算，为天台宗第四祖)。隋开皇十七年(597)圆寂于佛陇道场。隋开皇十一年(591)晋王杨广请至扬州授菩萨戒，赐以智者尊号，故世称智者大师。

② 《拾遗记》：全称《金光明经玄义拾遗记》，六卷，宋代知礼大师于天圣元年(1023)撰述。是对《金光明经玄义》的解释。收于《大正藏》卷三十九。

③ 栖真：栖止修真之意，即修行。

④ 隋主：即隋炀帝杨广。隋开皇十一年(591)十一月二十三日，隋炀帝设千僧斋，授菩萨戒法。师谓王曰："大王纡遵圣禁，可名'总持'。"王赞师曰："大师传佛法灯，宜称'智者'。"见《大正藏》卷四十九，第183页上。

⑤ 见《大正藏》卷三十九，第12页中。

以五时八教,判释^①东流一代^②圣教,罄无不尽。

[集注]五时八教,本是如来所说之法,大师依义立名,用此判摄一代圣教,故云"以"也。然上天台智者,乃能判能释之人;东流圣教,乃所判所释之法;五时八教,乃判释之仪式也。盖天台准《法华》^③意,判释诸经。如《签》文云:"判释准乎部教,部教之义,唯在《法华》。"^④判谓剖判,释谓解释。《妙乐》云:"顿等是此宗判教之大纲,藏等是一家释义之纲目。"^⑤如以化仪,判华严为顿,以化法别圆解释,乃至判法华为非顿非渐,以纯圆独妙解释。

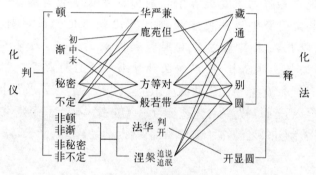

图1:五时八教判释

[今译]所谓五时八教,本来是如来所说的一切佛法,智者大师根

---

① 判释:判为判别或分判的意思,释为解释之意,就是把佛陀一生所说的教法,按形式上分为五时、化仪四教来判别,从内容上以化法四教来解释,这种分类解释的方法,就叫做判释。

② 一代:就是指释迦牟尼佛的一生。释尊自成道至灭度的一生中所说之教法,即三藏十二部经、八万四千法门,称为一代时教、一代圣教等。

③ 《法华》:全称《妙法莲华经》,又简称为《法华经》,七卷。是天台宗所依据的根本圣典。现存有三个译本,天台宗所依据的是鸠摩罗什所翻。收于《大正藏》卷九。

④ 《释签》中没有此段文字。正如《四教仪集注辅宏记》卷一所说:"但法法皆有此意。如'境妙'中言'若不约教,不知教妙;若不约部,不知部妙'等意,略撮于此耳。"《卍续藏》第一〇二册,第264页下。

⑤ 《法华文句记》卷一(中)。见《大正藏》卷三十四,第160页上。

据经典的内在含义建立了这个名称，用"五时八教"来判别统摄释迦佛一生当中所说圣教的仪式和内容，因此叫做"以"。但从本书（指《天台四教仪》）而言，天台智者大师是能判别、能阐释的人；流传到东土中国的佛法，就是所判别、所阐释的法；这样，这里的"五时八教"就称为判别阐释佛法的仪式了。

天台宗是根据《法华经》的义理来判释佛经的。如《释签》所说，判释都是以佛经的部类和教相为标准的，而部类和教相的相互关系，只有《法华经》说得最清楚了。判就是剖析判别之意，释就是解析阐释之意。《妙乐》说："顿等四教是天台宗判别佛说法仪式的大纲，藏等化法四教是本宗阐释佛说法内容的纲目。"比如用化仪来判别《华严》为顿教，以化法来解释它具有别教和圆教的义理，乃至判别《法华》为非顿教也非渐教，而以纯圆独妙来解释它的内容。

[集注] 东流者，佛法自西而流东也。代者，更也。如来五十年说法为一代，今以五时八教，判释无遗。若尔，《妙玄》①何云：柰苑②之前，不预小摄耶？须知《妙玄》约时破古③，谓说《提谓经》④时，乃未转法轮⑤以

---

① 《妙玄》：全称《妙法莲华经玄义》，又称《法华玄义》，十卷，天台智者大师于隋开皇十三年(593)说，门人灌顶大师记。是对鸠摩罗什翻译《妙法莲华经》的详细发挥，阐述天台思想。收于《大正藏》卷三十三。

② 柰苑：梵语庵罗，旧译为柰。柰苑，即庵罗树园。《鸡跖集》说：昔西域国有柰树生果，果生一女子，王收为妃。女乃以苑地施佛为伽蓝，故曰柰苑。此处是指鹿野苑。

③ 破古：破斥前人的观点。《四教仪集注辅宏记》卷一说："古有齐朝隐士刘虬立五时教。初，人天教，即《提谓经》；二、有相教，即《阿含》；三、无相教，即《般若》；四、同归教，即《法华》；五、常住教，即《涅槃》。"《卍续藏》第一〇二册，第264页下。

④ 《提谓经》：全称《提谓波利经》。有一卷和二卷之别。《出三藏记集》卷五《伪经伪撰杂录》第三说："《提谓波利经》二卷(旧则有《提谓经》一卷)，右一部。宋孝武时，北国比丘昙靖撰。"中华书局，1995年1月版，第225页。

⑤ 转法轮：又作转梵轮。为八相成道之一。释尊一代化仪总有八种相，其中，转法轮即指释尊为令众生得道而说法。法轮本为印度古代之战车，以回转战车即可粉碎敌人，譬喻佛陀所说之教法于众生之中回转，即可破碎众生之迷惑。又转轮圣王转动金轮，以降伏怨敌；而释尊以说法降伏恶魔，故称转法轮。

前,未有僧宝,故破古师,不应于鹿苑①前,别立《提谓》为人天小教。

若约法收经,则如《四教义》②云:"三藏明世间布施、持戒、禅定,即是人天之教。并正因缘所生善法,此已为三藏教所摄。"③故先达④云:约时破古,不当五时所收;约法收经,义当三藏所摄也。

[今译]所谓东流,是说佛法从西天印度流传到东土中国的意思。代,就是更替之意。如来五十年说法称为一代,现在以"五时八教"就可以将其判别阐释,统摄无遗了。如果这样的话,《妙玄》为什么说在鹿野苑之前所说的经典,不属于小乘经典的范围呢?应当知道《妙玄》是从"五时"的角度来破斥前人判教之过失,指出佛说《提谓经》的时候,佛还没有开始转法轮,是在正式宣说佛法之前说的,那时还没有正式的"僧宝",所以破斥前人不应该在鹿苑之前,另外又立《提谓》为人天小教。

如果从佛法的内容来收摄经典,就像《四教义》所说:"三藏教阐明世间的布施、持戒、禅定的内容,就是人天乘的教法。以及如来所说的因缘所生善法等内容,这些已经被三藏教全部统摄在内了。"所以天台宗的前辈们说:如果从五时的角度来破斥前人的谬误,《提谓经》就不应当被五时所收摄;如果从教法内容的角度来说,《提谓经》的思想内容应当可以被三藏教所收摄。

---

①　鹿苑:为释尊成道后初转法轮之地,即今之沙尔那斯(鹿主之意),位于今北印度瓦拉那西市以北约六公里处。又译作鹿野苑等。由于各种经论对这一名称的来历所说并不相同,所以就有了各种不同的名称。

②　《四教义》:六卷或十二卷,智者大师撰。为别于《天台四教仪》而称《大本四教义》。智者大师所作之《净名(维摩)玄义》前半部分为《四教义》六卷、《四悉檀义》二卷(缺)、《三观义》二卷等三部分,《四教义》即其中之一,而别为刊行者。收于《大正藏》卷四十六。

③　见《四教义》卷一,《大正藏》卷四十六,第724页中。

④　先达:前辈,即比后学先达于道者之意。《法华文句》卷九上说的:"彼诸大士是前进先达,弥勒是后番末学。"见《大正藏》卷三四,第126页上。这里指天台宗的先德。

第一章　总说五时

言五时者：一、华严时。

[集注] 从经题立时，虽历七处八会①（新经九会），只是一经。因行如花，庄严果德，具云《大方广佛华严经》②，此人、法、譬三，具足立题。更有单三复三③。

---

① 七处八会：华严宗用语。依六十卷《华严经》记载，佛陀说该经的处所有七处，其中人间三处，天界四处。于普光法堂重会，前后共计八次说法集会，故云七处八会。《大正藏》卷三十五，第125页上。

② 《大方广佛华严经》：简称《华严经》、《杂华经》。有三种汉译本：（一）六十华严，又称《旧华严》、《晋经》，六十卷，东晋佛驮跋陀罗译。收于《大正藏》卷九。（二）八十华严，又称《新华严》、《唐经》，八十卷，唐代实叉难陀译。收于《大正藏》卷十。（三）四十华严，全称《大方广佛华严经入不思议解脱境界普贤行愿品》，略称《普贤行愿品》，又称《贞元经》，四十卷，唐代般若译。收于《大正藏》卷十。

③ 单三复三：即"单三复三具足一"的前六项，指将经典所立的经题概分为三种单项、三种复项、一种三项皆具足者，共为七种，以区别各经确立经题之旨趣。故又称七种立题。此系智者大师所说。大师认为归纳一切佛经之经题，不外乎人、法、譬三大项，其中，又由单（仅有一项）、复（具有两项）、具足（三项皆具足）之不同而可细别为七种。即：（一）单人立题，例如《佛说阿弥陀经》，其中之佛（即释迦佛）与阿弥陀佛均为人，而以释迦佛为能说之人，阿弥陀佛为所说之人。（二）单法立题，例如《涅槃经》，此经旨在阐说涅槃之法，所以是以法立名的经题。（三）单譬立题，例如《梵网经》，梵网指梵天之宝网，其网目上有千重彩络，重重交彻，无量无尽而不相障阂，而《梵网经》中之内容即在讲说十重四十八轻之大乘戒法，其一一教法无量无尽，犹如梵天之网，故取以为譬。（四）人法立题，例如《文殊问般若经》，其中之文殊为人，般若为法。（五）法譬立题，例如《妙法莲华经》，其中之妙法（转下页）

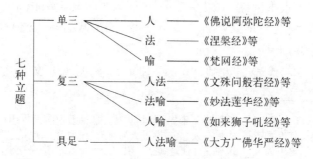

图2：七种立题

[今译] 第一"华严时"，这是根据《华严经》的经题来建立第一时的名称，虽然此经有七处八会（新译《华严经》有九会）之别，但也只不过就是一部经而已。指的是在因地上修行六度万行就像美好的花朵在绽开，以此来庄严佛果微妙功德的意思。经典的全名是《大方广佛华严经》，这是以人、法、譬喻三者都具足来建立经题的，关于立经题的规定，还有"单三"、"复三"等，总共有七种建立经题的方式。

[集注] 旧经晋译，五十卷或六十卷成；新经唐译，八十卷成。若龙宫三本①：

（接上页）为法，莲华为譬喻。（六）人譬立题，例如《如来师子吼经》，其中之如来为人，师子吼为譬喻。（七）具足立题，例如《大方广佛华严经》，其中之大方广为法，佛为人，华严为譬喻。上记七种之中，前三项单人、单法、单譬，并称为单三，意指三种仅具有单一项目者；其次之三项人法、法譬、人譬，并称为复三，意指三种具有两项者；最后一项称为具足一，意指一种三项皆具足者。总括全部七种，则称为单三复三具足一。

① 三本：全称三本华严经。据说《华严经》由文殊菩萨与阿难结集之后，龙神收入龙宫。后龙树菩萨入龙宫所见，有上中下三本：上本有十三千大千世界微尘数偈，一四天下微尘数品，中本有四十九万八千八百偈，一千二百品，下本有十万偈，四十八品。龙树受持下本之十万偈，流传于阎浮提。中国所译的三本，都是下本十万偈的略抄。晋译仅三万六千偈，唐译仅四万五千偈，因此称为略本经。这三本的情况，是西域的传说。见贤首《华严经探玄记》卷一，《大正藏》卷三十五。

上本十三千大千世界①微尘②数偈,一四天下③微尘数品;中本四十九万八千八百偈,一千二百品;下本十万偈,四十八品④。今但有三十九品,如《释签》十⑤。

　　旧立(宋代善月大师⑥立)四种华严⑦,祖无显文。考大师荆

———————

　　①　三千大千世界:又称为三千界、大千世界。是佛教说明世界组织的情形。每一小世界,其形式皆同,中央有须弥山,透过大海,矗立在地轮上,地轮之下为金轮,再下为火轮,再下为风轮,风轮之外便是虚空。须弥山上下皆大,中央独小,日月即在山腰,四王天居山腰四面,忉利天在山顶,在忉利天的上空有六欲天,再上则为色界十八天,及无色界四天。在须弥山的山根有七重金山,七重香水海,环绕之,每一重海,间一重山,在第七重金山外有碱海,碱海之外有大铁围山。在碱海四方有四大洲,即东胜身洲,南赡部洲,西牛货洲,北俱卢洲,叫做四天下,每洲旁各有两中洲,数百小洲而为眷属。如是九山、八海、一日月、四洲、六欲天、上覆以初禅三天,为一小世界。集一千小世界,上覆以二禅三天,为一小千世界。集一千小千世界,上覆以三禅三天,为一中千世界。集一千中千世界,上覆以四禅九天,及四空天,为一大千世界。因为这中间有三个千的倍数,所以大千世界,又名为三千大千世界。

　　②　微尘:音译阿拏、阿耨。单称微、尘。即眼根所取最微细之色量。极微,为《俱舍论》卷十、卷十二所说色法存在之最小单位。以一极微为中心,四方上下聚集同一极微而成一团者,即称微尘。合七极微为一微尘,合七微尘为一金尘,合七金尘为一水尘。

　　③　一四天下:一个太阳和一个月亮所照临的四大部洲,即东胜身洲,南赡部洲,西牛货洲和北俱卢洲。

　　④　四十八品:湛然大师《释签》卷二十作四十八品,见《大正藏》卷三十三,第956页。而贤首大师《华严经探玄记》卷一则作三十八品,见《大正藏》卷三十五,第122页中。但现存八十卷《华严经》为三十九品,被称为略本,是十万颂中的一部分。可见十万颂者应为四十八品。如贤首大师说:六、略本者,即此土所传六十卷本,是彼十万颂中前分三万六千颂要略所出也。近于大慈恩寺塔上见梵本《华严》有三部,略勘并与此汉本大同,颂数亦相似。见《大正藏》卷三十五,第122页中。

　　⑤　见《大正藏》卷三十三,第956页下。

　　⑥　善月大师:号柏庭(1149～1241),字光远。宋四明定海(浙江镇海)人,俗姓方。自幼诵习六经,十二岁通《春秋》大义,即依正觉寺道并出家,十五岁受具足戒,先后礼谒草庵道因、梓庵有伦、月堂慧询诸师。致力宏扬天台学。淳祐元年(1241)示寂,世寿九十三,法腊七十八。事迹见《佛祖统纪》卷十八、卷二十五等。

　　⑦　四种华严:指华严教法有四种,即寂场华严、时长华严、尽未来际华严及法界华严。善月《法华经文句格言》卷中说:"一家之论华严,其唯四焉,曰寂场、曰时长,曰尽未来际,曰法界。或六种曰海空,曰母胎……名虽有六,其实则四,如华严海空则或属时长,或属法界,如《玄文》云云;其母胎则尽未来际所摄。"见《卍续藏》第四十六册,第593页下。

溪①之意,则有约时、约处、约理之不同。约理,则曰法界;约处,则曰寂场②;约时,曰三七日,或时长、尽未来际。何得认此名言,便谓华严有四种之别?且其间于义有妨,不应以后分时长华严③而为寂场。又不应将通五时中,通后之义为时长也。

问:华严时长,为至何时?

答:如《妙乐》云:"义当转教④时也。"⑤经家取后分部类相从,结归前分华严部内,此即通五时中,文通之类也。若般若⑥明华严海空⑦,及日若垂没,余辉峻岭,与夫莲华藏海⑧,通至涅槃之后,此于他部,明华严义,不可结归本部,乃通五时中,义通之类,非时长也。

---

① 荆溪:即天台第九祖湛然大师,因大师是晋陵荆溪人,故号荆溪大师。

② 寂场:寂灭道场之略称,指位于中印度摩揭陀国伽耶城南菩提树下之金刚座,为释尊成道之处。此菩提树又称寂灭树、寂场树。见《大正藏》卷三十三,第683页下。

③ 时长华严:就是指后分华严。相对于前分华严,即佛陀于成道三七日后,对智慧利根者所说之华严法门。于《华严经》七处八会(新译作七处九会)中,自第一会(寂灭道场会)至第七会(普光法堂重会)等六处七会,为佛成道三七日之所说,称为前分华严;其第八会(逝多林会)即《入法界品》之一会,乃自鹿野苑至法华涅槃之期间的长时之所说,称为后分华严。因为佛初成正觉,转无上法轮,演华严之大义,然众生根钝机小,未能登堂入室,如聋若哑,佛乃回大向小,暂掩华严而宣小乘阿含,逮因缘成熟,遇顿大之机者,乃演华严妙义。见《法华玄义》卷十下,《大正藏》卷三十三,第808页中。

④ 转教:于般若会座,须菩提等声闻蒙佛力加被,代佛为菩萨演说般若法门,称为转教。

⑤ 《法华文句记》卷第四(下),《大正藏》卷三十四,第231页下。

⑥ 般若:又作波若,意译为慧、智慧、明、黠慧。即修习八正道、诸波罗蜜等,而显现之真实智慧。明见一切事物及道理之高深智慧,即了达世出世间一切万法之清净微妙的大智慧,即称般若。

⑦ 华严海空:由于历劫修学般若,而得开发般若空智契入法界,观察莲华藏世界,皆毕竟空,故称为华藏海空。《大正藏》卷三十三,第808页上。

⑧ 莲华藏海:即是指《华严经》所说的华藏庄严世界海。又作华藏庄严严具世界海、华藏世界海、华藏世界、华藏界等。此世界系毗卢遮那如来于过去发愿修菩萨行所成就之清净庄严世界。其庄严及构造,在新译《华严经》卷八《华藏世界品》中有详细记载。

[今译]"旧经"指的是晋安帝时佛驮跋陀罗翻译的《华严经》,有五十卷或者六十卷;"新经"指的是唐朝实叉难陀重新翻译的《华严经》,有八十卷。据说龙宫里面有三种本子的《华严经》:上本有十三千大千世界微尘数的偈颂、一四天下微尘数品,中本有四十九万八千八百个偈颂、一千二百品,下本也有十万偈颂、四十八品。现存的《华严经》只有三十九品,如《释签》卷十所说。

过去有人以寂场、时长、尽未来际、法界等四者而立四种华严(宋代善月大师立),而天台宗的祖师并没有这样明显的说法。考察荆溪大师的原意,只不过是从时间、处所、理体三个方面来说华严的。从理体来说,就是"法界华严";从处所来说,就是"寂场华严";从时间来说,则是三七日之内所说的《华严经》,或者是"时长华严"、"尽未来际华严"。怎么可以看到这些名称的不同,就认为有四种华严的差别呢?更何况此中还有于义理上说不过去的地方。不应该把后分的"时长华严"当作前分的"寂场华严",也不应该把通五时中华严通后五时的含义,当作后分的"时长华严"。

问:"时长华严"的时间界限又是如何呢?

答:如《妙乐》所说:"从其内在的意义上说,是从三七日后到鹿野苑转四谛法轮开始,到般若会时所说的相关教法,都属于时长华严的时间范围之内。"解释经典的人都采取把后分"时长华严"中部类相当的经文内容,归纳在前分"寂场华严"的部类当中,这就是通五时中"文字相通"的例子。如果从般若阐明了华严海空,以及日将沉没时的余辉照耀高山,乃至莲华藏海直到最后的涅槃时,这些在《华严经》之外的其他部类里面所阐述的华严义理来看,不可以归纳在它本身的部类当中(如般若部中的华严思想,二者的部类,在时间上看就应该有区别),这就是通五时中"义理相通"的情况。这些情况都不能说属于"时长华严"(《华严经》第八会(逝多林会)即《入法界品》之一会,乃自鹿野苑至法华涅槃之期间的长时之所说,称为"后分华严",即是"时长华严")。

二、鹿苑时,

[集注] 从处立时,说经虽多,同一处故。乃如来昔生垂化之地,缘如《辅行》上。① 群鹿所居,故名鹿苑;从树为名,亦名柰苑;二仙②所居,亦名仙苑。

[今译] 这是从处所来建立第二时的名称,佛于第二时中所说的经法虽然很多,但都是在这一处所说的,因此就以处所来命名。这是佛于过去生中作鹿王教化众生之地,其因缘故事的详细情况如《辅行》卷一所描写。由于是鹿群的居住场所,所以名为鹿苑;这个地方又有很多柰树,依树的名称来命名就叫做柰苑;由于曾经有阿罗逻仙人和迦兰仙人二位仙人于此居住,因此也叫仙苑。

说四《阿含》③。

[集注] 阿含,翻无比法。《妙玄》十云:"《增一》明人天因果,《中》④明真寂深义,《杂》⑤明诸禅定,《长》⑥破外道。而通说无常,知苦、断集、证灭、修道。"⑦

[今译] 阿含,译为无比法。《妙玄》卷十说:《增一阿含》阐明人天乘的因缘果报,《中阿含》阐明涅槃寂静的深刻佛教义理,《杂阿含》阐明

---

① 卷一(一),《大正藏》卷四十六,第144页中—下。
② 二仙:《四教仪集注辅宏记》卷一说:"二仙,或是阿罗逻、迦兰二仙。又说:似须改言'仙人堕处',以五百仙人空中闻音乐生染,失神足堕此处。"《卍续藏》第一〇二册,第269页下。
③ 《阿含》:又作阿笈摩,意译为无比法、法归、法本、法藏等。即指所传承之教说,或集其教说所成之圣典。通常系指早期佛教圣典四《阿含》或五《阿含》而言。
④ 《中》:即《中阿含经》,六十卷,东晋瞿昙僧伽提婆译。四《阿含》之一。收于《大正藏》卷一。
⑤ 《杂》:即《杂阿含经》,五十卷,刘宋求那跋陀罗译。四《阿含》之一。收于《大正藏》卷二。
⑥ 《长》:即《长阿含经》,二十二卷,后秦佛陀耶舍共竺佛念译。四《阿含》之一。收于《大正藏》卷一。
⑦ 见《大正藏》卷三十三,第800页中。

各种禅定的修行方法等情况，《长阿含》则是破斥外道的各种执著。而总的来说，四《阿含》是全面解说无常苦空以及对如何知苦、断集、证灭、修道的道理。

三、方等时，

[集注] 广谈四教，均被众机，说经既多，处亦不一，故约法立时也。若《普贤观》①称"方等"者，从理得名。如《释签》六云："此以理等，名方等典。"②若《止观》③二云："四门入清凉池曰方，所契之理曰等。"④此约行、理合论。今是生酥调斥之方等，义应属事。

[今译] 佛在第三方等时中，广泛地宣说了藏、通、别、圆四教的义理，使各种根机的众生普遍得到真实的利益，由于这一时期所说的经典非常之多，说法的地点也没有固定在一处，所以就从"法"的本身来建立这一时期的名称。比如《普贤观经》中所称的"方等"，是从义理思想方面来命名的。如《释签》卷六说：这是因为其内在义理广大平等，所以名为方等圣典。而《止观》卷二又说："从四种门进入到清凉池名为方，这种修证所契入的真实理体名为等。"这是把有相的修行和无相的理论两者结合起来而说的。现在这里的第三方等时的"方等"，是指五味中第三味生酥味调教小乘的弹偏斥小之方等，从这个意义上说，应该是属于事相方面的内容。

---

① 《普贤观》：全称《观普贤菩萨行法经》，一卷，刘宋昙无蜜多译。法华三部之一。收于《大正藏》卷九。

② 见《大正藏》卷三十三，第897页下。

③ 《止观》：即《摩诃止观》，又称《天台摩诃止观》，十卷(或作二十卷)。智者大师(538~597)讲述于隋代开皇十四年(594)，弟子灌顶(561~627)笔录。收于《大正藏》卷四十六。

④ 《止观》卷二(上)说：四门入清凉池即方也，所契之理平等大慧即等也。见《大正藏》卷四十六，第13页下。

说《维摩》①、

[集注]具云《维摩诘所说经》,人法立题,此云"净名",亦翻"无垢称"②。

[今译]《维摩》,全称为《维摩诘所说经》,以人、法复题立名。汉译为"净名",也有译为"无垢称"的。

《思益》③、

[集注]具云《思益梵天所问经》,罔明菩萨④答。

[今译]《思益》,全称为《思益梵天所问经》,经文中说:思益梵天来此土,说偈赞佛,应机请益。罔明以佛身相,超千万日月光明为问。故佛放光,思益梵天与诸菩萨互相问答。因为罔明菩萨是发起者,所以这里说是梵天所问,罔明菩萨所回答。

《楞伽》⑤、

[集注]翻不可往。

_____

①　《维摩》:全称《维摩诘所说经》,又名《维摩经》或《维摩诘经》,三卷。姚秦鸠摩罗什译。此经前后有三译,均收于《大正藏》卷十四。

②　无垢称:即维摩居士的译名。旧译为净名,新译作无垢称。见《大正藏》卷五十一,第908页中。

③　《思益》:全称《思益梵天所问经》,略称《思益经》,四卷,后秦鸠摩罗什译。本经系概述佛为罔明菩萨与思益梵天等诸菩萨说诸法空寂之理。此经还有西晋竺法护译《持心梵天所问经》四卷(又称《庄严佛法经》、《庄严佛法诸义》)、北魏菩提流支译《胜思惟梵天所问经》六卷(又称《胜思惟经》),皆是同本异译,都收于《大正藏》卷十五。

④　罔明菩萨:又译作明罔,或称罔明童子菩萨。为《思益梵天所问经》之对告众,据该经卷二《难问品》说,此菩萨受佛之圣旨,现福报光明,其右手指间放大光明,普照十方无量之佛国,于其中之地狱、饿鬼、畜生,以及盲聋喑哑者皆遇其光而得快乐,故号罔明。

⑤　《楞伽》:全称《楞伽阿跋多罗宝经》,略称《楞伽经》,四卷,刘宋求那跋陀罗译。今存三种译本,均收于《大正藏》卷十六。楞伽,山名,又说城名。即山以有楞伽宝得名,又说以险绝常人难入得名。《四教仪集注辅宏记》卷一说:楞伽,城名,在摩罗那山顶。《卍续藏》第一〇二册,第272页上。

[今译] 楞伽,汉译为"不可能到达"。

《楞严三昧》①、

[集注] 楞严翻"健相",三昧翻"调直定",亦云"正心行处"。

[今译] 楞严,汉译为"健相";三昧,汉译为"调直定",也称为"正心行处"。

《金光明》②、

[集注] 金即法身③,光即般若,明即解脱,单法立题。《玄》④文顺古,复约譬喻一释,格他譬法不周。其如经题,是法非譬。又不可以被利钝机,双存法譬也。

[今译] 金指法身,光指般若,明指解脱。从"单法"来建立经题。《金光明经玄义》一方面顺从了前人的说法,另一方面又从譬喻的角度来解释,指出其他人认为此经是以"譬"和"法"两者立题的不

---

① 《楞严三昧》:全称《首楞严三昧经》,略称《首楞严经》、《旧首楞严经》,二卷,后秦鸠摩罗什译(古有多种译本,今皆不存)。内容叙述坚意菩萨问能否疾证菩提三昧,佛乃为说首楞严三昧(勇伏定)。收于《大正藏》卷十五。三昧,又称三摩提、三摩帝,汉译为定、正受、调直定、正心行处、息虑凝心等。《摩诃止观》卷二说:"通称三昧者,调直定也。《大论》云:'善心一处住不动,是名三昧'。"见《大正藏》卷四十六,第11页上。

② 《金光明》:即《金光明经》。有五种汉译本:(一)《金光明经》,四卷,北凉昙无谶译。(二)《金光明帝王经》,七卷(或六卷),陈真谛译。(三)《金光明更广大辩才陀罗尼经》,五卷,北周耶舍崛多(一说阇那崛多)译。(四)《合部金光明经》,八卷,隋代宝贵等糅编。(五)《金光明最胜王经》(略称《最胜王经》),十卷,唐义净译。智者大师《金光明经玄义》二卷、《金光明经文句》六卷都是依第一种译本而撰。

③ 法身:又作法佛、理佛、法身佛等。指佛所说之正法、佛所得之无漏法,及佛之自性真如如来藏。小乘诸部对佛所说之教法及其所诠之菩提分法、佛所得之无漏功德法等,皆称为法身。大乘则除此之外,别以佛之自性真如净界界,称为法身,所谓法身即无漏无为、无生无灭。

④ 《玄》:此处指《金光明经玄义》,二卷,智者大师口述,门人灌顶笔录。收于《大正藏》卷三十九。

周到之处。就像经题的"金光明"三个字,是举一即三,全三即一的三德秘藏,正是不可思议的法性,而不是譬喻。同时也不可以因为此经所泽被的众生根机有利有钝,从而就以为此经存在着法、譬两种方式来立题。

《胜鬘》①等经。

　　[集注] 具云《胜鬘狮子吼一乘大方便方广经》。胜鬘夫人②,即舍卫国③波斯匿王④女,末利夫人⑤所生,为踰阇国⑥王妃。

　　[今译]《胜鬘》,全称为《胜鬘狮子吼一乘大方便方广经》。胜鬘夫人,就是舍卫国波斯匿王的女儿,末利夫人所生,为踰阇国友称王之王妃。

---

　　① 《胜鬘》:全称《胜鬘夫人师子吼经》。有三种汉译本:(一)《胜鬘经》,一卷,北凉昙无谶在玄始年间(412～428)译,见于隋费长房《历代三宝纪》,早佚,唐智升《开元释教录》列入阙本。(二)《胜鬘师子吼一乘大方便方广经》一卷,刘宋求那跋陀罗于元嘉十三年(436)译,今存。收于《大正藏》卷十二。(三)《胜鬘夫人会》一卷,唐菩提流志于神龙二年到先天二年间(706～713)译,编入《大宝积经》第四十八会,今存。

　　② 胜鬘夫人:音译为尸利摩罗。中印度舍卫国波斯匿王之女。聪明通敏,及长,为阿踰阇国友称王之妃。因受父母之熏陶而皈依佛道,敬礼赞叹如来,得当来作佛之授记,于二万阿僧祇劫之后,当得作佛,号普光如来。曾承佛力之加被,宣说《胜鬘师子吼一乘大方便方广经》。

　　③ 舍卫国:舍卫,为中印度古王国名。意译闻物、闻者、无物不有、多有、丰德、好道。又以此城多出名人,多产胜物,故称闻物国。本为北憍萨罗国之都城名,为别于南憍萨罗国,故以都城代称。

　　④ 波斯匿王:波斯匿,又作钵逻犀那恃多王等。意译胜军王、胜光王、和悦王、月光王、明光王。为中印度憍萨罗国国王,约与释尊同时。是佛教的大护法。兼领有迦尸国,而与摩揭陀国并列为十六大强国。

　　⑤ 末利夫人:末利,又作摩利夫人、摩利迦夫人。意译作胜鬘夫人。中印度迦毗罗卫城人。幼名明月。父为摩纳婆,母为婆罗门种。后成为憍萨罗国胜光王(即波斯匿王)之夫人,生有恶生太子(即毗琉璃太子)。

　　⑥ 踰阇国:即阿踰阇,一作阿输阇。汉译为不生、不可战。见《大正藏》卷三十七,第11页中。

四、般若时（说《摩诃般若》①、《光赞般若》②、《金刚般若》③、《大品般若》④等，诸般若经）。

［集注］从经题立时。般若翻智慧，般若尊重，智慧轻薄，即五种不翻⑤之一也。

摩诃，翻大、多、胜，以多含故不翻。《光赞》，经云："于是世尊，从其舌本，悉覆佛土⑥，而出无数百千光明，照三千界。其光明中，自然而植金莲花，其莲花上，各有诸佛，讲说此经。"光即光明，赞即讲说，即《大品》上帙。

《金刚》，从喻立名，以金中精刚，能断难断，喻般若断疑荡相。亦名

① 《摩诃般若》：全称《摩诃般若波罗蜜经》，又称《小品般若经》，十卷，二十九品，后秦鸠摩罗什译。本经即《大般若经》之第四分（卷五三八～五五五）。系阐说般若波罗蜜之法。收于《大正藏》卷八。

② 《光赞般若》：全称《光赞般若波罗蜜经》，十卷，西晋竺法护译。相对于《小品般若经》之初译本《道行般若经》，本经乃是《大品般若经》之初译本。相当于鸠摩罗什所译之《摩诃般若波罗蜜经》二十七卷九十品中之最初二十九品。收于《大正藏》卷八。

③ 《金刚般若》：全称《金刚般若波罗蜜经》，略称《金刚般若经》、《金刚经》，一卷，后秦鸠摩罗什译（另有五种异译本）。收于《大正藏》卷八。

④ 《大品般若》：即《大品般若经》，被称为二万五千颂般若，又作《摩诃般若波罗蜜经》、《摩诃般若经》、《新大品经》、《大品经》，二十七卷（或三十、四十卷），九十品，鸠摩罗什于后秦弘始四年至十四年（402～412）所译。系大乘佛教初期说般若空观之经典。收于《大正藏》卷八。

⑤ 五种不翻：梵语译成汉语时，有五种情形不予意译，而保留其原音（音译）。即：（一）秘密不翻，例如经中诸陀罗尼，系佛之秘密语，微妙深隐，不可思议，故不以义译之。（二）多含义不翻，例如薄伽梵一词，兼具自在、炽盛、端严、名称、吉祥、尊贵等六意，故不可任择其一而译。（三）此方无不翻，例如阎浮树产于印度等地，为我国所无，故保留原音。（四）顺古不翻，例如阿耨多罗三藐三菩提，意指无上正等正觉，然自东汉以降，历代译经家皆以音译之，故保留前人规式。（五）尊重不翻，例如般若、释迦牟尼、菩提萨埵等，一概不译为智慧、能仁、道心众生等；乃因前者能令人生尊重之念，后者则易招致等闲视之而轻贱。这五种不翻的规定是唐代玄奘大师所倡言，颇受后世效法。

⑥ 佛土：又作佛国、佛国土、佛界、佛刹。指佛所住之处，或佛教化之国土。即不仅指净土，甚且凡夫居住之现实世界（秽土），以其为佛教化之世界，亦称佛土。

《小般若》,乃《大品》六百卷中,第五百七十七卷。

《大品》,《辅行》五上云:"《大品》(及《大般若》)凡列法门①,无不皆以五阴②为首。"③

等诸般若经者,谓等于《小品》、《放光》④、《仁王》⑤、《天王》⑥、《文殊问般若》⑦等。

[今译] 第四般若时,是从经题来建立名称的。般若,可以勉强地译为智慧,但相比之下,般若显得尊重,智慧显得轻薄,所以就不把它翻译成智慧。这是"五不翻"之一。

摩诃,汉译有大、多、胜这三种含义,因为有多种含义,属于"五不翻"中的"多含不翻",所以就没有译为汉文。

《光赞》,经说:"在那个时候,世出世间最为伟大的觉者从他的根本智慧海中,显现出广长舌相,普遍地覆盖了所有一切诸佛的国土,发出无量无边的种种光明,普遍照耀三千大千世界。在这些殊胜而不可思议的光明之中,又自然而然地生长出金色的微妙莲花,每一朵莲花上

---

① 法门:即佛法、教法。佛所说,而为世间之准则,称为法;此法既为众圣入道之通处,又为如来圣者游履之处,故称为门。

② 五阴:新译为五蕴,旧译为五阴。三科之一。蕴,音译作塞健陀,乃积聚、类别之意。即类聚一切有为法之五种类别。(一)色蕴,即一切色法之类聚。(二)受蕴,苦、乐、舍,眼触等所生之诸受。(三)想蕴,眼触等所生之诸想。(四)行蕴,除色、受、想、识外之一切有为法,亦即意志与心之作用。(五)识蕴,即眼识等诸识之各类聚。

③ 卷五之一,见《大正藏》卷四十六,第280页下。

④ 《放光》:全称《放光般若经》,二十卷(或三十卷),西晋无罗叉(无叉罗)、竺叔兰等共译。收于《大正藏》卷八。

⑤ 《仁王》:全称《仁王般若波罗蜜经》,又称《仁王护国般若波罗蜜经》,二卷,姚秦鸠摩罗什译。系佛陀为十六大国王开示守护佛果、十地之行,及守护国土之因缘,指出讲说受持此经,则可息灾得福。收于《大正藏》卷八。

⑥ 《天王》:全称《胜天王般若波罗蜜经》,七卷,陈代月婆首那译于天嘉六年(565)。系佛应钵婆罗天王之问,对大众说甚深般若及其修习之法。收于《大正藏》卷八。

⑦ 《文殊问般若》:指《文殊师利问经》,略称《文殊问经》,二卷,梁僧伽婆罗译。本经系佛应文殊师利菩萨之发问,而答以种种问题者。收于《大正藏》卷十四。

面，又各自都有一切诸佛在说《光赞般若经》。"光，就是光明之义；赞，就是讲说之义，指《大品般若经》的上半部。

《金刚》，是从譬喻的方式来命名经题的，因为在金属里面，最具精密坚利性质的就是金刚，它不会被任何物质摧毁，却能摧毁任何物质。用来比喻佛所说的般若，具有断除一切疑惑，扫荡所有在事物假相上执著的功能。又称为《小般若》，因为它是六百卷《大般若经》中的第五百七十七卷。

《大品》，《辅行》卷五上说：《大品般若经》中凡是在排列佛法名数和修行方法的时候，没有不以五阴作为开头的。

所谓"等诸般若经"，是指《小品般若经》、《放光般若经》、《仁王般若经》、《胜天王般若经》、《文殊问般若经》等经典。

五、法华涅槃①时。

[集注] 从经题立名，以此二经同醍醐②故。具云《妙法莲华经》，妙名不可思议，法即十界③十如④权实之法，莲华譬上权实法也。《涅槃》⑤，

---

① 《涅槃》：全称《大般涅槃经》，又作《大涅槃经》、《涅槃经》、《大经》，四十卷，北凉昙无谶译。宣说如来常住、众生悉有佛性、阐提成佛等之教义。收于《大正藏》卷十二。

② 醍醐：指由牛乳精制而成最精纯之酥酪。

③ 十界：指迷与悟之世界，可分为十种类，即：地狱界、饿鬼界、畜生(傍生)界、修罗界、人间界、天上界、声闻界、缘觉界、菩萨界、佛界等十界。此中，前六界为凡夫之迷界，亦即六道轮回之世界。后四界乃圣者之悟界。此即六凡四圣，合称十界。

④ 十如：又称十如是，出于《法华经·方便品》。智者大师开演其深旨，著有《法华玄义》、《法华文句》、《摩诃止观》、《观音玄义》等书。指一切法，皆是真如实相。一、如是相，外显的形相；二、如是性，内具的理性；三、如是体，所具的体质；四、如是力，由体所生的力用；五、如是作，所造的作业；六、如是因，由所种的因；七、如是缘，助因生果的助缘；八、如是果，由缘发生的结果；九、如是报，所招的报应；十、如是本末究竟等，以上相为本，报为末，最后的归趣即究竟。十法界中的每一界，情与无情，色心万法，皆具此十如是。

⑤ 涅槃：又作泥洹、泥曰、涅槃那。意译作灭、寂灭、灭度、寂、无生，与择灭、离系、解脱等词同义，或作般涅槃(般，为梵语之音译，完全之义。意译作圆寂)、大般涅槃(大，即殊胜之意。又作大圆寂)。

具云摩诃般涅槃那,此云大灭度,大即法身,灭即解脱,度即般若,即三德秘藏①也。

[今译] 第五时是依据经题的名称来命名的,因为这两部经典都是相同的醍醐味。《法华》的全称为《妙法莲华经》,妙是指不可思议的意思,法就是十法界和十如是所包括的一切假名安立和究竟真实的法,莲华即是譬喻上面所说的"权"和"实"的一切诸法。《涅槃》,全称"摩诃般涅槃那",汉译为大灭度,大指法身,灭指解脱,度指般若,也就是三德秘藏。

是为五时,

[集注] 结也。

[今译] 这是一句总结的话。

亦名五味②。

[集注] 五时,在《大部》③中或作五味列,故云"亦"也。《五时说法颂》云:"阿含十二方等八,二十二年般若谈,法华涅槃共八年,华严最初三七日。"④

[今译] 上面所说的"五时",在《大涅槃经》中是作为"五味"来排列说明的,所以说"亦名五味"。《五时说法颂》(孤山智圆著)说:阿含十二方等八,二十二年般若谈,法华涅槃共八年,华严最初三七日。

---

① 三德秘藏:三德,即法身德、般若德、解脱德。秘藏,隐而不传于人,称为秘;蕴蓄于内,称作藏。三德秘藏,三德之说曾出现在《法华经》以前之诸经,但法华圆教之三德系纵非横、非三非一,则大异于前说。同时此三德亦可配于三菩提、三佛性、三宝、三道、三识、三般若、三大乘、三身、三涅槃等。指诸佛之妙法,以诸佛善为守护,不妄宣说。

② 五味:五时的异名,五味是指《涅槃经》中所说的乳、酪、生酥、熟酥、醍醐等五味。和五时相搭配,说明教法所代表的性质,也是佛陀说法具有次第相生的意思。

③ 《大部》:又作《大经》,即《大般涅槃经》之略称。

④ 据《四教仪集注辅宏记》卷一说:今明别义,故引孤山《五时说法颂》。《卍续藏》第一〇二册,第277页下。但在孤山智圆法师的现存著作里面却找不到这个颂,不知出自何处。流传甚广。

第二章 总说八教

言八教者,顿、渐、秘密、不定、藏、通、别、圆,是名八教。

[集注] 初总标,不从渐来,直说于大,时部居初,故名为顿。中间三味,次第调停,破邪立正(鹿苑),引小向大(方等),会一切法,皆摩诃衍①(般若),故名为渐。不思议力,同听异闻②,互不相知,名秘密教。闻小证大,闻大证小,得益不同,名不定教。

经律论三,各含文理,条然不同,名三藏教。三乘共行,钝同三藏,利根菩萨③通后别圆,故名通教。独菩萨法,别前藏通,次第修证,别后圆教,故名别教。教、理、智、断、行、位、因、果,满足顿妙,一切圆融,故名圆教。

[今译] 第一句"言八教者"是总标名目。不用从逐渐教化步步升进,而是直接宣说大乘深妙法义,从五时和部类来说是佛成道后的最初说法,所以叫做"顿教"。中间所经历的酪、生酥、熟酥等三味,都是有前

---

① 摩诃衍:摩诃衍那之略称,指大乘佛法。

② 同听异闻:化仪四教中的秘密教与不定教,即于佛说法时同座而听,然所闻之法各异,小乘之机闻小法,大乘之机闻大法,称为同听异闻。又同听异闻者所闻之教法,若为自他互相知,然受益因人而异者,称为不定教。而自他互不相知,受益亦各自不同者,则称为秘密教。

③ 菩萨:菩提萨埵之略称。意译为道众生、觉有情、大觉有情、道心众生。意即求道求大觉之人、求道之大心人。菩提,觉、智、道的意思;萨埵,众生、有情的意思。即指以智上求无上菩提,以悲下化众生,修诸波罗蜜行,于未来成就佛果的修行者。亦即自利利他二行圆满、勇猛的求菩提者。对于声闻、缘觉二乘而言,若由其求菩提(觉智)之观点视之,亦可称为菩萨;而特别指求无上菩提的大乘修行者,则称为摩诃萨埵、摩诃萨、菩萨摩诃萨等,即利根的大菩萨。

后次第调适,逐渐消除、停止各种执著,破除邪外的无知,建立正确的见解(鹿苑时);引导小乘的声闻人转向大乘的菩萨道(方等时);融会贯通一切佛法,会归于大乘的佛法妙理(般若时)。这叫"渐教"。不可思议的力量,一起听佛说法,却得到了不同的理解、不同的功德利益,并且彼此之间互不相知,这叫"秘密教"。听到佛说小乘法而体悟到了大乘法,听到佛说大乘法却只体证了小乘法。由于听闻佛法者的根性不同,从而所得利益也不同,这叫"不定教"。

经、律、论三者,各自的语言形式和义理内涵,井然有序各不相同,这就名为"三藏教"。小乘、中乘、大乘等三乘根性的行者,一起修行,根机钝的人就与三藏教的修行人见解相同,根机利的菩萨就与后面的别教、圆教的修行人见解相通,所以叫做"通教"。唯有菩萨根性的人修行的方法,差别于前面的藏教、通教;但其修行方法是有次第修证的,又差别于后面所说的圆教,所以叫做"别教"。教化形式、义理、智慧抉择、断除无明、修行方法、证得位次、因地状况、果德庄严等等,都是当下具足圆满微妙,所有一切都能圆融无碍,自在庄严,所以叫做"圆教"。

顿等四教是化仪,如世药方;藏等四教名化法,如辨药味。

[集注] 化仪,化物仪式。化法,化物方法。《义例》①云:"顿等四教是佛化仪,藏等四教是佛化法。"②

[今译] 化仪,是指教化引导众生的形式;化法,是指教导众生的各种方便和法门,即所教导的实际内容。《义例》说:顿等四教是佛教化众生的仪式,藏等四教是佛教化众生的实际内容。

---

① 《义例》:即《止观义例》,又称《摩诃止观义例》、《圆顿止观义例》,二卷,唐代湛然大师撰。本书以七科总括《摩诃止观》的要旨,以明天台观门之大概。收于《大正藏》卷四十六。

② 见《大正藏》卷四十六,第448页下。

如是等义，散在广文，今依大本，略录纲要。

[集注] 广文，一家教部，即下文"广本"也。"大本"即《法华玄义》。今文所录，通依一家广文，如文末云：谨案台教广本，的依大本《玄义》，如云：请看《法华玄义》十卷。

[今译] 广文，指天台宗所有相关的重要著作，也就是下文所说的"广本"。大本指《法华玄义》。本书（指《天台四教仪》）所抄录的内容，基本上是依据本宗的各种相关典籍，就像文末所说：现在仅仅根据天台教典的各类著作，主要依据大本《法华玄义》。又说：请参考阅读《法华玄义》十卷。

第三章　化仪四教与五时教

初辨五时、五味,及化仪四教,然后出藏、通、别、圆。

　　[集注] 此明今文抄录之法,化仪属部,故与时味兼明;化法属教,故后别明也。

　　[今译] 这是指出本书的抄录方法和范围,化仪四教属于对佛说法的部类仪式的划分,所以就与五时、五味放在一起来探讨;化法四教属于对佛说法的实际内容的划分,所以放在后面单独阐述。

第一节　顿教(华严时)

第一顿教者,即《华严经》也。

　　[集注] 此判部属顿①。

　　[今译] 这是从《华严经》的部类来说,将其判别为顿教部。

从部、时、味②等,得名为顿。

　　[集注] 此释出属顿所以也。部唯约法,时兼法譬,味专约譬,最初说大,时味俱初,故得顿名。此下"所谓如来"等,约部判顿。"此经中云"下,约时判顿。"《涅槃》云"下,约味判顿,后准《法华》判也。

　　[今译] 这是解释为什么要将《华严经》判属顿教的原因所在。部

---

　　① 部属顿:即顿教部,部即部局之意,从佛陀只有在华严会上才说《华严经》的这种带有局限性角度来看,就判别《华严经》为顿教部。如蕅益大师《教观纲宗》说:顿教部,谓初成道,为大根人之所顿说,唯局华严。见《卍续藏》第一〇一册,第959页下。

　　② 部、时、味:部,指如来说的法;时,佛陀说法的时间;味,与时间相配合的譬喻。

类只是单独从佛所说教法的本身来说,时间则从教法本身和譬喻两方面来说,而五味的味是专门从譬喻的方面来谈。佛成道后最初宣说了大乘法门,从五时和五味两方面来看都是最初,所以就用"顿教"这个名称了。就以下的文意来看,从"所谓如来"开始往下的一段内容是从部类的角度来判别《华严经》属顿教部;从"此经中云"往下的论述是从时间的角度来判别其为顿教。从"《涅槃》云"之下,则是从五味相生的角度来判别《华严经》属于顿教的部类。最后又根据《法华经·信解品》来判别《华严经》属于"拟宜"的顿教部。

所谓如来初成正觉,在寂灭道场,四十一位①法身大士②,及宿世根熟天龙八部,一时围绕,如云笼月。尔时如来,现卢舍那身③,说圆满修多罗④,故言顿教。

[集注] 如来,乘如实道,来成正觉。《文句》⑤九⑥。初成正觉,三

---

① 四十一位:即《华严经》所说之大乘菩萨修行阶次。菩萨之修行,渐次臻于佛果之阶位有十住、十行、十回向、十地,及等觉,共四十一位。有关菩萨修行之阶次,诸经论所说不一,唯识家亦采取四十一位之说;《仁王般若波罗蜜经》卷上《菩萨教化品》则于上记四十一位之前,别立十信,而有五十一位之说;《菩萨璎珞本业经》卷上所说之五十二位,历来被视为最周全,系于五十一位之后,即等觉位之后,另加妙觉之位,天台亦采此说。

② 法身大士:又作法身菩萨,指累积修行而断除一分无明,即显现一分法性之菩萨。《大智度论》卷三十八说:法身菩萨断结使,得六神通;生身菩萨不断结使,或离欲,得五神通。《大正藏》卷二十五,第342页上。

③ 卢舍那身:卢舍那,汉译为净满、光明遍照等。此处指说《华严经》时所显现的圆满报身佛。

④ 圆满修多罗:指《华严经》。修多罗,意译作契经,上契诸佛之理,下契众生之机。这是《华严经》中自称之语,如旧译《华严经》卷五十五说:尔时,如来知诸众生应受化者,而为演说圆满因缘修多罗。(《大正藏》卷九,第749页上)所以《华严经》别称为《圆满经》。天台判教中,依此经文而立圆教之名。

⑤ 《文句》:全称《妙法莲华经文句》,略称《法华经文句》、《法华文句》、《妙句》,十卷(或二十卷),智者大师在南朝陈代祯明元年(587)于金陵光宅寺讲说,由灌顶笔记。本书系对于《法华经》经文逐句所作注释。收于《大正藏》卷三十四。

⑥ 见《大正藏》卷三十四,第127页下—128页上。

七日说,大化之始,故曰初成。离邪曰正,背妄曰觉。

寂灭道场,寂五住烦恼①,灭二种生死②,得道之场,故曰道场。即摩竭提国③,阿兰若④处,处随法转,名寂灭场。

四十一位,圆教住、行、向、地、等觉,别地已上,证道同圆。《四念处》⑤云华严后无等觉者,乃部中谈位,不可以此而难今文,经前列众也。

法身大士,破无明惑,得无生忍⑥,舍生身已,居实报土⑦,受法性身⑧,故曰法身。上求下化,建立大事,故曰大士。

---

① 五住烦恼:即五住地烦恼,五种住地的烦恼。又作五住地惑。指五种能使众生执著于三界九地生死的烦恼。依《胜鬘经》所说,五种住地烦恼即:见一处住地、欲爱住地、色爱住地、有爱住地、无明住地。此五种惑能生烦恼,为一切烦恼之根本,故又名住地。

② 二种生死:凡夫和圣人的两种生死方式,即分段生死与变易生死。(一)分段生死:又称有为生死,指凡夫因有漏善恶之业,在三界六道轮回所受的肉身生死;肉身有美丑胖瘦高矮的差别,分分段段得生死,故称分段生死。(二)变易生死:又名不思议变易生死、无为生死,指阿罗汉、辟支佛、大力菩萨等超越三界轮回的圣者,依无漏大愿所感得的细妙殊胜依身之生死,因将分段粗劣身改转变易而得不思议身,故称变易生死。

③ 摩竭提国:摩揭陀,中印度之古国。又作摩羯陀国等,意译无害国、不恶处国、致甘露处国、善胜国。为佛陀住世时印度十六大国之一。位于今南比哈尔地方,以巴特那(即华氏城)、佛陀伽耶为其中心。

④ 阿兰若:又作阿练若等,略称兰若、练若,译为山林、荒野。指适合于出家人修行与居住之僻静场所。又译为远离处、寂静处、最闲处、无诤处,即距离聚落一俱卢舍(五里)而适于修行之空闲处。

⑤ 《四念处》:四卷,智者大师说,灌顶录。本书依四教详述四念处观,依此彰显天台教法之观行,说明在凡位的初发心者,应进修初心凡夫位或外凡位的五停心、别相念处、总相念处之观行,而劝励行人致力解行。收于《大正藏》卷四十六。

⑥ 无生忍:把心安住在不生不灭的道理上。忍就是认可、决定,把心安住在道理上而不再动摇的意思。

⑦ 实报土:又作真实报土,指佛之报身所居之土,即佛于过去因位以愿行所酬报之净土。此实报土,乃由因位无漏行业之熏发,所显现无量庄严之清净土。

⑧ 法性身:就是法身。佛身如法性周遍十方,有无量无边之相好庄严,以无量之光明,无量之音声,度十方无量之法身菩萨,叫作法性身。

宿世根熟,佛化众生,种、熟、脱三,时时不废,谓种在久远,熟在宿世,脱在今日。

天龙八部,天龙别名,八部总称,总别兼举也。天、龙、夜叉①、乾闼婆②、阿修罗③、迦楼罗④、紧那罗⑤、摩睺罗伽⑥,人非人等,总结八部。龙鬼等得预法会者,乘急戒缓故。大师准《涅槃经》云于戒缓者,不名为缓,于乘缓者,乃名为缓之文,遂开乘戒四句⑦。

图3:乘戒缓急四句

---

①　夜叉:又作药叉等,意译轻捷、勇健、能啖、贵人、威德、祠祭鬼、捷疾鬼。女性夜叉,称为夜叉女。指住于地上或空中,以威势恼害人,或守护正法之鬼类。

②　乾闼婆:又作干达婆、犍闼婆等,意译食香、寻香、香阴、香行等。在印度神话中,原是半神半人的天上乐师。在佛教里,被列为八部众之一,是帝释天属下职司雅乐之神。

③　阿修罗:略称修罗,又作阿须罗等,意译为非天、非同类、不端正。旧译不酒、不饮酒。为印度最古诸神之一,系属于战斗一类之鬼神,经常被视为恶神,而与帝释天(因陀罗神)争斗不休。

④　迦楼罗:又作迦娄罗、迦留罗等,旧译为金翅鸟,新译为妙翅鸟、顶瘿鸟、食吐悲苦声等。居四天下之大树,取龙为食。

⑤　紧那罗:又作紧捺洛等,或称歌神、歌乐神、音乐天,意译作疑神、疑人、人非人。彼具有美妙的音声,能歌舞,为佛教八部众之第七。

⑥　摩睺罗伽:又作莫呼洛伽摩,旧曰休勒,新曰莫呼洛伽、摩护啰誐、摩呼洛伽。即大蟒神,佛教八部众之第八。

⑦　乘戒四句:乘,指藉以开悟实相、出离生死的智慧;戒,指用以防非止恶,而可招感人、天果报之制法。如证得观智、四谛、十二因缘、六度等之智慧,皆称为乘;所奉持之三皈、五戒、十善、八斋,乃至出家律仪等,皆称为戒。又称戒乘缓急:戒,即戒律。乘,即教法。佛教徒依根性之不同而在持戒、闻法方面各有偏尚,这种情形就称为戒乘缓急。成佛之道,有以持戒为主,先严持戒法而后再研习教法者;也有专尚教法而较不重视持戒者。由此乃有戒缓乘急、戒急乘缓、戒乘俱急、戒乘俱缓四种。也称为戒乘四句。

[今译] 如来，是指乘真如实际的大道来成就正等正觉的意思，详见《文句》卷九。释迦世尊最初成佛的时候，于二十一天之内宣说了佛所证得的境界，是佛一生大弘佛法的开端，所以说"初成"。远离邪外叫做正，舍去虚妄叫做觉。

寂灭道场：使五住烦恼沉寂而不妄动，消灭分段、变易二种生死的过患，证得真理的场所，所以就叫做"道场"。就是在摩竭陀国的阿兰若处，修行的处所根据所修之法的内容来称呼，就叫做"寂灭场"了。

四十一位：是指圆教所说的十住、十行、十回向、十地、等觉四十一个位次。别教初地以上所修证的果位，才和圆教四十一位中的第一位初住相同。《四念处》说《华严》初无十信位、后无等觉位，此乃是从部类之内所说的修行位次，从整个佛法的修行证位来说是有这四十一个位次的（清凉《钞》说：等觉因位之极，称为顶位），不可以因此来非难现在这四十一位次的说法，这是经典前头先列出听闻此经的听众。

法身大士：破除了无明的迷惑，证得了无生法忍，捐弃了分段生死，也离开了凡圣同居、方便有余两种净土，从而居住在实报庄严的净土当中，拥有了清净微妙的法性之身，所以就叫做法身。能够向上追求圆满极致的佛果，往下超度教化苦难的众生，完全有能力作自利利他的事业，所以称为大士。

宿世根熟：佛化导众生的开始，就善巧地为众生播下了顿、渐、不定显露的种子；于中间的阶段，又以顿、渐五味来调伏众生，使众生的善根能够长养到成熟的地步；第三步又以顿、渐五味来度脱众生的一切苦难和执著。以种、熟、脱这三种方法，时时刻刻不停地为众生施设，所谓"种"在久远劫之前就开始了，"熟"是在过去的几世当中进行的，"脱"则是现在于菩提树下成道后的说法利益众生。

天龙八部：天龙是别名，八部是总称，属于总别一起来列举的说法。所谓八部，是指天、龙、夜叉、乾闼婆、阿修罗、迦楼罗、紧那罗、摩睺罗伽，人及非人等，总称为八部。龙鬼等也能参加法会，这是由于乘急戒缓的缘故。智者大师根据《涅槃经》"对于戒律不十分精进的人，不叫做真正的不够精进；对于大乘佛法的修行不够精进的人，那就是真正的不够精进了"的说法，就提出了"乘戒四句"的理论。

[集注] 如云笼月，月喻教主，具智断①二德。初一至十五，谓之白月，智光渐增，故譬智德；十六至三十日，谓之黑月，邪光渐减，故譬断德。

尔时如来，指丈六身，即境本定身②也。现卢舍那身，现即现起；卢舍那，翻净满，谓诸恶都尽故净，众德悉圆故满（自报）。亦翻光明遍照（他报），亦名尊特，亦名胜应③。

新译《华严》云：毗卢遮那④。《妙乐》九破云："近代翻译，法报不

---

① 智断：即智德与断德。明白真理名智德，即菩提；断尽烦恼名断德，指涅槃。见《大正藏》卷四十，第827页上。

② 境本定身：指释迦丈六之劣应身。境，所观之境；本，根本；定，必定；身，指丈六三十二相之应身。谓藏、通、别、圆四教行人，随其能观之智不同，因而所观之佛身亦有劣应身、胜应身、报身、法身四种不同，然而四教行人所对之佛身皆必为丈六之释迦应身，应身为所观之境；所观之境于根本上必为释迦丈六劣应身，故称为境本定身。见《止观辅行传弘决》卷一。《大正藏》卷四十六，第168页上。

③ 胜应：劣应身的对称。天台宗将佛之应身分为胜、劣二种，其胜者称为胜应身。此系对于初地以上之菩萨而应现之尊特卢那身。此身为藏、通、别、圆四教中通教之利根者（已彻见不但空之理者）所见之佛身，亦即于丈六佛身上所现周遍法界的相好之身。

④ 毗卢遮那：又作毗楼遮那、毗卢折那、吠嚧遮那，意译遍一切处、遍照、光明遍照、大日遍照、净满、广博严净。原为太阳之意，象征佛智之广大无边，乃历经无量劫海之修习功德而得到之正觉。有关毗卢遮那佛，诸经之记载与各宗之解释都不尽相同，或为佛之报身，或为佛之法身。

分,二三莫辨。"①然华严教主②,经疏诸文,或云释迦,或云舍那者,盖是释迦现起舍那故也。

而净觉③谓本是实报土身,应下二土故。《解谤》④破云:"汝执藏尘为尊特相,树下之身有此相否?故《升须弥山⑤顶品》云:尔时世尊,不离一切菩提树⑥下,而上升须弥,向帝释殿⑦。岂非《华严》是千百亿应

---

①　《法华文句记》卷九(下)说:近代翻译,法报不分,三二莫辨。见《大正藏》卷三十四,第330页中。

②　华严教主:即讲《华严经》时的佛陀。有多种论说:《华严经探玄记》卷二举出三种说法:(一)华严经教主为化身佛,此因菩提树下八相成道之佛为化身,以释迦之异名为卢遮那,而非其他之报身。(二)此经教主为实报身,乃卢遮那之法界身,居于莲华藏净土中,以彼佛具足二十一种殊胜功德,故为实报身;以不离化土而兼居菩提树下,故非化身。(三)以此经教主为十身佛,其身通于三世间,对十信三贤之人说法,则地前菩萨所见非实报身。虽然居于华藏世界,但并没有任何局限,故非前二(化、报)而具摄前二,性融通故,具足主伴,如帝释天之网,所以是周遍法界的十佛之身。见《大正藏》卷三十五,第130页中。

③　净觉:即宋仁岳大师(992~1064),霅川(浙江吴兴县)人,俗姓姜。字寂静,自号潜夫,赐号净觉。曾师事四明知礼十余年,究其蕴奥,及至山家山外论诤渐激烈,师扶助知礼对抗山外之徒,出力甚多。后脱离山家,自成一派,世称杂传派或后山外派之泰斗。治平元年安坐示寂,世寿七十三。

④　《解谤》:即《解谤书》,三卷,宋四明知礼大师撰。是破斥后山外派仁岳净觉之观点的辩论性著作。今佚亡,参见《大正藏》卷四十六,第916页中、下及918页下。

⑤　须弥山:又作须弥卢山、须弥留山,略作弥楼山,意译作妙高山、好光山、好高山、善高山。为耸立于一小世界中央之最高山,周围有八山、八海环绕,而形成一世界(须弥世界)。

⑥　菩提树:又称觉树、道树、道场树、思惟树、佛树。释尊即于中印度摩揭陀国伽耶城南菩提树下证得无上正觉。此树原称钵多,又作贝多、阿说他、阿沛多,意译为吉祥、元吉,其果实称毕钵罗,故亦称毕钵罗树。属桑科,原产于东印度,为常绿乔木,高达三公尺以上,其叶呈心形而末端尖长,花隐于球形花囊中,花囊熟时呈暗橙色,内藏小果。

⑦　帝释殿:帝释天之宫殿,在须弥山顶上,善见城内,又名殊胜殿。参见《大正藏》卷二十九,第59页下。

身所说？此身既被别圆之机，见是尊特，何须独指华台受职①身耶？"盖指千百亿应身中之一身所说。

月堂②云：境本定身，则是释迦；机感见相，乃是舍那。此即释迦境本定身，现起舍那尊特也。上品相好，下品尊特③，二现言之，正当须现。

圆满修多罗，约圆实部主说。《释签》云："华严顿部，正在圆真，兼申别俗。"④"修多罗"翻契经，圣教之都名，若十二部⑤中，直说法相者，名"修多罗"。今非此意。

故言顿教，结部属顿也。

[今译] 如云笼月：月譬喻教主释迦牟尼佛，佛具备明了一切真理的智慧和断除一切无明烦恼黑暗的德行。譬如从初一到十五是白月，光明逐渐增加到圆满无缺，比喻佛具有智慧光明的智德；从十六到三十日是黑月，光度也逐渐减少，比喻佛具有断除邪恶知见的断德。

尔时如来：指丈六金身的释迦牟尼佛，但这个佛的色身在不同根机

---

① 华台受职：是指佛陀初成正觉，坐在千叶莲华台大宝华光王座时，接受了十方诸佛齐放白毫相光来给他灌顶，并授予法王之职。也就是指实报庄严土的佛身。《四教仪集注辅宏记》卷二云：华台受职者，即实报土身。若约所依，名实报身，以称中道法性理，感真实果报土也；若约所证，名华台受职，华台表法界理，故报身卢舍那佛坐华台，若应身释迦但坐莲叶。《卍续藏》第一〇二册，第286页下。

② 月堂：即宋慧询(1119~1179)大师，永嘉(今温州)人，俗姓陈，字谋道，号月堂。八岁即出家于祖印院，听《法华》数遍，即能成诵。参谒南湖澄照，继学于南湖圆辩。于南湖宣扬大法，誉闻遐迩。丞相魏杞亦礼敬之。于淳熙六年示寂，世寿六十一。见《佛祖统纪》卷十七。

③ 上品相好，下品尊特：知礼大师从佛陀所说教法内容的角度，将佛身分为三品尊特之相。又从佛陀说法时所现身相的角度也分为三种相，如《四教仪集注辅宏记》卷二说：四明约教分三品尊特……又约相海分三品，谓：华严尘相，上品相海；八万四千，中品相海；三十二相，下品相海。《卍续藏》第一〇二册，第288页上。

④ 见《大正藏》卷三十三，第909页下。

⑤ 十二部：即十二部经，又作十二分教、十二分圣教、十二分经。是依佛陀所说法的叙述形式与内容分成的十二种类，也就是佛经的十二种体裁。即：契经(又作长行)、应颂(亦称重颂)、记别(又作授记)、讽颂(又作孤起)、自说、因缘、譬喻、本事、本生、方广、希法(又作未曾有法)、论议。

的众生看来都不一样,而佛本身则没有变化,也就是所谓的境本定身。现卢舍那身,现是现起之意;卢舍那汉译为"净满",指一切邪恶都断灭干净,所以叫"净",所有功德都已经圆满具足,所以叫"满",这是从自己所受用的报德方面来说的。也译为光明遍照,这是从能使他人也得到受用的报德方面来说的。又叫做"尊特",又叫做"胜应"。

唐代新译的《华严经》称为"毗卢遮那"。《妙乐》卷九对其进行了破斥,说:"近代人翻译佛经,法身和报身都不区分开来说,两身(胜应身、劣应身)和三身都辨别不清楚。"然而,有关讲《华严经》的佛身,在各种经论著疏的文献中,有的说是释迦牟尼佛,有的说是卢舍那佛,这是因为化身的释迦牟尼佛显现了报身卢舍那佛的庄严身相的缘故啊。

但是净觉(仁岳)认为讲《华严经》的本是实报庄严土的报身卢舍那佛之身,而实报以下的两土(方便、凡圣)则都是应化之身。(他不知道华严相好庄严也是应众生的根机而显现的)所以《解谤书》破斥他说:"你执著佛讲《华严经》时的微尘数无量庄严奇特之身相为佛的根本,那么佛在菩提树下成道的时候有这些庄严的相貌吗?所以《升须弥山顶品》说:'那个时候的佛,并没有离开一切(十方百亿国,一国一释迦)的菩提树下,而上升到须弥山顶上,到了帝释天的宫殿里向帝释天上的诸大菩萨宣讲《华严经》。'这难道不是说明《华严经》也是千百亿应化之身的释迦牟尼佛所说?这个应化之身既然是为了适应别教和圆教的根机,而显现殊胜奇特的如来身相,怎么可以把他单独说成实报庄严土的身相呢?"实际上应该说:华严会上所显现的庄严佛身,也是千百亿化身中的一身,那么《华严经》也是应化佛所说了。

月堂法师说:从所观之境的根本上说,必定是三十二相丈六身的释迦牟尼佛,而从不同根机所见佛身不同的角度来说,则是卢舍那佛。这就是丈六释迦牟尼佛身所显现出来殊妙的卢舍那佛身相。从上品尊特身相和下品尊特身相这两种佛身显现的角度来说,正好体现了佛说法能够上契诸佛之理下契众生之机的圆满微妙。

圆满修多罗:这主要是从圆教部的方面来谈。《释签》说:"从华严时的顿教部来看,根本的意趣是阐述圆教诸法实相的义理,同时也兼带叙述了别教的思想和方便法门。"修多罗,汉译为"契经",是佛教典籍的总称,如果单从十二部经的角度来说,则把专门分析诸法(一切事物)名相的一部叫做"修多罗"。而现在的华严时不是指这个意思。

故言顿教:这是总结《华严经》的部类属于顿教。

若约机、约教,未免兼权。

[集注] 机是所被,教是能被,机有别圆,教兼权实。《辅行》曰:"约部约味,得名为顿,部内之教,教仍兼渐。"①

[今译] 机是指佛所教化的对象(众生),教是指能够教化众生的主体(佛法),众生有别教和圆教的根机,教化众生也就有方便权巧的和圆满真实的佛法。《辅行》卷九说:从部类和五味相生次第的角度来说,应该叫做"顿教",然而从这个部类(《华严经》)的内在义理来看,教法的内容仍然具有兼带逐渐调教的含意。

谓"初发心时②,便成正觉"等文,为圆机说圆教。

[集注] 此释能兼之圆,如后释。等文者,等于三无差别③之文。

[今译] 这是解释《华严经》是兼带有别教思想的圆教,就像后文所解释的那样。此处的"等文",是指《华严经》中所说的"心、佛、众生,三无差别"等圆教的文字内涵。

---

① 见《辅行》卷九之三,《大正藏》卷四十六,第429页上。

② 初发心时:出自晋译《华严经·梵行品》之文,初发心就是指发心住的初住菩萨,最初破一品无明,证得一分法身,而现八相成佛之作用,也就是圆教初住成佛的意思。

③ 三无差别:指心、佛、众生三种平等无差别。又作三法无差、三三平等观。即:(一)心无差别,谓一念之心体,凡圣不二,具足十界十如是之法,而与诸佛、众生之性无有差别。(二)佛无差别,谓十方诸佛了悟十界十如是之法而成正觉,即是悟本心之所具、悟众生之所迷;迷悟虽殊,而其体无有差别。(三)众生无差别,九界众生各具足十界十如是之法,诸佛之所悟与本心之所具,其体无有差别。

处处说行布次第①,则为权机说别教。

[集注] 此释所兼之别,凡经文处处所说,行列排布,恒沙法门,历劫修行,次第之义,皆别教也。今文欲显部中,机教兼权,故指经中别圆各说,显文为证。若别圆间说,及分圆即别,融别即圆,义非一概也。

[今译] 这是解释《华严经》中所兼带的别教思想,凡是在经中许多地方都说到的,各种修行的次第排列和前后分布,无量无边恒河沙数的方法与门径,经历三大劫时间修行才能成就佛果,断惑证真等有关前后次第的各种义理,都属于别教的见解。现在这里是想说明,在华严这个顿教部类当中,因众生根机和教法内容两方面都有兼带方便权巧的成分,所以指出《华严经》中别教和圆教两种理论都各有阐述,并且以该经的明文作为根据。其他还有别教和圆教两种思想都有所描述,乃至把圆教的思想单独分割开来,就会成为别教的思想,而把别教的思想融会贯通,也就会成为圆教的思想等情况,所以从义理来说,不能死板地一概而论。

故约部为顿。

[集注] 此结从部为顿。

[今译] 这是总结从部类的角度来看,《华严经》属于顿教。

约教名兼。

[集注] 此结部中,机教兼权。

[今译] 这是总结在《华严经》这个部类当中,众生根机和教法内容都兼带有别教思想的方便权巧。

----

① 行布次第:按顺序有次第地把修行的阶位排列出来,叫做行布次第。菩萨历劫依次而修,从发心开始直到成佛为止。这种次第严格、阶梯分明的修行过程,是别教行人所遵守的。

此经中云：譬如日出，先照高山（第一时）。

[集注] 晋译《华严》二十九《宝王如来性起品》文有四照，合法有五。今家约义引经，但作三照。又复义开平地为三，用对涅槃五味，《妙玄》一①、《释签》一②。《别行义疏记》③云："彼经预叙，一代始终，故立譬云：犹如日出，先照高山，次照幽谷，后照平地。今家义开平地为三，对于涅槃五味。"④

日譬于佛，光譬说教，照物譬被机，高山譬别圆众，此譬兼于机应也。若《释签》用两经二义相成者，旻智行⑤云：若不用涅槃五味，则不显华严演三成五；若不用华严三照⑥，则不显涅槃后之四味，皆从牛出。旧谓今家合四为三⑦，而诸文直作三照引经，何尝云合四耶？又有以经中，譬如日月，出现世间，乃至深山幽谷，无不普照之文，谓是经文合四

---

① 《法华玄义》卷一只提到五味，却没有提到三照。见《大正藏》卷三十三，第683—684页。

② 见《大正藏》卷三十三，第822页中。

③ 《别行义疏记》：全称《观音经义疏记》，又称《观音别行疏记》、《别行疏记》，四卷，宋知礼大师撰。是对智者大师《观音义疏》的解释。收于《大正藏》卷三十四。

④ 《观音经义疏记》卷三，见《大正藏》卷三十四，第952页中。

⑤ 旻智行：即智行守旻法师，生平传记不详，是宋朝竹庵可观大师（1092～1182）的法嗣，《佛祖统纪》卷十六的目录上排列了他的法号和传承，但文中没有记载他的事迹。

⑥ 华严三照：天台宗依《华严经》所建立了三照的理论。（一）高山，日出先照高山，以喻佛成道后，最初说《华严经》，化顿大之菩萨。（二）幽谷，日光次照幽谷，以喻于鹿苑说小乘经化声闻缘觉。（三）平地，日光次照平地，以喻说方等经乃至《涅槃经》，化一般大乘渐入之机。而照平地之日光又分食时、禺中、正中三者，配之于方等、般若、法华三时，使之与《涅槃经》所说五味的比喻相吻合。但《涅槃经》的五时相生之次第明了，而五时教一体之义并不明显，故以此日光的譬喻，阐明如来教法同一味的涵义。

⑦ 合四为三：六十《华严》第三十五《宝王如来性起品》说：譬如日出先照一切诸大山王、次照一切大山、次照金刚宝山、然后普照一切大地。天台宗依据《法华经·信解品》有密遣二人，为声闻、缘觉之二人，视二乘为同一根机。但是《华严经》却分缘觉与声闻为二照，而其意为同一照之分际。因此，天台就将此四照合为三照，立三照之名。这是因为深山、幽谷，无不普照，即是根据大山王、大山、宝山、大地等四照，而作高山、幽谷、平地之三照说。

为三,殊不知此文只是照幽谷也。

经文四照,约义引经,但作三照。

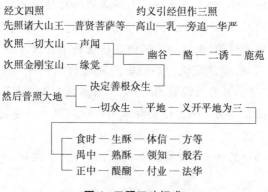

图4:三照五味相成

[今译] 在晋译《华严经》第二十九卷《宝王如来性起品》中,经文确实说到四照,而将这四照结合佛说法的次第就有五种。天台宗从佛经内在义理来诠释,提出来三照的主张。再者,从经文内在的义理方面来看,把日照平地的一照又分为三时,以此来对照《涅槃经》所说的五味次第相生,在《法华玄义》卷一、《释签》卷一当中,都有关于五味和三照的说明。《观音玄义疏记》卷三说:《华严经》全面概述了佛一代教化众生的前后次第,所以用譬喻的形式来说明——就像太阳升起来一样,首先照到高山,其次照到幽谷,最后就普遍地照到一切平地了。现在天台宗根据经文所蕴含的义理,把阳光照在平地的第三照又分为三时(食时、禺中、正中),以此来与《涅槃经》所说的五味相对应。

日,比喻佛。光,比喻佛所说的教法。阳光能够照耀万物,譬喻佛的言教能够适应众生的各种根机。太阳出来的时候首先照到高山,是譬喻别教兼带圆教根机的众生。这些譬喻都是兼从众生根机和佛应机施教两个方面来说的。就像《释签》用《华严》和《涅槃》两部经典相互对照,而构成了应机施教和依教明白根机的两重含意。智行守旻法师说:"如果不依据《涅槃经》所说的五味次第相生,就不能显示华严法会是属于日出初照高山的三时教法之一，也就成立不了最初华严时的五时判教。如果不依据《华严经》日出三时照耀的说法，就不能显示华严之后一直到涅槃的四味，都是与第一味一样从佛的自性中流露出来，也就证明不了从牛出乳等五味相生的说法了。"以前有人认为我们天台宗是把四时合为三时来说的，但这些文献都直接说明了日出三照，并且还引经据典来说明问题，哪里是说把四时合为三时的呢？另外还有一些人根据经文所说"譬如日月出现世间，乃至深山幽谷无不普照"，而认为经文本身就把四照合成为三照。他们并不明白这段经文只是说明日光能够照到幽谷的意思。

《华严经》中的四照，根据经文内在义理，只有三照，可以根据图 4来表示。

《涅槃》云：譬如从牛出乳，此从佛出十二部经（一乳味）。

[集注] 牛譬于佛，乳譬于教。《释签》云："此五味相生之文，在十三卷《圣行品》末，佛印无垢藏王菩萨竟，云：譬如从牛出乳，乃至醍醐，譬如佛出十二部经，乃至涅槃。"①

十二部经，颂曰：长行②重颂③并授记④，孤起⑤无问而自说⑥，因

----

① 见《释签》卷二，《大正藏》卷三十三，第 823 页下。
② 长行：佛经体裁之一。系不限制字数而连续缀辑之文章，即今日所谓之散文。
③ 重颂：十二分教之一，梵语只夜，译为重颂。即于长行之后，再以偈颂的形式重述其内容。
④ 授记：又作授决、受记、记别、记莂等，十二部经之一，九部经之一。区别、分析、发展之意。本指分析教说，或以问答方式解说教理；转指弟子所证或死后之生处；后专指未来世证果及成佛名号之预言。
⑤ 孤起：又作孤起偈、孤起颂、伽陀、偈陀，略称偈。偈前没有散文（长行），而直接以韵文记录的教说，称为孤起偈。或者偈前已有散文，但散文所说的内容异于偈文之含意，这类偈颂即称孤起偈。
⑥ 无问而说经：即无问自说经，汉译为无问自说。没有人发问，佛陀自己主动为弟子宣说的经典，如《阿弥陀经》等。

缘①譬喻②及本事③,本生④方广⑤未曾有⑥,论议⑦俱成十二名,广如《大论》⑧三十三。华梵名义,具如《妙玄》⑨。此十二部经,通论,大小各具十二部,别而言之,小乘让三存九,小乘灰断⑩,无方广经,说必假缘,无无问自说,虽有授记,作佛者少。此以小九望大三也。

《玄》文又以"大九望小三"⑪者,谓大乘根利,无因缘、譬喻、论议之三也。又以大一望小十一者,谓小乘但让"广经"一部耳。《释签》云:"如上所说,一往赴机,据理应以通说为正。"⑫

[今译] 牛,譬喻佛;乳,譬喻佛所说的教法。《释签》卷二说:这涅槃五味次第相生的经文,是在《涅槃经》第十三卷的《圣行品》末尾之处,佛印证了无垢藏王菩萨之后,说:比如从牛出牛乳,从牛乳出奶酪,从奶酪出生酥,从生酥出熟酥,从熟酥出醍醐;佛也是这样,从佛出十二部经,从十二部经出九部修多罗,从修多罗出方等经典,从方等经典出般若经典,从般若经

---

① 因缘:又称缘起,为十二部经之一。指经典中,说经、律之由来的部分。

② 譬喻:即是以譬喻为主体而构成的经典。释尊说法,巧用譬喻,大小乘诸经论多处举示譬喻以说明教法要旨。

③ 本事:乃叙述佛陀及佛弟子在过去世之因缘事迹。

④ 本生:指佛陀前生的菩萨行事,或指此等故事的故事集。

⑤ 方广:又作大方广、无比、广破、大方等。无外为大,正理为方,包富为广;一乘实相之理,具有这三种含义,所以称为大方广。是大小乘的通名,但大多用于大乘经。

⑥ 未曾有:又作希法、胜法、奇特法、未曾有法、未曾有经,是记录有关佛陀不可思议的神力,种种向所未有的奇特境界,或赞叹佛陀之伟大功德的经典。

⑦ 论议:论议经之略称,意译法义、说义、法说。为佛陀与弟子间之论议、分别,以解明经义、辨别法相之一种经典形式。又佛自论议问答而辨理者,或佛弟子论佛语、议法相与佛相应者,亦称论议。

⑧ 《大论》:即《大智度论》,又称《释论》、《智论》等,一百卷,为印度龙树菩萨著,后秦鸠摩罗什译。系诠释《大品般若经》之论著。收于《大正藏》卷二十五。

⑨ 在《法华玄义》卷一(下)和卷六(下)均有提及十二部经,见《大正藏》卷三十三,第688页中、755页上。

⑩ 灰断:指小乘罗汉,或入火定,或由荼毗,而色身灰灭。也就是所谓的灰身灭智。

⑪ 参见《释签》卷十三,《大正藏》卷三十三,第908页中。

⑫ 见《释签》卷十三,《大正藏》卷三十三,第908页下。

典出涅槃经典。

十二部经颂说：

> 长行重颂并授记，孤起无问而自说，
>
> 因缘譬喻及本事，本生方广未曾有，
>
> 论议俱成十二名，广如《大论》三十三。

关于这十二部经的梵文名称以及汉译的意思，在《法华玄义》卷一和卷六有详细的解说。这十二部经，从通融的角度来说，大乘佛法和小乘佛法各自都具有十二部；从严格差别的角度来说，小乘就少了三部而只剩下九部，因为小乘教法的思想是灰身灭智，所以就没有"方广经"；小乘说法的时候一定要有具体的时机因缘，所以就没有"无问自说"；虽然小乘也有"授记"，但授记作佛的机会极少，几乎没有，因此又少了"授记"这部经。这就是说小乘有九部经，相比之下大乘多了三部。

《法华玄义》又从大乘的角度来看，大乘只有九部，而看到小乘却多了三部，说的是因为大乘行人的根机非常猛利，所以就不需要有因缘、譬喻、论议这三部经了。另外还有从大乘多了一部，而看到小乘却只有十一部的，说小乘只是少"方广经"这一部。《释签》卷十三说：上面所说的这些观点，都是从佛适应众生根机差别的角度来看的，如果根据佛法的内在义理，应该从通融的角度来解释才对。

《信解品》①云：即遣旁人，急追将还，穷子惊愕，称怨大唤等。

---

① 《信解品》：即《法华经》的第四品。信，闻而不疑；解，领悟于心。《法华经》之第二品为《方便品》，第三品为《譬喻品》。因中根之人，初闻《方便品》之说，虽虚心信受，然未能领悟其意，故世尊便于《譬喻品》中广引三车一车之譬，而说会三归一之旨。于是须菩提、迦旃延、迦叶、目犍连等四大声闻始领悟其旨。彼等欲述所悟之旨，乃于此品说长者穷子之譬喻，以慈悲之长者比喻佛陀，以愚昧之穷子譬喻三乘行人，而以财产相续(付财)譬喻成佛的记别，以自彰其领悟之境界与法悦。这个譬喻又分五大要节：（一）父子相失，譬喻中途退失大乘心。（二）父子相见，譬喻华严之拟宜。（三）父命追诱，表示由阿含进入方等时所受的弹呵之益。（四）领知家业，譬喻般若时之转教。（五）正付家业，譬喻法华之开显，证明佛陀讲法经历了华严、阿含、方等、般若、法华等五时之教说。

[集注]譬喻周①中,四大弟子②,具领五时,今领华严文也。即遣,说华严教,以拟宜③也。约教,理为所依,智为能遣,教为所遣。约人,师弟相望,佛为能遣,菩萨为所遣。旁人,约教,理智为正,说教为旁。约人,化主为正,菩萨为旁。谓加被四菩萨,说四十位,法慧④说十住,功德林⑤说十行,金刚幢⑥说十向,金刚藏⑦说十地,是四菩萨说此位时,并云佛力故说,故名为遣。然加被四菩萨者,一表旁追义便,二彰主伴互融。

急追将还,直将大教拟宜小机,故云急追。昔有大种,故曰将还,况复性德本有。

穷子,无大乘功德法财故。惊愕,《文句》六云:"纵昔曾发,废久不忆。卒(音 cù)闻大教,乖心故惊,不识故愕。"⑧称怨大唤等,《文句》六

----

① 譬喻周:又称譬说周,即《法华经》的三周说法之一。佛说《法华经》于迹门正宗分之开权显实之说相而立之名目;亦即佛为令声闻悟入一乘实相之理,遂就上中下三根之机而反复说法三回,称为三周说法。即:(一)法说周,又称初周。乃佛为上根人,就法体而直说诸法实相、十如之理;开三乘之权,使其了悟一乘之实。此时唯有大智舍利弗一人解悟授记,即《法华经·方便品》中所谈。(二)譬说周,又作中周。乃佛对法说周不悟之中根者,更作三车一车之说。初许三车是施权,后赐一大车是显实,使之了悟一乘之理。此时有摩诃迦叶、摩诃迦旃延、摩诃目犍连、须菩提等四大弟子领解授记,即《譬喻品》中所谈。(三)宿世因缘周,又作下周,略称因缘周。乃佛为不能了解上述二周之下根者,说其宿世为大通智胜佛下之一乘机种,使彼等了悟宿世久远之机缘而得悟。此时有富楼那、憍陈如等千二百声闻领解授记,即《化城喻品》中所谈。
② 四大弟子:又作四大声闻。指法华会上,佛所授记的四声闻,即:迦叶、须菩提、目犍连、迦旃延等四大弟子。
③ 拟宜:又称拟宜教,指天台宗五时教判中之第一华严时。拟就是比拟,宜就是机宜,即指对应众生的根机而配以合适的教化。《华严经》乃佛为菩萨大机之人所说之自证法,而对小乘之机亦拟宜说教。就是试探着把佛陀的自证法和盘托出。所以就佛一代化意而言,华严时即拟宜教。
④ 法慧:即华严会上代佛说十住法门的菩萨。
⑤ 功德林:即华严会上代佛说十行法门的菩萨。
⑥ 金刚幢:即华严会上代佛说十回向法门的菩萨。
⑦ 金刚藏:即华严会上代佛说十地法门的菩萨。
⑧ 见《法华文句》卷六(下),《大正藏》卷三十四,第83页下。

云："小乘以烦恼为怨，生死为苦，若劝烦恼即菩提，即大唤称冤枉；若闻生死即涅槃，即大唤称苦痛。"①

等者，等于"我不相犯，何为见捉"之文。

[今译] 在三周说法的譬说周当中，摩诃迦叶、摩诃迦旃延、摩诃目犍连、须菩提等四大弟子都领解如来一代五时设教的意趣，这里是开始领解华严时的思想意趣。这里的即遣，就是派遣旁人去宣说华严教法的意思，这是带有试探性的成分在内的。从教化的角度来看，佛所证悟的真理是根本依据，从证悟真理所得到的般若智慧是能够派遣旁人去说法的主体，而教化时的种种设施就是说法的客体。从能够教化的人的角度来看，师父和弟子是相对应的两个方面，佛是师父，就是能够派遣旁人来教化的主体，菩萨是佛所派遣来教化的旁人。

这里的旁人，从教化本身来说，真理和依真理所证得的智慧是能够派遣的主体，由智慧而进行种种教化的设施，就是所派遣的客体。若单独从派遣人的角度来看，教主就是能够教化众生的主体，而菩萨则是教主所派遣去教化众生的旁人。也就是说受佛所加持的四位菩萨，宣说了修行证道的四十个位次，法慧菩萨说十住，功德林菩萨说十行，金刚幢菩萨说十回向，金刚藏菩萨说十地，这四位菩萨在说这些修行位次的时候，都一致说是由于佛力加持才能说的，所以说他们是佛派遣去教化众生的。关于加被这四位菩萨的事，一方面是表示派遣旁人去说法教化更为方便，另一方面也显示了教主释迦牟尼佛和帮助教主度众生的菩萨之间相互融洽、圆满无缺的关系。

急追将还，这是指直接把佛所证得的圆满究竟的真理，试探着来对小乘根性的人说出来，所以叫作急追。如果过去已经种下了很大的善根，就能马上接受这种圆满的教化，所以叫做将还。更何况自性中本来就具有这种完美的德行。

穷子，是因为他们不具备大乘根性之功德法财的缘故。所谓惊

---

① 见《法华文句》卷六(下)，《大正藏》卷三十四，第83页下。

愕，《法华文句》卷六说：纵然过去生中曾经发起过大乘的菩提之心，荒废的时间太久，也就回忆不起来了。突然听闻到这么高深圆满的大乘佛法，与他的内心思想有很大的距离，甚至是完全相反，所以就会惊慌失措；因为他根本就不认识这是他自己的本分事，所以会害怕恐惧。

称怨大唤，《法华文句》卷六说：小乘根性的人，把烦恼当作怨贼一样看待，对于生死也感到非常的苦恼。如果对他宣说烦恼就是菩提的大乘思想，他就会大声的惊叫起来，说是太冤枉了！如果听到生死就是涅槃的大乘佛法，他就会惊讶地大叫起来，并且会感到痛苦不堪。

这里所说的"等"字，是指包括了《信解品》中"我没有与你作对，恼乱妨害你，为什么要来捉拿我呢"等经文中的语句。亦即：我本来不求大乘法，你为什么要用大乘法来教化我呢？

此领何义？

［集注］征此《信解品》文，为领何等之义？

［今译］这是问：在《信解品》中说四大弟子领解佛的深意，到底领解了什么深意呢？

答：诸声闻①在座，如聋若哑等是也。

［集注］答：出华严拟宜也，谓有耳不闻圆顿教，故如聋；有眼不见舍那身，以不见故，不能赞叹，故若哑。

问：《妙玄》十云："华严初分，永无声闻。"②今何云声闻在座耶？

答：华严不入二乘人手，声闻若闻华严，则非声闻，故不可云有。若据华严，拟宜小机，其最钝根，具经五味，故不可云无。是则，显对则无，

---

① 声闻：音译为舍罗婆迦，意译又作弟子，为二乘之一，三乘之一。指听闻佛陀声教而证悟的出家弟子。

② 见《法华玄义》卷十（下），《大正藏》卷三十三，第809页上。

拟宜则有。今四大弟子,领解如来,拟宜之时,故云声闻在座也。所以摩诃迦叶①,却叙小机,蒙大拟时,迷闷躄地。

若聋哑文,出经后分。《妙玄》云:"后分则有"②。后分状当聋哑,况前分耶?故《别行疏记》云:"以后显前,机未堪大。"③

昔慧觉④谓,前分乃有根性声闻。此则不可。若云声闻根性,义亦有之,如下文云:所谓二乘⑤根性,在华严座也。

[今译] 答:在华严会上,佛试探着宣说圆顿大法。所谓:有耳朵但听不到佛陀圆顿大法的教诲,就像聋子一样。有眼睛也看不见佛的殊胜身相,由于看不见佛身的清净微妙,也就不可能对其进行歌颂赞叹了,所以就像哑巴一样。

问:《法华玄义》卷十说:华严会上的初分时,从来没有声闻弟子。现在怎么又说有声闻在座呢?

答:华严会上所说的佛法,不是二乘人能够掌握得了的,声闻根性的人如果能够听闻到华严大法,那么他就不是声闻人了,因此不可以说华严会上有声闻根性的人在座。但如果根据《华严经》的说法,从试探的时候开始,那些根性最钝的众生,需要完整地经历五味调教,因此也不能说就没有声闻在座了。依此可以推出这样的结论:从明显的应机

---

① 摩诃迦叶:又作迦叶波,意为饮光,为佛陀十大弟子之一。付法藏第一祖。生于王舍城近郊之婆罗门家。于佛成道后第三年为佛弟子,八日后即证入阿罗汉境地,为佛陀弟子中最无执著之念者。于佛弟子中曾受佛陀分予半座。佛陀入灭后,成为教团之统率者,于王舍城召集第一次经典结集。直至阿难嗣法,始入鸡足山入定,以待弥勒菩萨出世,方行涅槃。

② 见《法华玄义》卷十(下),《大正藏》卷三十三,第809页上。

③ 见《观音义疏记》卷四,《大正藏》卷三十四,第952页下。

④ 慧觉:即宋齐玉法师(?—1127),号慧觉,雪川(今浙江湖州市)人。早亲佛学,日记数千言。后得慈辩法师授以三观之旨。初居苕溪(今浙江天目山之北)宝藏寺,大力弘扬净土念佛法门。宣和六年(1124)移锡上天竺,精进行道。著有《普贤行法经疏》、《无量义经疏》、《安般守意法门》、《尊胜忏法》等。建炎元年(1127)秋集众念佛,端坐合掌而化。谥号妙辩大师。

⑤ 二乘:据《四教仪》下文所说,应该是三乘才对。如《四教仪集注辅宏记》卷二说:二乘,据下文应言三乘。《卍续藏》第一〇二册,第300页上。

施教来说,是没有的;从试探性的说法教化来说,就是有的。现在这四大弟子,领解了如来在华严会上试探性所说的圆顿大法,所以说声闻也是在座。由于这个原因,摩诃迦叶就作了这样的叙述:小乘根性的人承受大乘圆顿教法的试探时,就迷失方向不知所措了。

至于说"如聋如哑",是在《华严经》的后分才提到的。《法华玄义》卷十说:"《华严经》的后分中则有声闻人在座听法。"后分中的在座声闻听到华严大法之后尚且如聋如哑,更何况前分呢?所以《别行义疏记》说:用后分华严有声闻在座却也是如聋如哑,来显示声闻如果在前分华严的时候,他们的根机就更是不堪接受大乘教法了。

过去有慧觉法师说:佛讲前分华严的时候,有根性很利的声闻在座。这样说是不可以的(从理解的角度来说,就是没有,故不可以说有)。如果要说声闻的根性,这种意思也是有的(从"拟宜"的角度来说,则也是有的),就像下文所说:"所谓三乘根性的众生,都在华严会上。"

第二节 渐 教

第二渐教者(此下三时、三味,总名为渐),

[集注] 次顿之后,总明三渐者,寝顿施渐也。

[今译] 这是在顿教之后,总的来说明渐教有三个阶段,就是指隐藏了顿教,而施设了方便渐次的教化方式。

次为三乘根性于顿无益故,不动寂场而游鹿苑;脱舍那珍御之服,著丈六弊垢之衣。

[集注] 三乘,乘以运载为义,声闻以四谛①为乘,缘觉②以十二

---

① 四谛:审实不虚的意思,指苦、集、灭、道四种正确无误的真理。这四种都是真实不虚的,故称为四谛、四真谛;又此四者为圣者所知见,故称四圣谛。

② 缘觉:音译为辟支佛,又作独觉、缘一觉、因缘觉,为二乘之一,三乘之一。指独自悟道的修行者。即于现在身中,不禀佛教,无师独悟,性乐寂静而不事说法教化之圣者。声闻与缘觉,称为二乘;若共菩萨,则为三乘。

因缘①为乘，菩萨以六度为乘，运出三界，归于涅槃。

根性，《辅行》云："能生为根，数习②为性。"③

于顿无益，此三乘人，于华严座，不信不解，是故如来，不动寂场而游鹿苑，此显双垂两相，二始同时也。

脱舍那珍御之服，此明寝大施小，化仪次第也。约佛意，则寝法华之实而施权，据化仪次第，则寝华严之顿而施渐。处说不动而游，衣论脱珍着弊，文互显耳。

然若不明不动而游，无以见二始同时，不明脱珍着弊，无以见寝大施小，此文曲尽如来妙应，无谋设化之相也。

舍那，胜应尊特，智定庄严，故譬珍御；丈六劣应生身④，忍生法恼，故譬弊垢。盖法譬双明也。

[今译] 三乘，乘是运载的意思，声闻以四谛法作为解脱的方法，缘觉以十二因缘法作为解脱的方法，菩萨则是以六度行作为解脱的方法，用这些方法能够运载修行人出离三界苦海，回归到不生不灭真正解脱的境界。

根性，《辅行》卷二说：能够生长的就称为根，积累了许多习惯就称为性。

于顿无益，这是指前面所说的声闻、缘觉、菩萨这三乘的行人，于华严会上虽然也有在座的，但是对佛所说的华严大法却不能生起信心，也没有能力来理解其中的奥秘。所以佛就安住于自己证得的寂灭境界，为了能使众生听闻到微妙的佛法，就运用方便权巧的方式来到鹿野苑，为声闻弟子说三乘分别的浅显教法。这是显示了佛具有不可思议的威神之力，寂灭道场为说顿教的开始，鹿野苑为说渐教之发端，而从佛本身来看，这两种开始说法的示现却是在同一时间内进行的，佛的内心并

---

① 十二因缘：又名十二有支，或十二缘起，是说明有情生死流转的过程。

② 数习：累积多数习惯，称之为数习。由数习所成的力量，称为数习力。

③ 《辅行》卷二至四说：能生为根，数习成性。见《大正藏》卷四十六，第203页下。

④ 劣应生身：就是劣应身，即藏教之教主，示现丈六之相，居四土之凡圣同居土，故又称丈六身佛、劣应丈六身佛。

没有任何起动生灭的过程。

　　把最为珍贵的卢舍那佛的无上宝衣脱下来，这是说明隐藏大乘深妙的佛法，而宣说小乘浅显的佛法，这是佛教化众生的次第说法的方式。从佛本身而言，是隐藏了《法华经》所说的诸法实相的妙义，而施设了方便权巧的三乘佛法。从佛说法方式的前后次序来说，是隐藏了《华严经》所说的圆顿之法的妙义，而施设了逐渐教化的方便法门。从讲法的地点来说，佛并没有移动半步（安住于寂灭境界），就在两个地方分别说法；从佛所表现的两种衣服来说，则显示了有珍贵宝衣和普通粗衣的不同。这两种文意的不同描述，是互为表里的，来显示佛能够非常巧妙地应机施教。

　　如果不明白佛是本位不动而分别游化各地为众生说法，那就无法看出华严时与鹿苑时（即顿、渐二始）是非前非后的；如果不明白脱下珍贵的宝衣而穿上普通的粗衣，也就无法知道佛是隐藏了大乘妙法而施设小乘法门的。这段话就是完全透露出如来能够非常微妙地应机施教，不用任何谋略计较，就能恰到好处地度化众生的情形。

　　卢舍那佛，是非常殊胜奇妙的胜应身，智慧和禅定都庄严无比，所以譬喻为珍贵的宝衣。丈六身的释迦牟尼佛是劣应身的表现，要具备生忍和法忍来忍受有情无情的各种烦恼，所以譬喻为有尘垢的普通粗衣。这是从佛法的实际内容以及对佛法所作的比喻两方面来说明的。

示从兜率①降下，托摩耶②胎，住胎、出胎、纳妃、生子、出家，苦行六年已后，木菩提树下，以草为座，成劣应身。

　　[集注] 此明小始也，本是圆佛，垂为三藏，初成之相，故云示也。

────────

　　①　兜率：汉译为上足、妙足、知足、喜足等，谓于五欲境，知止满足，为欲界六天中之第四天名。分内外二院，内院为弥勒菩萨的净土，外院为天人享乐的地方。
　　②　摩耶：又作摩诃摩耶，意译大幻化、大术、妙。原为中印度天臂城善觉王之女，后嫁与迦毗罗卫城净饭王为妃。即释尊之生母。临产前依时俗返回娘家待产，途中于其父天臂城主须菩提之别宫蓝毗尼园休息时，生下释尊。七日后逝世。

兜率翻知足,此天有内苑、外苑,菩萨①居内苑而降神也。然在六欲②梵世③,七天之中,以佛常居中故,从彼下生,托摩耶胎。摩耶,翻天后,净饭王④之后也。

《妙乐》云:"一切诸佛皆不在余二,贱姓故,尚尊贵时在刹利⑤,尚多闻时在婆罗门⑥。又浊难调时在刹利,清易调时在婆罗门。"⑦

托胎,菩萨自右胁入,正慧托胎,小乘见乘白象贯日之精,大乘见乘旃檀⑧楼阁等。

住胎,若小乘八相,合住胎在托胎内,今示小始,垂化事迹,非正明八相也。

出胎,四月八日,右胁降神,出《瑞应经》⑨。

---

①　菩萨:指圣善菩萨。《过去现在因果经》卷一说:善慧菩萨功行满足,位登十地,在一生补处,近一切种智,生兜率天,名圣善……期运将至,当下作佛。《大正藏》卷三,第623页上。

②　六欲:即六欲天,指欲界的六层天。

③　梵世:又作梵色界、梵世天、梵世界、梵界。指梵天所支配之世界。又梵世一词亦可作为色界诸天之总称,盖以此界之人已离淫欲之故,而古来于印度,离欲、清净之行即称为梵行。此处似特指色界第一层天梵众天,如下文说七天之中,便是指欲界从下往上数到第七层天的中间,即第四层兜率天。

④　净饭王:净饭,音译为阅头檀、悦头檀,又作白净王、真净王。即佛陀(悉达多)和难陀之生父。中印度迦毗罗之城主。据《起世经》卷十记载,净饭王为师子颊王之长子。王晚年孤寂,后亦虔诚归依佛陀,成为佛陀及其弟子之外护者。七十六岁(一说九十七岁)逝世。

⑤　刹利:刹帝利之略称,意译为地主、王种。乃印度四姓阶级中的第二阶级,地位仅次于婆罗门,就是王族、贵族、士族所属的阶级,专门从事军事、政治。释迦牟尼佛即出身于这个阶级。

⑥　婆罗门:为印度四种姓之首,汉译为外意、净行、净志、静志等,是奉事大梵天王而修净行的种族。

⑦　《妙乐》卷三(中),见《大正藏》卷三十四,第206页上。

⑧　旃檀:全称旃檀娜,香木名。汉译为与乐。出自南印度摩罗耶山,其山形酷似牛头,所以又名为牛头旃檀。

⑨　《瑞应经》:全称《太子瑞应本起经》,又作《太子本起瑞应经》、《瑞应本起经》,二卷,吴支谦译。本经内容之编排或记述之体裁,大抵皆与《修行本起经》类似,记述释尊之过去因地至成道后济度三迦叶等事。有关四门出游、出城时内殿之描写,与车匿诀别,尤其降魔成道之记载,气势磅礴雄浑,为重要佛传文献。收于《大正藏》卷三。

纳妃,有三:一瞿夷①,二耶输②,三鹿野③。

生子,即罗睺罗④也。佛出同居,示同人法。

出家,时年十九,二月十五日夜半,乘天马踰城。苦行须六年者,《文句》七云:"但诸佛道同,为缘事异。释迦苦行六年,草生攒髀至肘,不觉;诸天哭唤动地,不闻;移座得道。弥勒⑤即出家日成道,彼佛十劫犹不现前,非根有利钝,道有难易,缘宜赊促,应示长短耳。"⑥《辅行》云:"六年苦行,所以伏见,为调外道,过其所行。"⑦

颂云:十九逾城六苦行,五岁游历三十成。说法度生五十年,是则共当八十寿。

木菩提树,菩提翻道,佛于树下成道,故名道树。草座,《因果经》⑧

---

① 瞿夷:音译瞿卑、瞿波等,意译牛护、密行、明女、守护地、覆障,为悉达太子之妃。关于其出身,各经所说不一。依《修行本起经》卷上记载,裘夷为善觉王之女,容貌端正皎洁,天下无双;又据《十二游经》所说,瞿夷为水光长者之女,其生时,日将没,余晖照其家,室内皆明,所以就称为明女。

② 耶输:即耶输陀罗,意译为持誉、持称、华色,又称罗睺罗母。中印度迦毗罗卫城释种执杖之女,悉达太子之正妃,罗睺罗之生母。相好端严,姝妙第一,具诸德貌。释尊成道五年后,与释尊之姨母摩诃波阇波提等五百名释迦族女,亦剃染受具足戒为比丘尼。

③ 鹿野:释长者之女,悉达太子之妃。《十二游行经》说:瞿夷者,是太子第一夫人,其父名水光长者。太子第二夫人,生罗云者,名耶惟檀,其父名移施长者。第三夫人名鹿野,其父名释长者。《大正藏》卷四,第146页下。

④ 罗睺罗:旧译作罗云,新译为罗怙罗。佛之嫡子。生于佛陀成道之夜,十五岁出家,依止舍利弗为和尚,而作沙弥,在十大弟子中为密行第一。

⑤ 弥勒:即弥勒菩萨,汉译为慈氏,现住在兜率天内院,是一生补处菩萨,将来于住劫中的第十小劫,人寿减至八万岁的时候,下生娑婆世界,继释迦牟尼佛之后,为贤劫千佛的第五尊佛。

⑥ 《法华文句》卷七(下),见《大正藏》卷三十四,第98页中。

⑦ 《辅行》卷一(一),见《大正藏》卷四十六,第144页上。

⑧ 《因果经》:全称《过去现在因果经》,又称《过现因果经》,四卷(或五卷),刘宋求那跋陀罗译(另有其他译本)。讲述了释迦佛的本生事迹。收于《大正藏》卷三。

说：帝释化为吉祥童子①，以草施佛，坐以成道。木树、草座，皆表三藏诠生灭故。劣应，对大乘胜应，判为劣也。

[今译] 这是从小乘的角度来说明八相成道的开始，但这个八相成道的佛，其根本还是圆教的佛。从根本圆教的佛，而方便垂示为三藏教的佛，八相成道的第一种相就是曲垂方便示现的开始，所以叫做"示"。兜率汉译是知足，兜率天有内苑和外苑两处，圣善菩萨是从所居住的兜率内苑降生到人间的。六欲六层天加上梵众天，共七层天，兜率天在其中间第四层，这是因为要表示佛一直就处在中道实相当中的缘故。从那里下降到人间来出生，托胎于摩耶夫人。摩耶汉译是天后，就是净饭王的王后。

《妙乐》说：一切诸佛都不在四种姓里的其余二种姓（吠舍、首陀罗）当中投胎，因为那是受世人歧视的种姓。当世人都崇尚地位和富贵的时候，就投生在刹帝利种姓；当世人都崇尚博学多闻和知识技能的时候，就投生在婆罗门种姓。另外，劫数处于恶浊混乱不堪而众生很难调伏的时候，就投生在掌握军事政治大权的刹帝利种姓；劫数处于国泰民安而众生很容易信受正法的时候，就投生在清净梵行专门从事学问研究和修道的婆罗门种姓。

托胎，圣善菩萨从右胁进入，正念分明智慧照了，而投胎到摩耶夫人那里。小乘经典的记载是菩萨乘坐六牙的白色象王，同时还放着像太阳一样精妙绝伦的光芒。大乘经典里面说菩萨是乘坐栴檀楼阁而来托胎的。

住胎，如果从小乘所说的八相成道来看，是把住胎合在托胎之内，现

---

① 吉祥童子：佛将成道时，奉献吉祥草的童子。《过去现在因果经》卷三说：释提桓因，化为凡人，执净软草。菩萨问言：'汝名何等？'答：'名吉祥'。菩萨闻之，心大欢喜，我破不吉，以成吉祥。菩萨又言：'汝手中草，此可得不？'于是，吉祥即便授草，以与菩萨。因发愿言：'菩萨道成，愿先度我'。菩萨受已，敷以为座，而于草上，结跏趺坐。如过去佛所坐之法，而自誓言：'不成正觉，不起此座'。《大正藏》卷三，第639页下。

在这里是想说明从小乘的角度，来看佛开始示现教化的实际情况，是附带说出"住胎"的经过，并不是正式解释小乘的八相成道之说（卷七详解）。

出胎，四月初八那天，从摩耶夫人的右胁诞生。这些在《瑞应经》中有记载。

纳妃，长大之后，纳有三位夫人：第一夫人名为瞿夷，第二夫人名为耶输，第三夫人名为鹿野。

生子，由耶输陀罗所生的罗睺罗，就是佛出家前的亲生儿子。佛出现于凡夫和圣人共同居住的凡圣同居土，示现了与世人一样纳妃生子等事。

出家，出家的时候是十九岁，当年的二月十五日夜里，乘着四天王所托起的宝马飞越了王宫的城墙。出家之后修了六年的苦行，《法华文句》卷七说："诸佛所证得的一切智慧和真理是完全一样的，只是每尊佛所化现的事相以及与众生的缘分各有差别。释迦太子经过了六年的苦行，他静坐的地方，野草生长起来蔟聚在腿部，一直长到手肘那么高了还没有觉察到。看到这种情况的天人号啕大哭，哭喊的声音震动了大地，太子因为在修习世间的禅定也没有听见，后来放弃了苦行，接受乳糜的供养，离开修苦行的地方，到菩提树下静坐而证得佛的果位。弥勒菩萨却是在出家的当天就成佛的。而《法华经》说的大通智胜如来，经过了十劫的坐道场修行，佛法还没有现前，不能成就佛果。这些并不是说每一尊佛在成佛之前的补处菩萨时，根机上还有利根或钝根的区别，也不是最后成佛的修行方法有困难和容易的差异，只是每一尊佛与他所要度化的众生之间的缘分，适合于快一点成佛，或者慢一点成佛，为了适应众生而表现出最后修行时间长短的不同而已。"《辅行》说：佛示现了六年苦行，其目的在于降伏外道错误的知见，为了能够调伏外道的执著，苦行的程度还要大大地超过他们（然后再呵斥苦行不能成道，才会使人信服）。

孤山智圆大师的颂文说：

十九逾城六苦行，五岁游历三十成。

说法度生五十年，是则共当八十寿。

木菩提树，菩提汉译是道的意思，佛在这种树下成就了菩提大道，所以也叫做道树。草座，《过去现在因果经》说：忉利天的天王帝释变化为吉祥童子，以吉祥草布施给太子，太子就坐在这个草座上面成就佛道。道树和草座，都是表示三藏教法所诠述的生灭四谛等义理。

劣应，这是相对大乘佛法为胜应身的卢舍那佛所说，而小乘三藏教法就被判别为劣应身的释迦牟尼佛所说。

一、鹿 苑 时

初在鹿苑，先为五人①说四谛、十二因缘、事六度②等教。

[**集注**] 五人，颂曰：额鞞跋提并俱利，此三属在父之亲；陈如十力母之亲，初转法轮先度此。

《文句》五云："问：何故初为五人转法轮？答：人先见谛故，人是现见故，人为证故，佛所行事业与人同故，诸天从人中得善利故，人中有四众③故。"④

《妙乐》五："问虽涉五，意正在人，故皆以人答。"⑤若唯就五人，应

---

① 五人：即初度五人，指佛初出家，入山修道，其父王思念，命陈如等五人，寻访随侍。及佛成道，因念五人，当先度脱，故在鹿苑先调其根性，为说四谛法而得解脱，称为初度五人。（一）阿若憍陈如，是事火婆罗门种，所以姓为火器。为佛的舅亲。（二）頞鞞，汉译为马胜，也称马师。为佛的族亲。（三）跋提，汉译为小贤。也是佛的族亲。（四）十力迦叶，没有意译。也是佛的舅亲。（五）拘利太子，是斛饭王的长子。即佛的堂兄弟。

② 事六度：主要从事相上修布施、持戒、忍辱、精进、禅定、般若等六度行，称为事六度。为藏教菩萨所修行之法。

③ 四众：关于四众一词，有出家四众（比丘、比丘尼、沙弥、沙弥尼）、僧俗四众（比丘、比丘尼、优婆塞、优婆夷）、听法四众（发起、当机、影响、结缘）等区别，此处应指前二种。佛在天上说法也有听法四众，而此处说人中四众，可见应属前二种。

④ 《法华文句》卷五（上），见《大正藏》卷三十四，第61页上。

⑤ 《法华文句记》卷五（下），见《大正藏》卷三十四，第251页中。

有三意。《妙乐》一云：一、酬释尊行因本愿①。二、赴五人本愿先悟。三、报今日侍奉之劳。②

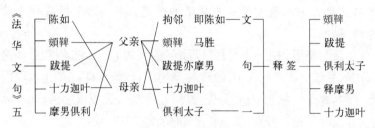

图5：五比丘亲属关系

［今译］关于佛说法最初所度五人的情况，《释签》③有颂文说：

额鞞（族亲）、跋提（堂兄弟）以及俱（拘）利太子（堂兄弟），此三人属于佛父系这一边的亲戚；憍陈如（舅亲）、十力迦叶（舅亲）这两人属于佛母系那一边的亲戚，初转法轮时，先度化这五人。

《法华文句》卷五说：问：为什么一开始为这五个人说法呢？答：因为人最先明白佛说的四圣谛之理（诸天则后来才明白），人是现实生活当中可以看得见的（诸天则看不见），人能够证明佛所说之法是切实可行的（不能由天来证明），佛在人间所做度众生的事业也要表现得与人一样（让人感到亲切），一切天人都是从世间的修行人当中得到善妙的佛法利益，在人间度化众生需要具备四众（这是四众之首，比丘众的开端）。

《妙乐》卷五说："上述所问的虽然牵涉到五人的问题，但真正想问的是为什么先给人说法。所以就全部从为何给人说法的角度来回

---

①　本愿：全称本弘誓愿，又作本誓、宿愿，指因位的誓愿。即佛、菩萨于过去世未成佛果以前为救度众生所发起的誓愿。于因位发愿至今日得其果，所以对果位而称本愿。

②　《法华文句记》卷一无此段文字，只说：昔五人侍我劳苦。见《大正藏》卷三十四，第170页上。

③　据《辅宏记》卷二说：此颂出《释签》。《卍续藏》第一〇二册，第305页下。然于《释签》中却未见此颂。

答了。"如果单独从五人这方面来看,应该有三层意思,正如《妙乐》卷一所说:一、为了兑现佛过去世在因地修菩萨行时所发的誓愿。二、为了满足这五个人所发的最先悟道的誓愿。三、为了报答今生侍候操劳的恩德。

[集注] 摩男,长子之通称(以摩诃翻大故)。俱利,斛饭王①之长子,跋提,甘露饭王②之长子,故皆称摩男。释摩男,即陈如也。以四姓出家,同名释氏。佛初成道,最先得度,在一切人天罗汉之前,如《妙乐》一引《分别功德论》③云:"佛最长子即陈如也。"④

谛、缘、度三,具在下文。

五人是声闻,只应说四谛,今通举鹿苑所说之法也。事六度者,三藏教谈实有,事不即理故。

[今译] 摩男,是长子的通称(因为"摩诃"汉译就是"大");俱利,是斛饭王的长子;跋提,是甘露饭王的长子;所以就都称他们为摩男了。而所谓的释摩男,则是指憍陈如而言。因为四种姓的人只要随佛出了家,就都一样被称为"释子"了。佛刚刚成道时,这五个人最先得到了佛的教诲,是在所有的人、天、罗汉等之前听闻到佛法的。如《妙乐》卷一引《分别功德论》说:佛弟子当中最先得度的长子就是憍陈如啊。

关于四谛、十二因缘、六度这三方面的内容,将在下文进行详细的解说。

这五人是声闻弟子,佛只能给他们说四圣谛法,这里是将佛在鹿

---

① 斛饭王:又作谷净王,音译途卢檀那。净饭王之弟,释尊之叔父。有摩诃男(即摩诃俱利)、阿那律二子。

② 甘露饭王:又作甘露净王,音译阿弥都檀那。净饭王之弟,释尊之叔父。有婆娑、跋提二子。

③ 《分别功德论》:又作《分别功德经》、《增一阿含经疏》,五卷,著者、译者均不详,传系后汉时代所译出。本书详释《增一阿含经》之前四品,并叙述有关佛弟子之事迹及修行之功德。收于《大正藏》卷二十八。

④ 《法华文句记》卷一(下),见《大正藏》卷三十四,第170页上。

野苑时所说的教法全都列举出来。事六度,这是因为三藏教的义理,主要是从"真实有"的角度来看问题,所以事相和理性就不能相融互即了。

若约时,则日照幽谷,第二时。

[集注] 旧译《华严·出现品》云:"譬如日月,出现世间,乃至深山幽谷,无不普照。"①《辅行》一上云:"幽谷者,山川之幽邃也。"②

[今译] 旧译的《华严经》卷三十四《宝王如来性起品》说:譬如日月出现在人世间,无论是高山平地,还是深山幽谷之中,没有不普遍地给予照耀的。《辅行》卷一说:所谓幽谷,就是山川河流之间僻静深邃的地方。

若约味,则从乳出酪,此从十二部经,出九部修多罗(二酪味)。

[集注] 从乳出酪,盖譬如来施教次第,从顿施渐,相生之义。若约机者,浓淡在焉。如下文云:一者但取相生次第。二者取其浓淡。从十二部出九部,亦且相生。其实,九部从佛出也。

[今译] 从牛乳生产出奶酪,这是譬喻如来施设教化众生的前后次序,从顿超直入的方法而转变施设成为循序渐进的方法,这就表现了一个次第相生的内在含义。如果从众生根机的角度来看,就说明了佛法有深有浅这种情况是客观存在的。就像下面所说的:第一是表示佛说法的相生次第,第二是表示佛法有深浅的不同。从十二部经出九分教的情况来看,也是表明这种相生次第。再追根溯底,九分教也是出自于佛。

---

① 这段话是在旧译《华严经》卷三十四的《宝王如来性起品》第三十二之二。见《大正藏》卷九,第616页中。

② 《辅行》卷一之二,见《大正藏》卷四十六,第156页上。

《信解品》云：而以方便①，密遣二人(声闻、缘觉)，形色憔悴，无威德者，汝可诣彼，徐语穷子，雇汝除粪。

[集注] 而以方便，方，法也；便，用也。善用其法，逗会众生，亦善巧之谓也。密遣，《文句》六云："初拟大乘，云即遣旁人，表一实谛，一大乘教，一菩萨人。今明方便，隐实为密，指偏真为遣。约教，隐满字②为密，半字③为遣。约人，内秘菩萨行为密，外现是声闻为遣。约化仪，寝大施小为遣，小不测大为密。"④

二人，《文句》六云："四大弟子，齐己分领，不涉菩萨，故言二人。约法，是因缘四谛；约理，是有作真俗；约人，是声闻缘觉。"⑤今且约人。

形色憔悴，《文句》六云："二乘教中，不修相好，但说苦、空、无常、不

---

① 方便：又作善权、变谋，随方因便，以利导人，即为方便。《法华文句》卷七举出法用、能通、秘妙等三种方便，其中，应藏、通、别三教之对象所施与者，为法用方便；方便能通真实之门者，为能通方便；法华以前权教之秘因，法华圆教而开显，此秘即妙，称为秘妙方便。

② 满字：指梵字之摩多(元音)与体文(子音)相合而成的全字，义理具足，故称满字。满，圆满成就的意思。北本《涅槃经》卷五，以半字比喻小乘经，以满字比喻大乘经。《出三藏记集》卷一《胡汉译经音义同异记》说：梵书制文，有半字、满字。所以名半字者，义未具足，故字体半偏，犹汉文'月'字，亏其傍也；所以名满字者，理既究竟，故字体圆满，犹汉文'日'字，盈其形也。故半字恶义，以譬烦恼；满字善义，以譬常住。中华书局，1995年11月，第13页。

③ 半字：与满字相对。半，是未成之义；满，是成就之义。亦即以半体的字(字母)为半字，以成字(词)为满字。语出《大涅槃经》，有两层含义：(一)就字体而言：以长短音的阿等字母为半字，两个字母以上为满字。如南本《涅槃经》卷八《文字品》说：初说半字以为根本，持诸记论咒术文章诸阴实法，凡夫之人学是字本，然后能知是法非法。《大正藏》卷十二，第653页下。(二)就文字所具意义而言：以说世间法的文字为半字，总说世出世间一切善法的文字为满字，表示一切恶法的文字为无字。如南本《涅槃经》卷八说：半字义皆是烦恼言说之本，故名半字；满字者，乃是一切善法言说之根本也……亲近修习不善法者，是名无字。《大正藏》，卷十二，第655页上。

④ 《法华文句》卷六(下)少"约化仪，寝大施小为遣，小不测大为密"一句，见《大正藏》卷三十四，第84页中。

⑤ 《法华文句》卷六(下)，见《大正藏》卷三十四，第84页中。

净,即形色憔悴。"①又云:"内怖无常曰憔,外遭八苦②曰悴。"③

无威德者,无有十力④、四无所畏⑤故。

汝可诣彼,徐语穷子,《文句》六云:"即以小教,拟小机也。大教明理直实,故言疾走往捉;小教明理纡隐,故言徐语。"⑥

顾汝除粪,顾者,赁也。《文句》六云:"除苦集之粪,取道灭之价。"⑦

[今译] 而以方便,方是指方法,便是指运用。善于运用佛亲自证得的妙法,来引导与法相契的众生,也就是恰当巧妙的意思。密遣,

---

① 《法华文句》卷六(下),见《大正藏》卷三十四,第84页中。

② 八苦:众生轮回六道所受之八种苦果,为四谛中苦谛之主要内容。一、生苦,二、老苦,三、病苦,四、死苦,五、爱别离苦,六、怨憎会苦,七、求不得苦,八、五阴炽盛苦。

③ 《法华文句》卷六(下),见《大正藏》卷三十四,第85页上。

④ 十力:即十种智力,有如来十力和菩萨十力之别。如来十力,又作十神力。即:(一)知觉处非处智力,即能知一切事物的道理和非道理的智力。(二)知三世业报智力,即能知一切众生三世因果业报的智力。(三)知诸禅解脱三昧智力,即能知各种禅定及解脱三昧等的智力。(四)知诸根胜劣智力,即能知众生根性的胜劣与得果大小的智力。(五)知种种解智力,即能知一切众生种种知解的智力。(六)知种种界智力,即能普知众生种种境界不同的智力。(七)知一切至所道智力,即能知一切众生行道因果的智力。(八)知天眼无碍智力,即能以天眼见众生生死及善恶业缘而无障碍的智力。(九)知宿命无漏智力,即知众生宿命及知无漏涅槃的智力。(十)知永断习气智力,于一切妄惑余气,永断不生,能如实知之的智力。

菩萨十力,指在十回向中,第九无缚无著解脱回向位的菩萨所具足之十种作用。即:深心力(直心力)、增上深心力(深心力)、方便力、智力(智慧力)、愿力、行力、乘力、神变力(游戏神通力)、菩提力、转法轮力等。另外,《首楞严三昧经》、《大智度论》卷二十五等亦各曾列举类似的十力。

⑤ 四无所畏:又作四无畏,佛菩萨说法时具有四种无所惧畏之自信,而勇猛安稳。(一)佛的四无所畏:正等觉无畏,漏永尽无畏,说障法无畏,说出道无畏。此四无所畏中,前二者显示佛自利之圆德,一为智德,二为断德;后二者显示佛利他之圆德,一为修断德,二为修智德。(二)菩萨的四无所畏:能持无所畏、知根无所畏、答法无所畏、决疑无所畏。

⑥ 《法华文句》卷六(下),见《大正藏》卷三十四,第84页下。

⑦ 《法华文句》卷六(下),见《大正藏》卷三十四,第84页下。

《法华文句》卷六说：开始试探着宣说大乘深奥的佛法理论，说"马上派遣旁人"，这是表示唯一实在的真理，唯一广大深远的大乘教法，唯一根机猛利的大乘菩萨。现在是说明佛借助方便权巧的办法，隐藏了最为真实的绝对性真理就是密，指示了还不太圆满的相对性真理就是遣。从教法本身的角度来看，隐藏了圆满究竟的义理就是密，运用了不圆满而有缺陷的义理就是遣。从接受教法者的角度来看，内在的思想和德行中具有大菩萨的修行方法就是密，外在的行为上表现出声闻人的威仪举止就是遣。从佛说法的形式上来看，隐藏了大乘佛法而施设了小乘佛法就是遣，小乘行人不能测量大乘行人的思想境界就是密。

　　二人，《法华文句》卷六说："在法华会上的四大弟子（二乘人），都根据自己的思想境界而分别领解了佛所说的经典意趣，并没有牵涉到大乘菩萨的思想境界，所以说是'二人'。从佛说法的实际内容来看，说的是十二因缘和四圣谛的道理。从所说法的义理方面来看，是属于有所造作的相对真理和世间真理。从听法人的角度来看，只有声闻和缘觉这两类根机的人。"现在这里是权且从听法人这一方面来说的。

　　形色憔悴，《法华文句》卷六说：二乘教法当中，没有修习相好庄严的法门，只是宣说世间一切都是苦、空、无常、不净等教法，这就表现出形貌和气色都很憔悴的样子。又说：内心十分恐惧无常之理就叫做憔，外在的生活又有八苦等的遭遇就叫做悴。

　　无威德者，就是指没有十力和四无所畏等佛法功德利益的缘故。

　　汝可诣彼，徐语穷子，《法华文句》卷六说：这就是用小乘的义理来试探着对小乘根机的人说。大乘教法所阐明的义理是直接而且真实究竟的，所以就说快去把他捉拿回来。小乘教法所阐明的义理是曲折迂回、隐藏了究竟真理的，所以说慢慢地说。

　　顾汝除粪，顾就是雇用。《法华文句》卷六说：灭除苦、集的粪便，谋取道、灭的劳动报酬。

此领何义？答：次顿之后，说三藏教，二十年中，常令除粪，即破见思烦恼等义也。

[集注]二十年中，用八忍八智①断见，合为一无碍②、一解脱③，用九无碍、九解脱断思，总成二十(经中更有两处，明二十年)。若住二乘位，转大乘教，名为于二十年中，执作家事。从有二乘之机，而来感佛，故云：自见子来，已二十年，皆取二乘，各有十智④。

见思烦恼，分别曰见，贪爱曰思。《止观》八云："昏烦之法，恼乱心神。"⑤此破见思，答上除粪，粪能染污，故以譬之，谓污染真理也。

[今译]二十年中，这是用八忍、八智断除八十八品见惑，合起来算作一无碍道、一解脱道，再加上断除八十一品思惑的九无碍道、九解脱道，总共就成了二十(《法华经》中共有两处说明了二十年，见《大正藏》卷九，第18页上、中)。如果证得二乘的果位，而宣说大乘佛法，这就是经中所说的"在二十年中执持劳作家务之事"。从二乘的根机，来与佛的大乘法相应，所以说是"自从看到儿子从外地回家以来，到现在(法华会上)已经有二十年的时间了。"这都是主张二乘人也各自具有十智。

见思烦恼，分别叫做见，贪爱叫做思。《止观》卷八说："昏沉和烦恼等情况，都是在恼害扰乱行人的心绪和精神。"这是指破除见惑、思惑而言，也是回答上述提出的"除粪"一事，粪便肮脏不堪会污染环境，所以

---

① 八忍八智：八忍与八智的并称。指见道位的忍与智各有八种。八忍是：苦法智忍、苦类智忍、集法智忍、集类智忍、灭法智忍、灭类智忍、道法智忍、道类智忍。八智是：苦法智、苦类智、集法智、集类智、灭法智、灭类智、道法智、道类智。

② 无碍：旧译为无碍道，新译为无间道。碍就是间隔的意思，指观照真实智理，不被惑业所间隔、阻碍。

③ 解脱：即解脱道，指于三界九地中修道，每断一品思惑，就证得无间、解脱二道，即正断烦恼之位为无间道，烦恼既断而得解脱之位为解脱道。此处把断见惑合为一无碍道、一解脱道，断八十一品思惑共为九无碍道、九解脱道。

④ 十智：这是于小乘位立十智，以摄一切智。智者大师《仁王经疏》卷一说：十智者：一法智，二比智，三他心智，四世智，五苦智，六集智，七灭智，八道智，九尽智，十无生智。《大正藏》卷三十三，第258页下一259页上。

⑤ 《摩诃止观》卷八(上)，见《大正藏》卷九，第102页上。

用它来作比喻，指能够污染原本清净的真如理性。

二、方 等 时

次明方等部，《净名》等经，弹偏折小，叹大褒圆。四教俱说，藏为半字教，通、别、圆为满字教，对半说满，故言对教。

[集注] 次明方等部等，判部收经也。弹偏等，明部意也。四教俱说等，明部中用教也。盖以大斥小，逗大逗小，须四教故。

收经虽广，《净名》有弹斥功，特标为首。弹偏折小，叹大褒圆，《妙乐》四云："今家八字，判尽经理。谓折小弹偏，叹大褒圆。"①《释签》十二云："如《观众生品》即是叹大，称叹文殊、净名，即是褒圆，故令小根耻小慕大。"②

须弹斥者，盖为小机，执真保果，取证入灭。故才证小果，便堪弹斥，未必须在十二年后。后因维摩③示疾毗耶④，佛令弟子诣彼问疾，故皆述昔被诃，辞不堪往。此是述昔诃，乃密弹也。若当座诃，如礼座去花等也。

四教俱说，方等说三藏者，一为弹斥之本，二为横来之机。如《释签》云："复有渐中，初入小行，及俗众室外，说无常道。"⑤《辅行》十云：

---

① 《法华文句记》卷四(下)，见《大正藏》卷三十四，第234页上。

② 《法华玄义释签》卷十九少"故令小根耻小慕大"八字，见《大正藏》卷三十三，第949页上。

③ 维摩：维摩诘的简称，华译为净名，净是清净无垢之义，名是声名远扬之义。为佛陀的在家弟子，乃中印度毗舍离城之长者。虽在俗尘，而能精通大乘佛教教义。是金粟如来的化身，自妙喜国化生在此娑婆世界，以居士的身份辅助释迦佛教化众生。

④ 毗耶：即毗舍离城，中印度的都城。位于恒河北岸，与南方的摩揭陀国相对峙。又音译为鞞舍离、毗耶离、吠舍厘等。意译广严城。佛在世时，此地系跋祇人(离车族)的都城，佛屡屡行化于此，尝说《毗摩罗诘经》、《普门陀罗尼经》等，教化维摩诘、庵没罗女、长者子宝积等人。

⑤ 《法华玄义释签》卷二，见《大正藏》卷三十三，第824页中。

"方等旁用三藏，正用三教，以斥二乘，令二乘人密成通益。"①不语菩萨者，转成衍中人也。

对半说满，以满斥半也。故虽兼斥大，正在斥小。《释签》引《大经》云："譬如长者，唯有一子，心常爱念，将诣明师，惧不速成，寻便将还，以爱念故，昼夜殷勤，但教半字，而不教诲《毗伽罗论》②，良由其子，力未堪故。"③

《毗伽罗论》翻字本，谓世间文字之根本，即满字也。若合喻者，半字谓九部经，《毗伽罗论》谓方等典，即满字也。此据方等以大斥小，故以衍门三教之满，而对三藏之半。若《文句》云"无方等所对之三"④者，乃显法华部妙，唯一圆乘，不同方等，对三之圆也。

[今译] 次明方等部等，这是判别每一个部类当中所收录的分别都是哪一些经典。弹偏折小，叹大褒圆等，都是说明在这个部类当中所要表达的思想意趣。所谓"四教俱说"等，就是说明方等时的部类当中含有藏、通、别、圆四教的教法内容。因为，以大乘佛法的思想来呵斥小乘的思想，既要契合于大乘的根机，又要让小乘根机的众生感兴趣，所以就必须善巧地运用这四种不同的内容来教化。

在方等时这个部类当中，所收的经典虽然特别多，但是《净名经》有弹偏斥小的功能作用，因此就把它列在开头的地方。批评偏激的知见，折服小乘的思想，赞叹大乘的行愿，褒扬圆满的见地。《妙乐》卷四说：天台宗用八个字，能完全判别出方等经典的义理特征了。这八个字就

① 《辅行》卷十之二，见《大正藏》卷四十六，第 446 页中。
② 《毗伽罗论》：意译为《字本论》、《声明记论》，为分解、分别之意。是印度梵文语法的名著，即解说印度文字音韵及语法等文法书的总称。《止观辅行》卷六说："此《论》是字本，河西云：世间文字之根本也，典籍音声之论。宣通四辨，诃责世法，赞出家法，言辞清雅，义理深邃。虽是外论，而无邪法，将是善权大士之所为也。故以此论，喻方等经。"《大正藏》卷四十六，第 337 页上。
③ 《法华玄义释签》卷十二，文字稍有出入，内容基本相同。见《大正藏》卷三十三，第 897 页下。
④ 《法华文句》卷四(上)，见《大正藏》卷三十四，第 52 页中。

是"折小弹偏，叹大褒圆"。《释签》卷十九说：像《观众生品》所说的就是属于赞叹大乘思想，称赞歌颂文殊、净名等菩萨，也就是褒扬圆教的义理，所以才使得那些小乘根机的众生以小乘为羞耻，从而美慕大乘佛法。

须要经过批评呵斥的原因，是因为小乘根机的众生执著于偏真的义理，停留在小乘的涅槃果位，并且执取为真实究竟，而使自己证得之后就马上进入涅槃。所以刚刚证得小乘的涅槃果位时，就应该进行批评呵斥，未必一定要在佛成道的十二年之后才进行批评教育。后来因为维摩诘居士在毗耶离城中示现疾病，佛命令弟子们前往探视病情，这些弟子都讲述了过去曾经被维摩诘呵斥的事，认为自己不堪胜任探病而推辞。这是讲述过去被呵斥，属于秘密的批评。如果是当着大家的面进行呵斥，就像《净名经》中所谓"礼拜法座"、"去除身上花朵"等，都是当座呵斥。

四教俱说，在方等会上还宣说三藏教，有两个目的：第一，三藏教是批评呵斥的对象，表明了有的放矢的说法技巧。第二，是为了接引没有经过阿含会上，没有听到过生灭四谛道理，也没有证得相对真理的众生。如《释签》卷二说：还有逐渐教化的中间阶段，为了刚开始进入佛法的小乘弟子，以及根本没有接触过佛法的世俗外道等人，而讲说"无常"等道理。《辅行》卷十说："方等会上旁带着应用了三藏教法，正面所使用的是通教、别教、圆教等三种教法，以此来呵斥小乘根机的众生，使这些二乘根机的人都能潜移默化获得通教的利益。"这里所举的例子是《净名经》，而不说是菩萨，是想使众生能够潜移默化成为大乘根机的人啊。

相对于半字教而宣说满字教，用圆满的教法来呵斥偏半的思想。所以，虽然也兼带着批评对大乘法的执著，但真正的用意还是在于呵斥小乘的思想见地。《释签》卷十二引《大涅槃经》说：譬如有一位长者，只有一个儿子，心里经常牵挂爱念儿子。想要把他送到明白真理的老师那里去学习，又怕儿子没有能力接受教诲不能马上有所成就，于是就带着儿子先回家。因为爱念儿子，所以昼夜认真辅导儿子，只教导儿子偏旁部首等等不完整的字句，而不教导《毗伽罗论》等完整的语法，这是由于他知道儿子的接受能力还不够的缘故。

《毗伽罗论》汉译是"文字的根本"，是指世间一切语言文字的根本，也就是通常所说的满字。如果从譬喻的角度来看，半字是指三藏教九部经，《毗伽罗论》是指方等典籍，即是满字。这是根据方等部的特点是以大乘思想来呵斥小乘观点，所以说大乘法门中通、别、圆三教的圆满教法，是相对于三藏教半字的不圆满教法来说的。如《法华文句》所说"《法华经》没有方等部那样相对于藏通别三教的圆教"，这就显示了法华部的纯圆独妙，是唯有一乘圆满的教法，不同于方等部那样是相对于三教而说的圆教。

若约时，则食时（第三时）。

[集注] 即华严照平地中，初食时也（辰时）。《毗罗三昧经》①有四食时，早起诸天食，日中三世佛食，日西畜生食，日暮鬼神食，今是诸天食时也。

[今译] 就是《华严经》中所说的日照平地时，亦即一天当中最初吃饭的时间（辰时）。《毗罗三昧经》中说有四种吃饭的时间：早上起来是诸天吃饭的时间（寅、卯、辰），太阳到了正中的时候是三世诸佛吃饭的时间（巳、午、未），太阳偏西的时候是畜生受食的时间（申、酉、戌），到了夜里就是饿鬼神祇等受食的时间（亥、子、丑）。现在这里所说的就是诸天吃饭的时间。

若约味，则从酪出生酥，此从九部出方等（三生酥味）。

[集注] 约教论相生，约机论浓淡。既耻小慕大，如烹酪作生酥。

---

① 《毗罗三昧经》：此经二卷，译人、年代均不详，久失传。近年于日本名古屋七寺所藏平安后期的古写经中发现此经，书法优美，字迹工整。

[今译] 从佛教导众生的角度来说，有次第相生的内在含义。从众生接受教育的根机方面来说，教有浅深，如味有浓淡。也就是指对于小乘的思想感到惭愧羞耻，而对大乘的思想产生了美慕之情，就如同烹制奶酪，使之成为生酥一样。

《信解品》云：过是已后，心相体信，入出无难。然其所止，犹在本处。

[集注] 过是已后，过鹿苑三藏之后，即今方等也。心相体信，父子互相体悉信顺，子信父故，得果不虚；父信子故，闻大不谤。

入出无难，《文句》六云："由是见尊特身，闻大乘教，名此为入；复被呵斥，犹见丈六，说小乘法，名此为出；大小入出，皆无疑难也。"①《释签》三云："不同畏惧王等之时，故云无难。"②

然而修空观，用事识③，见生身，住权理；修中观，用业识④，见尊特，住实理。今二乘人，虽修空观，入见尊特者，由业识故。盖事业二识，为见相之本。故《解谤》云："入见尊特，功由业识，教未开故，且住草庵。"犹在本处，犹居罗汉果，保证真空也。

[今译] 过是以后，经过鹿野苑的三藏教以后，也就是指现在的方等时。心相体信，是指父亲和儿子之间能够相互体会到对方的心情，从而变得非常熟悉信任随顺。由于儿子信任父亲的缘故，所证得的果报不会虚妄；父亲信任儿子的缘故，听闻到大乘佛法而不至于诽谤。

入出无难，《法华文句》卷六说：通过这个时部的调教，而见到了

---

① 《法华文句》卷六(下)，见《大正藏》卷三十四，第 86 页下。

② 《法华玄义释签》卷六，见《大正藏》卷三十三，第 857 页上。

③ 事识：意识的别名，分别事识之略称。《大乘起信论》以眼、耳、鼻、舌、身、意等六识总称为意识，能于过去、现在、未来等三世之境及内根外尘之种种事相起分别的认识作用，所以称为分别事识。

④ 业识：即有情众生流转生死的根本识。也就是真如依根本无明，由于不觉而最初生起的微细一念。《起信论》说：一者名为业识，谓无明力不觉心动故。相当于阿赖耶识中之自体分。

卢舍那佛的尊特之身,听闻到大乘佛法的教诲,就叫做"入"。又被呵斥,仍然见到释迦牟尼佛的丈六劣应之身,宣说小乘佛法,就叫做"出"。进入大乘佛法的境界,离开小乘佛法的执著,都没有怀疑和困难啊。《释签》卷三说:不同于初次见面而对王产生畏惧等时候,所以说是无难。

但是,修行空观,用八识中阿赖耶识之外的其余事识,可以见到生身的释迦牟尼佛,安住在权巧方便的义理上。修行中观,则是指用业识,从而见到了卢舍那佛的尊特之身,安住于诸法实相的理体之中。现在二乘人虽然只是修习空观成就,但是也可以见到卢舍那佛的尊特之身,这是二乘人也可以运用根本识来修习空观的缘故。因为,事识和业识是见到丈六释迦牟尼佛身和卢舍那尊特之身的根本所依。所以《解谤书》说:"进入大乘佛法的境界之内,见到了尊特之身,这是由于业识的作用,大乘教法还没有正式公开地弘扬,暂时先住在草庵里面。"犹在本处,就是指还停留在罗汉的果位上,保住自己所证得的真空境界。

此领何义? 答: 三藏之后,次说方等,已得道果,心相体信,闻骂不瞋,内怀惭愧,心渐淳淑。

　[集注] 已得道果,真空寂灭之道,小乘罗汉果也。闻骂不瞋,《妙玄》十云:"恣央掘①之讥,任净名之折。"②内怀惭愧,《释签》云:"谓受弹

---

　① 央掘:央掘摩罗的简称,为佛弟子之一,又作鸯掘摩罗,意译为指鬘、指髻、一切世间现,若梵汉并举,则称鸯崛鬘、鸯崛髻,又称指鬘外道。初为住于室罗伐悉底城之凶人,尝师事邪师摩尼跋陀罗,恭顺谦敬。后以师母诬其凌辱之罪,其师遂命其出游修行,并嘱杀害千人,各取一指作鬘,始得授以涅槃之法。央掘摩罗于是出城杀人,每杀一人则取一指为华鬘,故有指鬘之称。至九百九十九人时,欲弑其母以成一千之数。佛陀遥知而愍,遂前往化度之,央掘摩罗见佛陀前来,执剑趋前,意欲害之,后经佛陀为说正法,乃改过忏悔而入佛门,后证得罗汉果。见宋求那跋陀罗译四卷本《央掘魔罗经》,收于《大正藏》卷二。
　② 《法华玄义》卷十(下),见《大正藏》卷三十三,第807页下。

斥,令叹大自鄙,即其益相。"①心渐淳淑,密得通益也。

[今译] 已得道果,指的是真空寂静涅槃之道,就是小乘阿罗汉的果位。闻骂不嗔,《法华玄义》卷十说:"让央掘、净名任意地呵斥折服。"内怀惭愧,《释签》说:"说的是受到弹斥,使之赞叹大乘佛法而产生自鄙的情绪,这是他们得到真实利益的表现。"心中逐渐变得纯净成熟,就是秘密地得到通教的利益。

三、般 若 时

次说般若,转教,付财,融通,淘汰。此般若中,不说藏教,带通、别二,正说圆教。

[集注] 次说般若等,明部意也。此般若中等,部中用教也。转教、融通约法,付财、淘汰约喻。所以令其转教菩萨,意在二乘领知法门,故曰付财。二乘本所不知,但谓加被令说,故曰转教。《妙乐》七云:"于佛即是付财,二乘自谓加说,故《般若》中云:岂声闻人敢有所说? 有所说者,皆是佛力,由机未转,且言被加。"②

般若会一切法,皆摩诃衍,故曰融通。以空慧水荡其执情,故曰淘汰。

不说藏教,《光明记》③四云:"诸部般若,广示衍中三教空慧,复以

---

① 《法华玄义释签》卷六,见《大正藏》卷三十三,第857页上。
② 《法华文句记》卷七(中),见《大正藏》卷三十四,第284页下。
③ 《光明记》:《金光明经文句记》之略称,又作《金光明文句记》、《光明文句记》,十二卷,宋代知礼大师撰述。本书是智者大师《金光明经文句》的随文解释。收于《大正藏》卷三十九。其初,知礼之师义通宣讲《金光明经文句》时,门徒竞录所闻成卷,然旷远之旨羁绊不宣,经论援证谬误亦不少,以致知礼有所感慨,遂援举所领大义,又借智圆之《金光明文句索隐》中之俗书故实以为裨助,撰述此书。至十七品,未竟而入寂。最后之《赞佛品》由其门人广智追补而成。

三藏为助道观。"①又《仁王般若》说四无常偈②,恐其吝国,正助合行。

带通别二,正说圆教,此约圆实部主而说。盖一代教,主意在圆。若《辅行》十云:"般若傍用通教,正用别圆,加于二乘,密成别益。"③

《释签》三云:"前于方等,义已成通,故至般若,唯须此二。明不共者,说部意也(即不共般若意也,正用圆别)。意虽不共,犹有方等,新受小者,至此须通。亦有衍门,傍得小者,是故兼用。"④(傍用通教)此皆部中用教意也。

共部,《释签》云:"诸部般若,以但、不但二种中道不共之法,与二乘共说。例方等部,非无此义,以方等经多顺弹诃,共义稍疏。般若于菩萨,则成共说(此据三根解源)。"⑤

图6:教部共不共

[今译]次说般若等,是指明部类所属。此般若中等,说明这个部类中所运用的教法实际内容。转教、融通是从教法的内容上来说的,付

---

① 《金光明经文句记》卷四(上),见《大正藏》卷三十九,第126页中。
② 四无常偈:又作四非常偈。指罗什译《佛说仁王般若波罗蜜经》卷下(见《大正藏》卷八,第830页上一中)记载,偈曰:
　　劫烧终讫,乾坤洞燃,须弥巨海,都为灰炀;
　　天龙福尽,于中雕丧,二仪尚殒,国有何常!
　　生老病死,轮转无际,事与愿违,忧悲为害;
　　欲深祸重,疮疣无外,三界皆苦,国有何赖!
　　有本自无,因缘成诸,盛者必衰,实者必虚;
　　众生蠢蠢,都如幻居,声响俱空,国土亦如!
　　识神无形,假乘四驰,无明宝象,以为乐车;
　　形无常主,神无常家,形神尚离,岂有国耶!
③ 见《大正藏》卷四十六,第446页中。
④ 见《释签》卷六,《大正藏》卷三十三,第857页上。
⑤ 见《释签》卷六,《大正藏》卷三十三,第855页下。

财、淘汰是从比喻的方面来说的。之所以要使他们转教菩萨，其目的在于使二乘人也能领受大乘法门，因此叫做付财。二乘人本来是不明白大乘佛法的，只是受到了佛的加被才能宣说大乘佛法，所以叫做转教。《妙乐》卷七说："从佛本身的角度来看就是付财，从二乘人自身的角度来看，就是由于佛的加被才能宣说大乘佛法。因此《般若经》中说：哪里会有声闻根机的人敢于宣说大乘佛法的道理呢？如果能够宣说大乘法的，都是由于佛的慈悲加被。由于他们的根机还没有转化，因此说是被加持的。"

般若能够融会贯通一切佛法，都是大乘妙法，所以说是融通。用毕竟空的智慧之水，荡涤他们的执著之情，所以说是淘汰。

不说藏教，《光明记》卷四说：各部般若经典，广泛地表达了大乘中通、别、圆三教的空慧，同时也以三藏教为辅助的观行方法。另外，《仁王般若经》所说的"四无常偈"，就是恐怕普明王等一千国王仍然吝惜国王之位，就以般若正行和三藏教法的辅助观行结合起来，使他们都证得了三空门定。

带通、别二，正说圆教，这是从圆教部类的说法人这边来看的。因为佛的一代时教，主要的宗旨在于圆教。就像《辅行》卷十说：般若时旁带应用通教思想，主要目的是在运用别、圆二教，加被二乘人，使他们秘密获得别教的利益。

《释签》卷三说："在前面方等时的时候，从义理方面已经成就了通教思想，所以到了般若时，就只须要别、圆二教了。说明与藏通不共的般若，这是就部类本身的意思而言（就是不共般若的意思，正面地运用别圆二教）。部类本身的意思虽然说是不共般若，还有方等时刚刚接受小乘教法的人，到此时就需要用通教思想来教化了。也有在大乘中旁带得到小乘利益的人，所以就要兼用通别圆（正面运用别圆二教，旁带运用通教）。"这都是说明了各个部类运用教法的用意。

部类相同，《释签》说：各部般若经典，以但中、不但中二种中道不共的佛法内容，对二乘根机的人一起宣说。以此标准来看方等部类，并非没有这层意思，只是方等部类的经典大多数都是随顺着批评与呵斥方面，共说的内涵稍微少一些而已。般若部对于菩萨来说，那就是形成了对三种根性共说的局面（这是根据声闻、缘觉、菩萨这三种根机的人对般若的理解都不同来说的）。

约时，则禺中时（第四时）。

　　[集注]　禺中，《说文》①云：“日在巳，曰禺中。”

　　[今译]　禺中，《说文解字》说：一天十二个时辰的巳时，就叫做禺中。

约味，则从生酥出熟酥，此从方等之后，出摩诃般若（四熟酥味）。

　　[集注]　约教，生熟二酥，相生次第。约机，则二乘心渐通泰，自知萤火，不及日光，敬伏之情，倍更转熟，如从生酥转成熟酥也。

　　[今译]　从教法内容来说，生酥和熟酥二者，具有次第相生的意义。从众生根机来说，则是二乘根机的人心念逐渐通融安稳，知道自己就像是萤火虫一样，肯定不像太阳那样光芒四射。因此敬畏佩服的情绪，比原来更加成熟真切，就像从生酥转化成熟酥一样。

《信解品》云：是时，长者有疾，自知将死不久，语穷子言：我今多有金银珍宝，仓库盈溢，其中多少，所应取与。

　　[集注]　长者，喻如来，世间长者具十德②，如来具十号③。有疾者，法身无病，随机权示也。自知将死不久，《文句》六云：“有机则应为生，

_____

　　①　《说文》：即《说文解字》之略称，中国最早的文字学著作，东汉许慎撰。正文十四卷，另有叙目一卷。

　　②　十德：长者之十德，即：姓贵、位高、大富、威猛、智深、年耆、行净（持心律己）、礼备（威仪庠序，世所式瞻）、上叹（为在上者所叹服）、下归（为在下者所归向）。

　　③　十号：佛有十种尊号，即如来、应供、正遍知、明行足、善逝世间解、无上士、调御丈夫、天人师、佛、世尊。

机尽应谢为死,今化机将毕,应谢非久也。"①

多有金银,《文句》六云:"金即别教理,银即通教理。《大品》所明真谛,不出此二。而言多有者,理则非多,约种种门,亦得言多。"②

《妙乐》七云:"问:《大品》有圆,何故但云不出通别? 答:一者,但语通别理,已摄余二。论能诠教,必须具四,今且从理,故云不出此二。二者,二乘至此,多成通别,亦且言之。"③

珍宝者,《文句》六云:"《劝学》④中明,一切法门皆是珍宝。"⑤仓库盈溢等,《文句》六云:"仓是定门,即百八三昧⑥,库是慧门,即十八空⑦境也。通别两种定慧仓库,包藏一切禅定智慧,无所缺少。内充外溢,故云盈溢。其中多少者,说于般若,则有广略二门⑧,略则为少,广则为多。自行为取,化他为与。"⑨

[今译] 这里的"长者"是比喻如来,从世间法的角度来说,长者具有十种德行,如来具有十种称号。所谓"有疾",法身是没有任何缺陷的,只是随顺众生的根机暂时示现而已。自知将死不久,《法华文句》卷六说:众生的根机成熟时能够与之相应就是生,众生解脱缘尽时便应该

---

① 《法华文句》卷六(下),见《大正藏》卷三十四,第86页下。

② 见《法华文句》卷六(下),《大正藏》卷三十四,第86页下。

③ 见《法华文句记》卷七(中),《大正藏》卷三十四,第284页中。

④ 《劝学》:即罗什译《摩诃般若波罗蜜经》卷三的《劝学品》第八,见《大正藏》卷八,第232页下。

⑤ 《法华文句》卷六(下),见《大正藏》卷三十四,第87页上。

⑥ 百八三昧:《大品般若经·摩诃衍品》所说有一百零八种三昧。

⑦ 十八空:即为破种种邪见所说之十八种空。即:内空、外空、内外空、空空、大空、第一义空、有为空、无为空、毕竟空、无始空、散空、性空、自相空、诸法空、不可得空、无法空、有法空、无法有法空。此十八空,各经典依废立互异,而立十三空、十四空、十六空、二十一空等诸说。《大品般若经》卷一《序品》、《放光般若经》卷一、《光赞般若经》卷一、《大般若经》卷四七九、卷四八〇、《仁王护国般若波罗蜜多经》卷上、《大智度论》卷三十一等,都有说明。

⑧ 广略二门:广聚八万四千佛法,示诸法种种差别相者,谓之广门;而显示此差别相之平等理者,谓之略门。

⑨ 《法华文句》卷六(下),见《大正藏》卷三十四,第87页上。

离开就是死,现在教化相应根机的众生将要完毕,应该示现涅槃的时间快到了。

有许多金银,《法华文句》卷六说:"金比喻别教所说的道理,银比喻通教所说的道理。《大品般若经》所说明的真谛之理,不外乎这里所说的两种。而这里所谓的'多有',从道理本身上说是没有什么多的,从各种方便引导的法门来说,也可以把它说成为'多'。"

《妙乐》卷七说:问:《大品般若经》中所说的道理也有圆教思想,为什么只说不超出通教和别教呢? 答:第一,从理论上说,只要阐明通教和别教的思想,就已经统摄了其余两教的思想。从能够诠释的教法来说,一定要具备四教才行,现在是从其内在的义理而言,所以说不外乎通别两种。第二,从众生根机上说,二乘根机的人到达这种境地,大多数都会成就通教或者别教的境界,所以也可以权且这么说。

所谓珍宝,《法华文句》卷六说:《劝学品》中所说明,一切法门都是非常可贵的珍宝。仓库盈溢等,《法华文句》卷六说:仓是表示禅定的法门,也就是指百八三昧等。库是表示智慧,也就是指十八空等境界。通教和别教这两种禅定和智慧的仓库,包含了一切禅定和智慧,没有任何缺少或不足。内在满足了,就会向外流溢,所以说是盈溢。所谓其中多少,如果从般若的角度来说,则有广泛和简略两门的不同,简略而言就是少,广泛而言就是多。自己依教如法地修持,就是取;教化众生利益他人,就是与。

此领何义? 答:明方等之后,次说般若,般若观慧,即是家业。空生、身子,受敕转教,即是领知等也。

[集注] 般若观慧,《妙玄》十云:"《大品》或说无常无我,或说于空,或说不生不灭,皆历色心至一切种智,句句回转,明修行法。"①即观慧义也。

---

① 《法华玄义》卷十(下),见《大正藏》卷三十三,第807页下。

家业，长者宅为大乘家，诸珍宝为不思议业。《妙乐》七云："前云付财，今云付业。财从所营，业即造作，皆是菩萨修德①三因②之作业也。名异义同，故得互举。"③

空生、身子，须菩提④翻空生，解空第一。舍利弗⑤翻身子，亦云鹙子，智慧第一。受敕转教，受如来之敕命，转教菩萨，即加被说也。以空慧为入道之主，故加二人。《辅行》六上云："凡言加者，加于可加。须菩提空与般若空，相应相似，是故佛加令其说空。般若是智慧，故亦加身子，所以但加此二人也。"⑥

领知，《妙乐》二云："被加为奉命，所说名领知。名说为领，无别领

---

① 修德：二德之一，二德即性德、修德。（一）性德，谓本来性具之德，如三因中之正因佛性，三德中之法身即是。（二）修德，谓修成之德，如三因中之了因、缘因二佛性，三德中之般若、解脱二德。菩萨经过修行之后，而证得了修德的圆满，则能显示三因佛性。

② 三因：即三因佛性，这是智者大师据《北本大般涅槃经》卷二十八之说所建立，谓一切众生无不具此三因佛性，此因若显，即成三德妙果。（一）正因佛性，正即中正，中必双照，离于边邪，照空照假，非空非假，三谛具足，为正因佛性。亦即诸法实相之理体是成佛之正因。（二）了因佛性，了即照了，由前正因，发此照了之智，智与理相应，是为了因佛性。（三）缘因佛性，缘即缘助，一切功德善根，资助了因，开发正因之性，是为缘因佛性。

③ 见《法华文句记》卷七（中），《大正藏》卷三十四，第284页下。

④ 须菩提：意译为善业、善吉、善现、善实、善见、空生。乃佛陀十大弟子之一。原为古代印度舍卫国婆罗门之子，智慧过人，然性恶劣，嗔恨炽盛，为亲友厌患，遂含家入山林。山神导之诣佛所，佛陀为说嗔恚之过患，师自悔责忏罪。后得须陀洹果，又证阿罗汉果。系佛陀弟子中最善解空理者，被誉为解空第一。于佛陀之说法会中，经常任佛陀说法的当机众，屡见于般若类经典中。

⑤ 舍利弗：又作舍利弗多、舍利弗罗、舍利弗怛罗、舍利弗多罗、奢利富多罗、奢利弗多罗、舍唎补怛罗、设利弗呾罗，意译为鹙鹭子、秋露子、鸲鹆子。梵汉并译，则称舍利子、舍梨子。旧译身子。佛陀十大弟子之一。其母为摩伽陀国王舍城婆罗门论师之女，出生时以眼似舍利鸟，乃命名为舍利；故舍利弗之名，即谓舍利之子。又名优波底沙，或作优波提舍、优波帝须等。意译为大光，即从其父而得的名称。

⑥ 《辅行》卷六之二，见《大正藏》卷四十六，第335页中。

也。"①此是熟酥益相,得此益已,义成别人。《净名疏》②云:"《大品》二乘,已有入假之义。"

《观音玄记》③上云:"声闻转教,密破尘沙。"④《大品》会法(八十一科皆摩诃衍)不会人(而无希取一餐之意)。

[今译] 般若观慧,《法华玄义》卷十说:"《大品般若》或者说无常无我的道理,或者说空的道理,或者说不生不灭的道理,都是要经历色法、心法,然后一直说到一切种智,每说一句都要回过来劝说依此修行,并阐明针对所观之境的修行方法。"这就是观照般若的内在含义。

家业,长者宅是比喻大乘佛法的内涵,用诸多珍宝来比喻不可思议的佛法修行事业。《妙乐》卷七说:前面已经说了托付财产,现在又说委付家业,财产是从经营的目的来说的,家业是经营者的本身行为,都是比喻菩萨修德三因的一切作为和修行事业。名相虽然不一样,但其内在的意义却是相同的,因此也就可以通用了。

空生、身子,须菩提汉译为空生,他在佛弟子当中解空第一。舍利弗汉译为身子,也叫鹙鹭子,他在佛弟子当中智慧第一。受敕转教,是指接受了如来的敕命,转而教化菩萨们,就是受佛的加被而进行说法。因为毕竟空的般若智慧是进入佛法修学道路的关键,所以就加被这两个人了。《辅行》卷六上说:凡是说到加被的,就是加被给可以加被的人。须菩提所证悟的空慧与般若毕竟空,既能够相应,又非常相似,所以佛就加被他,命他宣说空的道理。般若也是智慧,所以也就加被舍利

---

① 见《法华文句记》卷二(中),《大正藏》卷三十四,第181页上。

② 《净名疏》:即《维摩经疏》,又称《净名广疏》、《维摩经大疏》、《维摩经文疏》、《维摩经广疏》、《维摩疏》、《维摩罗诘经文疏》,二十八卷,隋代智者大师撰。本书系鸠摩罗什所译维摩经之注释书。收于《卍续藏》第二十七、二十八册。智者大师应隋炀帝之请,口授其腹案,由门下笔录,至二十七卷《佛道品》,其余则由弟子灌顶大师补作完成。

③ 《观音玄记》:即《观音玄义记》,又称《观世音菩萨普门品玄义记》、《观音经玄义记》、《观音别行玄记》、《别行玄记》、《别行玄记》,四卷,宋代四明知礼大师述。乃《观音玄义》之注释书。收于《大正藏》卷三十四。

④ 《观音玄义记》卷一,见《大正藏》卷三十四,第896页下。

弗,这就是加被此二人的理由所在。

领知,《妙乐》卷二说:"被加持的是奉命,所说的内容是领知,把说的内容叫做领,并没有另外的什么领。"这是熟酥时得到利益的表现,得到了这种利益之后,其内在的意义就是别教行人了。《净名疏》说:《大品般若》中的二乘人,就已经有从空入假的意思了。

《观音玄记》卷上说:"声闻人转而教化,秘密地破除了尘沙惑。"《大品般若》与佛法的各科融会贯通(八十一科就是色心等法:五阴、十二入、二十界、四谛、十二因缘、十八空、六度、四智。都是大乘佛法的精髓),而不与修行人自身互相融摄(《信解品》说:穷子虽然知道了一切金银宝物的所在之处,但连美餐一顿的想法也没有,说明还是处于下劣的心态中)。

已上三昧,对华严顿教,总名为渐。

[集注] 总结渐中三昧。

[今译] 这是总结渐教当中所经历的阿含(酪味)、方等(生酥)、般若(熟酥)三昧。

第三节 秘 密 教

第三秘密教者,如前四时中,如来三轮①不思议故。或为此人说顿,或为彼人说渐,彼此互不相知,能令得益,故言秘密教。

[集注] 隐密赴机,互不相知,故名秘密。《释签》一云:"不定与秘,并皆不出同听异闻,但互相知,互不相知,以辨两异。"②若不堪于显露

---

① 三轮:神通轮、记心轮、教诫轮,合称为三轮。神通轮又名神变轮,即佛以身业现出种种的神变,以引导众生起信正教。记心轮是佛以意业去识别他人的心。教诫轮又名正教轮,即佛以口业去教诫众生,使能依法修行。此三种是佛的身口意作用,首先以神通去化导众生,次以记心鉴机施教,最后则以口教诫,使众生起行正道。

② 参见《释签》卷二,《大正藏》卷三十三,第825页上。

入者,须秘密说。今对前顿渐显露,即明秘密。

若《大本》中,先明不定,对前顿、渐定教,为次第也,此据说相。次第虽尔,秘密不定遍前四时,初无前后。具足应云:秘密不定,显露不定,今皆略标。然秘密之名,起自龙树①。如《释签》一引《大论》释《大品经》诸天子叹云:"我见阎浮提②,第二法轮转。今转似初转。问:初转少,今转多,云何以大喻小,而言似耶?答:诸佛法轮有二种:一者显,二者密。初转,声闻见八万及一人,诸菩萨见无量阿僧祇③人得二乘,无量阿僧祇人得无生忍,无量阿僧祇人发无上道心,行六波罗蜜,阿僧祇人得初地乃至十地,一生补处坐道场,是名密。④ 故知初见八万一人,属显露摄。秘密者,如次明之。"⑤如前四时中,指秘密教,横在四时,别无部帙。

三轮,《光明记》一云:"身业现化,名神通轮。口业说法,名正教轮。意业鉴机,名记心轮。三皆摧碾众生惑业,故名为轮。下地不测,亦名三密。"⑥

或为此人说顿等,《妙玄》先约顿渐三说相对,次约说默相对。各有三义,谓此座十方,多人一人,及俱三相对。

---

① 龙树:又称龙猛、龙胜。二、三世纪顷,为南印度婆罗门种姓出身。是印度大乘佛教中观学派之创始人,也是天台宗的初祖。此处指龙树菩萨所著的《大智度论》而言。

② 阎浮提:阎浮,是树名;提,是洲的意思。梵汉兼译则作赡部洲、谵浮洲。旧译为秽洲、秽树城,乃盛产阎浮树的国土。又出产阎浮檀金,故又有胜金洲、好金土的译名。此洲为须弥山四大洲之南洲,故又称南阎浮提、南阎浮洲、南赡部洲。《长阿含》卷十八《阎浮提洲品》载,其土南狭北广,纵广七千由旬,人面亦像此地形。

③ 阿僧祇:又作阿僧伽、阿僧企耶、阿僧、僧祇,意译不可算计,或无量数、无央数。为印度数目之一,无量数或极大数之意。据称一阿僧祇有一千万万万万万万万兆(万万为亿,万亿为兆),于印度六十种数目单位中,阿僧祇为第五十二数。

④ 参见《大智度论》卷六十五,《大正藏》卷二十五,第517页上—中。

⑤ 见《释签》卷二,《大正藏》卷三十三,第824页下。

⑥ 《金光明经文句记》卷第一(下),文字稍异,内容相同。参见《大正藏》卷三十九,第96页上。

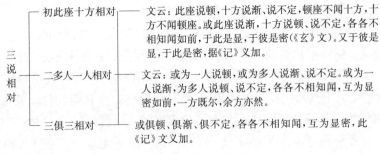

图 7：三说相对、默说相对

如《释签》云：不定与秘，并皆不出同听异闻，但有互相知、互不相知，以辨两异。

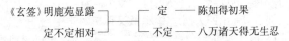

此以般若对鹿苑说，即鹿苑中密说般若，义该三教，故云诸菩萨见等也。

图 8：同听异闻

《玄签》明鹿苑显露
定不定相对　　　　定 —— 陈如得初果
　　　　　　　　　不定 —— 八万诸天得无生忍

此约鹿苑闻小证大而说。如《签》云：酪中虽无二别，不妨以八万及一人，以辨不定也。

图 9：定不定相对

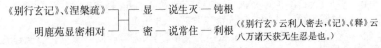

图 10：显密相对

[今译] 隐藏如来的本意，秘密地适应众生根机而为说法，听法人都得到了相当的利益，但彼此之间都不知道对方得到什么样的利益，就叫做秘密。《释签》卷二说："不定教和秘密教一样，都不外乎听闻了同样的教诲，而得到了差别的利益，只是从彼此之间互相了解与否来辨别这两教的差异。"如果不可以从显露方面而进入佛法大海的，就必须对他进行秘密的教诲。现在相对于前面顿教、渐教的显露教诲，就说这里是另外一种秘密教诲的教法。

如果依据《法华玄义》所说，首先阐明不定教的内容，相对于前面所说的顿教和渐教都是决定教，从决定到不定就有个前后的次第，这是根据说法的形式来谈的。尽管有这样的次第，但是秘密教和不定教又普遍地存在于前面所说的四时当中，本来没有什么前后的差别可言。如果要全面地表达其内在含义的话，应该说成"秘密不定教"和"显露不定教"，现在都是简略地给予标名而已。可是秘密这个名称，起源于印度的龙树菩萨。如《释签》卷二引了《大智度论》卷六十五解释《大品般若经》："诸位天子赞叹：我亲眼看到阎浮提世界，正在转动着第二次法轮，现在所转的情况相似于初次转法轮。问：初次转法轮时所说之法比较少，现在转法轮时所说的法比较多，为什么还用大乘佛法来比喻小乘佛法，而说相似于初转法轮呢？答：诸佛所转的法轮有两种：第一是说显露的法，第二是说秘密的法。初次转法轮的时候，声闻弟子看到八万人及一个人明白佛法的道理（得法眼净）。菩萨却能看到无量阿僧祇人得到二乘的果位，无量阿僧祇人得到无生法忍，无量阿僧祇人发起了无上的道心，修行菩萨六波罗蜜，还有阿僧祇人都证得初地、十地乃至一生补处坐道场的果位，这就叫做秘密教。由此可知，这里的初次转法轮声闻人所见到八万人及一人，是属于显露的范围。那么，秘密教就是指从这里接下去所说菩萨所见到的那些。"假如从前面所说的四时判教来看，所指的秘密教，就是横向地包含在这四时当中，并没有另外竖向的部帙类别可言。

三轮，《光明记》卷一（下）说：以身业来示现化度众生，名为神通轮。以口业来说法度化众生，名为正教轮。以意业来鉴别众生各种不同的根机而应机说法，名为记心轮。此三者都是为了摧坏破碎众生的迷惑和业障，所以都把它们叫做轮。佛以三轮来度化众生，地下的菩萨不能知晓测量，所以也叫做三密。

或者为这个人说顿教法门等，《法华玄义》首先是从顿教和渐教三种说法形式的不同来看，其次是从宣说与沉默的不同来看，这两种不同各自都有三层含义，即所谓的：此座十方、多人一人、俱三相对。

[集注] 此以法华、涅槃对鹿苑说，即鹿苑中密说圆常，与法华涅槃，悟入是同。如《别行玄记》云："若八万诸天获无生忍，故云密去。"①又《大疏》②云："利根人于三藏中，宜闻常住，闻即得解。如初转法轮时，八万诸天得无生忍，乃是密教意。"③据此，岂可谓同听生灭耶？

问：鹿苑会上，只一八万诸天。何故诸文，或定不定，显密有异耶？

答：如来赴机难思，祖师释义非一，据诸天得法眼净，即显露定教，如云声闻见八万是也。据闻小证大，即显露不定教，如云八万诸天得无生忍是也。若曰密闻圆常，即秘密教，如云利人密去是也。经意多含，不可一准。然八万诸天，既是利根，密为正义，盖于三藏中，宜闻常住故也。

且秘密教，何以得传？如《妙乐》一云："秘密不传，降佛以还，非所述故。尚非阿难能受，岂弘教者所量?"④盖因后叙出，故可传耳。如《妙乐》云："阿难非不传秘，赴机之秘，非所传耳。故秘密所用，全是显

---

① 见《观音玄义记》卷第一，《大正藏》卷三十四，第896页下。

② 《大疏》：全称《大般涅槃经疏》，三十三卷，隋代灌顶撰。本书系以天台教旨解释《南本涅槃经》，并随处以《南本涅槃经》与《方等般泥洹经》、《大般泥洹经》、《北本涅槃经》等经辨其异同。灌顶于大业十年(614)至十五年间撰著之，原书仅有释文十二卷、玄义一卷，书中唯以科句节断经文。其后荆溪湛然再治之，于诸文之下，冠上私谓或私云之语，以彰显其义。荆溪再治本共有十五卷。收于《大正藏》卷三十八。

③ 参见《大般涅槃经疏》卷第二十三，《大正藏》卷三十八，第174页下——175页上。

④ 见《法华文句记》卷一(中)，《大正藏》卷三十四，第160页上。

教,是故传秘,只名传显。"①

[今译]这是以法华涅槃时而相对鹿野苑的阿含时来说的,也就是在鹿野苑中秘密地宣说了圆满常住的大乘佛法,并且所说之法与法华涅槃时所悟入佛之知见完全相同。如《观音玄义记》说:八万诸天都获得了无生法忍,所以说秘密地接受了大乘佛法。另外,《大涅槃经疏》也说:"根机很利的人,在三藏教法当中,适宜听闻大乘常住圆满教法,听闻到圆满的教法就得以领悟。就像佛初转法轮的时候,八万诸天都得到了无生法忍,这就是指秘密教的意思。"根据这些记载,怎么可以说在鹿野苑中一起听闻的都只是生灭四谛的道理呢?

问:在鹿野苑的法会上,只有一种八万诸天。为什么诸多的文献记载,或者说是决定教,或者说是不定教,或者说是显露的,或者说是秘密教法,而有各种差异呢?

答:如来适应众生根机而说法是难以思议的,历代祖师大德们所解释的意思也不完全一致。根据"诸天得到了法眼净"这一记载,就是指显露的决定教,比如说"声闻见到八万诸天得法眼净"就是这个意思。根据"听闻小乘教法而证得了大乘思想"的说法,就是指显露的不定教,比如说"八万诸天都得到了无生法忍"就是这个意思。如果说秘密地听闻到圆满常住的大乘教法,这就是秘密教,比如说"利根的人秘密地去接受大乘佛法的思想"就是这个意思。经典中具有多种含义,不能刻板地说只有某一种情况。但是八万诸天既然都是根机很利的人,从这点来说,秘密教是最主要的,因为在三藏教法中,他们适宜听闻圆满常住的大乘佛法的缘故。

进一步说,秘密教凭什么得到流传呢?如《妙乐》卷一说:"秘密教不能流传,是因为除了佛之外,就没有人能够传述。尚且不是阿难尊者能够受持,哪里是后世弘扬佛法的学人所能够测量的呢?"因为后来阿难把佛所说的教法重新叙述出来的,因此秘密教法得以流传下来。如

---

① 见《法华文句记》卷一(中),《大正藏》卷三十四,第160页上。

《妙乐》说："阿难尊者并非不传秘密教法，只因为能够针对众生的根机而进行秘密调教的秘法本身是佛的圣智所流露，别人是没有办法理解的，也就不可能对其进行受持流传了。所以后世流传的秘密教法所表现的形式作用，也就全部和显露教法一样，因此后世所传持的秘密教法，也只能把它叫做显露教法罢了。"

第四节　不定教

第四不定教者，亦由前四味中，佛以一音演说法，众生随类各得解。此则如来不思议力，能令众生，于渐说中得顿益，于顿说中得渐益。如是得益不同，故言不定教也。

　　[集注]　盖一类机，宿世于顿有渐种，于渐有顿种，故今闻小证大，闻大证小，推功归教，教名不定矣。如《大经》置毒发毒①，《大论》八万诸天得无生忍等，皆不定义。古师以《金光明》等，别为一缘，名偏方不定教。今家不然，一时一说，一念之中，备有不定。

　　一音者，通大小因果，当分跨节②，显之与密，定与不定。今是不定一音，该乎大小，是果人③所用。

────────

　　①　置毒发毒：毒比喻佛法，这是指佛陀所说教法，能够使不同根机的众生都能够得到不同的利益。如《大般涅槃经》卷第九说："毒者即是第一妙药。"《大正藏》卷十二，第418页中。

　　②　当分跨节：天台宗判释教相的用语。(一)当分，指于藏、通、别、圆等四教各有其当分的教、行、理，亦即就诸经之当意而判其教意，如《阿含经》为使离生死、入涅槃而说，故属当分。(二)跨节，谓直超前三教而阐述圆意，亦即由《法华经》之意来判定其余经典之意。当分之义门，在一代经之当位，故以当分而成法华之相待妙，是属于方便施设；跨节之义门，则藉《法华经》而见一代经，故以跨节而成法华之绝待妙，这是属于佛陀的本意。《法华玄义》卷一下说："当分者，如三藏佛，赴种种缘，说种种教……跨节者，何处别有四教主，各各身，各各口，各各说？"见《大正藏》卷三十三，第691页上。

　　③　果人：指经过因位之修行阶段而到达果位的人。例如佛、辟支佛、阿罗汉。此处应指果头佛(四教各果上之佛)而言，如《四教仪集注辅宏记》卷三说：果人一音，应指四教果头佛说。《卍续藏》第一〇二册，第328页上。

于渐说中得顿益,《妙玄》云:"虽说四谛生灭,而不妨不生不灭"①等。《释签》云:"此指鹿苑,虽施于渐,不起于顿。"②

于顿说中得渐益,《妙玄》云:"虽高山顿说,不动寂场,而游鹿苑。"③《释签》云:"此指顿后渐初,不动于顿,而施渐化。"④

若方等、般若,虽为菩萨说佛境界,而有二乘智断。此二时中,俱有小果,新得旧得,如常所明。虽五人证果,不妨八万诸天得无生忍,此重指渐初对般若说。前文约法,此中约人。当知即顿而渐,即渐而顿。

[今译] 有一类根机的众生,由于过去世的善根,在顿教当中却带有渐教的机缘和种子,在渐教当中却带有顿教的机缘和种子。所以现在能够听闻到小乘佛法时便证得大乘佛法的见地,听闻到大乘佛法时却只能得到小乘佛法的利益,把这种情况的原因和作用推究到教法上面来看,这个教法就可以叫做不定教了。如《大涅槃经》所说的"放毒发毒",《大智度论》所说的"八万诸天得到了无生法忍"等,这些都是不定教的意思。过去有人(南三北七判教中的"南师")把《金光明经》等经作为特别的事例、特殊的机缘,说成是"偏方"的不定教(意为说小乘教法时旁带着说了一些大乘教法,并非正式宣说,所以叫做不定教)。天台宗就不是这样,本宗认为:佛说法的每个时间当中,每次说法的本身,甚至在每一个念头当中,都具备了不定教的内涵(此即圆教观点,只要机缘成熟,佛所说的每一种教法,都能让你得到圆满的利益)。

一音,通融于大乘小乘因果,一代时教当分跨节,显露秘密,决定与不定等法之中。现在这里所说的一音,是专门指显露不定教而说的。一音说法能够包含大小乘教法的,只有四教当中的果头佛才具备这样的微妙功用。

在佛说渐教法的时候,却能得到顿教的利益。《法华玄义》卷一说:

① 见《法华玄义》卷一(上),《大正藏》卷三十三,第683页下。
② 见《释签》卷二,《大正藏》卷三十三,第824页下。
③ 见《法华玄义》卷一(上),《大正藏》卷三十三,第683页下。
④ 见《释签》卷二,《大正藏》卷三十三,第824页中。

"虽然是说生灭四谛的道理,但是也不妨含有不生不灭的道理"等。《释签》卷二说:这是指在鹿野苑时,虽然施设了渐教的教法,但并没有离开华严的顿教教法。

在佛说顿教法的时候,却能得到渐教的利益,《法华玄义》卷一说:虽然佛初成正觉于华严会上,宣说顿教教法如日照高山,并没有离开处于寂灭道场的华严法会,而游行于鹿野苑说渐教教法。《释签》卷二说:这是指顿教之后的渐教之开端,不离开宣说顿教教法,而能够施设渐教的教化。

如果就方等时和般若时而言,虽然也是为了给菩萨宣说佛境界的顿教教法,但是也有二乘根机的人能够得到渐教智德断德的利益。在方等、般若二时之中,都有听闻大乘顿教之法而得到小乘渐教利益的情况。像通常所说的,新得小果(方等时中新接受小乘教的,般若时中旁带得到小乘之利益的)和旧得小果(没有经过前面的教化,是突然来到方等、般若会上而得到小乘利益的)一样,这都是属于不定教的范围。虽然鹿野苑时的五比丘证得了小乘的果位,但是并不妨碍八万诸天获得无生法忍,再次指出了这是从渐教初(鹿苑时)而相对于般若时说的不定教。前面是从教法本身的角度来说,这里则是从听法之人的角度来说的。可见顿教中有渐教的教法,渐教中也有顿教的教法(所以前四时中都有不定教)。

然秘密、不定二教,教下义理,只是藏通别圆。

[集注] 上指四时为秘密、不定之部,今明部中之教,故此二教,以藏等四教为当体体,真、中二理为所依体。如《妙乐》一云:"不定秘密,义各含四,显之与密,定与不定,相对论故。"①

[今译] 上述所说的华严、阿含、方等、般若四时,都是秘密和不定的部类,现在要阐明在这些部类中还有各自的教法内容。所以秘密和

---

① 见《法华文句记》卷一(中),《大正藏》卷三十四,第160页中。

不定这两个部类的教法内容,都是以藏、通、别、圆四教作为它们各自的教法本身(当体体),而真谛、中道这两种义理,是它们所依据的根本(所依体)。如《妙乐》卷一说:"不定教和秘密教,各自都具有(四教的)四种思想内容,至于说显露与秘密,决定与不定,都只是相对而言的。"

化仪四教齐此。

[集注] 此以法华相待之意,判前四时不出顿等八教,意显法华超八教外,出四时表。故《释签》一科《玄》文云:"初明八教以辨昔,次约今经以显妙。"①若《释签》一云"秘密横被,无时不遍"②者,此约方等,对前二时为言,考彼问词③自见。

又《释签》十云:"五味,则一道坚进,味味有半满相成。复于味味,皆有秘密,及以不定。"④盖约五味对半满,以论相成。故《玄》文云:"虽复俱游,行藏⑤得所(俱游论相成,行藏论用舍)。"⑥

华严唯满不半,乃至法华废半明满。半有成满之功,非谓味味各有半满。又云味味皆有秘密、不定者,此且据前四时为言,或显密相成,则以昔时秘密不定,成今法华,是显非秘,是定非不定矣。

———————

① 见《释签》卷一,《大正藏》卷三十三,第822页中。
② 见《释签》卷二,《大正藏》卷三十三,第823页上。
③ 问词:指《释签》卷二说:问:华严鹿苑大小永融,才说方等则同座并闻者何? 答:若以秘密横被,无时不遍。若约横论竖,则隐显在机。佛本意在大,故遂本居初。然由一分渐机,致使圣慈未畅,前已专大,次复专小。今虽同座,大小仍隔,但小被大弹,为成生苏,以此为次耳。见《大正藏》卷三十三,第822页下—823页上。
④ 见《释签》卷二十,《大正藏》卷三十三,第959页中。
⑤ 俱游行藏:天台宗于半、满、显、密,因随时应机而有取舍之谓。《法华玄义》卷十下说:虽复俱游行藏得所。见《大正藏》卷三十三,第809页上。俱游即喻五味与半、满诸经之相成。谓第一华严乃至第五法华涅槃之一代佛法,半、满之诸经常能观众生根机而利益之;调御众生之根机者,五味之次第能成就之。行藏,乃依《论语·述而篇》子谓颜渊曰:用之则行,舍之则藏。而取其意,以半、满、显、密之教,随时应机之取舍而论行藏。
⑥ 见《法华玄义》卷第十(下),《大正藏》卷三十三,第809页上。

《妙玄》六引《大论》云"余经非秘密,法华是秘密"①者,《释签》七云:"非八教中之秘密,但是前所未说为秘,开已无外为密。"②

[今译] 这是根据法华时不属于前面所说的四教四时,以此来判别法华前面的四时不外乎顿、渐、秘密、不定、藏、通、别、圆八教,意思是想表示法华超越这八教之外,也不在这四时的范围之内。所以《释签》卷一科释《法华玄义》的文意说:开始阐述顿等八教来辨别法华以前的诸部教法,然后从法华本身来显示自己的圆融独妙。如《释签》卷二所说:"秘密教法随时教化众生,没有哪个时间不普遍存在。"这是从方等时的立场,相对于前面华严、阿含二时而言,考查问话的意思,就自然明白了。

另外,《释签》卷二十说:"五味则是从竖的方面进行的,前后各味都有半字和满字的相辅相成。再从每一味来说,又都有秘密教法以及不定教法的存在。"这是从五味相对于半字和满字,来说明它们之间具有相辅相成的关系。所以《法华玄义》卷十说:虽然五味与半字满字是相辅相成的,但是佛说法应机施教,行藏取舍都是恰到好处的(俱游是指教法的体系严密,行藏则是指说法能够区别对待)。

华严时只有满字教而没有半字教,一直到法华会上废除了半字教而阐明满字教。半字教有成就成熟满字教的功用,并不是说五味当中的每一味都有半字满字存在。如《释签》卷二十又说"五味当中的每一味都有秘密教和不定教",这权且根据前面四时的教法而言,或者显露和秘密相辅相成,这是以过去的秘密教和不定教来成就法华教法,法华教法就是显露的而非秘密的,是决定的而非不定了。

《法华玄义》卷六引《大智度论》所说"其余经典不是秘密,只有《法华经》才是秘密",《释签》卷十三说:这里并不是指八教当中的秘密教,只是前面未曾说过的教法即为秘密,开权显实之后,权即是实,全部教法都成为圆妙之教,没有超出其外的,所以说是秘密。

---

① 见《法华玄义》卷第六(下),《大正藏》卷三十三,第 755 页上。
② 见《释签》卷十三,《大正藏》卷三十三,第 910 页中。

第五节 法 华 时

次说法华。

[集注] 妙法难解,取喻莲华。莲华,华果同时;妙法,则权实一体。故有迹门三喻①,本门三喻②。

图11:迹门本门三喻

[今译] 因为佛法非常微妙,甚深难解,所以就拿莲花来作比喻。莲花,开花和结果是同时成就的;微妙难解的佛法,则方便权巧和究竟真实也是同体并存的。因此就有了迹门三喻和本门三喻。

---

① 迹门三喻:《法华经》本迹二门各有三种比喻,就迹门之三喻而论,称为迹门三喻:(一) 为莲故华,比喻为实施权,以莲比喻实,以华比喻权。谓佛为显一乘之实义,而施设三乘之权教。亦即佛以方便力示现种种道,其实为一佛乘,欲令众生知第一寂灭故。(二) 华开莲现,比喻开权显实,以华开比喻开权,莲现比喻显实。谓如来于法华会座,开三乘之权方便,以显一乘之实义。亦即开方便门,以示真实之相。(三) 华落莲成,比喻废权立实,以华落比喻废权,莲成比喻立实。谓一乘之实教既显,则三乘之权教自废,即正直舍方便,但说无上道。以上三喻为《法华经》前十四品之意。

② 本门三喻:《法华经》本迹二门各有三种比喻,就本门之三喻而论,称为本门三喻:(一) 为莲故华,比喻从本垂迹,以莲比喻本,以华比喻迹。从本垂迹者,系以本判迹,即垂迹门八相之化,以显久远实成之本地。谓如来久远以来实已成佛(本),但为教化众生而示现少年出家、得三菩提之化迹(迹)。(二) 华开莲现,比喻开迹显本,以华开比喻开迹,莲现比喻显本。谓开除以如来为伽耶近成垂迹示现的权佛之情执,以显久远成佛之本。(三) 华落莲成,比喻废迹立本,以华落比喻废迹,以莲成比喻立本。谓诸佛如来之法,为度众生皆实而不虚,故伽耶成道之化迹日久自废,而立久远成佛之本。以上三喻为《法华经》后十四品之意。

开前顿渐,会入非顿非渐,故言开权显实①,又言废权立实,又言会三归一。

[集注] 妙名一唱,待绝,俱时。故相待论判,出前三教、四时之上。绝待论开,复能开前,令皆圆妙。今文但云开者,盖上既云化仪四教齐此,则显法华出前四时。况复下文,历部拣教,即是判也。然待绝二妙,妙体无殊,约义而论,开为正意。

凡论开权,有约部、约教、约界、约理等。今云顿渐者,乃约部通开,顿渐是权,属前四时,非顿非渐是实,即今法华。又三即是权,一即是实,故以开废会三而结云,故言开权显实等也。

开者,发也、拓也。昔不言三是方便,故方便门闭。今言三是方便,故方便门开。废者,舍之别名,开已俱实,无权可论,义当于废。约法乃开时即废;约喻必义须先开;若约理者,开废俱时,开时已废故也。

或谓今文开废会三,准彼《玄签》第一,对于四一。义虽无妨,但在彼不对,其文则重,在今但作结上开部,义似稍允。

盖法华部,开废会三,法应尔也。如下文云:总开会废,前四味粗。旧于开权,有同体、异体之辨。然约所开法体,及能开之妙,佛意边论,皆同体也。但所开机情,在昔执之为异,故不得不开。如《释签》云:"法本自妙,粗由物情,但开其情,理自复本。"②又《玄》文云:"开昔之异,显

---

① 开权显实:开除权教之执著,显示真实之义。开,含开除、开发、开拓等义;开除乃除却权执,开发乃由内机缘纯熟而脱权执,开拓乃权即实而广其体之义。即开除三乘之权巧方便,显示一乘真实之义。《法华经》以前之诸经乃应未熟之机根而设,为权便之法,实欲引众生入真实之教;以权便之法显真实之义,故称开权显实。然权实本不异,若开除此执著,则权实不二,趣归一佛乘之真义。以上系就《法华经》前半部迹门之化仪而说。而后半部本门化仪之开迹显本亦称开权显实,即破除迹权之执著,显示本门之实义。若就《法华经》全经而言,前十四品为开三显一,后十四品为开近显远之说,即前半部开除三乘教之方便,显示一乘教之真实;后半部开除垂迹之近佛,显示本地之实佛,而此二十八品总归于开权显实。又开三显一系就人、机而论,相对于此,开权显实乃针对理、教加以阐释。

② 参见《释签》卷三,《大正藏》卷三十三,第834页中。

今之同。"①故开机情,的开异体也。

[今译]一说到不可思议的微妙甚深的佛法,就是离开一切相对的论说而成为绝对的真理,也全部含摄了佛于一切时所说之法。所以从相对的角度来说判别教法的情况,是高出于前面所说的三教、四时之上的。从绝对的角度来说开权显实的情况,又能够开出前面所说三教、四时的教法,使之都成为圆满微妙不可思议之法。现在这里只说"开",原因是上文既然说"化仪四教齐此",这就显示了法华时应该是超越于前面四时。更何况下文将要对各个部类的教法进行认真的判别,就是判教之义。但是,相对微妙和绝对微妙二者,微妙的本身虽然并没有什么不同,从其内在所含的意义上说,"开"就是微妙的真正意趣。

凡是提到开权显实的时候,都含有从部类来说、从教法内容来说、从修行所证得的境界来说、从义理的角度来说等等。现在所说的顿教和渐教,乃是从部类的角度来进行开权显实。顿教和渐教都是权巧方便,属于前面所说的四时教法;非顿非渐才是真实的教法,就是现在所要阐述的法华时。再者,藏、通、别三教是权巧方便,唯有圆教是真实究竟的教法,因此就以"开权显实"、"废权立实"、"会三归一"这三者作为归结,所以说"开权显实"等等。

所谓开,就是开发、开拓的意思。以前不说藏、通、别三教是权巧方便,所以是把方便之门关闭住了(不能任意通达)。现在说这三教是方便权巧,所以是把方便之门打开了(可以任意通达)。所谓废,就是舍弃的别名,因为打开了方便之门后,就明白这一切的内在意义全部都是真实究竟的,再也没有什么权巧可言了,从这层意义上说就是废除权教之意。从教法的本身来说,在开权显实的时候立即废除了权巧方便。从譬喻的角度来看,则必须首先开显真实之法,然后才废除方便之教。如果从义理方面来看,开显和废除是同时并存无所先后的,因为开显真实的时候,就已经废除方便了。

---

①　见《法华文句》卷六(下),《大正藏》卷三十三,第755页中。

有人认为现在文中所说的开权显实、废权立实、会三归一这三者，根据《释签》卷第一，与教（荡化城之执教，废草庵之滞情）、理（开方便之权门，示真实之妙理）、行（会众善之小行，归广大之一乘）、人（上中下根，皆与记别）这四者都会归于一乘真实的法华思想相对应。虽然在意思上也能说得过去，但是在《释签》的文中并没有这样相对的，如果这样说就显得重复多余了。现在这里就只是把它作为对开权显实这个部类总结性的话，这种意思似乎更为妥当一些。

因为就法华部类而言，其开、废、会这三者，也是本来就应该这样的啊。如下文所说：全面地进行了开、废、会，以此说明前面所经历的四味都是粗糙的（只有法华的醍醐味是精妙的）。过去对于开权这一点，有同体开权显实和异体开权显实之差别的说法。但是所开显的教法本体，以及能够开的微妙，就佛境界本身等方面而言，都是同一体性的。只是所开显的根机浅小的众生，在过去一直都执著己见而有差别，所以不得不以开权显实的方法对其调教。如《释签》说：一切法本来都是微妙不可思议的，之所以有粗浅等区别，是因为众生的根性不同而导致的。只要把众生根性粗浅的情况开显出来了，义理上就自然能够恢复到本来微妙不可思议的境界上来。又《法华玄义》说："开发过去的差异，显示现在的相同。"所以开发有情众生的粗浅根机，就是开拓执著体性不同的观念。

言权实者，名通今昔，义意不同。

［集注］权谓权谋，暂用还废。实谓实录，究竟指归。昔有偏圆、自他、权实等义，今有为实施权、开权显实等义，义不同也。在昔权实各趣，在今权皆趣实，意不同也。《妙乐》十云："权实之语，非独今经，相即之言，出自于此。"①

［今译］权是权谋的意思，暂时借用一下，还要废除的就是权。实

---

① 见《法华文句记》卷十（下），《大正藏》卷三十四，第355页上。

是实际的纪录,最为究竟的旨趣和归宿。在以前的教法当中,有偏重和圆满、自身和他人、权巧方便和究竟真实等等含义的差别,现在也有为了究竟真实而施设一些权巧方便,开拓其权巧方便而显示究竟真实的义理,义理是不同的。在以前的教法中,权巧方便和究竟真实的旨意和归趣都各不相同,现在的权巧方便都趋向于究竟真实,用意也是不同的。《妙乐》卷十说:权巧方便和究竟真实的说法,并非只是《法华经》才这么说,而权巧方便和究竟真实能够相融相即的说法,则出于此处(本经)。

谓法华已前,权实不同,大小相隔。

[集注] 此下释出今昔权实,义意不同。文初约部通开,故以顿渐为权,法华为实。此拣昔日,部中之教,有权有实。然在昔实妙权粗,在今开粗即妙,方显义意不同也。今且先明昔之权实,故云"谓法华以前,权实不同"等。权实约偏圆,大小约半满。亦可权实约法,大小约人,在昔之时,皆有此义。

然文意正明昔部权实,而复明大小者,须知权通偏教,而未的显权中三藏小机,历前四时,与大相隔,直至法华,方得入圆。故论权实,复明大小;虽明大小,不出权实。如下文云:重举前四时权,盖指此小机也。

[今译] 从这里往下,解释现在和以前的权巧方便和究竟真实,在义理和用意上是有所不同的。一开始从部类的角度来全面展开,因此以顿教和渐教作为方便权巧,把法华作为究竟真实。这是简择过去的各个部类中的教法,有方便设施的也有究竟真实的。但是在过去所表现的是:真实之法微妙不可思议,方便之教粗浅容易明白。而现在开发出来的是:粗浅的教法就是微妙的教法,这样才显示出现在和过去义理和用意是不一样的。现在首先阐明过去的权巧方便和究竟真实的情况,所以说"《法华》以前,权巧真实不相同"等话。权巧方便和究竟真实是从偏重和圆融的角度来说的,大乘和小乘则是从半字教和满字教的

角度来讨论的。也可以从教法本身的角度来说权巧方便和究竟真实，从受教人的角度来看大乘和小乘，在以前的四时教法当中，都有这些道理。

　　但是此处正面要阐明的是过去部类当中的方便权巧和究竟真实，而又阐述了大乘和小乘的不同，应该知道，说权巧方便可以涵盖藏、通、别三种带有偏重的教法，而没有明确显示出三藏小乘根机经历前面四时的如来教化，与大乘真实之法相隔不入，一直到法华会上才得以进入圆融无碍的思想见地这样的情况。所以既要说权巧方便和究竟真实，又要说大乘和小乘的区别；虽然说明大乘和小乘的不同，但也不外乎权巧方便和究竟真实而已。如接下去说：重新列举出前面四时的权巧方便，就是指的这些小乘根机而言。

　　如华严时，一权一实（圆实别权），各不相即，大不纳小，故小虽在座，如聋若哑。是故所说法门，虽广大圆满，摄机不尽，不畅如来出世本怀。

　　［集注］一权一实，释权实不同。大不纳小，释大小相隔。今此正当大隔于小，故小虽在座，如聋若哑。

　　《释签》一云："华严大机，尚隔于别，小机被隐，一向不闻，是故但立顿大之名，不立一乘独妙之称，非佛本怀，良由于此。华严顿大，尚非本怀，况复鹿苑！故三藏教首，及以部内粗尚未周，故妙号都绝，方等、般若，比说可知。"①

　　［今译］一权一实，这是解释权巧方便和究竟真实之间的不同。大不纳小，这是解释大乘和小乘之间也相互隔离不能通融。现在这里又指出华严时，正是宣说大乘佛法而隔离小乘根机的人，所以小乘根机的人虽然在座，也只是如聋子哑巴一样。

　　《释签》卷一说：华严会上都是大根机的法身大士，尚且有所隔离而

────────────

①　见《释签》卷一，《大正藏》卷三十三，第819页下。

被摄入于别教的范围。小乘根机的人就更是被隐没不见,根本就没有能够听闻到佛说法。所以华严时就只是建立了顿教大乘的名义,而不建立一乘究竟绝对圆妙的称呼,这并不是佛出现于世间的根本心愿,其根本原因正在这里。华严属于顿教大乘的部类,尚且不是佛的根本心愿,更何况鹿野苑的阿含时呢?四教之首的三藏教,以及此教的部类之内,粗浅的教法尚且还不够完整,因此"妙"的名称就绝对不可能有了,方等时、般若时,也可以根据这种理论标准来推测,就自然明白了。

所以者何? 初顿部有一粗(别教)、一妙(圆教),一妙则与法华无二无别,若是一粗,须待法华,开会废了,方始称妙。

[集注] 所以者何? 此征起,释出不畅本怀之意,皆由在昔不能开粗显妙。故此以下,历部拣教,明判明开。初顿部等,于此别明,顿中粗教。须待开会者,以时人谓华严胜故也。

[今译] 为什么会这样的呢? 这是设问,解释了不能完全体现佛陀出世本怀的原因,都是由于在过去的教法当中,不能开发粗浅的教法而显示微妙的一佛乘思想。所以从这里往下,经历每个部类来拣择教法的内容,说明判别部类所属,同时指出如何开拓微妙教法。"初顿部"等,在这里特别说明了华严的顿教当中也有粗浅的教法。"须待"、"开会"等,因为时下有些人说华严殊胜圆满,所以这里要指出:要等到法华时开、会、废之后,才能称得上真正的纯圆独妙。

次鹿苑,但粗无妙(藏教);次方等,三粗(藏通别)一妙(圆教);次般若,二粗 (通别)一妙(圆教)。

[集注] 此约相待,判前部中粗妙也。

[今译] 这是从相对的角度来说明粗妙问题的,判别法华之前各个部类的粗妙情况。

来至法华会上,总开会废前四味粗,令成一乘妙。诸味圆教,
更不须开,本自圆融,不待开也。

[集注] 此开前四味部中三教之粗,成今一乘妙也。若昔部中三教
权人,来至法华,一向须开。若三教权果,本是圆果,岂可更开,令成圆
佛? 若对机之权,亦不妨论开,如云开丈六垢衣等也。

且昔部中,三教既开,昔部中圆,还须开否? 故下即云:诸味圆等
也。以今圆昔圆,二圆不别,此约教别与也。

若《妙乐》云"圆人初心,须闻开显诸法实相"①者,盖昔圆人,义有
两向。名字初心,谓圆隔偏,闻佛开权,隔偏情泯,非开圆体也。若观行
去,已入实者,但论增进,如经拣众云:"除诸菩萨众,信力坚固者"是也
(信力五品,坚固十信)。又《妙乐》云:"今经是圆,复须开显"②者,盖显
法华中圆,非但出前四时,复须开显诸教也。

[今译] 这是开发五味的前四味所属部类当中藏、通、别三教的粗
浅,来成就现在这一乘妙法圆教的纯粹圆妙。如果以前部类当中的三
藏教学人,现在来到了法华会上,一贯来说就应该给予开发的。如果说
三藏教的权巧方便结果,本来就已经是圆满的结果,那又怎么可以再进
行开发,而令其成为圆教的佛果呢? 如果从针对众生根机的角度来说
方便之法,也就不妨说有开发,就像经中所说的"开发丈六的弊垢
衣"等。

再说,在以前的部类当中,藏等三教既然已经被开发了,而以前部
类当中的圆教思想,还需要再进行开发吗? 所以就说"诸味圆教"等,因
为现在所说的圆教思想和以前部类当中具备的圆教思想,两种圆教思
想并没有任何的差异,这是从教法本身的角度特别加以说明的。

如《妙乐》说:"圆教根机的人最初发心,必须听闻开拓权巧方便显
示一切法真实相状。"因为以前所说圆教根机的人,具有两种含义:第一

---

① 参见《法华文句记》卷一(上),《大正藏》卷三十四,第151页中。
② 见《法华文句记》卷一(中),《大正藏》卷三十四,第164页上。

种就是名字即佛的最初发心,说的是圆教思想隔离了偏重的思想,听闻到佛开拓权巧的教诲,隔离偏重的思想就被消灭了,并不是开拓出圆教思想的本质。如果是第二种观行即佛之后的各个位次,已经进入圆教真实教法的修行人,只讨论他们增进对圆教的实践和把握。就像《法华经》中分析听法人的情况说:"除一切菩萨大众,就是具备了信受佛语的信心和道心非常坚固的人。"就是指这一类众生(信力是指五品位的人,坚固则指十信位的人)。另外,《妙乐》说"现在《法华经》是圆教经典,还需要开拓权巧而显示真实圆妙",这是因为法华所具有的圆妙理论,不仅仅只是超出于前面所说的四时教法,而且还必须开发前面顿渐等教的方便,而显示出前面这些教法也是究竟真实纯圆独妙的。

但是部内兼但对带,故不及法华,淳一无杂,独得妙名,良有以也。

　　[集注]　正判昔部属粗,除鹿苑外,虽皆有圆,以兼等故,不得称妙。粗人细人①,二俱犯过,此约部通夺也。

　　《释签》一云:"始自华严,终至般若,虽名不同,但为次第三谛所摄,今经会实,方日圆融。"②是故文初约部通开,须云开前顿渐等也。

　　如上相待论判,绝待论开,约教别与,约部通夺。翻覆抑扬,方显法华,出诸教上。部圆教圆,妙绝群经,出世本怀,于此畅矣! 故即引经四一为证。

　　[今译]　正式判别法华以前的部类,都是属于粗浅的教法,除了鹿苑时纯属小乘教法外,其余三时虽然也都有圆教的思想在内,但由于这些部类都只是兼带圆教思想,因此也不能称其为妙法。小乘行者和大乘行者,从究竟意义上说,这两种人都犯有过错,这是从部类的角度全面地进行驳斥。

---

　　①　粗人细人:粗人,即指小乘行者;细人,即大乘行者。即四教之中,藏、通、别三教者为粗人,圆教者为细人。《法华玄义释签》卷一说:"细人、粗人,二俱犯过,从过边说,俱名粗人。"见《大正藏》卷三十三,第 820 页上。
　　②　见《释签》卷一,《大正藏》卷三十三,第 819 页中。

《释签》卷一说:"从华严开始,到般若结束,虽然名义上有所不同,但一样都是属于次第三谛的道理。现在《法华经》会三归一、开权显实,才可以说是真正的圆融绝妙了。"所以本文(《四教仪》)开始从部类的角度来探讨开权显实的道理,就必须说开拓了前面的顿教渐教等等。

如上所述,从相对的角度讨论判别,从绝对的角度讨论开拓,从教法上说就是特别给予合理的说明,从部类上说就是给予全面的驳斥。经过相对、绝对的正反两方面的说明,和别与、通夺的抑扬讲述,才显示出法华超出前面诸部类的教法之上,部类圆满教法也圆融无碍,在所有的经典当中,显示出绝对微妙不可思议,佛陀出世的本怀就在这里得到完全的体现了。所以就引用经文的前面四味为粗现在一味为妙,来证明这是合乎教理的。

故文云:十方佛土中,唯有一乘法,无二亦无三(教一)。正直舍方便,但说无上道(行一)。但为菩萨,不为小乘(人一)。世间相常住(理一)。

[集注] 以纯一故,独得妙名,故引一以显妙,盖一即妙也。十方佛土等,据其同者而言,亦约佛意也。

一乘法者,部圆教圆故。无二亦无三者,约教则无通教半满相对之二,无三藏之三乘。无有余乘,即无别教及圆入别也。约部则无般若所带之二,无方等所对之三,方等之藏,则摄鹿苑,二酥之别,则该华严。唯一佛乘,故云教一。

正直舍方便,但说无上道者,《文句》五云:"五乘①是曲而非直,通别偏傍而非正,今皆舍彼偏曲,但说正直一道也。"②《疏》③据说边,属教一;今据道名能通,故属行一。但为菩萨者,约佛意但为菩萨,据昔方

---

① 五乘:一、人乘,二、天乘,三、二乘(声闻缘觉之二者),四、菩萨乘,五、佛乘。
② 见《法华文句》卷五(上),《大正藏》卷三十四,第62页下。
③ 《疏》:即《法华文句记》,参见《法华文句记》卷五(上),《大正藏》卷三十四,第238页上。

便,谓教化三乘,今此同一菩萨人,故云人一。

世间相常住者,十界依正,隔历差别之相,名世间相,以即理故,皆常住也。若乃情见,生灭迁流,廓尔情忘,诸相常住,常既即性,非常无常,言偏意圆,斯之谓矣! 学者于此,宜解会焉。

[今译] 由于法华的醍醐味纯一无杂,因此能够单独得到"妙"的称誉。之所以引用一佛乘的说法来显示法华的微妙,是因为一佛乘本身就是微妙的。"十方佛土中"等,这是根据完全一致无二无别而言的,也就是从佛的思想见地来说的。

所谓一乘法,就是指部类圆满无缺和教法圆融无碍。所谓无二亦无三,从教法的角度来说,则不像通教那样具有通前藏教半字和通后别圆满字的两种相对教法,也不像三藏教那样具有三乘的各种差别。没有其余各种教乘,就是指没有别教以及圆教根机却进入别教各种次第修行的教法。从部类的角度来说,就是没有般若部(正明圆教)那样所带有的两种(通、别)权巧方便之理,也没有方等部那样对于三藏教半字生灭门而说通别圆三教的满字不生不灭门,方等时的三藏教就含摄了鹿野苑的阿含时,生酥和熟酥的差别,也该摄了华严时的教法。法华时提出唯有一佛乘,所以说是教一。

所谓"正直舍方便,但说无上道",《法华文句》卷五说:"五乘就是如来曲折权宜之说,而不是正直之谈。通教和别教都是兼带着宣说而不是正面正式宣说圆教,现在法华时一概舍弃那些片面曲折的教法,只是来宣说真正圆满的一佛乘教法。"《法华文句记》根据佛说法的角度判《法华经》是属于教法的纯一无杂,现在从修行方法上说能够通达教理,所以就将其判属于修行纯一无杂。所谓"但为菩萨",从佛的本意来说,只是为了能够教化一切菩萨,根据以前的方便权巧而教化了三乘学人,现在这里法华会上都是同一色的菩萨学人了,所以说是听法的人也纯一无杂。

所谓世间相常住,十法界的依报和正报,各各相隔不同的差别相状,就叫做世间相。因为理上相即,就都是常住而不生不灭的。如果有凡情妄想，则有生灭无常迁流变化；如果妄情得到澄清而忘怀，这一切差别之相也都回归于实相之中，从而就能显示出常住的真相来。常既然就是从实相来说的，那么也就无所谓常或无常：只要一落入语言的范畴就显得偏狭，要用心去体会才能明白圆满广大的佛法精神，就是指的这个意思啊。学习佛法的人于此处千万不要轻易放过，应当认真地领解和体会其中的奥妙才是。

时人未得《法华》妙旨，但见部内有三车、穷子、化城等譬，乃谓不及余经。盖不知重举前四时权，独显大车，但付家业，唯至宝所，故致诽谤之咎也。

[集注] 当代弘教之人，未解法华开权绝待，微妙旨趣。但见经中有三车等喻，乃谓不及《华严》等经。盖不知三车等喻，乃重举昔日之权，意在指权即实，故举三车显大车，穷子付家业，化城至宝所，不知此意，故有谤法之愆也。

三车，羊车譬声闻乘，鹿车譬缘觉乘，水牛车譬菩萨乘，即鹿苑三乘也。化城，《文句》七云："以神力故，无而欻有，名之为化；防非御敌，名之为城。"①譬真谛涅槃，能防见思也。宝所譬寂光，《大经》中名宝渚。

前四时权，且三车等，指昔三藏三乘。而云重举前四时权者，须知三周开显，藏圆相对，虽正开小机，然举昔之权，则该四时。又此小机，历前四时，名四时权也。

《妙乐》五云："立一开权之言，于今乃成二意：一者腾昔施权。二为显实之所。不指所开，无由说实，况指权是权，知非究竟，既显实已，权全是实。"②诽谤，《释签》十云："当知法华，约部则尚破华严、般若，约教

---

① 见《法华文句》卷七(下)，《大正藏》卷三十四，第98页上。
② 见《法华文句记》卷五(中)，《大正藏》卷三十四，第242页中。

则尚破别教后心。"①人不见之，故致诽谤。

[今译] 现在有些弘扬佛法的人，没有能够理解法华会上开发权巧方便的绝对性，微妙不可思议的深刻旨意，只是见到《法华经》当中有羊车、鹿车、牛车等三车的比喻，就说此经不如《华严经》等其余的经典。原因就在于他们不知道这三车的比喻，就是重新举例说明法华以前的权巧方便设施，目的在于指出以前的权巧方便到了法华会上就全部成为究竟真实，因此例举三车的权巧而显示大白牛车的真实一乘妙法。把家业托付给贫穷的儿子，揭示了化城的虚幻而引导至真实的宝所。不明白这些道理，所以就会有诽谤《法华经》一乘妙法的过错啊。

三车，羊车譬喻声闻乘，鹿车是譬喻缘觉乘，水牛车譬喻菩萨乘，也就是指在鹿野苑开始说的三乘教法。化城，《法华文句》卷七说："由于神通变化的力量，能使没有的东西突然显示为有，这就叫做化；防止灾难、抵御敌人的进攻，这就是城的功用。"譬喻真谛涅槃，能够防止见思二惑的过错。宝所比喻常寂光净土，《大涅槃经》中叫做宝渚（水中的宫殿）。

"前四时权"以及三车等比喻，是指以前三藏教法当中的三乘法。然而所谓"重新举例说明以前四时都是权巧方便"，应该知道佛三周说法的开发和显示，以三藏教与圆教相对，虽然正面所开发的只是小乘根机的人，但是举例说明以前的权巧方便，就包含了以前四时所说的全部教法。另外，这些小乘根机的人，经历了前面四时的调教，就此也可以把以前的四时叫做权巧方便。

《妙乐》卷五说："建立开权显实的说法，在这里具有两层含义：第一，发挥了以前施权的意趣。第二，法华会上显示了过去之权就是现在之实。如果不清清楚楚地指出所开拓的权巧方便，也就没有办法来展示究竟真实的一乘妙法。知道了权巧方便只不过是权巧方便而已，就知道了这并不是彻底究竟的教法，既然已经显示了究竟真实的教法，那

---

① 　见《释签》卷十九，《大正藏》卷三十三，第949页中—下。

么一切方便权巧也就都成为究竟真实的一乘妙法了。"诽谤,《释签》卷十说:"应该晓得法华时,从部类的角度来说就是破斥华严、般若等部,从教法的角度来说还要破斥别教的后心(如别教妙觉只是与圆教二行等齐,废彼之高就此之下,故言破)。"人们不明白这些道理,所以才会因为无知而产生种种诽谤。

约时,则日轮当午,罄无侧影(第五时)。

[集注] 十界咸开,无不成佛,如日方中,无处不南。《周礼》①用一尺五寸土圭,立八尺之表,夏至午时,以测日影,求地之中以建国。宋,严观二师②,与太史何承天③,用此法测日影,以定中国。表北得影一尺五寸,与土圭等。地上余阴一寸,天上万里,则知天竺④方为地中。今

---

① 《周礼》:亦称《周官》,儒家经典之一。搜集周王室官制和战国时代各国制度,添附儒家政治理想,增添排比而成的汇编。

② 严观二师:即慧严和慧观二位法师。

慧严(363~443)南朝刘宋僧。豫州(安徽)人,俗姓范。十六岁出家,深究佛理。闻鸠摩罗什至关中,乃从罗什受学。师深解经论,复善言说,识者莫不敬重。罗什示寂后,还止建康东安寺,甚为刘宋高祖所重。文帝在位时,亦常以佛法请示之。曾撰《无生灭论》及《老子略注》,又与谢灵运、慧观等合集《南本涅槃经》。元嘉二十年示寂于东安寺,世寿八十一。

慧观:南朝刘宋僧。生卒年不详。清河(山东清平)人,俗姓崔。弱年出家。后秦弘始三年(401),鸠摩罗什入关中,乃从罗什受学。晋义熙八年(412),师随从佛驮跋陀罗往荆州辛恒寺。晚年居止杨都道场寺,敷扬法化。师又精研《十诵律》,兼善老庄。与谢灵运、慧严等合集《南本涅槃经》,又制《涅槃经序》。于元嘉(424~453)年间入寂,世寿七十一。其著作仍存者有《法华宗要序》、《修行地不净观序》、《胜鬘经序》等,其余《辩宗论》、《顿悟渐悟义》等书则未传。

③ 何承天:(370~447)刘宋山东郯城人。素重儒道,不信佛法,与治城沙门慧琳相善,慧琳著《白黑论》,乖于佛理,承天撰达性论助之,批判佛教之报应说,主张神随形灭,与宗炳、颜延之等人展开论辩。此外,又曾制作新历,创十二补偿律。有文集行世。参见《弘明集》卷三、卷四、《广弘明集》卷五、卷七、《破邪论》卷上、《宋书》卷六十四、《南史》卷三十三。

④ 天竺:印度之古称。又作天笁、天督、天毒、身毒。《后汉书·西域传》载:"天竺国,一名身毒,在月氏之东南数千里,俗与月氏同。"《括地志》载:"天竺国有东、西、南、北、中央五国,即五印度也。"

云罄无侧影，据天竺说。

[今译]明白了十法界的根本体性之后，就没有不成佛的（所谓众生界即是佛界，无二无别），就像太阳刚好到了天心，就没有什么地方不被阳光所照耀一样（南面即阳）。在《周礼》当中，用一尺五寸人工制作的圭（在石座上平放着的尺，或刻在石座上的尺寸），竖立起八尺的表（南北两端立着的标杆，或只有中间一根竖立的标杆），到了夏至的正中午时刻，用来测量太阳的影子，根据这个测量的结果得出大地的中心，就在这个中心点上建立国都。南朝刘宋时代的慧严、慧观二位法师，与太史官何承天一起用这种测量方法，来判断大地上的中心点，在标杆的北面多出了一尺五寸的影子，正好与土圭的尺寸相等。据说地上多余的影子有一寸，在天上就有一万里那么远，这样就可推测出天竺才是大地的中心点。现在这里说"罄无侧影"，就是从天竺的角度来说的。

约味，则从熟酥出醍醐，此从摩诃般若出法华（五醍醐味）。

[集注]《释签》一："问：彼经自以醍醐譬于涅槃，今何得以譬于法华？答：一家义意，谓二部同味，然涅槃尚劣，何者？法华开权，如破大阵，余机至彼，如残熏不难，故以法华为大收，涅槃为捃拾。若不尔者，涅槃不应遥指，八千声闻于法华中得授记莂，见如来性，如秋收冬藏，更无所作。"①然彼经本无出法华之语，今约义说，故但云：此从摩诃般若出法华。

[今译]《释签》卷二说："问：那部经典（《涅槃经》）自己用醍醐来譬喻涅槃的教法，现在为什么可以用来譬喻法华的教法呢？答：按天台的观点，认为涅槃和法华两部的教法是同味的，而且相比之下涅槃还显得稍微拙劣一些。为什么呢？因为法华会上开拓了权巧方便的教理，就像是破敌人的大阵势，剩下的根机到了涅槃会上再进行捃拾调教，好比收拾那些残兵败将也就不足为难了。所以法华是重要的大丰收，涅槃

———————
①　见《释签》卷二，《大正藏》卷三十三，第823页下。

是收拾残党。如果不是这样的话,涅槃会上就不应该指出八千声闻在法华会上得授记作佛的事情,见到了佛性,就像是秋天收获果实,在冬天里就深藏起来,再也没有什么事情可作了。"但是《涅槃经》本身并没有"出法华"的语句,现在是从经文的内在意义来说的,所以就只是说:这是从大般若而出生了法华。

《信解品》云:聚会亲族,即自宣言:此实我子,我实其父,吾今所有,皆是子有,付与家业。穷子欢喜,得未曾有。

[集注]《文句》六云:"十方法身菩萨影响者,为亲族。影响之众,多是释迦昔日同业,并共如来于二万亿佛所,共开化之。于其即是伯叔之行,故用此为亲族。"①此实我子,我实其父,结会父子。

《文句》六云:"实从我受学,实是我子,从我起解,是我所生。我实曾于二万亿佛所,常教大法,故我实是父。"②吾今所有,皆是子有,正付家业。《文句》六云:"一切大乘万德③万行④,故云所有。"⑤又如来藏⑥,子性不殊,故云皆是子有。当知如来所有,即子本有。

[今译]《法华文句》卷六说:"十方世界的法身大士等具有很大影响力的菩萨,就是这里所说的亲族。能够影响他人的菩萨大众,大多数都是释迦佛以前的同修,也同如来在过去的二万亿佛处,一起接受那些如来的开导教化。这种修行的情况就像是兄弟关系一样,所以就用亲族来形容

---

① 见《法华文句》卷六(下),《大正藏》卷三十四,第87页下。

② 见《法华文句》卷六(下),《大正藏》卷三十四,第87页下。

③ 万德:具称为果地万德,为因位万行之对称。是指因应于因位之万行,以达到佛果的地位,而无量妙德无不成就。

④ 万行:具称为因位万行,为果地万德之对称。欲成佛果,须于因位广修万行,积集万善,由此万行万善方得证入佛果。

⑤ 《法华文句》卷六(下)说:"一切大乘万行万德,故云一切所有也。"《大正藏》卷三十四,第87页下。

⑥ 如来藏:真如在烦恼中,摄藏如来一切果地上的功德,名如来藏,若出了烦恼,即名法身。

了。"这实际上就是我的儿子,我实际上也就是他的父亲,这是总结了父子的关系。

《法华文句》卷六说:"是真实跟从我学习,真实是我的儿子,依从于我而了解真理,就是我所生养的。我实际上也已经在二万亿尊佛那里,经常教授大乘真实的佛法,所以我就是真正的父亲啊。"我现在所拥有的,也都是我儿子所有,正式把家中产业托付给了儿子。《法华文句》卷六说:"一切大乘佛法说佛陀万德、菩萨万行,因此说是'所有'。"另外,从如来藏的角度来看,儿子本性当中就具备了父亲所具有的一切,没有任何差异,因此说父亲的所有也都是儿子的所有。应该知道,如来所拥有的,也就是佛的弟子们本来就有的。

此领何义? 答:即般若之后,次说法华,先已领知,库藏诸物,临命终时,直付家业而已。譬前转教,皆知法门,说法华时,开示悟入,佛之知见,授记作佛而已。

[集注] 临命终时,灵山唱入涅槃时也。譬前转教皆知法门。《文句》六云:"追指昔日《大品》领教所委,有广略般若,共不共法,是汝所知,即汝所有。故《法华》但明佛之知见,更不广说一切行相也。"①

开示悟入,《文句》四约四意消之:一、约四位(住、行、向、地)。二、约四智②(道慧、道种慧、一切智、一切种智),即上圆位,能契之智也。三、约四门。四、约观心。③《妙乐》五云:"约智约位,唯圣方开;约观约门,乃通名字。不妨高位,不弃众生。"④又云:"若作余释,为令

---

① 见《法华文句》卷六(下),《大正藏》卷三十四,第87页下。
② 四智:这是之《大智度论》卷二十七所说之四智。即:(一)道慧,知一道之智。(二)道种慧,道有无量差别,能一一通达此无量道之智。(三)一切智,知一切法寂灭一相之空智。(四)一切种智,知一切法一相寂灭,并识一切法种种行类差别,为有空双照之实智。天台宗以此四智依次配于《法华经》之"开、示、悟、入佛之知见"的说法。
③ 见《法华文句》卷四(上),《大正藏》卷三十四,第51页上。
④ 参见《法华文句记》卷五(上),《大正藏》卷三十四,第236页下。

之说徒施,佛之知见安在?"①

　　佛之知见,佛知即一切种智,具足三智②;佛见即佛眼,具足五眼③,亦名真实知见。若通途被开,其不在座,展转为说,或在界外,亦得闻之。或佛灭后,敦逼令信,乃至久远,四恶④粗智,人天世智⑤,若不开之,则佛之知见,永埋四趣⑥,长没人天。若别开者,则在座得益,当机妙悟,得受记⑦者。

　　授记⑧,圣言说与曰授,果与心期曰记。若通途记,如《法师品》初,八部四众,三乘之类,在座闻佛一句偈者,皆与授记,当得菩提。

　　━━━━━━━━━━

　　①　见《法华文句记》卷五(上),《大正藏》卷三十四,第235页下。

　　②　三智:就是指一切智、道种智、一切种智等三种智慧。一切智是声闻缘觉知一切法总相的智,总相就是空相,也叫根本无分别智;道种智是菩萨知一切道法差别相的智,也叫后得有分别智;一切种智是佛通达诸法总相别相,化道断惑的智,合一切智及道种智二者,故名一切种智。

　　③　五眼:就是指肉眼、天眼、慧眼、法眼、佛眼等五种眼。肉眼是肉身凡夫的眼,遇昏暗,遇阻碍,就不能见;天眼是天人的眼,远近昼夜,都能得见;慧眼是声闻的眼,能看破假相,识得真空;法眼是菩萨的眼,能澈了世间和出世间的一切法门;佛眼是如来的眼,有了佛眼便兼有前面的四种眼,能无事不知,无事不见,一切法中,佛眼常照。颂云:天眼通非碍,肉眼碍非通。法眼唯观俗,慧眼直缘空。佛眼如千日,照异体还同;圆明法界内,无处不鉴容。

　　④　四恶:就是四恶趣的略称,又名四恶道,即地狱、饿鬼、畜生、阿修罗。

　　⑤　世智:指普通世俗之智慧。乃通于世谛之事相者;系相对于出世间智而言。又称世俗智、世间智。如一切凡夫或外道妄计有、无所产生之有漏智,即为世智。此类智慧多缘于世俗之境而起,故亦必随世间俗事之变化而转。

　　⑥　四趣:即地狱、饿鬼、畜生、阿修罗之四恶趣。

　　⑦　受记:又叫受莂。就是指从佛陀那里接受将来必当作佛的记别。《法华经·譬喻品》说:见诸菩萨受记作佛,而我等不预斯事。见《大正藏》卷九,第10页下。

　　⑧　授记:也叫记别,一般多用来指对未来成佛的预言。关于授记的类别,有多种说法。《首楞严三昧经》卷下谓有四种,即:(一)未发心而与授记:有众生往来于五道,然诸根猛利,好乐大法,故先行记其经若干劫发菩提心,乃至得菩提。(二)发心即与授记:有人久植德本,修习善行,乃至发心而入菩萨位时即授记之。(三)密授记:有菩萨未得授记,常精勤求菩提,乃至久行六度,有成佛之相,故于其他菩萨等之前记别此一菩萨,然不令其本人知之。(四)现前授记:有菩萨于一切法得无生忍,乃于一切大众中现前授记之。

乃至灭后闻一句偈,亦与授记。若别记者,如迹门别授应身记,本门授法身记。

又总与七百,别与劫国名号等(记五百也)。《妙乐》四云:"二乘且与八相记者,更令与物,结净土缘。菩萨已于多劫利物,随熟随脱,不假八相浅近之记,二乘不尔,是故须之。"①

[今译]所谓临命终时,就是佛在灵山会上宣布将要入涅槃的时候。譬如三乘根机,本来不知般若等法,经过佛的加被转教,都知道了大乘的法门。《法华文句》卷六说:所谓追说,指的是以前在般若时领解了佛所加被的教导,具有广说般若和略说般若之分,与二乘说中道之理名为共法,中道又有但中和不但中的区别就是不共法,这些都是你所知道的,现在也就是你所应该拥有的了。所以《法华经》只是阐明了佛之知见,而不再广泛地讲述一切修行的方法问题。

开示悟入,《法华文句》卷四从四个方面来说明:一、从四位来说(住、行、向、地)。二、从四智来说(道慧、道种慧、一切智、一切种智),就是最上根机的圆教行人所证得的位置,能够相互契入印证的智慧。三、从四门来说(空、有、亦有亦空、非有非空)。四、从观心的角度来说(一心三观)。《妙乐》卷五说:从四智和四位来说,只有圣人(圆教初住以上)才能开发出来;从观心和四门来说,就是名字即的凡夫众生也可以了解开发的。这就是不妨碍修证位次的高深,也不舍弃轮回中的苦难众生。又说:如果把这四个字作为其他的意思来解释,那么"为令众生"等话,也就等于白说了,佛的知见又到哪里去了呢?

佛之知见,佛知就是一切种智,而这一切种智就具备了一切智、道种智、一切种智等三者。佛见就是佛眼,佛具备了五种眼,也叫做真实不虚的知见。如果从更加全面的角度来说被开发的话,那些并没有在法华会上的众生,可以通过相互宣说辗转教化,或者在界外

①　见《法华文句记》卷四(下),《大正藏》卷三十四,第228页中。

（指方便有余土）的众生，也能听闻开佛知见的教法。或者在佛入灭之后，敦促逼迫使令众生生起绝对的信心，乃至于更加长久的时间之后，对于四恶趣的粗劣之智、人天的世间智慧，如果不对其进行开发调教，那么佛的知见就会永远被埋葬在四恶趣、人天之中了。如果从特殊的情况来说开发佛的知见，就是指在法华会上得到真实利益，当机者契入不可思议境界，马上明白领悟了佛的知见，从而得到了佛的授记。

所谓授记，圣言量所说给予的事情就叫做授，最终的结果已经可以用心来期望了就叫做记。如果从普通的授记而言，如《法师品》的开始，八部鬼神和四众弟子，包括三乘根机的人，只要是在法华会上听闻到佛一句话或者一个偈颂的，都给予授记作佛，将来一定能够成就佛果。甚至于在佛入灭之后，听闻到《法华经》的一句法或者一个偈颂，也同样给予授记作佛。如果就特殊的授记而言，如在迹门中特别给应身的罗汉授记，在本门中特别给法身菩萨授记。

又单从迹门来看总和别的授记情况，总的授记就是给七百罗汉（五百外，加上"余诸声闻众，亦当复如是"）授记，别的授记就是分别给予各位罗汉修行劫数、国土名称、成佛尊号等（五百弟子）的授记。《妙乐》卷四说：对于这些二乘的学人，也给予了八相成道的授记，就是更进一步使这些众生能够种下"净佛国土"的因缘（人天四教一切诸行，无非菩萨净土之行）。大乘菩萨已经在过去的久远劫以来利益无数众生，随时根机成熟就随时得到大解脱，不用借助八相成道这种较为浅显的授记方法，二乘根机的人可就不同了，所以必须用这种方式来授记。

第六节　涅　槃　时

次说大涅槃者，有二义。

［集注］佛出净土，不说涅槃，即以法华为后教后味，如灯明、迦叶

等。今佛熟前番人，以法华为醍醐，更熟后番人，重将般若淘汰，方入涅槃，复以涅槃为后教、后味。

［今译］其余一切诸佛出现于世间的净土，都不说涅槃教法，就是以法华思想作为一代时教的最后教导、最后时和最后味，如《法华经》说："（灯明）佛说是法华，令众欢喜已。寻即于是日，告于天人众。诸法实相义，已为汝等说。我今于中夜，当入于涅槃。"又如《大涅槃经》说："迦叶佛时，一切众生，悉知如来，终不毕竟入于涅槃，常住不变，虽有是典，不须演说。"现在释迦牟尼佛在第五时中，首先成熟了前面一部分人，为他们宣说法华教法，而成为醍醐味；然后成熟了后面一部分人，重新将般若会上所说的方便法门淘汰清理，才进入涅槃，再用这个涅槃教法作为最后的教导和最后的时味。

一、为未熟者，更说四教，具谈佛性，令具真常，入大涅槃，故名捃拾教。二、为末代钝根，于佛法中，起断灭见，天伤慧命，亡失法身，设三种权，扶一圆实，故名扶律谈常①教。

［集注］一为未熟者，即五千起去，人天被移者。更说四教，法华废竟，今经复用，故云更说。而具追说追泯②，两种四教。《妙玄》二云："《涅槃·圣行品》，追分别众经，故具说四种四谛③（施权）。《德王品》

①　扶律谈常：又作扶律说常。是指《涅槃经》的教说特点。佛陀愍念末代钝根之机，易起断灭之见，毁破戒法，亡失教乘，谓如来为无常，复诵读外典，如是则戒、乘并无而沦丧法身常住之慧命；佛陀乃于《涅槃经》中宣说戒律，扶植戒门（戒律），又谈佛性常住之理，扶助乘门（教乘），故称扶律谈常。

②　追说追泯：是《涅槃经》的说法之相。所谓追说，废止先前法华之会座，再取前面四教之说；所谓追泯，于法华会座之后，即谈佛性常住之理，以泯亡四教之差别，而会归于一实。

③　四种四谛：为智者大师所创，即指生灭四谛、无生四谛、无量四谛、无作四谛等四种四谛。其义出自北本《涅槃经》卷十一《圣行品》，智者大师安立此四种四谛以配于藏、通、别、圆四教。此四种四谛与《涅槃经·德王品》之生生等四不可说，以及《中论·四谛品》之"因缘所生法"等四句偈，共为建立天台四教的依据。

107

追泯众经,俱寂四种四谛(开权)①。"即四不可说②也。《释签》三云:"追者,退也,却更分别前诸味也。泯者,会也,自法华已前,诸经皆泯,此意则顺法华部也。至《大经》中更分别者,为被末代故,《大经》中具斯二说。"③

具谈佛性,令具真常,《涅槃经》首,广开常宗,令一切众生皆知常住佛性,入秘密藏④。《止观》云:"涅槃寄灭谈常⑤。"《辅行》云:"寄应迹灭度,谈法身圆常。"⑥

捃拾,《释签》一云:"法华开权,如已破大阵,余机至彼,如残党不难,故法华为大收,涅槃为捃拾。"⑦

二为末代钝根,《妙玄》十云:"涅槃临灭,更扶三藏,诚约将来。使末代钝根,不于佛法中起断灭见,广开常宗,破此颠倒,令佛法久住。"⑧

起断灭见,一者破戒,拨无因果,断见;二者说于无常,灭见。夭伤慧命,无戒门也;亡失法身,无乘门也。若常途论,自报慧命理体法身,在众生不减,诸佛不增,以迷背故,夭伤亡失。今此为无乘戒两门,以致

---

① 见《法华玄义》卷二(下),《大正藏》卷三十三,第 701 页下。

② 四不可说:这是《涅槃经》当中,佛为琉璃光菩萨解说"有漏法的生、未生、无生"时所提出。(一) 生生不可说,藏教说能生之因缘,所生之诸法,俱为实有,故云生生;(二) 生不生不可说,通教说能生所生之当体即空,故云生不生;(三) 不生生不可说,别教说真如不生之理,生十界差别之事,故云不生生;(四) 不生不生不可说,圆教说真如之理与十界之事无二,故云不生不生。上述四者之所以说不可说,那是因为此四教之理,只可以智证,不可以言说,其理本来是无说的。见北本《涅槃经》卷第二十一,《大正藏》卷十二,第 490 页上。

③ 见《释签》卷第五,《大正藏》卷三十三,第 852 页中。

④ 秘密藏:秘密之法藏,甚深秘奥,唯佛与佛乃能知之,非一般所可了知之法门;复以如来善护念深法,苟非其器,则秘而不说,故称秘密。故秘密藏乃诸经为显其甚深秘义之通名。南本与北本《涅槃经》卷二以法身、般若、解脱三德之不一不异为秘密藏。

⑤ 见《止观》卷第八(上),《大正藏》卷四十六,第 106 页上。

⑥ 见《辅行》卷第八之二,《大正藏》卷四十六,第 397 页中。

⑦ 见《释签》卷第二,《大正藏》卷三十三,第 823 页下。

⑧ 见《法华玄义》卷第十(下),《大正藏》卷三十三,第 809 页上。

慧命法身,夭伤亡失,意与常途,自不侔矣!

设三种权,扶一圆实,《辅行》三下云:"彼经四教,皆知常住。本意在圆,权用三教,以为苏息①,实不保权,以为究竟。"②

扶律谈常教,《释签》云:"以彼经部,前后诸文,扶事说常。若末代中,诸恶比丘破戒(戒门),说于如来无常(乘门),及读诵外典,则并无乘戒,失常住命,赖由此经,扶律说常,则乘戒具足,故号此经为赎常住命之重宝也。"③

如《释签》三,引经应有单复二义:"所云复者,谓乘及戒(以律助常意也),若言不许畜八不净④,此是戒门事门。若说如来毕竟入于涅槃及遮外典,此是乘门理门(此扶律谈常意也)。所言单者,惟约戒门,彼经扶律,律是赎常住命之重宝。"⑤

《四念处》三云:"若别圆有法身慧命,何须赎命?赎命意在藏通灰断之命,令得法身常住也。"⑥既扶律说常,则以律助常也。如《义例》云:"佛化尚以《涅槃》为寿,况末代根钝,非助不前。"⑦

然上云:"设三种权,扶一圆实。"何故结云"扶律谈常",且三权俱律耶?须知上明经中,具用四教,则以偏助圆。后以乘戒两门,重扶三藏

---

①　苏息:扶苏休息之意。于五时中第五之涅槃时,先随顺权机,追说华严、鹿苑、方等、般若等前四教之当分,以证暂修之权果;其后随自追泯(泯亡前四教之差别)之说,至入于一实圆融妙理之期间,称为扶苏休息。

②　见《辅行》卷第三之四,《大正藏》卷四十六,第244页中。

③　见《释签》卷第六,《大正藏》卷三十三,第858页中。

④　八不净:指八种戒律上不允许僧侣贮藏或从事的事物。即湛然大师《大般涅槃经疏》卷十所载:"八不净者,谓畜金银、奴婢、牛羊、仓库、贩卖、耕种、手自作食、不受而啖,污道污威仪,损妨处多,故名不净。"《大正藏》卷三十八,第98页中。又依《佛祖统纪》卷四所载:"案律云:八不净者,(一)田园,(二)种植,(三)谷帛,(四)畜人仆,(五)养禽兽,(六)钱宝,(七)褥釜,(八)象金饰床及诸重物。"《大正藏》卷四十九,第164页上。准此可知,八不净物并无定说。而《佛祖统纪》所载虽依律云,然事实上律藏中亦无确定之规定。

⑤　见《释签》卷第六,《大正藏》卷三十三,第858页中。

⑥　见《大正藏》卷四十六,第567页下。

⑦　见《大正藏》卷四十六,第447页中。

之意，结归为末代钝根，故云扶律谈常也。

[今译] 一为未熟，是指法华会上五千人退席，以及人天被移置他方国土的情况。更说四教，是指在法华会上废除了三乘教法的权宜之计后，现在《涅槃经》又重新利用这些教法来调教在法华会上尚未得到真实利益的众生，所以叫做更说。这种教法具备了追说四教和追泯四教的两种含义，《法华玄义》卷二说："《涅槃经·圣行品》再取法华以前所说的众多经典来说，所以具备了四种四谛的教法思想（就是设施权巧方便）。《德王品》又泯绝了法华以前所说的众多经典，把四种四谛的教法思想都归于寂灭常住的佛性之中（就是开除权巧方便）。"也就是所谓的四种不可说。《释签》卷三说：所谓追，这里是退的意思，也就是退到法华以前所说的诸味当中。所谓泯，这里是会合的意思，也就是泯绝了法华以前所说的各种经典，这种思想恰好顺从于法华部类，而与法华思想泯然会合。到了《涅槃经》当中还要再进行分别演说的目的，是为了佛灭度之后的末法众生能够得到如来的加被。《涅槃经》中具有这两层含义。

具谈佛性，令具真常。《涅槃经》的开头，就广泛地开示佛性常住的宗旨，为了能使一切众生都知道自己具有常住的佛性，从而证入三德秘藏。《摩诃止观》卷八说：《涅槃经》蕴含了寂灭的思想，而宣说了常住不灭的道理。《辅行》卷八之二说：蕴含了应化身的方便灭度，宣说了法身的圆满常住。

捃拾，《释签》卷一说：法华会上开除了权巧方便，就像已经攻破了敌人的主要阵势，其余的根机等到了涅槃会上再调教，犹如收拾那些剩下的残兵败将就不是很困难了。所以法华会上就是全面教导大根机的众生，涅槃会上就是收捡在法华会上没有能够得到真实利益的众生。

所谓"二为末代钝根"，《法华玄义》卷十（下）说：涅槃会上佛将入灭，再一次扶植三藏教法，教诫未来的佛弟子。为了使佛灭度后根机很钝的末代众生，不对佛法生起断灭论等邪知邪见，而广泛地宣说法身常住不灭的道理，破斥那些颠倒错误的执著，使佛法能够尽可能地长久存在于人世间。

起断灭见，第一是破戒，拨无因果，这是断见；第二是认为没有永恒的真理,就是灭见。这两种错误的知见,使法身慧命受到伤害甚至于夭折,其原因是没有守好戒律。亡失法身慧命,则是由于没有学习教法造成的。如果从通常的说法来看,自性具足圆满清净的慧命、理性本体的微妙法身,在众生分上也是没有减少或受伤的,在佛分上也是没有增加或更加完美的。只是因为众生迷惑无知而背离了自性的本觉,才说有"受伤夭折"和"亡失"等情况。现在这里是指没有戒律和教法这两样重要的修行法门,而导致了法身慧命的受伤夭折和亡失,此处所表达的意思,当然与通常所说的道理不能混为一谈。

方便设计了三种权宜的法门,扶植一佛乘的圆教真实教法。《辅行》卷三说:《涅槃经》所说的四教,都说明了常住的道理。其根本内在的意义应该就是圆教思想,只是权巧方便地应用了三教,以此作为扶苏休息的一个环节,实际上并不是还要保持那些权巧方便的观点,以权巧方便的方法作为究竟的真理(也就是说涅槃会上应用三教,实际上已经是"开权显实"之后的教法,不同于前四时的三教)。

扶律谈常教,《释签》卷六说:因为《涅槃经》整部经典中,从前面到后面的全部文字义理,都在扶植事相上的戒律乃至各种教法,并且强调了法身常住的道理。如果末法时,有一些根性恶劣的比丘破坏戒律(戒门),说如来是断灭无常(乘门),以及读诵外道的典籍。那就把戒律和教法都一并丢失了,这样就会丧失本来常住的法身慧命。幸亏有赖于《涅槃经》的存在,来扶植戒律和宣说常住佛性,才能使戒律和教法两样都圆满具足,所以特别称《涅槃经》为"赎常住命的重宝"。

如《释签》卷三引经说明应该具有单独和复合的两层含义:所谓复合的意思,就是指具有戒律和教法(以戒律来辅助法身常住),比如说"不允许积蓄八不净",这是有关戒律方面事相上的指导。比如说"如来毕竟入于涅槃"以及破斥外道的典籍,这是有关教法方面义理上的指导(这就是扶植戒律来说明法身常住的意思)。所谓单独的意思,仅仅只是从戒律的角度来说,《涅槃经》扶植戒律,因为戒律才是赎回法身慧命的真正重宝。

《四念处》卷三说:"就像别教和圆教本身就具有法身慧命,何必再需要赎回慧命呢？这里所说的涅槃赎命，意思是指藏教和通教所证得的灰身泯智，断灭了法身慧命，使这两教的行人能够得到法身常住的慧命。"既然是扶植戒律而宣说法身常住，就是以戒律来辅助法身常住的教法。如《止观义例》说：佛教化众生尚且以《涅槃经》的扶植戒律宣说常住之法为佛法住世的标准，更何况是末法时代的根机愚钝之辈呢？没有戒律的辅助就一定不能在菩提道上顺利地前进了。

可是上文所说的是"施设了三种权巧方便，来扶植一佛乘的圆教思想"，为什么结尾却说是"扶植戒律宣说常住之法"？难道上面所说的三种权巧方便都是指戒律而言吗？应该知道上面所说的是《涅槃经》当中全面讲述的四教理论，就是用偏重的三教来辅助圆满的一乘教法。最后（结尾）所说的是用教法和戒律这两种法门，重新扶植三藏教行人的思想观念，而总归是为了末法时代的钝根众生，所以说是扶植戒律而宣说法身常住的涅槃教法。

然若论时味，与法华同，论其部内，纯杂小异。故文云：从摩诃般若，出大涅槃。前法华合此经，为第五时也。

［集注］《妙玄》十云："然二经教意，起尽是同。如《法华》三周说法，断奠①声闻，咸归一实，后开近显远，明菩萨事。《涅槃》亦尔，先胜三修②（常乐我），斥劣三修③（苦无常无我），断奠声闻，入秘密藏。后三十六问④，

---

①　断奠：判断决定之意，奠通定。如《摩诃止观》卷四（上）说：断相续心者，若决果断奠，毕故不造新，乃是忏悔。《大正藏》卷四十六，第 40 页中。

②　胜三修：出自《涅槃经》，菩萨依佛胜教而修，破于声闻劣修，故名胜三修。一、常修以破声闻无常观，二、乐修以破声闻苦观，三、我修以破声闻无我观。

③　劣三修：出自《涅槃经》，声闻人所修之法比菩萨所修之法拙劣，故名劣三修。一、无常修：观三界一切有为之法皆悉生灭无常。二、非乐修：观一切诸法悉皆是苦。三、无我修：观五阴等法皆空、无我、无我所。

④　三十六问：这是北本《大般涅槃经·寿命品》末，迦叶菩萨所提出的三十六个问题，如云何得长寿，金刚不坏身？复以何因缘，得大坚固力？云何于此经，究竟到彼岸？等。见《大正藏》卷十二，第 379 页下—380 页上。

明菩萨事。"①

论其部内,纯杂小异。《妙玄》十云:"涅槃犹带三乘得道,此经纯一无杂;涅槃更不发迹②,此经显本义彰。"③《妙乐》七约十六意拣④云云。故文云等,《别行义疏记》云:"彼经就般若部后分,结撮五味次第也。"⑤

前法华等者,今经时味既同法华,故此文中,更不别立时味,但云前法华合此经,为第五时也。

[今译]《法华玄义》卷十说:"但是这《法华经》和《涅槃经》的教法思想,从出发点到最终的旨趣是相同的。就像《法华经》前十四品的三周说法,就已经判断决定了声闻弟子,全部都回归到一佛乘的真实教法之中。后面十四品开发近时应化身的释迦牟尼佛,而显示了久远早已成佛的本来佛,断疑生信,授法身菩萨之记,以此阐明地涌等菩萨的事情。《涅槃经》也是这样,在《寿命品》首先讲述了常、乐、我等三种修行方法的殊胜,呵斥苦、无常、无我等三种修行方法的拙劣,判断决定声闻弟子能够证入三德秘藏。然后又针对三十六问,阐明大乘菩萨道的思想。"

"论其部内,纯杂小异",《法华玄义》卷十说:涅槃教法还是稍微带有三乘行人修行证道的情况,而这部《法华经》却是纯粹的一乘教法,没

_____

① 见《法华玄义》卷第十(下),《大正藏》卷三十三,第809页上。

② 发迹:显本。本门法华开显之意。谓伽耶成道之释迦如来,为开放垂迹,更显示久远实成之本地也。《法华玄义》卷七说:发迹显本者,还指最初为本,中间示现发迹显本。

③ 见《法华玄义》卷第十(上),《大正藏》卷三十三,第803页上。

④ 《法华文句记》卷第七(中)说:一家明义,多处说之,无烦广辩。欲重论者,更述大猷:判味,同时而有部异;约理,名别咸归常住;约机,彼称捃拾;约法,彼存三权;约意,彼带律仪;语证,彼兼小果;受益,彼无广记;说时,长短永殊;谭常,过未不同;论譬,大阵余党;现瑞,表彰各别;破执,难易不同;领解,近远迹表;述成,被根不等;用治,生死不同;付嘱,有下有此。得十六意,准此略知,事异意同,不可失旨,失斯同异,讲授殊难。见《大正藏》卷三十四,第284页中。

⑤ 见《观音义疏记》卷第四说:令于涅槃得醍醐味,是故彼经,就般若部后分,结撮五味次第云:从摩诃般若出大涅槃。《大正藏》卷三十四,第953页上。

有任何不是一佛乘的教法掺杂在里面。涅槃会上的大众都能信受无疑，所以就不用进一步发明佛垂迹示现的事情了，而法华会上由于宝塔从地涌出，小乘根机就起了疑惑，所以就必须把佛久远成佛的根本进行详细的阐明。《妙乐》卷七从十六个方面对此进行了更为详细的解说。"故文云"等，《观音义疏记》卷四说：《涅槃经》相对于般若部类的后面部分，总结撮略为五味次第相生的道理。

"前法华"等，现在所说《涅槃经》的时和味都等同于《法华经》，所以在这个行文当中，就不另外再立时和味了，就只是说明前面的《法华经》与这里的《涅槃经》一起，作为如来一代时教的第五时教法。

问：此经具四教，与前方等部具说四教，为同为异？答：名同义异。方等中四，圆则初后俱知常，别则初不知，后方知。藏通则初后俱不知。涅槃中四，初后俱知。

[集注]《妙玄》十云："问：涅槃追说四，方等正开四，别教复有四，若为分别？答：涅槃当四，通入佛性；别教次第，后见佛性；方等保证，二不见性。"①

今以涅槃追说四，与方等中四对拣。答名同义异，四教名同，知常不知常异。圆则初后俱知常：初心名字知，五品观行知，六根相似知，住上分证知，妙觉究竟知。别则初不知，后方知。初，即地前人也。

《辅行》三下云："别亦知中，今言不知者，前三不知圆理故也。"②若《妙玄》四云"别教初心即知常住"③者，但中④常住耳。后即登地人也。若得意者，回向薄知。

---

① 见《法华玄义》卷第十（下），《大正藏》卷三十三，第810页上。
② 见《辅行》卷第三之四，《大正藏》卷四十六，第248页中。
③ 见《法华玄义》卷第四（下），《大正藏》卷三十三，第731页上。
④ 但中：不但中之对称。四教中别教说三谛隔历，于空假之外别立中道一理，称为但中。此但中之理，又作一理、别理、但理。对此，三观圆融，即空、即假、即中，则为不但中。四教之中，但中显别教中观，不但中则诠圆教中道。

藏通则初后俱不知,《观音玄记》上云:"凡言别圆初后知常,盖知人法不可灰断,藏通反是,故曰不知。"①

涅槃中四,初后俱知,《辅行》三下云:"彼经四教,皆知常住,本意在圆。"②《观音玄记》上云:"涅槃四教,虽俱知常,初心用观,不无差别。藏通且须顺于二谛,别初心人,未即圆法。"③《释签》二云:"涅槃解即,而行不即。"④

[今译]《法华玄义》卷十说:问:涅槃会上追说四教,方等会上正面开发四教的理论,别教又具有四种教(十住修生无生、十行修无量、十回向修无作、十地证无作),如何来区别呢? 答:涅槃会上所说的四教,每一教都能证入佛性常住的一乘妙法。别教所阐明的是次第修行的方法,开始不知道佛性常住的道理,后来才能明白。方等会上所说的四教理论,藏通两教的修行人保守自己所证得的果位,所以此二者还是不能明白佛性常住的妙法。

现在这里把涅槃会上所追说的四教,与方等会上所说的四教进行对比讨论。回答说是名同义异,四教的名字是一样的,但是有知道佛性常住与不知道佛性常住的差异。圆教则从开始最初发心时一直到最后妙觉极果,都知道佛性的常住:最初发心就知道名字即佛,到了五品位时就知道观行即佛,六根清净位时就知道相似即佛,证入初住以上的位次就知道分证即佛,最后妙觉极果时就知道究竟即佛。别教则开始的时候并不知道佛性常住之理,后来才能明白。开始的时候,就是指别教初地以前各个位次的修行人。

《辅行》卷三(下)说:"别教的人也知道中道实相之理,现在说他们不知道佛性常住,是因为前面三教(藏、通、别)不知道圆教的义理,所以才这么说的。"比如《法华玄义》卷四也说:"别教行人到了初发心住的时候,就能知道佛性的常住。"这只是指"但中常住"。"后",指的是别教十地位上

---

①　见《观音玄义记》卷第一,《大正藏》卷三十四,第897页上。
②　见《辅行》卷第三之四,《大正藏》卷四十六,第244页中。
③　见《观音玄义记》卷第二,《大正藏》卷三十四,第903页中。
④　《释签》卷第四,见《大正藏》卷三十三,第843页中。

的菩萨。如果从理解圆教思想的角度来看,别教的回向位中智慧转深,虽然对圆教思想未能透彻,但也可以稍微理解圆教思想之大概。

藏通则初后俱不知,《观音玄义记》卷一说:凡是说到别教和圆教初不知后知或者初后都知道佛性常住的,是指知道人与法不可以灰身泯智,而生断灭的知见。藏教和通教不能这样,所以就说他们不知道佛性的常住。

《涅槃经》当中所说的四教,从最初的藏教到最后的圆教都知道佛性常住之理,《辅行》卷三下说:《涅槃经》所说的四教,都知道佛性常住之理,根本意趣还是在于明白圆教的义理。《观音玄义记》卷二说:《涅槃经》所说的四教,虽然都能知道佛性常住之理,但对于才开始修行的人来说,其用心修观的观行方法,还是不无差别的。藏通两教的行人还必须随顺于二谛的理论来修观行,别教初发心的行人也需要先修次第观行,因为还未能立即观修圆教的修行方法。《释签》卷四说:涅槃会上的听众,在义理上能够明白当下即佛的道理,而在修行实践方面还是不能做到当下即佛。

小　　结

问:将五味对五时教,其意如何?答:有二:一者、但取相生次第,所谓牛譬于佛,五味譬教,乳从牛出,酪从乳生,二酥醍醐,次第不乱,故譬五时,相生次第。

[集注] 南本《涅槃》第十三卷《圣行品》中,无垢藏王菩萨,对佛称叹涅槃教胜,佛印可竟。佛言:"譬如从牛出乳,从乳出酪,从酪出生酥,从生酥出熟酥,从熟酥出醍醐,醍醐最上……佛亦如是,从佛出十二部经,从十二部经出修多罗,从修多罗出方等,从方等出般若波罗蜜,从般若波罗蜜出大涅槃,犹如醍醐。"[1]是则五味对教,出自于佛也。

---

①　见南本《大般涅槃经》卷第十三《圣行品》之下,《大正藏》卷十二,第690页下—691页上。

相生，《释签》一云："此五味教相生之文，在《大经·圣行品》末。"①此约教论相生也。《妙玄》十云："渐机于顿未转，全生如乳。三藏中转，革凡成圣，喻变乳为酪，即是次第相生，为第二时教，不取浓淡、优劣为喻也。"②此约机论相生也。

[今译] 在南本《涅槃经》第十三卷《圣行品》中，无垢藏王菩萨对佛称扬赞叹涅槃教法的殊胜圆满，佛对于他的赞叹给予了充分的肯定之后，接着说："譬如从牛生产出牛乳，从牛乳又可以制作出奶酪，从奶酪制作成生酥，从生酥制作出熟酥，从熟酥又可以制作出醍醐来，醍醐的味道是最高级的……佛也是这样，从佛生出十二部经典，从十二部经典而生出修多罗，从修多罗而生出方等经典，从方等经典而生出般若波罗蜜的教法，从般若波罗蜜又可以生出大涅槃的教法，就像是最高级的醍醐味一样。"由此可以看出，用五味来与教法并论，是从佛开始的。

相生，《释签》卷二说："这五味与五时教法次第相生的文字根据，就在《大涅槃经·圣行品》的末尾。"这是从经典依据和教法本身的角度来说明次第相生的道理。《法华玄义》卷十上说："渐教根机的人在佛说顿教的时候还是接受不了，完全消化不了，就像完全没有变化的纯牛奶一样。在三藏教法当中，开始有所接受，听到了凡夫和圣人之间的根本区别，并愿意改变自己凡夫的心态而成为圣人，就好比把纯牛奶制作成奶酪一样，这就是次第相生的意思，作为如来一代时教当中的第二时教法，这里并不是从奶味的浓淡和教法的深浅优劣来作譬喻的。"这是从众生根机方面来说明次第相生的道理。

二者、取其浓淡，此则取一番下劣根性，所谓二乘根性，在华严座，不信不解，不变凡情，故譬其乳。次至鹿苑，闻三藏教，二乘根性，依教修行，转凡成圣，故譬转乳成酪。次至方等，闻弹

---

① 见《释签》卷第二，《大正藏》卷三十三，第823页下。
② 见《法华玄义》卷第十(上)，《大正藏》卷三十三，第807页中。

斥声闻，慕大耻小，得通教益，如转酪成生酥。次至般若，奉敕转教，心渐通泰，得别教益，如转生酥成熟酥。次至法华，闻三周说法，得记作佛，如转熟酥成醍醐。此约最钝根，具经五味；其次者，或经一二三四；其上达根性，味味得入法界实相，何必须待法华开会？

[集注]《义例》云："五味，唯喻一代五时浓淡。"①盖言经文，相生虽显，意取浓淡，以譬涅槃教胜，即约教论浓淡也。今文教论相生，机论浓淡者，令易显故。其实约机约教，皆具二义。

下劣根性，天亲②呼为"下劣小乘"③，众香④称为"贫所乐法"。⑤

不信不解，非其境界故。《维摩疏》一引《华严》云："此经不入二乘人手"。⑥《垂裕记》⑦二云："手以受物，表信力故受法，二乘不闻，从何起信？"⑧

慕大耻小，得通教益，《释签》三云："谓受弹斥，令其叹大自鄙，即生酥益相。"⑨《辅行》十云："密成通益。"⑩心渐通泰，得别教益，《释签》三

---

① 见《止观义例》卷上，《大正藏》卷四十六，第 449 页上。
② 天亲：即世亲。音译婆薮槃豆等。四世纪或五世纪时印度小乘《俱舍论》的作者，也是大乘瑜伽行派的重要学者。与其兄无著，并为瑜伽行派的两大核心人物。大约在佛灭九百年左右，出生于北印度犍驮罗国，世寿八十，寂于阿踰陀国。
③ 《胜思惟梵天所问经》卷第二说："众生弃舍无上大乘，无碍胜法，胜涅槃法，而求下劣小乘之法，所谓声闻辟支佛乘。"见《大正藏》卷十五，第 73 页上一中。天亲菩萨解释大乘经论时也是这样称呼。
④ 众香：众香国之略称。即充满妙香之佛国。据《维摩经》卷下《香积佛品》载，上方界分过四十二恒河沙佛土，有国名众香，佛号香积，其楼阁苑囿皆香，香气周流十方无量世界。此香积如来之净土，乃称众香国土。此处指《香积佛品》而言。
⑤ 见《维摩经》卷下，《大正藏》卷十四，第 553 页上。
⑥ 见《维摩经略疏》卷第一，《大正藏》卷三十八，第 563 页上。
⑦ 《垂裕记》：全称《维摩经略疏垂裕记》，十卷，宋孤山智圆著。解释智者大师之《维摩经略疏》。收于《大正藏》卷三十八。
⑧ 见《垂裕记》卷一，《大正藏》卷三十八，第 716 页上。
⑨ 参见《释签》卷第六，《大正藏》卷三十三，第 857 页上。
⑩ 见《辅行》卷第十之二，《大正藏》卷四十六，第 446 页中。

云："至般若中,不复同前悲泣之时,故云通泰。"又云："皆使令知,即熟酥益相,得此益已,义成别人。"①《辅行》云："密成别益。"②盖显二乘人,于法华前,不论改观,故云密也。

三周说法：法说周,为上根人,作三乘一乘说,身子得悟;譬说周,为中根人,作三车一车说,四大弟子得悟;因缘周,为下根人,作宿世因缘说,千二百声闻得悟,皆授初住八相之记。

最钝根,《妙玄》十云："自有一人历五味,如小乘根性,于顿如乳,三藏如酪,乃至醍醐,方得究竟。"③即最钝根性也。

其次者,《妙玄》十云："自有利根菩萨,未入位声闻,或于三藏中见性,是历二味。自有方等中见性,是历三味。般若中见性,是历四味。"④据此,则一味不得入,至于二味,乃至三味不得入,至于四味,皆名次根也。

上达根性,《妙玄》十云："自有一人禀一味,如华严,纯一根性,即得醍醐,不历五味也。《大经》云：雪山有草,名曰忍辱,牛若食者,即得醍醐。"⑤即上达根性也。前四时中,鹿苑密入,余皆显入,故云味味得入。于法华中,但论增道⑥也。

法界、实相,一体异名,上有味味之言,故重云耳。若《辅行》云："实相是别理,法界是圆理。"⑦据《大经》,十千菩萨得一生实相(初地同住),是接入别;五千菩萨得二生法界(圆教二住),是接入圆。以教判文,理还不异。

---

①　参见《释签》卷第六,《大正藏》卷三十三,第 857 页上。

②　见《辅行》卷第十二之二,《大正藏》卷四十六,第 446 页中。

③　见《法华玄义》卷第十(下),《大正藏》卷三十三,第 810 页中。

④　见《法华玄义》卷第十(下),《大正藏》卷三十三,第 810 页中。

⑤　见《法华玄义》卷第十(下),《大正藏》卷三十三,第 810 页中。

⑥　增道：即增道损生之略称,为法华本门的利益。道,指中道之智;生,指变易生死。增道损生,即谓中道之智渐次增进,而变易生死随之渐次损减。《法华经玄义·序》说："发众圣之权巧,显本地之幽微。故增道损生,位邻大觉;一期化导,事理俱圆。"见《大正藏》卷三十三,第 681 页中。

⑦　见《辅行》卷第三之三,《大正藏》卷四十六,第 235 页中。

[今译]《止观义例》说:"五味只是比喻如来一代时教的浓淡深浅。"这是因为经典中的文字虽然明显地表达了相生次第,但这些所代表的还是教法深浅的问题,以此来比喻涅槃会上所说的教法是殊胜圆满的,这就是从教法本身的角度来说明浓淡深浅。现在这里从教法本身来说明自己的相生次第,从众生根机的角度来说明有浅深的不同,是为了能够容易了解才这么说的。据实而言,从众生根机和从教法这两个角度来说,都具备了次第相生和浓淡深浅这两层含义。

下劣根性,世亲菩萨称之为"下劣小乘",《维摩诘经·香积佛品》称之为"贫所乐法"。

不信不解,因为不是他们的思想境界所能够理解的缘故。《维摩经疏》卷一引《华严经》说:这部经典不会落入二乘人的手中(二乘人没有办法掌握其中的奥妙)。《垂裕记》卷二说:手是用来接受物品,表示由于信心的力量能够接受一乘妙法,二乘人听不懂这样的微妙之法,又怎么能够生得起信心呢?

慕大耻小,得通教益。《释签》卷六说:"指的是受到了批评呵斥,用赞叹大乘教法的方法使其感到自鄙,就是生酥味的利益表现。"《辅行》卷十之二说:"从学人的内在思想境界来说,就是得到了通教的利益。"心渐通泰,得别教益。《释签》卷六说:"到了般若会上,不再像以前方等会上听到大乘法而自卑得痛哭流涕的时候那样了,所以说是通达和安详。"又说:"都使得他们能够明白大乘教法,就是熟酥味的利益表现,得到了这样的利益之后,从其内在的思想境界来说就已经成为别教的行人了。"《辅行》卷十之二说:"从学人内在境界来说,这就是得到了别教的利益。"这是显示了二乘的行人,在佛说《法华经》之前的时教当中,主要的思想观念还是没有得到根本性的改变,但其内在所受到大乘佛法的熏陶而产生的利益已经存在了,所以说是秘密得益。

三周说法:法说周,是为上根利智之人而说的,开除了三乘权巧,而显示一乘真实的教说,只有舍利弗一个人真正领悟。譬喻周,是为中等根机的人而说的,最初允许三车是施权,后来赐予一大白牛车是显实,使之了悟一乘之理，这时候有迦叶等四大弟子领悟。因缘周，是为了下等根机的人说的，说他们宿世为大通智胜佛下之一乘机种，使他们了悟宿世久远之机缘而得悟，这时候有一千二百声闻弟子领悟，都接受了佛给予八相成道的授记。

最钝根，《法华玄义》卷十说："当然也有一类众生，需要经历五味的调教，就像小乘根性的人，在佛说顿教法的时候就完全听不懂如纯生牛奶一样，于三藏教法当中稍微懂得一点如奶酪，一直到法华会上才完全明白佛法的真义，像是醍醐一样。"这是最最愚钝的根性了。

第二种根性，《法华玄义》卷十说："当然也有根机比较利的菩萨，还没有进入小乘四种果位而成为定性声闻的时候，可能会在三藏教法当中秘密地领悟圆教的思想而见到常住佛性，这就只是经历了乳、酪二味就悟道的。当然也有在方等会中得见佛性的，这就是经历前面的三味而悟道的。在般若会上而得见佛性的，这就是经历前面的四味才悟道的。"根据这个说法，那么，就算在第一味不能得见佛性，还可以在第二味中见到佛性，乃至逐渐经历了三味不能见到佛性，也可以到第四味中见到佛性，这些都是属于第二种中等的根性。

上达根性，《法华玄义》卷十说："当然有一类人只需要禀持一味就能悟道，如在华严会上的菩萨大众，都是纯粹的利根之人，就马上能够得到究竟圆满的醍醐味教法，不需要经历五时五味的调教。《大涅槃经》说：雪山有草，名叫忍辱，牛如果吃了这样的草，就能生产出醍醐来。"就是指上根利智之人。在前面的四时教法当中，只有在鹿苑时是秘密的悟入佛性常住之理，在其余的三时都是公开明显地悟到佛法真谛的，所以说在每一时每一味当中都可以悟见佛性。而上达根性的人到了法华会上，就只是在增进中道实相的智慧了。

法界和实相，体性是一样的，只是名称不同而已。这句话的前面说了"味味"两个字，所以重复着说了法界和实相。但是《辅行》卷三之三却说："实相是从别教的立场来说的，法界是从圆教的立场来说的。"根据《大涅槃经》所说，有一万菩萨于一生中得到证入实相之理（别教初地相同于圆教初住），这是指接引到别教的位次上；有五千菩萨于二生中得到证入法界之理（指圆教的二住），这是指接引到圆教的位次上。用教法来判别文字义理，实相与法界在理论上也没有什么差别。

上来已录，五味、五时、化仪四教，大纲如此。

　　[集注]《签》云："言次第者，《华严》初云：于菩提道场，始成正觉。在初明矣！诸部小乘，虽云初成，自是小机见为初耳。据《信解品》，脱妙著粗，故居其次。《大集》①云：如来成道，始十六年。故知方等在鹿苑后。《仁王》云：如来成道二十九年，已为我说摩诃般若。故知在方等后，亦如《仁王》在《大品》后。《法华》云：四十余年。《大经》云：临灭度时。当知次第有所据也。"②此乃别论次第。

　　通则不然，如《妙玄》十云："若华严顿乳，别但在初，通则至后，故《无量义》③云，次说般若，历劫修行，华严海空；法华会入佛慧，即是通至二经。"

　　乃至"夫日初出，先照高山，日若垂没，亦应余辉峻岭，故莲华藏海，通至涅槃之后，况前教耶？若修多罗半酪④之教，别论在第二时，通论亦至于后，何者？迦留陀夷⑤于法华中，面得受记，后入聚落被害，作结

　　①　《大集经》：全称《大方等大集经》，六十卷，乃大集部诸经之汇编，北凉昙无谶等译。系佛陀于成道后第十六年，集合十方佛刹诸菩萨及天龙鬼神等，为彼宣说十六大悲、三十二业等甚深法藏；以大乘六波罗蜜法与诸法性空为主要内容，兼含密教说法及陀罗尼与梵天等诸天护法之事。收于《大正藏》卷十三。

　　②　见《释签》卷第二十，《大正藏》卷三十三，第959页上。

　　③　《无量义》：即《无量义经》，一卷，南朝萧齐昙摩伽陀耶舍译于建元三年（481）。与《法华经》、《观普贤经》合称为"法华三部经"。收于《大正藏》卷九。

　　④　半酪：指小乘九部中之修多罗。在半满二教中被喻为半字教；在《涅槃经》五味中则被喻为酪味，故合二譬喻而称半酪。《法华玄义》卷十下说："若修多罗半酪之教，别论在第二时，通论亦至于后。"《大正藏》卷三十三，第809页下。

　　⑤　迦留陀夷：又作迦楼陀夷，意译为大粗黑、黑光等。乃六群比丘之一。据《增一阿含经》卷四十七、《四分律》卷十四载，迦留陀夷其身极黑，曾经夜行乞食，时天黑暗，乞至他家，彼家妇人身正怀孕，于闪电中午见之，谓鬼神来，乃惊怖堕胎，后闻迦留陀夷为佛弟子，妇人乃发声恶骂。如来知之，即制定过午不得乞食之戒。

戒缘起。又如身子，法华请主，后入灭，均提①持三衣至。佛问：五分法身②灭否？答云：不灭（虽云五分不灭，终是小乘中意）。岂非三藏至后耶？

"若方等教，别论在第三时，通论亦至于后，何者？《陀罗尼》③云：先于王城授声闻记，今于舍卫国，复授声闻记。故知方等至法华后。

"般若别论在第四时，通论亦至初后，何者？始从得道夜，至泥洹夜，常说般若。若涅槃别论在第五时，通论亦至于初，何者？《释论》云：从初发心，常观涅槃行道。此则通至于前。若法华显露，不见通前，秘密边论，理无障碍。故身子云：我昔从佛闻如是法，见诸菩萨受记作佛，岂非证昔通记之文？"④

若论方等，亦通于前。《净名略记》⑤下之上云："鹿苑理须密说弹斥。又华严中四，何须更论？亦是其例。既其一切俱通初后，岂可方等不通于初？"然只一五时，论通论别，别则次第，通则互通，并是如来赴机之相。

但于通中，有文通、义通，若文通者，如结集经家，乃取部类相从之文，收通归别，如时长华严、方等陀罗尼等是也。若义通者，如莲华藏海，通至涅槃之后，与夫日若垂没，余辉峻岭等是也，此则不可收归于别也。然非别五时，无以见如来说法次第，非通五时，无以见教法融通。

---

① 均提：指均提沙弥。印度婆罗门之子，七岁出家，舍利弗携之至祇洹，渐为说法，使证得阿罗汉。彼既得道，为感师恩，终身做沙弥，以供给所需。

② 五分法身：以五种的功德法，成就佛身，叫做五分法身。一、戒法身，谓如来三业，离一切的过失。二、定法身，谓如来真心寂灭，离一切的妄念。三、慧法身，谓如来真智圆明，通达诸法的性相。四、解脱法身，谓如来的身心，解脱一切的系缚。五、解脱知见法身，谓如来具有了知自己实已解脱的智慧。

③ 《陀罗尼》：全称为《大方等陀罗尼经》，四卷，北凉法众译。内容叙述佛应文殊师利之请问，说诸种陀罗尼功德。收于《大正藏》卷二十一。

④ 节录《法华玄义》卷第十下，参见《大正藏》卷三十三，第809页下—810页上。

⑤ 《净名略记》：即《维摩经疏记》三卷（或六卷），唐代湛然大师著。系智者大师《净名广疏》的注释。收于《卍续藏》第二十八册。

[今译]《释签》说:"所谓次第,《华严经》一开始就说'佛在菩提树下刚刚成就无上正等正觉',明显地指出这部经是在最初成道的时候所说。各种小乘经典也有说是'初成正觉'的(如《四十二章经》开头所说),这些只是小乘根机的人所看到的最初成佛的情况。根据《法华经·信解品》,脱下微妙的宝衣而穿上粗劣的垢衣,可见阿含时是在华严时之后。《大集经》说'如来成道以来,到现在刚有十六年时间',所以知道方等经典是在鹿苑时之后说的。《仁王护国般若经》说'如来成道之后的第二十九年,已经为我宣说了《大般若经》',因此可以推断般若经典是在方等经典之后才说的。同时也可以看出《仁王经》是在《大般若经》的后面才说。《法华经》说:'四十多年以来'。《涅槃经》说:'将要入灭的时候'。应该晓得天台宗所判别的佛说法的次第,是有佛经作为根据的。"这些是从五时差别的角度来看如来说法有个次第的过程。

如果从普遍意义上说,那就不是这样了。如《法华玄义》卷十说:"就像华严会上宣说如纯牛奶味的顿教之理,从差别的角度看就只是在最初成道的时候所说,而从普遍相通的意义上看则一直到后面的一代时教当中都有。所以《无量义经》说:其次宣说《般若经》,经历了长劫的修行,而悟入法界之理。就是华严海空的意思。在法华会上体会到一佛乘的微妙智慧。可见华严时也就通于《般若》、《法华》这两部经典了。"

乃至《法华玄义》又说:"太阳初升起来的时候,首先照耀高大的山顶,太阳如果要落山的时候,也应该有余辉照耀高山峻岭,所以莲华海藏的华严思想,也就相通于最后的《涅槃》经典,更何况前面所说的各部经典呢?如修多罗是半字教和酪味的教法,从差别的角度来说则属于第二时教,从普遍相通的角度来看也通于后面的几种时教,为什么呢?迦留陀夷在法华会上,当面得到佛的授记。后来由于非时进入聚落,而被世俗的人打杀,并埋于马粪之中,出来之后就入灭了(文在《涅槃》)。由于他恶行多端,而经常引起佛决定制戒的缘起。再像舍利弗是《法华经》的启请者,后来入灭了,他的弟子均提沙弥拿着他的三衣到佛那里,佛问他：你师父的五分法身也入灭了吗？均提沙弥回答说：五分法身不会入灭（尽管能够说出五分法身不会入灭，但还是小乘人的思想见解）。这难道不是三藏教法也通于法华之后吗？

"就像方等教法，从差别的角度来看是在第三时教当中，从普遍相通的角度来说也是通于后面的时教。为什么呢？《大方等陀罗尼经》说：以前在王舍城为声闻弟子授记，现在于舍卫国又为声闻弟子授记。因此可以知道方等教法也通于法华时教之后。

"般若时的教法，差别说来是在第四时教当中，普遍说来也通于前面三时和后面涅槃时，为什么呢？从佛得成正觉的那天晚上开始，一直到般涅槃为止，经常宣说般若法门。再看涅槃时的教法，差别说来是在第五时教当中，普遍说来也通于最初的时教，为什么呢？《大智度论》说：从最初发心修行，就时常观察涅槃的道理而修行，这就是通于前面的时教。如果从法华时来说，因为法华时显露的教法，超出了前面的四教之上，所以在文字上不能与前面的四时教法相通。但是从法华内在的义理，开粗显妙理无障碍的角度来看，还是可以与前面四时相通的。所以舍利弗说：我过去从如来处亲闻这样的妙法，亲见诸大菩萨接受佛的授记作佛。这难道不是证明过去的时教当中也有通于授记作佛的文字记载吗？"

如果说方等时也是通于前面的时教，如《净名略记》卷下之上说："鹿苑时照理说也必须秘密地宣说方等教法，而对小乘人进行批评呵斥。另外华严时中也已经具备其余的四时，就更是不用再说了。这也是能够说明方等通于华严时的例子。既然其余的一切时教都可以通于前面或者后面的时教，怎么可以说方等就不能通于最初的时教呢？"但总的来说，只有这一个五时的判教，可以从特殊差别和普遍相通的两个角度来看，特殊差别的角度来说就是有前后的次第相生，普遍相通的角度来说就是前后相互通融不分彼此，这两者都是如来应机说法的表现啊。

只是在普遍的角度上说，有文字语言上的相通和义理上的相通。

关于文字语言上的相通,比如结集经典的时候,就把部类相同的经文收集在一起,归纳为一个独特的类别,像时长华严、方等陀罗尼等经典,就是属于这一类。关于义理上的相通,比如《华严经》中所说莲华藏海的思想,就相通于涅槃教法的最后时教,与太阳落山时的余辉能够照耀到高山峻岭一样。这些都不可以说成是别五时的范围。但是,没有别五时的判释,就没有办法了解佛说法的前后次第;没有通五时的说明,也就没有办法知道佛教法的灵活畅通、圆融无碍了。

第四章　化法四教

自下,明化法四教。

[**集注**]《妙玄》十云:"问:四教名义出何经? 答:《长阿含·行品》,佛在负弥城①北,尸舍婆林②,说四大教者,从佛闻,从和合众闻,从多比丘闻,从一比丘闻,是名四大教。"③《释签》十云:"但同有四,非即藏等,亦一往语耳,然教定体,与今不同。"④

《妙玄》十云:"《月灯三昧经》⑤第六⑥,明四种修多罗,谓诸行、诃责、烦恼、清净,私释会之。诸行是因缘生法,即三藏义也。诃责是体知过罪,即通教义也。烦恼者,若无烦恼即无智慧,即别教义也。清净者,既举一净当名,任运有常乐我等,即圆教义也。"⑦然则四教,在小乘中,有名无义;在大乘中,有义无名。是故今家引傍经论,立此藏通别圆,则名

---

① 负弥城:据《长阿含·游行经》载:在摩竭陀国附近,距离佛陀入灭的拘尸城中间还相隔一个波婆城。

② 尸舍婆林:是负弥城北边的一个小村庄,佛陀在入灭之前经过此地,为诸比丘说了四大教法。

③ 《长阿含·游行经》第二中说:"若有比丘作如是言:'诸贤,我于彼村、彼城、彼国,躬从佛闻,躬受是教。'从其闻者,不应不信,亦不应毁……"以及从和合众闻、从多比丘闻、从一比丘闻等。见《大正藏》卷一,第17页下。参见《法华玄义》卷第十下,《大正藏》卷三十三,第812页上——中。

④ 见《大正藏》卷三十三,第963页上。

⑤ 《月灯三昧经》:又称《入于大悲大方等大集说经》、《大方等大集月灯经》,十卷,高齐那连提黎耶舍译。收于《大正藏》卷十五。

⑥ 见《月灯三昧经》卷五,《大正藏》卷十五,第577页中—581页上。

⑦ 见《法华玄义》卷第十下,《大正藏》卷三十三,第812页中。

义备矣!

[今译]《法华玄义》卷十说:问:四教的名称和内涵分别出自什么经典?答:《长阿含·行品》:佛在负弥城北面的舍婆林里,为诸比丘等人宣说了"四大教法",这四大教法指的就是:从佛那里亲自听闻、从和合众僧多闻耆宿那里亲自听闻、从多比丘持法持律仪者那里亲自听闻、从一比丘持法持律仪者那里亲自听闻,如果是依经依律依法的教说,就都是如来所说,这就叫做"四大教法"。《释签》卷十说:只是有相同的四教名称,并非就是说藏等四教,也就是一种习惯的说法罢了。然而从这四教的名目上来看其内在意义,名称虽然一样,内容却与现在所说的四教截然不同。

《法华玄义》卷十说:"《月灯三昧经》第六,指出了四种修多罗,所谓诸行、诃责、烦恼、清净。依我个人的看法,用会通的形式进行解释:诸行,是指因缘所生的诸法,也就是三藏教的义理;诃责,是指让人体会到错误,也就是通教的义理;烦恼,如果没有烦恼,那也就没有智慧了,这就是别教的义理。清净,只要举出清净这个名称,也就自然而然具有常、乐、我等含义,这也就是圆教的义理了。"可是这四教,在小乘的教法当中,虽有名称,却无实际的意义;在大乘的教法当中,虽有实际意义,却又没有这样的名称。所以,现在天台宗就旁引经论,建立了藏、通、别、圆四教,那么名称和义理就都具备了。

第一节 藏 教

第一、三藏教者,一修多罗藏(四《阿含》等经),二阿毗昙藏①

_____

① 阿毗昙藏:阿毗昙,汉译为无比法。即《发智》、《六足》等小乘诸论。阿毗昙藏,就是指小乘的论藏。

(《俱舍》①、《婆沙》②等论),三毗尼藏③(五部律④)。

[集注]《四教义》一云:"此教明因缘生灭,四圣谛理,正教小乘,傍教菩萨。"⑤修多罗,此云"法本",出世善法,言教之本也。又翻"契经",契理契机也。契理合于二谛,契机符彼三根。《观经疏》⑥云:"经者,训法、训常。"⑦凡圣之所轨则曰法,魔外不能改坏曰常(此释训)。经者,

---

① 《俱舍论》:全称《阿毗达磨俱舍论》,说一切有部论典,三十卷,世亲菩萨造,玄奘大师译。是世亲菩萨早年还未信仰大乘佛教时的著作。收于《大正藏》卷二十九。

② 《婆沙》:全称《阿毗达磨大毗婆沙论》,略称《大毗婆沙论》、《婆沙论》,二百卷,唐玄奘译。收于《大正藏》卷二十七。

③ 毗尼藏:新译为毗奈耶藏,旧译译为毗尼藏。三藏之一,摄称如来所说的戒律经典。这一类经典中包藏了一切戒律之法,所以叫做藏。《善见律》卷一说:毗尼藏者,是佛法寿。毗尼藏住,佛法亦住。见《大正藏》卷二十四,第675页上。

④ 五部律:指曾盛行于西北印度的小乘五部派所传持之律典。(一)昙无德部:意译作法藏部。所传广律为《四分律》六十卷,戒本为《四分僧戒本》一卷、《四分律比丘戒本》一卷、《四分比丘尼戒本》一卷。上列四书均为姚秦佛陀耶舍译出。(二)萨婆多部:意译作说一切有部。所传广律为《十诵律》六十一卷(姚秦弗若多罗、昙摩流支译,卑摩罗叉重校),戒本为《十诵比丘波罗提木叉戒本》一卷(姚秦鸠摩罗什译)、《十诵比丘波罗提木叉戒本》一卷(刘宋法显集出)、《根本说一切有部戒经》一卷(唐义净译)、《根本说一切有部苾刍尼戒经》一卷(唐义净译)。(三)弥沙塞部:意译为化地部。所传广律为《五分律》三十卷(刘宋佛陀什等译),戒本为《弥沙塞五分戒本》一卷(刘宋佛陀什等译)、《五分比丘尼戒本》一卷(梁明徽集)。(四)迦叶遗部(据《出三藏记集》卷三《新集律分为五部记录》载,婆嗟富罗部即为摩诃僧祇部):意译为饮光部。所传广律为《解脱律》(中国未传),戒本为《解脱戒经》一卷(元魏般若流支译)。(五)摩诃僧祇部:意译作大众部。所传广律为《摩诃僧祇律》四十卷(东晋法显、佛陀跋陀罗共译),戒本为《摩诃僧祇律大比丘戒本》一卷(东晋佛陀跋陀罗译)、《摩诃僧祇比丘尼戒本》一卷(东晋法显、觉贤共译)。上列五部律中,有四部广律曾传译为中文。如再加上义净的《根本说一切有部毗奈耶》,则为我国现存的五部广律。

⑤ 见《大正藏》卷四十六,第721页上—中。

⑥ 《观经疏》:全称《观无量寿经疏》,一卷,隋智者大师著。是《观无量寿佛经》的解释,以心观为宗旨,生善灭恶为用,以十六观为定善。收于《大正藏》卷三十七。

⑦ 见《大正藏》卷三十七,第186页下。

由也,经由圣人金口,故言经也(此释义)。

阿含,如前。

阿毗昙,翻"无比法",圣人智慧,分别法义,不可比故。俱舍,翻"藏",即包含摄持之义。婆娑,翻"广说",亦名"五百说"。

毗尼,此翻为"灭",佛说作、无作戒,能灭身口之恶故,即《八十诵律》①也。南山云:"毗尼翻'灭',从功能为名,非正译也;正翻为'律',律法也,从教为名。断割重轻,开遮持犯,非法不定。"②

《五部律》,如来灭后,上座大迦叶等五百圣人,于毕钵罗窟③内,命优波离④结集,名上座部。大众婆尸迦等一千凡圣,窟外结集,名大众部。此二通称"僧祇",即根本也。迦叶、阿难、末田地、商那和修、优波毱多五师,体权通道,故不分教。后毱多有五弟子,各执一见,遂分律藏为"五部"焉。

图12: 律分五部

---

① 《八十诵律》:是根本的律藏,在如来入灭后结集三藏时,优波离尊者在一夏九旬之中八十番诵出,故名《八十诵律》。后《四分律》、《五分律》等由此分立,而此根本律也就不存于世了。

② 参见道宣律师《四分律删繁补阙行事钞》卷中,《大正藏》卷四十,第50页下。元照《四分律行事钞资持记》上一上,《大正藏》卷四十,第158页中。

③ 毕钵罗窟:中印度摩揭陀国王舍城东南的石窟。《高僧法显传》说:"搏南山,西行三百步有一石室,名宾波罗窟。佛食后常于此坐禅。"见《大正藏》卷五十一,第863页上。《有部毗奈耶杂事》卷三十九及《阿育王传》卷四则谓佛灭后,大迦叶与五百比丘于此石窟结集经律。

④ 优波离:佛陀十大弟子之一,意译作近执、近取。印度迦毗罗卫国人,出身首陀罗种,为宫廷之理发师。佛陀成道第六年,王子跋提、阿那律、阿难等七人出家时,优波离亦随同出家。优波离精于戒律,修持严谨,誉为持律第一;后于第一次经典结集时,诵出律部。

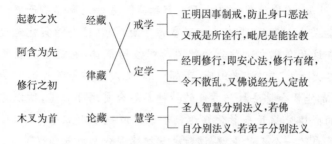

图13：三藏、三学诠次

[今译]《四教义》卷一说："三藏教所阐明的是生灭十二因缘、生灭四圣谛的义理，正面教化小乘根机的人，侧面也教化一类根机比较浅的菩萨。"修多罗，汉译叫做法本，意思是超出世间一般教育的善巧方法，又是一切语言教育的根本所在。另外还可以译为契经，这是指契合真理又契合根机。契合真理就是合乎真俗二谛之理，契合根机就是符合上中下三种根机的人。《观经疏》说："所谓经，解释为法或常的意思。"凡夫和圣人所应共同遵守的行为规则就叫做法，邪魔外道没有能力改变破坏的就叫做常（这是解释经所具有的训导功用）。所谓经，就是经过的意思，即经过圣人的金口宣说，所以叫做经（这是解释经的内在意义）。

阿含，如前面已经解释过的那样。

阿毗昙，汉译为"无比法"，是指圣人智慧高深，而其分析区别解说一切事物的道理，没有人能够比得上。俱舍，译为"藏"，就是包含摄持的意思。婆沙，译为"广说"，也叫做"五百说"。

毗尼，译为灭，是指佛所说的各种作、无作戒法，能够消灭凡夫身口方面的恶行，也就是指《八十诵律》。终南山道宣律师说：毗尼译为灭，是从功能作用来命名的，并不是毗尼正式内涵的翻译。正式应该翻译为律。律，就是戒律法规，从教法的内容来命名。这是指处断判决重罪和轻罪，开许遮止守持触犯等，没有法律法规就无法做出最终的决定。

五部律，这是指如来灭度之后，上座比丘以大迦叶为首的五百阿罗汉（圣人），在灵鹫山的毕钵罗窟内，推举持戒第一的优波离尊者诵出律藏,进行结集,这次结集就名为上座部结集。另外还有佛弟子婆尸迦等凡夫和圣人共一千人,也在毕钵罗窟的外面结集,这个结集就是大众部结集。在这两个地方所结集的律典都叫做僧祇律,也就是佛教的根本律典。在大迦叶、阿难、末田地、商那和修、优波毱多等五师的相传过程中,他们都能体会佛法权巧方便的精神而符合贯通于正道,所以就没有把根本的戒律分割开来教化众生。后来优波毱多有五个弟子,每个弟子都执著自己一个人的见解,这时也就把律藏分割成五部律了。

[集注]《四教义》云:"然此三法,通名藏者,以皆各含一切文理也。"①又经通五人说,《妙乐》一云:"佛及声闻、天、仙、化人,下四印定,即名佛说。"②律唯佛制,降佛以还,不许措辞,如礼乐征伐,自天子出。论通佛世、灭后。

《文句》九引《出曜经》云:"佛在波罗奈,最初为五人,说契经修多罗藏。佛在罗阅祇,最初为须那提,说毗尼藏。佛在毗舍离猕猴池,最初为跋耆子,说阿毗昙藏。"③《妙乐》九云:"故知别有阿毗昙藏,是佛自说。五百罗汉结集,名《相续解脱经》④。后广集法相,乃名为论。"⑤今此三藏皆是佛说,若云佛说名经,弟子所作名论,一往语耳。

[今译]《四教义》说:这三种佛法都一起名为藏,是因为每一种法都各自蕴含着一切语言文字和内在义理啊。另外,经藏是可以由五种人宣说的,《妙乐》卷一说:佛以及声闻、天、仙、化人,除佛以外的其余四种所说的佛法,通过佛的印证确定之后,也就可以当做是佛所说了。律藏却只能由佛亲自制定,从佛往下的一切众生,都不允许制定,甚至措辞插话的机会都没有。这就像是制礼作乐和征战讨伐等事情,只能由天子亲

① 参见《大正藏》卷四十六,第721页中。
② 参见《大正藏》卷三十四,第163页中。
③ 见《大正藏》卷三十四,第121页中。
④ 《相续解脱经》:二卷,为《解深密经》之部分译本,南朝刘宋求那跋陀罗译。收于《大正藏》卷十六。
⑤ 参见《大正藏》卷三十四,第321页下。

自做出决定一样。论藏则是通融于佛在世的时候以及佛灭度之后的。

《法华文句》卷九引《出曜经》说:佛在波罗奈,最初为五比丘说契合于真理的修多罗经藏。佛在罗阅祇,最初为须那提说毗尼律藏。佛在毗舍离城猕猴池边,最初为跋耆子说阿毗昙论藏。《妙乐》卷九说:"所以知道另外还有阿毗昙论藏,是佛亲自所说的。五百阿罗汉所结集的经典,叫做《相续解脱经》。后来广泛地搜集各种解释经文名词义理的,就叫做论。"现在这里所说的三藏教,都是指佛所说的三藏教法而言。如果说佛所说的就叫做经,而佛弟子所著作撰述的就叫做论,这只是习惯的说法。

此之三藏,名通大小,今取小乘三藏也。《大智度论》云:迦旃延子,自以聪明利根,于婆沙中,明三藏义,不读衍经,非大菩萨。又《法华》云,贪著小乘三藏学者,依此等文,故大师称小乘为三藏教。

[集注] 通论,小衍俱有三藏,今则别指小乘,不可以通难别,故下即引经论,以证别意。《大智度论》,释《大品经》,龙树造,罗什译,九倍略之,百卷成文。亦名《释论》、《智论》、《大论》。迦旃延子,此云文饰,善赞咏故。《大论》云:"佛灭后百年,有迦旃延婆罗门。"[①]非佛世之迦旃延也。聪明利根,《大论》云:"迦旃延子辈,是生死人,不读不诵'摩诃衍经',非大菩萨,不知诸法实相,自以利根慧智,于佛法中作诸论议。"[②]则知天台以小乘为三藏,本乎经论。

昔静法苑师[③],毁之于前;清凉观师,赞之于后。苑师谓:《法华》云

---

① 参见《大智度论》卷二,《大正藏》卷二十五,第70页上。
② 见《大智度论》卷四,《大正藏》卷二十五,第90页下。
③ 静法苑师:即慧苑(673~743?)唐代华严宗僧。京兆(陕西)人。住洛京佛授记寺(定刊等记有京兆静法寺沙门慧苑等),师事华严宗三祖法藏,深究华严,为同门之上首。曾继续法藏未完成之著作《华严经》之略疏,而撰《续华严经略疏刊定记》十五卷。另著有《新译华严音义》二卷,世称《慧苑音义》。生平见《宋高僧传》卷六、《六学僧传》卷二十三、《贞元新定释教目录》卷十四等。

贪著小乘，三藏学者，乃以小乘为能别之言，明知三藏不唯属小，天台此名滥涉大乘，特违至教(指法华为至教)。

清凉《华严疏》云："此师立义，理致圆备，但三藏名义似小滥，以后三教，亦有三故。所以尔者，良以《智论》之中，多名小乘为三藏教。《成实论》①中，亦自说云：'我今欲说三藏中实义。'故有据。初对旧医②戒定慧故，立此三事，条然不同，异后三教。通教，意融三故；别教，依一法性而显三故；圆教，三一无碍故。所以不名小乘教者，此教亦有大乘六度菩萨，三十四心断结，成真佛故。"③

《释签》十云："三藏通大小，何故但属小？今明如《法华》云：贪著小乘，三藏学者。又《大论》中，处处以三藏对衍而辨大小，故准此文，以三藏为小。若通论者，小衍二门俱有三藏，但是通途，非别意也。若唯通途，如何消通《法华》、《大论》？具如《四教》本中广明。"④

然论别意有三：一、小乘三藏部别故。二、小乘三藏隔异故。三、小乘三藏破旧医故。苑师谓《法华》以小乘为能别之言，且《法华》、《大论》皆罗什译，论中既以小乘名三藏教，故至译经，二言双举，为成偈文，即别义也。

又《大论》云：佛在世时，无三藏名，《法华》何云三藏学者？须知三藏之名，起于结集法藏者，故《大论》云："摩诃迦叶，将诸比丘，在耆阇崛山中集三藏。文殊师利、弥勒诸大菩萨，亦将阿难集摩诃衍。三藏是声闻法，摩诃衍是大乘法。复次，佛在世时，无三藏名，但有持修多罗比

---

① 《成实论》：又作《诚实论》、《成论》，十六卷(或二十卷)，诃梨跋摩著，鸠摩罗什于姚秦弘始十三年至十四年(411～412)间译出。为成实宗之根本经典。收于《大正藏》卷三十二。
② 旧医：指旧时之医师。即以旧医比喻佛教成立以前之外道学说。为客医之对称。于佛教尚未成立之前，印度已有许多外道学说探讨人生诸问题，此称为旧医；而佛教系后来成立之宗教，对旧医而言，则称为客医。旧医亦为医师之一，然因无法随顺众生之根机而治众生病，故较客医拙劣。
③ 见《大方广佛华严经疏》卷第二，《大正藏》卷三十五，第510页上。
④ 见《大正藏》卷三十三，第951页中一下。

丘,持毗尼比丘,持摩多罗比丘。"①是则结集经家,既立三藏之名,故译经者,作此译耳。故《法华》云"三藏学者"。

[今译] 从通融的角度来说,小乘和大乘都具有三藏的典籍,现在则是从特别的角度来说的,也就是特别指小乘而言,不可以用通融的角度来驳难特别的说法,因此在下文中就引征经论,以此来证明特别的说法。《大智度论》是解释《大品般若经》的论典,龙树菩萨所造,鸠摩罗什大师翻译,删繁就简,篇幅相当于原文的九分之一,而译成现在流传中国的一百卷。也叫《释论》、《智论》、《大论》。迦旃延子,汉译为文饰,因为他擅长赞叹歌咏等文学。《大论》说:"佛灭度之后的一百年左右,有一位名叫迦旃延的婆罗门。"这说的并不是佛在世时候的那位迦旃延啊。聪明利根,《大论》说:"像迦旃延子这一类人,都是生死还没有彻底解脱的人。他们不读诵大乘经典,也不是修行大乘佛法的菩萨,不知道一切事物的真实相状,而且还自以为是根机猛利、有智慧,对于佛的教法撰著了各种论议的文章。"由此可以知道,天台智者大师把小乘称为三藏,是有经论作为根本依据的。

唐朝静法寺慧苑法师,开始对天台的这种说法进行非难;而清凉澄观大师,随后却表示赞叹。慧苑法师说:《法华经》说"贪著小乘,三藏学者",乃是以小乘作为能够辨别三藏教的人而言,可见三藏不仅仅是属于小乘教法。天台判别小乘为三藏的这个名称,就是滥用涉及大乘的三藏教名称,严重地违背了至善圆满的教义(指《法华》为至善圆满的教义)。

清凉大师的《华严疏》说:这位法师建立思想言论,理论结构都圆满周备。只是"三藏"这个名称似乎稍微有点不妥,因为后面的通、别、圆三教里面,也具有三藏。之所以会这样,是因为《智论》当中,许多地方都是称呼小乘为三藏教。在《成实论》当中,也自己说了:我现在想要宣说三藏教法当中的真实义理。所以建立三藏的名称是有根据的。最初

---

① 　见《大智度论》卷一百,《大正藏》卷二十五,第 756 页中。

为了针对旧医（印度原有的哲学思想）当中戒定慧的缺陷，而建立这三藏，使之与他们截然不同，也有别于后面的通、别、圆三教。通教思想融通了三藏。别教，依据无差别的法性而显示了三藏的差别。圆教，三藏一乘是圆融无碍的。之所以不叫做小乘教法，是因为这三藏教法当中也具有大乘教法六度的菩萨行，是通过三十四心断除结使，而成就真应身的佛果。

《释签》卷十说：三藏这个名称是通融于大乘和小乘的，为什么只属于小乘呢？现在加以说明，比如《法华经》说："贪著小乘，三藏学者"。又在《大论》中，到处都是用三藏这个名称而相对于大乘教法来辨别大小乘的。所以就依据这些经论的明文规定，把三藏作为小乘。如果从通融的角度来说，小乘大乘这两门教法当中都具有三藏教法，这只是通融来说的，并不是从差别的角度来说。如果只是从通融的角度来说，又如何解释会通《法华》、《大论》的说法呢？具体情况在《四教义》中有详细说明。

然而，从差别的角度来说，有三层含义：一、小乘的三藏教法，在部帙上是各自成为一类的（如经律论三藏不同）。二、小乘的三藏教法，在理论上是隔阂差异，各不通融的（如戒定慧三事差别）。三、小乘的三藏教法，是为了破除旧医（外道）而说的。慧苑法师所说"《法华》是以小乘作为能辨别"的话，且就《法华》、《大论》都是罗什大师翻译的而言，在《大论》中既然是把小乘称呼为三藏教，所以到了翻译《法华经》的时候，就把小乘和三藏这两个名称同时并举，是为了使偈颂的文字相等。这就是从差别的角度来说的。

此外，《大论》说：佛在世的时候，没有三藏这个名称。那么，《法华经》为什么说"三藏学者"呢？应当知道三藏这个名称是由结集佛法宝藏的人最初提出的。所以《大论》说：摩诃迦叶召集了诸大比丘僧，在耆阇崛山中，结集三藏教法。文殊师利、弥勒等诸位大菩萨，也召集阿难等人，结集了摩诃衍教法。三藏就是声闻乘的教法，摩诃衍就是大乘的教法。再者，佛在世的时候，虽然没有三藏这个名称，但是有持诵"修多罗"(经藏)的比丘、持诵"毗尼"(律藏)的比丘、持诵"摩多罗"(论藏)的比丘。由于这些原因,结集经典的专家,就建立了三藏的名称。所以翻译经典的人,也就用这种名称来翻译了。因此《法华经》中才会说:"三藏学者"。

此有三乘根性。

[集注] 此是总标三乘。声闻四谛教,苦为初门;支佛因缘教,集为初门;菩萨六度教,道为初门。又三人亦通谛、缘、度三。《文句》七。

《四念处》一云:"所言三者,其义有八:谓教、理、智、断、行、位、因、果。理三者,声闻理在正使外,缘觉理在习气外,菩萨理在正习外。教三者,声闻禀四谛教,缘觉禀十二因缘,菩萨禀六度。智三者,声闻总相智,缘觉别相智,菩萨总别相智。断三者,声闻断正,缘觉断习,菩萨断正习。行三者,声闻为自修戒定慧,缘觉为自修乐独善寂,菩萨为众生修六度。位三者,声闻住学无学,缘觉住无学,菩萨三僧祇登道场。因三者,声闻带果行因,缘觉望果行因,菩萨伏惑行因①。果三者,声闻断正,如烧木为炭;缘觉断习,如烧木为灰;菩萨正习尽,如烧木无炭灰也。"②

[今译] 这是总体标明三乘。声闻乘修行四圣谛为教法,要以苦谛作为最初入门的修行方法。辟支佛乘修行十二因缘为教法,要以集谛作为最初入门的修行方法;菩萨乘修行六度为教法,要以道谛作为最初入门的修行方法。此外,这三乘行人也相互通融地修行四谛、十二因缘、六度这三者。如《法华文句》卷七所说。

《四念处》卷一说:所谓三乘行人的三者,具有八种含义,也就是指:教法、义理、智慧、断惑、修行、位次、因行、果报。在理上的三乘之别:声闻乘的理是在断尽见思正使而证得真空之理,缘觉乘的理是在断除正使和一部分习气而证得真空之理,菩萨乘的理是在断除正使和习气而

---

　　① 伏惑行因:这是指藏教菩萨虽然伏见思之惑,然修行三祇之因,惑未断尽。因为断此三界之惑,就不能再生于三界,化益众生的缘故。

　　② 见《大正藏》卷四十六,第56页中—下。

证得真空之理。在教法上的三乘之别：声闻乘所禀持的是四圣谛，缘觉乘所禀持的是十二因缘，菩萨乘所禀持的是六度。在智慧上的三乘之别：声闻乘具有修总相念而成就的智慧，缘觉乘具有修别相念而成就的智慧，菩萨乘则具有修总相念、别相念而成就的两种智慧。在断惑上的三乘之别：声闻乘断除的是正使（即见思惑），缘觉乘断除的是正使和部分习气，菩萨乘断除的是正使和所有的习气。在修行上的三乘之别：声闻乘是为了自己修行戒定慧，缘觉乘是喜欢独自一人于寂静处修行，菩萨乘则是为了度众生而修六度行。在位次上的三乘之别：声闻乘处于学、无学的位置，缘觉乘只是处于无学的位置，菩萨乘则经历三大阿僧祇劫的修行而登道场成就佛果。在因行上的三乘之别：声闻乘初果见道后修道名为带果行因，缘觉乘不立分果所以是望果行因，菩萨乘不断结惑所以是伏惑行因。在果报上的三乘之别：声闻乘断除正使（见思惑），如烧木头而成为炭；缘觉乘断除正使和部分习气，如烧木头而成为灰；菩萨乘断除正使和全部习气，如烧木头之后炭灰都不存在了。

初声闻人，依生灭四谛教。

[集注] 闻佛声教，故曰声闻。生灭四谛，《止观》一云：“苦则三相迁移（生异灭），集则四心流动（贪、嗔、痴、等分），道则对治易夺，灭则灭有还无。虽世出世，四皆变异，故名生灭。”①自性不虚，四皆谛实，故名为谛也。

[今译] 听闻佛的声音教法而悟到四圣谛之理，所以叫做声闻。生灭四谛，《摩诃止观》卷一说：“苦有生、异、灭这三相的迁移变化，集则有贪、嗔、痴、等分这四种心态的流动散乱，道能够对治改变苦集等情况，灭是指消灭有因果生死之苦而归还于无余寂静。虽然四谛有世间因果和出世间因果之不同，但这四者都具有变化差异的内涵，所以叫做生灭。”各自内在的性质并不虚幻，此四者都有真实的内涵，所以就称为

---

① 见《大正藏》卷四十六，第5页中。

"谛"了。

一、苦 谛

言四谛者：一、苦谛。

[集注]《大经》云："凡夫有苦而无谛，声闻有苦而有谛。"①凡夫不见苦理，故言无谛；声闻能见无常、苦、空，故言有谛。《法界次第》②中云："苦以逼恼为义，一切有为心行，常为无常患累之所逼恼，故名为苦。"③谓三苦、八苦等。

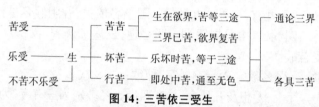

图 14：三苦依三受生

八苦名义
```
众苦依止名生苦 — 有五种：初受胎、二至终、三增长、四出胎、五种类  五种类
能令变坏名老苦 — 有二种：念念、终身；又二种：增长、灭坏  等端男贵
能逼身因名病苦 — 四大不调，即有二种：身病、心病  类丑女贱
能灭诸根名死苦 — 有三种：一业报、二恶对、三时节代谢；又二种：病死、外缘
非爱共聚名怨憎会 — 即是苦苦：苦心领于苦境故也
可爱相违名爱别离 — 舍所爱故，即是坏苦
希望不遂求不得苦 — 还约爱离、怨会以说
是众苦相名五盛阴 — 经释前七是五盛阴（前七有别体，后一总七，无复别体／今依经文，以五盛阴是其别体也）
```

图 15：八苦名义

[今译]《大涅槃经》说：凡夫有苦的感受，却没有真理；声闻乘的行人有苦的感受，也有真理。凡夫不知道苦的实际内涵，所以说没有真理。声闻乘的行人能够知道无常、苦、空等等实际内涵，所以说有真理。《法界次第》

---

① 见《大正藏》卷十二，第 441 页上。
② 《法界次第》：全称《法界次第初门》，三卷。乃智者大师为天台之初学者阐述毗昙等之教义及诸法之名目，并兼明诸教之浅深次第以作为习学三观者之阶梯。收于《大正藏》卷四十六。
③ 见《大正藏》卷四十六，第 680 页中。

卷中说:"苦是以逼迫烦恼为内涵,一切有为造作的心理状态,经常被无常的现实过患累赘所逼迫恼乱,所以称为苦。"也就是所谓的三苦、八苦等等。

二十五有,依、正二报是。言二十五有者,四洲四恶趣、六欲并梵天、四禅四空处、无想五那含(四洲四趣成八,六欲天并梵王天成十五,四禅四空处成二十三,无想天及那含天成二十五)。别则二十五有,总则六道生死。

[集注]《辅行》一下云:"因果不忘,故名为有。"①略云三有:欲、色、无色。或云九有,三界分九地故。国土名依报,五阴假名是正报,即苦谛之体。四洲,水中可居曰洲。四恶趣,三途加修罗,以修罗一日一夜三时受苦故。

六欲,希须名欲。六天各有三种欲:一、饮食欲。二、睡眠欲。三、淫欲。梵王、无想及五那含,总在四禅。经教别为三有者,为破外道计梵王为生万物之主,计无想无心为涅槃,计五那含为真解脱故。六道,轮转相通,故名为道。

《辅行》二上引《大论》三十三,问云:"云何六道复云五道? 答:佛去世后五百年中,部别不同,各回佛经,以从己义,故使修罗一道,有无不同。"②《楞严》③中,更开神仙一类为七趣。又六道不出胎、卵、湿、化四生。《俱舍颂》④云:"人旁生具四,地狱及诸天,中有唯化生,鬼通胎化二。"⑤

[今译]《辅行》卷一下说:"因果报应不会忘失,所以就叫做有。"简略地说就是三有:欲界有、色界有、无色界有,或者说是九有,因为三界也可以分为九地。国土世界名为依报,有情众生的五阴假名为正报,也就是能够感受苦谛的根本自体。所谓四洲,在水的中间可以居住的地

①　见《大正藏》卷四十六,第172页中。
②　见《大正藏》卷四十六,第195页下。
③　《楞严》:全称《大佛顶如来密因修证了义诸菩萨万行首楞严经》,又作《大佛顶首楞严经》、《大佛顶经》、《楞严经》,十卷,唐朝般剌蜜帝译。收于《大正藏》卷十九。
④　《俱舍颂》:全称《阿毗达磨俱舍论本颂》,一卷,世亲菩萨造,唐玄奘译。是《俱舍论》的本颂。收于《大正藏》卷二十九。
⑤　见《大正藏》卷二十九,第313页下。

方叫做洲。所谓四恶趣，是指三途加上阿修罗，因为阿修罗在每一天一夜当中，有三个时间段感受着痛苦。

所谓六欲，希望须要叫做欲。欲界的六层天各有三种欲望：一是饮食欲、二是睡眠欲、三是淫欲。梵王、无想以及五那含，全部都在四禅天里面。经典当中特别列出这三有的原因，是为了破斥外道执著梵王为万物产生的主宰、执著无想天的无心状态为涅槃、执著五那含为真正的解脱。六道，在六个范围内相互轮转通达，所以叫做道。

《辅行》卷二上引《大论》卷三十三问说："为什么六道又叫做五道呢？回答说：佛涅槃之后五百年的时候，部派佛教兴盛时期，不同的部派都引用佛经来依从自己所建立的理论。所以对阿修罗这一道，产生有的部派有，有的部派没有的差别。"《楞严经》当中，又开出神仙一类而成为七趣。另外，六道不外乎胎、卵、湿、化这四生。《俱舍颂》说：人和旁生这两道里面具备四生，地狱以及诸天都只有化生一种，鬼道当中有胎生和化生两种。

（一）地 狱 道

一、地狱道，梵语"捺洛迦"，又语"泥黎"，此翻苦具。而言地狱者，此处在地之下，故言地狱。谓八寒、八热等大狱，各有眷属，其类无数。其中受苦者，随其作业，各有轻重，经劫数等。其最重处，一日之中，八万四千生死，经劫无量，作上品五逆、十恶者，感此道身。

[集注] 地狱，从处为名。《婆沙》云："赡部洲下，过五百踰缮那，乃有地狱。"① 梵语，《释签》八云："元梵天种，还作'梵语'，及以'梵书'。"② 《辅行》七云："光音初下，展转出生，是故五天，并名梵种。"③

①　参见《阿毗达磨大毗婆沙论》卷第一百七十二，《大正藏》卷二十七，第866页上—867页中。
②　见《大正藏》卷三十三，第929页上。
③　见《大正藏》卷四十六，第382页上。

翻彼梵语,成此华言,故云翻也。《周礼》有象胥①氏,通四方之语,东方曰寄,南方曰象,西方曰狄鞮(音低,低之言知也),北方曰译。今翻西语诸经,皆云译者,从通称也。如《周礼》四官,通称象胥氏。

苦具,造恶之者,受苦具度,亦云苦器。

八寒八热,偈云:頞部陀尼剌部陀,寒逼身疱及疱裂,頞晰吒并臛臛婆,唬唬婆三皆痛声,六嗢钵罗钵特摩,第八摩诃钵特摩,青莲红莲大红莲,如次对三种身色(以上八寒)。

等活(斫刺磨捣,吹活等前)黑绳(黑绳绷量,后方斩锯)三众合(苦具众至,合党相残),嗥叫(众苦所逼,悲嗥发声)大叫(极苦所逼,大叫称怨)六炎热(火随身转,热苦难堪),七极热(若内若外,自身他身,俱出猛火,互相烧害)下八阿鼻(或云阿鼻旨,亦云阿毗,《成论》明趣果、受苦、时、命及形,五皆无间②也)。此八寒热根本狱。

各有眷属,其类无数。等活等八狱,各有四门,四门各有四狱,谓煻煨、尸粪、锋刃、烈河增,一狱十六,总有百二十八,皆名游增,有情游彼,其苦增故。

准《妙玄》第六云:八寒亦具百二十八③。而《正理论》等,但云眷属,故俱舍图,热竖寒横,于八寒边不列游增。更有孤独、鬲子、轻系等狱,遍在江海、山林、空中等处。《婆沙》七云:南洲有正有边,东西二洲唯边无正,北洲边正俱无,三洲人若造重罪,皆来南洲正狱,及东西南洲边狱受苦。④《妙

---

① 象胥:古代翻译官的名字。《周礼·秋官·象胥》说:"掌蛮夷闽貉戎狄之国,使掌传王之言,而谕说焉。"

② 《成实论》明示五种无间,即:(一)趣果无间,有极重罪者即向彼狱受其果报,无有间歇。(二)受苦无间,谓至彼狱受诸痛苦,无有间歇。(三)时无间,谓至彼狱受苦时节无有间歇。(四)命无间,谓彼地狱寿命一中劫无有间歇。(五)形无间,谓彼地狱受罪众生,生而复死,死而还生,身形无有间歇。

③ 《法华玄义》卷六下说:八寒冰,谓阿波波等,亦有百三十六所。见《大正藏》卷三十三,第758页下。

④ 《阿毗昙毗婆沙论》卷第七说:阎浮提下,亦有正地狱,阎浮提地上,唯有边地狱,或在山上,或在谷中,或在旷野,或在空中。弗婆提、瞿陀尼,唯有边地狱,无正地狱。郁单越,无正地狱,亦无边地狱。见《大正藏》卷二十八,第47页下。

玄》六云："此正地狱，在地下二万由旬，其傍地狱，或在地上，或在铁围山间。"①

轻重，"傍轻正重，重者，遍历百三十六狱，中者不遍，下者复减。"②

经劫数等，《俱舍》云："等活等上六，如次以欲天。寿为一昼夜（人间五十岁，为四天王一昼夜，四天王五百岁，为等活一昼夜，当人间九百万岁。又人间百岁为忉利天一昼夜，忉利天一千岁为黑绳一昼夜，当人间三千六百万岁），寿量亦同彼（等活寿同四天王五百岁，黑绳寿同忉利天一千岁，等活等苦寿如此，可不畏耶）。极热半中劫，无间中劫全。旁生极一中（难陀龙等，寿一住劫③），鬼日月五百（鬼以人间一月为一日，积日为月，寿五百年）。额部陀寿量，如一婆诃麻（婆诃翻篅，贮二十斛胡麻，今俗所用盛米者是）。百年除一尽（假使有人百年除一粒麻，二十斛尽，名为额部陀寿），后后倍二十（第二疱裂二十婆诃麻，后之六狱，倍增可知）。"④

八万四千生死，《毗婆沙》云："五道各有自尔之力，地狱色断还续。"《妙乐》五引《毗昙》云："一切地狱，初生之时，皆有三念：知此处是地狱、由某因所生、从某处来。"⑤《文句》四云："初皆正语，若受苦时，痛声不复可分别。"⑥《妙乐》五云："初入地狱，如本有语，后时但作波波等声，不复可辨。"⑦《文句》云："狱卒是变化令见，非众生数。初将罪人，缚至阎王所者，是众生数。若受苦时，非众生数。"⑧《妙乐》五云："有情非情，并是共业所感，而为心变。"⑨

---

① 见《大正藏》卷三十三，第 758 页下。
② 见《法华玄义》卷六下，《大正藏》卷三十三，第 758 页下。
③ 一住劫：四中劫之一，自成劫至坏劫之间，此界有情住之一期。其间有二十增减，人寿自八万四千岁百岁减一岁，而至十岁，为一减。自十岁更每百年增一岁，而至八万四千岁，为一增。
④ 见《大正藏》卷二十九，第 315 页中—下。
⑤ 见《大正藏》卷三十四，第 250 页中。
⑥ 见《大正藏》卷三十四，第 60 页中。
⑦ 见《大正藏》卷三十四，第 250 页下。
⑧ 见《大正藏》卷三十四，第 60 页中。
⑨ 见《大正藏》卷三十四，第 250 页下。

众生常为热苦所逼,小狱通寒热,大狱惟在热。《四解脱经》称为火途,且从热为名也。

五逆,杀(弑)父、杀母、杀阿罗汉、出佛身血、破和合僧。十恶,身业三种,谓杀、盗、淫;口业有四:妄言、绮语、两舌、恶口;意业有三:贪、嗔、痴。上品,善不善业,皆有三品,而复有三,如《摭华钞》①。

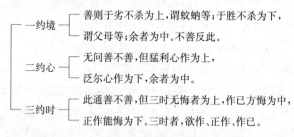

图16:善恶三品②

[今译]地狱,根据处所来命名,《婆沙论》说:南赡部洲的下面,经过五百由旬,就有地狱。梵语,《释签》卷八说:劫初之时,(他们自以为是)从梵天所生,还把语言说成为梵语,乃至把文字典籍说成为梵书。《辅行》卷七说:人类最初是从光音天下来的,后来展转繁衍出整个人类,所以印度的五天竺都称为梵天的后代。

翻译他们的梵语而成为此土的华夏语言,所以叫做翻。《周礼》中有称为"象胥氏"的官员,精通四方的语言,通达东方的叫做寄(能够寄寓风俗的差异于此地),通达南方的叫做象(能够效仿风俗的差异于他方),通达西方的叫做狄鞮(音低,低就是知道的意思。这是能够辨别不同地方在服饰上的差异),通达北方的叫做译(就是能够辨析不同地方在语言上的差异)。现在把翻译西方语言的各种经典,都称为"译",这是从通融的角度来说的。就像《周礼》把上述所说的四种官名,通称为象胥氏一样。

---

① 《摭华钞》:孤山智圆大师所撰。摭(音 zhí)是拾遗的意思,本书为圭峰禅师《盂兰盆经疏》的注释。今不传。

② 善恶三品:原作"逆恶三品",据文意改。

苦具,是指造作恶业的众生接受痛苦报应的器具,也叫做苦器。

八寒八热,偈颂说:頞部陀、尼剌部陀,由于寒冷逼迫,受罪者身体皮肉疱起,以及肉疱破裂。頞哳吒(寒冷得嘴唇不能动)、臛臛婆(寒冷得牙齿不能动)、虎虎婆(寒冷得舌头不能动)这三者,都是痛苦发出的声音。第六是嗢钵罗,第七是钵特摩。第八是摩诃钵特摩,汉译分别是:青莲、红莲、大红莲,依据前后的次第,相对应于三种肉身被冻的颜色(以上是八寒地狱的名称和受苦情况)。

等活(用刀剑砍斫、刺杀、磨压、捣碎,经过一阵风吹来,又复活过来,与原先一样继续受苦)、黑绳(首先用灼热的铁绳,捆绑罪人,牵往受罪处,然后才进行砍斩、锯切)、三众合(虎狼狮子等恶兽啖食,热铁轮铖等苦具砍斩破碎,众罪人一起被关在大石山中,大山堆压,骨碎肉飞,血流成池)、嗥叫(由于各种痛苦的逼迫,悲痛得发出嗥叫之声)、大叫(由于极度的痛苦所逼迫,大声呼叫,怨声充满)、六炎热(火随身转,热苦难堪),七极热(若内若外,自身他身,俱出猛火,互相烧害)下八阿鼻(又称阿鼻旨、阿毗,《成实论》阐明此狱受苦者,趣果、受苦、时间、寿命及形体这五方面都没有片刻间断)。这里所说的八寒八热,就是根本地狱。

十六大地狱各自都有相对的附属地狱,类别数量非常之多。等活地狱等八个痛热的地狱,每个地狱分别有四个门,在这四个地狱之门又分别各有四个地狱,就是:煻煨地狱、尸粪地狱、锋刃地狱、烈河增地狱。这样八大地狱的每一个地狱又有十六个地狱,总计就有一百二十八个。这一百二十八个地狱都称为游增地狱,因为有情众生游行于那个地方,他们的痛苦越来越增重。

根据《法华玄义》卷六说:八寒地狱也具有一百二十八个地狱。然而《正理论》等,却只是说有相应附属的地狱。所以《俱舍》图所立的八寒八热地狱图,八热地狱为竖,八寒地狱为横,在八热地狱的边上列出了十六游增地狱,而在八寒地狱的边上就没有列出十六游增地狱。另外还有孤独(独在虚空或山野)地狱、扃子(八万四千烈火洞然)地狱、轻系(轻系即垢染,苦乐相间的地狱,一念厌恶便能出离)地狱等,都是普遍地存在于江海、山林、空中等处。《婆沙论》卷七说：南赡部洲有正狱也有边狱，东胜身州和西牛货洲这两个洲唯有边狱，而没有正狱，北俱卢洲边狱和正狱都没有。东、西、北三洲的人，如果造了严重的罪恶，都来南赡部洲的正狱当中受报，以及到东、西、南三洲的边狱受苦。《法华玄义》卷六说："这个正地狱，是在地的下面二万由旬的地方，其余傍边的地狱（即边狱），或者在大地上（如火山的口上、温泉的热处等），或者在铁围山的中间。"

轻重，傍边的地狱受罪轻，而正地狱就受罪极重。受重罪的，需要遍历一百三十六个地狱；受中等罪的，不用遍历这么多地狱；受下等罪的，又比中等罪减少。

经劫数等，《俱舍论》说：等活地狱等前面的六个地狱，所经历的受苦时间，相对应地依次排列，以欲界天的寿命为一昼夜（人间五十岁，为四天王一昼夜，四天王五百岁，为等活地狱一昼夜，相当于人间的九百万岁。又人间百岁为忉利天一昼夜，忉利天一千岁为黑绳地狱一昼夜，相当于人间三千六百万岁），受苦的寿量也是与那些欲界诸天的寿量相同（等活寿同四天王五百岁，黑绳寿同忉利天一千岁。等活地狱等的受苦时间如此漫长，怎不令人畏惧呢）。极热地狱的寿命是半个中劫，无间地狱的寿命是整个中劫的时间。受苦旁生寿命没有限定，极长的寿命也有一个中劫（如难陀龙等，寿一住劫）。饿鬼的寿命是以人间一月为一日，总共五百岁（鬼以人间一月为一日，积日为月，寿五百年）。额部陀地狱的寿量，如同用一婆诃的胡麻（婆诃译为篅，贮二十斛胡麻，即今俗用来盛米的），经过一百年除去一粒，直到将此一婆诃胡麻除尽（假使有人百年除一粒麻，二十斛尽，名为额部陀寿）。八寒地狱的额部陀地狱往后，每一个地狱都比其前边的地狱寿命增加二十倍（第二疱裂二十婆诃麻，后之六狱，倍增可知）。

八万四千生死，《毗婆沙论》说：五道都有各自的因缘业力，地狱道色身断死，马上又继续受苦。《妙乐》卷五引《毗昙》说：一切地狱，在最初生到的时候，都具有三种念头：知道这个地方就是地狱、是什么原因所感生于此地狱中、从什么地方来到这里。《法华文句》卷四说：最初的时候都能作正常的语言,如果在受苦的时候,痛苦的声音非常剧烈,就不再分别得出是什么意思了。《妙乐》卷五说：最初进入地狱的时候,就像他们自己原来所说的语言,后来受苦的时候,就只剩下波波等痛苦呼叫的声音,不再辨别得出了。《法华文句》说：狱卒是变化显现使受罪的众生看见,并不是属于真正的众生范围。最初将罪人捆绑押送到阎罗王面前的那些狱卒,是属于众生的范围之内。如果在受苦的时候看到的狱卒,就不是众生的范围了。《妙乐》卷五说：有情众生和无情的器界(环境),一样都是众生的共业所感,而由罪恶众生的心所变现。

地狱众生永远被热苦所逼迫,小的地狱兼带有寒热两种苦,大的地狱只是在受热苦。《四解脱经》称地狱为"火途",就是单独从热苦的角度来命名的。

五逆,指的是：杀害父亲、杀害母亲、杀害四果阿罗汉、伤害佛身使之流血、破坏和合僧团使之分离。十恶,身体行为有三种,就是：杀害有情生命、偷盗他人物品、邪淫非分男女。口的行为有四种：虚妄假话、妖媚绮语、两舌挑拨离间、恶口骂人。思想行为有三种：贪得无厌、嗔恨恼怒、愚痴暗昧。上品,善的行为和不善的行为,都有三品之别,在三品里面又有三等,详情如《摭华钞》所说。

(二) 畜 生 道

二、畜生道,亦云旁生。此道遍在诸处,披毛戴角,鳞甲羽毛,四足、多足、有足、无足、水、陆、空行,互相吞啖,受苦无穷。愚痴贪欲,作中品五逆十恶者,感此道身。

[集注] 梵语底栗车,《辅行》二上云："畜生者,褚六、许六、向究,三反并通,作褚六音,即六畜也。谓牛、马、鸡、豚、犬、羊,则摄趣不尽。今通论此道,不局六也。"[①]旁生,《婆沙》云："形旁、行旁"。

---

① 《辅行》卷二之二。见《大正藏》卷四十六,第196页上。

此道遍在诸处，《婆沙》云："遍五道中有之故也。"《文句》四云："四天、三十三天悉有，而上天所乘象马等，是福业化作，非众生数也。"①披毛，如走兽等；戴角，如牛羊等；鳞甲，如鱼鳖等；羽毛，如飞禽等。水、陆、空行，此三是畜生所依处也。

《妙玄》云："陆有三品：重者土内，不见光明；中者山林；轻者人所畜养。"②《大论》以三类摄畜生尽，谓昼行、夜行、昼夜行。

互相吞啖，《文句》四云："畜生者，多盲冥。盲冥者，无明也。"③强者伏弱，饮血啖肉，怖畏百端。《四解脱经》称为"血途"，从相啖边为名也。

中品，其心劣前，作已少悔。《俱舍颂》云：旁省极一中(旁生寿量多无定限，其极长者亦一中劫，谓难陀龙等，诸大龙王，皆住一劫，能持大地)。《文句》四云："劫初时皆解圣语，后饮食异，谄心而语皆变，或不能语。"④《妙乐》五云："诸教相中，畜生能言，皆此时也。"⑤又畜生能飞空，自尔力也。

[今译] 畜生，梵语叫做底栗车，《辅行》卷二上说：所谓畜生，这个"畜"字，用"褚六(chù)、许六(xù)、向究(xū)"这三种反切音来读都能通。如果作"褚六"的反切音，也就是六畜，即牛、马、鸡、豚、犬、羊，但这样就不能完全包含畜生趣的内容了。现在全面来说这一畜生道，就不能局限在六畜里面。旁生，《婆沙论》说："形体横住不正、行为辜负天理"就是畜生。

在这一道里面受报的众生，遍布于许多地方，《婆沙论》说：遍布于五道之中的缘故，所以说是遍于诸处。《法华文句》卷四说：四天王天和忉利天的三十三天也都有畜生，但是上天所乘坐的象马等等，是属于天人自己的福德善业所感召而有，不在众生的范围。披毛，比如走兽等；戴角，比如牛羊等；鳞甲，比如鱼鳖等；羽毛，比如飞禽等。水、陆、空行，水陆空这三者是畜生所依止的住处。

---

① 见《大正藏》卷三十四，第60页中。
② 见《大正藏》卷三十三，第758页下。
③ 见《大正藏》卷三十四，第60页中。
④ 见《大正藏》卷三十四，第60页中。
⑤ 见《大正藏》卷三十四，第250页下。

《法华玄义》说:"陆地上的畜生有三个品类:罪业深重的,就生在土地里面,看不见日月等光明;罪业中等的,就生在山川树林之中;罪业轻的,就被人道所畜养。"《大论》把畜生全部归纳为三个类型,即:白天行动的、夜里行动的、白天和夜里都可以行动的。

彼此之间,互相吞啖,《法华文句》卷四说:"所谓畜生,大多数都是愚蠢暗冥。所谓愚蠢暗冥,就是没有智慧不明白事物真相。"强壮的就欺负压迫弱小的,饮血吃肉,又非常恐怖,畏惧无边。《四解脱经》把畜生称为"血途",这是从畜生彼此之间相互吞啖的方面来说的。

中品,这是指此道众生在造作五逆十恶罪业时的心,要比前面地狱道的众生好一些,造罪之后还有少许后悔之意。《俱舍颂》说:旁生极一中(旁生的寿量大多没有定限,最长者也能达到一个中劫的时间,比如难陀龙等。那些大的龙王,寿命都能长达一个中劫,能够奉持大地七宝。《观佛三昧海经》卷六说:"四龙王难陀、跋难陀、阿耨达多、娑伽罗龙王等,各持七宝诣持地所")。《法华文句》卷四说:劫初的时候,畜生都能理解圣人的语言,后来由于饮食的变化,心念的诌曲而使语言都改变了,或者变得不能说话。《妙乐》卷五说:"在各种佛经当中所描述,有的畜生能够说话的,都是指这个时候(劫初)的情况。"另外,畜生能够飞行于虚空之中,这是它们自己业力报得的自然现象。

(三) 饿 鬼 道

三、饿鬼道,梵语"阇黎哆"。此道亦遍诸趣,有福德者,作山林冢庙神;无福德者,居不净处,不得饮食,常受鞭打,填河塞海,受苦无量! 谄诳心意,作下品五逆十恶,感此道身。

[集注]《辅行》二上云:"梵语阇黎哆,此翻祖父①。"②后生云祖父

---

① 祖父:最初生到鬼道里面的那个众生,名字就叫做祖父。如《阿毗昙毗婆沙论》卷七说:"卑帝梨,秦言祖父。或有众生,最初生鬼道中,名为祖父。后诸众生生彼处,生彼相续者,亦名祖父。是故此趣名为祖父。"见《大正藏》卷二十八,第48页中。
② 见《大正藏》卷四十六,第195页下。

者,从初受名。又后生亦是后生之祖父也。《尔雅》①云:鬼者,归也。
《尸子》②曰:古者,名死人为归人。又云:人神曰鬼,地神曰祇,天神曰
灵。又云饥饿,谓饿鬼也。恒被驱使。

此道亦遍诸趣,《辅行》三下云:"此处在阎浮提下五百由旬,有
阎王界,纵广量亦等,是根本处。亦有住阎浮提洲者,有德者,住花
果树林;无德者,居不净处。东西二洲亦有鬼,北洲唯有威德者。诸
天亦有,随生处形。"③或居海渚,或在人间山林中,或似人形,或似
兽形。

不得饮食,重者,饥火节焰,不闻浆水之名;中者,伺求荡涤,脓血粪
秽;轻者,时薄一饱,加以刀杖驱逼,塞海填河。《四解脱经》称为"刀
途",从被刀杖驱逼为名也。

下品,正作能悔,故云下品。

《俱舍颂》云"鬼日月五百",以人间一月为一日,寿五百岁。④ 更有
三类九种,内障、外障、无障,如《兰盆疏》。今水陆施食,正为焰口鬼神,
婆罗门仙;出生⑤所供,为旷野鬼神、鬼子母等。

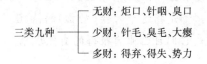

图 17:三类九种

---

① 《尔雅》:书名,三卷,十九篇,相传为周公所撰,或者说是孔子门徒解释六
艺的作品。

② 《尸子》:书名,二十卷,六万余字,是战国时期的鲁国尸佼所撰。尸佼为
商鞅的宾客,商鞅变法被杀后,他逃到蜀国,撰著此书。内容不详。元明之际全书
亡佚。

③ 参见《大正藏》卷四十六,第195页下。

④ 《俱舍释论》卷第九说:"偈曰:鬼日月五百。释曰:人中一月,于鬼神是一
日夜,以此日夜寿量五百年。"见《大正藏》卷二十九,第219页中。

⑤ 出生:僧人于进食之时,从应量器中取出生饭,施与大鹏金翅鸟、旷野鬼
神众等鬼神,称为出生。

[今译]《辅行》卷二上说：梵语"阇黎哆"，汉译为"祖父"。后来生到鬼道里面去的众生也叫做祖父，这是按照最初生到鬼道众生的名字而立名。另外，后来生到鬼道的众生，也是再后来生到鬼道的众生之祖先前辈。《尔雅》说：所谓鬼，就是归的意思。《尸子》说：过去的人，命名死去的人为"归人"。又说：人类的神叫做鬼，大地的神叫做祇，上天的神叫做灵。又有叫做饥饿的，称为饿鬼。长期被业力所逼迫驱赶。

此道亦遍诸趣，《辅行》卷三下说："鬼道的居住地方，就在阎浮提的下方五百由旬处，那里有阎罗王的世界，纵横广阔的长度和宽度也是一样的，是鬼道的根本住处（大本营）。也有的鬼就住在阎浮提的各个洲上，有福德的鬼，就住在花果树林里面；没有福德的鬼，居住在不干净的地方。东胜身洲和西牛货洲这二洲里面也有鬼居住，北俱卢洲只有具备一定威德的鬼才能居住，欲界的各层天上也有鬼的来往。它们是随着投生地方的情况而显示形状的。"或者居住在大海的洲渚之上，或者居住在人间的山林之中，或者相似于人的形态，或者相似于兽类的形状。

不得饮食，罪业特别深重的，饥饿得喉咙冒火，支节都被烧烂，也听闻不到浆水的名称。罪业中等的，伺机寻求洗涤器物的脏水，脓血粪秽等恶水饮用。罪业比较轻的，偶尔也能稍微得到饱足，但马上就被刀杖刑具鞭打驱逼，或者被塞到大海里面，填到江河之下，受尽苦头。《四解脱经》把鬼道称为"刀途"，这是从鬼道的众生常常被刀杖驱逼的角度来命名的。

下品，正在造作五逆十恶等罪业行为的时候能够后悔，所以叫做下品。

《俱舍颂》说："鬼日月五百"。以人间一月为鬼道的一日，鬼道的寿命为五百岁。另外还有三类九种之分，内障、外障、无障等，如《盂兰盆经疏》所说。现在水陆法会上的施食，正是为了口土火焰的鬼神和婆罗门仙等能够得到饱足。出生施食所供的食品，是为了旷野鬼神、鬼子母等能够得到食物。

（四）阿修罗道

四、阿修罗道，此翻无酒，又无端正，又无天。或在海岸、海底，宫殿严饰，常好斗战，怕怖无极。在因之时，怀猜忌心，虽行五常，欲胜他故，作下品十善，感此道身。

[集注]《文句》二云："四天下采花，酝于大海，鱼龙业力，其味不变。嗔妒誓断，故言无酒。"①无端正，男丑、女端，舍脂②是也。无天，《净名疏》二云："此神果报最胜，邻次诸天，而非天也。"《妙乐》二云："无天德故。"③

或在海岸、海底。《辅行》二上云："世界初成，住须弥顶，亦有宫殿。后光音天下，如是展转，至第五天，修罗嗔，便避之，无住处，下生此。"④《文句》二云："鬼道摄者，居大海边；畜生道摄者，居大海底。"⑤准此，则知《妙玄》明，或居半须弥山岩窟，应天种摄。

《妙乐》引《阿含》四修罗，次第住于海底，各于海下二万由旬，以为一宫，居止处殊胜，必兼多福，方得生彼。又《楞严经》明胎、卵、湿、化四种之异，属于鬼、畜、人、天四趣所摄（具如彼文）。

宫殿严饰，《妙乐》、《长阿含》十八云："南洲金刚山中有修罗宫，所治六十由旬，栏楯行树等。然一日一夜，三时受苦，苦具自来，入其宫中。属四趣者，良有以也。"⑥

常好斗战，《文句》二云："毗摩质多，生舍脂，帝释纳为妻。后谗其父，遂交兵。脚波海水，手攻须见，帝释以般若咒力，不能为害。"⑦

怕怖无极，《净名疏》二云："往昔嫉妒恼他，故常多怖畏也。"猜忌，

---

① 见《大正藏》卷三十四，第 25 页上。
② 舍脂：又作舍之、舍支，意译净量、妙安，是帝释天的正妃，阿修罗的女儿。据《玄应音义》卷二十五载，舍脂，意为能缚，谓女人若可爱，能令男子生染著。《大毗婆沙论》卷六十一载，设芝发诸媚之音时，令洲胤仙人生爱欲，而退失胜定，螺髻随之堕落。
③ 见《大正藏》卷三十四，第 187 页上。
④ 见《大正藏》卷四十六，第 196 页上。
⑤ 见《大正藏》卷三十四，第 25 页上。
⑥ 见《大正藏》卷三十四，第 187 页下。
⑦ 见《大正藏》卷三十四，第 25 页中。

《辅行》二上云:"又嫉佛说法,佛为诸天说四念处,则说五念处;佛说三十七品,则说三十八品。常为曲心所覆。猜者,疑惧也。《诗传》①云:以色为妒,以行为忌,害贤曰嫉,故知修罗嫉贤忌行。"②

五常,《辅行》一下云:"以慈育物为仁,以德推迁为义,进退合宜为礼,权奇超拔为智,言可反覆③为信。内德俱备,方成人道;慢强无德,判属修罗。又据善心,仍居下品,外扬五德④,本在轻他。"⑤

十善对十恶立,谓不杀等。又十,皆有止行二善,如不杀止善,放生是行善等。

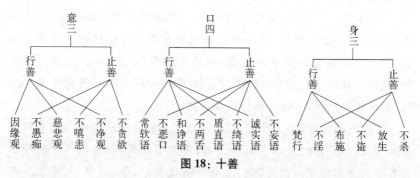

图18:十善

[今译]《法华文句》卷二说:(阿修罗嗜好饮酒)遍采四天下的名花,酝酿于大海中,由于鱼龙的业力所感,海水的味道始终没有改变。(阿修罗)嗔恨嫉妒之下,发誓断除饮酒的嗜好,所以叫做无酒。无端正,是指在阿修罗道中,男性的修罗长相很丑陋、女性的修罗相貌端庄美丽,如舍脂就是非常漂亮的修罗女。无天,《净名经疏》卷二说:阿修罗的果报最为殊胜,仅次于天道的众生,但他们并不是天神。《妙乐》卷

---

① 《诗传》:为《诗经》的解说。后汉荀爽著有《诗传》,皆附正义,无他说。见后汉荀悦《前汉纪》二五《孝成皇帝纪》。

② 见《大正藏》卷四十六,第196页上。

③ 可反复:无论从什么角度(反过来、覆过去)来看都可以,比喻所说之话颠扑不破,经得起实践和考验。

④ 五德,此处是指上文所说的五常。

⑤ 参见《大正藏》卷四十六,第162页上。

二说:"这是因为(有天人的福报)没有天人的德行。"

居住在海的岸边,或者海底之下。《辅行》卷二上说:在世界最初成劫的时候,修罗们居住在须弥山顶,也有宫殿楼阁。后来光音天下生到此地,还继续这样展转下生在各处(欲界诸天处),一直到下生于第五天,阿修罗嗔恨光音天,于是就躲避开,没有居住的地方了,才下生到海岸边或者海底。《法华文句》卷二说:"属于鬼道范围的,居住在大海边。属于畜生道范围的,居住在大海底。"根据这些说法,就知道《法华玄义》所说明的,或许居住在须弥山半山的岩窟之中,应该属于天道的范围了。

《妙乐》引《阿含经》说有四种阿修罗,依次居住于大海的底下,各于大海底下的二万由旬处,作为他们居住的宫殿。居住的地方非常殊胜漂亮,一定需要兼备很多的福报,才能生到那个地方去。此外,《楞严经》还说明有胎、卵、湿、化等四种阿修罗的区别。又分别属于鬼、畜、人、天四趣的范围之内(详细情况如原文)。

宫殿严饰,《妙乐》、《长阿含》十八说:南赡部洲的金刚山中有阿修罗的宫殿,所管辖的范围有六十由旬,那里有花果园林、栏楯行树等庄严美妙的自然环境。但是他们在一日一夜当中,早晨、中午、晚上三时之中都得受苦,让他们受苦的刑具自然来到,进入他们的宫殿之中。说他们属于四趣的范围,真的是有原因的啊。

常好斗战,《法华文句》卷二说:毗摩质多阿修罗,生下一个名叫舍脂的阿修罗女,帝释天便将其纳为妻子(并且令他的父亲居住在七宝楼阁),后来舍脂在她父亲的面前说了帝释的坏话,于是双方就交兵打仗。阿修罗能够以脚搅动海水,用手攻击善见天,帝释天王以般若咒的力量,没有被阿修罗所害。

怕怖无极,《净名经疏》卷二说:由于过去嫉妒恼乱他人,所以经常有许多恐惧怖畏。猜忌,《辅行》卷二上说:阿修罗还嫉妒佛说法,佛为诸天说四念处,阿修罗便说五念处;佛说三十七道品,他就说三十八道品。经常被诬曲不直的心所覆盖。所谓猜,就是怀疑恐惧的意思。《诗传》说:"讨厌别人的容貌长相(物质方面)比自己好看的就是妒,憎恨别人的举止动作(行为方面)比自己出色的就是忌,责怪别人的思想品德(精神方面)比自己贤达的就叫做嫉。"所以知道阿修罗嫉贤忌行。

五常,《辅行》卷一下说:用慈悲来培育世间一切万物就是仁,以道德促进事物的发展就是义,言行举止能够恰到好处就是礼,能够权巧方便超越世俗束缚就是智,为人诚恳言出能行就是信。内心具备了上述所说的五种道德,才能成为人道;傲慢倨傲而没有德行,就可以判属于阿修罗道。另外根据心地善良的程度,还是位居下品,表面上显示了五种德行,而心中的根本目的是为了胜过他人。

十善,这是针对于十恶而建立的,就是不杀生等十种善法的行为。另外,这十种善法行为,都有止善和行善两种,比如不杀生就是属于止善,而放生就是属于行善等等。

(五) 人　　道

五、人道,四洲不同,谓东弗婆提(寿二百五十岁)、南阎浮提(寿一百岁)、西瞿耶尼(寿五百岁)、北郁单越(寿一千岁,命无中天,圣人不出其中,即八难之一),皆苦乐相间。在因之时,行五常、五戒。五常者,仁、义、礼、智、信;五戒者,不杀、不盗、不邪淫、不妄语、不饮酒。行中品十善,感此道身。

[集注]《辅行》二上云:"梵语'摩冤赊',此云意,人中所作,皆先意思。《易》曰:'唯人为万物之灵'。《礼》云:'人者,天地之心,五行①之端'。此亦未知五道故也。《婆沙》云:'五道多慢,莫过于人。'又云:'五道中能息意者,亦莫过人'。"②《法苑》③云:"人者,忍也。于世违顺,人

---

①　五行:指金、木、水、火、土,古人认为这五种物质构成世界万物。《说文》段玉裁注:"水火木金土,相克相生,阴阳交午也。"

②　见《大正藏》卷四十六,第196页上。

③　《法苑》:全称《法苑珠林》,又作《法苑珠林传》、《法苑珠林集》,一百卷(嘉兴藏作一二〇卷),唐总章元年(668)道世(?～683)所著。本书为一切佛经之索引,系道世根据其兄道宣所著之《大唐内典录》及《续高僧传》而编集,具有佛教百科全书之性质。收于《大正藏》卷五十三。

能安忍。"①

四洲,此世界下有三轮:下风、次水、上金轮。金轮之上,有九山八海,须弥居中,铁围在外,中绕须弥,有七金山、七香水海。第七山外,铁围之内,即第八咸海。东西南北有四大洲,四洲土轮,居金轮之上。于四洲边,复有二小洲,具如《俱舍》②。

弗婆提,翻胜身。阎浮提,亦云赡部。无热池侧有赡部林,树形高大,其果甘美,依树立名,此方无,故不翻。《西域记》中,翻为秽树。瞿耶尼,翻牛货。《俱舍钞》云:劫初时,高树下有一宝牛,为货易故。

郁单越,亦云俱庐,翻胜处,胜三洲故。《俱舍颂》云:赡部洲人量,三肘半四肘(尺八)。东西北洲人,倍倍增如次(东洲八肘,西洲十六肘,北洲三十二肘)。唯有北洲人,寿定一千岁。余三且据极分为言,未必全尔。圣人不出其中,不生于彼而阐化,非不居彼。准《宝云经》③,颇罗堕将弟子六百人,住郁单越。

八难:三途以为三。人中则有四:一、盲聋喑哑;二、世智辩(又作辨)聪;三、佛前佛后;四、北俱庐洲。天上一,无想,或指长寿天。受此诸果报,不得于圣化。

苦乐相间,《辅行》四上云:"若论果报,南洲为下下,若得值佛,南洲为上上。故《大论》六云:阎浮提以三事故,尚胜诸天,北洲不及。一、能断淫欲,二、识念力,三、能精进勇猛。复有书《般若》,是故诸天下来听法。故《大经》云:下下因缘,故生北洲,乃至上上因缘,故生南洲。"④《妙玄》六云:"四天下人,虽果报胜劣,俱有生老病死,同是轻报

①　见《大正藏》卷五十三,第 305 页中。
②　参见《俱舍论》卷十一,《大正藏》卷二十九,第 57 页下—58 页上。
③　《宝云经》:七卷,梁代曼陀罗仙译。其内容细说菩萨所具备之德行。有除盖障菩萨来娑婆世界,以一○二问请教世尊,佛每问以十法回答,事皆具体教示菩萨之正法。收于《大正藏》卷十六。
④　见《大正藏》卷四十六,第 256 页中。

泥犁。"①

五常、五戒,常者不易,戒乃防非。仁则不杀,义则不盗,礼则不淫,信则不妄语,智则不饮酒,酒能昏性起过故也。又五戒,四性一遮,酒乃遮制,余性是恶,大小乘禁戒,此为根本。《止观》四云:"性戒者,莫问受与不受,犯即是罪,受与不受,持即是善。若受戒,持生福,犯获罪,不受无福,不受犯无罪。"②

《辅行》四上云:"所言性者,即旧戒也。不待佛制,性是善恶,故名为性。又云:五戒者,四性一遮。故《俱舍》云:遮中唯离酒,为护余律仪。若论制已,性上更加一个制罪。"③性戒,轮王亦用;遮戒,如来所制。五戒十善开合之异,身三可见;不妄语,则摄口业四种;酒防意地,则摄意三。

[今译]《辅行》卷二上说:"梵语'摩瓮赊',汉译叫做意,在人道当中的所有一切行为动作,都是首先要有思想意识。《易》说:'唯有人才是万物当中最有灵性的。'《礼》说:'所谓人,就是上天和大地的中心,也是(金木水火土等)五行的发端(人能够统一五行的全部)。'这都是因为不知道有五道存在的缘故啊。《婆沙论》说:五道当中最傲慢的,没有超过人道的。又说:五道当中能够停息意识分别的,也没有超过人道的。"《法苑》说:所谓人,就是忍的意思。对于世间的各种顺逆境界,也只有人能够安详地忍受。

所谓四洲,我们这个世界下面有三轮:最下面的是风轮,其次是水轮,最上面的是金轮。在金轮的上面,有九座山和八个海,须弥山位居于这九山八海的中间,铁围山在最外边,这中间围绕着须弥山的,有七座金山、七个香水海。在第七座金山的外边,铁围山的里边,就是第八个咸水海。这个咸水海的东西南北四面,有四大洲,这四大洲是属于土轮,位居金轮的上面。在四大洲的边上,还有两个小洲,详细情况如《俱

---

① 见《大正藏》卷三十三,第 759 页上。
② 见《大正藏》卷四十六,第 36 页中。
③ 见《大正藏》卷四十六,第 253 页上—中。

舍论》所描述的那样。

弗婆提，译为胜身。阎浮提，也叫做赡部。无热池的旁边有赡部树林，赡部树的树形非常高大，其果实甘甜、美味可口，这是根据赡部树的名称来命名此洲，我们中国没有这种树，所以就不翻译了。在《大唐西域记》中，把赡部树翻译为秽树。瞿耶尼，译为牛货。《俱舍钞》说：在世界最初成立的时候，高大的树下有一头宝牛，可以作为货物进行交易，所以就称为牛货了。

郁单越，也叫做俱卢，译为胜处，因为这个地方比其余三个洲都要殊胜。《俱舍颂》说：南赡部洲人的身高，一般是三肘半到四肘（尺八）左右。东、西、北洲人的身高，成倍成倍的依次递增（东洲八肘，西洲十六肘，北洲三十二肘）。唯独只有北俱卢洲的人，寿命都确定是一千岁。其余三洲人的寿命，仅仅只是根据最长的或者一般的情况而言，不一定完全那么准确。圣人不出现在他们（北俱卢洲）的中间，是说不出生在那里教化众生，并不是说不居住在那个地方。根据《宝云经》的记载，颁罗堕尊者带领着他的弟子六百人，都居住在郁单越。

八难：三途（地狱、饿鬼、畜生）就是其中三个难。人道中则有四个难：一、眼不能看、耳不能听、口不能说的盲聋喑哑。二、只会用世俗智慧来辩论的小聪明。三、出生在佛法住世之前或者佛法衰灭之后。四、生活在北俱卢洲。天道上面也有一个难，就是无想天，或者也指长寿天。受到这些果报的众生，就得不到圣人（佛法）的教化。

痛苦和快乐相互交错，《辅行》卷四上说："如果从所感得的果报来说，南赡部洲的果报就是下下等。如果从能不能遇到佛法而言，南赡部洲则是上上等。所以《大智度论》卷六说：阎浮提因为三件事情，尚且胜过天道的众生，北俱卢洲更是比不上。第一，能够断除淫欲；第二，能够辨别自己心念的力量；第三，能够精进勇猛地修行。另外还有书写、讲说《般若经》等法宝，所以那些天道上面的众生也要下到阎浮提来听闻佛法。因此《大般若经》说：下下等的善根因缘，所以就生到北俱卢洲，上上等的善根因缘，才能生到南赡部洲。"《法华玄义》卷六说：天下四个洲的人，虽然所感得的果报有优胜恶劣的区别，但是全部都有生老病死，则同样都是轻微果报的地狱啊。

五常、五戒：所谓常，就是不能改变的意思，戒就是防止过错。仁就相当于不杀生，义就相当于不偷盗，礼就相当于不邪淫，信就相当于不打妄语，智就相当于不饮酒，因为喝酒能使理性昏暗，从而造作各种过错。另外，五戒包括了四种性戒和一种遮戒，喝酒就是属于遮戒制止过失的范围，其余的性戒就是属于根本恶业的范围。无论是大乘还是小乘的各种禁戒，这五戒都是最根本的。《止观》卷四说："所谓性戒，不管有没有受戒，违犯了就会得到恶报，不管有没有受戒，奉持了就会得到善报。如果受戒后，持戒就能得到福报，犯戒就会获得罪报。假如不受戒的话，持戒没有持戒的福报，不受戒而犯戒也没有犯戒的罪报。"

《辅行》卷四上说："所谓性戒，是指原本就应该有的戒，不需要等到佛来制定，它的性质就是善的或者恶的，所以叫做性。又说：所谓五戒，是指四种性戒加上一种遮戒。所以《俱舍论》说：在遮戒当中，只有"不饮酒"这一条戒，是为了维护其余的各种戒律威仪。如果从佛制戒以后的情况来说，五戒就是在四种性戒上再加一个制戒。"性戒，转轮圣王也是通用的；遮戒，则是只有如来所制定。五戒和十善的相同与差别的情况，身业所包含的三种是明显可见的（杀、盗、邪淫）；不妄语戒，就含摄了口业的四种（妄言、绮语、恶口、两舌）；不饮酒戒是防止意业的根本，那么也就包含了意业的三种（贪、嗔、痴）。

（六）天　　道

六、天道，二十八天不同（欲界六天，色界十八天，无色界四天）。

[集注]《辅行》二上云："今释典中所言天者，亦名'最胜'，亦名

'光明'。"①《文句》四云："天者，天然自然，乐胜身胜。"②二十八天不同，举竖包横也。若统论一佛化境，则有三千大千世界（三千者，小千、中千、大千也。二禅统一小千，三禅统一中千，四禅统一大千。三千是总，大千是别。总别双举，以别显总也）。

《俱舍颂》云："四大洲日月，苏迷庐欲天，梵世各一千，名一小千界（谓一千四洲，一千日月，一千须弥，一千六欲天，一千初禅天，总名小千世界）。此小千界倍，说名一中千（一千个小千世界，名中千世界）。此千倍大千（一千个中千世界，名大千世界。小千为一二禅所覆，中千为一三禅所覆，大千为一四禅所覆。例此应云：千个初禅为小千，千个二禅为中千，千个三禅为大千。小千如千钱，中千如千贯，大千如千个千贯。然以十万为亿，则大千有万亿日月。而《光明经》云"百亿日月，乃至百亿非非想天"等者，盖亿有四种：一、十万为亿，中千有十亿，大千万亿；二、百万为亿，中千有一亿，大千有千亿；三、千万为亿，大千则有百亿，《光明》据此数也；四、万万为亿，大千世界但有十亿。又复四禅非想唯一，亦言百亿者，《光明记》五七云：'以下望上言之耳。又恐翻译之讹也。以义净重翻，则无百亿非想之言。'③又《瑞应经》云'三千日月，万二千天地之中央'④者，万即大千，谓万亿，二千即中千、小千也。盖言佛生迦维卫国，是三千世界之中央也）。皆同一成坏（须知成住坏空各二十劫，为一大劫。一增一减为一小劫。于住劫中，二十增减，每一增减有小三灾，坏于有情。住劫尽时，乃有大三灾，坏于世界，经二十劫。空劫、成劫，各二十劫，并约住劫数量而论）。"⑤

业道增寿减至十，三灾现，刀、疾、饥如次，七日月年止（据《瑜伽论》，人寿减至三十岁，饥馑灾起，七年七月七日止。减至二十岁时，疾

---

① 见《大正藏》卷四十六，第 196 页中。
② 见《大正藏》卷三十四，第 60 页下。
③ 见《大正藏》卷三十九，第 140 页下。
④ 见《大正藏》卷三，第 473 页中。
⑤ 见《大正藏》卷二十九，第 315 页中。

疫灾起,七月七日止。减至十岁时,刀兵灾起,七日七夜止。今《俱舍》云"至十,三灾现"者,乃据减劫之极为言也。故至十岁返次逆对,则十岁刀兵对七日,二十岁时疾疫乃对七月,三十岁时饥馑乃对七年,则与《瑜伽》初无异也。《垂裕记》十引什师云:"婆须密,从忉利天下生王家,作太子,化众人言:我等祖父,寿命极长,以今嗔恚无慈故,至此短寿,是故汝等当行慈心。众人从命,恶心渐薄,此后生子,寿二十岁,如是展转,增至八万四千岁也。"①论增,则子年倍父年,则自十岁增至八万四千。论减,则百年减一年,则自八万四千岁减至十岁,故一增一减为一小劫)。

三灾水火风,上三定为顶(二禅为火灾顶,三禅为水灾顶,四禅为风灾顶)。如次内灾等,四无不动故(初禅内有觉观,能烧恼心,等外火灾。二禅内有喜受,与轻安俱,润身如水,故遍身粗重,等外水灾。三禅内有动息,息亦是风,等外风灾。四禅无内患故,亦无外灾)。然彼器非常,情俱生灭故(彼器即依报,虽云不动,非是常住不坏之法,情即有情正报,彼天宫殿,情生则生,情灭则灭)。

要七火一水,七水火后风(初禅以下,七经火灾,是则七番,成住坏空,当七大劫。第八水灾齐于二禅,又一番成坏,当八大劫。如是初禅以下七七四十九火,二禅以下七番水灾,成五十六劫。初禅以下又七火灾,当六十三劫,第六十四劫,风灾坏至三禅也。又火灾兴,由七日并现,劫未坏时,六日隐在双持山下,世界坏时,后六日渐出,水灾起时,由雨霖注,风灾生时,由风相击,从下风轮有猛风起,又业力尽,随处生风)。②

[今译]《辅行》卷二上说:现在佛教经典当中所说的天,也叫做"最胜",也称为"光明"。《法华文句》卷四(末)说:"所谓天,就是天然、自然的意思,快乐殊胜、色身殊胜。"二十八天不同,是从竖的角度来列举天

---

① 见《大正藏》卷三十八,第 839 页中。
② 见《大正藏》卷二十九,第 316 页上。

的层次，从而也就包含了横的天数。如果全面来说一尊佛所教化的区域，就有三千大千世界这么多（所谓三千，是指小千、中千、大千这三个千。二禅天所统领的是一个小千世界，三禅天所统领的是一个中千世界，四禅天所统领的是一个大千世界。三千是从三个千的总称来说的，大千则是从三个千的差别角度来说的。三千大千就是从总称和差别这两个方面联合并举，以这个差别的"大千"来显示"三千"的总称）。

《俱舍颂》说：四大洲、日、月、须弥山、欲界天、色界初禅天等，都具有一千个，就叫做一个小千世界（也就是一千四洲，一千日月，一千须弥，一千六欲天，一千初禅天，总名为小千世界）。这小千世界的一千倍，就叫做一个中千世界（一千个小千世界，名为中千世界）。这中千世界的一千倍，就叫做一个大千世界（一千个中千世界，名为大千世界。小千世界是被一个色界的二禅天所覆盖，中千世界是被一个色界的三禅天所覆盖，大千世界是被一个色界的四禅天所覆盖。以此类推，应该说：一千个色界的初禅天就是一个小千世界，一千个色界的二禅天就是一个中千世界，一千个色界的三禅天就是一个大千世界。小千比如一千钱，中千比如一千贯，大千比如一千个一千贯。如果以十万作为一个亿，那么大千就有一万亿个日月了。而在《金光明经》中说"一百亿个日月，乃至于一百亿个非非想天"等等，这是因为所谓的"亿"有四种含义：第一、十万为亿，中千有十亿，大千有一万个亿；二、百万为亿，中千有一亿，大千有一千个亿；三、千万为亿，大千则有一百个亿，《金光明经》就是依据这个数字；四、万万为亿，大千世界只有十个亿。再说，三千大千世界所具有的四禅天和非非想天都只有一个，也称为一百个亿，《金光明经拾遗记》说：这是以在下的位置往上看而说的。也恐怕是翻译上的错误吧！因为义净三藏重新翻译的《金光明最胜王经》，就没有这"百亿非想"的说法。另外，《瑞应本起经》说：释尊的诞生地是"三千大千世界的日月、万二千天地的中央"。万就是指一个大千世界，也就是万亿；二千就是指中千、小千这两个千的世界而言。这是说释迦牟尼佛诞生地迦毗罗卫国，就是三千大千世界的正中心）。都是相同的有成、坏等劫

（应该知道成、住、坏、空各经过二十劫，成为一个大劫。一增一减为一个小劫。在住劫的时间当中，经过二十次增减，每一次增减都有小三灾出现，破坏有情众生的依正果报。在住劫将要结束的时候，就有大三灾出现，破坏整个世界，这样又要经过二十个小三灾的劫难。坏劫、空劫、成劫等，也各各都要经过二十个小三灾的劫难，一并都是从住劫的数量而说的）。

在业道当中轮回的众生，寿命增长以及减少的情况是，减少到十岁的时候，小三灾就全部出现了，刀兵、疾疫、饥馑等依次降临，最短的刀兵劫是七日七夜，疾疫劫是七月七日，饥馑劫是七年七月七日才告停止（根据《瑜伽论》记载，人的平均寿命减少到三十岁时，饥馑灾就出现了，经过七年七月七日才停止。减少到二十岁时，疾疫灾就出现，经过七月七日才停止。减少到十岁时，刀兵灾就出现，经过七日七夜然后停止。这里《俱舍颂》说：寿命减少到十岁的时候，三灾出现，这是根据减劫的极点而说的。所以从十岁的劫难开始算，反过来依次相对应的，就是十岁刀兵相对于七日，二十岁时疾疫对应于七月，三十岁时饥馑就对应于七年。那么，这与《瑜伽论》所说的就一点都没有差别了。《垂裕记》卷十引罗什法师的话说："婆须密，从欲界的忉利天降生到人间的国王家中，作为太子，教化人民说：我们的祖父，寿命都特别长，因为现在的人充满嗔恚却没有慈悲的缘故，而导致了这样的短命，所以你们大家应当修行慈悲心。人民都听从他的命令，凶恶的心就逐渐变得轻微了，从此以后所生的儿子，人均寿命就是二十岁，这样展转递增，人均寿命增加到八万四千岁。"所谓增劫，是指儿子的寿命比父亲的寿命长一倍，从十岁增加到八万四千岁。所谓减劫，是指一百年减少一岁，从八万四千岁减少到十岁，所以这一增一减就是一个小劫）。

三灾就是指水灾、火灾、风灾，四禅定的最上三定就是三灾的顶层（二禅为火灾的顶层，三禅为水灾的顶层，四禅为风灾的顶层）。就像依次排列的内心中的灾难一样，四禅天没有内患也就不受灾难扰乱了（初禅内心有觉观，能够烧毁烦恼心，等于外在的火灾。二禅内心有喜受，与轻安一起具足，滋润身心就如同水一样，所以遍身都还是粗重的，等于外在的水灾。三禅内心有动息，息也就是风，等于外在的风灾。四禅无有内患，所以也就没有外在的灾难了）。但是他们的依报器世界也一样是无常的，因为这些有情众生都具有生灭的缘故（彼器是指依报的器世界。虽然说是不动的，但并不是常住不坏的东西。情是指有情众生的正报。那些天上的宫殿，是随着有情众生的出现而出现，也随着有情众生的毁灭而毁灭了）。

需要经过七次的火灾然后一次水灾，每次水灾过后又七次火灾，这样依次经过七次水灾，五十六次火灾，然后就是风灾（初禅以下，七次经过火灾，就是七番火灾，成住坏空，相当于七大劫。第八水灾齐于二禅，又要经历一番成住坏空，相当于八大劫。这样初禅以下七七四十九次火灾，二禅以下七番水灾，总共五十六次灾难。再加上初禅以下的七次火灾，相当于六十三次灾难，第六十四次劫难就是风灾坏到了三禅天。另外火灾出现的时候，是经过七天的时间而一起出现。在劫难未毁坏时，开始的六天隐伏在双持山的脚下，世界将要毁坏的时候，后面六天逐渐出现。水灾出现时，由暴雨霖注；风灾出现时，由猛风相击，从地下的风轮生起猛风。另外在业力完全没有了的时候，也就随着所处的环境而出现风灾了）。

1. 欲界六天

初、欲界六天者，一、四天王天（居须弥山腹），二、忉利天（居须弥山顶，自有三十三天，已上二天单修上品十善，得生其中），三、夜摩天，四、兜率天，五、化乐天，六、他化自在天（已上四天空居，修上品十善，兼坐未到定，得生其中）。

[**集注**]《俱舍颂》云："六受欲交抱，执手笑视淫，初如五至十，色圆满有衣。"①（《辅行》六上云："地居形交，忉利以风为事，夜摩抱持，兜率

————
① 见《大正藏》卷二十九，第315页中。

执手,化乐视笑,他化但视。"①六欲天化生时,四天王天,如五岁儿,乃至他化,如十岁儿,后则渐长,如其身量。色界初生,身量即成,且具天衣,如梵众天,初生长半由旬)

四天王天:东方提头赖吒天王,此云持国,护持国土故;居黄金埵,领乾闼婆、富单那。南方毗留勒叉天王,此云增长,令他善根增长故;居琉璃埵,领鸠槃荼、薛荔多,王有九十一子(如《灵感传》②)。西方毗留博叉天王,此云广目,亦云非好报,亦云杂语,能作种种语故;居白银埵,领毗舍阇、毒龙等。北方毗沙门天王,此云多闻,福德之名闻四方故;居水晶埵,领夜叉、罗刹。诸处建立天王堂,事见唐天宝元年③。如《僧史略》④。

《俱舍颂》云:"妙高层有四,相去各十千(梵语苏迷卢,亦云须弥,此云妙高。妙谓四宝所成,高谓出众山表,始从水际,至山半腹,分为四级,相去各十千由旬),旁出十六千,八四二千量(此横广也,旁即是横,最下一层,广十六千踰缮那,第二层八千,第三层四千,第四层二千也)。坚首及持鬘,恒憍大王众,如次居四级(坚首等三皆药叉众,大王即四天王,坚首最下级,乃至四王居最上级),亦住余七山(诸药叉众亦住余七

---

① 见《大正藏》卷四十六,第 329 页下。
② 《灵感传》:作者、年代及内容等均不详,历代藏经、经录均无著录。宋知礼大师《观音义疏记》卷四之后,附有遵式大师的《释重颂》说:"《灵感传》天人语南山云:什师八地菩萨,译《法华》阙《观音重颂》,既涉冥报。"见《大正藏》卷三十四,第 958 页下。而道宣律师撰的《道宣律师感通录》说:"罗什师今位阶三贤。"见《大正藏》卷五十二,第 437 页下。可见《灵感传》并不是《感通录》。
③ 《宋高僧转》卷一说:"天宝中,西蕃大石康三国帅兵围西凉府。诏空入,帝御于道场。空秉香炉诵《仁王密语》二七遍。帝见神兵可五百员,在于殿庭,惊问空。空曰:毗沙门天王子领兵救安西,请急设食发遣。四月二十日果奏云:二月十一日,城东北三十许里,云雾间见神兵长伟,鼓角喧鸣,山地崩震,蕃部惊溃;彼营垒中,有鼠金色,咋弓弩弦皆绝。城北门楼有光明天王怒视,蕃帅大奔。帝览奏谢空,因敕诸道城楼,置天王像。此其始也。"见《大正藏》卷五十,第 714 页上。
④ 《僧史略》:全称《大宋僧史略》,三卷。宋代赞宁(930~1001)撰。于宋太宗太平兴国年间奉诏撰述。收于《大正藏》卷五十四。

金山,是四王所部众故)。"①

又日月宫城,五风所持(一持、二养、三受、四转、五调),齐双持山顶,旋环山腹,照四天下,双持山高四万二千由旬,须弥、七金,及铁围山,入水皆八万四千由旬,须弥出水亦八万四千由旬。余之八山,半半论减。乃至铁围山,高三百二十八由旬二俱卢半,九山广阔,皆等高量(俱卢舍,此云二里)。日宫,广五十一由旬。月宫,广五十由旬。

《俱舍颂》云:"夜半日没中,日出四洲等(《辅行》引《长阿含》二十二云:'郁单越夜半,弗婆提日没,阎浮提日中,瞿耶尼日出。经文次第四方遍说。彼经又云:阎浮提为东,弗于逮为西,乃至单越为西,于逮为东,以由日月转故,皆谓日出处为东'②)。近日自影覆,故见月轮缺(如新月则西近于日,自影覆东,故见东缺。残月则东近于日,自影覆西,故见西缺)。"③

忉利,此云三十三,山顶四角,各有八宫,中帝释殿,昔世三十三人,天帝为主,于摩竭陀国修胜业故,故同生此。《俱舍颂》云:"妙高顶八万(径过八万踰缮那),三十三天居。四角有四峰,金刚手所住(有药叉神名金刚手,执金刚杵,止住其中,护诸天故)。

"中宫名善见(见者称善故)。周万踰缮那,高一半金城(善见外墙,以金为之,高一由旬半,城有千门)。杂饰地柔软,中有殊胜殿,周千踰缮那。外四苑庄严,众车粗杂喜(城外四苑:一、众车苑,随天福力,种种车现。二、粗恶苑,粗涩战器,天欲战时,刀杖等现。三、杂林苑,杂受欲乐故。四、喜林苑,极妙之境,观者无厌,名曰喜林也)。妙池居四方,相去各二十(苑边有池,去苑各二十由旬)。东北圆生树(城外东北,树名圆生,挺叶开花,妙香芬馥,顺风遍满百踰缮那,逆风犹遍五十踰缮那),西南善法堂(三十三天,时集于彼,议论如法、不如法事)。"④单修上品十善(拣夜摩已上兼修定故)。

---

① 见《大正藏》卷二十九,第 315 页上。
② 见《大正藏》卷四十六,第 153 页上。
③ 见《大正藏》卷二十九,第 315 页上。
④ 见《大正藏》卷二十九,第 315 页上—中。

夜摩,此翻善时,亦名时分,时时唱快乐故。

兜率,此云妙足,新云睹史陀,此云知足。于五欲境,知止足故。

化乐,于境变化,自娱乐故。

他化自在,欲得境时,余天为化,假他所作,以成已乐,即魔王①也。《净名》云:"多是不思议解脱菩萨,住赤色三昧,不取不舍,应为魔王。"②

未到定,未入根本禅也。《止观》九云:"住欲界定,从是心后,泯然一转,虚豁不见欲界定中身首衣服床铺,犹如虚空,阒阒安隐,身是事障,事障未来,障去身空,未来得发,是名未到定相。"③然生上四天,自是欲界定力,今从欲天极处为言,云未到定,不必四天皆尔。

《俱舍颂》云:"欲天俱卢舍,四分一一增(四分之一即半里也。初四天王长半里,上五并半里论增)。人间五十年,下天一昼夜,承斯寿五百,上五倍倍增(四天王寿五百岁,以人间五十年为一日。忉利千岁,以人间百年为一日。乃至他化十六千岁,以人间千六百年为一日)。"④《法华文句》二云:"三光天子⑤是帝释内臣,如卿相;四王是外臣,如武将。"⑥又帝释为地居天主,魔王为六欲天主,虽主欲界,帝释、四王,欲

---

① 魔王:天魔中之王,即欲界第六天之他化自在天主。其名为波旬,常率眷属阻碍修持佛道者。据《楞严经》卷六载,如果不断淫,必落于魔道,上品为魔王,中品为魔民,下品为魔女。但从大乘佛法而言,魔王实为深位之菩萨以大方便力所示现者,其目的在教化考验众生。如《维摩经·不思议品》说:"维摩诘告大迦叶:仁者,十方无量阿僧祇世界中作魔王者,多是住不可思议解脱菩萨,以方便力教化众生,现作魔王。"见《大正藏》卷十四,第547页上。另外,还有一种说法,认为第六天上另有魔的宫殿,魔王居住在那里,并非他化自在天主。

② 参见《大正藏》卷十四,第547页上。

③ 见《大正藏》卷四十六,第118页下。

④ 见《大正藏》卷二十九,第315页中。

⑤ 三光天子:指日天子、月天子、明星天子。《法华经》卷一《序品》说:"复有名月天子、普香天子、宝光天子、四大天王,与其眷属万天子俱。"见《大正藏》卷九,第2页上。《法华经文句》卷二(下)谓,名月等三天子,是帝释的内臣,有如卿相;或说是三光天子,即名月是宝吉祥月天子,为大势至所化现;普香是明星天子,虚空藏所化现;宝令宝意日天子,观世音所化现。见《大正藏》卷三十四,第24页上。

⑥ 参见《大正藏》卷三十四,第24页上。

行佛法,魔不得制(如《感通传》①)。

[今译]《俱舍颂》说:六欲天受欲的方式各不相同,有性交、拥抱、执手、对笑、相视等行淫的方法。在六欲天化生的时候,四天王天的初生婴儿犹如五岁孩童,依次递增,乃至他化自在天的初生婴儿犹如十岁孩童。色界诸天化生的时候,初生时就是成人的样子,圆满无缺,并且有天衣随生而来(《辅行》卷六上说:在地上居住的诸天行淫时,需要形体的交合;忉利天就是以发泄风气了事,没有不净的精液;夜摩天只要相互拥抱;兜率天只要牵着对方的手;化乐天就是相对而笑;他化自在天只是相互对视就成淫事了。六欲天在化生的时候,四天王天初生如五岁儿童,乃至他化自在天初生如十岁儿童,后来就逐渐长大,就像他们成人的身量一样了。色界诸天的初生婴儿身量就和成人一样大了,而且有与生俱来的天衣,就如梵众天,初生时就身长半由旬)。

四天王天:东方提头赖吒天王,汉译为持国,是能够护持国土的意思;居住在黄金埵,统领着乾闼婆、富单那等鬼神。南方毗留勒叉天王,汉译为增长,是能够令人善根增长的意思;居住在琉璃埵,统领着鸠槃茶、薜荔多等众鬼神;这个天王有九十一个王子(详细情况如《灵感传》所说)。西方毗留博叉天王,汉译为广目,也叫做非好报,也叫做杂语,是能够说各种语言的意思;居住在白银埵,统领着毗舍阇、毒龙等鬼神。北方毗沙门天王,汉译为多闻,是福德名闻四方的意思;居住在水晶埵,统领着夜叉、罗刹等鬼神。在各个天王居住的地方,分别建立了天王的殿堂。这些事可以参见唐天宝元年的相关记载,如《大宋僧史略》等。

《俱舍颂》说:妙高山总共有四层,每层相隔的距离是十千由旬(梵语苏迷庐,也叫做须弥,汉地称其为妙高。妙,是说它由四重宝物所构

---

① 《感通传》:又称《集神州塔寺三宝感通录》、《三宝感通录》、《感通录》,三卷。唐代道宣法师撰。为集录佛舍利、佛像、佛寺、经典及僧俗灵异之事迹。收于《大正藏》卷五十二。

成;高,是说它高于其余各山。从山水连接的地方开始,到半山的地方,分为四层,每层相距各有十千由旬)。旁边横向的距离,最大的有十六千由旬,依次分别为八千、四千、二千由旬(这是指横广,旁就是指横面而言,山的最下一层,横广有十六千由旬。第二层有八千由旬,第三层为四千由旬,第四层则是二千由旬了)。坚首以及持鬘、恒憍、大王等众鬼神,依次居住在这四个层级的地方(坚首、持鬘、恒憍等三者,都是属于药叉鬼神众,大王就是指四大天王。坚首住在最下一级,依次往上,四大天王居住在最上一级),这些药叉鬼神等,也居住在其余的七金山上(众多的药叉也居住在其余的七金山,因为他们都是四大天王所统领的下属鬼神众)。

此外,还有日宫、月宫等城阙,都是由五种风所维持着的(一持、二养、三受、四转、五调)。日月与双持山的山顶齐平,旋环在须弥山的半山腰,光芒照亮整个四天下,双持山的高度是四万二千由旬。须弥山、七金山,以及铁围山,深入水中的部分都是八万四千由旬,须弥山高出水面的部分也是八万四千由旬。其余八座山的高度,依次为一半一半地减少。一直到铁围山的高度只有三百二十八由旬二俱庐半,九座大山的广阔宽度,都是等同于山的高度(俱卢舍,此地叫做二里)。日宫的宽度为五十一由旬,月宫的宽度为五十由旬。

《俱舍颂》说:夜半、日没、日中、日出,这四种现象在四洲出现的情况是一样的(《辅行》引《长阿含经》二十二说:北洲郁单越夜半,东洲弗婆提日没,南洲阎浮提日中,西洲瞿耶尼日出。经文根据前后的次第,把四方的情况都说了。在《长阿含经》里又说:阎浮提所认为的东方,正是弗于逮所认为的西方;一直到郁单越所认为的西方,弗于逮却认为正是东方,因为日月在旋转的缘故,他们都说日出的地方是东方)。接近太阳之后,影子就遮蔽住自己,所以就看见了月轮的残缺(比如农历月初出现的新月,是在西边的方向逐渐接近于太阳,自己的影子就遮蔽住了东边,所以看见的是东边残缺。而农历十五之后出现的残月,则是在东边的方向逐渐接近于太阳，自己的影子遮蔽了西边，所以看见的是西边残缺）。

忉利，中国人习惯称呼为三十三。须弥山的山顶有四个角，每个角各有八个宫殿，须弥山顶的中间就是忉利天天王帝释（释提桓因，即中国人所称的玉皇大帝）的宫殿。在过去世的时候，有三十三人，以天帝为主，在摩竭陀国作了殊胜的好事，所以就一起上生到这里了。《俱舍颂》说："妙高山山顶有八万由旬（直径超过八万由旬），是三十三天居住的地方。山顶的四个角落有四座山峰，是药叉神金刚手所居住的地方（有药叉神名金刚手，手执金刚杵，居住在山峰之中，护卫诸天，相当于我们现在的保卫人员）。

"须弥山顶中间的宫殿名叫善见宫（因为见到这个宫殿的人都称赞它好），这个善见宫的周围就有一万由旬，高度是金城的一半（金城是善见宫的外城墙，用黄金筑成，高度是一由旬半，有一千扇大门）。善见宫用了各种各样的庄严器具进行装饰，里面的土地非常柔软舒适，善见宫中还有一座殿堂叫做殊胜殿，这个殿的周围是一千由旬。善见宫的城外又有四个苑，即：众车苑、粗恶苑、杂林苑、喜林苑（城外四苑：一、众车苑，随着天人的福报情况，而显现各种乘坐车具，即车库。二、粗恶苑，是粗重的战争武器，天人想要打战的时候，刀、杖等武器就会自然出现在这里，即武器库。三、杂林苑，杂染受欲乐的地方，即娱乐场所。四、喜林苑，极为微妙的环境，观看的人不会感到厌足，所以叫做喜林）。美妙的水池，分别散布在四个方向，与四个苑相隔的距离，分别都是二十由旬（四个苑的边上有水池，距离四个苑各有二十由旬）。善见宫的东北方向有一棵大树，名叫圆生树（城外东北，树名圆生，枝叶挺拔，开着美丽的花朵，美妙的芳香，芬馥扑鼻。顺风吹去，香气能够遍满一百由旬，逆风吹来，也能遍满五十由旬）。西南方向有一座殿堂，叫作善法堂（三十三天，经常集中在这里研习佛法，讨论如法和不如法的事情）。"单单修行上品十善的人，能够投生在这个地方（说"单单"，是为了与夜摩天等区别开，夜摩天以上的人，就要兼修禅定了）。

夜摩,汉译为善时,也叫做时分。因为这里的天人时时刻刻,都在欢呼歌唱,表现得极为快乐。

兜率,汉译为妙足,新译叫做睹史陀,汉文是知足的意思。因为生在这一层天的人,对于五欲的境界,都能非常知足,适可而止。

化乐,能够自在地变化外在的环境,使自己从中感受各种娱乐。

他化自在,想要得到某一种境界的时候,其余的诸天就会为它变化出来,凭藉他人所作的事情,而成就自己的快乐,就是指魔王。《净名经》说:大多数都是不可思议的解脱菩萨,安住在赤色三昧正定当中,不取著也不舍弃,化现为魔王。

未到定,还没有进入根本禅的初禅。《止观》卷九说:住在欲界定,依存于这个心之后,身心就会进入泯灭安然的状态,一下子就转变了过去的观念和想法(《辅宏记》卷六说:"以有相转成无相"),一片虚空豁然的景象,再也看不见正在欲界定当中的身躯头颅衣服床铺等物,犹如虚空一般,明朗而清楚、非常安隐。身体就是事相最大的障碍,这个事相最大的障碍,就会障碍未来的禅定。现在这个障碍去除了,身体就会感到一片空寂,未来的禅定就能发起,这就是未到定的状况。然而,生到欲界的最上面四层天,所需要的就是欲界的禅定功夫,现在这里是从欲界天的最高处而言,叫做未到定,并不是欲界的上四层天一定都是如此。

《俱舍颂》说:欲界诸天的身高,用俱卢舍来计算,是以四分之一的俱卢舍开始,然后往上依次增加(四分之一就是半里。最初四天王身长为半里,往上的五层天都是分别以半里递增)。人间的五十年,正好是最下一层天的一昼夜,根据这个推算他们的寿命为五百岁,再往上五层天的寿命,就以这个数为起点,一倍一倍地向上递增(四天王寿命五百岁,以人间五十年为一日。忉利寿命为一千岁,以人间一百年为一日。乃至他化自在天的寿命为一万六千岁,以人间一千六百年为一日)。《法华文句》卷二说:"三光天子是帝释天王的内阁大臣,就像中央行政机构的文官;四大天王是帝释天王的外护大臣,就像中央军事机构的武官。"此外,帝释是地居天的天主,魔王则是六欲天的天主,虽然是欲界诸天的天主,但是帝释、四天王等想要修行佛法的时候,魔王也不能限制他们(详细情况如《感通传》所说)。

2. 色界十八天

次、色界十八天,分为四禅:初禅三天(梵众、梵辅、大梵)、二禅三天(少光、无量光、光音)、三禅三天(少净、无量净、遍净)、四禅九天(无云、福生、广果,已上三天凡夫住处,修上品十善坐禅者得生其中;无想天,外道所居;无烦、无热、善见、善现、色究竟,已上五天,第三果居处)。上之一十八天,离欲粗散,未出色笼,故名色界。坐得禅定,故得禅名。

[集注]《妙玄》云"正报之身是清净色",非如欲界垢染色也。十八天,此准上座部立。若萨婆多宗,唯立十六天,以梵辅、大梵合为一,无别处故。无想、广果合为一,身寿同故。若经部宗(佛灭后四百年初,从一切有部,复出一部,名为经部。立义准经,不依律论),立十七天,梵辅、大梵,身量别故。上座部中,须明十八者,以广果、无想,身寿虽同,因果有异,广果以无寻伺为因果,无想以无心为因果。

四禅,梵语"禅那",此翻为定,摄心专注,不流散故。世出世间,此禅为根本,各有支林功德,如《法界次第》①。

> 初禅五支:觉支、观支、喜支、乐支、一心支。
> 二禅四支:内净支、喜支、乐支、一心支。
> 三禅五支:舍支、念支、慧支、乐支、一心支。
> 四禅四支:不苦不乐支、舍支、念清净支、一心支。

图 19:支林功德

---

① 参见《天台藏》中之《释禅波罗蜜次第法门》卷五,第 251 页—311 页。

[今译]《法华玄义》说"正报的身体是属于清净的色身",不像是欲界天属于污垢杂染的色身。十八层天,这个数目是根据上座部所主张的说法,如果根据萨婆多部的说法,只有十六层天,把梵辅天、大梵天合并成为一个天,因为这两层天并不是在两个地方。无想天、广果天也合而为一,因为这两个天的色身和寿命都相同。如果按照经量部(佛入灭之后的四百年初,从一切有部又分出一部,名为经量部。主张所有的思想都要根据经典,而不依据律典和论书)的说法,则认为只有十七层天,因为梵辅天、大梵天的色身寿命都有差别的缘故。而在上座部的义理中,必须阐明有十八层天,是因为广果天、无想天,色身和寿命虽然相同,但是他们的因果报应是各不相同的,广果天是以无寻伺作为因果,而无想天则是以无心作为因果。

四禅,梵语为"禅那",汉译为"定",是指收摄妄心、专注一境,不使这颗心流动散乱。世间和出世间的一切禅定,都是以这四种禅定作为根本的基点,四禅又各自有其多种分支功德的差别,具体情况如《法界次第》卷五所说的那样。

[集注]《辅行》九上引"《婆沙》中问:初三何故五?二四何故四?答:自古相承云:欲界五欲为外乱,二禅喜为内乱,初禅治外乱之始,三禅治内乱之始,故各有五。二禅外乱息,四禅内乱息,是故二四但立四支。"①

初禅三天,梵者,净也,无欲染故。十八天皆净无欲,此当其首,偏得净名。梵众是民,梵辅是臣,大梵即王也。劫初先生,劫尽后灭,主领大千。然通论有万亿梵王,唯此是大千之中,王名尸弃,得为大千之主,降此不得(横论)。

又初禅有语言号令,能统上冠下故也。如《法华》云:娑婆世界主,梵天王尸弃大梵。若摩醯首罗,居色界顶,报胜为主,无统王义。以二禅已上,无言语法,是故诸禅,亦各以报胜为主,非统御也(竖辨)。具如

---

① 见《大正藏》卷四十六,第415页上。

《法华文句》、《净名疏》明。若《涅槃疏》云：娑婆世界主，正是首罗。又云：梵王只领小千而已，乃古师之说，非今家正意。

二禅三天，少光，光明少故。无量光，光明转增无限量故。光音，以光当语音故；新译云：极光。

三禅三天，少净，意识嗜乐，离喜而纯乐受故。无量净，净胜于前，不可量故。遍净，乐受最胜，净周普故。

四禅九天，无云者，下虽空居，依云而住，此无云首，特号无云。《业疏》①云："第四禅上，云居轻薄，如星散住，不同下天，如云密合。"福生者，修胜福力，方生此天，从因彰名。广果者，凡夫之果，无胜过故。无想者，一期中间，心想不行故。无烦杂、无热恼、善相见、善现相、究竟无极，此五天三果所居，名五不还天。

若《俱舍旧图》，次第而上。若准《楞严》第九："皆横在四禅中，彼四禅天，独有钦闻，不能知见。如今世间，旷野深山，圣地道场，皆罗汉所住持故。世间粗人，所不能见。"②又色究竟中，有摩醯首罗，此翻大自在天。

《俱舍颂》云：色天踰缮那，初四增半半（谓梵众半踰缮那，梵辅一，大梵一半，少光二也）。此上倍倍增（无量光四，光音八，乃至遍净六十四），唯无云减三（下遍净天既六十四，无云倍应百二十八，身寿但有一百二十五者，谓从变易受，入不变易受难，故各减三，变易不变易，约三灾坏不坏说）。少光上下天，大全半为劫（少光以上，大全为劫，谓少光二大劫，乃至色究竟万六千大劫。少光已下，大半为劫，以由身量与寿量等。大梵身既一由旬半，故寿当一劫半，故以四十小劫为一大劫，则六十小劫成劫半也。梵辅寿一劫，身一由旬，四十小劫也。梵众身半由

---

① 《业疏》：《四分律删补随机羯磨疏》之异名，略称《四分律羯磨疏》、《四分律业疏》，四卷（或八卷），唐代道宣律师撰。为南山三大部之一。收于《卍续藏》第六十四册。
② 参见《大正藏》卷十九，第146页下。

旬,故寿半劫,二十小劫也)。①

[今译]《辅行》卷九上引《婆沙论》中,问:初禅和三禅为何都是五支? 而二禅和四禅又为什么都只有四支呢? 答:自古以来就这么相传:欲界的五欲是心外的扰乱,二禅的喜支是心内的扰乱,初禅就是对治心外扰乱的开端,三禅就是对治心内扰乱的开端,所以各自都有五支。二禅的心外扰乱停息了,四禅的心内扰乱也停息了,所以二禅和四禅只建立四支的功德。

初禅有三层天,所谓梵,就是清净的意思,因为没有淫欲等染污。十八天都是清净没有淫欲,这正好是十八天的开头,偏重地以清净来命名。梵众就是人民百姓,梵辅就是百官大臣,大梵就是君王。在成劫的时候,最初出生,在坏劫的时候,最后才死亡,主管统领着整个三千大千世界。但是从通融的角度来说,有万亿个初禅天万亿个梵王,都是居住在四方,只有这大梵天王是居住在大千世界的中心,大梵天王名字叫尸弃,只有他得以成为三千大千世界的主管统领者,在他以下的就没有这种资格了(这是从横的层面来说的)。

另外,初禅天具有利用语言来发号施令的特点,因为他能够统领色界的各层天。如《法华经》说:"婆婆世界的主管者,梵天王尸弃大梵。"如果说到摩醯首罗天,他只是居住在色界的最顶上一层天,这是以他的果报非常殊胜而成为天主的,并没有成为统领色界天的大王的意思。因为二禅天已上,就没有用语言来进行交流的方法,所以二禅以上也就都以果报的殊胜而作为天主,并不是统领管制的意思(这是从竖的方面来分析的)。具体情况,如《法华文句》、《净名经疏》等所说。就像《涅槃经疏》说:婆婆世界的主管者,正是摩醯首罗。又说:梵王只是统领一个小千世界而已,此乃是过去的人所说的,并不是现在天台宗的根本观点。

二禅有三层天,少光,就是光明很少。无量光,就是光明辗转增多,

---

① 见《大正藏》卷二十九,第315页中。

以至无量。光音，就是以光明当作语言声音进行交流。唐代以后新译的经典，都翻译为极光。

三禅有三层天，少净，在意识里嗜好禅定的快乐，离开粗重的喜的感受，而只有纯粹的禅定快乐的感受。无量净，清净的境界比前面的禅定更加殊胜，没有办法测量。遍净，禅定快乐的感受最为殊胜，清净的境界遍满一切处。

四禅有九层天，所谓无云，这层天以下的诸天虽然也是在空中居住，但还是依托于云朵而居住，从此以上就不用依托云朵而住了，这层天是不依托云朵而住的开端，所以就特别称为无云天。《业疏》说："第四禅以上的诸天，依托云朵而居住的云朵都很轻薄，就像星星分散而住一样，不同于四禅以下的诸天，如同云朵密布联合在一起而居住。"所谓福生，就是依靠修行殊胜善业福德的力量，才能往生到这一层天，从因地上来彰显他的名称。所谓广果，就是指凡夫众生的果报，没有超过这里这么殊胜的。所谓无想，就是在一期生命的范围内，他的心想念头不现起。无烦杂、无热恼、善相见、善现相、究竟无极，这五层天就是三果罗汉所居住的地方，合起来就称为五不还天。

如果根据《俱舍旧图》记载，这五层天是依据次第从下而上的。如果根据《楞严经》卷九所说，都是横向分散在四禅天当中。那些福生、广果、无想等四禅天，都只能相互听闻，而不能见到色身。就像现在的人世间，在旷野深山里面，或者圣地道场之中，都有阿罗汉居住而禀持佛法，是世间凡夫所见不到的。此外，在色究竟天当中，有摩醯首罗天，汉译为大自在天。

《俱舍颂》说：色界诸天的身量和寿命，可以用由旬做单位来计算，最初的四层天是以一半一半的数量增加（就是指梵众天身长半由旬，梵辅天就是一由旬，大梵天为一由旬半，少光天是二由旬），从此再往上的诸天，都是以一倍一倍的数量增加（无量光天就是四由旬，光音天为八由旬，乃至遍净天就是六十四由旬），唯有无云天减少三由旬（下面的遍净天既然是六十四由旬，无云天再加一倍就应该是一百二十八由旬，而实际身长和寿命却只有一百二十五由旬。这是指从变易的受报，而进入到不变易的受报是很困难的，所以就减少了三由旬。关于变易和不变易，是从三灾出现时，这层天到底坏不坏来说的）。少光天的上层天和下层天，是以大全作为一个劫，或大半作为一个劫（少光天以上，是以大全作为一个劫，指的是少光天的寿命为两个大劫，乃至色究竟天的寿命是一万六千个大劫。少光天以下，是以大半作为一个劫，因为身量的长短与寿命的长短是相等的。大梵天的身长既然是一由旬半，那么他的寿命就应当是一劫半，因此就以四十个小劫作为一个大劫，这样六十个小劫就成为一劫半。梵辅天的寿命是一个劫，身长为一由旬，也就是四十个小劫。梵众天的身长是半由旬，所以寿命也就是半个劫，也就是二十个小劫）。

3. 无色界四天

三、无色界四天（空处、识处、无所有处、非非想，已上四天，只有四阴，而无色蕴，故得名也）。

　　[集注] 若厌色笼，修四空定，生四空天，名无色界。《辅行》六上云："从第四禅，欲入空处，必作方便，灭三种色：一、可见可对色（色尘）。二、不可见可对色（五根、四尘）。三、不可见无对色（法入少分无表色也）。此之三色，并在色界，欲入无色，故灭此三。"①

　　无色界色，小乘空有二宗，各计不同。大众部云：但无粗色，非无细色。《妙玄》四引《毗昙》云："无色有道共戒，戒是无作色，以无漏缘通，故此戒色，随无漏缘，至无色也。"②《释签》四云："言无漏缘通者，通九地也。既通九地，岂隔无色？"③《妙乐》六云："无色虽无四大造色，定果所为，皆是墙壁（欲、色二界业果所为）。三界皆以意识维持，若约诸宗

　　① 参见《大正藏》卷四十六，第 330 页下。
　　② 见《大正藏》卷三十三，第 720 页上。
　　③ 见《大正藏》卷三十三，第 875 页下。

无色,非全无四大色,雅合其宜。"①(有门②计有色,合经墙壁譬)此是有宗,计有色也。

《妙玄》引《成论》云:"色是无教法(此是空宗,牒有宗计),不至无色(此是空宗难有宗也,难云:应不至无色耶? 如《读教记》,戒体中辨)。"③此是空宗,计无色也。

然小乘计有,是不了义,说无色者,乃名了义。大乘反此。《楞严经》云:"是四空天,身心灭尽,定性现前,无业果色。"④ 孤山释云:谓无业果色者,显有定果色也。此与小乘有宗义合。若《大经》云"无色界色(是佛境界),非诸声闻缘觉所知"者,此是大乘说有色义也。

空处,《禅门》⑤六云:"此定最初,离三种色,心缘虚空,既与无色相应,故名虚空定也。"⑥识处,《禅门》六云:"舍空缘识,以识为处,正从所缘处受名,故名识处。"⑦无所有处,行者厌于识处无边,于是舍之,入无所有处,亦名不用处。《禅门》六云:"修此定时,不用一切内外境界,外境名空,内境名识,舍此二境,故言不用处。"⑧

非非想,《止观》六引《阿毗昙》、《婆沙》云:"非无想天之无想,非三空之有想,故言非想非无想也。人师⑨云:无想是色天异界,不应仍此

---

① 见《大正藏》卷三十四,第 260 页上。

② 有门:为天台宗所立四门之一。即观诸法为有,以作为入道之法门。亦即观因缘生灭诸法为有,破除十六知见等,并发起真无漏智,以了见偏真之理。于天台四教中之三藏教,如毗昙、俱舍等宗多侧重有门。

③ 见《大正藏》卷三十三,第 720 页上。

④ 见《大正藏》卷十九,第 146 页下。

⑤ 《禅门》:全称《释禅波罗蜜次第法门》,略称《禅波罗蜜》,又作《渐次止观》、《次第禅门》,十卷,智者大师述,法慎记,其后灌顶再加编整。收于《大正藏》卷四十六。

⑥ 见《大正藏》卷四十六,第 520 页下。

⑦ 见《大正藏》卷四十六,第 522 页上。

⑧ 见《大正藏》卷四十六,第 522 页下。

⑨ 人师:为他人之师,称为人师。《摩诃止观》卷五(上)说:"自匠匠他,兼利具足。人师国宝,非此是谁?"见《大正藏》卷四十六,第 49 页上。又对于佛菩萨等大导师称寻常之师家为人师,意思是凡人之师。这里是指一般的法师而言。

得名。就同界释名,前无所有定已除想,今复除无想,想无想两舍,故言非有想非无想。"①《辅行》六上:"人师尚不许引色无想天,况总引四禅,既是论文,取亦无失。人师释义,亦未全非,今家俱存,故无破斥。"②《止观》九云:"此定不缘识处,故非想。不缘不用处,故非非想。"③

只有四阴,《辅行》五上云:"蕴之与阴,新旧异译。"④积聚名蕴,盖覆名阴。积集有为,盖覆真性。然诸文或云四禅八定,或云四定者,《辅行》九上云:"若色无色二界相对,则色界名禅,无色界名定。若总以上界,望于下欲,则上二界,俱名定地,下界为散。"⑤

[今译] 如果厌恶色界的樊笼,进而修行四空定,就能往生到四空天,这四空天就叫做无色界。《辅行》卷六上说:从色界的第四禅,想要进入到空无边处定,就必须借助方便法门,消灭三种色:一、可见可对色(就是六尘之一的色尘)。二、不可见可对色(这是指五根、四尘)。三、不可见无对色(这是指法尘入少分无表色)。这三种色,都是属于色界天,要想进入到无色界天,就得消灭这三者。

无色界的色,在小乘佛教的空有二宗里面解释的不一样。大众部说:只是没有粗重的色,并不是没有微细的色。《法华玄义》卷四引《毗昙》说:无色界的修行人还具有一种道共戒,道共戒就是一种没有造作的无表色,因为无漏戒法能够随缘而通达于三界,所以这个无表色的戒体,就能随顺无漏戒法的缘,而通达到无色界了。《释签》卷四说:所谓无漏缘通,就是指能够通达三界九地的意思。既然能够通达于九地,怎么会阻隔于无色界呢?《妙乐》卷六说:"无色界虽然没有四大所造作的色,但无色界也是属于修禅定的结果所造成的,也都是有界限的,就像墙壁一样,这应该属于一种非四大所造色的色(欲、色二界的业果所造

---

① 见《大正藏》卷四十六,第71页中。
② 见《大正藏》卷四十六,第331页上。
③ 见《大正藏》卷四十六,第120页中。
④ 见《大正藏》卷四十六,第290页上。
⑤ 见《大正藏》卷四十六,第411页上。

成)。三界都是用意识来维持一期的生命,如果从诸宗所说的无色来看,并不是完全没有四大所造的色,正好可以与这种主张一样。"(有门是主张有色,契合于经典所举墙壁的譬喻。)这些都是有宗的观点,主张无色界也有色。

《法华玄义》引《成实论》说:"无色界的色就是无作的非眼根所对的色法(这是空宗,总结有宗的主张),难道这种色也不能通达到无色界吗(这是空宗责难有宗的话,责难说:应该不能通达到无色界吗?就像《读教记》解释"戒体"时所分析的那样)?"这是空宗的观点,主张无色界是无色的。

然而小乘所主张的有色,是不究竟的,如果主张无色,才是究竟了义的了。大乘所主张的正好与此相反。《楞严经》说:这无色界的四空天,身心都消灭殆尽,禅定本性现在眼前,没有一切业果的形色。孤山智圆大师解释说:所谓没有业果的形色,说明是有禅定的果报之色。这就与小乘有宗的思想相同了。如果根据《大涅槃经》所说,无色界的色(是佛的境界),不是那些声闻缘觉果位的人所能够知道的,这就是大乘所主张有色的思想了。

空无边处,《禅门》卷六说:"这种禅定最初开始的时候,是离开了三种形色,心缘于虚空,也就是与无色相应,所以叫做虚空定。"识无边处,《禅门》卷六说:"舍离前面所缘的虚空而缘于意识,把意识作为自己的依托之处,正是从所依托的处所来命名,所以叫做识无边处。"无所有处,修行的人讨厌了识无边处的境界,于是就舍弃了它,从而进入到无所有处,也叫做不用处。《禅门》卷六说:修习这种禅定的时候,不需要利用一切内外的境界,外境名为空,内境名为识,舍离这内外二种境界,所以说是不用处。

非非想处,《止观》卷六引《阿毗昙》、《婆沙论》说:"不是无想天的没有思维念头,也不是无色界的前面三种空的禅定那样有思维念头,所以说是非想非无想。一般的法师说:无想是色界天的名称,是与无色界不同的一个界,不应该还用这个名称来命名。其实就是在同一界当中所阐释的名称,前面的无所有处定已经灭除了思维念头的想,现在又要灭除这种没有思维念头的想了,想和无想这两者都要舍弃,所以就说不是有想也不是无想。"《辅行》卷六记载:一般法师尚且不允许引用色界无想天的名称来使用,更何况全部引用色界四禅的名称呢?既然是《大智度论》的明文规定,就拿来用也是没有什么错误。一般法师所解释的,也并非都不对。现在天台宗就把这两种观念都保留使用,所以也没有破斥不同的说法。《止观》卷九说:这个非想非非想处的禅定,不依托于意识分别,所以是没有思维念头。也不依托于不分别作用上,所以也不是没有思维念头。

只有受、想、行、识这四种阴,《辅行》卷五上说:蕴与阴是新译和旧译的差异。积聚的意思就叫做蕴,覆盖的意思就叫做阴。积集一切有为造作的业,而覆盖了本来的真心佛性。然而,在各种佛教典籍里面,有说是四禅八定,或者只说是四定的不同,《辅行》卷九上(初)说:如果就从色界和无色界这二界相对的角度来说,那么,色界就可以名为禅,无色界就可以名为定。如果从上二界的总体,来看下面的欲界,那么,这上二界就都可以名为定地,而相对的下界就可以称为散乱。

上来所释,从地狱至非非想天,虽然苦乐不同,未免生而复死,死已还生,故名生死。此是藏教,实有苦谛。

[集注]一往言之,三途唯苦,诸天纯乐,人中苦乐相间。通而言之,天亦有苦。

《妙玄》六云:"六欲天者,地天,别有修罗斗战之难,通有五衰①死相,苦等地狱。色天,虽无下界诸苦,而为色所笼,若命尽时,不乐入禅,风触吹身,唯除眼识,余皆有苦。四空诸天,虽无欲、色界等苦,如疮(空处),如痈(识处),如病(无所有处),如箭入体(非非想),成就细烦恼。"②及非想

---

① 五衰:又作五衰相、天人五衰。天人于寿命将尽时身体所现之五种衰亡相。即:一、头上之花(或冠)萎靡。二、腋下出汗。三、衣裳污秽。四、身失威光,或常瞬目,且身上产生臭气。五、不乐于本座,或违逆玉女。
② 参见《大正藏》卷三十三,第759页上。

有八苦①等。

《文句》六云："三藏教诠生灭，故云实有也。"

[今译] 就一般而言，三途唯有痛苦，诸天纯粹享乐，人道处于中间就是苦乐参半。就究竟来说，诸天也有痛苦。

《妙玄》卷六说：在六欲天里面，初、二层的地居天，额外的有与阿修罗打仗的苦难，全部六层天都有五衰死相现前，那个时候的苦难也相当于地狱的痛苦。色界的诸天，虽然没有下界的那些痛苦，但又被形色所局限，如果寿命结束的时候，就不乐意进入禅定，风吹来接触到身体，除了眼识以外，其余的部分都有痛苦。无色界的四空诸天，虽然没有欲、色界等的痛苦，但是要做这种种观想：如疮（空处），如痛（识处），如病（无所有处），如箭入体（非非想）等，也是成就了微细的烦恼。此外，非想非非想天还有八苦的灾难等等。

《文句》卷六说：三藏教所诠释的就是生灭四谛的义理，所以说是实有的。

二、集　谛

二、集谛者，即见思惑。又云见修，又云四住，又云染污无知②，又云取相惑，又云枝末无明，又云通惑，又云界内惑。虽名不同，但见思耳。

[集注] 集者，招集为义。惑与业俱能招生死，而今但云惑者，前苦谛中已明善恶业故，即见思惑，示集谛之体也。见者，若云见理时，能断此惑，即从解得名。若云见只是假（谓因成、相续、相待，三假也），假者，不实为义，即当体受称。

---

① 非想天八苦：《法华文句》卷六说："非想亦有八苦之火：心生异念名生苦，念念不住名老苦，行心扰扰妨定名病苦，退定是死苦，求定不得是求不得苦，求定不得必有于障，即怨憎会苦，四阴心即五盛阴苦。"按，非想八苦，文仅列七种。《文句记》说："文已列七，阙爱别离，应云失定时苦，名爱别离。"

② 染污无知：不染污无知之对称，又称染无知。染污是烦恼之异名，为染着污秽之意。无知是愚昧不明，即指以一切无明烦恼为体的烦恼障。

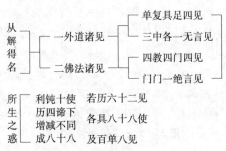

图20：从解得名、所生之惑

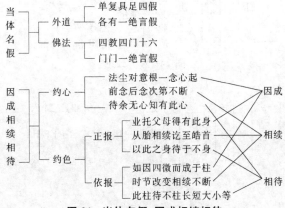

图21：当体名假、因成相续相待

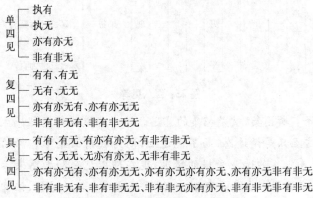

图22：单四见、复四见、具足四见

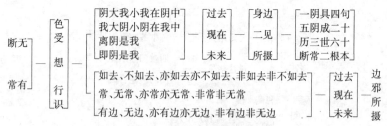

图23：六十二见两种不同

图24：六十五见

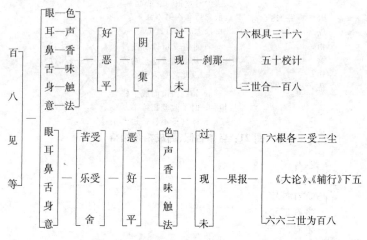

图25：百八见等

［今译］所谓集，就是招集的意思。迷惑与造业都能招感生死的痛苦，现在这里只是说迷惑，而不说造业，因为在前面介绍苦谛的时候已经阐明了善恶各种造业受报的情况，现在即以见惑和思惑表示招集苦果这个真实的根本自体。所谓见，如果说见到真理的时候，依靠这个真理就能断除这种迷惑，就是从理解的角度来命名。如果说见解只是一

种假名的安立(所谓因成假、相续假、相待假,三种假名),假,是不真实的意思,也就是从见解本身的含义来称呼。

[集注] 思惑,入修道位,重虑缘真。《辅行》云:"虑谓思虑,见道观真,已发无漏,今复重观,故云重虑。"①此惑即除,名思维惑,此从解得名。若云思假及爱惑者,此当体受称。然见惑从法尘起,能障真理;思惑从五尘起,能牵三界,此皆约欲界多分说,细论不拘。

见修:见惑,见道所断;思惑,修道所断,约能断位,名所断惑也。

四住,见为一住,思惑分三,因此二惑,故住着三界。

染污无知,《妙乐》一云:"然小乘中,立二无知,染污无知,无明为体,不染污无知②,劣慧③为体,谓味势熟德时数量耳(诸法滋味,损益等势,成熟德用,近远等时,一一等数,大小等量)。"④

取相惑,三惑皆名取相。《观音玄记》上云:"见思,取生死相;尘沙,取涅槃相;无明,取二边相。"⑤今见思取六道生死之相也。

枝末无明,对根本得名,见思以无明为根本,故云枝末。于一切法无所明了,故曰无明。

通惑,对别惑得名,见思通三乘人断,故曰通惑。尘沙、无明,别在菩萨所断,故名别惑。

界内惑,对界外得名,见思润有漏业,招三界生,故云界内。尘沙润无漏业。无明润非漏非无漏业,招变易生,故云界外。尘沙则通界内外也。

[今译] 思惑,是在进入到修道位的时候,重新再思虑观察真谛之

---

① 见《辅行》卷第五之六,《大正藏》卷四十六,第 322 页上。

② 不染污无知:又称不染无知,或不染愚。与染污无知合称二无知。即以其性非染污,故称不染污,而于佛法等诸义类差别未能了知,故称无知。

③ 劣慧:全称有漏无染劣慧。指尘沙惑的体性。此惑之体为不染污无知,故为有漏;非润生之烦恼,故为无染;于化他法不能堪任,又于一切事不勤求了解,故称劣慧。

④ 见《法华文句记》卷一(中),《大正藏》卷三十四,第 163 页中。

⑤ 见《大正藏》卷三十四,第 895 页上。

理。《辅行》说："虑就是思维考虑,在见道位的时候观察真谛之理,已经开发了无漏的智慧,现在又重新观察,所以叫重虑。"通过思维观察就能消除这种迷惑,叫做思维上的迷惑,这是从理解的角度来命名的。如果把这种迷惑叫做思维上的虚妄假名迷惑以及爱欲的迷惑,这是从它自身的本体来称呼的。可是见惑是从六尘当中的法尘生起,能够障碍对事物真相的理解;思惑则是从六尘当中的前五尘而生起,能够牵引众生流转在三界之中,这些都是从欲界因素比较多的方面来说的,如果仔细讨论就不可以拘泥于这种情况了。

见修(即指在见道和修道所断的迷惑):见惑,是在初果见道位时,八忍八智所断。思惑,是在二三果思维修道时,九无碍九解脱所断。这是从能够断除迷惑的位置,来命名所断的迷惑,所以也叫做见修。

四住,见惑的见一切处为一住,思惑的欲爱住、色爱住、有爱住等为三住,因为有了这见、思二种迷惑,所以就住着于三界,流转生死,受苦无量。

染污无知,《妙乐》卷一说:在小乘佛教的义理当中,建立了二种无知,第一是染污无知,以无明为其根本所依之体;第二是不染污无知,以粗劣的智慧(人空智)作为其根本所依之体。就是说不知道诸法的滋味、损坏烦恼增益智慧的势力、成熟各种功能的威德、在修行上所经历的时间远近、修行次数的多少、修行所得到利益的大小等等。

取相惑,见思、尘沙、无明等三种惑,都叫做取相惑。《观音玄记》卷上说:"见惑和思惑,所取的就是生死相。尘沙惑,所取的是涅槃相。无明惑,所取的是生死和涅槃两边的相。"现在这里的见思惑,就是取的六道生死相啊。

枝末无明,这是相对根本无明来命名的,见思惑是以无明作为根本的所依,因此就叫做枝末。对于一切事物的真相都无所觉知明了,所以叫做无明。

通惑,这是相对别惑来命名的,见思惑是通于三乘行人所断除的惑,所以叫做通惑。尘沙惑、无明惑,只是菩萨修行所断除的惑,所以叫做别惑。

界内惑,这是相对于三界以外的惑而得到的名称,见思惑能够滋润有漏行为的业果,感招在三界中流转生死,所以说是界内惑。尘沙惑能够滋润无漏行为的业果。无明惑能够滋润非有漏非无漏行为的业果,感招得变易生死,所以说是界外惑。尘沙惑则是通达于三界的内外,所以不能单独说它是界内惑或者界外惑。

(一) 释 见 惑

初、释见惑,有八十八使,所谓一身见、二边见、三见取、四戒取、五邪见(已上利使)、六贪、七瞋、八痴、九慢、十疑(已上钝使)。此十使,历三界四谛下,增减不同,成八十八。谓欲界苦,十使具足;集灭各七使,除身见、边见、戒取;道谛八使,除身见、边见。四谛下合为三十二。上二界四谛下,余皆如欲界,只于每谛下除瞋使,故一界各有二十八,二界合为五十六。并前三十二,合为八十八使也。

[集注]《法界次第》上云:"使,以驱役为义。能驱役行者心神,流转三界,故通受使名。"①身见,于阴、入、界中,妄计为身,强立主宰,恒起我见,诸文或云身见,或云我见。《止观》十双列二名云:"求我叵得故,则身见破,身见破故,则我见破。"②《辅行》五下云:"外人计我,如麻豆及母指等,或计遍身、神身四句及一异等。"③

边见,于身见上,计我断常,执常非断,执断非常,随执一边也。见取,谓因此见,通至非想,信此非余,执劣为胜。戒取,执邪为道,名非因

---

① 见《大正藏》卷四十六,第668页中。
② 见《大正藏》卷四十六,第138页下。
③ 见《大正藏》卷四十六,第314页上。

计因,及鸡狗等戒名戒取。邪见,由计断常,不信因果;复计此我,以为自然;冥初①世性,世性即是二十五谛②(一冥初、二从觉等,如图示)及六谛③等,或计从于父母、微尘、梵天等生,皆名邪见。

贪,是己法者爱,即指五见为己法也。嗔,非己法故嗔。痴,不识见中苦集。慢,我解他不解。疑,犹豫不决。利钝:利则造次恒有,钝则推利方生,五钝亦名见中思,亦名推利思,亦名背上使。利使若去,钝使亦亡,故属见摄。四谛下惑,增减不同,前云集谛,虽在惑业,今历四谛者,集是能迷,苦是所迷。又道灭虽是出世间因果,由迷苦集,道灭亦迷,如不识病,亦迷于药。

此四谛惑,《俱舍颂》云:"苦下具一切,集灭各除三,道除于二见,上界不行嗔。"《辅行》五下"问:四谛下惑,依何理教增减不同耶? 答:依《阿毗昙》上界不行嗔。"④无相害故,有善欲故,性寂静故,心滋润故。然止而不行,非能断也。故《法华》中,蚖蛇喻嗔通三界。《妙乐》六云:"小乘中云:上界无恚,非尽理也。"⑤

"问:何故身边唯在苦耶? 答:此见依身,故名身见。依于身见,而起边见。余三非身,故无此见。又见苦断故,故在苦下。"⑥四空无色有身见者,虽无粗色,而有细色,所执未亡,即是身见。非想八苦,其义

①　冥初:数论师立二十五谛,第一名冥谛(也叫冥性,或者自性),以冥谛为诸法之元初,所以称之为冥初。

②　二十五谛:这是印度数论派的哲学。此派将宇宙万有分为神我(即精神原理)与自性(即物质原理)二元,而将世界转变之过程分为二十五种,以其为真实之理,故称二十五谛。此即从自性生觉(又称大,乃存在体内觉知之机关,即决智),自觉复生自我意识(我执)之我慢;复于我慢生出地、水、火、风、空等五大。以上八者为万物衍生之根本,故称根本自性。又自五大生色、声、香、味、触等五唯,眼、耳、鼻、舌、身(皮)等五知根,语、手、足、生殖器、排泄器等五作根,以及心根(以上十六者乃从他物所生,故称十六变异)。如此,从未显现之自性中,能显出觉、我慢等二十三种,加上自性与神我二者,是为二十五谛。

③　六谛:为胜论派所立的六句义。胜论派的本师立六句义,其末师立十句义。

④　见《大正藏》卷四十六,第314页上一中。

⑤　见《大正藏》卷三十四,第272页中。

⑥　见《辅行》卷五之五,《大正藏》卷四十六,第314页中。

可知。

"问：戒取何故，唯在苦道？答：唯彼所起。问：戒取计因，苦谛是果，何故在苦？答：计多苦行，望为实因，故在苦下。非出世道，妄为出道，是故复于道处能起。集灭异此，故无身见。无身见故，亦无边见。集灭非道，不生戒取。又复戒取在于苦道二谛下者，本是内道，见苦能断，本外道者，见道能断，故惟在二。"① 此有亲疏之义。孤山作六十四句②解云云。

八十八使，且据见惑，《婆沙》中云九十八使者，兼十思故也。《辅行》五下云："以十缠③为九十八"。④ 论文所出不同，或名三结。《止观》云："初果所破，如竭四十里水，功夫甚大，恐闻者生疑，略断三结。"⑤谓身见、戒取、疑。（如下图示）

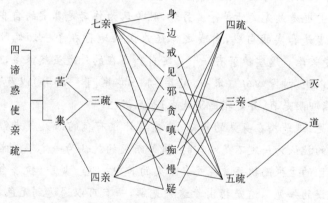

图26：四谛惑使亲疏

① 见《辅行》卷五之五，《大正藏》卷四十六，第314页中。
② 六十四句：见《闲居编》卷三十五《四谛具惑释义颂》，见《卍续藏》第一〇一册，153页下—154页上。
③ 十缠：十种的烦恼。缠就是烦恼的别名，因烦恼能缠缚众生的身心，使不得出生死和证涅槃。十缠就是无惭、无愧、嫉、悭、悔、睡眠、掉举、昏沉、嗔忿、覆。《俱舍论》卷二十一说：毗婆沙宗说缠有十，谓于前八更加忿覆。见《大正藏》卷二十九，第109页中。
④ 参见《大正藏》卷四十六，第314页下。
⑤ 见《大正藏》卷四十六，第69页上。

[今译]《法界次第》卷上说：使，就是驱役的意思，能够驱役众生的心神，使之流转于三界之中，所以就全部以"使"作为其名称了。身见，对于五阴、十二入、十八界这三科之中的种种情况，虚妄地计较为真实的自身，牵强附会地建立了自己能够主宰一切的看法，常常起着有一个真实自我的见解，在各种经文当中，或者说是身见，或者说是我见。《止观》卷十从两个方面来说明这两种名称，说：因为推求真实的自我不可能得到实现，那么认为有真实自身的见解就被破除了。由于真实自身的见解破除了，那么真实自我的见解也就被破除。《辅行》卷五下说：外道的修行人都虚妄执著计较有真实的自我，如《大智度论》所说的：外道认为神在心中，微细如芥子名净色身。有的认为如小麦、芝麻，如豆半寸、一寸，最初受身的时候，在最前受，譬如母指、象骨，身死的时候，这个净色身也是最先离开等等。另外，胜论认为作者是真实的自我，数论认为受者是真实的自我，自我之体还永久性地存在于一切处，随处造业，随受苦乐。这些执著有一个真实自我存在的外道虽然很多，但总结起来可以用"神身四句"（定一、定异、亦一亦异、非一非异）以及"一异"（一是指即阴是我，异是指离阴是我）等来概括。

边见，这是指在身见的基础上，虚妄计较有我的断灭或者常住，执著常住的就认为一定不是断灭的，执著断灭的就认为一定不是常住的，随着自己的主张而执著常住或者断灭的其中一边。见取（执著自己身、边等错误的知见），这是指由于这种见解，一直可以通达到无色界的非想非非想天，相信自己这种见解是正确的，除此之外就没有别的更加正确的见解了，执著于自己低劣的认识，还自以为殊胜无比（如修禅定时，稍有轻安，便以为是到家消息了）。戒取，执著错误邪恶的理论，自己还以为这就是正道，这叫做非因计因（不是由这个原因所产生的事情，而认为就是由这个原因所产生的），以及模仿鸡和狗等等动物的行为，作为戒律来对待自己，这就叫做戒取。邪见，由于片面执著断灭见和常住见，从而不相信有因缘果报的规律存在。又错误地以为这个我，是一种自然现象，没有任何规律可言。还有执著我是由冥初等世性所构成的，世性就是指数论外道所主张的二十五谛(一冥初、二从觉等,如图所表示),以及胜论外道所主张的六谛等,或者又虚妄的计较真我是从父母、微尘、梵天等所生,这些都是邪见。

贪,属于自己的观点主张(或者东西)就喜爱,也就是把前面所说的五种错误的见解作为自己的观点主张(或者东西)。嗔,不属于自己的观点主张(或者东西)就排斥厌恶。痴,不认识前面所说五见之中的苦集道理。慢,认为只有我能够理解,而他人都不理解,因此所产生的自恃轻他。疑,对于所认识的道理,总是犹豫不决,不敢肯定承担。利钝:利就是指在心行造作之中恒时具有,钝则是指由于利使的存在方能生起。五钝也叫做见中思,也叫推利思,也叫背上使。五利使如果去除了,五钝使也就自然灭亡,所以都属于知见方面所受摄。四谛所对应的各种见解上的迷惑,多少是不一样的,前面说过集谛是指迷惑造业而招集生死的痛苦,现在却说见惑是遍历于四谛之中,这是因为集就是能够迷惑的见解,苦就是所迷惑的见解(所以都是在见惑的范围内)。另外,道谛和灭谛虽然都是出世间的因果,但是由于众生迷惑了苦谛和集谛的真理,因此连出世间的道谛和灭谛也迷惑了,就像不认识病症,也就不知道如何对病下药一样。

四谛中的见惑,《俱舍颂》说:苦谛之下具备一切利钝等十使;集谛和灭谛各自除去身见、边见、戒取见三使;道谛除去身见、边见二种见惑;三界之中的上二界不行嗔使。《辅行》卷五下,问:四谛之下的见惑,依据什么教理而说多少不一样呢? 答:依据《阿毗昙》所说,三界之中的上二界不行嗔恨。因为在这二界里面没有彼此争斗相互杀害的事情,由于具有实践善法的欲望,性格都变得沉寂而宁静,内心世界被禅定所滋润。然而,这上面的色、无色二界,对于嗔恨的结使也只是暂时的停止,而不使它发生,并不是能够把这个结使彻底断除了。所以在《法华经》当中,蜈蚣就是比喻嗔恨的毒害,而通存于三界之中。《妙乐》卷六说:小乘佛教认为:三界之中的上界就没有习气毛病了,这并不是究竟的道理。

　　问：为什么说身见和边见，都只是在苦谛之下呢？答：因为这个身见和边见的见惑是凭藉身体而起，所以叫做身见。依据身见，而生起了边见。其余三谛都不是依据身体而起，所以就没有此种见惑。再者，因为是见到苦谛然后断除了这两种见惑，所以就只是在苦谛之下。无色界的四空定还有身见的存在，虽然已经没有粗重的色身可以执著，但是还有微细的色相存在，所执著的我还没有彻底消亡，这就是身见。无想天还属于八苦之一，这个道理就再明显不过了。

　　问：戒取见为什么唯独只在苦谛和道谛之下呢？答：因为戒取见只是在苦谛和道谛中生起。又问：戒取见是虚妄的非因计因，苦谛却是世间的苦果，为什么说它是在苦谛之下呢？答：错误的计较多修各种无益苦行，期望能够作为真实的成道之因，所以就是在苦谛之下了。明明不是出世间的正道，却妄自以为就是出世间的正道，所以又在道谛之处能够生起这种见惑。集谛和灭谛都与此有所差别，所以就没有身见，由于没有身见的缘故，也就没有边见。集谛和灭谛都不是具体的修行方法，所以也就不会生起戒取见。另外，戒取见是存在于苦谛和道谛这二谛之下，如果原来就是修行佛法的内道中人，在见到苦谛的时候就能断除这种戒取见。如果原本是修行佛法之外的外道的行者，则需要在见到道谛的时候才能断除这种戒取见，所以就只在苦、道二谛之下。关于四谛之下的见惑情况，有亲近和疏远的不同看法。孤山智圆法师曾作六十四句来解释。

　　八十八使，这是根据见惑的数目来说的，《婆沙论》中说有九十八使，这是在八十八使上再加上十思的缘故。《辅行》卷五（下）说：因为加上十缠就成为九十八使了。经论当中对于见惑的描述有所不同，有的就直接叫做三结。《止观》说："初果罗汉所破的见惑烦恼，就像是竭尽了四十里的水（剩余的就像是一毛滴水），这需要相当大的修行功夫，恐怕听闻的人于此生起怀疑，而犹豫不决，所以就简略地说只要断除三结就行了。"三结就是指身见、戒取见、疑惑。

（二）明 思 惑

二、明思惑者,有八十一品,谓三界分为九地,欲界合为一地,四禅、四定为八,共为九地。欲界一地中,有九品贪、瞋、痴、慢。言九品者,上上、上中、上下、中上、中中、中下、下上、下中、下下。上八地各有九品,除瞋使,故成八十一也。

[集注] 此"界系思",亦名"迷事思",亦名"正三毒"。异俱生思,及推利思也。九地,所依处得名,欲界同一散地,故合为一。于九地中,各有九品贪瞋痴慢,但上八地无瞋耳。不言疑者,见道已断,理合无疑。

断此惑时,或直缘一真谛,或于四谛中,随缘一谛。故《止观》中云:"见惑如四十里水,思惑如十里水。"①《大经》云:"初果所断,如四十里水,其余在者,如毛一滴。"②

[今译] 这是指系缚于三界的思想,也叫迷事思,也叫正三毒。差别于俱生思及推利思。九地,根据思惑烦恼所依住的处所而命名。欲界的六趣都是一样没有禅定的散乱之地,所以就合成为一地。在三界九地当中,每一地各自都有九品的贪瞋痴慢,只是上二界的八地没有瞋恚。不说有疑使,是因为疑使在见道位的时候已经断除,对于真理应该是没有疑惑了。

断除这个思惑的时候,或者直接缘虑一个真实的理体,或者在四谛当中,随便缘虑哪一谛都可以。所以《止观》中说:见惑就像是纵横四十里水,思惑就像是纵横十里水。《大经》说:初果罗汉所断除的见惑烦恼,就像四十里水,其余剩下的烦恼,就如毛头上的一滴水。

上来见、思不同,总是藏教实有集谛。

[集注] 此惑有为有漏之因,故云实有。上明见惑八十八使,思惑

---

① 《摩诃止观》卷第六(上)说:"见惑四十里水,此缘一渧应是一十里水,不横起故称之一渧,重数甚多亦可十里。"见《大正藏》卷十四六,第77页上。
② 《涅槃经》卷三十六说:"须陀洹人所断烦恼,犹如纵广四十里水,其余在者如一毛渧。"见《大正藏》卷十二,第577页中。

八十一品，乃见思俱开。若云九十八使，乃开见合思。若云四住，开思合见。但云见思，俱合义也。或云三漏(欲、有、无明)，或云四流①(见、欲、有、无明)。或云上下五分②。

《妙乐》七云："上五分中，色染无色染，一向唯上，掉举等三，虽复通下，不能牵下，故云上分。言下分者，贪虽通上，不是唯上，嗔一唯下，不通于上。余三遍摄一切见惑。虽复通上，而能牵下，故名为下。故《俱舍》云：由二不超欲，由三复还下③。纵断贪等，至无所有，由身见等还来欲界。"④

颂曰：

> 身摄边见戒摄取，
> 邪见元从疑惑生。
> 四钝皆由利使生，
> 是故三结摄见尽。
> 痴起贪嗔二生慢，
> 举二摄二成欲思。
> 无明即痴染即贪，
> 掉举遍三俱定爱。

---

① 四流：一见流，三界之见惑。二欲流，欲界之一切诸惑，但除见及无明。三有流，上二界之一切诸惑，但除见及无明。有者生死果报不亡之义，三界虽通，而今别以名上二界。四无明流，三界之无明也。有情为此四法漂流而不息，故名为流。

② 上下五分：又称为"五上分结"和"五下分结"，三界之中的见思烦恼，分为上二界与下界的不同。上二界五分烦恼，即：(一) 色爱结，指贪著色界五妙欲的烦恼；(二) 无色爱结，指贪著无色界禅定境界的烦恼；(三) 掉结，指二界众生心念掉动而退失禅定的烦恼；(四) 慢结，指二界众生恃自凌他憍慢的烦恼；(五) 无明结，指二界众生痴暗的烦恼。下界五分烦恼，即：(一) 贪结，指贪欲的烦恼；(二) 嗔结，指嗔恚的烦恼；(三) 身见结，指我见的烦恼；(四) 戒取结，指取执非理无道邪戒的烦恼；(五) 疑结，指怀疑谛理的烦恼。如《法华文句记》卷七(中)说："五上分者，谓：掉举、慢、无明、色染、无色染。五下分者，谓：身见、戒取、疑、贪、嗔。"见《大正藏》卷三十四，第283页下。

③ 见《大正藏》卷二十九，第108页下。

④ 见《妙乐》卷七(中)，《大正藏》卷三十四，第283页下。

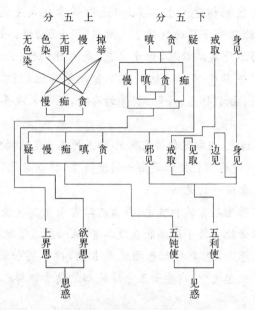

图27：下五分、上五分

[今译] 见惑和思惑都是有为法、有漏烦恼的前因，所以说是实在的有。上面说明了见惑有八十八使，思惑有八十一品，这是把见惑与思惑全部分开来说的。如果说有九十八使，就是以见惑为主而与思惑合起来说的。如果说是四住，就是以思惑为主而合并了见惑来说的。如果只说见思惑，那就是把见思二惑都合起来的意思。或者说是三漏（欲、有、无明），或者说是四流（见、欲、有、无明），或者说是上下五分。

《妙乐》卷七说："上二界的五分当中，色染与无色染两种，一直都只是属于上二界的烦恼。掉举、慢、无明等三者，虽然也是通于下界的烦恼，但是这些烦恼不能牵制众生永远处于下界（即有此烦恼，也可以生到上二界），所以说是属于上二界的烦恼。所谓下分，贪欲虽然也通于上二界，但不是只在上二界。嗔恚这一种烦恼只限于下界，不通于上二界。其余的身见、戒取见、怀疑三者，是普遍存在于一切

195

见惑之中。虽然也相通于上二界,但是能够牵制众生还要来下界受苦,所以也就称其为下界的烦恼了。所以《俱舍论》说:由于贪和嗔这二者的存在而不能超越欲界,由于身见、戒取见、疑这三者的存在,牵制众生还要在下界受苦。纵然断除了贪欲等其他烦恼,生到无色界的无所有处天,由于身见、戒取、疑等的存在,还得来欲界受生。"

颂文说:

身见含摄边见,戒取见含摄见取见,邪见原本就是从疑惑生出来的。

贪、嗔、痴、慢这四钝使都是由五利使所生,所以身见、戒取见、疑惑这三结就完全含摄一切见惑。

由于愚痴而生起贪欲和嗔恚,再由这二者而生起我慢,这是列举了贪欲和嗔恚二者就含摄了愚痴和我慢二者,从而构成了欲界的思惑。

无明就是愚痴,色染和无色染就是贪欲,掉举则普遍地存在于贪欲、愚痴、我慢三者之中,这些上五分结使都是属于四禅八定的色爱、有爱的范围。

三、灭　　谛

三、灭谛者,灭前苦集,显偏真理,因灭会真,灭非真谛。

[集注]《法界次第》中云:"灭以灭无为义,结业既尽,则无生死之累,故名为灭。"①《妙玄》二云:"二十五有,子果缚②断是灭谛。"③《观音玄记》上云:"灭谛之体,是二涅槃。虽非真谛,能冥于理,故云因灭会真。"④灭非真谛,因灭苦集,方能会真,非谓此灭,便是真谛。

《止观》一云:"法性自天而然,集不能染,苦不能恼,道不能通,灭不

---

① 见《大正藏》卷四十六,第 680 页中。
② 子果缚:即指子缚和果缚,合称为二缚。子即因,指烦恼;果即结果,指苦果。烦恼能生有漏之果,是为因,经常系缚有情,故称子缚;有漏之果亦系缚有情,使其不得自在,故称果缚。四谛中,集谛为子缚,苦谛即果缚。
③ 参见《大正藏》卷三十三,第 711 页上。
④ 见《大正藏》卷三十四,第 899 页上。

能净。如云笼月，不能妨害，却烦恼已，乃见法性。经言：灭非真谛，因灭会真。灭尚非真，三谛焉是？"①《辅行》一下云："当知苦集，但是能覆，不能恼染，道灭能显，而理本净。法性如月，苦集如云，道如却除，灭如却已。"②

[今译]《法界次第》卷中说：灭谛的灭就是消灭空无的意思，这是指结使烦恼的惑业已经消灭干净，就没有生死的过患，所以叫做灭。《法华玄义》卷二说：三界二十五有的子缚（烦恼）和果缚（苦果）都断灭干净了就是灭谛。《观音玄记》卷上说："灭谛所依据的根本自体，就是二种涅槃。虽然不是真实的谛理，但是能够暗合真理，所以说是因为灭除了烦恼而会入真谛。"灭的本身并不是真谛，因为消灭了苦集的烦恼，才能会入真谛，并不是说这个消灭烦恼的本身就是真谛。

《止观》卷一说：法性是本来如此的，集不能染污它，苦不能烦恼它，道不能使它变得通达，灭也不能使它变得清净。就像天上的云彩笼罩月亮一样，不能妨害月亮的一切，去除烦恼之后，就能见到法性。佛经上说：消灭烦恼本身不是真实的谛理，而是因为消灭烦恼之后就能会入真谛。消灭烦恼尚且不是真谛，其余的三谛又哪里是真谛呢？《辅行》卷一下说：应当知道苦谛和集谛，都只是能够覆盖自性的烦恼，却不能恼乱染污自性。道谛和灭谛也只是能够显现出自性，由于法性理体本来就是清净的。法性就像月亮，苦谛和集谛就像笼罩月亮的云彩，道谛就像消除云彩的方法，灭谛就像把云彩消除干净了。

四、道　谛

四、道谛者，略则戒定慧，广则三十七道品，此三十七合为七科。

[集注]《法界次第》中云："道以能通为义，正道及助道，是二相扶，

---

① 见《大正藏》卷四十六，第6页上。
② 见《大正藏》卷四十六，第166页下。

能通至涅槃,故名为道。"①《妙玄》二云:"戒定慧,无常苦空,能除苦本,是道谛。"②略则戒定慧,《释签》道品虽多,戒等摄尽,戒摄三(正语、正业、正命)定摄十(四如意足、定根、定力、除觉、定觉、舍觉、正定),慧摄十八(四念处、四正勤、进根、慧根、进力、慧力、择觉、进觉、喜觉、正见、正思维、正精进),通定慧(念根、念力、念觉、正念。《止观》七九云:"念通缘两处"),通三学(信根、信力,《辅行》云:"一切诸法,信为本故。")。

广则三十七道品,三四、二五(四念处、四正勤、四如意、五根、五力),单七只八。若六度摄三十七,具如《辅行》七上。

道品者,《法界次第》中云:"品者,类也。此七科法门,悉是入道浅深之气类,故云道品也。"③

然此道品,通正通助,通大通小,通漏通无漏,亦漏亦无漏。并如《止观》第七具释。又小唯正道,大通正助,今是小乘道品,义当相生。

四种道品——一——当分——多人所修,当分得道故。
相摄——法门相摄,各各能摄诸法门故。
对位——一对当次位(四念对念处位,四勤对暖,四意对顶,五根对忍,五力对世第一,七觉对二,三果,八正对初果)。
相生——三四、二五、单七、只八,次第相生不乱也。

图28:四种道品

[今译]《法界次第》卷中说:道就是能够通达的意思,由于正道以及助道,这二者相互扶持,就能通达到涅槃的境界,所以叫做道。《法华玄义》卷二说:戒律、禅定、智慧,无常、苦、空等等法门,能够消除根本的痛苦,这就是道谛。简略地说只有戒定慧三学,《释签》指出:道品虽然很多,戒定慧等三学就能全部收摄。戒学摄持了三种(正语、正业、正命)。定学摄持了十种(四如意足、定根、定力、除觉、定觉、舍觉、正定)。慧学摄持了十八种(四念处、四正勤、进根、慧根、进力、慧力、择觉、进

---

① 见《大正藏》卷四十六,第680页中。
② 见《大正藏》卷三十三,地701页上。
③ 见《大正藏》卷四十六,第681页中。

觉、喜觉、正见、正思维、正精进),通融于定慧二学的有四种(念根、念力、念觉、正念。《止观》说:念相通于定和慧两处),通融于戒定慧三学的有两种(信根、信力。《辅行》说:这是因为一切诸法,都是以信作为根本的原故)。

广泛地说就是三十七道品了,所谓三四、二五(四念处、四正勤、四如意、五根、五力),单七只八(七觉分、八正道)。如果用六度来摄持这三十七道品的话,详细情况如《辅行》卷七上所述。

所谓道品,《法界次第》卷中说:所谓品,就是品类的意思。这七科修行的法门,都是进入正道由浅入深的品类,所以就叫做道品了。

然而,这三十七道品,既通融于修道的正行,也通融于修道的助行,既通于大乘佛法,也通于小乘佛法,既通于有漏善法,也通于无漏善法,或者亦有漏亦无漏之法。关于这些情况都可以参考《摩诃止观》卷七的详细解释。另外,从小乘的角度来看,这些道品都只是属于修道的正行,从大乘的角度来看,是可以通融于正行和助行的,然而现在这里所说的正是小乘修道的品类,从义理上说,应当具有次第相生的内涵。

(一) 四 念 处

一四念处:一观身不净(色蕴)、二观受是苦(受蕴)、三观心无常(识蕴)、四观法无我(想、行蕴)。

[集注]《四念处》一云:"四者,数也。念者,观慧也。处者,境也。今言四者,人于五阴,起四倒故,于色多起净倒,于受多起乐倒,于想行多起我倒,于心多起常倒,举四倒,故言四也。若相生次第,应言识、受、想、行、色;若粗细次第,应言色、行、想、受、识;今从语便,故言身、受、心、法。"①若迷心不迷色,则数为五阴,若迷色不迷心,则数为十二入,若心色俱迷者,则数为十八界。

---

① 见《大正藏》卷四十六,第 558 页上一中。

如《婆沙论》、《俱舍颂》云："聚生门种族,是蕴处界义,愚根乐有三,故说蕴处界(诸有为法和合是聚义;生长门是处义,以能生长心、心所法;种族是界义,如一山中,有金银铜铁等,名多界等。《补注》①十三卷)。"②

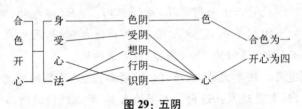

图 29:五阴

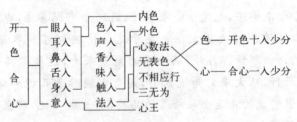

图 30:十二入

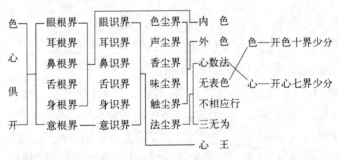

图 31:十八界

① 《补注》:全称《法华三大部补注》,又作《天台三大部补注》,十四卷,宋代从义撰。本书补注智者大师之天台三大部及荆溪湛然大师注释三大部所作之《释签》、《文句记》、《辅行》等书中所缺略者。收于《卍续藏》第四十三、四十四册。

② 参见《大正藏》卷二十九,第311页中。

[今译]《四念处》卷一说:"四,是指数量。念,就是由观想而产生的智慧。处,就是所观的境。现在这里说四,是因为人们于五阴境界当中,生起四种颠倒的原故。于色蕴中多生起净的颠倒法,于受蕴中多生起乐的颠倒法,于想蕴、行蕴大多生起我的颠倒法,于识蕴中多生起常的颠倒法,列举了这四种颠倒,所以说'四'。如果从相生次第来说,应该说成识、受、想、行、色;如果从粗细次第来说,应该倒过来说成色、行、想、受、识。现在从语言的方便来讲,所以说是身、受、心、法。"如果迷于心法而不迷于色法,那么数量就是五阴。如果迷于色法而不迷于心法,那么数量就是十二入。如果心法、色法都一起迷惑,那么数量就是十八界了。

如《婆沙论》、《俱舍颂》所说:有为法和合聚集、生长各种知见门户、种族归类相聚,这就是蕴、处、界的含义。愚劣根机的众生乐意有这三科的分别,所以就说有五蕴、十二处、十八界(诸有为法和合聚集就是蕴的意思;生长门户知见就是处的意思,因为这十二处能够生长出心法和心所法;种族同类相聚就是界的意思,就像在一座山当中,有金银铜铁等,有多种族类相聚在一起,这就叫做多个界别。《补注》十三卷对此有解释)。

[集注]观身不净,《四念处》一云:一切色法名之为身,内身、外身、内外身。己名内身,眷属及他名外身,若己若他名内外身。此三种色,皆从前世不净业生,则有五种不净,谓生处、种子、相、性、究竟。

生处者,女人之体,是不净聚。虫脓秽恶,合集成立。经十月日,而脏间夹,迮隘如狱。《释论》云:"此身非莲华,亦不由栴檀,粪秽所长养,但从尿道出。种子不净者,揽父母遗体,赤白二滴,于中而住。是识随母气息出入,是为受身,最初种子不净也。相不净者,头等六分①,从首至足,纯是秽物,譬如死狗,尽海水洗,洗死尸尽,唯余一尘,一尘亦臭。性不净者,根本从秽业生,托于秽物长养,其性自尔,不可改变。究竟不

---

① 头等六分:即指二手、二足、身及头,见《辅行》卷二之三,《大正藏》卷四十六,第200页下。

净者,业尽报终,捐弃塚间,如朽败木,大小不净,盈流于外。"①

观受是苦,《四念处》一云:"领纳名受,有内受、外受、内外受。缘内名内受,缘外名外受,缘内外名内外受。又意根受名内受,五根受名外受,六根受名内外受。一一根有顺受、违受、不违不顺受。于顺生乐受,于违生苦受,于不违不顺生不苦不乐受。乐受是坏苦,苦受是苦苦,不苦不乐受是行苦。"②

观心无常者,心即心王,心王不住,体性流动,若粗若细,若内若外,皆悉无常。

观法无我,《四念处》一云:"法名轨则,有善法、恶法、无记法。人皆约法计我,我能行善、行恶、行无记。若于心王计我,已属心念处摄。若于心数计我,从九心数,一切善数、恶数,通大地数,并属行阴,法念处摄。此等法中求我,决不可得。龟毛兔角,但有名字,实不可得。若善法是我,恶法应无我;若恶法是我,善法应无我。若无记是我,无记不能起业,但名因等起③,因此无记,起善起恶,善恶业尚非我,因等起何得是我? 当知皆无有我,但是行阴。故经云:起唯法起,灭唯法灭。但是阴法起灭,无人、无我、众生、寿命。虽有法起,亦是颠倒。颠倒者,即是身边二见。"④

想行蕴者,《止观》五云:"想取相貌,行起违从。"⑤

念处居初者,一、佛嘱,佛将入涅槃,阿难请问:佛去世后,比丘依何修道? 佛答:比丘当依四念处行道。二、依经,《止观》五云:"《大品》云:声闻人依四念处行道,菩萨初观色,乃至一切种智,章章皆尔,故不违经。"⑥三、现前,《止观》五云:"又,行人受身,谁不阴入? 重担现前,

----

① 见《大正藏》卷四十六,第558页下—559页上。
② 见《大正藏》卷四十六,第559页上。
③ 因等起:为"刹那等起"之对称。即由思维等心的作用,以引发起行为,称为因等起。与"动机"同义。也就是指引起表业及无表业的心、心所法。
④ 见《大正藏》卷四十六,第559中。
⑤ 见《大正藏》卷四十六,第52页上。
⑥ 见《大正藏》卷四十六,第49页中。

是故初观。"①《辅行》七上云:"以四念处,能为大小观行初门,如来殷勤遗嘱,意在于斯。"②

[今译] 观身不净,《四念处》卷一说:一切色法都可以总结起来把它叫做身,也就是内身、外身、内外身。自己的身体名为内身,眷属以及他人的身体名为外身,己身和他身总名为内外身。这三种色身,都是从前世不净的业果感召而生,这就有五种不净,所谓生处不净、种子不净、相不净、性不净、究竟不净。

生处不净,这是指托胎在女人的身体里面,那里就是不净的聚集处。其处由虫脓秽恶和合聚集而成,经过十个月的时间,而在内脏之间被夹持,狭隘得就像牢狱一样。《释论》说:这个身体并非莲华化生,也不是经由栴檀香而生,是在粪秽污浊的地方生长养育,然后从尿道里生出来的(按:应该说是从阴道里生出来的)。种子不净,(投生的神识)和合了父亲的精子和母亲的卵子这遗留下来的体液,只是赤色和白色的两滴,便于其中安住。这个神识就随着母亲的气息而出入,从而形成了自己能够感受的身体,这是最初投胎时的种子不净。形体相状不净,包括头在内的身体六个部分,从头到脚,纯粹都是污秽之物,譬如死狗一般,用尽大海的水来进行清洗,把死狗的尸体都洗没有掉了,最后只剩尸体的一点尘垢,就连这一点尘垢也是臭的。性质不净,最初最根本的因就是从污秽的行为所产生,依托于污秽的物质环境而生长起来,它的性质自然也就是污秽的了,不可能把污秽的实质改变为清净。究竟不净,这一生污秽的行为结束,一期生命的果报完毕之后,捐弃到山林坟墓之间,就像是腐朽败坏的木头一样腐烂了,大便道小便道等等地方,更加肮脏不堪,没有一点清净,满身都是污秽臭气,还流出到身体的外边(一切死尸中,人身最不净)。

观受是苦,《四念处》卷一说:领纳叫做受,有内受、外受、内外受三

① 见《大正藏》卷四十六,第 49 页中。
② 见《大正藏》卷四十六,第 363 页中。

种。由内心而引起的感受名为内受，由外缘而引起的感受名为外受，由内心外缘同时引起的就名为内外受。再者，意根的感受名为内受，其余五根的感受名为外受，六根共同的感受名为内外受。六根中的每一根都有顺受、违受、不违不顺受三种。于顺从我的境界生起快乐的感受，于违背我的境界生起痛苦的感受，于不违背也不顺从的境界生起不痛苦也不快乐的感受。快乐的感受是坏苦，痛苦的感受是苦苦，不痛苦也不快乐的感受就是行苦。

观心无常，心就是指八识心王，这八识心王永远都不会安住不动，心王自己本身的性质就是流动不停。无论是粗暴的活动，还是微细的活动，无论是在内心中动，还是在外表上动，都是无常变化的。

观法无我，《四念处》卷一说：法叫做轨则，有善法、恶法、无记法三种。一般的人都从色法的角度来执著有真实的我，认为我能够行善、行恶、行无记等等。如果在心王里面执著有真实的我，这已经是属于心念处所含摄的范围了。如果是在心所法里面执著有真实的我，从九心数，一切善数、恶数，通大地数等等执著有真实的我，这就全部都是属于行阴的法念处所含摄的范围了。在这些法当中寻求真实的我，决定不可能得到，就像是龟毛兔角一般，只有名字，却没有实际的东西可得。如果说善法就是真实的我，那么恶法就应该是无我；如果说恶法就是真实的我，那么善法就应该是无我；如果说无记就是真实的我，无记又不能起动造业，只是叫做因等起（动机），因为有这个无记，才能生起善的行为和恶的行为，善和恶的行为尚且没有真实的我，那么这个因等起的动机又怎么会是真实的我呢？应当知道，善、恶、无记都没有真实的我可得，只是行阴而已。所以佛经上说：生起只是法的生起，消灭也只是法的消灭。都只是五阴之法的生起和消灭，根本就没有真实的人、我、众生、寿命可得。虽然有五阴之法的生起，但这也是虚妄颠倒的看法。所谓颠倒，就是指身见和边见这两种错误的知见。

想蕴和行蕴，《止观》卷五说：想就是执取事物的形象，行就是生起违背和顺从的念头。

之所以要把四念处放在三十七道品的最初,是因为:第一、是佛的嘱咐,佛将入涅槃的时候,阿难请问世尊:佛去世之后,比丘们应该依据什么来修道?佛回答说:比丘们应该依据四念处来修道。第二、依据经典,《止观》卷五说:《大品般若经》说:声闻乘的行人依据四念处来修道,菩萨从最初观色不净、苦、无常、无我等,乃至到达获得一切种智的地位,每个阶段都是这样的(先观色等不净、苦、无常、无我)。所以是不违背佛经的说法。第三、现在目前,《止观》卷五说:再者,行人所受的身体,谁不是由五阴十二入组成的呢?五阴就是重担现前,所以最初对其进行观察。《辅行》卷七上说:因为四念处,能够作为大乘和小乘修行观法的最初入门,又是如来殷勤遗嘱的教法,原因和意趣正在于此。

(二) 四 正 勤

二四正勤:一未生恶令不生、二已生恶令灭、三未生善令生、四已生善令增长。

[集注] 正则不邪,勤则不怠。《辅行》七上云:"只是于前念处,精勤除恶生善。文从语便,先除二恶,次生二善。据行,必以已生善恶居先,未生善恶居次,并先明灭恶,次明生善。"①《止观》七引《十住毗婆沙》偈云:"断已生恶法,犹如除毒蛇。断未生恶法,如预防流水。增长已生善,如溉甘果栽。未生善为生,如钻木出火。"②

一、未生恶令不生,四念处观时,若懈怠心起,及诸烦恼恶法虽未生,恐后应生,遮信等五种善根。今为不令生故,一心勤精进,方便遮止,不得令生也。

二、已生恶令灭,四念处观时,若懈怠心起,诸烦恼覆心,离信等五种善根。如是等恶若已生,一心勤精进,方便除断,令尽也。

三、未生善令生,四念处观时,信等五种善根未生,为令生故,一心

---

① 见《大正藏》卷四十六,第363页中。
② 见《大正藏》卷四十六,第97页上。

勤精进,方便修习,令善根生也。

四、已生善令增长,四念处观时,信等五种善根已生,为令增长故,一心勤精进,方便修习,令不退失,增长成就。《法界次第》中。

[今译] 正就是不邪,勤就是不懈怠。《辅行》卷七上说:只是在修习前面所说的四念处时,能够精进勤奋地断除恶业、生长善法。文字表达就根据说话的方便,首先断除二种恶,其次生长二种善。根据行为的前后,一定是以已经生起的善恶在前,还未生起的善恶在后,并且是首先指明消灭恶业,然后说明生长善法。《止观》卷七引《十住毗婆沙》的偈颂说:断除已经生起来的恶法,犹如除灭毒蛇一样(不除就会咬死我)。断除还没有生起来的恶法,就像预防洪水一样。增长已经生起来的善法,就如同灌溉已经栽好了的果树一样,使其更加甘甜。还没有生起来的善法令其生起来,就如同钻木出火一样(从无到有)。

一、未生恶令不生,在修行四念处观的时候,如果懈怠的心念起来了,乃至诸多的烦恼恶法虽然还没有生起来,但恐怕以后会相应地生起来,遮蔽了信、进、念、定、慧等五种善根的生起。现在为了不令恶法生起来,就一心勤奋精进,以这种方便来遮止懈怠等,使恶法生不起来。

二、已生恶令灭,在修行四念处观的时候,如果懈怠的心念起来了,诸多的烦恼都来覆盖了自己的心,这就远离了信等五种善根。这些恶法如果已经生起来,那就应该一心勤求精进,用勤精进的方便来除断恶法,令懈怠等恶法断灭干净。

三、未生善令生,在修行四念处观的时候,如果信等五种善根还没有生起来,为了使自己能够生起这种善法,就应该一心勤求精进,以此正勤精进的方便来修习,令自己的信等五种善根生起来。

四、已生善令增长,在修行四念处观的时候,如果信等五种善根已经生起来了,为使善根更加增长,就要一心勤求精进,以这些精进的方便来修习,令自己不退失信等善根,并且使其增长,直到成就。可以参考《法界次第》卷中。

(三) 四 如 意 足

三四如意足(欲、念、进、慧)。

[集注]《法界次第》中云:"智定力等,所愿皆得,故名如意足。"①此四属定,六神通②中,身如意足,藉兹而显。又通因定生,亦可六通因兹并发。四正勤是慧,慧观不勤,念处不成,反招散动,如风中灯。今修如意,如加密室,定慧均等。

欲者,希向慕乐,庄严彼法。言彼法者,谓念处境;言庄严者,修希向心,令法端美。凡所修立一切诸法,若无乐欲,事必疏遗。

念者,专注彼境,一心正住,若无一心,观法断绝。

进者,唯专观理,使无间杂,无杂故精,无间故进。凡所修立一切诸法,若无精进,事必不成。

慧者,《止观》、《法界次第》,皆名思维,思维彼理,心不驰散。当知四法,是入定方便(出《辅行》七上)。《析玄》③下云:"四观神足,心所中慧,以觉察为义。"《妙乐》二云:"思是慧数。"④

[今译]《法界次第》卷中说:智慧和禅定的力量都均衡平等,所有的愿望就都能得以实现,所以叫做如意足。这四如意足属于禅定。在六神通当中,身如意足(也就是神足通)就是凭藉禅定的力量而得以显发的。再者,神通都是因为禅定而生起来的,也可以说六通都是因为禅定而开发出来。四正勤属于智慧,智慧觉观不勤奋精进,四念处就修不成,反而招来分散动乱,就像处于风中的灯烛。现在修行四如意足,就像处于加密的房室之中,禅定和智慧就能均衡

---

① 见《大正藏》卷四十六,第682页上。

② 六神通:即六通,为佛菩萨依定慧力所示现之六种无碍自在之妙用。即:神足通、天耳通、他心通、宿命通、天眼通、漏尽通。

③ 《析玄》:全称《五位析玄记》,又作《析玄记》,二卷。唐敬云撰。惜已散轶。据《佛祖统纪》卷二十二载,敬云系建业(江苏江宁县南)人,精研天台教学,并博通众经。昭宗光化二年(899),于永嘉寺讲经,乃依《俱舍论》所述小乘入道五位,著成《析玄记》二卷。

④ 见《大正藏》卷三十四,第176页上。

平等了。

　　所谓欲,就是希望向往美慕乐意的意思,以此来庄严前面所修的佛法(四念处)。所谓彼法,就是指修行四念处所观的境界。所谓庄严,就是修习希望向往的心,使所修的佛法(四念处)端正美妙。凡是为修行而建立的一切方法,如果没有乐意和渴望,事情就一定会疏漏乃至遗忘。

　　所谓念,就是指一心专注于所观的(四念处)境界,一心不乱真正地安住在上面。如果没有一心不乱地安住,修观的方法就会中途停顿下来,半途而废。

　　所谓进,只是专心观照念处的道理,使自己没有任何间断和夹杂。没有夹杂所以能够精纯,没有间断所以能够前进。凡是为修行而建立的一切方法,如果没有精进努力,事情也就必定不能成功。

　　所谓慧,在《止观》和《法界次第》当中,都把它叫做思维,就是指思维四念处的道理,内心不向外界驰骋分散。应当知道这四种方法,是进入禅定的方便法门(出自《辅行》卷七上)。《析玄》卷下说:四神足当中的第四观神足(四神足也名:欲、勤、心、观),是属于心所法里面五别境中的慧,因为这是指觉察的意思。《妙乐》卷二说:思属于慧的范畴。

（四）五　　根

四五根(信、进、念、定、慧)。

　　[集注]《辅行》七上云:"修前诸品,纵善萌微发,根犹未生,根未生故,萌善易坏。今修五法,使善根生,故此五法,皆名为根。"①

　　信者,信于谛理,能生一切无漏根力、禅定、解脱、三昧等。然此信根,必依念处,若无信境,根何能生? 进者,信诸法故,倍策精进。念者,但念正助之道,不令邪妄得入。定者,摄心在正道,及诸助道善法中,相

---

　　① 见《大正藏》卷四十六,第363页下。

应不散。慧者,念处之慧,为定所摄,以观自照,不从他知。

[今译]《辅行》卷七上说:修行前面所说的诸种道品,纵然能使善心萌发,也是极为微少的。根本的善心还没有真正生起,由于根本还没有生起,萌发的微小善心就容易败坏。现在修行这五法,使真正的善根生起来,所以这五法,就叫做五根。

所谓信,就是对于真理能够绝对相信,有了这样的信,就可以生起一切无漏的根力、禅定、解脱、三昧等功德。然而这个信根,必须依靠四念处才能生起来,如果没有信所对的境界,真正的善根又如何才能生起来呢? 所谓进,由于相信诸佛所说之法为真理,因此就加倍地策励精进。所谓念,只是想念修道的正行和助行,不使邪妄的想法进入内心。所谓定,收摄身心在修道的正行之上,以及诸多修道的助行善法当中,与真理相应而不散乱。所谓慧,就是指修行四念处的智慧,含摄在定的范围之内,用修四念处观而自觉内照,并不是从其他地方获得认识。

(五) 五　　力

五五力(同上根名)。

[集注] 前不入故,进修五力,令根增长,则能排障。同上根名者,《辅行》七上云:"问:名同于根,何须更立? 答:善根虽生,恶犹未破,复更修习,令更增长,是故此五,复受力名。根成恶破,故名为力。"①

《释签》一云:"《信解品》云:无有欺怠、嗔恨、怨言。欺为信障,怠为进障,嗔为念障,恨为定障,怨为慧障。若根增长,能破五障,故名为力。"②

信力,信谛,不为邪外诸疑所动。进力,观谛,心无间杂,本求道果,未证不休。念力,持谛,破边邪想,不令烦恼之所破坏。定力,若成,能破欲界一切诸散,能于诸禅,互无妨碍。不同单修,根本之相。慧力,能

---

① 见《大正藏》卷四十六,第 364 页上。
② 见《大正藏》卷三十三,第 819 页上。

破一切邪外等慧,能破一切见爱等执。

[今译] 前面所修的道品还不能证入真谛,所以需要进一步修行五力,令善根得到增长,就可以排除各种障碍。五力和上述五根的名称相同。《辅行》卷七上说:问:名称相同于五根,何必另外再立这五力呢?答:善根虽然已经生起来了,但是恶习还是没有完全破除。须进一步再修习,使善根更加增长,所以这里还是利用五根的名号来作五力的称呼。能使善根成熟,使恶习破灭,所以叫做力。

《释签》卷一说:《信解品》说:没有欺怠、嗔恨、怨言。欺是信力的障碍,怠是精进力的障碍,嗔是念力的障碍,恨是定力的障碍,怨是慧力的障碍。如果善根增长,就能破除这五种障碍,所以叫做力。

信力,就是相信真谛,不被邪魔外道等诸多疑惑所动摇。进力,就是观行真实的谛理,内心没有间断夹杂,本愿就是求得佛道之果,未证佛道誓不罢休。念力,就是维持真实的谛理,破除边见邪见等虚妄的想法,不让烦恼来扰乱破坏。定力,这个定力如果修行成就了,就能破除欲界的一切散乱妄想,能够对于诸多禅定,互相出入而没有妨碍。不同于单独修习某一种禅定,所得到的只是修习该定的一种根本禅定境界。慧力,能够破除一切邪魔外道等的邪慧,能够破除一切见爱等执著烦恼。

(六) 七 觉 支

六七觉支(念、择、进、喜、轻安、定、舍)。

[集注] 修前不入,由定慧不调,故用七觉均调。觉谓觉了,支谓支分。《法界次第》中云:"无学实觉,七事能到。"①《止观》七云:"心浮动时,以除觉②除身口之粗,以舍觉舍于观智,以定心入禅。若心沉时,以精进、择、喜起之。念通缘两处。"③

---

① 见《大正藏》卷四十六,第 682 页下。
② 除觉:即除觉支,七觉分之一。新译为轻安觉支。除一切之心缘而使身心轻安的意思。
③ 见《大正藏》卷四十六,第 89 页下。

《辅行》七上云："定慧各三,各随用一,得益便止,无假遍修,若全无益,方趣后品。念能通持定慧六分,是故念品通于两处。"①

[今译]修行前面的诸多道品还不能证入真谛,这是由于定慧力量不均衡协调,所以需要用七觉支来进行均衡和协调。觉就是觉悟明了,支就是支流划分。《法界次第》卷中说:无学道位的真实觉悟,只要做到七件事情就能达到。《止观》卷七说:内心浮躁动乱的时候,就以除觉支来消除身和口的粗重感受,以舍觉支来舍弃观照的智慧,以定觉支来使心安定而证入禅定境界。如果内心昏沉暗昧的时候,就以精进觉支、择觉支、喜觉支等使心活跃起来。念觉支是通用于定和慧两处的。

《辅行》卷七上说:定和慧各有相对的三种觉支,各自随意使用其中的一种,得到利益便可停止,不需要全部进行修习,如果全部修习过了还没有得到利益,才需要进行后面道品的修行。念觉支能够通持定和慧所相对的其余六分,所以念觉支这一道品是通于定、慧两处的。

(七)八 正 道

七八正道(正见、正思惟、正语、正业、正精进、正定、正念、正命)。

[集注]正以不邪为义,能通至涅槃,故名为道。正见,修无漏十六行②故,明见四谛。正思维,以正思维发动此观。正语,以无漏智,除四邪命,常摄口业,住正语中。正业,以无漏智,除身邪命,住于清净正身业中。正精进,勤修涅槃,善入正谛。正定,正住于理,决定不移。正念,心不动失,正直不忘。正命,以无漏智慧,通除三业中五种邪命,见他得利,心不热恼。而于己利,常知止足,住清净正命。

---

① 见《大正藏》卷四十六,第364页中。
② 十六行:又称十六行相、十六行观、四谛十六行相。指观四谛之境时所产生的十六种行相,也就是行者在观四谛时,内心了解四谛各具的四种行相。(一)苦谛四相:非常、苦、空、非我。(二)集谛四相:因、业、生、缘。(三)灭谛四相:灭、静、妙、离。(四)道谛四相:道、如、行、出。

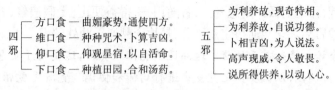

图32：四邪、五邪

[今译] 正就是不邪的意思。能够通达到涅槃，所以叫做道。正见，由于修习无漏法的十六行观，而明见四谛之理。正思维，以正确的思维发动这些观行。正语，以无漏智慧，断除四种邪命，常摄持口业，安住于正语之中。正业，以无漏智慧，断除身体的邪命行为，安住于清净的正命身业之中。正精进，勤奋修习涅槃道法，善于证入正谛之理。正定，正确的安住于真理之中，坚决肯定不可动摇。正念，内心不动乱散失，正确坦直而不忘记所修之法。正命，以无漏智慧，全面地断除了三业中的五种邪命，看见他人得到利益，内心不会发热、懊恼、嫉妒。而对于自己所得到的利益，常常知道适可而止和满足，安住于清净的正命当中生活。

已上七科，即是藏教，生灭道谛。

[集注]《辅行》一下云："菩提烦恼，更互相倾，故名生灭。"①

[今译]《辅行》卷一下说：菩提和烦恼，彼此各异，需要互相更换，所以叫做生灭四谛。

然如前所列四谛名数，通下三教，但是随教广狭胜劣，生灭、无生、无量、无作不同耳！故向下名数，更不再列。

[集注]《释签》三云："问：何故立四种四谛之殊？答：谛本无四，谛只是理，理尚无一，云何有四？故知依如来藏，同体权实，依大悲力，无缘誓愿。物机所扣，不获而用，机宜不同，致法差降。从一实理，施出

---

① 见《大正藏》卷四十六，第166页下。

权理。权实二理，能诠教殊，故有四种差别教起。涅槃实后，暂用助圆，故须具用，偏圆事理，故今引之，以显成证。三偏一圆，界内界外，各一事理，故成四种。"①

广狭等者，以藏、通造六故狭，别、圆造十故广。藏、别不即故劣，通、圆谈即故胜。于广狭境，各论胜劣，则成四种四谛。迷真有重轻，故论生灭无生，迷中有重轻，故论无量无作，不可作寻常迭论胜劣释也。

生灭，《妙玄》二云："迷真重故，从事受名。"②如前释。无生，《妙玄》二云："迷真轻故，从理得名。苦无逼迫相，集无和合相，道不二相，灭无生相。"③

无量，《妙玄》云："迷中重故，从事得名。苦有无量相，十法界不同故。集有无量相，五住烦恼不同故。道有无量相，恒沙佛法不同故。灭有无量相，诸波罗蜜不同故。"④

无作，《妙玄》云："迷中轻故，从理得名。"⑤《止观》一云："阴入皆如，无苦可舍；无明尘劳即是菩提，无集可断；边邪皆中正，无道可修；生死即涅槃，无灭可证。"⑥

[今译]《释签》卷三说：问：为什么要建立四种四谛的差别呢？答：真实谛理本来是没有四种的，真谛就只是真实之理，真理尚且无有一法可得，哪里还会有四种？所以要知道依于如来藏，真如之理本来是同体不二的，而在不二之体上却显现了权实之法的差别，依于同体大悲的力量，发起无缘大慈的誓愿。为了与众生的根机相应，不得已而使用了权实之法（依二谛为众生说法），众生的机宜各不相同，从而导致了说法上的差异来迁就适应众生。从唯一的真实谛理当中，施设出了权巧方便的理论。权巧方便和究竟真实的二种理论，所能阐释的佛法内

① 见《大正藏》卷三十三，第 850 页上。
② 见《大正藏》卷三十三，第 701 页上。
③ 见《大正藏》卷三十三，第 701 页上。
④ 见《大正藏》卷三十三，第 701 页上—中。
⑤ 见《大正藏》卷三十三，第 701 页中。
⑥ 见《大正藏》卷四十六，第 1 页下。

涵还是有所不同的,所以就有四种四谛差别的教法出现。涅槃时是在
开权显实之后所宣说的教法,暂时运用了权实之法来辅助圆教的教说,
所以必须全面运用偏狭和圆满的事相乃至理体,因此现在把它引出来,
作为施设四种四谛的明显证据。四种四谛的前三种属于偏狭的真理,
后一种属于圆满的真理,在三界内和三界外的四谛,各自都有一种事相
和理性,所以就成为四种四谛了。

所谓广大、偏狭等等,因为藏教、通教只能教化六道众生所以就是
偏狭,别教、圆教则能教化十法界的有情所以就是广大。藏教和别教的
义理不能全体相即所以是卑劣,通教和圆教所说的义理都能全体相即
所以是优胜。在广大和偏狭的境界上,各自来讨论优胜和卑劣的思想,
就形成了这四种四谛。迷惑于真谛之理有重和轻的不同,所以说有生
灭四谛和无生四谛,迷惑于中道之理也有重和轻的不同,所以说有无量
四谛和无作四谛,不可以把这四种四谛的说法,作为一般意义上交替论
述优胜和卑劣来解释啊。

生灭四谛,《法华玄义》卷二说:迷失真谛严重的缘故,就从事相来
命名。如前面所解释的一样。无生四谛,《法华玄义》卷二说:迷失真谛
较轻的缘故,就从义理来命名。苦谛并没有逼迫的表现,集谛也没有和
合的表相,道谛也没有二种差别相,灭谛也没有生灭的差异相。

无量四谛,《法华玄义》说:迷失中道实相严重的缘故,就从事相上来
命名。苦谛有无量无边的相状,这是十法界中所受之苦各不相同的缘故。
集谛有无量无边的相状,这是五住烦恼所聚集的情况各不相同的缘故。
道谛有无量无边的相状,这是恒河沙数之佛法各不相同的缘故。灭谛也
有无量无边的相状,这是诸多波罗蜜法门也各不相同的缘故。

无作四谛,《法华玄义》说:迷失中道实相较轻的缘故,就从理性上
来命名。《止观》卷一说:五阴、十二入都是如如不动的本来面目,没有
苦可以舍弃。无明尘劳就是菩提正觉,没有集可以断除。边见邪见也
都是中道正见,没有道可以修行。生死就是涅槃,没有寂灭可以证得。

然四谛之中,分世、出世,前二谛为世间因果(苦果集因),后二谛为出世间因果(灭果道因)。

[**集注**]《释签》三云:"苦集只是世间一法,道灭只是出世一法。世出世法,因果性殊,而因必趣果,因果类异,故使四殊。"①

[**今译**]《释签》卷三说:苦谛和集谛是世间一类的法,道谛和灭谛也只是出世间一类的法,世间法和出世间法,在因果的性质上却是非常悬殊的,而且有起因必定就会趣向于结果,起因和结果的类别又各有差异,所以就有四谛的差别。

问:何故世、出世,前果后因耶? 答:声闻根钝,知苦断集,慕果修因,是故然也。

[**集注**]声闻根钝,苦为初门,支佛以集,菩萨以道,通菩萨以灭,别菩萨以界外道,圆菩萨以界外灭。慕果修因,且据凡位。若初果去,则云带果行因,支佛不立分果,乃云望果行因。四谛果前因后,此且一途,余亦不定。

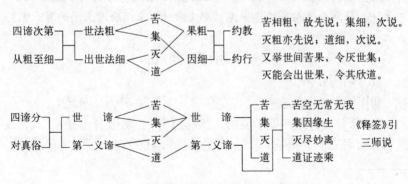

图33:四谛次第从粗至细、四谛分对真俗

[**今译**]声闻乘的行人根机比较钝,就以苦谛作为最初观行的入门。辟支佛以集谛作为最初观行的入门。菩萨以道谛作为最初观行的

---

① 见《大正藏》卷三十三,第850页下。

入门。通教菩萨以灭谛作为最初观行的入门，别教菩萨则以三界之外的道谛作为观行的入门，圆教菩萨以三界之外的灭谛作为最初观行的入门。美慕涅槃之果而进行修因，这是根据凡夫位上的人而说的。如果是初果罗汉以上，则应该说是带有果位而继续修因。辟支佛没有建立分证的果位（就是一个位），就应该说是望着果位而进行修因。关于四谛的结果在前面，起因在后面的说法，这里只是一家之言，其他还有别的说法，也是没有固定的。

五、略明藏教修行

略明藏教修行，人之与位。

　　[集注]通标一教修行之人，及三乘位次。《妙玄》四云："为破行人增上慢心，为消经文，引物希向。"①《释签》五云："若无位次，将何以为见贤思齐？将何以越增上慢罪？"②

　　[今译]大概标明了三藏教修行的人，以及三乘教法的修行位次。《法华玄义》卷四说：为了破除修行人的增上慢心，为了解读经文的含义，引导众生希求向往之心。《释签》卷五说：如果没有修行的证道位次，那又拿什么标准来使人见贤思齐呢？那又拿什么来消除增上慢的罪业呢？

（一）明 声 闻 位

1. 明 凡 位

初、明声闻位分二：初凡、二圣。凡又二：外凡、内凡。

　　[集注]凡有四门明位：一、《毗昙》有门，明七贤七圣。二、《成论》空门，明二十七贤圣③。三、《昆勒论》，明双亦门。四、《车匿论》，

----

　　①　见《大正藏》卷三十三，第731页下。
　　②　见《大正藏》卷三十三，第886页中。
　　③　二十七贤圣：指四向四果的二十七种圣者。即前四向三果之十八有学，与后阿罗汉果之九无学，合称二十七贤圣。《成实论》所说即：随信行、随法行、无相行、预流果、一来向、一来果、不还向、中般、生般、有行般、无行般、乐慧、乐定、转世、现般、信解、见得、身证、退法相、守护相、死相、住相、可进相、不坏相、慧解脱相、俱解脱相、不退相。见《成实论》卷一《分别贤圣品》第十，《大正藏》卷三十二，第245页下—246页中。

明双非门。后二门《大论》虽指，论文不度。若空门二十七贤圣者，学人十八，无学有九。《四教义》二云："贤人有二，圣人有二十五。"①凡位不备，今家不用。《释签》五具引。

今依有门明声闻位者，有三意：一、凡圣位足。二、佛法根本。三、符顺教旨。佛法根本者，有门所说，世间诸法，乃是无明，正因缘生，不同外道，邪、无因缘生也。

又《四教义》云："大乘经论，破小用小，多取有门，少用空门。故须略出毗昙有门，佛法根本，贤圣之位。"②又云："三藏四门③，虽俱入道，而诸经论，多用有门，乃至圆教，多用非空非有门。"今不列七圣，直作四果释者，名义显故。

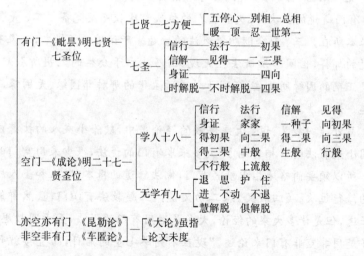

图34：三藏四门

① 见《大正藏》卷四十六，第741页上。
② 参见《大正藏》卷四十六，第741页上——中。
③ 三藏四门：藏教俱修析空观而证偏真之理，此有四门：一有门，以立三世实有法体恒有。二空门，以立三假而空我法之二者。三亦有亦空门，以双照实有与空理。四非有非空门，以双非有空。

[今译] 关于佛法修证的位次有四种,即所谓四门明位:第一、《阿毗昙》所说的有门,指出了七贤、七圣等位次。第二、《成实论》所说的空门,指出了二十七贤圣位次。第三、《昆勒论》所说的双亦门(亦空亦有)。第四、《车匿论》所说的双非门(非空非有)。后面这二门,在《大智度论》当中虽然提到了,但是论文里面没有对其进行分析。如从空门所说的二十七贤圣,就是指有学人有十八个位次,无学人有九个位次。《四教义》卷二说:"贤人有两个位次,圣人有二十五个位次。"因其所说凡夫的位次不够完备,天台宗就不依从这个说法了。《释签》卷五有详细的引用。

现在依据《阿毗昙》所说的有门指明声闻修道的位次,有三点理由:一、有门所说的位次,凡夫和圣人的位次都比较充足完备。二、是佛法的根本所在。三、符合随顺佛教法的旨趣。所谓佛法的根本,就像有门所说的那样,世间一切诸法生灭现象,乃是由于众生的无明所引起,阐述了正确的因缘所生法,不同于外道所主张的那种邪因缘、无因缘而能生起一切诸法。

另外,《四教义》说:大乘佛教的经论当中,破除小乘人的执著以及利用小乘教法的名相的地方,大多采取有门的说法,很少采用空门的说法。所以须要简略地指出毗昙有门,佛法修道的根本,贤人和圣人所证得的修行位次。《四教义》卷二初又说:"三藏教法有四门,虽然都能进入正道,但是诸多大乘的经论,大多是运用有门的说法,至于圆教思想,大多是用非空非有门来论述。"现在不列举七圣的名目,而直接就作四果来解释,是因为四果的名称和义理都比较明显的缘故。

[集注] 此依《释签》五,列《成论》二十七贤圣,若《辅行》准《俱舍》列,则无身证。故料拣云:何缘身证不预其数?答:无漏三学是圣者因,择灭涅槃是圣者果,灭定①有漏,不是依因,是故身证不预

———————————

① 灭定:又名灭受想定,或灭尽定,在此定中,以灭受想二心所为主,最后并六识心所亦灭,是九次第定的最后一定。

其数。

《中阿含》云：长者问佛：福田有几？① 佛答同《俱舍》。且据学无学二十七人是同。然《福田经》列身证，《俱舍》则无也。凡者，常也，亦名为贤，贤者善直，亦曰邻圣。分内外者，相似见理名内，未得似解名外。

[今译] 这里依据《释签》卷五，列举《成实论》所说二十七个位次的贤圣，如果依照《辅行》根据《俱舍论》的说法，则没有身证这个位次。所以料拣说：为什么身证这个位次不在它的范围之内呢？回答说：无漏三学是圣人的因行，择灭涅槃是圣人的果位。灭尽定属于有漏法，并不是涅槃所依据的正因，所以身证就不在它的范围之内了。

《中阿含经》说：长者问佛：福田有几种？佛所回答的内容就与《俱舍论》所说的一样。而且根据学人和无学人的二十七个位次来划分也是相同的。但是《福田经》当中列出了身证这个位次，《俱舍论》则没有这个位次。所谓凡，就是平常的意思，也叫做贤，贤就是善良正直的意思，也叫做邻圣（与圣人为邻）。分为内凡和外凡，相似地见到了真理叫做内凡，还没有得到相似的理解就叫做外凡。

(1) 释外凡

A. 五停心

释外凡中，自分三：初五停心。

[集注] 停者，止义、住义，修此五法，止住五过。心者，有四种：一草木、二肉团、三积聚精要、四虑知。今是虑知心也。此五停心通于四教，具如《四念处》明。《妙玄》五以五停心对圆五品，《禅门》三以停心名五门禅。义该大小，通于凡圣菩萨等修。今是三藏，声闻助

_____

① 《中阿含·大品福田经》第十一（第三念诵）：世尊告曰：居士！世中凡有二种福田人，云何为二？一者学人，二者无学人。学人有十八，无学人有九……于是世尊说此颂曰：世中学无学，可尊可奉敬。彼能正其身，口意亦复然。居士是良田，施彼得大福。见《大正藏》卷一，第616页上。

道也。

贪等是境,不净是观。《四教义》二云:"心既调停,乃可习观,犹如密室之灯。入道根本,无过此五法也。"①或云五停心观,则从慧;或云五门禅,则从定。定慧调适,故名停心。

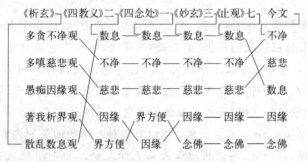

《析玄》	《四教义》二	《四念处》一	《妙玄》三	《止观》七	今文
多贪不净观	数息	数息	数息	数息	不净
多嗔慈悲观	不净	不净	不净	不净	慈悲
愚痴因缘观	慈悲	慈悲	慈悲	慈悲	数息
著我析界观	因缘	界方便	因缘	因缘	因缘
散乱数息观	界方便	因缘	念佛	念佛	念佛

图35:五停心诸文列次

[今译] 所谓停,就是停止、歇下的意思,因为修行这五种法,能使自己停止或者歇下五种过失。所谓心,通常说有四种:一草木心(中心的心)、二肉团心(心脏的心)、三积聚精要心(重心的心)、四虑知心(思维的心)。现在这里指的是虑知心。这五停心的修行方法是相通于四教的,详细情况如《四念处》所描述。《法华玄义》卷五以五停心来对应圆教的五品,《禅门》卷三也把这五停心叫做五门禅。意义包罗了大乘和小乘,相通于凡夫和圣人菩萨等的修学。现在这里是三藏教,属于声闻乘的助道方法,还不是正修行的方法。

贪等五者是所观的境界,不净等五者就是观法。《四教义》卷二说:这颗能够思维的心如果得到调适停歇,那就可以修习观法了,犹如在密室之中的灯一样,不会被境界之风吹灭。修行入道之根本,没有超过这五种方法。或者叫做五停心观,这是从观法能够产生智慧的角度来说

① 见《大正藏》卷四十六,第733页下。

的。或者叫做五门禅,这是从观法能够进入禅定的角度来说的。禅定和智慧两者都得到了调适,所以就叫做停心。

[集注] 然上列次,《析玄》以不净观居初者,约三不善根①次第也。第四明析界观者,约不善根后辨。第五明数息者,散乱是随烦恼,故于烦恼后辨。《四教义》等文,皆是数息居初者,顺修禅人,必先摄散入定故。《四教义》二云:"今依《禅门》辨次第也。以病先后随人,不须定执前后次第也。"②

又诸文专以不净、数息居初者,《妙乐》六引《俱舍》云:"入道要二门,不净观、数息。"析界与念佛,互存没者。《四教义》二问:"此处何不说念佛三昧为五种耶? 答:开因缘出界方便代也(以二世因缘与界方便皆破著我,能破虽异,所破是同,故开二世因缘,以破著我。却出界方便,代念佛也。且界方便何以能代念佛耶,故下即释出云)。界方便与小乘念佛相同,亦破境界逼迫障(以界方便能破之相,与念佛所破境界之相是同,以皆不出六界、十八界故,念佛破境界逼迫障,界方便亦破也)。"③

又《四念处》一云:"问:此中何不云念佛停心? 答:作五度门则不用,作六度门则须用,因缘自对等分(性实、断常、著我,此三皆有,故云等分),念佛对逼迫障。"④《止观》七云:"《毗昙》以界方便破我(谓观破六界、十八界也)。"⑤如《辅行》七上,对治不同,今图示之:

---

① 三不善根:指其体不善,能成为一切不善法之因的三种不善,即贪、嗔、痴。即三善根之对称。贪者,染著顺境;嗔者,忿怒逆境;痴者,无明、不辨事理。此三烦恼乃生起诸恶之根本,故称不善根。
② 见《大正藏》卷四十六,第733页中。
③ 见《大正藏》卷四十六,第733页下。
④ 见《大正藏》卷四十六,第733页下。
⑤ 见《大正藏》卷四十六,第93页上。

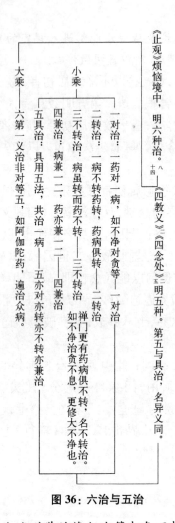

图36：六治与五治

[今译] 然而，上述列举的修行次第却各不相同，《析玄》以不净观位居最初，慈悲观、因缘观分别居于第二、第三，这是从三不善根（贪、嗔、痴）的次第来安排的。第四步阐明析界观，这是从三不善根之后来辨别的。第五步阐明数息观，因为散乱是属于随烦恼，所以就在大烦恼之后来辨别。《四教义》等以下的诸种论文，都是以数息观位居最初，这是顺从修行禅定之人的习惯，因为修行禅定必须首先收摄散乱的心才

能进入禅定,《四教义》卷二说：现在依据《禅门》来辨别修观法的次第。因为烦恼之病的先后情况,是随个人的因缘而定的,所以不须要死板地执著这前后的次第。

另外,各种经论专门以不净观或数息观位居最初,《妙乐》卷六引《俱舍论》说："进入正道的要点,有二种门可以通达,就是不净观和数息观。"析界观与念佛观,此二者相互有无。《四教义》卷二问：这里为什么不说念佛三昧是五种停心之法呢？答：这是从因缘观当中再派生出界方便观,来代替念佛观,破除我执的障碍(因为二世因缘观与界方便观都能破除我执,能破除的观法虽然有所不同,但是所破除的执著却是相同的,所以就开出二世因缘观法,以此来破除我执。然后提出界方便观来代替念佛观。那么界方便观又怎么能代替念佛观呢？所以下文就作出了解释)。界方便观法与小乘教法当中的念佛观是相同的,也都是为了破除在境界上的逼迫障(因为界方便能破除的观法相状,与念佛观所破除的境界逼迫障的相状也是相同的,因为都没有超出六界、十八界的缘故,念佛观能破除境界逼迫障,界方便观也能破除)。

再者,《四念处》卷一说：问：这里为什么不叫做念佛停心呢？答：如果只是作为五度的方便法门就不用叫这个名字了,如果是作为六度的方便法门那就须要用这个名称。因缘观所对治的是自己的等分烦恼(自性实有、断灭常住、执著实我,这三种错误的见解都可以用因缘观来对治,所以叫做等分),念佛观所对治的是境界逼迫障。《止观》卷七说：《毗昙》是以界方便观来破除我执(就是说以界方便观来破除六界、十八界等等执著),如《辅行》卷七上所说,这些观法所对治的执著烦恼各不相同,现在就以图来表示。

一、多贪众生不净观

[集注] 六识妄心,于顺情境上,引起无厌,故言多贪。《禅门》第四明三种贪：一、外贪,男女身分,互相贪著,用九想观对治(观他身)。九想者：一绛胀、二青瘀、三坏、四血涂漫、五脓烂、六啖、七散、八白骨、九烧。

二、内外贪,于他已身而起贪爱,用八背舍①治(先观内身骨锁②,故能治内)。

三、遍一切处贪,资生五尘等物,用大不净观治(即八胜处③,因于自身骨人观成,渐见十方依正,故能治自他贪欲)。

《析玄》上明四种:一、显色,谓青黄等,作青瘀想。二、形色,长短等形,作坏烂想。三、妙触,自他身分,细软光泽,作虫蛆想。四、供奉,只承适意,用死想治也。此四望《大论》六种④,缺人相、音声、姿态等。

———————

① 八背舍:八种由浅入深的禅观行法门。即依八种禅定力以背弃五欲境,且舍离其贪着之执心,故名八背舍。又名八解脱,依此八种禅定力量可断三界烦恼,证得解脱,故名。(一)内有色想观外色解脱,(二)内无色想观外色解脱,(三)净解脱,(四)空无边处解脱,(五)识无边处解脱,(六)无所有处解脱,(七)非想非非想处解脱,(八)灭受想解脱。关于修八背舍的情况,在智者大师《释禅波罗蜜次第法门》卷十有详细的论述。

② 骨锁:即骨锁观,俗称白骨观。即观想人的身体成为白骨的修法。贪欲炽盛的众生为制伏贪毒,可修此观。又作骨想观。依《俱舍论》卷二十二,此观法可分成初习业位、已熟修位、超作意位三个阶段。(一)初习业位:行者先将心念安住于自身的足指或额等某一点上,复假想思惟皮肉烂堕,渐令骨净。其次观全身成一具白骨,再扩及他身。渐广至一家、一村而至全世界充满白骨,后再摄回自己一身。(二)已熟修位:观想一身之骨中,先除足骨,渐次自下迄上而去他部骨,及至仅残存半头骨的观法。(三)超作意位:将残存之半头骨也去除,而将心止住于眉间,专注一缘湛然作白骨观。前二位系以作意观白骨,第三位则非作意而任运观解,所以名为超作意位。由于白骨无众生所贪着的容颜、肌肤之姣好、妙触,故修此观自然得以伏除贪烦恼。然因此观为假想观,是胜解作意分,且非普缘一切的共相观,所以只有伏烦恼之力而无断烦恼之功。

③ 八胜处:八种由浅入深的禅观行法门。亦即观欲界色处(色与相),制伏之以拂除贪着的八个阶段。因藉观想制伏所缘之境,摧破爱着,胜过所缘之境及烦恼,故称为胜处。即(一)内有色想,观外色少;(二)内有色想,观外色多;(三)内无色想,观外色少;(四)内无色想,观外色多;(五)内无色想,观外色青;(六)内无色想,观外色黄;(七)内无色想,观外色赤;(八)内无色想,观外色白。

④ 六种:即《大智度论》卷二十一所说的七种染着、六种欲。或染着色,若赤、若白、若赤白、若黄、若黑。或染着形容,细肤纤指,修目高眉。或染着威仪进止,坐起行住,礼拜俯仰,扬眉顿睫,亲近按摩。或染着言语,软声美辞随时而说,应意承旨能动人心。或染着细滑,柔肤软肌,热时身凉,寒时体温。或有人皆著五事。或有人都不著五事但染着人相,若男若女。见《大正藏》卷二十五,第218页上。这里就是指《摩诃止观》卷六(上)所说的六欲,即色欲、形貌欲、威仪姿态欲、言语音声欲、细滑欲、人相欲。见《大正藏》卷四十六,第70页中。

此不净观，与念处观身有异。一、正助不同，彼正此助。二、自他境别，彼观自身，此想他境。三、假实观异，彼是实境，此是假想。

[今译] 第六意识的虚妄心，在顺自己心情的境界上，引发生起欲望而无厌足，所以说是多贪。《禅门》卷第四指出有三种贪：一、外贪，男女身体或者身体的某个部分，互相之间贪爱而起执著，这就得用九想观来对治(观想所贪爱的他人身体)。所谓九想(对人死后的尸体腐烂经过，作九个阶段的观想)：第一绛胀想(紫中略带红色的肿胀起来，即观想人之死尸，臭气甚浓，腹部胀满，宛若皮囊盛风盈满)、第二青瘀想(观想死尸皮肉变黄赤之瘀，颜色发青发黑，淤血凝结起来)、第三坏想(身体逐渐变坏，观想死尸经风吹日晒，转而变大，随后裂坏在地)、第四血涂漫想(观想死尸脓血流溢，污秽涂漫)、第五脓烂想(观想死尸流出脓虫，皮肉坏烂，滂沱在地)、第六啖想(观想死尸虫蛆唼食，鸟挑其眼，狐狗咀嚼，虎狼撕裂)、第七散想(观想死尸为禽兽分裂肢体，身形破散，筋断骨离，头手交横)、第八白骨想(观死尸皮肉已尽，但余白骨或连或散)、第九烧想(观想死尸为火所烧，爆烈烟臭，薪尽形灭，与灰土同；未烧尽者，亦归磨灭，化为尘土)。

二、内外贪，这是对他人身体和自己身体生起的贪爱之心，要用八背舍来对治(先观内身骨锁，由于白骨观成就了，所以能对治内贪)。

三、遍一切处贪，资生器具，色、声、香、味、触等五尘之物，要用大不净观来对治(大不净观就是指八胜处，因为对于自身的骨人观已经成就，逐渐见到十方依正充满白骨，所以能对治自他的一切贪欲)。

《析玄》卷上说明有四种不净观：一、显色，对于青黄等颜色，作青瘀想。二、形色，对于长短等形象，作坏烂想。三、妙触，对于自己和他人的身体以及身体的某个部分，细软光泽的地方，作虫蛆想。四、供奉，对于恭奉敬承适合己意的人，就要用死想来对治。从这里所说的四种观法来看《大论》所说的六种情形，此处则缺少了人相、音声、姿态等三种。

这些不净观，与四念处的观身不净，是有根本区别的。第一、正修和助行的不同,四念处的观身不净属于正修,而此处的不净观属于助行。第二、观想自身和他身的所观境界有区别,四念处是观自身的不净,而这里却是观想他人的不净。第三、虚假和真实的观想不同,四念处是观想真实的自身境界,而这里却是作假设的想象而已。

二、多嗔众生慈悲观

[集注] 于违情境上,忿恨不已,名曰多嗔。佛令修慈悲观,可以对治。若准《禅门》第四义通大乘。境观有三:一、非理嗔(欻〈音 xū,忽然〉起嗔心,不问可否),修众生缘慈(一切众生,如己眷属)。二、顺理嗔(人实来恼我),修法缘慈(见一切法,皆从缘生)。三、诤论嗔(著己所解为是,谓他说行为非),修无缘慈(能所一体,慈即无缘)。

今是小乘助观,当彼第一众生缘慈。若《法界次第》,则具明慈悲喜舍四无量心。今但慈悲。《析玄》准《俱舍论》七周行慈。《辅行》九下依《婆沙》,明九周行慈①,而皆不出七境三乐,谓上亲(父母师长)、中亲(兄弟姊妹)、下亲(朋友知识)、中人(非冤非亲)、下冤(害下亲者)、中冤(害中亲者)、上冤(害上亲者)。三乐者,《析玄》上谓诸佛(上)、菩萨(中)、诸天(下)。《辅行》引《婆沙》云:三禅(上)、四事(中)、经行处(下)。

《辅行》引《婆沙》云:“问:与众生何处乐?答:有说与三禅乐,乐中胜故。有说与四事乐,已曾得故。有说与经行处所有乐,至所住处思维令得。”②若《析玄》三乐,恐成过分,随机之说,贵在治障,不可概论。

---

① 九周行慈:这是《辅行》卷九所提出的修行慈悲的方法。如说:“初修时令上亲人得于下乐;次修令上亲得中乐,中亲得下乐;次修令上亲得上乐,中亲得中乐,下亲得下乐;次修令中亲得上乐,下亲得中乐,中人得下乐;次修令下亲得上乐,中人得中乐,下冤得下乐;次修令中人得上乐,下冤得中乐,中冤得下乐;次修令下冤得上乐,中冤得中乐,上冤得下乐;次修令中冤得上乐,上冤得中乐;次修令上冤得上乐。是名修慈成就之相。”见《大正藏》卷四十六,第424页上。

② 见《大正藏》卷四十六,第424页中。

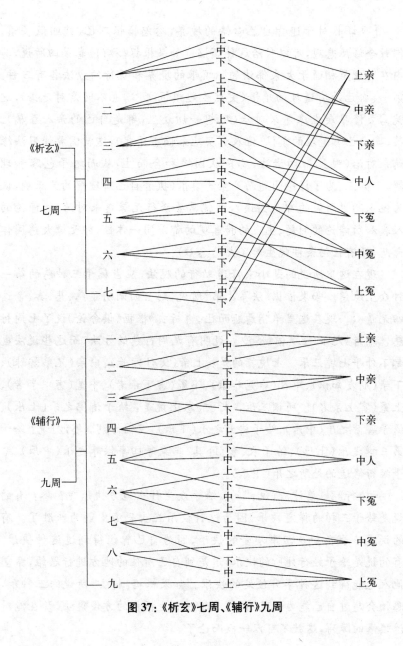

图 37：《析玄》七周、《辅行》九周

[今译] 对于违背自己心情的境界,忿怒憎恨不已,就叫做多嗔。佛教令修慈悲观,可以对治这种烦恼。如果根据《禅门》卷第四所说,其内在义理是相通于大乘佛法的。嗔恨的境界和观行的方法各有三种:第一、自己没有道理的嗔恨(突然生起嗔恨之心,也不问是对是错),这就需要修习众生缘慈来对治(观想一切众生,都是自己的亲人眷属)。第二、自己有道理的嗔恨(他人真实地来恼害于我),这就需要修习法缘慈来对治(观见一切诸法,都是从因缘和合而生,从而给予包容和理解)。第三、为了诤论问题而产生的嗔恨(执著自己所理解的为正确,认为他人所说所做的都是错误),这就需要修行无缘慈来对治(能诤论的人我和所诤论的问题、主观的和客观的都是同一体性,即无缘大慈同体大悲,没有任何条件就生起了大慈悲心)。

现在这里所说的是小乘修道助行的观法,应当属于三种慈的第一种众生缘慈。如果依据《法界次第》所说,则全面阐明了慈、悲、喜、舍这四无量心。现在这里单指慈悲而已。《析玄》根据《俱舍论》说了七周行慈,《辅行》九下(五)依《婆沙》,说明有九周行慈的方法,而这些说法也都不外乎七境三乐。七境指的是:上亲(父母师长)、中亲(兄弟姊妹)、下亲(朋友知识)、中人(非冤非亲)、下冤(害下亲者)、中冤(害中亲者)、上冤(害上亲者)。所谓三乐,《析玄》卷上说:给予诸佛之乐(上乐)、给予菩萨之乐(中乐)、给予诸天之乐(下乐)。《辅行》引《婆沙》说:给予第三禅之乐(上乐)、给予衣、食、卧具、车乘等四事供养之乐(中乐)、给予经行修道的处所之乐(下乐)。

《辅行》引《婆沙》所说:"问:给予众生什么地方快乐呢? 答:有的说是给予三禅的禅定快乐,因为这种快乐在生死海中最为殊胜了。有的说是给予衣食等四事享受的快乐,因为自己曾经得到过这种快乐。有的说是给予经行处所的快乐,这是到自己所住的地方进行思维,希望他人也能得到这种享有住处的快乐。"如果根据《析玄》所说的三种乐,恐怕会超过自己能力的范围,作为随顺众生根机的方便说法,贵在能对治嗔恨的障碍,这就不可以一概而论了。

[集注] 先亲后冤者，从易至难，顺心成观。若《析玄》第六观方与上亲下乐，第七上亲中乐、中亲下乐者。一者、次第修观，未暇与故。二者、顺七周次第，每一番用观，先与上乐，中下非要，故在后时。与虽前后，境境皆三，使冤亲平等，以破嗔障。《辅行》开为九周者，一顺从亲至怨，次第与乐，不待六、七，却缘前亲。

又复前境为得不得，盖为破障，且尔运心，其实前人实未得乐。故《析玄》上云：问：自身有乐，可施于他，忽若自身无乐，将何施与？答：自身若无乐可施，即运心将余诸天、菩萨等乐，而惠施之，愿彼冤亲平等，众生得受如是等乐故。

又《涅槃疏》云：虽欲拔苦，实未拔苦，皆是虚言；虽欲与乐，实未得乐，此是假说。又行者用观，当念冤仇如过去父母等，方能冤亲平等与乐，广如《析玄》上云云。

[今译] 首先从亲人开始，然后才从冤家身上修行慈悲观，这是从容易到困难的一个过程，符合凡夫的一般心态来修就容易成就观法。但《析玄》却是在修第六周的时候，才观给与上亲最低下的快乐，到第七周的时候，才观给与上亲中等的快乐、中亲最下等的快乐。这是因为：第一、前后次第循序渐进地修行观法，前此还没有空暇来给予快乐的原故。第二、顺从七周修观的次第，在每一番修观的时候，都是首先给与上等的快乐，中等和下等的快乐并不是最重要的，所以就放在最后面才来修。给与的快乐虽然有先后的差别，但是所观的境却是每一境都有三种快乐，这样就能使修行人的内心对于冤亲都产生平等的看法，以此来破除嗔恨的障碍。《辅行》把慈悲观分开为九周来修行，这只有一条理由，就是随顺于先从亲人然后到怨家的修观过程，按先后次第给与快乐，不等到修第六周、第七周的时候，就已经针对前面的三等亲人完全给与快乐了。

另外，修这种慈悲观的时候，前面所观想的冤亲等境，他们是否能得到真正的快乐呢？这是为了要破除修行人自己心中的嗔恨烦恼业障，才权且这样用心观想的，究其实际，前面所对的冤亲等人，事实上并没有得到快乐。所以《析玄》卷上说：问：自身有快乐了，才可以布施给他人。倘若自己身上并没有任何快乐，又拿什么来布施给他人呢？答：自身如果没有任何快乐可以布施，那就用心观想将自身以外的诸天，或者诸大菩萨等等的快乐，转过来惠施给他们，并且祝愿那些冤亲都能平等，众生都能得到诸天、菩萨这样的快乐。

再者，《涅槃经疏》说：虽然观想要拔除冤亲的痛苦，实际上并没有拔除他们的痛苦，这都是虚言；虽然观想要给与冤亲快乐，其实他们也没有得到真正的快乐，这些也都只是一种假设的说法而已。另外，修行慈悲观的人在观想的时候，应当想着这些冤家和仇敌就如同自己过去世的父母一样，这样才能真正做到冤亲平等地给与快乐。详细情况就如《析玄》上所说。

三、多散众生数息观

[集注] 攀缘思虑与定相违，故名多散。息有四相，《止观》八云："有声曰风，守之则散；结滞曰气，守之则结；出入不尽曰喘，守之则劳；不声不滞，出入俱尽曰息，守之则定。"①

数者，从一至十，不多不少，令心不散。《禅门》第五②有四师：一师数出息，不急不胀，身则轻利，易入三昧；二师数入息，随息内敛；三师出入无在，但取所便而数；四师依四时用数③。今家正依第三师。又不许出入俱数，恐生病故④。

梵语阿那波那，此云遣来（入息）遣去（出息），即是三世诸佛，入道初门，通于三乘四教。又用息明六妙门，谓数、随、止、观、还、净。摄心

---

① 见《大正藏》卷四十六，第108页下。
② 见《大正藏》卷四十六，第508页下。
③ 《次第禅门》卷五说："又师依四时用数，今所未详。"见《大正藏》卷四十六，第508页下。
④ 《次第禅门》卷五又说："三师所论，皆不许出入一时俱数。何以故？以有息遮，病生在喉中。犹如草叶，吐则不出，咽则不入，此患生故。"见《大正藏》卷四十六，第508页下。

在息,从一至十,名之为数;细心依息,知入知出,故名为随;息心静虑,名之为止;分别推析,名之为观;转心返照,名之为还;心无所依,妄波不起,名之为净(如《法界次第》上)。今是小乘助道,但名数息。

[今译]攀缘外境思维考虑等心态,与禅定正好相违背,所以叫做多散。人的呼吸有四种情形,《止观》卷八说:呼吸时有声音的叫做风,如果用心在这个声音上就会散乱。凝结而不顺畅的叫做气,如果用心在这个不流畅的地方就会结滞而不舒服。呼出去和吸进来的气过于短促而不能到位叫做喘,如果用心在这个短促的呼吸上就会疲劳。不使呼吸急促而有声音,也不使呼吸结滞而不流畅,呼吸出入都能清净到位叫做息,如果用心在这里就能进入禅定。

这里所谓的数,是指从一至十数自己的呼吸次数,次数不要多于或者少于十,使自己的心不要散乱。《次第禅门》卷第五列举有四个禅师的数息方法:第一师专门数出息,不急促也不膨胀,身体则能得到轻安利益,这样容易进入三昧。第二师专门数入息,随着入息而使心内敛安稳。第三师没有用固定的一个方法来数出息或入息,只是随自己方便来数息。第四师依据四时用数(智者大师举出这个名称,但他自己却说"今所未详",也就不明白这是一种什么样的数息法了)。现在天台宗正是依据第三师的数息法。但又不允许出息入息全部都数,怕会生病。

梵语阿那波那,汉译为遣来(即入息)遣去(即出息),这就是三世诸佛入道的初门,相通于三乘、四教的各种人修行。另外,利用数息来进一步了解六妙法门的修行,所谓数、随、止、观、还、净等六法。收摄心念在息上面,从一至十反复地数,名为数;微细的心念依从于息,知道是入息,也知道是出息,但不再从一至十地数,名为随;停止随从于息的微细心念,内心宁静清醒,名为止;在宁静的基础上进行分别推析,使心越发明亮,名为观;转过推断分析的心念来,而回光返照自心,名为还;内心明白无所依止,如波涛一般的妄想杂念也不再起来,风平浪静,名为净(具如《法界次第》卷上)。现在这里是小乘三藏教法的助行方法,所以只介绍数息这一门（也就是六妙门的初门）。

四、愚痴众生因缘观

[集注] 迷倒不了，拨无因果，故曰愚痴。须知著我，及计断常，并执性实，三皆迷倒。因缘者，《法界次第》中云："展转感果为因，互相由籍为缘。"①如无明为因，能与行支为缘，乃至生支为因，能与老死为缘。

《四教义》二云："十二因缘有三种不同：一者、三世十二因缘（过去二支因，现在五支果；现在三支因，未来二支果），二者、二世十二因缘（现在有十，未来有二），三者、一念十二因缘（此约现在，随一念心起，即具十二因缘）。三世破断常，二世破著我，一念破性实也。"②

《辅行》七上云："三世破断常者，三世相续故不断，三世迭谢故不常。又过去破常，未来破断，现在双破断常。二世破我者，现未二世，具十二因缘，于父生爱，于母生嗔，名为无明。父遗体时，谓是己有，名之为行。从识支去至老死支，与三世同。"③

《辅行》八上云："言一念者，非谓极促一刹那时，谓善恶业成，名为一念。异于三世、二世，连缚等相④，故名一念。皆是无常，故无性实。"⑤如《妙玄》二、《禅门》三。

然此三种因缘破愚痴者（著我在内），准《大集》及《禅经》⑥说，若

---

① 《法界次第》卷中说："展转能感果，故名因，互相由藉而有，谓之缘也。"见《大正藏》卷四十六，第684页上。

② 见《大正藏》卷四十六，第741页中。

③ 见《大正藏》卷四十六，第372页中。

④ 连缚等相：是指《俱舍论》、《婆沙》等所说的刹那、连缚、分位、远续等四种十二因缘。因果无间，相连而起，情与无情，都有生灭，念念相续，故名刹那连缚。

⑤ 见《大正藏》卷四十六，第394页下。

⑥ 《禅经》：系五世纪初，西域僧达摩多罗与佛大先两人共著，共分十七品，内容阐述修习数息、不净等禅观之法。所述"十二因缘观"，见《大正藏》卷十五，第322页下。

《毗昙》、《大经》，乃以界方便破著我，此皆随机宜乐也。

若束十二为三道，轮转相生者，《俱舍》云：三烦恼二业，七事亦名果（虽有十二，而二三为性，三谓惑业事，二谓因果）。略果及略因，由中可比二（后际略果，前际略因，中间广说，可比知也。此准《俱舍》缺略义。若准《婆沙》前际略果，后际略因，乃全略义。《补注》十二引论具释）。

又云：从惑生惑业，从业生于事，从事事惑生，有支理惟此（十二因缘，通名有支，道理唯若此也。此名束十二轮为三道，以能通义，与轮转义同，广如《辅行》三下释）。

古颂云：无明爱取三烦恼，行有二支属业道，从识到受并生死，七事同名一苦道。此十二支亦名十二重城、十二棘园、十二牵连、十二苦事、十二轮（束缚不穷故名为轮）。

图38：三世十二因缘

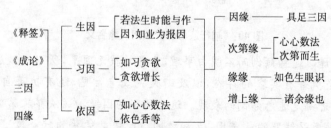

《释签》云：若《俱舍》中，因缘五因性，《成论》以所作因即是增上，故不别立，但立报因即生因是，自分因即习因是，共因即依因是。

图39：《释签》《成论》三因四缘

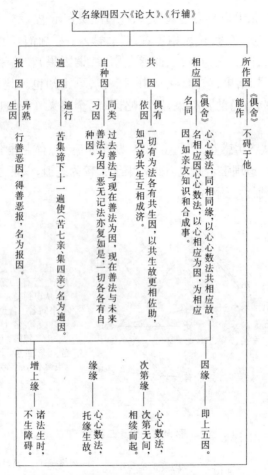

图40:《辅行》、《大论》六因四缘名义

[今译] 迷惑颠倒而不明白事理,于是就拨无因果,所以叫做愚痴。必须知道执著有实我的存在,以及断灭见或者常见,还有执著自性实有,这三者都是迷惑颠倒的表现。这里所指的因缘,在《法界次第》卷中说:"展转感召结果的就是因,互相之间彼此依靠凭藉的就是缘。"比如无明作为因,就能给行支作为缘,乃至生支作为因,就能给老死作为缘。

《四教义》卷二说:十二因缘有三种不同:第一种,三世十二因缘

（过去的无明、行二支就是因,现在的识、名色、六入、触、受等五支就是果;现在的爱、取、有三支就是因,未来的生、老死二支就是果）。第二种,二世十二因缘(现在有无明到有这十支,未来有生和老死这二支)。第三种,一念十二因缘(这是从现在当下一念来说的,随便哪一个心念的生起,就完全具备了十二因缘的性质)。说三世十二因缘是为了破除断灭见和常见,说二世十二因缘是为了破除执著实我的存在,说一念十二因缘是为了破除自性实有。

《辅行》卷七上(末)说:说三世能破除断常二见,因为三世相续所以不是断灭,三世迭谢更替所以不是常住。再者,说过去就是破除常见,说未来就是破除断灭见,现在就是双破断常二见。说二世能破除我见,现在和未来这二世,具备十二因缘,对于父亲生喜爱之心,对于母亲生嗔恨之心,这就叫做无明。父亲遗出体内精子的时候,就认为是自己所有,这就叫做行。从识支以后一直到老死支这十支,与三世十二因缘的含义相同。

《辅行》卷八上说:"所谓一念,并不是指极为短促的一刹那间的一个念头,而是指能构成善业或者恶业的一念,叫做一念。差别于三世十二因缘、二世十二因缘、连缚十二因缘等行相,所以叫做一念。念念生灭都是无常,所以就不是自性实有。"详细情况如《妙玄》卷二、《次第禅门》卷三所说。

然而,以三种十二因缘观能破除愚痴(包括执著实我在内),这是根据《大集经》及《禅经》所说。如果根据《毗昙》、《大经》的观点,则是以界方便观来破除我执,这都是随着个人的根机适宜以及个人的兴趣爱好来说的。

如果总结十二因缘成为三道,这三道相互轮回转换而相生不息。《俱舍论》说:三支是烦恼道、二支属于业道、剩下七支就是事道,也叫做苦果(虽然有十二支,但是以二和三作为它的特性,三是指惑、业、事,二是指因、果)。现在三因、未来二果,所以未来更为简略就是略果,以及现在五果、过去二因,所以过去更为简略就是略因,而于过去、未来的中间即现在世则详细广说,前后二世的详细情况可以比照现在来了解(后际指未来二果为略果,前际指过去二因为略因,现在世这中间就是广说,可以类比而得知。这是根据《俱舍论》关于三世十二因缘部分简略的说法。如果根据《婆沙论》则说：前际只是说有无明、行，是简略了其结果，后际只说有生、老死，是简略了其起因，这就是十二因缘全部简略的意思。《补注》卷十二引此论文而详细解释）。

《俱舍论》又说：从迷惑颠倒而生起迷惑的行为，从行为而生起苦事，由于苦恼而又从苦事转向迷惑颠倒，事业行为迷惑颠倒辗转生灭，轮回不息，十二因缘的道理就是这样的（十二因缘，通常也叫做有支，其中所阐述的道理就是这些。这个名称归纳十二因缘的轮转而成为三道，因为这个道理可以相互通融，与轮转的意思是一样的。详细情况，如《辅行》卷三下所解释的那样）。

[集注]《辅行》引《俱舍》云："能作及俱有，同类与相应。遍行并异熟，许因为六种。今且依《大论》，略出六因相。"①以《大论》是一家承用，名字稍同，故且依之。

乃至云：复次，心心数法从四缘生；无想、灭定从三缘生，除于缘缘；诸余心数不相应行及色，从二缘生，除次第缘及缘缘；余有为法劣，故无有从于一缘生者。报生②心心数法，从五因生，除于遍因；无漏心心数法，从三因生，谓相应、共及无障碍。

《净名记》③云："十二只是四六而已，故知但是离合说也。且如无明只是行家之能通也，即同类因。行必四相，即俱有也。行中五部，亦同类也（见历四谛，思历一谛）。无明行中，心心数法，共行共感，所作必同。行、有必招识等异熟，此行必有遍行五部之惑。若四缘中，《论》云'增上即能作，因缘五因性'，比六因说可知。"④

《辅行》八上云："《大论》问：佛说因缘甚为难解，云何令于痴人观

---

① 见《大正藏》卷四十六，第 403 页中。
② 报生：此指一分无记异熟之果，乃是酬应过去所作的业而生起的，所以叫做报生。无记是非善非恶，所以只除去染污的遍行因。
③ 《净名记》：此处指《维摩经略疏垂裕记》，十卷，宋孤山智圆著。解释智者大师之《维摩经略疏》。收于《大正藏》卷三十八。
④ 见《维摩经略疏垂裕记》卷五，《大正藏》卷三十八，第 777 页下。

耶？答：非如牛马等，《禅门》但云：聪明利根，分别筹量，不得正慧，邪心取理，名为愚痴。"①此因缘观与支佛何异？今是助道破障，略论三世，支佛正观破惑，必须逆顺两缘，百千万世因缘等。

[今译]《辅行》引《俱舍论》说：能作因以及俱有因，同类因与相应因，遍行因乃至异熟因，共有六种因。现在且依据《大智度论》，简略地说明六因的名相，因为《大智度论》是天台所继承引用的重要典籍，名相文字基本上都是相同的，故依之而作。

乃至说：再者，心王和心所法是依于四缘所生；无想定、灭尽定等是依于三缘所生，除去依于所缘缘这一缘。诸多其他的心不相应行法（按：原文"数"字可以去掉，因为这是相对无想定、灭尽定两个不相应行法而指其他的不相应行法）以及色法等，都是依于二缘而生起，就是除去次第缘及所缘缘这二者。其余的有为法力量都很微劣，所以没有依从于任何一缘而生起的。属于报生的心王和心所法，都是从五因而生起，也就是除去依于遍因这一缘。无漏法的心王和心所法，都是从三因而生起，指相应因、共因以及无障碍的所作因。

《净名记》说："十二因缘合起来也只不过是四缘和六因而已，所以说只是分开来说或者合起来说罢了。就像无明支就是属于行支能通融的范畴，也就是说此二者属于同类因。行支必须具备生住异灭这四相，也就是属于俱有因。行支中既有遍历苦集灭道四部见惑，也有历真谛一部思惑，这五部惑也是属于同类因（见历四谛，思历一谛）。无明以及行的二支当中，心王和心所法，都是共同行因共同感果，所作行业也都必定相同，就是属于所作因。行和有这二支必定也能招致识支等异熟果报，就是属于异熟因。这个行支必定具有遍行于五部（见、思五部）的迷惑颠倒，所以是属于遍行因。如果就四缘来说，《大智度论》说：诸法生时不作障碍名为增上缘，也就是能作因，因为是能够作因缘而不障碍他法的生起。因缘也叫做五因性，那么这因缘就相当于除了能作因以外的其他五因了。以上图表当中《俱舍论》和《大智度论》所说的六因，可以通过比较来加以对照了解。”

《辅行》卷八上说：“《大智度论》问：佛所说因缘法是非常难以理解的，现在怎么令这些愚痴的人来修观行呢？答：这里所说的多痴众生，并不是象牛马等的愚蠢。《次第禅门》只是说：聪明利根的人，通过分别思量等方法，得不到真正的智慧，这种以邪见的心念来求取真理，叫做愚痴。”这里的十二因缘观与辟支佛所修的十二因缘观有什么差别呢？这里是属于助行的修道，为了破除障碍而已，简略地讨论了三世十二因缘。而辟支佛则是正修观行，为了破除根本的见思烦恼，那就必须从逆观、顺观这两种观法进行修习，观察百千万世的十二因缘等等。

五、多障众生念佛观

[集注]《止观》云：“睡障”①。《念处》乃云：“逼迫障”②。《禅门》第四："明三种障，念三身治(彼通大乘，今且明小乘助道)。障即恶业。三种者，一、昏沉暗塞障(昏睡无记)，念应身三十二相治。二、恶念思维障(欲作五逆十恶等事)，念报身力无畏等治。三、境界逼迫障(身忽卒痛，或见无手足，火焚水溺等也)，念法身空寂无为治。"③

今明小乘助道，据《四教义》云："破境界逼迫障，合念真空法身。"④若以身对教，如《辅行》一下云："前之三教，各念一身，谓生、应、报，圆念法身，诸身具足。"⑤

[今译]《止观》卷七说：睡障，《四念处》卷一就说是：逼迫障。《次第禅门》卷第四说：明了修道过程中的三种障碍，应该念佛的三身来对治(那是相通于大乘的修行法门，现在这里只阐明小乘助道的修行法

---

① 见《摩诃止观》卷第七(上)，《大正藏》卷四十六，第 93 页上。
② 见《四念处》卷一，《大正藏》卷四十六，第 558 页上。
③ 见《大正藏》卷四十六，第 503 页下。
④ 参见《四念处》卷四，《大正藏》卷四十六，第 574 页中。
⑤ 见《辅行》卷一之三，《大正藏》卷四十六，第 164 页上。

门）。障就是指恶的行为所感召的违逆力量。三种障碍，第一、昏沉暗塞障（昏睡无记），应该念佛的应身三十二相的相好庄严来对治。第二、恶念思维障（欲作五逆十恶等事），应该念佛的报身功德庄严、十力、四无所畏、十八不共法等来对治。三、境界逼迫障（身体忽然疼痛，或者看见无手足的人，火焚水溺等境界），应该念佛的法身非相，空寂无为来对治。

现在是阐明小乘修道的助行方法，根据《四教义》卷四说：破除境界逼迫障，适合于念佛的真空法身来对治。如果以这些佛身来对应于四教的话，正如《辅行》卷一下说：前面的藏、通、别三教，各自念佛的一种身，就是相对应地念佛的生身、应身、报身，圆教则是念佛的法身，就具足佛的一切身了。

B. 别相念处

二别相念处（如前四念处是）。

[集注]《妙玄》四云：“五障既除，观慧谛当，能观四谛，而正以苦谛为初门，作四念处观，破四颠倒。”①《析玄》上云：“别谓各别，身、受、心、法不同故。相谓行相，观此四法，作不净等行相故。言念观者，然观体非念，观是其慧，推求观察，知不净等故。乃至处谓处所，谓身、受、心、法，是念所缘，住止之处故。”于五阴境修四念处，为破四倒，合五为四。受则六根对六尘，义兼内外，故独为一。想行一向居内，故合为一。又此念处，别名属慧，通亦有定。《辅行》三下云：“四境止心，故名为定。”②

[今译]《法华玄义》卷四说：前面所说的五障既然已经破除了，由观想而启发的智慧真实恰当了，就能继续观修四谛的道理，而这里所说的三藏教化人，正是以苦圣谛作为修观的初步入门之处，进行四念处的观修，可以破除四种颠倒的看法和想法。《析玄》卷上说：“别就是指各

---

① 见《法华玄义》卷四（下），《大正藏》卷三十三，第 727 页下。
② 见《辅行》卷三之三，《大正藏》卷四十六，第 241 页下。

别而言，即身、受、心、法这四种都不同。相是指观行的相状，因为观修这四法的时候，要作不净等观行的相状。所谓念观，但是这个观的实际内涵却是没有念的，观就是念想之后所得到的智慧，又用这种智慧来进行推度求索观察，然后就知道身体不净等等。进一步说，这里的处就是指处所，即身、受、心、法这四者，是念想所缘的对象，也就是能使自己的心安住依止的处所。"对于五阴的五种境界而观修这四种念处，为的是要破除四种颠倒，从而合并五种而成为四种。受阴是内在六根对外界六尘的反应，内涵包括了内外两种，所以就单独作为一种。想阴和行阴是一向居于心内的，所以也就合而为一了。另外，这个四念处，从它的特性来看是属于慧的范畴，从它的一般情况来看也有定的成分在内。《辅行》卷三下说：用四种境界来停止这个散乱的心，所以叫做定。

C. 总相念处

三总相念处，一、观身不净，受、心、法皆不净，乃至观法无我，身、受、心亦无我，中间例知(已上三科名外凡，亦名资粮位)。

[集注] 此有四句，《四念处》一云："一、境别观别，正是别相念处。二、境别观总。三、境总观别，此二是总相之方便。四、境观俱总，是总相念处。"①初则一药对一倒。中间二句，观心渐熟，或别于一境，总用四观，或别用一观，总观四境。第四境观纯熟，举一俱得也。若《析玄》准《俱舍疏》②，前三皆别相摄，第四句方是总相位。

今依《妙玄》、《四念处》，初句是别，后三皆总。今此正当境总观别，谓别用一观，总观四境。

又上停心破障，四念处唯观苦谛，至内凡位，方观四谛。《妙玄》四云："七贤位人，明识四谛。"③此约解说。心行理外，名外凡。资粮者，

① 见《四念处》卷一，《大正藏》卷四十六，第560页中。
② 《俱舍论疏》：即《俱舍论疏》，略称《宝疏》，三十卷，唐代法宝撰。此书与《光记》皆为俱舍论学者所必读。收于《大正藏》卷四十一。
③ 见《法华玄义》卷四(下)，《大正藏》卷三十三，第727页下。

从喻也,欲越三有,此为资粮。

[今译] 总相念和别相念可以用四句话来总结。《四念处》卷一说:第一,境别观别,正是别相念处的观法。第二,境别观总(如观身不净、苦、无常、无我)。第三,境总观别(如观身、受、心、法都不净)。这两种观法是总相念观的前方便。第四,境观俱总,就是总相念处的观法。第一句是一种法药对治一种颠倒。中间的二句,是指行人修观的心念逐渐纯熟,或者个别地对于一种境,就能总用四种观法,或者个别地运用一种观法,就能总观四种境。第四句是说明对境修观的功夫纯熟之后,随便举一种境或者一种观,都能总摄四种而清楚明了。如《析玄》根据《俱舍疏》的说法,前面三句都是属于别相念的范围,第四句才算是总相念的行位。

现在依据《法华玄义》、《四念处》等说法,第一句是别相念,后面的三句都是总相念。现在这里适用第三句境总观别,就是指个别的运用一种观法,而全面地观照四种境。

此外,上述所说的五停心能破除五种障碍,四念处只是观修苦谛,要到达内凡位的时候,才全面观修四圣谛。《妙玄》卷四说:“七贤位的修行人,明白地了解四圣谛。”这是从理解的角度来说的。内心的思想境界游行于真理之外,就叫做外凡。所谓资粮,是比喻想要超越三界九有的束缚,这是必备的路费资粮。

(2) 明内凡

二、明内凡者有四,谓:暖、顶、忍、世第一(此四位为内凡,亦名加行位,又名四善根位)。

[集注] 渐见法性,心游理内。身居有漏,圣道未生,故名内凡。以定资慧,加功用行,故名加行。圣道根本,亦曰善根。

暖,从喻。《妙玄》四云:“以别、总念处观,缘四谛境,能发似解,伏烦恼惑,得佛法气分。如钻燧先烟,春阳暖发。以慧钻境,发相似解,解即喻暖(此喻慧行)。又如春夏,积集花草,自有暖生。以四谛慧,习众善法，善法熏积，慧解得起，故名暖也（此喻行行）。"①

　　顶，《妙玄》四云："似解转增，得四如意定②，十六谛③观，转更分明，在暖之上。如登山顶，观瞩四方，悉皆明了，故名顶法。"④

　　忍，《妙玄》四云："亦是似解增长，五种善法，增进成根，于四谛中，堪忍乐欲。"⑤亦忍可义。

　　世第一，《释签》四云："此是有漏，故名世间。于中最胜，故云第一。"⑥

　　此四位观行者，《俱舍颂》云：从此生暖法（从总相后生暖善根），具观四圣谛，修十六行观（四谛为所缘，十六行为能缘。《释签》谓暖八谛⑦，十六行相。有解八字，字恐误。或约上二界四谛体同，通解云八耳。其实只观欲界四谛，此位有三品）。次生顶亦然（用观同前，亦有三品），下中忍同顶（下忍遍观八谛，中忍缩观，明减缘行⑧，今皆云同顶者，下忍虽上下遍观，不出四谛，中忍虽减缘行，约初观说），上惟观欲苦，一行一刹那（此上忍合有一行二刹那心，言一刹那，此据满说），世第一亦然⑨（上忍位中有二刹那，一刹那尽，余一刹那在，名上忍满，即入世第一。今一刹那引入无漏，故云亦然也）！

———————

　　①　见《法华玄义》卷四（下），《大正藏》卷三十三，第 728 页上。

　　②　四如意定：即四如意足，又名四神足，原系四种禅定，谓修此四者，则能如意开发神通。一、欲如意足，谓修道趣果的欲望增进。二、念如意足，谓念念一心，住于正理。三、进如意足，谓精进直前，功无间断。四、慧如意足，谓真照离妄，心不散乱。

　　③　十六谛：参见前十六行。

　　④　见《法华玄义》卷四（下），《大正藏》卷三十三，第 728 页上。

　　⑤　见《法华玄义》卷四（下），《大正藏》卷三十三，第 728 页上。

　　⑥　见《释签》卷七，《大正藏》卷三十三，第 863 页中。

　　⑦　八谛：即上下八谛，指色界、无色界之四谛与欲界之四谛，合称为八谛。

　　⑧　减缘行：又称为减缘减行，指声闻之人于见道以前之中忍位，次第减所缘之观境与能缘之行相，而观四谛之理。小乘修道阶位上，忍位共分上、中、下三个阶段，在中忍位以十六行相观四谛，依此次第缩小范围修观的观法，称为减缘减行。

　　⑨　此颂在《俱舍颂·贤圣品》第六，见《大正藏》卷二十九，第 321 页上。

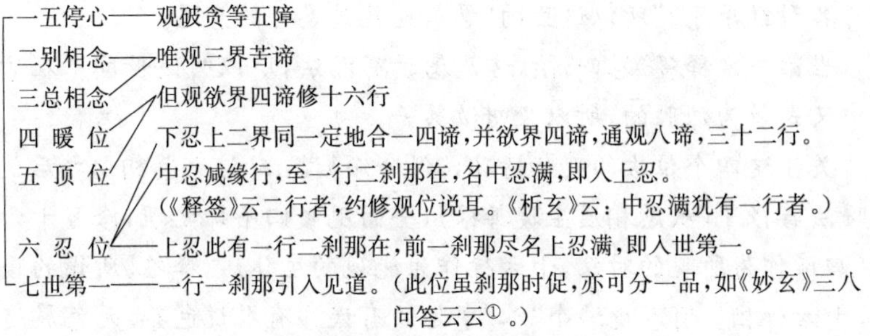

一五停心──观破贪等五障

二别相念──唯观三界苦谛

三总相念──但观欲界四谛修十六行

四 暖 位──下界上二界同一定地合一四谛,并欲界四谛,通观八谛,三十二行。

五 顶 位──中忍减缘行,至一行二刹那在,名中忍满,即入上忍。
(《释签》云二行者,约修观位说耳。《析玄》云:中忍满犹有一行者。)

六 忍 位──上忍此有一行二刹那在,前一刹那尽名上忍满,即入世第一。

七世第一──一行一刹那引入见道。(此位虽刹那时促,亦可分一品,如《妙玄》三八问答云云①。)

图41:七贤位修观行相

[今译] 逐渐见到了诸法的根本体性,使心游行于真理之内。身体还是居于有漏的业报之中,圣人之道还没有生起来,所以叫做内凡。以禅定来资助智慧的生起,加深功夫用心修行,所以叫做加行。这四种修行的位次是进入圣道善法的根本,所以也叫做善根。

暖,这是从譬喻来说的。《法华玄义》卷四说:使用别相念、总相念处两种观法,心缘四谛之境,能够启发相似的理解,伏住了粗重的烦恼迷惑,得到根本佛法的气分。就像是用燧石钻木取火首先见到冒烟,春天到了阳光的暖气开始发出来。以观慧来钻研四谛境,启发了相似的理解,这个理解好比暖气(这是比喻慧行)。又像是春夏之际,积聚集中了很多花草,自然就有暖气从中生出来。以观修四谛的智慧,修习众多的善法,善法熏习而积聚起来,智慧的解悟也就得以生起,所以叫做暖(这是比喻行行)。

顶,《法华玄义》卷四说:相似的理解辗转增加深刻,便能证得四如意定,所修的十六谛观,转而更加分明了,此时的位次已经在暖位之上。就像登上山顶,眼睛观看四面八方,都能清楚明了,所以叫做顶法。

忍,《法华玄义》卷四说:"这也是相似的理解更加增长,积聚了信、进、念、定、慧五种善法,增进到成为五根,此时便能于四谛之境中,堪能

---

① 见《大正藏》卷三十三,第708页下。

忍可各种欲乐了。"所以这里的"忍",也就是忍可的意思。

世第一,《释签》卷四说:这是属于有漏法,所以叫做世间。在于世间中又是最为殊胜的,所以又叫做第一。

关于这四个位次的观行情况,《俱舍颂》说:从这个总相念之后就生起暖法善根了(从总相后生暖善根),全面观修四圣谛之理,修习十六行观(四谛作为所观的对象,十六行作为能观的主体。《释签》所谓的暖八谛,十六行相。有人说这个"八"字恐怕有误。有人说色界、无色界这上二界的四谛自体相同,所以一般就解释为"八"。其实这里只是在观修欲界的四谛之理,这个位次总共有三品的差别)。随后生起顶法的善根也是这样(所用观法与前面的暖法相同,也有三品位次的区别)。下忍位和中忍位都等同于顶位(下忍位时遍观八谛,中忍位时就缩小观法的范围,阐明了减缘和减行,这里说等同于顶位,下忍位时虽然上下二界全面观修,也不外乎四谛而已,中忍位时虽然在修习减缘减行,只是从最初的观法来说的)。上忍位时就只需要观修欲界的苦谛,只剩下十六行相的最后一行和一刹那心(这个上忍位合起来应该有一行和二刹那心,所谓一刹那心,这是根据满分来说的)。世第一位也是如此(上忍位中有二刹那心,一刹那结束了,还剩余一刹那心存在,这个时候叫做上忍满位,也就是进入到世第一位了。现在由于一刹那心而引入到无漏法当中,所以说也是如此)!

[集注] 中忍减缘行者,若遍观八谛,修三十二行,名下忍位。若初依欲界苦,修四行。次例观上二界苦,亦四行。又观欲集四行,次上二界集四行,乃至上二界道下,不用最后乘之一行,名为一周减一行也。

复从前观,从后减,至第四番,减上二界道谛下,道之一行。到此能缘之行既无,所缘之谛亦减,此道行与道缘同名,亦与缘同减,故云减缘必减行(据初一行),减行未必减缘(据后三行)。

第五番减欲界道谛下乘行,乃至最初欲界苦下空行,总有三十一周减缘减行,皆名中忍。唯留一行,并所缘苦境,入上忍位(此位所留一行,随行者所宜,如《释签》第四云云①)。是则上四下三七缘,与初行同名,行与缘同减,故《释签》四云:"七周减缘,二十四周减行。"②

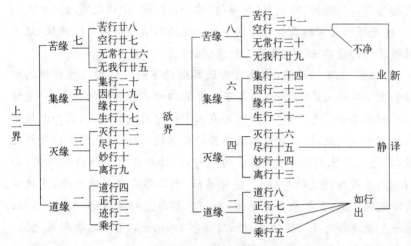

图42:中忍灭缘行

[今译] 所谓中忍位的减缘减行,如果全部进行观修上下二界的八谛之理,修习三十二行,就叫做下忍位。如果一开始依止欲界的苦谛,修苦、空、无常、无我等四行;然后同样观修上二界的苦谛,也是修这四行。再进而观欲界的集谛,修集、因、缘、生等四行,然后也同样观上二界的集谛而修四行,(这样轮换地修下去,修完欲界和上二界的灭谛灭、尽、妙、离四行之后)一直修到上二界的道谛之下,而修道、正、迹三行,这时就不用接下去修最后乘行的一行了,这样就叫做一周减一行。

再按这种方法修下去,从前面的欲界苦谛四行开始观修,从后面的上二界道谛最后一行继续减,修到第四番的时候,就已经减去上二界道

---

① 《释签》卷七说:"问:苦下一行为留何行? 答:入见道有二种行者,一者利是见行,见行有二种,若著我者,留无我行,若著我所即留空行。二者钝是爱行,爱行亦二,一者慢多,留无常行,二者懈怠多留于苦行。"见《大正藏》卷三十三,第863页中。

② 见《释签》卷七,《大正藏》卷三十三,第863页上。

谛之下"道"行了。到这个时候,能缘的观行既然已经没有了,所缘的道谛也就自然而然地被减去了,这个(能缘的)道行与(所缘的)道缘都同样称为道,(能观的)行也与(所观的)缘一同减少,所以说减缘必定就减行(这是根据道谛的最初道行这一行来说的),减行却未必就减缘(这是根据道谛的最后正、迹、乘这三行来说的)。

修到第五番的时候,就要减去欲界道谛下的"乘"行,(这样根据四谛和上下界的次序,逐渐地减去了所缘的四谛境和能缘的行相)一直修到最初欲界苦谛之下的空行,总共有三十一周的减缘减行,这个阶段都叫做中忍位。此时,只留最后欲界苦谛之下的一行,以及所缘的苦谛之境,而进入了上忍位(此位所留的一行,随修行者自己所适宜而定,如《释签》卷第四所说的那样)。这样的话,上二界有所观的四缘,下欲界有所观的三缘,合起来就是七缘,每一缘都与最初能观的行同一名称,这个行也就与所缘一同减去,所以《释签》卷四说:七周减去所观之缘,二十四周减去能观之行(不算初行)。

[集注] 十六行义,如《辅行》三下①及《析玄》上具释。又上二界合一四谛者,同一定地故,以欲界现前,比上而观故。《析玄》五义②备释云云。此则伏三界四谛下惑,至发真③时,故上二界同名比法忍智④等。又十六行只是观门,《涅槃疏》名"十六谛"⑤者,取谛审观察义故。

---

① 见《辅行》卷三之三,《大正藏》卷四十六,第 241 页下。

② 五义:《析玄》说:"上二界四谛有五义同,故得合观。一者,同一天趣;二者,同一定地;三者,同一化生;四者,同一烦恼;五者,同能引生无漏。"见《四教仪集注辅宏记》卷十,《卍续藏》第一〇二册,第 525 页上。

③ 发真:即发起自己本有之真性。《楞严经》卷九说:"汝等一人,发真归元,此十方空,皆悉销殒。"见《大正藏》卷十九,第 147 页中。

④ 比法忍智:比忍、比智和法忍、法智的合称,即指上二界与欲界观修四谛时,各自所得到的四智、四忍而言。苦比忍、集比忍、灭比忍、道比忍为四比忍,苦比智、集比智、灭比智、道比智为四比智;苦法忍、集法忍、灭法忍、道法忍为四法忍,苦法智、集法智、灭法智、道法智为四法智。合称为十六心。

⑤ 见《大般涅槃经疏》卷三十,《大正藏》卷三十八,第 209 页中。

又此减缘行,《妙玄》三合作八番者,以行从缘,但约八谛,为八周也。《四教义》二云"中忍作十番缩观"①者,约后七谛,以行从缘为七周。开欲界苦下,所减三行为三周,总为十番。《妙玄》八云"三番缩观,进成上忍"②者,以三界不出四谛,亦以行从缘,减后三谛,故曰三番。诸文详略不同,盖赴机异耳。

四善根胜利者,《俱舍颂》云:暖必至涅槃,顶终不断善(《释签》四云:"忍位是进,暖位是退,顶位是进退两际,犹如山顶。"③《四教义》二云:"暖顶退者,何云性地④? 答:此人虽造恶堕地狱,一入受罪,不复重入,有性地善根故,能得圣果。"⑤且必至涅槃,与终不断善,有何异耶? 盖暖虽造恶入狱,终不久留,后必生人天,证涅槃果;若到顶位,虽退入恶,必不起大邪见断善根故,但有明昧浅深之殊,其善根一也),忍不堕恶道(《四教义》二云:"下中二忍,虽起烦恼恶业,而不受三途,犹生人天,百千万生。若上忍成,但有人天七生业在"⑥),第一入离生(此一刹那,即入见道,故同见道,离四趣生)。

问:前中忍中,《玄》文云"但作二心,观于一行。"⑦《释签》何云"彼四心同一行一缘"⑧耶? 答:中忍二心,似于忍智二心也。以由忍智二心,虽在世第一后心发真而得,今中忍位,有此似解,故云如似。约一行说但有二心,故云"但作二心,观于一行。"若《释签》云"四心"者,缘行各二,故云"彼四心同一行一缘"也。

---

① 见《四教义》卷五,《大正藏》卷四十六,第738页中。
② 见《法华玄义》卷八(下),《大正藏》卷三十三,第787页下。
③ 见《释签》卷七,《大正藏》卷三十三,第862页下。
④ 性地:是通教十地当中第二地的名称,藏教的四善根位相当于通教的性地。即声闻之四善根位与菩萨得顺忍之位,虽爱著诸法实相,但不起邪见,系智慧与禅定相伴之境地。
⑤ 见《四教义》卷五,《大正藏》卷四十六,第738页下。
⑥ 见《四教义》卷五,《大正藏》卷四十六,第738页中。
⑦ 见《法华玄义》卷三(上),《大正藏》卷三十三,第708页下。
⑧ 见《释签》卷七,《大正藏》卷三十三,第862页下。

《释签》四,引《论》①明修暖法,从欲界至无所有八地,各九品,并一具缚②,总七十三人。③ 是则暖法通于三界。《涅槃经》何云:"如是暖法,是色界法,非欲界有。"④须知能修之人,通于三界,所发暖法,依色界定发也。《释签》引评家⑤云:"尽是色界法、住定地法。"⑥《涅槃疏》作三义释云:"一、多用定,发暖法观,从多为言。二、据中间,三界皆能发于暖法,而色界居中,故言色有。三、据处为语,色发暖法易,欲界则难。"⑦

[今译] 关于十六行的内在意义,《辅行》卷三下以及《析玄》卷上都有详细的解释。另外,把色界和无色界这上二界合为一种四谛,这是因为此二界同属于禅定的天界,以欲界现前的情况而对比上二界进行观修的缘故。《析玄》用五种意义来进行周备的解释。这是伏住了三界四谛之下的迷惑,一直到发起自己本有的真性时,所以上下二界都叫比忍、比智乃至法忍、法智。另外,这十六行只是修观的法门而已,《涅槃疏》卷三十称其为十六谛,是取谛审观察的意思。

---

① 《论》:这是指《毗婆沙论》,见《四教仪集注辅宏记》卷十,《卍续藏》第一〇二册,第 529 页下。

② 具缚:烦恼缚人而系于生死之牢狱,故名为缚。具有见思烦恼的众生就叫做具缚,即指一切凡夫。烦恼能缠缚人,凡夫具有,故名具缚凡夫。《璎珞经》卷下说:"具缚凡夫,未识三宝。"《止观》卷五上说:"凡夫具缚,称病导师。"

③ 见《释签》卷七,《大正藏》卷三十三,第 862 页上。

④ 见北凉昙无谶译(北本)《大般涅槃经》卷三十六,《大正藏》卷十二,第 577 页上。刘宋慧严等集(南本)《大般涅槃经》卷三十三,《大正藏》卷十二,第 824 页中。

⑤ 评家:又称为四评家,《大毗婆沙论》是五百阿罗汉集,而评释《发智论》的。其中以世友、妙音、法救、觉天等四位论师为评家之正义。《大方广佛华严经随疏演义钞》卷十二说:言评家者,《婆沙》是诸阿罗汉同集,而有四大罗汉,为评家正义:一世友,二妙音,三法救,四觉天。见《大正藏》卷三十六,第 90 页中。

⑥ 见《释签》卷七,《大正藏》卷三十三,第 862 页中。

⑦ 见《大般涅槃经疏》卷三十,《大正藏》卷三十八,第 207 页下。

再者,这里所指的减缘减行,《法华玄义》卷三把它合并起来,称作"八番"。这是因为观行必须依从于所观的四谛之缘,只是从上下二界具有八谛的角度来说,所以就可以称为八周了。《四教义》卷五说"中忍位时进行十番缩小范围的修观",这是针对修观时的后面七谛而言,以观行依从缘就是七周。再加上欲界苦谛之下所减的三行而成为三周,总共加起来就成为十番了。《法华玄义》卷八又说"三番缩小范围的修观,进而成就了上忍位",这是因为三界不出四谛范围,也就是从观行所依的缘来说,减去后面的三谛,所以就说成为三番。各个文献详略不同,这也只是为了适应众生的不同根机,而有所差别罢了。

关于四善根位具有殊胜的利益,《俱舍颂》说:到了暖位之后,就必定能够到达涅槃境界,到了顶位之后,就终究不会生邪见而断善根(《释签》卷四说:"忍位是只有上进的位次,暖位是还会退转的位次,顶位则是在上进和后退的两个位次之间,犹如在山顶上一样〈有可能会上天,也有可能会再一次掉下去,所谓顶堕〉。《四教义》卷二说:暖位和顶位都有可能会退转,为什么还叫做性地呢? 答:到这个位次的修行人,虽然可能会造恶业而堕落到地狱里面,但是一入地狱受到罪苦的报应之后,就不再重新进入了,因为他们性地的善根还存在于八识田中,能够得到圣人的果报。"那么,必定会到达涅槃,与终究不会生邪见而断善根,有什么区别呢? 修行到达暖位的时候,虽然可能还会造恶业进入地狱,但是终究不会长久地留在那里,后来必定还会生到人天等善处,从而证得涅槃果。如果修行到了顶位,虽然还可能会退转而进入恶道,但是必定不会再生起大的邪见而断善根〈也就是意念还比较分明〉,只是善根有明白和暗昧、浅薄和深厚的差异,但都属于善根)。到了忍位的时候就不再堕落于恶道之中(《四教义》卷二说:下忍和中忍,虽然还会生起烦恼和恶业,也不会遭受三途的果报了,但还得生到人天这两善道当中,经过百千万生的修行。如果上忍位成就了,就只有生到人天七次的业存在了）。世第一位的修行者，就进入到脱离四恶趣的生命状态了（在这一刹那之间，就进入见道位，所以与见道位一样，永远脱离了四恶趣的投生）。

问：前面所说的中忍位当中，《法华玄义》卷三（上）说"只是利用二心，来观于一行"。《释签》卷七又为什么说"那四心属于同一观行和同一所缘四谛之境"呢？答：中忍位的二心与苦法忍和苦法智这二心相似。因为苦法忍和苦法智这二心，虽然是在世第一位的后心发真时才得到的，现在中忍位时，就有这个相似的理解，所以说是相似。从同一观行来说只是有此二心，所以说是"只是利用二心，来观于一行"。像《释签》所说的"四心"，这是因为所缘四谛之境和能观之行这两者，又各自都有二心，所以就说"四心属于同一观行和同一所缘四谛之境"。

《释签》卷四，引《毗婆沙论》来说明修习暖法的人，从欲界的五趣杂居地一直到无色界的无所有处地，共有八地，每一地又各有九品，再加上一类具缚的凡夫众生，总计为七十三类众生。这么说来，修习暖法能通于三界的众生。那么《涅槃经》又为什么说"这样修习暖法，只是色界的修行方法，并非欲界所有"呢？这里必须知道，能修习暖法的人，是通于三界的，而修习之后所开发的暖法禅定，只是依于色界定所开发。《释签》卷七引评家的话说：全部都是色界的修行方法、五住当中定地的修行方法。《涅槃疏》卷三十却从三方面来解释：第一，大多是利用禅定，来开发暖法的观行，这是从大多数的角度来说的。第二，根据中间的位置来说，三界都能开发暖法的观行，而色界的位置居于三界的中间，所以说是色界才有。第三，根据处所来说，色界修观开发暖法比较容易，而欲界则相对来说就比较困难。

上来内凡、外凡，总名凡位，亦名七方便位。

[集注] 以此七位，为入圣道之方便。诸文或云五方便者，盖停心

破障故不论,总、别念处,但合为一。

[今译]利用这七个位次的修习,作为进入圣人之道的前方便。诸多前人的论著中,或者说成五方便,这是因为前面的五停心属于破除修道障碍的内容,所以就撇开不说了。再把总相念和别相念二者合而为一(加上四善根,就成为五方便了)。

2. 明圣位

次明圣位,亦分三:一见道(初果)、二修道(二三果)、三无学道(四果)。

[集注]《四教义》云:"通名圣者,圣以正为义。"①舍凡性入正性,初果见理破惑,名见道。二、三果去,重虑缘真,名修道。四果惑尽,名曰无学。《文句》八云:"研真断惑,名为学。真穷惑尽,名曰无学。"②

然初果位,从世第一后心,苦忍真明(或云苦忍明发,即欲界苦谛下苦法忍也。明发即苦法智也,谓真智明发也)。于八谛下,发八忍八智,总十六心。有门以十五心明见道,为初果向,十六心是修道,初果摄。《析玄》空门,以十六心名见道,为初果。二果去,方属修道。宗计不同,不须和会。今家虽多用有门,高丽师欲令易解,且准空门,注见道是初果也。

八忍八智者,《俱舍颂》云:"前十五见道,见未曾见故。"③"世第一无间,即缘欲界苦,生无漏法忍,忍次生法智,次缘余界苦,生类忍类智,缘集灭道谛,各生二亦然。"④

---

① 见《四教义》卷六,《大正藏》卷四十六,第739页上。
② 见《大正藏》卷三十四,第107页中。
③ 见《俱舍论·贤圣品》,《大正藏》卷二十九,第321页中。
④ 见《俱舍论·贤圣品》,《大正藏》卷二十九,第321页上。

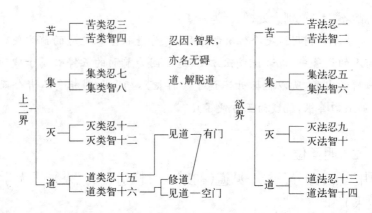

图43：世第一后心用八忍八智断见谓十六心

[今译]《四教义》卷六说："通常称为圣人的，圣就是正的意思。"舍弃凡夫的错误习性而进入到圣人的正确习性，初果须陀洹见到真谛之理破除了见惑，名为见道位。二果斯陀含、三果阿那含以上，加重禅定静虑的功夫而缘于真谛理性，名为修道位。四果阿罗汉的见思二惑已经断尽，名叫无学位。《法华文句》卷八说：研习真谛理性而断除见思之惑，名之为学。真谛理性已经穷源竭底，见思二惑也已经断尽，就叫做无学位。

但证得初果位，是从世第一位的后心，修习苦法忍而使真智明发成就苦法智（苦忍真明，或者说是苦忍明发，苦忍就是指在欲界苦谛之下的苦法忍。明发就是指苦法智，所谓真实的智慧明白无误地被开发出来），在三界八谛之下，开发了八忍八智，加起来总称为十六心。有门认为十五心就是明了真谛的见道位，就是初果向。十六心就是破除见惑的修道位，属于初果位。《析玄》用空门的观点，则认为十六心叫做见道位，是初果的位次；二果以上，才属于修道位。各宗的主张并不完全相同，这里没有必要调和会通。天台宗虽然常采用有门的观点，但这里高丽谛观大师希望大家容易理解，权且根据空门的主张，而注明这里的见道位就是初果的位次。

所谓八忍八智，《俱舍颂》说：前面的十五心就是见道位，这是指见到了从来未曾见过的真谛理性。在世第一位的后心而修习的无间道，就是指缘于欲界的苦谛，从而生起了无漏的苦法忍，从苦法忍又进一步生起了苦法智。然后缘于其余（即上二界）界的苦谛，从而生起了苦类忍以及苦类智。然后再分别缘于欲界、上二界的集谛、灭谛、道谛，也同样分别生起了二种忍智（八忍是无间道，八智是解脱道）。

　　［集注］七圣位，对三道四果及向，次第①、超越②、住果③、胜进④，委如《妙玄》、《四教义》明。

---

①　次第：就是次第证，又作次第断。小乘声闻之人，为证得阿罗汉果，而顺序经四向四果之阶位，称为次第证。反之，未经四向之阶位，超越初果乃至三果，而证得阿罗汉果者，称为超越证、超越断，略称超证。

②　超越：就是超越证，为次第证之对称。又作超证、超果。声闻乘有四果，从初果顺次证阿罗汉果，称为次第证；超越前果而直接证入后果，称为超越证。就超越证而论，诸说不同，《俱舍论》仅有从凡夫直证第二果、第三果，是谓超前二果。唯识论更许超中二果，一旦证初果后，超中间之二果、三果，直证第四果。天台宗更许超前三果，故立四种：（一）本断超，谓原本在凡夫外道，以有漏之六行观断欲界思惑之六品者，入见道于第十六心断见惑已，超预流果、一来果，直证第三不还果。（二）小超，谓圣弟子于见道之第十六心证预流果，后更修无漏道，断三界之思惑，或断欲界之九品，超第二果而证第三不还果；或一时断下八地(除有顶地)之惑，超中间第二果、第三果直为阿罗汉向；或一时断尽上九地之惑，直证阿罗汉果。（三）大超，即超前三果，直接证入第四果。如佛世时之凡夫外道，闻佛说法，直证阿罗汉果。（四）大大超，谓三藏教之菩萨于三十四心断一切烦恼而成佛果。此唯天台之立义，他宗未及述之。

③　住果：声闻缘觉之圣者，各安住于所得之证果，不更进求胜道。《俱舍论》二十三说："住果者，乃至未起胜果道时但名住果。"《法华玄义》卷五(上)说："住果声闻犹在草庵。"见《大正藏》卷三十三，第738页中。

④　胜进：即胜进道，又名胜道。是指解脱道之后修其余殊胜之修行，以完成证悟的阶段。是增进定慧的时期。

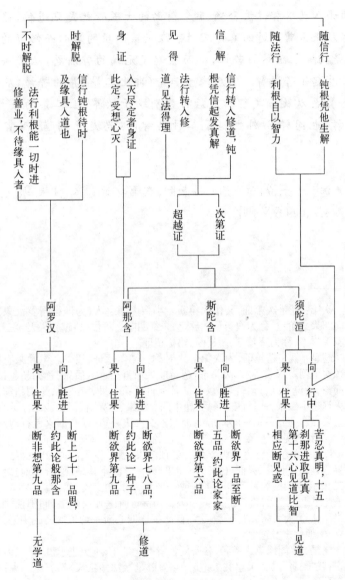

图 44：七圣位

[今译] 七圣位,相对的有见道、修道、无学道等三道,有四果以及四向的位次,还有次第证、超越证、住果、胜进道等阶位,详细情况如《法华玄义》、《四教义》等所述。

(1) 须陀洹

一、须陀洹,此翻预流。此位断三界八十八使见惑,见真谛,故名为见道。又名圣位。

[集注] 预流者,预入圣道法流。《金刚》云入流。或翻逆流,逆生死流也。《析玄》下名"抵债",不受三途业债故。

断三界八十八使者,何故《婆沙论》云"二十八使见道断,余六十使修道断"①耶? 先达云:有二种根性,若等观四谛者,见道断八十八使;若不等观四谛者,见道中唯断三界苦谛下二十八使,余三谛下见,随修道断,乃是钝根。

[今译] 所谓预流,就是参预入圣道的法流之中。《金刚经》说是入流。或者翻译为逆流,就是逆生死之流。《析玄》卷下叫做"抵债",因为不用再受三途恶道的业债痛苦。

关于断除三界八十八使(见惑),为什么《婆沙论》说:"二十八使是在见道位的时候断除,剩余的六十使是在修道位才断除"呢? 前贤们说:这有两种根性的不同,如果是平等地观修四谛的人,在见道位的时候就可以断除八十八使见惑。如果不是平等地观修四谛的人,那么,在见道位当中就只是断除三界苦谛之下的二十八使见惑而已,其余三谛之下的见惑到修道位的时候才能断除,此是钝根的众生。

---

① 关于断除见惑情况,《阿毗昙毗婆沙论》卷第二十八说:"问曰:如波伽罗那说九十八使,八十八是见道断,十是修道断。此中何故说二十八使见道断,十使修道断耶? 答曰:……波伽罗那说顺次法,说具缚人,非超越人;此中不说顺次法,不说具缚人,不说超越人……尊者瞿沙作如是说:二十八使是见道断,十是修道断。何故波伽罗那作如是说:八十八是见道断,十是修道断? 彼作是答:二十八决定是见道断,十是修道断,六十不定。不定者,于见道中,而有差别。"见《大正藏》卷二十八,第207页中。

（2）斯陀含

二、斯陀含，此云一来。此位断欲界九品思中，断前六品尽，后三品犹在，故更一来。

[集注] 此果断欲界九品思惑前之六品，于初果之后，此果之前，须论家家①。今先明欲惑润七番生死，次通示超次根性，后别释家家之义。

惑有粗细，故分九品。无漏智力，故经七生。所以须七生者，如《辅行》引《成论》云：'于七世中，无漏智熟。如服酥法，七日病消。如歌罗逻，七日一变。如亲族法，限至七代。如七步蛇，四大力故，行至七步，蛇毒力故，不至八步。惑力至七，道力非八。'《婆沙》云：'应云十四，何故云七？答：中有②、本有③，数不出七，故但云七。乃至若总论生，应云七人七天，十四中有，合二十八生。且依前说，不出七故，故但云七。'"④

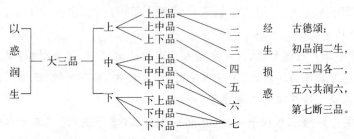

图45：以惑润生、经生损惑

---

① 家家：又称家家圣者，小乘圣者之名。为二十七贤圣之一，十八有学之一。即指声闻四果中之一来向，已断欲界三、四品修惑，而于命终时，三或二次受生于欲界人天间之圣者。此类圣者由甲家转生至乙家，或三生或二生，证极果，入涅槃，故称家家。

② 中有：四有之一，又名中阴身，即人死后尚未投胎之前，有一个由微细物质形成的化生身来维持生命，此化生身即是中阴身。此中阴身在最初的四十九天中，每七天一生死，经过七番生死，等待业缘的安排，而去投生。

③ 本有：四有之一，由生有至死有之间的生命历程，又可细分为羯罗蓝位等胎内五位（凝滑、疱结、肉段、硬肉、支节）及婴孩等胎外五位（婴孩、童子、少年、壮年、老年）。即常人所谓的活着的时候的生命现象。

④ 见《辅行》卷六之一，《大正藏》卷四十六，第329页上。

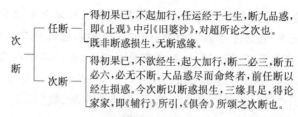

图46：次断

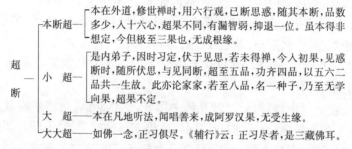

图47：超断

[今译] 这里所说的二果斯陀含果，是断除了欲界九品思惑的前六品思惑，本来在初果须陀洹果之后、斯陀含果之前，中间应该说到有一个家家的位次。现在首先了解欲界九品思惑滋润七番生死，其次全面揭示超越证和次第证的根性差别，最后单独来解释家家的含义。

思惑有粗重和微细的区别，所以分为九品。由于具备了无漏智的力量，所以就只要经过七次生死。之所以须要经过七次生死，就像《辅行》卷六之一引"《成实论》说：'在这七世当中，无漏智慧已经纯熟。犹如服酥的方法一样，经过七日病患就会消失。就像歌罗逻，每经过七日就发生一次变化。犹如认可亲族的方法一样，局限到七代为止(上三代、下三代)。又像中七步蛇毒一般，由于身体四大还有能够坚持的力量，还可以行走到七步远，由于蛇有剧毒的力量，所以就走不到第八步了。由于思惑的力量还需要经过七次生死，由于证得无漏智慧的力量而不再有第八次的生死。'《婆沙论》说：'应该说是十四次生死，为什么说成七次呢？答：中有、本有的次数不超过七次，所以就说是七次。乃至如果要全面计算受多少次生死的话,确切地说应该是七次生到人间、七次生在天上,经历了十四次的中有阶段,合起来应该有二十八次的生死(中有也有生和死的过程,加上本有的十四次,共为二十八次)。一般就采用前面的说法,不超出七次的缘故,所以就只说七次受生。'"

[集注] 任断者,此人非全无观行,但不及次断,勤加功行耳。

次断者,虽异任断,乃对超断,越次得名。

本断超者,《辅行》六上云:"本得非想定,即是已断下八地思,至十六心,应名阿罗汉向,但名阿那含者,以凡地时,有漏智弱,但名那含。若本断九品,今名三向,若七、八品,得名二果。断六品等,名二果向,断五、四等,但名初果。"①须抑退者,意令此人,此生必定起无漏圣道故(文出《俱舍》)。

小超者,《止观》六云:"若凡地未得禅,十六心满,超能兼除欲惑诸品,或三两品(《辅行》云'应云三四',或恐文误,或《婆沙》不同),即是家家、一种子等,即是小超。"②及前文云:"超断至五品,名'家家',乃至八品,名'一种子'。"③

《辅行》六释云:"今文中言超断者,只是下文小超之人(此定《止观》超断,属小超也),本在凡地,未得色定,或修欲定,欲惑未断,此人至十六心,超断五品,名为家家。此之五品,同四品故(此文别释小超中,断五品惑,论家家者,一种人也。不可据此之文,通定小超之人,皆未得色定,如《止观》云:若凡地未得禅,若已得禅,岂止三向?盖小超人,其类非一),随其本断品之多少,而得名为家家、种子,及以无学向果等名。"④(此文通释小超,超果不定,盖《止观》文,明小超人至一种子,义犹未尽,故此点云:随其本断等也。盖随其小超本位断惑,品数多少,则断五品名家家,多则乃至极果,则知小超,不可唯局三果向也。故《止

---

① 见《辅行》卷六之一,《大正藏》卷四十六,第 334 页上—中。
② 《止观》卷六(上),《大正藏》卷四十六,第 73 页中。
③ 《止观》卷六(上),《大正藏》卷四十六,第 71 页下。
④ 见《辅行》卷六之一,《大正藏》卷四十六,第 331 页下。

观》云："十六心后，即有一念超果至那含，或超至罗汉。"①）

问：小超若超至四果者，《止观》何故但云：若凡地未得禅，超能兼除欲惑诸品？答：此据小超中未得色定者而言，故云：若凡地未得禅，超能兼除欲惑诸品。若之为言，乃不定之词也。况诸品之言，岂唯八品？故下即云一种子等。

问：或谓小超只至三向，乃判《辅行》随其本断品之多少，谓双点超、次；而得名为家家、种子，乃别点小超；及以无学向果等名，乃别点次断。如此可乎？答：《止观》虽超次对辩，《辅行》唯指小超。如云"今文中言超断者，即是下文小超之人"，乃至云"此之五品同四品故，随其本断品之多少"等，乃释小超一连之文，岂可分擘对当耶？

问：《止观》超次对辩，何故小超只至一种子耶？答：小超一种子已前，与次断异。若三果后，与次断同，故《止观》不论也。

问：或谓十六心后，一念超果至那含，属本断超；超至罗汉，属大超者。且小超何不预耶？答：本断超人，岂止那含？若大超人，凡地闻唱善来，即证罗汉，何得云十六心后？

问：小超既至罗汉，与大超何别？答：以小超凡地修观，伏于见思，至十六心，超果不定。若大超人，凡地一呼善来，直超四果，与小超自不侔矣！

次释家家之义，家家者，受生处不一也。人中三洲，张王不同；天上六欲，宫殿等别。故论天家家、人家家、不等家家、平等家家。《辅行》六上云："家家者，有二不同，谓天及人。天谓欲天，三二家生，而证圆寂（此天家家）。人谓人处，或三二家，或三二洲，而证圆寂（此人家家，已上皆平等家家也）。若天三生，天三人二；若天二生，天二人一（天不等家家），人生三二，反此可知（人不等家家）。故天家家，先于人中得见道已，若超若次，进断三四，后于天中三二处生，人中反此。天家家者，于最后生天中，余残结断，名得圆寂。"②人中家家，准此可知（然《辅行》

① 《止观》卷六（上），《大正藏》卷四十六，第73页上。
② 见《辅行》卷六之一，《大正藏》卷四十六，第331页下—332页上。

云：三二生而证圆寂，即四果也。此是家家种性①，不可作寻常断九品惑，得三果释也）。

《俱舍颂》云："断欲三四品，三二生家家（此二句正颂家家，断三品则损四生，后三生在，论三生家家。若断四品，则损五生，后二生在，论二生家家）。断五至二向（断至五品，名二果向），断六一来果。断七或八品，一生名一间②（断至七品或八品，犹有一生间隔，此据命终者）。此则第三向（此据不命终者而向三果），断九不还果。"③已上论颂，正颂加行次断，备乎九种根性。

《辅行》问："何缘无断一品二品，及断五品，名家家耶？答：加行次人，断二必三，断五必六，必无不断大品惑尽，而命终者。"④《辅行》云："此次断义，与今文同。"⑤盖指《俱舍》加行次断，与《止观》所引《婆沙》小超是同。

问：次断之人，必断大品惑尽，何故断四，不至五六。又断八品，何不至九？答：断初大品已，既有余力，故更进断第四也。不至九者，以有得果、越界二义故。六唯得果，无越界义，是故断五必至于六，二三品中，全无二义，断二必三，于理无疑。

问：还有断一二品，论五四生家家否？答：既断二必至三，岂唯一耶？

问：还有断六品，论一生家家否？答：家家者，受生处不一，既唯一生，则不论也。

问：断五至二向，还可于此论功齐四品，论家家否？答：加行次人，既断五必六，不同小超也。三缘具足，方论家家。《俱舍》云："即预流

---

① 种性：种为种子，有发生之义。性为性分，有不改之义。

② 一间：旧译一种子。又称一间圣者。为十八有学之一，指不还向中圣者之一种。于欲界九品修惑中，此等圣者虽已断欲界七、八品修惑，然犹残余一品乃至二品未断，尚须一度受生于欲界，以修不还之果位。一间，即谓尚余一间隙在，故不得般涅槃。

③ 见《大正藏》卷二十九，第321页中。

④ 参见《辅行》卷六之一，《大正藏》卷四十六，第331页下。

⑤ 见《辅行》卷六之一，《大正藏》卷四十六，第331页下。

者,进断修惑,若三缘具,转名家家。一、断惑缘,断欲修惑三四品故(此拣异任断)。二、成根缘,得能治彼三四,成无漏根故(此拣异本断超)。三、受生缘,更受欲有,三二生故(此拣异大超)。"①

颂中但说初后缘者(断欲三四品,即断惑缘。三二生家家,即受生缘),论中既云,预流果后,进断修惑,即是治彼三四,成无漏根,义准已成,故不具说。三缘缺一,非家家之义。若断七八,亦具三缘,转名一间,此约次断。若小超人,既论家家,三缘必具。《辅行》六上:"若超若次,进断三四。"②得非小超,亦至三四品耶?彼释家家三二处生,故以五品,功齐四品,而总言耳。非谓小超至四品也。又复小超至五品而不至六者,由得果义故。《止观》六引《婆沙》云:"次断五品,名斯陀含向;超断五品,名家家。次断六品,名斯陀含果;超断六品,名一往来。次断七品八品,名阿那含向;超断八品,名一种子。"③

问:次断五品名二向,超断五品名家家。又斯陀含与一往来,那含向与一种子,其义无别,何分超次? 答:由命终、不命终、经生、不经生异也。盖次断五品名二向者,此人既不命终,向二果也。超断五品名家家者,此既命终,虽断五品,功齐四品,以论家家。下二例说,故三缘具足,得受一间,正取命终一生间隔。三缘不具,不受一间之名,但名阿那含向。正取不经生者,向三果也。然教门方便,论家家者,为令圣者,畏经生故,速得证果! 若任断人,既经生损惑,故不说也。

[今译] 所谓任断(不起加功用行,任运经过七生而断欲界的九品思惑),这种人并不是完全没有禅观修行,只是不及次断的修行人那样,精进勤奋用功修行罢了。

所谓次断,虽然有别于任断而能起大加行,但是相对于超断的修行人来说,却仍然没有超越二果、三果的修证次第,因此称次断。

所谓本断超,《辅行》卷六上说:"本来证得了非想非非想处天的禅

---

① 见《俱舍论》卷第二十四,《大正藏》卷二十九,第 123 页下。
② 见《辅行》卷六之一,《大正藏》卷四十六,第 332 页上。
③ 《止观》卷六(上),《大正藏》卷四十六,第 71 页下。

定,也就是已经断除了下八地的思惑,到达八忍八智的十六心境界,应该称为阿罗汉向,现在只是把他叫做阿那含,是因为他在凡夫地位的时候,修行有漏法从而智慧比较薄弱,所以叫做阿那含。如果本来就断除了九品思惑,现在就叫做三果向;如果断除了七品、八品思惑,就称为二果;断除六品思惑等,就叫做二果向;断除五品、四品思惑,就只叫做初果了。"对于这一类修行人,须要抑制令其退下一个位次(应该是四果向,而抑制其为三果),意义在于使他们在此生必须要发起无漏法的圣道智慧(上文出自《俱舍论》)。

所谓小超,《止观》卷六说:"如果在凡夫地位当中修行而未得到禅定,等修到十六心满的时候,由于具有超越的能力,而兼带着就断除了欲界的思惑诸多品数,或者断除了其中的三品或二品思惑(《辅行》说"应该说是三品或者四品",或许是文字的错误,也许是《婆沙》所说的不同)。这就是所谓的家家和一种子等位次了,也就是小超的意思。"以及前面引用解释小超时就说到:"超断到五品思惑的时候,就叫做'家家',乃至到了八品思惑的时候,就叫做'一种子'。"

《辅行》卷六(上)解释说:"现在这段文字当中所说的超断,只是下文所说的小超之人(这是判定《止观》所说的超断,是属于小超的情况),本来就在凡夫的地位,还没有得到色界的禅定,或修习欲界的禅定,而欲界的思惑也还没有断除(只是伏住欲界的思惑),这样的修行人到了十六心的位次时,超越性地断除了五品思惑,就叫做家家。这里所断除的五品思惑,实际上所证得的位次是与断四品思惑相同的(这段文字是特别解释在小超的情况当中,断五品惑,而论及家家的,就只是一种人啊。不可以根据这段话,就一概断定小超的修行人,都没有证得色界禅定,如《止观》所说:或者在凡夫的位次还没有得到禅定,或者已经得到禅定,哪里又只是局限在三果向的位次呢?这是因为在小超情况的修行人,他们的类别并非只有一种)。随着他们本来所断除思惑品数的多少,而分别叫做家家、种子,以及无学向果等名称。"(这段文字是一般性地解释小超,所超越的证果位次并不固定,因为《止观》所说,只是指出了小超修行人到达一种子的位次，而有些情况还没有表述出来，所以这里特别指出"随着他们本来所断除思惑品数的多少"等等。大概地说，随着小超修行人在本来的位次上所断除的思惑，其品数是多还是少来决定小超的情况，那么，断除了五品思惑的就叫做家家，断除思惑品数最多的甚至可以证得极果的阿罗汉位，可见小超的情况，不仅仅局限在三果向的位次上。所以《止观》说：在证得十六心之后，就有一念相应而超越了原有果位到达阿那含的位次，或者超越到了阿罗汉的位次。）

问：小超如果能超越到四果阿罗汉的位次，《止观》又为什么只是说："如果是在凡夫地位当中修行而未得到禅定，由于具有超越的能力，能兼带着断除欲界的思惑诸多品数"呢？答：这是针对小超当中还没有得到色界禅定的修行人来说的，所以说："如果是在凡夫地位当中修行而未得到禅定，由于具有超越的能力，能兼带着断除欲界的思惑诸多品数。"用"如果"这个词是表示不确定啊。更何况所说的断除思惑的各种品数，怎么可以局限在八品呢？因此接下来就说一种子等等。

问：有人说小超只能到达三果向，于是就判别《辅行》所说的"随着他们本来所断除的思惑品数的多少"，就认为是从两个方面来指出超断和次断：思惑的品数断除到了能够叫做家家和一种子，就属于特别指出的小超情况；而思惑的品数断除到了可以使用无学向果等名称时，就是属于特别指出的次断情况。这样说可以吗？答：《止观》虽然是以超断和次断两种情况的相互对照来分析；《辅行》却专指小超而言。比如说"现在这里所谓的超断，就是下面所说的小超之人"，乃至更进一步说"这里断除五品思惑，实际上所证得的位次是与断四品思惑相同的，是随着他们本来所断除思惑品数的多少"等，这是解释小超的前后一贯的行文，怎么可以勉强地分开来，作为超断和次断两种完全对立的情况来理解呢？

问：《止观》把超断和次断相互对照分析的时候，为什么说小超时只说到一种子的位次呢？答：在小超一种子以前的位次，与次断的情况是不一样的。如果到了三果阿那含之后，就与次断的情况相同了，所以《止观》就不必继续分析了。

问：有人说在十六心之后，一念相应就能超越果位而到达阿那含的位次，是属于本断超的范围；超越到了阿罗汉的位次，就是属于大超的范围。那么，小超的情况为何不能这样呢？答：在本断超情况的修行人，哪里只限于阿那含的位次？如果是在大超情况的修行人，从凡夫的位次上一听到佛说"善来比丘，须发自落"，当时就能立即证得阿罗汉之果位，怎么可以说要到了十六心之后才证得阿罗汉呢？

问：小超的情况既然也可以到达阿罗汉的位次，那么这与大超的情况有什么区别呢？答：这是因为小超情况的修行人在凡夫位次修习观法，暂时伏住了见思惑，到十六心时，所超越的果位就没有固定的了。如果是大超情况的修行人，在凡夫位次时一听到佛呼"善来比丘，须发自落"，就能直接超越到四果阿罗汉的位次，这与小超的情况自然是不能相提并论的！

其次解释家家的意义，所谓家家，就是指受生死的地方不在一处。在人道里面有三洲，三洲之中又有张家、王家等等的不同；在天上有六欲天，六欲天的宫殿等又各有差别。所以说有天家家、人家家、不等家家、平等家家等名称。《辅行》卷六上说："家家，有二种不同，所谓天上及人间。天上就是指欲界天，经过了三家或者二家的受生，从而证得圆满寂灭（这是指天家家）。人间就是指人道生活的地方，或者在某一个洲的三家、二家受生，或者在人间的三洲、二洲受生，从而证得圆满寂灭（这是指人家家，以上所说的这两种都是平等家家）。或者在天上受了三次的生死，天上三次受生而在人间只有二次；或者在天上受了二次的生死，天上二次而人间只有一次（这就是天不等家家），而在人间受生三次、二次的情况，从前面类推得知（这就是人不等家家）。所以天家家，最先是在人间见道而开始受生，或者属于超断的情况，或者属于次断的情况，进一步断除了三品或者四品的欲界思惑，后来就在欲界天当中三次或者二次受生。人家家的情况就与此正好相反（人家家先于天上见道，最后于人间圆寂）。天家家，在最后一次受生于天中的时候，就能断除残余的结使，这就叫做证得了圆寂。"在人间当中受生的家家，可以此类推（然而《辅行》却说：三生、二生而证得的圆寂，就是四果。这是属于家家种性的特殊情况,不可以当作通常所说断九品欲界思惑,而证得三果阿那含来解释)。

《俱舍颂》说:"断除了欲界的三品或者四品思惑,还剩下三次或者二次受生于家家(这二句是正颂家家,断除三品思惑就减损了四次受生,剩下最后的三生还存在,这是三生家家。如果断除了四品思惑,那就减损了五次的受生,剩下最后的二生还存在,这是二生家家)。断除了欲界的五品思惑就到达二果向(断除到五品思惑,名为二果向),断除了欲界的六品思惑就是一来果。断除了七品或者八品的思惑,还有一次生死的间隔,就叫做一间(断除到七品或八品思惑时,还有一生间隔,这是对于命终者来说的)。这也是三果向的位次(这是对于不命终而能够进步向三果者来说的),断除了九品思惑就证得不还果。"上述论颂的内容,就是正面的解说加功用行的次断情况,具备了九种不同的根性。

《辅行》问:什么缘故没有断除一品或者二品思惑,以及断除五品思惑,而叫家家的呢?答:加功用行次断情况的修行人,断除了二品思惑之后必定会接下来断除三品思惑,断除了五品思惑之后也必定就会接着断除六品思惑,肯定没有不把大品思惑(九品思惑分上、中、下三品为大品)断尽,就命终的。《辅行》说:"这就是次断的意思,正好与现在所说的相同。"这是指《俱舍论》所说的加功用行的次断情况,与《止观》引《婆沙》所说的小超情况相同。

问:在次断情况的修行人,必定要把大品思惑断除殆尽,为什么断除了四品,又不断到五品或者六品?再如断除了八品,为什么又不断到九品呢?答:断除了最初的大品(上品思惑)以后,既然还有余力,所以就更进一步来断除第四品。不能断除到九品,是因为有得证果位、超越界限二种含义的缘故。断除第六品的时候唯有得证果位这一种含义,而没有超越界限的含义,所以断除了五品就必定会断除到六品。在断除二品和三品当中,这二种含义都不具备,因此断除二品之后必定会接着来断除三品,在道理上应该没有什么可怀疑的了。

问:此外有没有断除一品或者二品思惑,而成为五次或者四次受生的家家呢?答:既然断除了二品之后就必定会断除到三品,哪里还会有只断除一品就命终的呢?

问:此外还有没有断除六品,而成为一次受生的家家呢?答:所谓家家,就是指受生的地方不只是一处,既然只有一次受生,那就不能说是家家了。

问:断除了五品欲界的思惑就到达二果向,可不可以说此时修行的功夫与四品相齐,然后来说家家呢?答:加功用行的次断修行人,既然断除了五品就必定会断除到六品,这就不同于小超的修行人了。如果三种缘具足了,方才可以说是家家。《俱舍论》说:预流果的圣者,进一步断除了修惑(思惑),如果三缘具足了,就改名为家家。所谓三缘是指:第一,断惑缘,可以断除欲界思惑的三品和四品(这是料拣有异于任断的情况)。第二,成根缘,得以能够对治那三品和四品的思惑,从而成就无漏善根(这是料拣有异于本断超的情况)。第三,受生缘,还需要经过欲界因果报应的实有感受,三次和二次受生(这是料拣有异于大超的情况)。

颂文当中只是说出了最初的断惑缘和最后的受生缘(断除欲界的三品和四品思惑,就是断惑缘。三次和二次受生为家家,就是受生缘),论典中既然说了证得预流果之后,进而断除思惑,这就是对治那三品和四品的思惑,成就无漏善根,这种道理的根据已经成立,所以就不用详细来说三缘了。如果三缘缺少了任何一缘,就不具备家家的意义了。如果断除了七品或者八品的思惑,也同样具备这三缘,那就改名为一间了,这是从次断的角度来说的。如果是小超情况的修行人,既然要说是家家,那就一定要具备三缘。《辅行》卷六上说的:"或者是超断,或者是次断。进一步断除了三品或四品思惑。"难道不是说小超情况的修行人,也能到达断除三品或四品思惑的程度吗?那是在解释家家的三处或者二处受生,所以就说断除了五品所证得的位次与断四品思惑相同,因而从总的方面来说的啊。并不是说小超的情况就能断除到四品思惑。另外,小超能够断除到五品而不能断除到六品,这是由于证得了果位的道理。《止观》卷六引《婆沙》说:次断情况中断除了五品思惑,就叫做斯陀含向;超断情况中断除了五品思惑,就叫做家家。次断情况中断除了六品思惑,就叫做斯陀含果;超断情况中断除了六品思惑,就叫做一往来。次断情况中断除了七品八品思惑,叫做阿那含向;超断情况中断除了八品思惑,叫做一种子。

问:次断情况中断除五品思惑名为二果向,超断情况中断除五品思惑名为家家。再者斯陀含与一往来,那含向与一种子,这些相对应的果位的意义并没有什么区别,为什么要分为超断和次断呢? 答:由于命终、不命终,经生、不经生的差异。因为次断情况中断除五品思惑名为二果向的,这种修行人不用等到命终之后就能证向二果。超断情况中断除五品思惑名为家家的,这种修行人既然已经命终,虽然也是断除五品思惑,但所证得的位次却与断除四品思惑相同,所以就说这是家家。以下二例分别进行解说。所以三缘都具足了,就可以叫做一种子,这正是取其需要等到命终之后的一生间隔的意思。如果三缘不具足,就不称为一种子,只叫做阿那含向了,这正是取其不需要经过一生间隔,就能趣向三果的意思。

然而,从教法义理中的方便设施,来讨论家家的目的,是为了能使证得圣位的修行人,因畏惧需要经过受生的缘故,从而精进用功快速地证得阿罗汉果! 如果是任断情况的修行人,就注定需要经过七次受生才能断除九品思惑,所以也就不必说这些道理了。

(3) 阿那含

三、阿那含,此云不来。此位断欲残思尽,进断上八地思。

[集注] 此果,断欲界下三品思尽,进断上八地思,取证四果,而般涅槃(此云灭度)。就此释般那含,此名从略,乃是般涅槃之阿那含也。旧对家家,称为般般,义无所准。又此且论有余涅槃,《俱舍论》云:般涅槃者,谓有余依。有余师说,亦无余依。此不应理。彼应舍寿,无自在故。

《止观》六云:"次断初禅初品,至非想第八品,凡七十一品,悉名阿罗汉向。六种那含,位在其中(此是任断根性)。"①《辅行》六上引《大论》七种:一中般、二生般、三有行般、四无行般、五上流般(色界)、六现

---

① 《止观》卷六(上),《大正藏》卷四十六,第71页下。

般(欲界)、七无色般。① 《俱舍》七种,前五如《大论》,第六却取无色般(《辅行》脱一"无"字,乃云但取色般,并五为六②),第七方立现般。

荆溪谓"《俱舍》不立现般"③,指七种中,第六不立耳,非谓论文不明现般。据二《论》六种,一立一不立,对释《止观》六种那含,故有此言。但诸文种数多少,今准《俱舍》,三界七种图示,然后对拣。

颂云:此中生有行,无行般涅槃。上流若杂修,能往色究竟。超半超遍没,余能往有顶(余字指不杂修,有顶非非想处)。行无色有四,住此般涅槃(《辅行》六上、《析玄》具释,论颂七种,先色,次无色,后欲般,今图顺三界次第)。

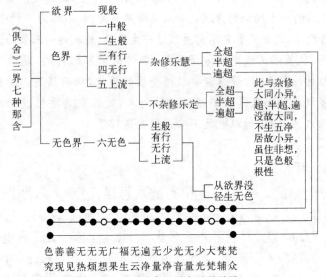

图48:《俱舍》三界七种那含

---

① 见《辅行》卷六之一,《大正藏》卷四十六,第 332 页上。

② 根据《大正藏》所载《辅行》并没有脱一无字,其文为但取无色般,并五为六,见《辅行》卷六之一,《大正藏》卷四十六,第 332 页上。

③ 见《辅行》卷六之一,《大正藏》卷四十六,第 332 页上。

[今译] 这个阿那含的果位，断尽了欲界的下三品思惑之后，进而断除上二界八地的思惑，证得四果阿罗汉，而得到般涅槃的果报（汉译为灭度）。就此来解释般那含的意义，"般那含"是略称，也就是"般涅槃的阿那含"之意。过去都是相对于家家，而称其为般般，这个意义并没有一个固定的标准来衡量。另外，这个果位只是谈论到有余涅槃的情况，如《俱舍论》说：所谓般涅槃，就是指有余依涅槃。另有法师认为，这个果位也有无余依涅槃。这是不符合实际道理的。因为无余依涅槃应该舍弃有余依的形体，而在有余依的形体上他们无法得到自在。

《止观》卷六说：其次断除初禅天的第一品思惑，一直到断除非想非非想天的第八品思惑，总共经历断除这七十一品思惑的全部过程，都叫做阿罗汉向。在这断上二界思惑的过程中总共有六种那含的位次（这是从任断根性来说的）。《辅行》卷六上引《大论》七种：一中般、二生般、三有行般、四无行般、五上流般（色界）、六现般（欲界）、七无色般。《俱舍论》所说的七种那含，前面五种和《大论》所说一样，第六却是先取无色般（《辅行》缺少了一个"无"字，就说成了"但取色般，并五为六"），第七方才建立欲界现般。

荆溪所说的"《俱舍论》没有建立现般"，这是指在七种那含当中，按顺序排列的第六种没有建立，并不是说《俱舍论》全文没有说明现般。根据上述的两部《论》（《大论》和《俱舍》）所说的六种那含，一者在第六种建立了现般，一者在第六种并不建立现般，相对于解释《止观》当中所说的六种那含，所以才有《辅行》的这种说法。但是在各种论文中所说的种数或多或少，现在就根据《俱舍论》的说法，三界总共有七种那含，用图来表示，然后再对其进行分析抉择。

颂文说：中般、生般、有行般、无行般等四者，就是在色界当中不同的情况下而般涅槃。上流般（又分两种情况：杂修乐慧、不杂修乐定）如果是杂修的情况，就能往生到色究竟天然后般涅槃。（这又有三种情况，即）全超、半超和遍没，如果是不杂修的情况，就能不生色界的五净居天，而从广果天往生到有顶天然后般涅槃（"余"字是指不杂修，有顶就是非想非非想处天）。修行无色般有四种情况（生般、有行、无行、上流），就在这四种情况下般涅槃（《辅行》卷六上、《析玄》等都有详细的解释，《俱舍论颂》所说的七种那含，首先就是色界的五种般，其次是无色界的一种般，最后是欲界的一种般，现在按三界先后顺序以图表来说明）。

[集注]《大论》七种，名同《俱舍》，列次小异（如下图示）。《俱舍论》云："行无色者，差别有四，谓在欲界，离色界贪，从此命终，生于无色。此并前五，成六不还。复有不行色无色界，即住于此，现般涅槃，并前六为七。"①

全超，谓在欲界，于四禅中，已遍杂修，遇缘退失，从梵众没，生色究竟，中间尽越，故名全超。

半超，梵众没已，中间渐受，十四天处，或超一二，乃至十三，后乃方生色究竟天，皆名半超。非全超故，通受半名。

遍没，全不能超，名为遍没，色界遍没即十六天。大梵，是天主我慢。无想，是外道所居。圣者不生此二天也。

《俱舍》复有九种，即于色般合五为三，有行无行皆生般摄，即开三为九。颂云："行色界有九，谓三各分三，业惑根有殊，致成三九别。"②

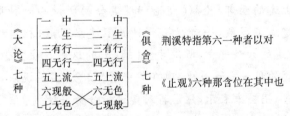

图49：《大论》、《俱舍》七种般

①　见《俱舍论》卷第二十四，《大正藏》卷二十九，第125页上。
②　见《俱舍论》卷第二十四，《大正藏》卷二十九，第125页上。

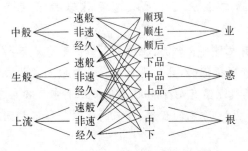

即于色般合五
为三,有行无
行皆生般摄,
即开三为九,
《释签》五十引论
备释。

图50:色界九种般

[今译]《大论》中所说的七种那含,名称和《俱舍论》所说的一样,只是排列次第略有差异(如下图所示)。《俱舍论》说:在无色般情况的修行者,有四种差别(生般、有行、无行、上流),这四种情况都是指在欲界修行的时候,就远离了色界的贪心,从欲界命终之后,直接就生到无色界。这个无色般加上前面所说的色界五种那含,就成为六种不还果。还有一种修行人,不用经过色界和无色界的修行,就住在我们这里,示现了般涅槃,合并前面所说的六种那含,就成为七种那含了。

全超,这是指欲界的修行人,在修行四禅的过程中,已经普遍地杂修过四种禅定,后来遇到违缘而退失了禅定的功夫,在欲界死后就生到色界初禅,而从初禅的梵众天死后,就直接生到色究竟天,色界中间的十四层天全部超越过去,所以叫做全超。

半超,在色界初禅的梵众天死了之后,再继续往上,在这中间逐渐经过十四层天住处的时候,或者超越了一二层天,甚至达到超越中间的十三层,最后才能生到色究竟天,无论是超越了多少层天,都叫做半超。因为不是全超的缘故,都一概称为半超。

遍没,一点都不能超越,叫做遍没。在色界当中的遍没,就是指经历十六层天。大梵天,大梵天的主神,称为大自在天,具有贡高我慢的恶习(大梵天以自主独存,谓己为众生之父,乃自然而有,无人能造之,后世一切众生皆其化生;并谓己尽知诸典义,统领大千世界,以最富贵尊豪自居)。无想天,是修行无想定的外道死后的去处。佛教的圣者就不生在这二层天了（所以遍没就只经历色界的十六层天）。

《俱舍论》又指出有九种那含，就是把色界的五种般合成三种，有行般和无行般都属于生般所摄范畴，然后再开衍这三种般而成为九种般。颂文说：修行人在色界般涅槃有九种情况，就是说三种般又各自分出上中下三种，由于禅定的功夫、迷惑的程度、原来的根机等各不相同，因此形成三类九种的差别。

[集注] 诸文或云五种，独指色般。或云八种，三界七中，加不定般（《补注》十四引《婆沙》，三界般中，遍有不定。进老①，示不定相，乃约期心欲界便般涅槃，或未能克，却生上界而取证也。或期生上界，忽发宿习，欲界即证。色、无色，准说可知）。

《杂心论》②七种，《妙玄》所用，于色界五初，开中为三（速、非速、经久），并后四成七。《毗昙》有一万二千九百六十种般，如《释签》第五具示。

色界中般者，初离欲界生色界时，厌苦心切，即在中有而般涅槃，故属色摄。若至色界，上生余天，虽有中有，不得论般，为无宿习厌苦力故（如《析玄》下）。无色不立中般者，《指归钞》③云："经云：无色众生，无有中阴者，'毗昙'法中，说除四空，余一切处，定有中阴。以无色界，无处所故。"《俱舍》明，随于何处得无色定，于命终时即生无色。

图中引五差者(指五不还天因中有五种差别)，谓下、中、上、上胜、上极。《辅行》六上、《析玄》下委释行相，由此五禅生五净居。又乐论议者，恐就下界修观时说，非生净居有论议也。以二禅上，无语言故。

———

① 进老：《辅宏记》卷十一说："进老，人名也，宋崇进法师。"见《卍续藏》第102册，第0559页下。

② 《杂心论》：即《杂阿毗昙心论》，十一卷，法救造，僧伽跋摩等译。本书乃说一切有部代表圣典之一。为阿毗昙心论之注释书。收于大正藏第二十八册。

③ 《指归钞》：即《涅槃经疏三德指归》，二十卷，宋孤山智圆著。是章安大师《涅槃经疏》的注释。收于《卍续藏》第五十八册。

[今译] 各种典籍或者说五种般，这是单指色界的五种般而言。或者说八种般，这是指在三界七种般当中，再加上不定般这一种（《补注》卷十四引《婆沙论》说，在三界的各种般当中，普遍存在着不定般的情况。宋代的崇进老法师，所解释的不定相是从修行人自己的心愿和所得到的结果不相符合来说的。有的人心里期望着在欲界修行就能般涅槃，而这个愿望还没有实现，就往生到了色界或者无色界这上二界，从而在上界证得了涅槃。有的人心里期盼着往生上界再般涅槃，忽然间启发了过去所修习的禅定功夫，从而在欲界就证得了涅槃。色界、无色界的不定相，根据这个说法就可以知道了）。

《杂阿毗昙心论》举出了七种般，为《法华玄义》所引用，这是在色界的五种般之最初一种中般当中，开出中般而成为三种般（就是速般、非速般、经久般），合并后面的四种（生般、有行、无行、上流般）而成为七种般。《毗昙》说有一万二千九百六十种般，如《释签》卷第五所详细展示的。

所谓色界中般，是指在最初离开欲界而将要往生到色界的时候，由于厌离生死痛苦的心情非常急切，因此在色界天的中有（中阴身）阶段就般涅槃了，所以属于色界的范围。如果已经到了色界，从色界下层天再上生到其余的上层天，虽然也有中阴身，但这种情况就不能说是中般了，因为这种情况不具备过去修行时积累的厌离生死痛苦的力量（如《析玄》卷下所说）。无色界不建立中般这种情况，《指归钞》说："佛经上面说：无色界的众生，是没有中阴身的。在各种论藏当中，说除了无色界的四空处天以外，其余的一切处所，一定会有中阴身。因为无色界，就是没有处所的缘故。"《俱舍论》指明随便在何处修行得到无色界的禅定，命终之时就能立即生到无色界。

上面所列的"《俱舍》三界七种那含图"中所说的"五差"（是指杂修乐慧的修行人，能够往生到五净居天，但在他们的修因当中就有五种差别），就是指下品、中品、上品、上胜品、上极品。《辅行》卷六、《析玄》卷下，有关这五种修行的差别相状解释得非常详细，指出由此五种修习禅定的功夫往生到五净居天上。另外，杂修乐慧指的是喜欢议论，这恐怕是针对在五净居天之下修习禅观时的情况而言，并不是往生到五净居天之后还有议论。因为在二禅天以上，就没有言语来沟通了。

(4) 阿罗汉

四、阿罗汉，此云无学，又云无生，又云杀贼，又云应供。此位断见思俱尽，子缚已断，果缚犹在，名有余涅槃。若灰身灭智，名无余涅槃。又名孤调解脱。略明声闻位竟。

[集注] 此位，断上八地七十二品思俱尽，四智①已圆（我生已尽，梵行已立，所作已办，不受后有），无法可学，名无学果，亦名究竟（如《析玄》下）。阿罗汉者，《文句》一云："或言无翻，含三义故。"②《净名疏》十引《智论》释云："一、杀贼，从破恶以得名。二、不生，从怖魔以受称。三、应供，因乞士以成德（因果对释）。"

多含不翻，乃今家正意。以三义翻之，乃顺古耳。若释比丘，因名乞士等，对举果名，盖欲显大比丘之阶位也（如《法华文句》及《观经疏》）。

又前标声闻，通凡圣位。若阿罗汉，局第四果。此位修三昧：一名金刚、二名重空、三名电光（上二名，如《妙玄》第四③；电光，如《止观》第九④。电光义通初果，金刚通前五种罗汉，重空别在不动罗汉所修）。此果别号，二种、三种、六种、九种，及果性退、不退义，今历示之，先明二种。

---

① 四智：即罗汉四智。乃二乘、无学圣人内证四谛之智。据《胜鬘经一乘章》、《成唯识论述记》卷九末载，即：(一) 我生已尽，指断尽未来苦果，乃断集之智。(二) 梵行已立，指修道而成满无漏之圣道，乃修道之智。(三) 所作已辨（办），指断障证灭之功成，乃证灭之智。(四) 不受后有，指无学圣人已尽生死惑业，不受后世苦果，乃断苦之智。
② 见《大正藏》卷三十三，第 729 页上。
③ 见《法华玄义》卷四(下)，《大正藏》卷三十三，第 729 页中。
④ 《止观》卷九(上)，《大正藏》卷四十六，第 123 页下。

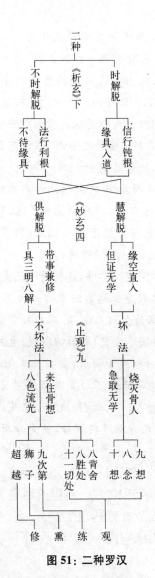

图 51：二种罗汉

[今译] 阿罗汉的位次，就是完全断尽了上二界八地的七十二品思惑，罗汉四智已经圆满成就（我生已尽，梵行已立，所作已办，不受后有），再也没有什么法可供其修学了，所以叫做无学果，也叫做究竟

（如《析玄》卷下所说）。关于阿罗汉，《法华文句》卷一说：有人说没有翻译，因为这个名词有三种含义。《净名疏》卷十引《大智度论》解释说：第一，杀贼，这是从比丘具有破恶的意义来命名的。第二，不生，这是从比丘具有怖魔的内涵来称呼的。第三，应供，这是因为比丘具有乞士的意义而得以成就其德行（这些都是从因果相对的角度来解释）。

这个名词是属于"五种不翻"之一的"多含不翻"，也正是我们天台宗的主张。以上述这三种意义进行翻译，那也是顺从古人的做法。如果解释比丘这一名词，在因地当中修行时的名称叫做乞士、怖魔、破恶等，相对于这些因地中的名称，而列举出他们证果时的名称就叫做应供、不生、杀贼等，那也是想要显示出大比丘（阿罗汉）们修行证果的阶级位次（如《法华文句》及《观经疏》所述）。

另外，前面所标的声闻这个称呼，是相通于凡夫和圣人的位次。如果用阿罗汉这个称呼，那就只是专称第四果的位次了。在这个位次当中所修的三昧有三种：第一名为金刚三昧、第二名为重空三昧、第三名为电光三昧（前面二种名称，如《法华玄义》卷第四所说；电光三昧，如《止观》卷第九所说。电光三昧的修行相通于初果，金刚三昧相通于前面的五种罗汉修习，重空三昧则特别指第六种不动罗汉所修习）。这个阿罗汉果位的别号有多种不同，如二种、三种、六种、九种，以及证果之后的性质也有退转、不退转的意思，现在分别进行解释，首先分析二种阿罗汉的情况。

[集注] 初，时、不时，从缘得名。次，慧、俱，约观立号。三、坏、不坏，依境受称也。或准《正理论》，以时、不时，敌对慧、俱。若准《妙玄》四及《四教义》二，信行法行①各二。不得灭尽定者，但是慧解脱；得灭尽定者，名俱解脱。旧云敌对，乃从正、从多。各对则旁正兼举，以信行亦有带事兼修，法行亦有缘空直入。若坏法、不坏法，与慧、俱同。

---

① 信行法行：信行是对于法行而言的。即自依圣法而行，称为法行；信他教诲而行，谓之信行。信行为钝根而能成就闻慧，法行为利根而能成就思慧。《法华玄义》卷十（上）说："教门为信行人，有成闻义；观门为法行人，有成慧义。"见《大正藏》卷三十三，第 806 页上。

旧约五义①，拣判慧俱：一、约性共②，慧人修性念处，俱人修共念处（《四教义》③）。

二、约正助④，慧人正道断结，俱人兼修助道（《光明句》⑤中、《四教义》二⑥）。

三、约事理，直缘真理，名慧解脱；带事兼修，名俱解脱。事者，一带根本四禅，俱人亦依世禅，修六行观⑦故。二带无漏禅，慧人但至观禅，

---

① 旧约五义：这个"旧"字，即指如湛法师的《假名集》。《辅宏记》卷十二说："旧字，即湛法师之《假名集》，以《集》中约十义拣判慧俱。谓十义，只成五义，以分之成十，合之成五，但有只双不同，故今引文曰五义。"见《卍续藏》第102册，第570页下。

如湛：（？～1140）南宋僧。永嘉人，俗姓焦。字从远，号假名。幼年出家，依车溪之择卿法师。后至横山，参访慧觉齐玉法师。师勤勉精进，深究教观之旨。后入住寿圣寺多年，讲唱无虚日。平日以诵持《法华经》七轴，并诵弥陀圣号二万声以为修持。又坐于野外草莽之时，则诵《弥陀经》，以身、法施于诸蚊虫，冀此成就蚊虫之佛缘。晚年谢事，闲居小庵勤修净业。绍兴十年七月示寂，世寿不详。著有《假名集》十卷、《观经疏净业记》四卷、《光明玄义护国记》四卷、《金刚集解》二卷、《声闻会异》与《复宗起疑》等各若干卷。生平事迹，见《佛祖统纪》卷十五、《释门正统》卷七。

② 性共：为性念处和共念处合称，加上缘念处就是三种四念处。即四念处之体皆各有三种，又称为三念住。（一）性念处，即自性念住，以闻、思、修三慧为体。（二）共念处，即相杂念住，以与慧之所余俱有的心、心所及四相无表色为体。（三）缘念处，即所缘念住，以所缘之身、受、心、法等诸法为体。

③ 《四教义》卷第五，《大正藏》卷四十六，第737页下。

④ 正助：为正道与助道的合称。《金光明经文句》卷四说："缘空直入名为慧行，带事兼修名为行行。亦名正道助道。空观顺理名为正道，不净破贪名为助道。小乘修正道断结名慧解脱人，修助道断结名俱解脱人。"见《大正藏》卷三十九，第67页中。

⑤ 《光明句》：全称《金光明经文句》，略称《金光明文句》、《光明文句》，六卷，智者大师口述，门人灌顶笔录。为天台五小部之一。随文解释北凉昙无谶所译之《金光明经》，并排斥江北及江南诸师三分科经之分法。而自"如是我闻"至寿量品之"悉来聚集信相菩萨摩诃萨室"为序分（一品半），自"尔时四佛"至空品为正宗分（三品半），四王品以后为流通分（十三品）。收于《大正藏》卷三十九。

⑥ 参见《金光明经文句》卷四，《大正藏》卷三十九，第67页中。《四教义》卷四，《大正藏》卷四十六，第735页上。

⑦ 六行观：为以有漏智断除修惑时所修的六种厌下求上之观法，即于无间道，缘下地观粗、苦、障而生厌离，于解脱道，缘上地观胜、妙、出而生欣求。（一）厌粗观：欲界五尘，能起众恶，是为因粗。此身为屎、尿等三十六种臭秽之物所成就，是为果粗。观此粗因粗果，即生厌离。（二）厌苦观：身中所起心数，缘于贪欲，不（转下页）

277

俱人具修观练熏修。(《止观》第九。《婆沙》亦有少分慧脱、全分慧脱。此有三根，全无四禅，下根也；能修一禅至四禅，中根也；能修无漏禅至九想、十想，上根也。俱人能修一二三禅，下根；具四禅，中根；修观练熏修，上根也。《妙乐》二云："四禅，一切罗汉并得。次观等四，俱解脱人，方乃具足。"①）三得灭尽定(如《妙玄》四②)。已上三事，俱人兼得也。

四、约神变，慧人十四变化③，俱人十八变④(《文句》一⑤)。

(接上页)能出离，是为因苦。欲界报身，饥渴寒热，病痛刀杖等，种种所逼，是为果苦。观此苦因苦果，即生厌离。(三)厌障观：烦恼障覆，真性不能显发，是为因障。此身质碍，不得自在，是为果障。观此因障果障，即生厌离。(四)欣胜观：厌欲界下劣贪欲之苦，欣初禅上胜定之乐，是为因胜。厌欲界饥渴等苦，欣初禅禅味之乐，是为果胜。得乐胜苦，皆生欣喜。(五)欣妙观：厌欲界五尘之乐为粗，欣初禅禅定之乐，心定不动，是为因妙。厌欲界臭秽之身为粗，欣受得初禅之身，如镜中像，虽有形色无有质碍，是为果妙。得妙胜粗，皆生欣喜。(六)欣出观：厌欲界烦恼盖障，则欣初禅，心得出离，是为因出。厌欲界之身质碍，不得自在，即欣初禅，获五通之身，自在无碍，是为果出。得出胜障，皆生欣喜。《释禅波罗蜜次第法门》卷五说：若离六行观者，则多生忧悔，忧悔心生，则永不发二禅，乃至转寂亦失。见《大正藏》卷四十六，第513页中。

① 见《妙乐》卷二(上)，《大正藏》卷三十四，第175页下。

② 见《法华玄义》卷四(下)，《大正藏》卷三十三，第729页中。

③ 十四变化：(一)初禅天有二种变化：(1)初禅初禅化，能变化自地也。(2)初禅欲界化，能变化欲界地也。(二)二禅天有二种变化：(1)二禅二禅化，能变化自地也。(2)二禅初禅化，能变化初禅地也。(3)二禅欲界化，能变化欲界地也。(三)三禅天有四种变化：(1)三禅三禅化。(2)三禅二禅化。(3)三禅初禅化。(4)三禅观音化。(四)四禅天有五变化：(1)四禅四禅化。(2)四禅三禅化。(3)四禅二禅化。(4)四禅初禅化。(5)四禅欲界化。

④ 十八变：指佛、菩萨、罗汉等依禅定自在之力所示现之十八种神变。又作十八神变。有二说：(一)《止观辅行传弘决》卷十之二根据《法华经》卷七《妙庄严王本事品》所说，而列举出十八种神变。即：(1)右胁出水，(2)左胁出火，(3)左胁出水，(4)右胁出火，(5)身上出水，(6)身下出火，(7)身下出水，(8)身上出火，(9)履水如地，(10)履地如水，(11)没空于地，(12)没地于空，(13)行于空中，(14)住于空中，(15)坐于空中，(16)卧于空中，(17)现大身满虚空，(18)现大复小。(二)《瑜伽师地论》卷三十七《威力品》所说。

⑤ 见《法华文句》卷一(下)，《大正藏》卷三十四，第14页上。

五、约三明①八解，俱人则具，慧人则无。若《辅行》云："通，通于六；明，唯局三(天眼、宿命、漏尽三也)。诸罗汉皆能得之。"②此有阙具之义。《婆沙》云："若有一明二明，名慧解脱。"③准知俱人，三明具足。

[今译] 首先，时解脱阿罗汉和不时解脱阿罗汉，是从要不要等待时节因缘具足才得以解脱来命名。其次，慧解脱和俱解脱阿罗汉，这是从唯观空理还是兼修禅定而建立的称号。第三，坏法与不坏法阿罗汉，这是依据坏不坏其所观之境来称呼的。或者根据《正理论》，就以时解脱和不时解脱，相对于慧解脱和俱解脱而言。如果根据《法华玄义》卷四以及《四教义》卷二，时解脱钝根的信行阿罗汉和不时解脱利根的法行阿罗汉，各自都有慧解脱和俱解脱的两种情况。不得灭尽定的，就只是慧解脱；得灭尽定的，名叫俱解脱。过去所谓的敌对(这两种和那两种相对应)，乃是从正式的、或者从多数的角度来说的。如果是每两种各自都能相对应的话，那就是旁带的意义和正式的意义兼互并举，因为信行钝根的阿罗汉也有旁带着事相上兼修，法行利根的阿罗汉也有缘于空观而直接契入理性的意思。如果与坏法阿罗汉和不坏法阿罗汉相对应，道理也与慧解脱和俱解脱阿罗汉一样。

如湛法师的《假名集》从五种含义，来拣择判断慧解脱和俱解脱的不同：一、约性共，慧解脱根性的阿罗汉修性念处，俱解脱根性的阿罗汉修共念处(见《四教义》卷第五)。

二、约正助，慧解脱根性正修缘空理性而断除结使，俱解脱根性则兼修事相上的助道(《光明句》卷四、《四教义》卷四)。

三、约事理，直接缘于真谛之理，名为慧解脱；兼带事相上的修行，

---

① 三明：宿命明、天眼明、漏尽明。宿命明是明白自己或他人一切宿世的事；天眼明是明白自己或他人一切未来世的事；漏尽明是以圣智断尽一切的烦恼。以上三者，在阿罗汉叫做三明，在佛却叫做三达。

② 《辅行》卷七之三，《大正藏》卷四十六，第380页上。

③ 见《阿毗达磨大毗婆沙论》卷第一百四十三，《大正藏》卷二十七，第734页下。

名为俱解脱。所谓事相，第一指兼带着修习世间禅的根本四种禅定，因为俱解脱的修行人也要依于世间禅定，而修习六行观。第二指兼带着修习无漏禅，慧解脱根性的人只是修习到观禅，俱解脱根性的人具足修习观、练、熏、修四种禅（参见《止观》第九。《婆沙》也有少分慧脱、全分慧脱的两种说法。这又有三种根性的不同，如果完全没有世间四禅的功夫，就属于下根；如果能够修习一禅乃至四禅的，就是中根；能够修习无漏禅到达九想、十想程度的，就属于上根。俱解脱的修行人如果能够修习一二三禅的，就属于下根；能够全部修习四禅的，就是中根；能修习观、练、熏、修四种出世间禅的，就属于上根。《妙乐》卷二说："四禅，是一切阿罗汉都能得到的禅定。第二种出世间禅的观练熏修四种禅定，却只有俱解脱的阿罗汉，才能全部都得到"）。第三指得到了灭尽定（如《法华玄义》卷四所说）。以上这三种事相上的修行，就是俱解脱的阿罗汉兼带修习的内容。

四、约神变，慧解脱阿罗汉能作十四种变化，俱解脱的阿罗汉则可以作十八种神变（《文句》一）。

五、约三明八解，俱解脱阿罗汉全部具备，而慧解脱阿罗汉则没有完全具备。如《辅行》卷七说："如果说神通，那就要相通于六种。如果说明，那就只局限于三种（就是天眼明、宿命明、漏尽明三种），各种阿罗汉都能得到。"这中间有阙少或具备的意思。《婆沙论》说："如果具有一种明或者二种明的，就叫做慧解脱阿罗汉。"根据这个说法就可以知道俱解脱的阿罗汉，是这三种明全部具足的了。

［集注］次明三种。

```
        ┌慧 解 脱┐    ┌性念处┐    ┌一切智外道
三种─┤俱 解 脱├─修─┤共念处├─破─┤神通外道
        └无疑解脱┘    └缘念处┘    └文字外道
```

性念处者，亦名自性念处，缘理断结，除自性过。共念处者，正助合修。缘念处者，缘佛三藏及世间文字，所缘处广也。具如《四念处》一、《四教义》二。《俱舍》亦有三种罗汉，各论三念处。

图52：三种阿罗汉

[今译] 其次阐明三种阿罗汉。

[集注] 慧、俱略如上。无疑者，三藏教法，四韦驮典①，天文地理，一切通达，故曰无疑。《四教义》二云："问：不应别说无疑，九种罗汉，无此名目。答：此出《智度论》，明欲结集法藏，集千罗汉，皆得共解脱，无疑解脱也。"②既是《大论》开出，在佛世时，俱人所摄。佛世且明，自行入道，是故诸文，只云慧俱(六种、九种皆无此名。若《集论》③明六种中，有无疑法者与不动法，名异义一，非今无疑④)。

《释签》五云："得灭尽定，但名俱解脱人，以未修缘念处，终非无疑解脱也。"⑤故知无疑乃俱人中胜者耳。小大言之，慧俱并小，无疑乃名大阿罗汉。《妙乐》一引《中阿含》，"舍利弗问：五百比丘几三明？几俱解脱？几慧解脱？⑥佛言：九十人三明，九十三俱解脱，余但慧解脱。"⑦荆溪云："三明者，即无疑解脱。"⑧须知三明是俱人得，取其胜者，

---

①　四韦陀典：又译为四吠陀典，即梨俱吠陀、沙磨吠陀、夜柔吠陀、阿闼婆吠陀。吠陀是明智的意思。为古印度传统之正统思想，亦为婆罗门教之根本圣典。梨俱吠陀是宗教的赞歌，沙磨吠陀是祭祀仪式的颂文，夜柔吠陀是祭祀仪式的歌词，阿闼婆吠陀是俗世相传的咒术。

②　《四教义》卷第五载："问曰：不应别说无碍解脱，九种罗汉，无此名目。答曰：此出《智度论》，明欲结集法藏，集千罗汉，皆得共解脱无碍解脱也。"见《大正藏》卷四十六，第735页下。

③　《集论》：全称《大乘阿毗达磨集论》，七卷，无著菩萨造，唐玄奘译。乃集解大乘阿毗达磨诸要项而成，内容分为本事分与决择分。收于《大正藏》卷三十一。

④　《集论》所说的六种阿罗汉中，并没有"无疑法"之名，如《大乘阿毗达磨集论》卷六说："退法阿罗汉、思法阿罗汉、护法阿罗汉、住不动阿罗汉、堪达阿罗汉、不动法阿罗汉。"见《大正藏》卷三十一，第688页中。

⑤　见《释签》卷十，《大正藏》卷三十三，第885页上。

⑥　参见《法华文句记》卷一(下)，《大正藏》卷三十四，第167页中。

⑦　《妙乐》所引《中阿含经》卷二十九原文为："舍梨子复三叉手，向佛白曰：'唯然！世尊不嫌我身、口、意行，亦不嫌此五百比丘身、口、意行。世尊！此五百比丘几比丘得三明达？几比丘得俱解脱？几比丘得慧解脱耶？'世尊告曰：'舍梨子，此五百比丘，九十比丘得三明达，九十比丘得俱解脱，余比丘得慧解脱。'"见《大正藏》卷一，第610页中。而《集注》说九十三俱解脱，恐误。

⑧　见《法华文句记》卷一(下)，《大正藏》卷三十四，第167页中。

复云无疑也。

后明六种,附拣七种,及列九种,然后约六种,明果性①退否。

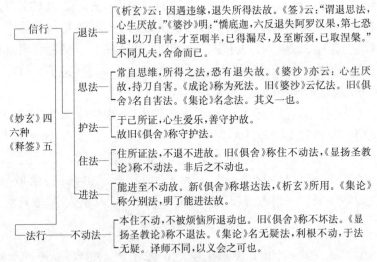

图53：六种阿罗汉

```
                 ┌《析玄》云：因遇违缘，退失所得法故。《签》云："谓退思法，
                 │ 心生厌故。"《婆沙》明："憍底迦，六反退失阿罗汉果，第七恐
        退法─────┤ 退，以刀自害，才至咽半，已得漏尽，及至断颈，已取涅槃。"
                 │ 不同凡夫，舍命而已。
                 └
信行─────┤
                 ┌常自思维，所得之法，恐有退失故。《婆沙》亦云：心生厌
        思法─────┤ 故，持刀自害。《成论》称为死法。旧《婆沙》云忆法。旧《俱
                 │ 舍》名自害法。《集论》名念法。其义一也。
                 └
        护法─────┌于己所证，心生爱乐，善守护故。
                 └故旧《俱舍》称守护法。

        住法─────┌住所证法，不退不进故。旧《俱舍》称住不动法，《显扬圣教
                 └论》称不动法。非后之不动也。

        进法─────┌能进至不动故。新《俱舍》称堪达法，《析玄》所用。《集论》
                 └称分别法，明了能进法故。

法行─────不动法──┌本住不动，不被烦恼所退动也。旧《俱舍》称不坏法。《显
                 │ 扬圣教论》称不退法。《集论》名无疑法，利根不动，于法
                 └ 无疑。译师不同，以义会之可也。
```

《妙玄》四
六种
《释签》五

```
附明     ┌新《婆沙》于第六本住不动，又开练根不动，则成七种。《正理论》云："不
七种     │ 动分二，后先别故，先不动性，及后练根得不动性。"既第六开出，故不别
         └ 示七种也。

         ┌《释签》五引《福田经》九：无学、思、进、退、不退、不动住、护、慧、俱。
九种     │《辅行》三下引《成论》无学为九、退、护、住、思死、不退、慧、俱、不坏。
         └（思死只是一种，恐脱一"进"字，列次少殊，义皆可会。）
```

图54：附明七种、九种阿罗汉

[今译]慧解脱和俱解脱阿罗汉的情况上面已经简略地叙述了。所谓无疑，就是指对于三藏教法，四韦驮典，天文地理，一切学问都能通达无碍，所以叫做无疑。《四教义》卷五说："问：不应该特别指出来说有无疑解脱阿罗汉，因为在九种阿罗汉里面，并没有这个名称。答：这个名称是出自《大智度论》卷二，论中指出迦叶尊者将要结集三藏教法的

① 果性：果位与种性的合称。

时候,召集了一千位大阿罗汉,都是已经得到共解脱,无疑解脱的圣人。"既然是《大智度论》所提出的,就说明佛在世时,无疑解脱就属于俱解脱阿罗汉所摄的范围。佛在世时就已阐明,诸阿罗汉能够自行证得涅槃,所以后世的论典,就都只提慧解脱和俱解脱两种名称了(六种阿罗汉、九种阿罗汉都没有这个名称。如《集论》所说的六种阿罗汉当中,有无疑法和不动法的名称,这两种名称有所差异,意义却相同,但都不是现在这里所说的无疑阿罗汉)。

《释签》卷五说:"得到灭尽定的,只能叫做俱解脱阿罗汉,因为他们还没有修缘念处,终究还不是无疑解脱阿罗汉。"因此晓得无疑解脱就是俱解脱当中的佼佼者啊。如果从小阿罗汉和大阿罗汉这个角度来说,慧解脱和俱解脱都是小阿罗汉,只有无疑解脱才可以叫做大阿罗汉。《妙乐》卷一引《中阿含经》卷二十九说:"舍利弗问:五百比丘当中,有几个得到三明?几个得到俱解脱?几个得到慧解脱?佛说:九十人得了三明,九十人得了俱解脱,其余的都只是得到了慧解脱。"荆溪大师《妙乐》卷一说:"所谓三明,就是指无疑解脱。"这里必须知道三明是俱解脱阿罗汉所证得的,在俱解脱阿罗汉里取其特别优胜的,又叫做无疑阿罗汉。

后面接下来,再说六种阿罗汉,附带着也说明七种,以及列出九种阿罗汉的名称。然后再从六种阿罗汉的角度,来说明果位和种性等退与不退的情况。

[集注]六种约根性,慧俱约观行,九种乃根性观行兼举耳。又九是空门,二十七贤圣中之无学,为答福田长者所问,显福田之多,赴机生善故。又六种,明二加行差别,如《析玄》下(一者恒时加行,即勤修行;二者尊重加行,即猛利修行。六种罗汉,前二种俱无加行;第三护法,唯有恒时无尊重;第四住法,唯尊重无恒时;第五第六,皆具二加行也)。

果性退否者,《俱舍颂》云:阿罗汉有六,退法至不动。前五信解生

（信行转入修道，名信解），总名时解脱。后不时解脱，从前见至①生（见
得亦名见至，亦是法行转入之名）。有是先种性，有后练根②得（六种罗
汉，有先世种性定者，有后来修练根性转劣成胜者。如本是退法，练成
思法，乃至不动；或思练成护，乃至进练成不动。唯初退法，是先种性无
练根者。又练根通资加修三位，唯除见道，以时速不能转根故）。

四从种性退（第一退法最下，无处可退；第六利根不退；唯中间四种
根性有退，如第二退为第一，乃至第五退为第四。又此退性，乃是练根，
非先定根性也），五从果非先。③（前五种从无学果退居学位，第六则不
退也。亦是练根论退，非先种性也。"非先"二字，总颂果、性二种退者。
若《析玄》，辨"果退非先"中云："如第三护法，若先是退法，至果练成护
法，则有果退。若先是思法，后练成护法，则无果退。"乃至结云："即知
果退，唯约先是退法。若先是思法等四性，必无果退。"此似即就退法根
性论之。）

非先有退者，但据余四说（此释伏疑也。盖上云五从果非先，然于退
法，本先种性，何故并云五从果非先？故即释云：非先有退等也。则果退
虽在前五，若论非先，唯中间四。第一退法，虽无练根，不论性退，亦论果
退。思护住进，若退法练入，尚论果退，况本是退法，岂不退耶？）

不动尽智④后，必起无生智⑤（第六于尽智后，能起无生智，所以果
性皆不论退。余五有退，以不起无生智故。本住不动，练根不动，皆无

---

① 见至：又作见到、见得。见，指无漏之智慧。意谓以殊胜之智慧，而达至
证见真理。即《俱舍论》中，受教之利根者，入于断情意烦恼位（修道位）时之名称。
以利根者自见法而得理，故称见得；以得由因之见而至果之见，故称见至。反之，钝
根者依信殊胜，而得信解。

② 练根：指在加行位中之修行者，调练其根性，使成胜根。与转根、增进根同
义。即藉由道力之故，令根相续，或舍下而得中，或舍中而得上，渐次增胜，称为练根。

③ 见《俱舍颂》之《分别贤圣品》第六，《大正藏》卷二十九，第322页上。

④ 尽智：于无学位所起之智慧。即已断尽一切烦恼，则知我已知苦、断集、
证灭、修道，亦即断尽烦恼时所生之自信智，属无漏智。

⑤ 无生智：声闻果十智之第十。阿罗汉之最极智慧，已断三界烦恼，证知我
身更不受生于三界，阿罗汉果的智慧。

退义)。余尽或正见(五种尽智后,或但起正见),此应果皆有(尽智后正见,六种应果皆有)。①

已上颂语,取《析玄》意略注。且罗汉见思已尽,已证无学,所以有退者,考论祖诰。《妙玄》四②、《止观》九上③、《辅行》九上④。

盖信行慧解脱人,不修事禅,不得灭尽定。或世智断惑,但得尽智,不得无生智。遇着违缘,还起烦恼,故有退也(违缘者:一长病、二远行、三谏诤、四营事、五多读诵。又《大经》明五缘:"一乐多事、二乐说世事、三乐睡眠、四乐近在家、五乐多游行"⑤)。

又《析玄》谓:非先种性者,但是无学一道所成,不得坚固,故有退。若是先种性,由学、无学二道,资持坚固,故无退(彼文更有果退、性不退等四句分别)。

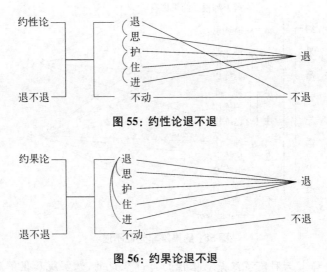

图55:约性论退不退

图56:约果论退不退

---

① 见《俱舍颂》之《分别贤圣品》第六,《大正藏》卷二十九,第321页下。
② 参见《法华玄义》卷四(下),《大正藏》卷三十三,第728页下—729页上。
③ 参见《摩诃止观》卷九(上),《大正藏》卷四十六,第121页下。
④ 参见《辅行》卷九之一,《大正藏》卷四十六,第410页下。
⑤ 见《大般涅槃经》卷第三十四,《大正藏》卷十二,第566页下。

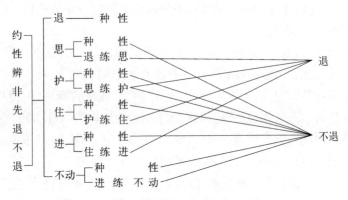

图 57：约性辨非先退不退

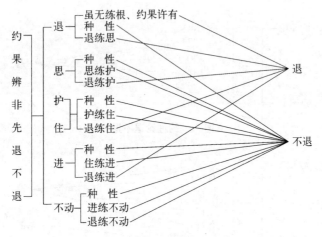

图 58：约果辨非先退不退

[今译] 六种阿罗汉是从根性的角度来说的,慧解脱和俱解脱阿罗汉是从观行的角度来说的,而九种阿罗汉乃是从根性和观行这两个方面统一起来说的。再者,九种阿罗汉也是从空门的角度来谈的,在二十七贤圣当中的无学位就是九个,《福田经》中佛为了回答福田长者的请问,显示了福田的类别之多,也是为了适应众生的根机,使其能够生起更多的善法因缘。另外,六种阿罗汉,也是为了说明阿罗汉有二种加行

的差别，如《析玄》卷下所说（第一是恒时加行，就是勤奋地修行；第二是尊重加行，就是勇猛快速地修行。在六种罗汉当中，前二种都没有修这些加行，第三种护法阿罗汉，只有恒时加行而没有尊重加行，第四种住法阿罗汉，只有尊重加行而没有恒时加行，第五种进法阿罗汉和第六种不动法阿罗汉，都具备了这二种加行）。

关于阿罗汉的果位与种性是否会退转的问题，根据《俱舍颂》所说：阿罗汉有六种，从退法一直到不动法等，前五种是由于信行而转入信解所产生的（信行转入修道，名信解），合起来总称为时解脱阿罗汉。最后一种就是不时解脱阿罗汉，这是由于从前法行而以无漏智慧见到了真谛之理所产生的（见到也叫见至，即法行人转入修道的名称）。

在这六种阿罗汉当中，有的是由于先天的善根种子和习性而导致的，有的却是由于后天调练根性而得到的（六种阿罗汉，有的是由于先世的种性所决定，有的是后来修练根性转劣而成胜的。比如原来是退法罗汉，训练成为思法罗汉，乃至训练到成为不动法罗汉；或者思法罗汉训练而成为护法罗汉，乃至进一步也训练成为不动法罗汉。唯独最初的退法罗汉，是由先天的种性所决定，而不是通过调练根性来达到的。此外，调练根性这种做法是相通于资助增加修行的异生、修道、无学道三个位次，唯独不能通于见道位，因为见道位的时间非常短暂，所以不能立即转变根性）。

六种阿罗汉的中间四种罗汉从种性的角度说有倒退的情况（第一种退法罗汉已经在最底下的位次，再也没有地方可以倒退了。第六种不动法罗汉根性非常猛利，所以也就不会倒退。只有中间四种根性的罗汉具有倒退的可能性，比如第二种思法罗汉退到第一种退法罗汉，乃至第五种进法罗汉退为第四种住法罗汉。再者，这些倒退的根性，乃是指调练根性而到达中间这四个位次的，并不是指先天的种性）。前五种阿罗汉是从所修得的果位上有倒退的情况，并不是先天的种性当中就有倒退的可能（前五种从无学果退居学位，即从无学道位而退居修道位，第六种无学果则不退。也就是从调练根性的角度来说有倒退，并不是从先天的种性方面来说有倒退。"非先"二字，是总的来说明果位倒退、种性倒退二种情况。就像《析玄》，辨别"果退非先"当中说："比如第三种护法阿罗汉，如果先天就是第一种退法的种性，到了果位上由于调练根性而成为护法阿罗汉，这就有果位倒退的可能了。如果先天就是第二种思法的种性，后来由于调练根性而成为第三种护法阿罗汉，那就没有果位倒退的可能了。"甚至总结说："这就说明果位倒退的情况，只是针对先天种性就是第一种退法阿罗汉来说的。如果先天的种性是第二种思法乃至护法、住法、进法等四种阿罗汉的种性，就必定没有果位倒退的情况了。"这好像是从第一种退法阿罗汉的根性来说的）。

并非先天的种性就有倒退的可能，只是根据第一种退法罗汉之外的四种罗汉来说的（这是解释埋伏在心里头的疑惑。因为上面指出前五种罗汉都是从果位上说有倒退，而不是从先天种性上说的，然而对于第一种退法罗汉来说，原本就是先天种性所决定的，为什么一起说是前五种罗汉都从果位上说倒退，而不是先天种性呢？所以就解释说："并非先天的种性就有倒退的情况"等等。那么，果位倒退的情况虽然在前面的五种罗汉，但是如果说到不由先天种性而倒退，那就只是中间的四种罗汉了。第一种退法罗汉，虽然没有调练根性〈不训练到更高的位次〉，不说是由于先天根性而倒退，而是说这个位次的罗汉也可以有果位倒退〈从无学果位退到有学位〉。思法、护法、住法、进法四种罗汉，如果是从退法罗汉调练根性而进入的，尚且可以说是果位倒退，更何况原本就是退法种性的罗汉，哪有不说果位倒退的道理呢？）。

《俱舍颂》又说：在不动法位次的阿罗汉断尽三界烦恼的无漏智生起来之后，必定会引发出阿罗汉果位上最高的智慧，那就是无生智（第六种阿罗汉在断尽烦恼而生起无漏智之后，就能生起无生智，所以果位和种性这两个方面都不再倒退了。其余五种罗汉之所以还有倒退的可能，是因为不能生起无生智的缘故。本来的种性已经住于不动法的位次上，调练根性方面也是住于不动法的位次上，所以都没有倒退的可能了）。其余五种罗汉在断尽三界烦恼之后，或者就只是生起了正确的知见(按:即处于见道之后的修道位)(前五种罗汉断尽三界烦恼而得到无漏智之后,或者只是生起正见,而没有无生智),这种正见应该是六种罗汉的果位上都具有的(尽智之后而生起的正见,六种罗汉在果位上都具有)。

以上抄录了《俱舍颂》的颂文,又采取了《析玄》的意思稍微加以标注。况且阿罗汉的见思烦恼都已经断尽,也已经证得无学的种性(种性都已经是无学种性,而果位却还有退到有学位的可能),之所以还有倒退的,可以参考和讨论天台宗祖师大德们的诰示论著。《法华玄义》卷四、《止观》卷九上、《辅行》卷九上等都对此有所叙述。

由信行而修道进入阿罗汉位次的慧解脱阿罗汉,不修习事相上的禅定功夫,一般是不能得到灭尽定的。纵然依靠世间的智慧而能断除见思惑,也只是得到了断尽三界烦恼的智慧,而不能得到阿罗汉最高智慧的无生智。因此,在到了违逆因缘的时候,还会生起微细的习气烦恼,所以才说是有倒退的(所谓违缘:一长期生病、二远途游行、三劝谏诤论、四经营俗事、五过多读诵。另外《大涅槃经》卷三十四说明了有五种违逆因缘:一乐于过多地去做俗事、二乐于谈论世间的事情、三乐于睡眠、四乐于接近在家的俗人、五乐于过多的游荡晃悠)。

此外,《析玄》说:所谓非先天种性,这是指那种仅仅直接从无学道这一个渠道所成就的阿罗汉,还不能得到坚固的修证位次,所以才有倒退的情况。如果是先天种性,这就是指经过了学道、无学道这二种渠道所证得的阿罗汉,其资质以及修持都已经很坚固了,所以就没有倒退的情况(文中还有果位倒退不倒退、种性倒退不倒退等四句,分别加以论述)。

[集注]然前五种,未必全退,有遇违缘者,故有退耳。故《辅行》九上云:"然慧解脱,亦不并退,有退义故,故说有退。"①又退者非久,《辅行》云:"问:退经几时? 答:经少时,乃至自不知退,若自知退,当修胜进方便。复

---

① 《辅行》卷九之二,见《大正藏》卷四十六,第419页上。

次,彼烦恼现在前时,心生惭愧,速作方便。如明眼人,昼日平地颠蹶,寻即还起。"①《释签》云:"此生之中,必得无疑,极至临终,亦得无学故也。"②

或曰:前时、不时,各有慧、俱,不动既从时解脱生,得非六种皆有退义耶? 答:慧人未必一向论退,恐只钝根有漏智断,遇违缘者退。

今复图示:

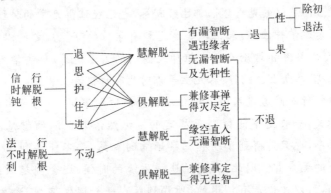

图59:罗汉退不退

[今译] 这前面五种罗汉,也未必就全部都会退转,只有遇到了违逆因缘,才会有退转。因此《辅行》卷九上说:"然而慧解脱阿罗汉,也不是一并都得退转,只是因为具有退转的可能性,所以说有退转。"另外,就算是退转的阿罗汉,其退转的时间也不会很久。《辅行》卷九上说:问:退转之后需要经过多长时间呢? 答:经过很短的一段时间,甚至是连自己都不知道自己在退转,如果自己知道退转了,他应该就会修习殊胜的进步方法。再者,他们退转之后烦恼出现时,内心就会马上生起惭愧心,会迅速地作各种方便法来对治。就像眼睛明亮的人,白天在平地上走路跌跤一样,立即就会站起来。《释签》卷十说:那些退转的阿罗汉,在这一生当中,必定会证得无疑解脱的大阿罗汉的果位,最迟是到

① 《辅行》卷九之二,见《大正藏》卷四十六,第418页下。
② 《释签》卷十说:"此生之中,必得不疑,犹如胜人,平地颠坠,四顾远望,不有他人,见我倒不,即能自起。极至临终,亦得无学故也。"见《大正藏》卷三十三,第885页下。

临命终时,也能证得无学果的阿罗汉果位。

有人问：前面所提到的时解脱和不时解脱阿罗汉,各自都有慧解脱、俱解脱两层含义,第六种不动法阿罗汉既然是从时解脱而证得的果位,那岂不是六种阿罗汉都有退转的可能了吗？答：慧解脱阿罗汉也未必一概都会退转,恐怕只有钝根的慧解脱阿罗汉以有漏智来断除见思惑,还没有获得无生智,在遇到违缘的情况下才会退转。

[集注] 六种论退,局第四果。通辨四果退不退者,《析玄》引三家：一、萨婆多云：初果不退,后三果退。二、大众部云：前三果退,第四不退。三、经部宗云：初四两果不退,中间二果有退(广如彼文)。

彼但注云：三师难定。今恐成诤,略为和融。《辅行》九上引《婆沙》云："阿罗汉退,牵二三果退,犹如井沙,上下有砖,中间唯沙,上砖若颓,从上至下,其中间沙,岂得不颓？四果如上砖,二果如中沙,初果如底下,乃至初果之前,更无有退。若彼退时,更无住处。"①不可圣退为凡夫也。合彼初师。

然见道既有不等观四谛,如《婆沙》云：二十八使见道断,余六十使修道断(先断三界苦下见惑)。见既分尽,果理未圆。例如身子,六住尚退。又后三果中,断惑之智,通漏、无漏。是则四果俱退、俱不退。三师之说,皆无妨碍。

子缚者,见思烦恼。果缚者,五阴报质也。

灰身即灭戒身、定身、解脱身、解脱知见中半分。灭智即灭慧身、解脱知见中半分。则五分法身俱灭也。然身子入灭,而均提答佛,何云五分法身不灭耶？《释签》云："无作之业,至未来世,名为不灭,非常住不灭也。"②无作业者,乃功熏耳云云。

孤调解脱者,《辅行》三上云："灰身故无身,灭智故无智,独一解脱,故曰孤调。"③《妙玄》取独灭义。亦名孤调涅槃。名独灭者,《辅行》引

---

① 《辅行》卷九之二,见《大正藏》卷四十六,第 418 页下。
② 《释签》卷十九,见《大正藏》卷三十三,第 952 页中。
③ 《辅行》卷三之一,见《大正藏》卷四十六,第 222 页中。

291

《大论》云："小乘戒为自调，禅为自净，慧为自度。"①然断欲九品，立二、三果，上八地思，唯一无学者。《止观》六云："如险处多难，多须城壁。欲界多难，多果休息也。"②故知上界定地少难，唯立一果。

若尔，七圣中，二为见道(信行、法性)，二为修道(信解、见得)，二为无学道(时解脱、不时解脱)，复以身证对四果向者何耶? 有云：位邻无学，将断非非想惑，特立此位，如别圆之有等觉也。今谓空有二论，设位不等，教门方便，多少随宜耳。《妙玄》明身证得灭尽定，约似证也。《成论》云："不得灭尽定名身证"③者，对四果真证，夺而言之。

[今译] 针对六种阿罗汉来讨论他们的退转情况，是专指第四果阿罗汉。如果全面地来讨论初果、二果、三果、四果等罗汉的退转或者不退转的情况，那就更加复杂了。如《析玄》引了三家的观点：第一，萨婆多部说：初果须陀洹不会退转，后面的三种果位都会退转。第二，大众部说：前面的三种果位都会退转，唯独只有第四果阿罗汉才不会退转。第三，经量部说：初果和四果这两种果位的罗汉都不会退转，只有中间的二果和三果两种果位的罗汉才有退转(详细情况如《析玄》文中所记载)。

《析玄》仅仅只是注释说：上述这三师的不同观点，究竟对错如何难以确定。现在我们担心这种说法会导致诤论，所以就略为解释而给予融会贯通。《辅行》卷九上引《婆沙论》说："第四果阿罗汉有退转的，能牵动第二、第三果也一起退转，犹如水井当中的泥沙一样，上面和下面都有砖头，而中间的部分却只有泥沙，上面的砖头如果颓落倒塌了，从上面一直到下面，那些在中间部位的泥沙，哪里还有不颓落倒塌的呢? 第四果阿罗汉犹如最上面的砖头，第二、三果的罗汉犹如中间部位的泥沙，初果须陀洹就如最底下的砖头，一直退到初果的面前，就再也不会退转了。如果说初果还有退转的时候，那么他也就没有位次可住了。"这是说不可能会从圣人的位次退到凡夫的位次。这种说法正好符合于

---

① 参见《辅行》卷七之四，见《大正藏》卷四十六，第383页下。
② 见《止观》卷六(上)，《大正藏》卷四十六，第72页下。
③ 见《成实论》卷第十二，《大正藏》卷三十二，第339页中。

第一种萨婆多部的观点。

但是,见道位的圣者(初果向)既然还有不能平等地观修四谛之理的,如《婆沙论》说:见惑二十八使在见道位的时候断除,其余六十使在修道位(初果至四果向)断除(首先断除三界苦谛之下的见惑)。见惑既然是分阶段来断的,可见初果对四圣谛之理还没有能够圆满证得。例如舍利弗(身子)于六十劫中行菩萨道,证得了别教的六住位(正心住),由于布施双眼的因缘尚且退转为小乘自了汉。再进一步说,初果之后的三种果位,断除思惑的智慧,是相通于有漏智和无漏智的(以有漏世智断惑的慧解脱罗汉就有退转的可能,而以无漏智断一品惑进一品解就不会退转)。这样看来,四种果位的罗汉都有退转和不退转的可能(因法而异)。那么以上三师的说法,也就都没有矛盾了。

所谓子缚,就是指见思烦恼,能产生痛苦的根源。所谓果缚,就是指有情众生由五阴质碍而报得的生命体,因见思惑而产生的苦果。

灰身是指灭除了戒身、定身、解脱身、解脱知见当中的半分法身。灭智是指灭除了慧身、解脱知见当中的半分法身。这样就是把五分法身全部都灭除了。但是舍利弗入灭之后,他的弟子均提沙弥提携他的衣钵到了佛那里,佛问他"汝师五分法身灭耶?"均提沙弥回答说"不灭"。为什么说五分法身不灭呢?《释签》卷三说:"阿罗汉的无作业果,能延续到未来世,叫做不灭,这并不是指大乘佛法所说的法身常住不灭啊。"所谓罗汉无作业,乃是由于用功修行所熏习而成(因此,到了未来世之后,还是要灭除的,不像真如法性那样,亘古不灭)。

孤调解脱,《辅行》卷三上说:"灰断了身体所以就没有身体,灭除了智慧所以就没有智慧。孤独地取得解脱,因此叫做孤调解脱。"《法华玄义》采取"独自灭度"的含义。孤调解脱也叫做孤调涅槃。之所以称其为独自灭度,《辅行》卷七引《大论》说:"小乘佛法的修行人,就是以戒作为自己调伏烦恼的工具,以禅定作为自己净化心灵的方法,以智慧作为自己度脱苦海的渠道。"但是在断除欲界九品思惑的时候,就建立了二果、三果的位次,在断除上二界八地七十二品思惑的时候,就只有一个无学果的阿罗汉位次。《止观》卷六说："就像是在危险的地方,会有许多的灾难,也就须要很多的城堡墙壁来保护。众生在欲界当中有很多苦难,因此需要有很多果位来作为休息之处。"由此可知,上二界四禅八定当中的苦难很少,因此就只建立一个阿罗汉的果位了。

如果是这样的话,那么在七圣位当中,二为见道位(信行、法性),二为修道位(信解、见得),二为无学道位(时解脱、不时解脱),为什么又以身证这个位次来对应四果向的位次呢? 有人说:这个位次邻近于无学果的位次,将要断除非想非非想天的最后一品惑,所以特别建立了这个位次,这就像别教和圆教也建立等觉的位次。现在我们认为空宗的《成实论》和有宗的《俱舍论》,虽然所设立的位次不尽相同,但这都是教化门中的方便施设,位次的多少是随着各自的教化需要而建立的。《法华玄义》说身证能得到灭尽定,这是从相似证得的角度来说的。《成实论》则说:"不能把证得灭尽定的就叫做身证",这是针对真正证得四果阿罗汉而言,来特别加以强调。

(二) 明 缘 觉

次、明缘觉,亦名独觉。

[集注]《辅行》九下引《大论》二十一云:"迦罗,此翻缘觉,亦名独觉。"①《四教义》二标云:"辟支迦罗,此翻缘觉。"②释中开二,谓缘觉、独觉。《新译华严音义》③云:"二名各有梵语,毕勒支底迦,此名各各独行。"④佛

---

① 见《辅行》卷九之三,《大正藏》卷四十六,第429页下。
② 见《四教义》卷六,《大正藏》卷四十六,第741页中。
③ 《新译华严音义》:全称《新译大方广佛华严经音义》,又称《大方广佛华严经音义》、《新译华严经音义》、《华严经音义》、《慧苑音义》,二卷,唐代慧苑撰。就《新译大方广佛华严经》八十卷中之难字加以注音释义之书,书内附有《华严经》中梵语之正翻及略解,并引内外典以说明译语之字音、字义。收于《大正藏》卷五十四之慧琳《一切经音义》卷二十一至卷二十三、《中华藏》第一辑第三十册。
④ 见《一切经音义》卷第二十一,《大正藏》卷五十四,第436页下。

者,觉也。钵罗底迦,此翻缘觉(《翻译名义》①亦开二名)。辟支迦罗,名通二种,若毕勒支底迦,局在独觉,此皆梵音赊切②故也(赊通二名,切局独觉)。

缘觉者,观内因缘,禀佛教法。独觉者,观外因缘,无师自悟。《文句》四引《大论》云:"独觉者,出无佛世;缘觉者,愿生佛世。"③《俱舍》明独觉自有二种:一麟喻、二部行(如《析玄》上)。④ 已上名义各释。若《集解》⑤云:"慈恩基师⑥,引《仁王经》,列独觉众。又云:'释迦出世,五

---

① 《翻译名义》:即《翻译名义集》,七卷,南宋法云著。为佛教之梵汉辞典。收于《大正藏》卷五十四。始作于高宗绍兴十三年(1143),收集资料前后历二十年,再经增删整理而成。其内容系将佛典中重要梵语二〇四〇余辞,类别为六十四篇,而加以解说。各篇开头均有总论,叙述大意,次出音译梵文,并一一举出异译、出处、解释。

② 赊切:赊就是缓和的、广义的意思,切就是急切的、狭义的意思。这是指在佛经翻译过程中,把梵文翻译成汉文的时候,有的词句是从广义的角度来翻译的,相似相近但不太准确,也即缓和之意;有的词句则是从狭义的角度来翻译的,原原本本而能够传神标准,也即急切之意。如《弘明集》卷七说:论云:无生之教赊,无死之化切。切法可以进谦弱,赊法可以退夸强。见《大正藏》卷五十二,第44页下。又如《大乘玄论》卷第二说:所谓苦乐乃至恒不恒,恒应对不暂不恒,而不无赊切,亦是摄法意也。苦乐对义则切,止明二法,异外如是不摄。若言苦不苦异苦外如是不苦,摄义则广远。如净不净,净对秽等,一切例然。皆有赊切意。见《大正藏》卷四十五,第28页下。

③ 见《法华文句》卷四(上),《大正藏》卷三十四,第48页中—下。

④ 见《俱舍论》卷十二,《大正藏》卷二十九,第64页上。

⑤ 《集解》:全称《天台四教仪集解》,又作《四教仪集解》、《四教集解》、《天台四教仪科解》,三卷。宋代从义大师撰。阐解谛观之《天台四教仪》。收于《卍续藏》第一〇二册。

⑥ 慈恩基师:即大慈恩寺窥基(632～682)大师。法相宗创始人之一。俗姓尉迟,字洪道,原名基,亦称大乘基。因常住大慈恩寺(即今慈恩寺),世称慈恩大师。长安人。少习儒经,善属文。贞观二十二年(648)从玄奘出家,先住弘福寺,后移住大慈恩寺。永徽五年(654)朝命度窥基为大僧,并应选学习五印语文。二年后即应诏参与玄奘译场译经,并随从受业,前后共9年。《开元释教录》载玄奘译籍中标明窥基笔受的,有《成唯识论》10卷、《辨中边论颂》1卷、《辨中边论》3卷;并大造注疏,被称为百部疏主。永淳元年寂于慈恩寺翻经院,世寿五十一,葬于樊川北原之玄奘塔侧。

百独觉,从山中来,至于佛所.'①学者如何消释此耶?"②《补注》亦引而释曰:"本是声闻根性,以缘悟菩提,故名支佛。"

然《仁王经》初,本无独觉之名,但云:"复有八百万亿大仙缘觉"③。慈恩意以缘觉一众,诸经兼声闻而列之,若二乘别列,如《仁王》也。然经云缘觉,慈恩称独觉者,盖根性不异,名义互通。如缘觉称独觉者,虽值于佛,乐独善寂故,即慈恩所云是也。独觉称缘觉者,虽无师教,观外因缘故。如《光明经》云:"或不恭敬缘觉、菩萨。"④智者科为"忏无佛世,敬田恶业"⑤是也。

又独觉亦通见佛,《文句》四引《华严》等,独觉有三类:一者知佛出世,即先入灭,或佛神力,徙于他土。二者出无佛世。三者虽生佛世,愿见佛故,不即舍寿,亦不被移(文中束具此三)。⑥ 五百独觉从山中来者,即第三类。通义虽尔,别释如前。

又二辟支,各有大小。准《辅行》九下有三义:一、具相名大,不具名小。二、两大中,现通者大,无通者小。三、现通中,说法者大,不说者小。⑦ 又《四教义》四:宿世偏修性念处者小,兼修共念处者大。又先达立渐顿二义,如《辅行》等,七生初果后方极证为小,顿证为大。

---

① 见窥基大师《妙法莲华经玄赞》卷第五(末),《大正藏》卷三十四,第755页上。
② 见《四教仪集解》卷中,《卍续藏》第一〇二册,第0074页上一下。
③ 见《仁王般若波罗蜜经》卷上,《大正藏》卷八,第825页上。
④ 见《金光明经》卷第一,《大正藏》卷十六,第337页上。
⑤ 见《金光明经文句》卷第三,《大正藏》卷三十九,第62页中。敬田恶业:敬田,是指三种福田之一。根据《优婆塞戒经》所说福田有三种:一报恩福田,简称恩田,即父母有养育之恩,师长有教诲之恩,若能供养恭敬,非惟报答其恩,抑且自然获福,是名报恩福田。二功德福田,简称敬田,即若能恭敬供养佛法僧三宝,非但成就无量功德,亦能获其福报,是名功德福田。三贫穷福田,简称悲田,即若见贫穷困苦之人,当起慈愍之心,以己所有资生等物而给施之,虽不求报,则亦自然获福,是名贫穷福田。相反的,如果不能孝养父母、恭敬三宝、悲民众生,则称为三田恶业。敬田恶业,就是不恭敬三宝的恶业。
⑥ 此段话为意引,所谓"文中意具此三"。参见《法华文句》卷四(上),《大正藏》卷三十四,第48页中一下。
⑦ 参见《辅行》卷九之三,《大正藏》卷四十六,第429页下。

若与声闻对辨者,如《文句》七云:"二乘六义同,十义别。同出三界,同尽无生,同断正使,同得有余、无余,同得一切智,同名小乘。别开十义者,行因久近,六十劫百劫故(一)。根利钝(二)。从师独悟(三)。无悲鹿羊(四)(声闻如羊,惊绝奔走;辟支佛如鹿,并驰并顾)。有相无相(五)。观广略(六)。能说得四果法,不能说法得暖法(七)(有云支佛能说法,令人得四果,声闻不能说法,不能令人得暖法)。在佛世不在佛世(八)。顿证渐证(九)。多现通,少说法,声闻不定(十)。"①

文中六十劫百劫者,《析玄》上:"明修行,声闻利者三生,钝者六十劫。支佛利者四生,钝者百劫。"然则声闻胜支佛耶?声闻但入见道,支佛极证无学,还以支佛为胜。

又有相者支佛,无相者声闻,《分别功德论》(五卷初"谓"字函)云:"身子有七相,目连有五相,阿难二十相,独难陀有三十相。难陀金色,阿难银色。"②是则声闻亦有相耶?须知元是声闻根性,不论种相,若是支佛转为声闻,不妨有相。《四教义》二云:"迦叶、舍利弗等,皆是辟支根性人也。"③若《文句》解形色憔悴,谓"二乘不修相好。"④此以大形小,不可为并。

又根利钝者,别对支佛是法行,声闻是信行。通论各有信法二行(《文句》五、《妙乐》六)。诸文更有侵习、不侵习,亦由根利钝故。

支佛不制分果,《四教义》二释小独觉云:"本是学人,在人间生,或须陀洹七生既满,不受八生,自悟成道(《辅行》亦云:七生初果)。"⑤此是声闻根性,出无佛世,后证支佛,是故云尔,非分果也。若《般若经》明

---

①　见《法华文句》卷七(下),《大正藏》卷三十四,第101页中。
②　见《分别功德论》卷第五,《大正藏》卷二十五,第47页上。
③　见《四教义》卷六,《大正藏》卷四十六,第742页中。
④　见《法华文句》卷六(下),《大正藏》卷三十四,第84页中。
⑤　见《四教义》卷六,《大正藏》卷四十六,第742页中。

独觉向（此则无妨），《大乘同性经》①明支佛十地②（此乃兼说耳）。

《别行疏》③云："支佛侵习为浅处，通教菩萨正习尽，名彼岸。"④（此以三藏支佛与通菩萨共论）

《疏记》上云："支佛修行，不立分果。深观缘起，久种三多（作福、供佛、闻法）。福慧既隆，预侵二习（预，进也，此释支佛侵习之所以也，不可连下文作难），虽未发真（真无漏智），四流莫动（欲、有、见、无明），名得浅处（支佛向中伏惑）。顿证极果，名到彼岸（此以支佛向与支佛自论）。通教菩萨，正尽得浅处，习尽到彼岸。"⑤（此约通菩萨正尽习尽自论。旧谓支佛必须发真，方侵习气，《别行疏记》云"预侵二习"，复云"虽未发真"，此谓难也。须知《疏》中以三藏支佛与通菩萨共论浅处、彼岸，《记》中义开二人各论，不可谓《记》文正释《疏》中支佛侵习为浅处，以预侵二习，连下虽未发真，而作难也。若如上注释，则无妨矣！）

[今译]《辅行》卷九下引《大智度论》卷二十一说：迦罗，汉译为缘觉，也叫做独觉。《四教义》卷二也标明："辟支迦罗，此翻缘觉。"在解释当中又开出了两种含义，即所谓缘觉、独觉。《新译华严音义》说：缘觉和独觉两个名称各自都有相对应的梵语，毕勒支底迦，汉译就是各各独行的意思。佛，汉文觉悟之意。钵罗底迦，汉译为缘觉（《翻译名义集》也是开出这两种名称）。辟支迦罗，这个名称相通于缘觉和独觉两种意

---

① 《大乘同性经》：又称《同性经》、《佛十地经》、《一切佛行入智毗卢遮那藏经》，二卷，北周阇那耶舍译。叙述如来之十地大乘同性之法门。收于《大正藏》卷十六。

② 支佛十地：辟支佛的十个修证位次。如《大乘同性经》卷下说："何等为十？一者苦行具足地，二者自觉甚深十二因缘地，三者觉了四圣谛地，四者甚深利智地，五者八圣道地，六者觉了法界虚空界众生界地，七者证寂灭地，八者六通地，九者彻秘密地，十者习气渐薄地。"见《大正藏》卷十六，第650页上。

③ 《别行疏》：即《观音义疏》，又称《普门品疏》、《别行义疏》、《观音经疏》，二卷，智者大师述，门人灌顶记。为天台五小部之一，内容解释《法华经》卷七《观世音菩萨普门品》之文句。收于《大正藏》卷三十四。

④ 见《观音义疏》卷上，《大正藏》卷三十四，第925页上。

⑤ 见《观音义疏记》卷第一，《大正藏》卷三十四，第940页下。

思,而毕勒支底迦就专指独觉这一层意思了,这都是因为梵文在词句上有广义和狭义的缘故啊(广义的就相通于两种名称,狭义的就局限于独觉的意思)。

所谓缘觉,就是观察众生内在的十二因缘,禀持佛的教法。所谓独觉,就是观察外在自然界的因缘聚散,无师自悟无常、苦、空、无我的道理。《法华文句》卷四引《大智度论》说:"所谓独觉,出生于没有佛在世教化的时候;所谓缘觉,由于过去世中发愿而生于佛在世教化的时候。"《俱舍论》卷十二指出了独觉自己就有两种区别:第一是麟喻、第二是部行(如《析玄》卷上)。关于以上所列的各种名义如何解释的问题,像《四教仪集解》卷中说:"慈恩窥基大师的《法华玄赞》卷五,引《仁王般若经》,而列出了独觉众。又说:'释迦佛出现于世间的时候,有五百位独觉圣人,从山中来,到了佛所在的地方。'学习佛法的人又如何来理解阐释这种说法呢?"《三大部补注》也引了这段话,并且解释说:"原本就是声闻乘的根性,由于是从因缘法而悟到菩提正觉,所以叫做辟支佛。"

但是《仁王般若经》卷上的开头,原本没有独觉的名称,只是说:"复有八百万亿大仙缘觉。"慈恩大师的意思是缘觉这一类行人,在诸多经典里面都是和声闻众一起列举的,如果二乘人分别列举,就像《仁王般若经》那样了。但是《仁王般若经》只说缘觉,而慈恩大师却称其为独觉的原因,可能是由于此二者的根性并没有差异,因此在名称和内在的意义上,都可以相互通用。比如把缘觉称为独觉,是指虽然也遇到了佛,但他们的性格却乐于独来独往、喜欢离群孤寂,这就是慈恩大师所说的独觉。而把独觉称为缘觉,则是指虽然没有经过师父教导,但是他们也是由于观察外在的因缘聚散等情况才悟道的。这正如《金光明经》卷一所说的"或不恭敬缘觉、菩萨",即智者大师在《金光明经文句》卷三列出的"忏悔生于无佛住世教化的时候,不恭敬缘觉、菩萨等三宝福田的恶业"。

此外,独觉也相通于能遇见佛的,《法华文句》卷四引《华严经》等,指出了独觉有三类:第一类是知道佛将要出现于世间,就事先入灭了。

或者由于佛的神通力，把他们迁徙到他方国土。第二类是出现于没有佛住世教化的时候。第三类是虽然也出生于佛住世的时候，但是由于这一类独觉还有愿望想见佛，因此不会马上入灭，也不会被佛的神通所迁移（这段话是概括文中具有这三层意思）。所谓"五百独觉从山中来"，就是这第三类。从名称和内涵相通的广义上说尽管是这样的，但要从狭义的角度来说，还是前面所说的那样。

另外，缘觉和独觉这两种辟支佛，各自都有大小不同的含义。根据《辅行》卷九下所说，具有三层含义：第一，具备了庄严相好就叫做大辟支佛，不具备的叫做小辟支佛。第二，在两种具备相好庄严的大辟支佛当中，能够显现神通的是大，没有神通的就是小。第三，在能够显现神通的两种大辟支佛当中，能够宣说佛法的是大，不能说法的就是小。又《四教义》卷四指出，宿世单独地修习性念处的就是小辟支佛，能够兼带着修习共念处的就是大辟支佛。又前辈们建立了渐顿两种含义来说明大小的问题，如《辅行》等所说，在初果的位次之后经过七生才能证得辟支佛的果位就是小辟支佛，能够不经过七生而顿时证得辟支佛果位的就是大辟支佛。

如果与声闻相对地来辨别他们之间的相同和差异，如《法华文句》卷七说：声闻和辟支佛这二乘有六个方面的意义相同，而在十个方面的意义有差别。六个方面相同是指：一同出离三界六道的苦海（即梵行已立），一同断尽分段生死不再轮回（即我生已尽），一同断除见思惑的正使烦恼（即所作已办），一同证得有余无余的涅槃（即不受后有），一同证得一切智（即人空般若），一同名为小乘（即如羊鹿二车）。分别开来则有十个方面差别，是指：第一在因地修行的时间上有长久和短近的不同，声闻修因六十劫，而辟支佛则需要一百劫。第二根性利钝的区别，辟支佛根利，声闻则根钝。第三悟道因缘的不同，声闻从师听解而悟道，辟支佛独自思维而悟道。第四有无悲心的差别，辟支佛如鹿，声闻如羊（声闻如羊，见生死怖畏，独自惊绝奔走；辟支佛如鹿，一边走一边还回顾苦海中的众生）。第五有无相好庄严的区分，辟支佛有庄严相好,而声闻则没有。第六观法范围广略的差异,辟支佛观察内外因缘,声闻则略观四谛之理。第七能否说法的分别,辟支佛能说法令他人得四果罗汉,声闻则不能说法不能令他人得暖法的受用(有的说支佛能说法,令人得四果;声闻不能说法,不能令人得暖法)。第八在不在佛世的区别,声闻只在有佛之世,辟支佛则在无佛之世。第九证悟顿渐的不一,辟支佛没有分证的果位所以是顿证,声闻则有分证的位次所以是渐证。第十度众方式的迥异,辟支佛多现神通而少为说法,声闻则二者没有固定。

上述文中(第一种差别)所说六十劫和百劫的修因问题,《析玄》卷上指出了关于二乘的修行,声闻乘根性猛利的只要三生就可成就,根性迟钝的则需要经过六十劫才能成就。辟支佛乘根性猛利的需要四生,根性迟钝的则需要经过一百劫才可成就。那么,这样说来岂不是声闻要胜过辟支佛了吗? 其实,这里所谓的"成就",声闻只是证入到见道位,而辟支佛则极证无学位的果位,因此,还是以辟支佛更为超胜。

另外,上述文中(第五种差别)所说的具有相好庄严者是辟支佛,没有相好庄严者则是声闻,《分别功德论》卷五说:"舍利弗具有七种相好,目连具有五种相好,阿难具有二十种好相,唯独难陀具有三十种相好。难陀的肤色是金色的,而阿难的肤色则是银色的。"那么,这不是说声闻也具有相好庄严吗? 要知道他们如果原来就是声闻根性的人,那就不说具有这种相好庄严了,如果原来是辟支佛根性的人,现在转为声闻的,那就不妨说他们都具有这些相好庄严了。《四教义》卷二说:"迦叶、舍利弗等,都是辟支佛根性的人啊。"像《法华文句》卷六解释经中"形色憔悴"的时候,说"二乘人不修习相好庄严的观法",而上述文中是从二乘本身大小相对比的角度来说的,不可以与这里的引文相提并论。

还有,上述文中(第二种差别)提到关于根性利钝的问题,如果把二乘区别开来说,辟支佛是由于观察思维诸法的思慧而修行证道,声闻则是由于听闻佛法生起信心的闻慧而修行证道。如果从二乘相通的角度来说,则各自都具有信行和法行这两种修行情况(参考《法华文句》卷五、《妙乐》卷六)。在各种经论文献当中还提到,辟支佛在断除见思正使之后,还能更进一步侵除习气,而声闻虽然也断除见思正使,却不能侵除习气,这也是由于根性的猛利和迟钝的缘故。

此外,关于辟支佛没有规定分证果位的问题,《四教义》卷六在解释"小独觉"的时候说:"原本就是修道位的学人,在人间受生,或者须陀洹经过了七次受生既已圆满,不再接受第八次受生,自己便能悟道成就(《辅行》也说:需要经过七次受生的初果须陀洹)。"这是指原本就属于声闻根性的人,出生在没有佛住世的时候,后来直接证得辟支佛的果位,所以才这样说,并非指分证的果位。其他如《般若经》指出的"独觉向"(这与此处的不分果位并没有矛盾,因为独觉向只是伏惑而非断惑,不能算作辟支佛的果位),《大乘同性经》也指出"支佛十地"(这也只是顺便兼带着说说而已,因为这支佛十地并没有果位上的实际次第差别,只是在正说菩萨十地的时候,顺便回答海妙深持菩萨的提问,而兼说这支佛十地的名目)。

《别行疏》卷上说:辟支佛在侵除习气之后,就是到了生死苦海的浅处海边了。通教菩萨在见思惑的正使以及习气都断尽了之后,就叫做到达生死苦海的彼岸了(这是把三藏教的辟支佛与通教的菩萨所证位次来相对比较而言的)。

《别行疏记》卷第一说:辟支佛修行,并不建立分证果位的次第。他们深入地观察缘起的道理,长期以来种下了三方面非常多的福德智慧(广作福业、供养佛、听闻正法)。福德和智慧既然已经非常丰厚,就能更进一步地来侵除烦恼习和业习(预,就是更进的意思。这是解释辟支佛侵除习气的原因所在,不可以联系下文"虽未发真"的话来看,而责难是自相矛盾)。虽然还没有开发出真实的无漏智慧(真无漏智),但是四种能使众生流转三界的行为和思想已经不能动摇他们了(四流:见流、欲流、有流、无明流),这就叫做到了苦海的浅处(这还处在辟支佛向的位次当中,属于伏惑阶段,还不能算辟支佛的证果位次)。机缘成熟时能顿证真正的辟支佛果位,这才叫做到达生死苦海的彼岸(这段话是从支佛向与支佛二者自身来说的)。通教的菩萨,在见思正使断尽的时候,就是到了苦海的浅处,连习气也断尽之后,就到达生死苦海的彼岸了(这是从通教菩萨自身的正使断尽和习气断尽的角度来讨论的。前人认为辟支佛必须等到开发了真实的无漏智慧之后,才能侵除习气,而《别行疏记》却说"更进一步地侵除二种习气",又说"虽然还没有开发出真实的无漏智慧",这就好像和前人的观点相矛盾了。这里应该知道《别行疏》是把三藏教的辟支佛与通教的菩萨合起来讨论浅处和彼岸的。而《别行疏记》却是从内在意义上把三藏教的辟支佛与通教的菩萨各自分开来说的。不可以认为《别行疏记》的文字是正面解释《别行疏》中辟支佛侵除习气为浅处的意思,从而把"更进一步侵除二种习气",同下面的"虽然还没有开发出真实的无漏智慧"连起来,就责难说一者以侵除习气未发真智为浅处,一者以已发真智更侵习气为浅处,两者是相互矛盾的。如果像上述的那样,从两个不同的角度来分别加以解释,那就没有什么矛盾的了)。

值佛出世,禀十二因缘教。所谓:一无明(烦恼障、烦恼道)。

[集注]过去一切烦恼皆是无明,体即是痴,迷暗为性,无所明了,故曰无明。注云"烦恼障、烦恼道"者,《辅行》三下云:"能蔽圣道,故名为障。展转互通,故名为道。并从过患、功能立名。"①

[今译]过去世的一切烦恼都是无明,无明生起来的根本是愚痴,迷惑暗昧是它的基本性质,对一切真理都无所明了,所以叫做无明。上面注释的"烦恼障、烦恼道"二者,在《辅行》卷三下说:"能够遮蔽阻碍圣人之道,所以叫做障。彼此之间能够展转牵连互相通达,所以称为道。这是从烦恼的过患、功能两个方面一起来建立的名称。"

---

① 见《辅行》卷三之三,《大正藏》卷四十六,第240页上。

二行(业障、业道。此二支属过去)。

[集注] 造作名行,于过去世造作诸业也。

[今译] 一切行为造作叫做行,这是指在过去世所造作的所有善恶行为。

三识(托胎一分气息)。

[集注] 既有惑业,以生垢心,故父母交会时,意识妄念,投托母胎。一刹那间,有了别义,名之为识。托胎一分气息,《止观》九云:"初托胎名歌罗逻,此时即具三事:一命、二暖、三识。是中有报风依风,名为命。精血不臭不烂名为暖。是中心意名为识。"①此时便随母气息,上下出入也。

[今译] 既然有了迷惑愚昧的行为和这种行为所产生的力量,由此而生起了染污垢秽的心,所以在父母同房时,自己的第六意识就起了巨大的妄想和贪念,于是就投靠寄托在母胎内了。在一刹那间,就有了分别执著,这就叫做识。关于寄托在母亲胎内的一分气息,《止观》卷九说:"最初寄托在母亲胎内的生命体叫做歌罗逻,这个时候就具备了三件事情:第一是命、第二是暖、第三是识。其中具有业力感召的一毫极为微细的气息能依随母亲的气息而存在,叫做命;父精母卵结合在一起时不会发臭,也不会腐烂,叫做暖;在此微弱的气息和精卵当中,有一分自己的心念分别,叫做识。"这个时候就随着母亲的气息,能够在母体子宫里上下出入自由游动。

四名色(名是心,色是质)。

[集注] 从托胎后,五个七日名形位。生诸根形,四肢差别故。虽有身根及意根,未有眼等余四根,故六处未圆,皆是名色摄。名是心,色是质者,四蕴是心,一蕴是色。质碍曰色,心但有名也。

[今译] 从托胎之后,五个七日的三十五天之内都叫做形位。这个

---

① 见《止观》卷九(下),《大正藏》卷四十六,第125页下。

阶段开始生出诸根的雏形，这是开始有了四肢差别的缘故。虽然已经有了身根以及意根，但是还没有眼根等其余的四根，所以六处仍未全部生成，这都是属于名色的范围。所谓名，就是这个妄想分别的心识，色就是指物质性的东西，受、想、行、识这四蕴都是属于心的范畴，色蕴这一个蕴是属于色的范畴。物质具有障碍的性质叫做色，而这个分别执著的心识却只有假名而已（并无实体）。

五六入（六根成此胎中）。

［集注］从名色后至第六七日，名发毛爪齿位，七七日名具根位，五根圆满故。六根成者，《辅行》四下云："十九七日诸根具足。"①此胎中，总有名色六入，皆胎中位，故《辅行》云："三十八个七日，皆胎中位。"②

［今译］从名色之后开始往下算到第六个七日，名为发毛爪齿位，再往下算到第七个七日的时候就叫做具根位，这是眼耳鼻舌身等五根已经圆满具足的缘故。所谓六根成，《辅行》卷四下说："投胎之后的第十九个七日诸根具足。"所谓此胎中，这是总的包括了名色和六入这两个阶段，都是属于胎中位，所以《辅行》说：从投胎开始一直到第三十八个七日，这个阶段都属于胎中位的范围。

六触（出胎）。

［集注］出胎已后至三四岁，由根对尘，情尘识合，然于违、顺、中庸，差别境上，未能了知，生苦、乐、舍，是名为触。

［今译］离开母体子宫出生之后，一直到三四岁时，由于六根相对于六尘，内在六根外在六尘以及六识这三者相互勾结，但是对于外在的违逆、顺从、中庸等各有差别的境界，却还没有能力加以了别认知，还未能生起痛苦、快乐、不苦不乐的感受，这就叫做触。

---

① 见《辅行》卷四之四，《大正藏》卷四十六，第275页上。
② 参见《辅行》卷四之四，《大正藏》卷四十六，第275页上。

七受（领纳前境好恶等事。从识至受，名现在五果）。

[集注] 从五六岁至十三岁，因六尘触六根，即领纳前境，于三受违、顺、中庸境上，已能了别。然未能起淫贪之心，故名受也。

[今译] 从五六岁开始到十三岁左右，因为外在的色、声、香、味、触、法等六尘接触到了内在的眼、耳、鼻、舌、身、意等六根，就能领受接纳现前的境界，在三种感受的违逆、顺从、中庸等境界上，已经能够认识而加以分别，但还未能生起淫欲贪爱的心念，所以叫做受。

八爱（爱色、男女、金银、钱物等事）。

[集注] 从十四五岁至十八九岁，贪于种种胜妙资具，及淫欲等境，然犹未能广遍追求，不名为取，皆是爱支所摄。

[今译] 从十四五岁至十八九岁左右，对于种种殊胜妙好的资身器具，以及淫欲等外在的境界生起种种贪爱之心，但是还未能广泛普遍地进行追求，所以不叫做取，还是属于爱支所摄的范围。

九取（凡见一切境，皆生取着心。此二未来因，皆属烦恼，如过去无明）。

[集注] 即从二十岁已后，贪欲转盛，于五尘境，四方驰求，名之为取。

[今译] 这就是从二十岁之后，贪欲心转变得更加炽盛，对于外在的五尘境界，投南走北、梯山航海而四方奔驰追求不已，叫做取。

十有（业已成就，是未来因，属业道，如过去行）。

[集注] 体即是业，为驰求诸境，起善恶业，积集牵引，当生三有果，故名为有。注云"是未来因"者，虽属现在，却为未来苦果之因也。

[今译] 有支的根本依据就是行为造作所形成的力量，为了四方奔驰追求外在的诸多欲乐境界，就造下了各种善业或者恶业，积累了各种行为和经验，聚集了这些经验所带来的力量，牵连着自己以后的行为举止，引导着自己的思想观念，将来就因为这些观念和力量而导致了三有（三界生

死)的结果,所以称为有。注释说"是未来因"的意思,是说这个有支虽然属于现在世行为的力量,却能成为未来世所感受的苦果的直接原因。

十一生(未来受生事)。

[集注] 从有还受后世五众①之身,是名生。所谓四生、六道中受生也。

[今译] 由于有支的存在,因此还要接受后世色、受、想、行、识五蕴和合的生命体,这就叫做生。也就是在四生、六道当中受生轮回的意思。

十二老死。

[集注] 从生五众之身熟坏,是名老死。

[今译] 由于生支而有的五蕴之生命体逐渐成熟变老衰坏,这就叫做老死。

此是所灭之境。

[集注] 以能灭之观,顺推此境,故此十二,即所灭境也。不立病支者,《妙玄》二云:"问:何不说病为支? 答:一切时、一切处,尽有者立支。自有人从生无病,如薄拘罗,生来不识头痛,况余病! 是故不立。问:忧悲是支否? 答:非也。以终显始耳,如老死必忧悲。"②

《释签》三云:"问:爱、取何别? 答:爱增广名取。"③然上一往似论三世,在支佛逆顺两缘,百千万世观因缘等。

[今译] 利用能够灭尽十二支所引起的烦恼的能观之心,顺从这十二支的相生次序来推理观察所观的十二因缘境,所以知道这十二因缘就是所要消灭的境。其中没有建立病支,《法华玄义》卷二说:问:为什

---

① 五众:旧译五蕴为五众,众是和集的意思。
② 见《法华玄义》卷二(下),《大正藏》卷三十三,第699页中。
③ 见《释签》卷五,《大正藏》卷三十三,第847页下。

么不说病也是支呢？答：在一切时间、一切处所,都能让人感受到它的存在就建立支的名称。当然会有人从出生之后一直没有生病,如薄拘罗,从出生以来就不晓得头痛是怎么回事,更何况其余的病！所以就不把病立为一支了。问：忧愁和悲哀的感受是不是也可以算作一支呢？答：不是。这是因为以最终的结果来显示它开始的起因啊,比如老死的结果就必然有忧愁悲哀(观察十二因缘就是推求一切痛苦的根源,最终推求到无明才是所有痛苦的真正起因,所以无明灭则行灭,乃至老死忧悲苦恼灭。这是还灭门的顺观十二因缘法)。

《释签》卷三说："问：爱支、取支有何区别呢？答：爱支再增强力量扩展开来就是取支。"但是上述所说的十二因缘法,是一般性的来说三世十二因缘的情况,如果辟支佛通过逆观和顺观两种方法来观察流转门和还灭门的十二因缘,那就可以延续到以百千万世的生死情况来观察这十二因缘了(还可以观察"一念十二因缘")。

与前四谛开合之异耳。云何开合？谓无明、行、爱、取、有,此之五支,合为集谛,余七支为苦谛也。

[集注]《止观》一云："总说名四谛,别说名十二因缘。苦是识、名色、六入、触、受、生、老死七支,集是无明、行、爱、取、有五支,道是对治因缘方便,灭是无明灭,乃至老死灭。"①《辅行》一下云："离苦集为十二支,观因缘智以为道谛,十二支灭以为灭谛。"②《文句》七云："十二因缘者,还是别相细观四谛耳。约苦集,即有无明老死;约道灭,即有无明灭,乃至老死灭也。"③

[今译]《止观》卷一说：总起来说叫做四谛,分别开说叫做十二因缘。四谛的苦谛是识、名色、六入、触、受、生、老死七支,集谛是无明、行、爱、取、有五支,道谛是指对治因缘生灭的方法手段,灭谛则是指无

---

①　见《摩诃止观》卷一(上),《大正藏》卷四十六,第5页下。

②　见《辅行》卷一之三,《大正藏》卷四十六,第166页上。

③　见《法华文句》卷七(下),《大正藏》卷三十四,第99页中。

明灭除,乃至于老死灭除之后的境界。《辅行》卷一下说:析分开苦和集就是十二支,观察因缘的智慧就是道谛,十二支还灭了就是灭谛。《法华文句》卷七说:所谓十二因缘,其实还只是分别各种名相而仔细地观察四谛而已。从苦谛和集谛来说,就有无明缘行、乃至缘老死等生灭门的情况;从道谛和灭谛来说,就有无明灭则行灭,乃至老死灭等还灭门的情况了。

既名异义同,何故重说?为机宜不同故。缘觉之人,先观集谛,所谓无明缘行,行缘识,乃至生缘老死,此则生起。若灭观者,无明灭则行灭,乃至生灭则老死灭。因观十二因缘,觉真谛理,故言缘觉。

[集注] 声闻总观四谛,缘觉别观十二因缘。缘觉之人等者,此观十二因缘生。若灭观者等,此观十二因缘灭。诸文更有逆顺等异,如《阿含》明:始无明,终老死,名顺观;始老死,终无明,名逆观。又《止观》禅境,以有支在初,推因知果也。①《释签》先从受支起观,此推果知因也(此如《辅行》:"又四念处约十二支,观爱观见,明推寻②观破之义也")。因观十二等,以观因缘生灭,觉悟真空,而结名也。

[今译] 声闻总起来观察四谛的道理,缘觉则分别开来观察十二因缘的道理。"缘觉乘之人"等,这是指观察十二因缘生起来的情况。"若灭观者"等,这就是指观察十二因缘的还灭情况。各种文献当中还有逆观十二因缘和顺观十二因缘等的差异,比如《杂阿含经》卷二十二指出了:从无明开始,到老死结束,名为顺观。从老死开始,到无明结束,名为逆观。又《摩诃止观》阐述禅境的时候,是以有支放在最初观察的,这

---

① 参见《摩诃止观》卷九(下),《大正藏》卷四十六,第130页下。
② 推寻:《四念处》卷一说:"推寻者,是人闻正因缘生灭之法,信解分明,知一切属爱烦恼,皆是十二因缘。观之入空,息心达本源,求自然慧,乐独善寂,修五停心,得诸禅定,于定中知属爱烦恼,即是无明逆顺推寻。"见《大正藏》卷四十六,第560页下—561页上。

是一种推因知果的方法。《释签》却是首先从受支开始起观的，这是一种推果知因的方法（这就像《辅行》一样。又《四念处》从十二支当中，观察我爱和观察身见边见等，说明了推寻观破的道理）。"因观十二"等，因为观察十二因缘的生灭门和还灭门，从而觉悟到真空的道理，以此总结"缘觉"之名的由来。

言独觉者，出无佛世，独宿孤峰，观物变易，自觉无生，故名独觉。

[集注] 观外因缘，无师自悟，未必一向独宿孤峰，如国王，花飞①、钏动②等（如《释签》七云③）

[今译] 观察外在自然界的因缘情景，没有老师的指导就能自己觉悟，未必一直是独自一人住宿于孤峰寂静之处。比如《大论》说有一国王早上看到花果茂盛，一觉醒来花已经被宫女毁掉了，马上觉悟无常，而证得辟支佛果，《禅经》说有一位国王令宫女按摩身体，镮钏声响逐渐减少，最后消失，国王便悟到了因缘法，而证得辟支佛果等等（如《释签》卷七所说的那样）。

两名不同，行位无别。此人断三界见思，与声闻同，更侵习气，故居声闻上。

[集注] 虽缘觉、独觉之异，而同修因缘之行，同证侵习之果。习气

---

① 花飞：《大智度论》卷十八说："一国王出在园中游戏，清朝见林树华果蔚茂甚可爱乐，王食已而卧，王诸夫人婇女，皆共取华毁折林树。王觉已，见林毁坏而自觉悟，一切世间无常变坏，皆亦如是，思惟是已，无漏道心生，断诸结使，得辟支佛道。"见《大正藏》卷二十五，第191页上一中。

② 钏动：《坐禅三昧经》卷下说："波罗奈国王，夏暑热时处高楼上坐七宝床，令青衣磨牛头栴檀香涂身，青衣臂多着钏，摩王身时钏声满耳，王甚患之，教次第令脱，钏少声微，唯独一钏寂然无声。王时悟曰：国家臣民宫人婇女，多事多恼亦复如是。实时离欲，独处思惟，得辟支佛。"见《大正藏》卷十五，第281页上。

③ 参见《释签》卷十四，《大正藏》卷三十三，第915页上。

者,惯习气分。如器中香,其香虽尽,余气尚存。统论诸文,有三家二即,今是见思家习耳。《大经》云"我衣、我钵"①,见习也。舍利弗嗔②、毕陵伽慢③,思习也。

[今译] 虽然缘觉、独觉有一定的差异,但是他们都一样修行因缘的观法,一样证得辟支佛果并侵除了习气。所谓习气,就是习惯成自然的一种力量。比如容器当中所燃烧的香,香虽然已经烧尽了,但香气还存在一样。总体来说,习气包括了见思、尘沙、无明这三家,以及尘沙即习和无明即习这二即,现在这里所说的就是见思家的习气。《大涅槃经》说"我衣、我钵",就是指见惑的习气。《大智度论》所记载的"舍利弗嗔、毕陵伽慢",就是指思惑的习气。

(三) 明 菩 萨 位

次、明菩萨位者。

[集注] 菩萨,具云"菩提萨埵"、"摩诃萨埵"。旧翻"大道心众生",亦翻"大道成众生"。新译云"觉有情",以上求佛道、下化众生故。此菩萨于当教内,亦称大乘。

---

① 《大般涅槃经》卷第二十三只是说"我身我衣",见《大正藏》卷十二,第502页中。而《大般涅槃经疏》卷第二十七才说"我衣我钵",见《大正藏》卷三十八,第191页中。

② 舍利弗嗔:《大智度论》卷二记载:"昔有一国王,为毒蛇所啮。王时欲死,呼诸良医,令治蛇毒。时诸医言,还令蛇嗽毒气乃尽。是时诸医各设咒术,所啮王蛇即来王所,诸医积薪燃火敕蛇,还嗽汝毒,若不尔者,当入此火。毒蛇思惟,我既吐毒,云何还嗽,此事剧死,思惟心定,实时入火。尔时毒蛇,舍利弗是。世世心坚不可动也。"见《大正藏》卷二十五,第71页上。

③ 毕陵伽慢:《大智度论》卷二记载:"长老必陵伽婆蹉常患眼痛,是人乞食常渡恒水,到恒水边弹指言:'小婢住,莫流水。'即两断,得过乞食。是恒神到佛所白佛:'佛弟子必陵伽婆蹉,常骂我言:小婢住莫流水。'佛告必陵伽婆蹉:忏谢恒神。必陵伽婆蹉是时合手语恒神言:'小婢莫嗔,今忏谢汝。'是时大众笑之,云何忏谢而复骂耶? 佛语恒神:'汝见必陵伽婆蹉合手忏谢不? 忏谢无慢,而有此言,当知非恶。此人五百世来,常生婆罗门家,常自憍贵,轻贱余人,本来所习,口言而已,心无憍也。'如是诸阿罗汉,虽断结使,犹有残气。"见《大正藏》卷二十五,第71页上。

然此菩萨全不断惑，三祇百劫伏惑行因。《四教义》三云：“三藏正化二乘，傍化菩萨。若说菩萨断惑受生，二乘即疑：若结尽而得受生者，诸声闻人得罗汉果，将不更受生耶？是故不说菩萨断结受生也。”①又《妙玄》五云：“令生事善，故作是说。欲求佛者，改恶从善。”②又《四教义》三云：“虽修性念处，而不断结，为生三界度众生故。”③由教不诠中道应本，故留结惑受生利物，故三藏菩萨不断惑明矣（此乃立权则有）！

若《大论》云：“声闻人言：菩萨不断结使，乃至坐道场，然后断者，是为大错。”④又云：“岂有菩萨具足三毒，能集佛法？”⑤此盖龙树申通“摩诃衍”义，以大破小，故作此说。当彼鹿苑，禀教之时，虽谓实历三祇百劫，伏惑不断，若方等、般若转入衍中，来至法华，会归一实，定无始终三祇伏惑，故得《大论》约实斥权（此乃斥权则无）。

若释迦果后，权示利生，不妨自历三祇百劫，故有尸弃、然灯等事。今之所辨，且顺立权义边，故约鹿苑三藏，明不断惑。如《法华》，《文句》六引《阿含》五佛子释“更与作字，名之为儿。”⑥“四果支佛名佛真子，菩萨不断惑，子义未成。”⑦

《妙乐》七云：“《阿含》至子义未成者（叠疏引经），既《阿含》中，亦明不断惑菩萨，而《大论》斥权，非谓全无（此会同经论，明破立意，谓非但《婆沙》明不断惑菩萨，而《阿含》亦明，此对《婆沙》而云‘亦’也。以《阿含》会同《婆沙》，而判《大论》，则知《大论》斥权云无，非谓全无，乃立权则有）。

“《论》云迦旃延造者，从所造论，及所计者说（此由上文《阿含》、《婆沙》，明不断惑菩萨，则经论相符，而《大论》斥之者，盖斥其执权之人耳。

---

① 见《四教义》卷七，《大正藏》卷四十六，第 746 页中。
② 见《法华玄义》卷五（上），《大正藏》卷三十三，第 737 页下。
③ 见《四教义》卷七，《大正藏》卷四十六，第 744 页中。
④ 见《大智度论》卷二十七，《大正藏》卷二十五，第 261 页下。
⑤ 参见《大智度论》卷二十七，《大正藏》卷二十五，第 262 页上。
⑥ 见《法华经》卷二，《大正藏》卷九，第 17 页上。
⑦ 见《法华文句》卷六（下），《大正藏》卷三十四，第 86 页上。

故曰《论》云迦旃延造者,从所造论,及所计者说,即出其斥权之意。盖从其所造论及所计故,《大论》谓是迦旃延造,是则《大论》斥其计论执权之非也)。

"岂以会二,还归《阿含》? 法华准旧,十二年前,一何可笑(此由他师,不分大小菩萨之殊,及昧水牛、白牛之异,谓《法华》会二乘归菩萨。故此破云: 岂可会二乘断惑之人,还归《阿含》不断惑菩萨? 若以会二乘还归《阿含》,法华四十余年之后,开显之教,还复准旧十二年前《阿含》之教,故云: 一何可笑)。"①

《止观》三云"烦恼脂消"②者,名伏为消也。故《别行》下云:"但伏惑不断,如无脂肥羊,取世智为般若,即此意也。"③又《俱舍》、《婆沙》意云:"下八地惑,初修禅时,先已断竟。"④此有漏断,亦是伏义(如《辅行》三下会释云云)。然不断见思,还断尘沙否? 答: 须知三祇百劫,亦但伏而不断。故至树王下,断见思时,于尘沙法上,证四真谛,方断尘沙也。若《止观》三云:"得法眼,照俗谛。"⑤得相似法眼,有漏智照耳。

[今译] 菩萨,全称为"菩提萨埵"、"摩诃萨埵"。过去有的把它译为"大道心众生",也有的译为"大道成众生"。唐朝玄奘法师译为"觉有情",因为菩萨是上求佛道、下化众生,是有情众生当中之觉悟者的缘故。这里所说的菩萨,在藏教的教法内,也称其为大乘行者。

然而,这里所说的菩萨是完全不断除见思二惑,需要经过三祇百劫的伏惑行因(伏而不断,带惑于生死海中利益众生)。《四教义》卷七说:"三藏教法,正面教化二乘根机的修行人,侧面也教化菩萨道的行者。如果要说菩萨是断除了见思惑而来三界受生的,二乘人就会怀疑: 如果结惑已经断尽了还得受生死的话,那么许多声闻人得到阿罗汉果之后,

---

① 见《法华文句记》卷七(中),《大正藏》卷三十四,第283页中。
② 见《摩诃止观》卷三(上),《大正藏》卷四十六,第27页下。
③ 见《观音玄义》卷下,《大正藏》卷三十四,第885页下。
④ 《辅行》卷第三之三说:"《俱舍》、《婆沙》意云: 下八地惑,初修禅时,先已断竟。"见《大正藏》卷四十六,第234页中。
⑤ 见《摩诃止观》卷三(上),《大正藏》卷四十六,第27页下。

岂不是还要再受生死吗？所以就不说菩萨是断除结惑而受生死。"又
《法华玄义》卷五说："为了能使藏教行人生起有相的善事，所以才说作
'三祇修福、百劫种相、伏惑行因'。想要使得求佛果的人能够改恶从善
修习善法。"又《四教义》卷七说："虽然也在修习性念处观，但是却不断
除结惑烦恼，这是为了能够生在三界之中来度化众生的缘故。"由于三
藏教法并不诠释中道实相为应化利生的根本，所以就说留着结惑忍受
三界生死来利益众生，这样三藏菩萨不断结惑的原因就非常明显了（这
是从建立权巧方便的角度来说，则有不断结惑之事）！

如果根据《大智度论》卷二十七所说："声闻乘的修行人说：菩萨不
断除结使烦恼，一直要到坐道场，然后才断除结惑的说法。这是大错特
错的。"同卷又说："哪里有菩萨具足贪嗔痴三毒，而能聚集智慧弘扬佛
法的道理呢？"这是因为龙树菩萨申述发扬"摩诃衍"的义理，以大乘的
观点来破斥小乘的看法，所以才这么说的。应当说在鹿苑，禀持三藏教
法的时候，虽然说真实经历了三祇百劫修相好庄严，那时是伏惑而不是
断惑，但是到了方等时、般若时的时候，就转入大乘教法了，最后到了法
华会上，就完全会通三乘权法而归于一乘真实，那就不存在伏惑行因的
道理了。也就肯定不是从始至终都一定要三祇伏惑而不断结惑的，所
以才有《大智度论》从一乘真实的角度来破斥三乘权法（这是从破斥权
巧方便的角度来说，则没有不断结惑的事）。

比如释迦成佛之后的久远劫以来，为了权巧方便而示现利益众生，
也不妨自己经历三祇百劫的伏惑行因，所以才有尸弃佛、然灯佛为他授
记等事。现在所讨论的伏惑行因，就是从建立权巧方便的意义这方面
来说的，所以从鹿苑时的三藏教法当中，阐明菩萨是不断除结惑的。例
如《法华经》，《法华文句》卷六引《阿含》五佛子的譬喻来解释《法华经》
中的"更与作字，名之为儿"时说：三藏教的四果罗汉和辟支佛都名为佛
的真子，而菩萨不断除结惑，所以儿子的意思还没有成立。

《妙乐》卷七说："从'《阿含》'一直到'子义未成'这段话（重新例
举《法华文句》所引的《阿含经》），就算是在《阿含经》当中，也指出了

有不断除结惑的菩萨,而《大智度论》只是为了破斥权巧,并不是说完全没有菩萨伏惑行因之事(这是融会贯通《阿含经》和《婆沙论》,说明经论当中的破斥和建立之内在意义。指出了非但《婆沙论》说明菩萨不断除结惑,而且《阿含经》也是这样说明的,这是相对于《婆沙论》而说'也'啊。以《阿含经》来融会贯通《婆沙论》的思想,从而判别《大智度论》,那么,这样就会知道《大智度论》破斥权巧方便而说没有不断除结惑的菩萨,并不是说完全没有,如果从建立权巧方便的角度来看就是有的)。

"《大智度论》所说'迦旃延造',是从所造的论,联系到所计较执著的来说的(这是由于上文所说《阿含经》、《婆沙论》,都是阐明不断除结惑的菩萨,那就说明了经和论的观点是相符的。而《大智度论》却又破斥这种说法,只是为了破斥那些执著权巧方便人。所以说'《大智度论》所说迦旃延造,是从所造的论,联系到所计较执著的来说的',就是显示《大论》破斥权巧方便的含意。大概是从他所造的论以及所计较执著的道理来看的缘故,《大智度论》说是小乘人'迦旃延造',这是《大智度论》破斥其计较《婆沙论》,而执著于权巧方便的过错)。

"怎么可以融会断除结惑的二乘人,而贯通于《阿含经》中不断除结惑的菩萨呢?最后法华会上,开权显实之后,却还要根据旧时十二年前的阿含教法为准绳,这是一个何等可笑的观点啊(这是由于其他的法师,不能分别大乘菩萨和小乘菩萨的悬殊,以及不明白水牛、白牛的差异,而认为《法华经》就是融会二乘贯通于菩萨。因此破斥说:怎么可以融会二乘断惑之人,贯通于《阿含》不断惑的菩萨呢?如果以此而融会二乘贯通于《阿含》中的不断惑菩萨,那么,在世尊初转法轮四十余年后的法华会上,开权显实之教,还得重新根据旧时十二年前的《阿含》教法为准绳,所以说:这是一个何等可笑的观点啊)。"

《止观》卷三所说的"烦恼的脂肪得以消除",就是把伏惑称为消除烦恼。所以《别行疏》卷下说:"只是伏惑而不是断惑,比如没有脂肪的肥羊一样,采用世间的智慧作为般若,就是这个意思了。"再者,

《俱舍论》、《婆沙论》的意思也是说：下八地的结惑，在最初修习禅定的时候，首先就已经断除干净了。这有漏烦恼的断除，也就是伏惑的意思（如《辅行》卷三下融会贯通地来解释一般）。然而，藏教菩萨不断除见思惑，还需要断除尘沙吗？答：要知道三祇百劫修行福德庄严相好，也只是伏住尘沙惑而不断除。所以到了菩提树王之下，断除见思惑时，于尘沙一样多的法相上，证得了四真谛之理，方才断除尘沙之惑。至于《止观》卷三所说的"证得了法眼，就能明了俗谛之理"，这只不过是指证得了相似的法眼，用有漏智明了俗谛之理。

从初发心，缘四谛境，发四弘愿，修六度行。

［集注］生灭四谛，为所依境。弘者，大也。要制其心，志求满足，名为誓愿。度者，越生死流到彼岸也。誓若无境，名为狂愿。不行六度，其愿则虚。又此化他，四门遍学，异乎二乘，一门自行。又二乘虽无破戒，乃至愚痴，行非利生，不名六度。盖夺而言之，别对谛缘。三祇百劫，名四阶成道①。

［今译］生灭四谛，就是藏教菩萨所依据的观境。所谓弘，就是大的意思。发誓调制这颗心，立志要求得圆满具足，这就叫做誓愿。所谓度，就是指超越生死之洪流而到达涅槃的彼岸。如果有了誓愿却没有相对应的境界，就只能名为狂愿了。如果不修行六度，那么他的愿也就是一个虚愿而已。另外，这个誓愿是专门为了度化他人而发的，必须对有门、空门、亦有亦空门、非有非空门等四门普遍地进行修学，这也就有别于二乘的修行人，只是就空门这一门自己修行而已。再者，二乘的修行人虽然也没有

---

① 四阶成道：又作四阶成佛。指小乘菩萨得道成佛之四阶段。（一）三祇，谓于三大阿僧祇劫修万行。（二）百劫，谓于百劫修相好之业。（三）菩萨最后身断尽下八地之惑，谓菩萨最后受生时，断尽三界九地中下八地之思惑。（四）三十四心断结成道，谓最后成道时，于八忍、八智、九无间、九解脱等三十四心，断尽见思之惑，而后成佛。《俱舍论》、《大毗婆沙论》等常见此四阶成道之说。天台宗依此判立为藏教菩萨成道之阶段，然依《天台四教仪集注》卷中末载，系以三祇为前三阶，百劫为第四阶。此依《楞伽》之说。

破戒而毁犯律仪的,乃至也没有愚痴等六弊的存在,但是他们的修行并非为了利益众生,所以也就不能称为六度了。这是从二乘与菩萨严格差异的角度,区别地相对于四谛、十二因缘来说。经过三祇行六度、百劫修相好的刻苦修行,就叫做经过四个阶段的修行而成就佛道。

一、未度者令度,即众生无边誓愿度,此缘苦谛境。二、未解者令解,即烦恼无尽誓愿断,此缘集谛境。三、未安者令安,即法门无量誓愿学,此缘道谛境。四、未得涅槃者令得涅槃,即佛道无上誓愿成,此缘灭谛境。

[集注]《四教义》三云:"一、未度者令度,即是度天魔外道①,爱、见②二种六道众生,未度三界火宅之苦谛,令得度也。二、未解者令解,即是爱、见二种众生,未解爱、见二十五有业,令得解也。三、未安者令安,即是爱、见二种众生,未安三十七品一切诸道,令安道谛也。四、未得涅槃者令得涅槃,即是爱、见二种众生,未灭二十五有生死因果,皆令得灭谛涅槃也。"③

[今译]《四教义》卷七说:一、未得度者令其得度,就是指度天魔外道,以及具有爱、见二种烦恼的六道众生,他们还没有度脱三界火宅的苦谛,令其能够得到度脱。二、未解脱者令其解脱,就是指具有爱、见二种烦恼的众生,还没有解脱爱、见等二十五有行业束缚的集谛,令其能够得到解脱。三、未得安心者令其得以安心,就是指具有爱、见二种烦恼的众生,还没有安心于三十七道品等一切诸道真理的,令其安心于道谛。四、未得涅槃者令得到涅槃,就是指具有爱、见二种烦恼的众生,还没有彻底消灭二十五有

① 天魔外道:指天魔与外道,为害佛道者。《梵网经》卷上说:"天魔外道,相视如父母。"见《大正藏》卷二十四,第1002页下。

② 爱见:爱与见之并称。爱,谓对事物之染著,指思惑;见,谓对义理之推度、执著,指见惑。引申为对事、理所起之烦恼。《大智度论》卷七说:"烦恼有二种……一属爱,二属见。"见《大正藏》卷二十五,第110页上。

③ 见《四教义》卷七,《大正藏》卷四十六,第744页上。

生死因果之束缚，令其得到灭谛的真理而证入涅槃。

既已发心，须行行填愿，于三阿僧祇劫修六度行，百劫种相好。

[集注]《观音玄记》上云："若匪行山，莫填愿海。"①《辅行》三下云："阿僧祇，此翻'无数'，劫翻'时'。《俱舍》云：'八十中大劫(谓一增一减为一小劫，二十增减为一中劫，今此一增一减亦名中劫，如劫章②。其小劫名，自有十种③，当详)，大劫三无数。'④谓六十数中，第五十二数，名阿僧祇。谓积此大劫成无数时，故云三阿僧祇。"⑤

《俱舍》问云："既积无数，何复言三？答：非无数言，显不可数。"⑥诸经更有拂石劫⑦、芥子劫⑧，具如《辅行》一上⑨。若大乘，亦有一百二

---

① 见《观音玄义记》卷一，《大正藏》卷三十四，第894页下。

② 《俱舍论》卷十二关于"劫"的章句中说："如是所说成、住、坏、空，各二十中，积成八十，总此八十，成大劫量。"见《大正藏》卷二十九，第63页中。

③ 《瑜伽师地论》卷二说："复有十种时分，谓时、年、月、半月、日、夜、刹那、怛刹那、腊缚、目呼剌多。"见《大正藏》卷三十，第288页上。《四教仪集注辅宏记》卷十三说："十种小劫名，详《法数》云：一时、二年、三月、四半月、五日、六夜、七刹那、八怛刹那、九腊缚、十目呼剌多。"见《卍续藏》第一○二册，第617页下。

④ 见《俱舍论》卷十二，《大正藏》卷二十九，第62页下。

⑤ 《辅行》卷第三之三说："阿僧祇，此云无数；劫者，时也。"见《大正藏》卷四十六，第233页上。

⑥ 参见《俱舍论》卷十二，《大正藏》卷二十九，第63页中。

⑦ 拂石劫：《菩萨璎珞本业经》卷下说："譬如一里二里乃至十里石，以天衣重三铢，三年一拂此石乃尽，名一小劫。若一里二里乃至四十里，亦名小劫。又八十里石，以梵天衣重三铢，三年一拂此石乃尽，名为中劫。又八百里石，以净居天衣重三铢，三年一拂此石乃尽，故名一大阿僧祇劫。一里二里石尽名一里劫二里劫。五十里石尽名五十里劫，百里石尽名百里劫，千里石尽名为千里劫，万里石尽名为万里劫。"见《大正藏》卷二十四，第1019页上。

⑧ 芥子劫：以芥子之喻示劫量久远。《大智度论》卷五说："四千里大城满芥子，有长寿人，百岁一来取一芥子，芥子尽而劫尚不尽。"见《大正藏》卷二十五，第100页下。

⑨ 参见《辅行》卷一之一，《大正藏》卷四十六，第144页上。

十零三数(如《华严》)。①

[今译]《观音玄记》卷上说:"如果没有修行的高山,就不能填满誓愿的大海。"《辅行》三下说:"阿僧祇,汉译是'无数',劫译为'时'。《俱舍论》说:'八十小劫构成了四个中劫和一个大劫(这是指世界生成的一增一减为一个小劫,二十增减为一个中劫,现在这里把一增一减也叫做中劫,如《俱舍论》当中的'劫章'所说的一样。其中提到的小劫名称,也有十种,当详细检阅),经过三大阿僧祇劫的修行。'这是指在印度六十个时间数目单位当中的第五十二个数目单位,名叫阿僧祇,累积了这个阿僧祇的大劫而成为无法计算的时间,所以叫做三阿僧祇。"

《俱舍论》设问说:"既然是累积到了无法计数,怎么又说是三呢?回答说:并不是说数目达到无穷多,只是显示不可能用凡夫的心力来计数而已。"在各种经论当中,还有拂石劫、芥子劫等名称的不同,详细情况如《辅行》卷一上所说。如果从大乘佛法来看"劫"的名称,也有一百二十三个数目单位的不同(具如《华严经》所说)。

言三阿(无)僧祇(数)劫(时)者,且约释迦修菩萨道时。论分限者,从古释迦至尸弃佛,值七万五千佛,名初阿僧祇,从此常离女身及四恶趣,常修六度,然自不知当作佛。若望声闻位,即五停心、总、别念处(外凡)。

[集注]《辅行》六上云:"彼《婆沙》中,释菩萨义,明因,则指释迦三祇百劫;明果,则指弥勒当成。何故尔耶?释迦果已成,是故指因行,为令慕果,而行因故。弥勒因已满,是故指当果,皆使观因,以知果故。故诸圣教,并明释迦之因,如说菩萨昔苦行等,并明弥勒之果,如说《弥勒

① 《大方广佛华严经》卷第四十五《阿僧祇品》第三十:"心王菩萨白佛言:云何阿僧祇乃至不可说不可说耶?佛言:一百洛叉为一俱胝,俱胝俱胝为一阿庾多,阿庾多阿庾多为一那由他,乃至不可说转不可说……共有一百二十三个数目。"见《大正藏》卷十,第237页中—238页中。

下生经》①等。"②

从古释迦等者，《发轸钞》③云："释迦，翻'能仁'；牟尼，翻'寂默'。能仁是姓，寂默是字。姓从慈悲利物，字取智慧冥理。以利物故，不住涅槃；以冥理故，不住生死。"④尸弃，此翻"宝髻"，非七佛中第二"尸弃"也。缘载《四教义》三(初)⑤并《大论》第三⑥。

从此常离女身者，《妙玄》四⑦、《释签》三、《四教义》三⑧云："第三僧祇，始离五障(一恶道、二贫穷、三女身、四形残、五喜忘)，方乃不堕。"⑨如《戒疏》⑩上云："初僧祇得五种功德(一生人天、二生贵家、三男身、四根具、五知宿命)。"⑪旧云：初僧祇有遇缘、不遇缘异，不遇违缘，即离五

---

① 《弥勒下生经》：弥勒三部经之一，六部经之一。又称《观弥勒菩萨下生经》、《下生经》，全一卷，西晋竺法护译。古来说弥勒下生之诸经中，本经为最受重视者。收于《大正藏》卷十四。

② 《辅行》卷六之二，《大正藏》卷四十六，第336页中。

③ 《发轸钞》：三卷(或作五卷)，宋代净觉仁岳著。乃其自著《金刚般若疏》的注释。今失传。《佛祖统纪》卷二十一记载："(仁岳)所著《金刚般若疏》二卷，《发轸钞》五卷(释自造《金刚疏》)。"见《大正藏》卷四十九，第241页下。《佛祖统纪》卷二十五又说："净觉(岳师)《金刚般若疏》(二卷)、《发轸钞》(三卷，释自撰《金刚般若疏》)。"见《大正藏》卷四十九，第259页下。

④ 《翻译名义集》卷一说："《发轸》云：'《本起经》翻释迦为能仁。《本行经》译牟尼为寂默。能仁是姓，寂默是字。姓从慈悲利物，字取智慧冥理。以利物故，不住涅槃；以冥理故，不住生死。'"见《大正藏》卷五十四，第59页上一中。

⑤ 参见《四教义》卷七，《大正藏》卷四十六，第744页中。

⑥ 参见《大智度论》卷四，《大正藏》卷二十五，第87页上。

⑦ 参见《法华玄义》卷四(下)，《大正藏》卷三十三，第729页下。

⑧ 参见《四教义》卷七，《大正藏》卷四十六，第744页中。

⑨ 《释签》卷五说："此菩萨至第三祇，始离五暗，方乃不堕。"见《大正藏》卷三十三，第853页上。

⑩ 《戒疏》：全称《梵网菩萨戒经义疏》，又称《菩萨戒义疏》、《菩萨戒经义疏》，二卷，智者大师说，灌顶记。是根据空、假、中三谛的理论，对罗什翻译《菩萨戒经》的解释。收于《大正藏》卷四十。

⑪ 《菩萨戒义疏》卷上说："从释迦至阙那尸弃，名初僧祇，得五种功德：一不生三恶道、二不生边地、三诸根完具、四不受女身、五常识宿命，而自不知作佛、不作佛。"见《大正藏》卷四十，第564页上。

障(如《戒疏》)。若遇违缘,至第三祇方离(如《释签》)。又初僧祇离障,且约功能,三祇方离,乃据定位。

又《文句》二云:"不生三恶道,位不退。不生边地、诸根完具、不受女身,即行不退。常识宿命,即念不退。"①《妙乐》二云:"第三祇时,横得三不退故。"②

成论③以念处为位不退,暖顶为行不退,忍为念不退;数论④以下、中、上忍为三不退;《净名疏》以暖、顶、忍为三不退。各随义对也。然自不知作佛,《四教义》三云:"尔时未发暖解,位在外凡,故不自知己身当作佛、不作佛。"⑤

[今译]《辅行》卷六上说:在《婆沙论》中,解释菩萨的意义,从阐明因地修行的角度,就指出释迦佛三祇百劫修菩萨行的情景;从阐明修行得成正果的角度,就指出了弥勒菩萨将来必定成佛的情况。为什么这样呢?因为释迦佛的圆满果位已经成就了,所以就指出他在因地上的修行情况,为了使我们能够羡慕佛果,而进行因地上的修习。弥勒菩萨因地上的修行也已经圆满了,所以就指出他将来必证圆满果位,这都是为了使我们能够观察因地的修行,就可以知道将来果报的情况。所以在各种佛教的典籍当中,共同说明了释迦佛因地修行的情景,比如说菩萨过去生中如何修习苦行等。共同说明了弥勒菩萨将来成佛的情况,比如《弥勒下生经》等。

"从古释迦"等句,《发轸钞》说:"释迦,汉译为'能仁';牟尼,汉译为

---

① 见《法华文句》卷二(上),《大正藏》卷三十四,第21页上。

② 见《法华文句记》卷二(中),《大正藏》卷三十四,第183页上。

③ 成论:即成实师。是从南北朝时代到唐代初年约二五〇年间弘传《成实论》一派的学者。其间由于教义、人物、法统、地域的关系,这个学派被称为成宗、成论宗、假名宗、成论师等。

④ 数论:为小乘说一切有部(萨婆多部)论藏之别称;亦为说一切有部之代称。又作数经。数论之"数",含有二义:一为慧数,一为法数。自南北朝时代至初唐期间,佛教界习惯将成实宗之诸师称为论家,地论宗之诸师称为地师,摄论宗之诸师称为摄师,准此,遂将毗昙宗之诸师称为数家、数师、数人。

⑤ 见《四教义》卷七,《大正藏》卷四十六,第744页中。

'寂默'。能仁是姓,寂默是字。姓是从慈悲利物的意义上说的,字是表示智慧冥理的意思。因为慈悲利物,所以就不住于涅槃;因为智慧冥理,所以就不住于生死。"尸弃,汉译为"宝髻",这不是过去七佛当中的第二尊"尸弃佛"。这些典故,记载于《四教义》卷七和《大智度论》卷四。

关于"从此常离女身",《法华玄义》卷四、《释签》卷三、《四教义》卷七说:"修行到了第三阿僧祇劫的时候,才能脱离五种障碍(一恶道、二贫穷、三女身、四形残、五喜忘),此时才可以不再堕落。"如《菩萨戒义疏》卷上说:"在第一阿僧祇的时候,就能得到五种功德(一生人天、二生贵家、三男身、四根具、五知宿命)。"过去的说法:在第一阿僧祇劫的时候,有遇到违缘、不遇到违缘的差异,不遇到违缘的,就能脱离五种障碍(如《菩萨戒义疏》所说)。如果遇到了违缘,就要到第三阿僧祇劫的时候,才可以脱离五种障碍(如《释签》所说)。另外,说第一阿僧祇劫就能脱离五种障碍,这是从外在功能作用的角度来说;说到第三阿僧祇劫才能脱离五种障碍,这是从内在禅定果位的角度来说的。

再者,《法华文句》卷二说:不投生到三恶道,就是修行果位不退转。不降生在边地没有佛法的地方、身体上的各种器官完整具足、不再生为女人之身,就是修道的行为不退转。能够永远知道自己的宿命,就是修道的念头不退转。《妙乐》卷二说:修行到第三阿僧祇劫时,就能横向地全面地得到(位、行、念)三种不退转。

成实师以证得四念处的时候作为位不退,证得暖位和顶位的时候作为行不退,证得忍位的时候作为念不退。数论师以下忍、中忍、上忍这三个位次作为三不退。《净名经疏》是以暖位、顶位、忍位这三位作为三不退。以上这些不同的主张,都是随着不同的义理来互相对应的。但这时自己并不知道自己会成佛,《四教义》卷七说:那个时候还没有启发暖位的慧解,位次还停留在外凡位上,所以自己并不知道自己可以成佛,或者不可以成佛。

次从尸弃佛至然灯佛,值七万六千佛,名第二阿僧祇。此时用七茎莲华供养，布发掩泥，得受记莂，号释迦文。尔时自知作佛，口未能说，若望声闻位，即暖位。

[集注] 梵语"提洹竭"，此云"燃灯"。《大论》云："太子生时，一切身边，光如灯故，故云燃灯，以至成佛，亦名燃灯。"①《瑞应经》翻为"锭光"。②

七茎莲花等者，初儒童为五百道士讲论，得银钱五百。后问王家女，名瞿夷，买得五花，并女寄二花供养于佛，故云七茎。诸文但云摩纳五花奉散也（如《集解》、《瑞应经》③）。布发掩泥，稽首佛足，见地濡湿，即解皮衣，欲以复之，不足掩泥，乃解发布地，令佛蹈而过。④

得受记莂等，《瑞应经》云："佛因记曰：汝自是后，九十一劫，劫号为'贤'，汝当作佛，号释迦文。菩萨已得诀言，疑解望止，霍然无想，寂而入定，便逮清净，不起法忍。"⑤《妙玄》七"既云断惑，故知通佛行因之相也。"⑥《释签》八云："燃灯授记，得无生忍，故知是通佛行因也。"⑦

《发轸钞》据此，判《瑞应经》属方等摄。若明降生之相，盖约三藏境本而言。此时自知等者，《戒疏》上云："尔时虽自知作佛，而口不说。准位，在暖法性地。既有证法之信，必知作佛，修行六度，心未分明，口不向他说也。"⑧

[今译] 梵语"提洹竭"，汉译为"燃灯"。《大智度论》说："太子诞生

---

① 《大智度论》卷九说："如燃灯佛，生时一切身边如灯，故名燃灯太子。作佛亦名燃灯。"见《大正藏》卷二十五，第 124 页中。

② 锭光：《瑞应本起经》卷上说："吾昔行愿从定光，受别为佛释迦文。"见《大正藏》卷三，第 477 页下。卷下也说："昔定光佛时，别我为佛，名释迦文。"见《大正藏》卷三，第 478 页下。

③ 参见《瑞应本起经》卷上，《大正藏》卷三，第 472 页下—473 页上。

④ 见《瑞应本起经》卷上，《大正藏》卷三，第 473 页上。

⑤ 见《瑞应本起经》卷上，《大正藏》卷三，第 473 页上。

⑥ 见《法华玄义》卷七（上），《大正藏》卷三十三，第 766 页中。

⑦ 参见《释签》卷十五，《大正藏》卷三十三，第 921 页中。

⑧ 见《大正藏》卷四十，第 564 页上。

的时候，身边的一切器具物品都放出光芒，就如灯光照耀一样，所以叫做燃灯，到成佛之后，依旧称为燃灯佛。”燃灯在《瑞应经》中译为“定光”。

所谓七茎莲花等，最初儒童菩萨在为五百位外道的弟子讲论修行方法时，得到了五百两银钱。然后向王宫的婢女名字叫做瞿夷的买得五茎莲花，加上婢女委托供佛的二茎莲花，一起供养燃灯佛，所以说是七茎莲花。有些文献就只是说摩纳（即儒童菩萨）以五茎莲花奉献散发供养（如《集解》、《瑞应经》所记载）。“布发掩泥”，《瑞应经》卷上说：恭敬地稽首顶礼佛的双足，见到地上濯浊潮湿，就马上脱下自己所穿的皮衣，想要以此来覆盖住潮湿的地方，但皮衣不足以盖住潮湿的泥土，因此就解开头发散布在潮湿的地上，恭敬地请佛走过去。

得受记别等，《瑞应本起经》卷上说：“燃灯佛因此受记说：‘你从此以后，再经过九十一劫，那时劫号“贤劫”，你应当在那个时候成佛，号为释迦文。’儒童菩萨已经得到了佛确切真实的授记，怀疑解消渴望息止，顿时消灭了一切妄想执著，寂静地进入禅定，于是证得了清净法身的境界，不起任何分别而获得无生法忍。”《法华玄义》卷七指出：既然说是断除结惑，可见这里指的是通教佛因地修行的情况。《释签》卷八说：燃灯佛给予授记，证得无生法忍，所以晓得这是指通教佛因位修行的情况啊。

《发轸钞》根据这个说法，就判别《瑞应本起经》是属于方等时所摄的经典。如果说明佛降生的各种瑞相，这是从三藏教的境本（藏教所观之境即以丈六佛身为根本）之身而言的。此时自知当作佛等，《菩萨戒义疏》卷上说：那个时候虽然自己知道将要成就佛果，但是在口头上还不敢说出来。根据这时候所证得的果位看，应该在藏教的暖法位和通教的性地位。既然已经具有证得究竟佛法的信心，内心也就必定知道自己会成就佛果，但是对于修行六度的各种方法，内心却还是没有完全地清楚明了，因此在口头也就不向他人宣说了。

次从然灯佛至毗婆尸佛,七万七千佛,名第三阿僧祇满。此时自知,亦向人说,必当作佛,自他不疑。若望声闻位,即顶位。

[集注] 毗婆尸,翻"胜观",亦云"遍见"。《优婆塞戒经》①云"于迦叶佛满三僧祇"②者,随机异说耳。此三祇等义,并出《大论》、《俱舍》、《婆沙》。此时自知等者,《戒疏》上云:"是时内心了了,自知作佛,口自发言。准望位在顶法位中。修行六度,四谛解明,如登山顶,了见四方,故口向他说。"③

《观音玄记》下云:"声闻但于一境一门,修念处等,故易成就。菩萨遍于一切境界,一一四门,复加六度,久远熏修。使一一行,摄诸众生,令种熟脱。故三祇内,凡化几人,超凡入圣。自身此岸,度人彼岸,故经劫长,证位犹下。"④

[今译] 毗婆尸,汉译为"胜观",也称"遍见"。《优婆塞戒经》卷一说"在迦叶佛那里修行满足三阿僧祇劫",这只是随着机缘的不同而作差别之说罢了。这里所说的三阿僧祇劫等等的意义,都是出自《大智度论》、《俱舍论》、《婆沙论》等论典。"此时自知"等,《菩萨戒义疏》卷上说:到了第三阿僧祇劫的时候,自己的内心更是了了分明,自己知道不久就可以成就佛果,言谈上也就自然讲出来了。根据这时候所证得的果位看,应该在三藏教顶法的位次当中。由于能够修行六度万行,对于四圣谛的道理也已明白理解,譬如登上了山顶,能够明了地看见四面八方的各种景色,所以在言语上也就敢于向他人宣说自己将要成佛的消息。

《观音玄记》卷下说:声闻乘行人只是用一种境界或者一种空门,来修习四念处等,所以就容易成就道业。菩萨则是普遍地对于一切境界,

---

①　《优婆塞戒经》:又称《善生经》、《优婆塞戒本》,七卷(或五卷、六卷、十卷),北凉昙无谶译(426)。现唯存汉译本,系善生长者为大乘在家信者(优婆塞)说三归五戒等。收于《大正藏》卷二十四。

②　见《优婆塞戒经》卷一,《大正藏》卷二十四,第1039页上。

③　见《大正藏》卷四十,第564页上。

④　《观音玄义记》卷三,见《大正藏》卷三十四,第910页上。

四教的每一种四门（空、有、亦空亦有、非空非有），再加上六度的行法，进行久远劫的熏习修行。用每一种修行的方法，来摄受教化各种各样的众生，使他们的善根种子成熟而脱离生死的束缚。所以在三阿僧祇劫之中，以内凡加行位的身份教化几多有缘之人，超越凡夫位而进入圣人的境地，自身在生死的此岸，却要度人到涅槃的彼岸去。因此，经历的时间劫数也就比声闻人更为长远，而证得的果位却反而还比较低下。（《般若经》说："菩萨学一切法，而不证一切法。"这里也是说明菩萨已经学会了声闻之法，却不证声闻之果。）

经如许时，修六度竟，更住百劫，种相好因，修百福成一相。福义多途，难可定判。有云：大千盲人治差，为一福等。

［集注］《辅行》三下云："过三祇已，百劫种相，种即修也。于欲界人中，南洲男身，佛出世时，能种相业也。前后不拘。"①百福成一相者，《四教义》三云："修行六度，成百福德，用百福德成一相，以为三十二相之业因也。"②

福义多途等者，《辅行》三下云："问：几许为一福？乃至菩萨修十善，各有五心，谓：下、中、上、上上、上中上。初发五心，乃至具足五心，如是百心，名为百福，成于一相。如是至三十二，名身清净。"③《观音玄》下云："凡用三千二百福，修成三十二大人相现时，方称菩萨摩诃萨。"④

［今译］《辅行》卷三下说：经过三阿僧祇劫之后，还要经过百劫种植相好庄严的成佛之因，种植就是修行。在欲界的人道当中，以南赡部洲男子的身份，佛出现于世间的时候，能够修行佛各种相好庄严的前因。修习这些相好的时候，三十二相先后修哪一相是不用拘泥的。所

---

① 参见《辅行》卷三之三，《大正藏》卷四十六，第234页上。
② 见《四教义》卷七，《大正藏》卷四十六，第744页下。
③ 参见《辅行》卷三之三，《大正藏》卷四十六，第234页上—中。
④ 见《大正藏》卷三十四，第885页下。

谓百福成一相,《四教义》卷七说:修行六度满分了,就能成就一百福德,再用这一百福德而成就一种相好,这就是修行三十二相的业因。

福的含义有多种不同,《辅行》卷三下说:问:修行多少合为一福呢?具体地说就是菩萨修行十善的时候,对于每一种善都各有五种心,即所谓:下心、中心、上心、上上心、上中上心。从最初发起这五种心当中的最下一种心来修十善业,一直到具足这五种心来修十善,这样积累起来到具备一百心的时候,就名为百福,这一百福便能成就一种相好。这样一直到成就了佛的三十二种好相,才叫做身业清净。《观音玄》卷下说:总共用三千二百种福,修到佛的三十二大人相显现出来的时候,才可以被称为是菩萨摩诃萨。

修行六度,各有满时。

[集注] 六度满文,在种相后者,盖种相时,亦修六度也。

[今译] 关于修行六度满分的文句说明,放在修习三十二相好后面介绍,这是因为修习相好庄严的时候,也是属于修行六度。

如尸毗王代鸽,檀满;普明王舍国,尸满;羼提仙人,为歌利王割截无恨,忍满;大施太子抒海,并七日翘足,赞弗沙佛,进满;尚阇黎鹊巢顶上,禅满;劬嫔大臣,分阎浮提七分,息诤,智满。望初声闻位,是下忍位。

[集注]《观音玄记》下云:"遍割身肉,就鹰贸鸽,至尽一身,不恼不没,自誓真实,感身平复,是檀满相(尸毗翻"与",檀翻为施)。

"如须摩提王以身就死,持不妄戒,是尸满相(尸罗翻好善,即戒善也)。

"如忍辱仙人被歌利王(翻恶世无道)割截身体,慈忍不动,作誓即感血化为乳,是羼提满相(羼提翻忍辱)。

"如大施太子求如意珠,雨宝济贫,得珠堕海,抒海取之(抒音汝,酌取也),筋骨断坏,终不懈废。诸天问之,云:吾生生不休。故助抒海,海水减平,龙恐海干,送珠与之,是毗离耶满相。

"尚阇黎(螺髻仙人名也)得第四禅,出入息断。鸟谓为木,于髻生卵。定起欲行,恐鸟母不来,即更入禅,鸟飞方起,是禅满相。

"勌嫔大臣,分阎浮提七分。城邑山川均故,息诤,是般若满相。

"所言满者,度本治蔽,行期满愿,今蔽已离,与拔遂心,即知六度,其功克满。"①

七日翘足等者,《观音玄记》下云:"《婆沙》云:尔时有佛,号曰底沙,有二弟子,一名释迦,乐修利他行,所化机先熟。二名慈氏,乐修自利行,所化机在后熟。彼佛念曰:多人就一人难,一人就多人则易。欲令释迦先成道故,于是舍二弟子,入至山中。时释迦菩萨随后入山,寻求本师,不见踪迹,正行之次,忽见彼佛在宝龛中,入火界定,威光赫奕,特异于常。行次忘下一足,经于七日,说于一偈,叹彼世尊云:天地此界多闻室②,逝宫③天处十方无。丈夫牛王④大沙门,寻地山林遍无等。因此精进超于九劫,在弥勒前成佛。"⑤

是下忍位者,《戒疏》上云:"若过三僧祇,种三十二相业,准望此是

---

① 《观音玄义记》卷三,见《大正藏》卷三十四,第 909 页中—下。

② 多闻室:即多闻天的宫殿。多闻,音译为毗沙门等,又作普闻天、种种闻天,为四天王之一,十二天之一,乃阎浮提北方之守护神。住于须弥山第四层之北面,率领夜叉、罗刹等二神众兼守其余三州。由于时常守护道场,听闻佛法,故称多闻。

③ 逝宫:谓梵王宫及人宫也。逝者迁流无常之义。《俱舍光记》卷十八说:"逝宫,谓梵王宫,以彼梵王计彼为常,佛为对治彼常计故,故名逝宫,逝是无常义。又解:逝宫,所谓人宫,人宫速归磨灭,故言逝宫。"见《大正藏》卷四十一,第 282 页下。

④ 牛王:又作超群、胜群,指牛中之王。牛王之形色胜于其他诸牛,譬喻佛德于一切人中为最胜。

⑤ 见《大正藏》卷三十四,第 910 页上。引文稍有改动,出自《阿毗达磨大毗婆沙论》卷第一百七十七,见《大正藏》卷二十七,第 890 页中。然根据《大智度论》卷四、《佛本行集经》卷四等记载,颂文应是:"天上天下无如佛,十方世界亦无比。世间所有我尽见,一切无有如佛者。"参见《大正藏》卷二十五,第 87 页下;卷三,第 670 页上。

下忍位。"①《大论》云"三阿僧祇时,六波罗蜜"②者,此乃事禅事智满耳。《俱舍》云:道树已前,四波罗蜜满,至佛果位,二波罗蜜满。③ 此约缘理禅理智始满。

《观音玄》下云:"问:依三藏说,释迦、弥勒同时发心,一超九劫,何意二佛俱成贤劫中佛耶? 答:释迦值弗沙,促百劫,弥勒值诸佛,何必不促为九十一劫耶?"④《记》下云:"弥勒值佛,必有超劫,恐梵文未至。"⑤

[今译]《观音玄记》卷下说:"尸毗王用刀子割掉了全身的肉,用以换取鸽子的生命,一直到身体的肉全部割完了,也不生起烦恼嗔恨和后悔。由于他的誓愿真实不虚,因此就感得身体的肉又恢复到正常的状态,这就是布施波罗蜜满分的相状(尸毗译为与,檀译为布施)。

"再如须摩提王以身赴死,还奉持不妄语的戒律,这是持戒波罗蜜满分的相状(尸罗译为好善,就是指成能生善)。

"再如忍辱仙人被歌利王(译为恶世无道)割截身体,由于他以大慈悲心修行忍辱而不动嗔恨等念头,所发誓愿的真实就感得了血化为乳的颜色,这就是忍辱波罗蜜满分的相状(羼提译为忍辱)。

"再如大施太子为了求得如意宝珠,希望能够降下众多珍宝而普济贫穷之人,得到宝珠后却又堕落到大海里面,于是他就用勺来抒出大海之水而想取得宝珠,全身的筋骨都累得折断毁坏了,始终坚定地不敢懈怠荒废。诸天人问他为何如此? 他说:我生生世世都不罢休。诸天人就帮助他舀出大海的水,海水慢慢地减少到平静的样子,海龙王恐怕海水会被舀干,就把宝珠送出来给他,这就是精进波罗蜜满分的相状(毗离耶译为精进)。

---

① 见《大正藏》卷四十,第 564 页上。
② 见《大智度论》卷十一,《大正藏》卷二十五,第 139 页上。
③ 《俱舍论》卷第十八说:"但由悲普施,被折身无忿。赞叹底沙佛,次无上菩提。六波罗蜜多,于如是四位。一二又一二,如次修圆满。"见《大正藏》卷二十九,第 95 页中。
④ 见《大正藏》卷三十四,第 885 页下。
⑤ 见《大正藏》卷三十四,第 910 页上。

"尚阇黎(就是螺髻仙人的名称)在得到了第四禅的时候,由于出息和入息都断灭了。有山鸟以为是树木,就在他的发髻上生下鸟卵。他从禅定起来想要经行,又恐怕母鸟不能来喂养小鸟,就坐着不动而再次进入禅定,等到头上的小鸟飞走了才站起来,这就是禅定波罗蜜满分的相状。

"劬嫔大臣,为了解决当时诸多国家的争斗,而将阎浮提分为七分。因为所分的城邑山川都能平均,才熄灭了纷诤,这就是般若波罗蜜满分的相状。

"这里所谓的满分,六度本来就是为了对治六蔽的,通过修行希望能够满足自己的大愿,现在六蔽已经脱离,与众生乐和拔众生苦的事业也已遂心满愿,这时就知道对于六度的修行,已经功行圆满了。"

七日翘足等,《观音玄记》卷下说:"《婆沙论》说:那时有一位佛,号为底沙佛,座下有二弟子。一名释迦,乐于修习利益他人的行为,他所能够教化的众生根机首先成熟了。二名慈氏,乐于修习利益自己的行为,他所能够教化的众生根机较晚成熟。底沙佛心想:以多数人来顺从迁就一个人比较困难,以一个人去顺从迁就多数人则比较容易。为了让释迦先成就佛道,于是他就舍离这二位弟子,自己到深山密林之中。释迦菩萨也随后进入深山密林,去寻找他的根本师尊,寻找了好多地方都没有见到师尊的踪迹。正在边走边寻访的时候,忽然看见了底沙佛在一个宝龛当中,正在入火界的禅定,威德光明显赫照耀,极为殊胜,大异于平常所放的光明。菩萨看到这种光明之后顿忘能所,忘记把自己已经抬起的一只脚踩到地上,经过了七天七夜的时间,最后才如梦初醒说了一首偈颂,赞叹底沙世尊说:

> 天上天下世界中,
> 多闻天王妙宫殿,
> 乃至梵王宝天宫,
> 或者诸天胜住处,
> 以及十方诸世界,

都没有这么殊胜！

现大丈夫相犹如牛王，

具有无比功德大沙门，

寻遍整个大地和山林，

只有您最无与伦比啊！

菩萨因为这次的精进修行超越了九劫的时间，从而在弥勒之前就成佛了。"

是下忍位，《菩萨戒义疏》卷上说："如果经过了三大阿僧祇劫，修行三十二相等善业，根据这个看应该是下忍位。"《大智度论》卷十一说"经过三阿僧祇劫的时间，修行六波罗蜜"，这是指修行事相上的禅定和智慧圆满。《俱舍论》卷十八说"在菩提道树之前，六度的前面四种就已经修行圆满了，直到成就佛果时，最后的禅定和智慧二种波罗蜜才能够圆满"，这是指具备理性上的禅定和智慧才是究竟圆满。

《观音玄义》卷下说：问：依据三藏教的说法，释迦、弥勒二位同时发心修行，释迦超越了九劫的道行，为何这二尊佛都在贤劫成佛呢？答：释迦遇到弗沙佛，减少了一百劫的修行时间，弥勒也会遇到很多佛，怎么就不能也减少为九十一劫的修行时间呢？《观音玄义记》卷下说：弥勒值遇诸佛，必定也会有超越许多劫时间的情况，恐怕是梵文经典还没有翻译到中国来吧。

次入补处，生兜率，托胎、出胎、出家、降魔，安坐不动，为中忍位；次一刹那入上忍位；次一刹那入世第一位。发真无漏，三十四心顿断见思习气，坐木菩提树下，生草为座，成劣应丈六身佛，受梵王请，三转法轮，度三根性，住世八十年，现老比丘相，薪尽火灭，入无余涅槃者，即三藏佛果也。

［集注］补处者，前佛既灭，而此菩萨即补其处，故云补处。此下具八相：一从兜率天下、二托胎、三出生、四出家、五降魔、六成道、七转法轮、八入涅槃。

　　然此八相，通大小乘，旧谓大无降魔，了魔即法界故；小无住胎，不谈常住故。且《华严》中列降魔相，岂小乘耶？故先达云：成道必降魔，托胎必住胎。若开住胎，即合降魔在成道内。若开降魔，即合住胎在托胎中。但存没不同耳。

　　若大小义，约真中分。以《华严》中，所列八相是大乘故。但小乘八相皆劣，大乘八相难思，若尔，别相亦难思耶？以同诠中故，证道同圆故。今是小乘八相也。

　　降魔者，《四教义》三云："即于菩提树下，破万八千亿鬼兵、魔众，魔王败绩，鬼兵退散。"①安坐不动等，《四教义》三云："魔众散已，摄心端坐，于第四禅住中忍，修观成中忍一刹那，上忍一刹那，世第一法一刹那。"②言刹那者，《止观》三云："经言一念六百生灭。成论师云：一念六十刹那。"③《俱舍》云："壮士一弹指，六十五刹那。"④

　　发真无漏等，《辅行》三下引《大论》云："下八地诸惑因时未断，至树王下时，乃以九地九品思惑，通名一九。以九无碍、九解脱，合为十八。见道中，八忍、八智，合为十六心。总前合成三十四心。"⑤声闻见思，前后各断，支佛虽见思顿断，习犹未尽，故皆不得论三十四心。三藏菩萨至树王下，正习俱尽，方得论也。

　　受梵王请，《正法念经》⑥云："昔有国王，有二夫人，第一夫人生一千子，试当来成佛次第，释迦探筹居第四。第二夫人生二子，第一子愿

---

　　①　见《四教义》卷七，《大正藏》卷四十六，第 746 页上。
　　②　见《四教义》卷七，《大正藏》卷四十六，第 746 页上。
　　③　见《摩诃止观》卷三（上），《大正藏》卷四十六，第 27 页下。
　　④　《俱舍论》卷第十二，见《大正藏》卷二十九，第 62 页上。
　　⑤　《辅行》卷三之三说："《大论》中云：下地诸惑因时未断，至树下时，乃以九地九品思惑，通名一九，故云三藏菩萨位同凡夫。以九无碍九解脱，合为十八。见道中八忍八智，合十六心。总前合成三十四心。"见《大正藏》卷四十六，第 234 页中。
　　⑥　《正法念经》：即《正法念处经》，七十卷。元魏瞿昙般若流支译。本经起于外道以身口意三业诸问题质问新出家之比丘，世尊乃对此广说"正法念处法门"，阐明三界六道之因果关系。收于《大正藏》卷十七。

作梵王,请千兄转法轮,其次愿为密迹金刚,护千兄教。"①梵王,通为一代请转法轮主,今别在小。

三转法轮者,《净名经》云:"三转法轮于大千,其轮本来常清净。"②轮者,佛证四谛法,有可转之义,故名为轮。又能坏烦恼,名之为轮。三转者,一示转,谓此是苦故;二劝转,谓此是苦汝应知等;三证转,谓此是苦我已知,不复更知,乃至此是道我已修,不复更修。一一皆生,眼智明觉③,三转则成十二行法轮。如《文句》及《记》释《化城喻品》云云。

度三根性,《文句》七云:"为声闻三转,为缘觉再转,为菩萨一转。何故尔? 由根利钝。此一往说耳。通云例皆三转,何故三转? 诸佛语法,法至于三,为众生有三根故。"④

住世八十年,《光句》上云:"世寿有三品,下方四十,中方八十,上方百二十。下方少天,上方太老,中方不少不老,表常。又中方表中道,佛乐中道,为此义故,方八十年也。"⑤

老比丘,《妙乐》一云:"老比丘者,从后异故。"⑥薪尽火灭者,佛身名薪,智慧名火,身灭智亡,名无余涅槃也。大乘则云:机薪既尽,应火云亡。

[今译] 所谓补处,是指前一尊佛入灭了,而这位菩萨就候补这尊佛的位置,所以叫做补处。这里接下来介绍佛具备的八相成道:一从兜

---

① 《大宝积经》卷第九说:"王千太子,其后二子各心念言:'汝等正士所志云何?'法意太子曰:'吾自要誓诸人成得佛时,当作金刚力士,常亲近佛在外威仪,省诸如来一切秘要,常委托依,普闻一切诸佛秘要密迹之事,信乐受喜不怀疑结。'法念太子曰:'诸正士听,吾心自誓言,诸仁成佛道,身当劝助使转法轮,适见相劝辄转法轮。'……其法意太子,则今金刚力士名密迹是也。其法念太子者,今识其梵天是也。"见《大正藏》卷十一,第 52 上、52 页下—53 页上。
② 见《维摩诘所说经》卷上,《大正藏》卷十四,第 537 页下。
③ 眼智明觉:见道中智之别称。苦法智忍为眼,苦法智为智,苦类智忍为明,苦类智为觉。见《辅行》卷五之四。
④ 见《法华文句》卷七(下),《大正藏》卷三十四,第 99 页上。
⑤ 参见《金光明经文句》卷二,《大正藏》卷三十九,第 54 页下。
⑥ 见《法华文句记》卷一(中),《大正藏》卷三十四,第 163 页上。

率天下降到人间、二寄托在母亲的胎内、三从胎内出生到世上、四出家求道、五在菩提树下降伏众魔、六降魔之后成就无上正等正觉、七到鹿野苑开始转动正法之轮、八化缘已尽而进入涅槃。

然而这八相成道,是相通于大乘和小乘的,过去说大乘没有降魔这一相,因为大乘人都能了达天魔就是法界的缘故;小乘就没有住胎这一项,因为小乘人不能谈论法身常住的缘故。但是《华严经》却列有降魔这一相,难道也是属于小乘吗?所以前贤说:成佛必定需要经由降魔,寄托入胎也就必定要住在胎中。如果把住胎和托胎分开来看,那就把降魔合在成道之内。如果把降魔和成道分开来看,那就把住胎合在托胎之中。这只是分开看就存在名相,合起来看就没有名相的不同罢了。

关于大乘和小乘八相成道的意义,可以从偏真之法和中道妙理的不同角度来分析。因为在《华严经》中,所举八相是从大乘方面来说的。但是小乘八相较为低劣,而大乘八相则不可思议。果真这样的话,别教的八相成道也是不可思议的吗?因为别教和圆教都一样是诠释中道之理(只是有但中和不但中的区别,别教初地以上就和圆教完全一样了),所证得的道理也都与圆教相同。现在这里所说的是小乘三藏教的八相成道。

降魔,《四教义》卷七说:"就在菩提树下,破除了万八千亿鬼兵、魔众,魔王大败,那些鬼兵就四下退散了。"所言安坐不动,《四教义》卷七说:"魔王统领的魔兵魔众都退散之后,菩萨就收摄身心端坐菩提树下,在第四禅的禅定当中安住于中忍的位置,继续修观而先后成就了中忍位的一刹那、上忍位的一刹那、世第一法的一刹那。"所谓刹那,《止观》卷三说:"佛经当中说的一念就有六百个生灭。成论师说:一念当中就有六十个刹那。"《俱舍论》说:"强壮的大力士一弹指的时间,就有六十五个刹那。"

发真无漏,《辅行》卷三下引《大智度论》说:"三界九地当中的下八地结惑,在修因的时候还没有断除,到了菩提树下的时候,就以第九地的九品思惑,通称为'一九'(九地当中的每一地都有九品思惑,这里是指最高一地的九品思惑）。能断除这九品思惑的就是九无碍道和九解脱道，把这九无碍和九解脱合起来就成为十八心了。在见道位中，观察四谛之理而产生的八忍、八智，合起来就成为十六心。再与前面所说的十八心合起来而成为三十四心。"声闻人的见思二惑，由前到后各自逐渐断除，辟支佛虽然是见思二惑同时顿断，但是习气还没有断尽，所以都不能说是三十四心断惑。只有三藏教的菩萨到了菩提树王之下，正使和习气都全部断除净尽，才可以说是以这三十四心断惑。

受梵王请，《正法念经》说："过去有一个国王，他有两位夫人。第一夫人生了一千个儿子，在一次测试将来成佛先后次第的时候，释迦抓到的筹子居于第四位（贤劫千佛的第四佛）。第二夫人生了两个儿子，第一个儿子发愿要作梵天之王，能够恭请一千位兄长成佛之后转大法轮，第二个儿子发愿要成为密迹金刚，能够拥护一千位兄长的教法。"梵王，通常是作为佛一代时教请转法轮的最主要发起人，现在特别指小乘的情况。

三转法轮，《净名经》说："三次转法轮于三千大千世界，其所转的法轮本来就是清净无染的。"所谓轮，是指佛证得了四圣谛的修行方法，具有可以转动（宣说）的意思，所以叫做轮。另外，这四谛之理能破除众生的烦恼，就叫做轮。所谓三转，第一是示转，佛告诉弟子们说"这是苦啊"等等。第二是劝转，佛又告诉弟子们说"这是苦，你们都应该知道啊"等等。第三是证转，佛对弟子们说"这是苦，我已经真实知道，不用再去了知"等等。乃至经历四谛的道理，说"这是道，我已经进行了如实的修习，不用再去修习了。"对于这四谛之理，每转一次一谛就能生起眼、智、明、觉等功用，三次转动四谛之理就能成就十二行的法轮。详细情况如《法华文句》以及《法华文句记》解释《法华经·化城喻品》所说。

度三根性，《法华文句》卷七说：为声闻弟子三次转法轮，为缘觉弟子就只要转两次法轮，为菩萨弟子只要转一次法轮就够了。为什么呢？这是由于根机有利钝的差别。这是过去的一种说法。如果从广义上说全部都应该是三转法轮，为什么需要三次转法轮呢？诸佛以语言来说法，法都要说到三次，因为众生各有三种不同根性的缘故（声闻、缘觉、菩萨各自都有三种根性）。

住世八十年，《金光明经文句》卷二说：人世间的寿命有三品之别，下品四十岁，中品八十岁，上品一百二十岁。下品四十岁是少年夭折，上品一百二十岁又被当作年纪太老，中品八十岁对人间来说正好是不少不老，这也表示不要过于短命也不要过于长寿的一种平常。再者，这个中品也是表示中道，佛最乐于教育弟子们中道实相的道理，因此住世八十年。

老比丘，《妙乐》卷一说："所谓老比丘，这是为了与后面三教的佛有所区别的缘故。"所谓薪尽火灭，这是把三藏教中佛的身相比喻为柴薪，佛的智慧比喻为火焰，身体消灭了，智慧也归于寂静，这就叫做无余涅槃。而大乘教法则说众生的机缘就像柴薪一样，既然已经度化尽了，应机示现的佛就像火焰一样，也就消亡了。

上来所释，三人修行证果虽则不同，然同断见思，同出三界，同证偏真，只行三百由旬，入化城耳。（略明藏教竟。）

　　［集注］《妙玄》一云："三因大异，三果小同。"①《释签》一云："谛、缘、度殊，故因大异。俱断见思，三乘微异，故果小同。"②

　　偏真，望大说故。

　　三百由旬，《文句》七约三义明：一、约生死处，以三界果报处为三百。二、约烦恼，谓见思。三、约观智，谓空观。③ 由旬，即踰缮那，此云限量，如此方之驿。《大论》云："由旬三别，大者八十里，中者六十里，

---

　　① 见《法华玄义》卷一（上），《大正藏》卷三十三，第 683 页上。
　　② 见《大正藏》卷三十三，第 821 页下。
　　③ 《法华文句》卷七（下）说："三界果报处为三百，有余国处为四百，实报国处为五百。下文合譬云知诸生死，生死即是处所明矣。但佛旨难知，更须广解。见惑为一百，五下分为二百，五上分为三百，尘沙为四百，无明为五百。下文合譬云烦恼险难恶道义相扶也。入空观能过三百，入假观能过四百，入中观能过五百。"见《大正藏》卷三十四，第 101 页中。

下者四十里。"①

[今译]《法华玄义》卷一说：声闻、缘觉、菩萨这三种人在修因上有很大的差异，在三种证果上有小同之处。《释签》卷一说：四谛、十二因缘、六度这些修行方法都不同，所以说修因有很大的差异。但都是断除见思惑，三乘人这方面只有一些微小的区别，所以说证果有小同之处。

偏真，这是相对于大乘佛法不偏不倚的中道来说的。

三百由旬，《法华文句》卷七从三个方面来说明：第一，从生死的处所来说，就是以三界果报的处所（即分段生死）作为三百由旬。第二，从烦恼多少的情况来说，见思烦恼就是三百由旬。第三，从观照的智慧来说，这是指修习空观成就了则是三百由旬。由旬，就是踰缮那，汉译为限量，有如中国的"驿"。《大智度论》说：由旬有三种差别，大的八十里，中等的六十里，下等的四十里。

第二节 通 教

次、明通教者。

[集注]《四教义》一云："此教明因缘即空，无生四真谛理，是摩诃衍之初门也（远通常住故）。正为菩萨，傍通二乘（通机）。"②故诸大乘方等，及诸般若，有二乘得道者，为同禀此教也（通部）。

问：何故不名共教？答：共名，但得二乘近边，不得远边。若立通名，近远俱便。言远便者，通别通圆也。

[今译]《四教义》卷一说："通教就是阐明因缘所生之法当体即空，无有生灭来去之四真谛的道理，也就是大乘佛法的最初入门之处（因为

---

① 《四分律删繁补阙行事钞》卷上（之二）说："《智论》由旬三别，大者八十里，中者六十里，下者四十里。"见《大正藏》卷四十，第14页中。然《大智度论》中却未见此说。《注维摩诘经》卷第六则说："肇曰：由旬天竺里数名也，上由旬六十里，中由旬五十里，下由旬四十里也。"见《大正藏》卷三十八，第382页上。

② 见《大正藏》卷四十六，第721页下—722页上。

从更远的角度来看,这个教法可以通达到法身常住而不生不灭之境界)。正面是为了菩萨而施设的教法,侧面也相通于二乘人修学的方法(这是指根机方面的相通)。"所以说佛在讲述大乘方等教法,以及诸部般若经典的时候,也有二乘人能够证得二乘道果的情况,这就是因为他们一同秉承了通教教法的缘故啊(这是指部类方面的相通)。

问:什么原因不将它命名为共教呢?答:如果用"共教"这个名称的话,那就只是得到与二乘人相通这个比较浅近的方面,却不能得到更为深远的另一个方面了。如果设立"通教"这个名称,浅近和深远的两个方面都可以方便相通了。所谓深远方面的方便相通,是指相通于后面的别教和圆教。

通前藏教,通后别圆,故名通教。

[集注] 此望前望后,独就菩萨,释通教名。《释签》九云:"通近同三藏,通远如别教。"①《四念处》二有三通义②:一、因果俱通,通当教是。二、因通而果非通,即被接③者是。三、通别通圆,即藉通开导人是,谓别圆用通而为方便,但成别圆因果人也。此三通义,唯在菩萨。

---

① 见《释签》卷第十八,《大正藏》卷三十三,第 943 页下。
② 《四念处》卷二说:"通有三义:一因果皆通、二因通果不通、三通别通圆。因果俱通者,如上八通说,近通偏真四枯拙度。因通果不通者,乃是别果来接,通因得见佛性成四荣双树。通别通圆者,别圆因果皆与通异,藉通开导得入别圆因,成非枯非荣双树之果也。"见《大正藏》卷四十六,第 563 页中。
③ 被接:又作受接。于通教或别教之修行者中,凡资质能力优越之利根者,依据佛陀点示指引,得以引发其自身过去以来所具之智慧,而现出其教说中所含的中道之理;至此即直接进入更殊胜的别教或圆教之阶段。被接又分为别接通(别入通)、圆接通(圆入通)与圆接别(圆入别)等三种。通教之修行者至见道悟空后,觉知通教所说之空非仅是但空,而是兼含不空之不但空,于超越空而现出中道之理时,其理从空、假独立,而理解但中者,即进入别教(别接通);若理解空假相即圆融之不但中者,即进入圆教(圆接通)。同时,别教修行者中之初地以上者,由于断灭无明、了悟中道之理,与圆教之悟境全然一致,故无被接之必要;地前之菩萨,若于中道之理中,从理解但中之理,进而理解不但中之理,即进入圆教(圆接别)。于被接之后,在别教之十回向、圆教之十信阶位者,以其只知中道之理,尚未断无明,故称似位被接或按位接。别教之初地、圆教之初住阶位者,以其已悟中道之理,真断无明,故称真位被接或胜进接。

今文通后别圆者，下文释出。虽但被接，意亦该于藉通开导也。

[今译] 这里是从前面藏教和后面别教、圆教的角度来看，单独地根据通教菩萨的特色，来解释通教的名称。《释签》卷十八说：相通浅近方面的就如同三藏教法，相通深远方面的就如同别教的教法。《四念处》卷二(初)指出了三种通的含义：第一，因果俱通，就是指相通于通教本身的一切义理。第二，因通而果非通，这就是指在通教的因地上修行，而转入到别教或圆教的果位上了。第三，通别通圆，这就是指凭藉通教的义理来开导学人，所谓别教和圆教来借用通教的义理作为方便手段，但实际修行却成为别教和圆教从因地至果位上的修行人。这三种"通"的含义，唯独存在于菩萨的范围之内。现在所说"相通于后面的别教圆教"，在下文会有解释。虽然只是谈到被接的情况，但也包含了凭藉通教义理来开导学人的意思。

又，从当教得名，谓三人同以无言说道，体色入空，故名通教。

[集注] 此通就三乘释通教名，若三藏谛缘度三法分三乘，今通教三乘，同观无生四谛，同体假入空，观十二因缘，同观六波罗蜜，见第一义。而分三乘之别者，但总相、别相、等智①、断结、侵习、自行、化他，根性不同耳。言说是事，即空故无。

《辅行》六上云："通人既观诸法如幻，幻本不生，今无所灭，名之为体。"②谓体六凡依正之色，如幻如化，当体即空，而入真理也。

[今译] 这里从三乘教法的广义角度来解释通教的名称。如果三藏教的四谛、十二因缘、六度等三种教法，分为声闻、缘觉、菩萨等三乘，现在这里通教所说的三乘学人，则是一同观察无生四谛的道理，一同修行体假入空观，一同观察思议不生灭的十二因缘，一同观修理性上的六波罗蜜之行，一同了知中道第一义谛之理。进而又分别指出三乘学人

---

① 等智：十智之一。即知世俗事之智。《大乘义章》卷十五说：言等智者，世俗之慧，等知诸法，故名等智。

② 见《辅行》卷六之二，《大正藏》卷四十六，第337页中。

之间的差异之处,就只在总相、别相、等智、断结、侵习、自行、化他等方面不同,这是由于各自根性不同的缘故。能使用语言说出来的就是事相上的教法,但是一切事相当体即空,所以称为无言说道。

《辅行》卷六上说:"通教的修行人既然就是观察诸法如幻如化,虚幻的事物根本上就没有任何生起来的可能,现在也就没有任何可以灭除掉的了,所以叫做当体即空。"这是指体悟了六道凡夫依正果报的各种色相,如幻如化,当下的本体就是空无所有,从而证入了真谛之理。

依《大品经》,干慧等十地,即是此教位次也。

[集注]

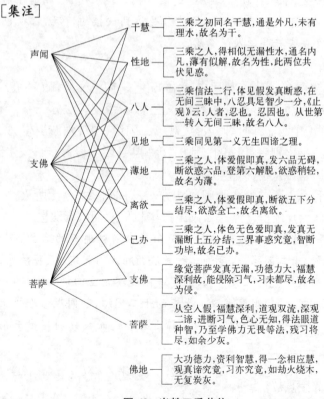

声闻	干慧	三乘之初同名干慧,通是外凡,未有理水,故名为干。
	性地	三乘之人,得相似无漏性水,通名内凡,薄有似解,故名为性,此两位共伏见惑。
	八人	三乘信法二行,体见假发真断惑,在无间三昧中,八忍具足智少一分,《止观》云:人者,忍也。忍因也。从世第一转入无间三昧,故名八人。
支佛	见地	三乘同见第一义无生四谛之理。
	薄地	三乘之人,体爱假即真,发六品无碍,断欲惑六品,登第六解脱,欲惑稍轻,故名为薄。
	离欲	三乘之人,体爱假即真,断欲五下分结尽,欲惑全亡,故名离欲。
	已办	三乘之人,体色无色爱即真,发真无漏断上五分结,三界事惑究竟,智断功毕,故名已办。
菩萨	支佛	缘觉菩萨发真无漏,功德力大,福慧深利故,能侵除习气,习未都尽,故名为侵。
	菩萨	从空入假,福慧深利,道观双流,深观二谛,进断习气,色心无知,得法眼道种智,乃至学佛力无畏等法,残习将尽,如余少灰。
	佛地	大功德力,资利智慧,得一念相应慧,观真谛究竟,习亦究竟,如劫火烧木,无复炭灰。

图60:当教三乘共位

此是三乘共位,若明三借等义者,一、三乘共借别教始终位次。二、单借别教十地,亦三乘共。三、别为菩萨借别一教,又别为菩萨立忍名,别明菩萨燋炷十地①。《大品》更说十地菩萨为如佛②,并图于后。

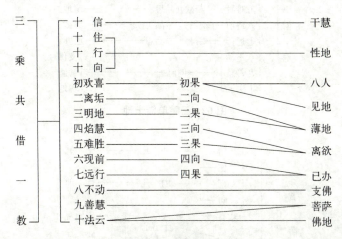

图61:三乘共借一教

① 燋炷十地:全称菩萨燋(音 zhuó,古同"灼",火烧)炷十地。即指三乘共通之十地;此系藉燋炷之譬喻以显示菩萨之智断乃初心后心不可得之深旨。燋,指能燋之火,比喻无漏智;炷,指所燋之灯芯,比喻所断之惑;十地,指《大品般若经》卷六、卷十七所列举三乘共通之十地,即干慧地、性地、八人地、见地、薄地、离欲地、已作地、辟支佛地、菩萨地、佛地。

盖菩萨修行过程中之十地,其断惑之机宜不固定于任何一地,十地之中,一一地皆可达于佛果;又菩萨之断惑,固然始于初发心之一刹那,惟一旦入于十地,则不可谓是由初心或后心而断惑者,然亦是不离初心而可断惑,亦是不离后心而可断惑。此一深旨,犹如以火燃烧芯柱,必产生火焰,其中有所谓初焰与后焰之不同,而芯柱之被燃烧虽由初焰开始,然不可谓仅由初焰之燃烧,亦不可谓系由后焰之燃烧,是亦不离初焰之燃烧,亦不离后焰之燃烧。

② 《摩诃般若波罗蜜经》卷第六说:"十地菩萨当知如佛。"见《大正藏》卷八,第257页下。

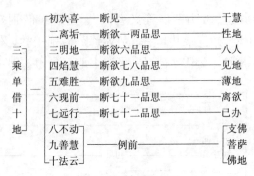

图 62：三乘单借十地

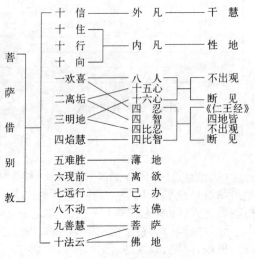

图 63：菩萨借别教

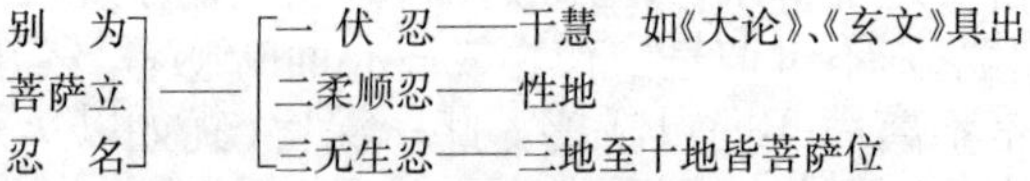

别 为 ┌─ 一 伏 忍 ── 干慧　如《大论》、《玄文》具出
菩萨立 ── 二 柔顺忍 ── 性地
忍 名 └─ 三 无生忍 ── 三地至十地皆菩萨位

图 64：别为菩萨立忍名

[今译] 这十地是三乘学人共同的证果位次,如果要明了三种借位等的意义,有三点:第一,通教的三乘学人共同借用别教从始至终的五

十个修行位次。第二，单独借用别教十地菩萨的位次，这也是三乘学人共同借用的。第三，特别只是为三乘当中的菩萨乘借用别教的五十个修行位次，又特别为菩萨乘建立三种"忍"的名称，还特别说明三乘菩萨共通的修行十地之位次。《大品般若经》还说：别教第十法云地的菩萨就如同通教佛地的果位。并图于后。

［集注］别明菩萨燋炷十地，《妙玄》四云："别圆各逗一种根性，故用发真为初焰（别初地，圆初住）。通教为逗多种根性，所谓别圆入通故，含容取干慧耳（《大品》明初地燋炷，《大论》明三处初焰。焰约能燋，譬智；炷约所燋，喻惑。三处者，通、别、圆也。三教含容通说，故曰别圆入通，非被接义）。若钝根者，八人、见地是初焰；利者，于干慧即能断结，即是初焰。"①

且干慧初焰，三通言之，是何根性？须知《论》释燋炷②，虽通三教，干慧初焰，自是一途，不必三通收也，以通教机杂故。又干慧初焰，何位伏惑？例如单借十地，如《辅行》③。或云利根，即伏即断。

《大品》更说"十地菩萨为如佛"。《辅行》明通二种如佛，以释《大品》：一，别为菩萨立忍名，第十亦名菩萨地，对共佛地，故云如也。又，被接人至十地，破无明，能八相作佛，似通教佛，故云如也。《释签》亦明圆教观行如佛，相似如佛，但非今通教所论。

［今译］这里特别说明了菩萨燋炷十地的修行情况，《妙玄》卷四

① 见《法华玄义》卷四（下），《大正藏》卷三十三，第731页上—中。

② 《大智度论》卷七十五"释燋炷"说："如灯炷，非独初焰燋，亦不离初焰，非独后焰燋，亦不离后焰而灯炷燋。佛语须菩提：汝自见炷燋，非初非后而炷燋。我亦以佛眼见菩萨得无上道，不以初心得，亦不离初心，亦不以后心得，亦不离后心而得无上道。灯譬菩萨道，炷喻无明等烦恼，焰如初地相应智慧乃至金刚三昧相应智慧。燋无明等烦恼炷，亦非初心智焰，亦非后心智焰，而无明等烦恼炷燋尽得成无上道。此中佛更解得无上道因缘，所谓菩萨从初发心来行般若波罗蜜，具足初地乃至十地，是十地皆佐助成无上道。"见《大正藏》卷二十五，第585页下。

③ 见《辅行》卷六之一说："则彼此地前通为伏惑。通虽无位，即未断惑，不入地故。"《大正藏》卷三十六，第333页上。

（下）说：别教和圆教都是各自能够契合一种众生的根性，所以就用启发自己的真性作为初焰（别教的初地，圆教的初住）。通教则能契合多种众生的根性，即别教和圆教根性的众生都能契入通教义理，所以通、别、圆这三教都能包容含摄通教的干慧地这个位次（《大品般若经》指明初地燋炷的情况，《大智度论》也说明了通别圆三教各自的三处为初焰（通教干慧地、别教欢喜地、圆教发心住）。焰是从能燋烧的角度来说的，这是譬喻修行所证得的智慧；炷是从所烧之物的角度来说的，比喻修行所断除的惑业。三处，是指通教、别教、圆教的三个位次。这就是指三教都能含容于通教之中，所以说别教圆教根性的众生都能进入通教的义理范围，而不是指"被接"的意思）。如果是钝根的修行人，在通教八人地、见地的时候就是初焰；而根利的修行人，在干慧地的时候就能断除结使，也就已经是初焰了。

那么，通教的干慧初焰，从"三通"的角度来说，是属于什么根性呢？这就必须明白《大智度论》解释燋炷的时候，虽然燋炷的说法相通于通、别、圆三教，但是通教的干慧初焰，只是专门从通教自身来说的，不一定要从"三通"的角度来看，这是由于通教的根机比较复杂的缘故。另外，既然通教的干慧初焰就已经是断惑的位次了，那么在什么位次伏惑呢？例如上面图表中所示"单借十地"那样，别教的初地开始断惑，则说明在初地之前就是伏惑的位次，也就是在干慧地之前伏惑，如《辅行》卷六所说。或者说利根的人，在伏惑的同时就能断惑（就是在干慧地时伏惑）。

《大品般若经》还说到"十地菩萨当知如佛"。《辅行》卷六之一说明了通教有二种"如佛"的情况，以此来解释《大品般若经》的话：第一种，特别为菩萨乘的修行人建立了伏忍、柔顺忍、无生忍等名称，借用了别教的第十法云地，也叫做菩萨地，对应于通教的佛地，所以叫做"如佛"。另一种，在通教位次当中的修行人被接进了更为殊胜的别教十地的初地位次，此时就可以破除一分无明惑，也能示现八相成道而作佛，犹如通教的佛，所以说是"如佛"。《释签》还说明了在圆教当中，也有观行如佛和相似如佛等两种"如佛"的情况,但那已经不是现在通教所要讨论的范围了。

一、干慧地,未有理水,故得其名,即外凡位。与藏教五停心、总、别等三位齐。

[集注] 三乘之初,同名干慧,用体法念处等观,虽未得暖法相似理水,而总相智慧深利,故称干慧也。

[今译] 通教三乘的最初一个位次,都同名干慧地,这是指通教的修行人利用体法即空和修四念处等观,虽然还没有得到暖法相似的真理之水,但是此时所修的总相念之智慧已经很深利了,所以称为干慧地。

二、性地,相似得法性水,伏见思惑,即内凡位。与藏教四善根齐。

[集注] 性地中,无生方便,解慧善巧,转胜于前,得相似无漏性水,故言性地也。

[今译] 在性地修行时,对于诸法无生而能方便随缘之理的体会、理解苦集如幻如化而本无生灭的智慧,以及善巧地借境练心的修行,都转而更加超胜于前面的干慧地了,已经得到了相似无漏法的真理体性之水,能够相似地消灭烦恼之火,所以叫做性地。

三、八人地。四、见地。此二位,入无间三昧①,断三界八十八使见尽,发真无漏,见真谛理,与藏教初果齐。

[集注] 三乘信法二行,体见假以发真断惑,在无间三昧中,八忍具

---

① 无间三昧:通教三乘的修行人,在第三八人地和第四见地的时候,修体假即空观,安住于真谛之理体当中而无动摇,无有烦恼妄想的间隔,即入三昧正定,故名为无间三昧。如《释禅波罗蜜次第法门》卷第十说:"心心相次,无诸杂间,名无间三昧。"见《大正藏》卷四十六,第547页上。

足,智少一分,故名八人(即八忍也)位也。三乘同见第一义无生四谛之理,同断见惑,八十八使尽也。

无间三昧等者,《止观》六云:"若言三地者,据断见初。言四地者,据断见后,皆不出观。"①《辅行》六上云:"通虽二地,断时仍促。三乘共故,虽促复长。是故须分三地、四地。"②

[今译] 在通教三乘当中的信行和法行这二种修行,都是修体假即空观来启发四谛真理而断除见惑,安住在无间三昧当中,八忍已经完全具足,但是八智还少一分,所以只能叫做八人(就是八忍)位。三乘学人一同见到第一义的无生四谛之理,一同断除见惑烦恼,八十八品的使结也已经完全断尽了。

所谓无间三昧等,《止观》卷六(上)说:如果说是在三地时断除见惑,这是根据断除见惑之初的时间而言。如果说是在四地时断除见惑,则是根据断除见惑之后的时间而言。在这两个时间阶段当中,都没有离开体假即空的真谛观,从而也就安住在无间三昧之中。《辅行》卷六之一说:从通教的角度来说,断除见惑虽然包括了三地、四地这二地,但是正在断除见惑的时间仍然是很短暂的。又因为这是三乘行人共同修行断惑的必经之路,虽然从通教角度来说是很短促的,但从借用别教位次的角度来看,却又是很漫长的(因为这三、四地相当于别教的十信、十住、十行、十回向等位次),所以就必须分为三地、四地来说明了。

五、薄地,断欲界九品思前六品。与藏教二果齐。

[集注] 体爱假即真,发六品无碍,断欲界六品,证第六解脱,欲界烦恼轻薄也。

[今译] 体悟到了欲爱住地的一切假相当体即真,从而启发了六品无碍道(即九无间道之前六品),断除了欲界的六品思惑,证得九解脱道

①　见《大正藏》卷四十六,第72页上。
②　见《辅行》卷六之一,《大正藏》卷四十六,第332页下。

的前六品解脱道,此时,欲界的思惑烦恼已经非常轻微薄弱了。

六、离欲地,断欲界九品思尽。与藏教三果齐。

［集注］体爱假即真,断欲界五下分结尽,离欲界烦恼也。

［今译］体悟到了欲爱住地的一切假相当体即真,完全断除了欲界的五下分结,彻底脱离了欲界的见思二种烦恼。

七、已办地,断三界见思惑尽,但断正使,不能侵习,如烧木成炭。与藏教四果齐,声闻位齐此。

［集注］三乘之人,体色无色爱即真,断五上分结,七十二品尽也,断三界事惑究竟,故言已办地。① 烧木成炭,《四教义》三引《智论》云:"声闻智慧力弱,如小火烧木,虽燃犹有炭在。"②

声闻位齐此者,《辅行》六上云:"通教二乘,七地已前,与菩萨共,名共声闻。若尔,八地已上,过二乘地,何故亦名共菩萨耶? 答:以初名后,从本立名,不同别圆,始终别故。"③

［今译］《四教义》卷八说:通教三乘的修行人,体悟到了色爱住地、无色爱住地的一切假相当体即真,从而断除了五上分结烦恼,也就是完全断除了上二界的七十二品思惑,因为已经把三界当中事相上的思惑都彻底究竟地断除了,所以说是已办地。烧木成炭,《四教义》卷八引《大智度论》说:声闻乘的人智慧力还是比较薄弱,比如用小火来焚烧木头,虽然木头已经燃烧起来了,但还不能把木头烧得干干净净,仍然还有木炭存在。

所谓声闻位齐此,《辅行》卷六之一说:通教的二乘学人,在第七已办地已前的各个位次当中,都与菩萨乘的修行人一样,在这些位次当中

---

① 《四教义》卷第八说:"三乘之人,体色无色爱即真,发真无漏,断五下分结七十二品尽也。断三界事惑究竟,故言已办地也。"见《大正藏》卷四十六,第750页中。

② 见《四教义》卷第八,《大正藏》卷四十六,第750页中。

③ 见《辅行》卷六之一,《大正藏》卷四十六,第332页中。

的二乘人就叫做共声闻。如果这样的话，那么，在第八支佛地已上，已经超过了二乘学人的前面七地，为什么也把通教菩萨乘的学人叫做共菩萨呢？答：因为通教的菩萨与二乘从一开始就是一样断除见思正惑，从这最初断惑的根本上来命名就是共菩萨(通教的菩萨乘，可以称为共菩萨，也可以从七地以后称其为不共菩萨，角度不同而已)。这就不同于别教和圆教的菩萨，从始至终都与二乘学人的证位次第完全不同。

八、辟支佛地，更侵习气，如烧炭成灰。

[集注] 缘觉发真无漏，功德力大，故能侵除习气也。烧炭成灰者，《四教义》三引《大论》云："缘觉智慧力胜，如大火烧木，木燃炭尽，余有灰在。"①

[今译] 缘觉乘的修行人启发了偏真无漏的智慧，功德力量就很大，所以能够在断除见思惑之后更进一步侵除习气。所谓烧炭成灰，《四教义》卷八引《大智度论》说：缘觉乘辟支佛果的智慧力比声闻人更加殊胜，就像用大火来焚烧木头，木头完全燃烧之后，木炭也被烧尽了，只是还剩一些余灰。

九、菩萨地，正使断尽，与二乘同。扶习润生，道观双流，游戏神通，净佛国土。

[集注] 从空入假，道观双流，深观二谛，进断习气。色心无知，得法眼道种智。游戏神通，净佛国土，成就众生。学佛十力、四无所畏，断习气将尽也。

扶习润生者，《辅行》五下云："《大品》云：留余残习，以誓愿力，及扶余习，而生三界，利乐有情。"②此教亦无中道应本，以誓扶习，而生三界。道观双流者，道谓化道，观谓空观，带空出假，故曰双流。

----

① 《四教义》卷第八，见《大正藏》卷四十六，第 750 页中。
② 见《辅行》卷五之六，《大正藏》卷四十六，第 322 页中。

游戏神通者,游诸世间,譬如儿戏,亦如幻师,种种变现。神名天心,通名慧性,天然之慧,彻照无碍。净佛国土者,一切诸行,无非菩萨净土之行。如以布施摄众生,菩萨成佛时,布施众生来生其国等是也。

[今译] 通教菩萨修习从空入假观,教化众生的道种智和空观能够同时并用、双照二边而自然流露出来,深入地观察真俗二谛之理,进一步断除习气烦恼。也就是从此开始破除色心无知的尘沙惑,证得五眼之一的法眼(观俗)和三智之一的道种智(照俗)。游戏世间,神通自在,修种种菩萨净土之行来严净佛国,成就众生修行觉悟的各种善根因缘,学习佛的十力、四无所畏,三界之内的习气断除将尽。

扶习润生,扶持自己的习气而滋润三界的生死,《辅行》卷五之六说:"《大品般若经》说:留存一些残余的习气,这是因为通教菩萨正面要以大弘誓愿的力量,以及侧面还需要旁带着剩余的习气,而投生在三界六道当中,利乐轮回苦趣的有情众生。"通教菩萨还没有悟到中道实相之理,也没有证得应化度生的法身常住之根本,所以只能以大悲弘誓的愿力和旁带习气的力量,而投生在三界之中。所谓道观双流,道就是指教化众生的方法手段,观就是指此教菩萨所修的空观,带着空观的真谛而又能开示假观的俗谛,悲智双融真俗并运,所以叫做双流。

所谓游戏神通,就是指此教的菩萨能够游行于世间各种境界,譬如儿戏一般不作意分别,亦如幻师那样,能够作各种各样的变化示现。神就是天然的心态,通就是智慧的性能,天然的智慧,能够彻底照了一切事物而没有任何障碍。所谓净佛国土,就像《净名经》所说,所有的行为,无非都是菩萨净土的行为。比如菩萨以布施来摄受众生,在菩萨成佛的时候,这些接受布施的众生就会投生到他的佛国之中等等(所以菩萨的一切行为都是为了众生欢喜而作)。

十、佛地,机缘若熟,以一念相应慧,顿断残习,坐七宝菩提树下,以天衣为座,现带劣胜应身成佛。为三乘根性,转无生四谛法轮,缘尽入灭,正习俱除,如炭灰俱尽。

[集注] 上释诸位，具如《妙玄》四①。过菩萨地，则入佛地，用誓扶余习，生阎浮提，八相成道，五相同三藏，唯六成道树下，得一念相应慧，与无生四谛理相应，断一切烦恼习尽，具足力无畏等，名之为佛。

顿断残习者，《观音玄记》下云："前断正使，今侵二习，至于佛地。见思习尽，真谛究竟；尘沙习尽，俗谛究竟。"②

七宝天衣者，表殊胜自然也。现带劣胜应者，通佛亦是丈六之身，或十里百亿，神通变现耳。住空故劣，住中故胜。以通教有合身义，故云带劣胜应。

旧问：别圆成道，在初寂场，鹿苑唯明三藏成佛。今通教佛，为何处成？如法师云：只一金刚土台成道。四机所见不同，若寂场鹿苑，自论大小两始转法轮处，不可以难成道也。然通教佛，合明八相，今但明成道等者，以由此三稍异三藏，前五不异，故略不论。

缘尽入灭者，第八涅槃相，《妙玄》四云："双树入无余涅槃，薪尽火灭，留舍利为一切人天福田也。"③正习俱除，兼前总举，炭灰俱尽。《四教义》三云："《大论》云：诸佛智慧力大，如劫烧火，炭灰俱尽。"④

[今译] 上面所解释的诸地修行之位次，在《妙玄》卷四有详细解说。通过菩萨地之后，就进入第十位佛地了，此时利用誓愿的力量和所存残余习气的力量，降生到阎浮提世界，示现八相成道。这八相成道中，前五相和三藏教的前五相一样，唯有第六相成道于菩提树下（以及转无生四谛法轮、入无余涅槃等第七、第八相）的情况与三藏教大不相同。这时证得一念相应的智慧，与无生四谛之理相应，然后断尽一切见思烦恼和习气，具足了十力、四无所畏等等功德，就称为究竟的佛了。

顿时就能断除残余的习气，《观音玄记》卷三说：在此之前已经断除

---

① 参见《法华玄义》卷四（下），《大正藏》卷三十三，第 729 页下—731 页下。
② 见《观音玄义记》卷三，《大正藏》卷三十四，第 910 页下。
③ 见《大正藏》卷三十三，第 730 页下。
④ 《四教义》卷第八，见《大正藏》卷四十六，第 750 页中。

了见思正使二惑，现在更进一步侵除见思和尘沙二种习气，就到了佛地。见思习气断除干净，就能证得究竟的真谛之理；尘沙习断除干净，就能证得究竟的俗谛之理。

所谓七宝天衣，这是表示殊胜自然的意思。现带劣胜应，通教的佛也是藏教那样的丈六之金身，或者也可以示现十里高乃至千百亿种的佛身，这是因为带有胜应身的神通变现。不忘记安住于空性当中所以就是劣应身，同时也能安住于中道实相当中所以又是胜应身。因为通教的佛身具有会合劣应、胜应二身的含义，所以说是兼带劣应身的胜应身。

过去有人问道：别教和圆教的佛成道时，是在最初的寂灭道场，鹿苑成佛只能表明是三藏教的成佛。现在通教的佛，是在什么地方成道呢？如湛法师说：只是在一个金刚土台上成道的。由于四种根机的众生所能看见的佛成道的形式各不相同。寂灭道场和鹿野苑其实只是讨论大乘小乘两个初转法轮的处所，不应该以此来责难成道的场所啊。再者，通教的佛，本应说明八相成道的过程，现在只是说明成道等后面三相，因为这三相稍微不同于三藏教的成道等三相，而前面的五种相并没有什么差异，所以就略而不论了。

所谓缘尽入灭，这是指第八涅槃相。《妙玄》卷四说："在娑罗双树间进入无余涅槃，就像柴薪烧尽火光消灭一样，留下舍利作为一切人天礼敬供养的福田。"正使和习气都断除了，结合前面的断正使比喻成烧炭留灰，与现在的除习气比喻成烧灰都尽来一起提出，就是把通教的佛果比喻为炭灰俱尽了。《四教义》卷八说："《大智度论》说：诸佛的智慧力强大无比，有如劫火焚烧，能使木炭和灰一起都烧得干干净净。"

经云：三兽度河。谓象、马、兔也，喻断惑不同故。又经云：诸法实相，三乘皆得，亦不名佛。即此教也。

[集注] 河喻空理，菩萨正习俱尽，如象得底。支佛侵习，如马次

深。声闻断正使，如兔最浅（如《涅槃经》①）。又经云者，文出《华严》，彼云："诸法实性相，三乘亦皆得，而不名为佛。"②幻有之俗，名为诸法；即空之理，名为实相，乃真空实相也。

菩萨至果名佛，言不名佛者，以中夺偏耳。彼经不共二乘，那作此说？如《拾遗记》云："彼部虽无小机禀教，何妨说于三乘粗浅，显圆佛乘。"③彼后分经，明四乘品，故斥三乘，非佛乘也。

[今译] 河比喻空性的理体，通教菩萨正使和习气都已经断尽，就像是大象过河一样能够探得河的最底处。辟支佛是在侵除习气的过程中，就如马一样能够探得仅次于大象的深度。声闻人只是断除正使而已，就如兔子一样只能探得最浅之处（正如《涅槃经》卷十四所说）。所谓"又经云"，这段文字出自《华严经》，晋译《华严》卷二十六说："诸法实相的空性理体，是常住法界而没有任何生灭变化的，三乘人也都能证得，但是三乘人证得了诸法实相也不可以称为佛。"虚幻假有的一切俗谛现象，叫做诸法；幻有即空的真谛之理，名为实相，这是指真谛空性的实相（并不是中道第一义谛的实相）。

菩萨修行到了证果的时候就称为佛，这里说虽然证得诸法实相也不能称为佛的原因，就是以无偏的中道实相来破斥偏真的空性实相。《华严经》本来就不共于二乘人，为什么会有这样的说法呢？如《拾遗记》卷三说："华严部类当中虽然没有小乘根机的人禀受佛的教法，但是也不妨说三乘教法的粗浅低劣，从而显示出圆满的佛乘之高妙啊。"那《华严经》的后分，在说明声闻、缘觉、菩萨、佛的四乘品时，所以破斥了三乘教法的偏浅（偏真实相），并不是真正的佛乘那样圆满中正（中道实相）。

---

① 北本《大般涅槃经》卷第十四说："第一义谛，第一义空，下智观故得声闻菩提，中智观故得缘觉菩提，上智观故得无上菩提。"见《大正藏》卷十二，第603页下。

② 晋译《华严经》卷第二十六说："诸法实性相，常住无变异，二乘亦得此，而不名为佛。"见《大正藏》卷九，第566页下。

③ 见《金光明经玄义拾遗记》卷第三，《大正藏》卷三十九，第25页下。

此教三乘,因同果异。证果虽异,同断见思,同出分段,同证偏真。

[集注] 三因大同,三果小异,异则习气不等,同乃共观即空,不同三藏,谛缘度别。分段者,支分形段,三界生死也。

[今译] 通教三乘在因地上的修行大概都是相同的,但是三乘的结果却是稍有差异。差异的是断除习气的情况不一样,相同的是一样观察当体即空的无生之理。不同于三藏教的观法,有四谛、十二因缘、六度这三者的差别。所谓分段,指十二支的生命状态是分散的,生命的形式也是一段一段地互相隔离的,这就是指三界六道当中的生死状况。

然于菩萨中有二种,谓利、钝。

[集注] 此约接不接,而分利钝。

[今译] 通教菩萨有两种情况的不同,从能否受别教或者圆教接引的角度,而分为利根和钝根两种(利根被接,钝根不被接)。

钝,则但见偏空,不见不空。止成当教果头佛,行因虽殊,果与藏教齐,故言通前。

[集注] 修因克果,果在于上,故曰果头。通教菩萨,扶习润生,虽异藏教,伏惑行因,断惑证理不别,故言通前。结释前文,通前藏教也。

[今译] 通过因地上的修行而获得了相应的果报,果报的位次处于通教的极致了,所以说是果头。通教的菩萨,兼带着习气而滋润生死,虽然有异于藏教菩萨伏住惑业而生三界修因,但是到了成佛的时候,所断的见思二惑和所证的偏真之理,都是没有差别的,所以说是相通于前面的藏教。这是总结性地解释前文所述相通于前面藏教的观点。

若利根菩萨,非但见空,兼见不空。不空即中道,分二种,谓但、不但。若见但中，别教来接；若见不但中，圆教来接。故言通后。

[集注] 利根被接，"被"字去声，如来被下之义，此约应说，如云：说圆中道，被而覆之也。若上声呼，此就机论，如云：通教利根，被别圆接。接即点示、接入也。

然被接义，散出诸经。《大品》八地闻中；《大经》空不空，一切法趣非漏非无漏；《楞伽》三种意生身①；《大经》三十六文末，一生二生②等。若具明者，谓《大经》十二，明四谛后列八二谛③。章安作七二谛消之，初一是总，余七是别。此于四正，复论三接，故名七种二谛。

_____

① 三种意生身：通教登地菩萨得如幻三昧，能示现无量自在神通，普入一切佛刹，随意无碍，意欲至彼，身亦随至，故称意生身。据《楞伽经》卷三之《一切佛语心品》载，通教菩萨有三种意生身，即：(一) 三昧乐正受意生身、(二) 觉法自性性意生身、(三) 种类俱生无行作意生身。见《楞伽阿跋多罗宝经》卷第三，《大正藏》卷十六，第 497 页下。

② 《大般涅槃经》卷第三十六说："善男子，一切诸法皆是虚假，随其灭处是名为实，是名实相，是名法界，名毕竟智，名第一义谛，名第一义空。善男子，是相、法界、毕竟智、第一义谛、第一义空，下智观故得声闻菩提，中智观故得缘觉菩提，上智观故得无上菩提。说是法时，十千菩萨得一生实相，万五千菩萨得二生法界。"见《大正藏》卷十二，第 852 页上。

③ 八二谛：《大般涅槃经》卷第十二所说的八种二谛。如经说：(一) 如出世人之所知者，名第一义谛；世人知者，名为世谛。(二) 五阴和合称言某甲，凡夫众生随其所称，是名世谛；解阴无有某甲名字，离阴亦无某甲名字，出世之人如其性相而能知之，名第一义谛。(三) 有名无实者，即是世谛；有名有实者，是第一义谛。(四) 如我、众生、寿命、知见、养育、丈夫、作者、受者、热时之炎、乾闼婆城、龟毛兔角、旋火之轮，诸阴界入，是名世谛；苦集灭道，名第一义谛。(五) 世法有五种：一者名世、二者句世、三者缚世、四者法世、五者执著世，是名世谛；若有众生于如是等五种世法，心无颠倒如实而知，是名第一义谛。(六) 若烧、若割、若死、若坏，是名世谛；无烧、无割、无死、无坏，是名第一义谛。(七) 有八苦相，名为世谛；无生、无老、无病、无死、无爱别离、无怨憎会、无求不得、无五盛阴，是名第一义谛。(八) 譬如一人多有所能，若其走时则名走者，若收刈时复名刈者，或作饮食名作食者，若治材木则名工匠，锻金银时言金银师，如是一人有多名字，法亦如是，其实是一，而有多名，依因父母和合而生，名为世谛；十二因缘和合生者，名第一义谛。参见《大正藏》卷十二，第 684 页下—685 页上。

古来二十三家,明乎二谛,唯庄严①、开善②,擅风流之名。庄严谓:佛果出二谛外(即今被接)。开善谓:佛果不出二谛(通当教佛)。吾祖曲尽如来逗机设化之相,故明被接,则于诸经,无所壅矣!

古明被接,不出三义:以含中为发源,点示为机要,发习为根性。以通教巧故,一真含二中。利根菩萨才证真空,即为点示,如《妙玄》明③。别接通中,寄三法以示三根解源,谓非漏非无漏、空不空、一切法趣,如《释签》三具释④。然由利根,发昔所习,方可点示;若钝根菩萨,同二乘人,直至法华,方乃被会。

非但见空等者,《止观》三引《大经》云:"二乘之人,但见于空,不见不空。智者非但见空,能见不空,不空即大涅槃。"⑤离边名但,即边名不但。

[今译]　通教的利根菩萨就会被接引到别教或者圆教当中去。这里的"被"字应该读作去声,是如来泽被下方的意思,这是从佛应化的角度来说的,比如说:宣说圆满的中道教法,泽被下等根机的众生而覆盖了偏真权巧的言教。如果以上声来读,那就是从众生根机的角度来说的,比如说:通教利根的菩萨,就会被别教和圆教接引。"接",是指点开示、接引进入的意思。

关于这"被接"的意义,散见于诸多经典。如《大品般若经》说到

---

①　庄严:即南朝梁代僧旻(467～527)法师。吴郡富春(浙江富阳)人,俗姓孙。与法云、智藏被誉称"梁代三大法师"。七岁入虎丘西山寺出家,大通元年示寂,世寿六十一。帝深哀惜,敕葬钟山开善寺之墓所。师振兴道安以后久废之讲前诵经之风,又营缮庄严寺与虎丘西山寺,常有放生、布施之举。弟子有智学、慧庆等。著有《论疏杂集》、《四声指归》、《诗谱决疑》等百余卷,尤以《成实论义疏》十卷为著名。

②　开善:即南北朝时期开善寺的智藏(458～522)法师,吴郡(江苏吴县)人,俗姓顾,本名净藏,十六岁出家,普通三年卒,年六十五。以师住开善寺,故世人常单称之为开善。与光定寺法云、庄严寺僧旻并称为"梁代三大法师"。

③　参见《法华玄义》卷第二(下),《大正藏》卷三十三,第703页上。

④　参见《释签》卷第六,《大正藏》卷三十三,第855页中。

⑤　见《止观》卷三(上),《大正藏》卷四十六,第28页上。

八地菩萨听闻中道实相而始破无明证得法身;《大涅槃经》说到空不空的道理,指出一切法趣非漏非无漏;《楞伽经》说到三种意生身;《大涅槃经》卷三十六文末之处,也说到菩萨听闻第一义空之后,有的证得了一生实相、有的证得了二生法界等。如果要详细来讨论的话,就像《大涅槃经》卷第十二,阐明了四谛之后列出的八种二谛。章安灌顶大师总结为七种二谛来融会贯通,最初的一种二谛是从总体来说的,其余的七种则是分别从不同的角度来说。在这七种二谛之中的一、二、五、七是正面阐明藏通别圆四教二谛之理,又说到其余三、四、六三种二谛是别接通、圆接通、圆接别的三接,所以就叫做七种二谛了。

自古以来有二十三家阐明这二谛之理的,唯有庄严寺僧旻法师、开善寺智藏法师最负盛名了。僧旻法师说:佛的果位是超出二谛之外的(就是现在所说的被接之义)。智藏法师认为:佛的果位并没有超出二谛之外(这是指通教当中的佛果而言)。我们的祖师完全熟谙如来一代时教逗机设化的各种情况,所以能指明被接的情况,这样就使我们对于诸多经论所说之理,完全通达而没有阻碍了!

古人阐明被接的意思,不外乎三种含义:由于本来就含有中道之理而成为被接的开端,通过指点开示而使其成为被接的根机,通过启发修习而使其成为被接的根性。因为通教的菩萨智慧比较善巧的缘故,具备一真谛之理就含摄了但中和不但中的二种中道。利根菩萨通过修习刚刚证悟到真理时,就对其进行指点开示,正如《法华玄义》卷二所说。在别教接引通教的过程中,借用三种方法以表示通、别、圆三种根机对中道之理的理解不同,即所谓非漏非无漏是开示通教菩萨漏无漏的观点而使其成为被接,空不空是以别教的观点来开导通教菩萨使其被接,一切法趣则是以圆教的思想来指点通教菩萨使其被接,如《释签》卷三就有详细的解释。然而由于通教的利根菩萨,启发了往昔所修习的善根,才可以接受指点开示;如果是钝根的菩萨,就如同二乘学人,需要一直等到法华会上,才能会三归一而被接。

"非但见空"等句,《止观》卷三引《大涅槃经》说:"二乘的学人,只是见到了空的道理,却不能见到不空的道理。具有真实智慧的人就不但能见到空的道理,而且还能见到不空的道理,这里的不空就是指大涅槃而言。"离开了两边的执著就叫做但中,不执著两边却又能与两边相即不二的就叫做不但中。

问:何位受接?进入何位?答:受接人三根不同。若上根,三地、四地被接;中根之人,五地、六地;下根之人,七地、八地。所接之教,真似不同。若似位被接,别十回向,圆十信位;若真位受接,别初地,圆初住。

[集注]初问所接,次问能接。答中,就被接机,发习迟速,以论三根。《辅行》以"四地为上,六七为中,八九为下。"①今进一位者,教位从容,文或进退故,此答初问。

所接之教等者,答次问也。所,即语词。别向、圆信,按位接也。别地、圆住,胜进接也。据上"似位被接",真位受接,应作"被"字,盖以能所从也。

《辅行》三下云:"若接入教道②,在回向中;若接入证道,即在初地。若接入圆,亦分教、证,比说可知。"③

又别圆接通,接圣不接贤,接真不接俗。若圆接别,接俗不接真,接贤不接圣。

又《妙玄》顺能诠教,约教道边,具明三接④。《止观》为成观故,从

---

① 见《辅行》卷六之四,《大正藏》卷四十六,第 352 页下。
② 教道:与下文的证道合称为"教证二道",或称为"教行与证行"。以言语宣说者,称为教;基于教说而实践者,称为教道或教行;而契合悟境真理之实践,则称证道或证行。合称为教证。
③ 见《辅行》卷三之三,《大正藏》卷四十六,第 237 页上。
④ 三接:《法华玄义》卷第二(下)说:"别接通五也,圆接通六也,圆接别七也。"见《大正藏》卷三十三,第 703 页下。

所诠理,约证道边,唯明一接①。然"圆顿止观"亦明被接者,为知通塞,复以思议显不思议也。如《辅行》三②。

[今译] 上述《四教仪》中的两句问话,初问是指所接的众生在什么位次上,次问是指能接的教法是属于什么位次的。答话当中,根据被接的众生根机、启发修习情况的迟速不同,以此来讨论三种根性。《辅行》卷六之四认为:"第四见地(断见惑尽)被接的就是上根之人,第六离欲地和第七已办地(断思惑尽)被接的就是中根之人,第八辟支佛地和第九菩萨地(侵除习气)被接的就是下根之人。"现在这里比起《辅行》所说的要提前一位就被接了,这是因为通教修行的这几个位次之间可以相互通容,所以在文字表达上有时会算前一位,有时会算后一位,这是回答初问。

"所接之教等"之下的文句,是回答次问的。所,是语气词(按:《辅宏记》卷十四说:这是语气助词,而非能所的所。其实,这是站在通教根机的角度来说的,就是指所能接引的圆别之位次而言。如《辅宏记》又说"通断见思,被别十向所接;伏无明,被圆十信所接"等)。别教的十回向、圆教的十信,按照断惑的情况而被相应的位次所接引。如果是别教的初地、圆教的初住,来接引通教菩萨的情况,就属于胜进接了(按:通教断除见思惑的时候,就被接到断除了无明的别教初地和圆教初住,以破无明之深位而接断见思之浅位,所以说是胜进接。胜进就是突飞猛进的意思)。根据上面所说的"似位被接",则这里"真位受接"的"受"字,也应该是"被"字才对,因为能接所接都是相对相从的(按:其实"被"和"受"具有相同的意思,如"被欺侮"和"受欺侮"都是一个意思)。

《辅行》卷三下说:如果接入到教道,就是在别教的十回向位中;如

----

① 一接:《摩诃止观》卷第三(下)说:"问:云何以别接通? 答:初空假二观破真俗上惑尽,方闻中道,仍须修观破无明,能八相作佛,此佛是果仍前二观为因,故言以别接通耳。不以此佛果接三阿僧祇百劫种相之因,故不接三藏。不将此果接十地之因,故不接别。不将此果接十住断无明,故不接圆。唯得以别接通,其义如此。"见《大正藏》卷四十六,第29页上。

② 参见《辅行》卷三之三,《大正藏》卷四十六,第236页下—237页中。

果接入到证道,就是在别教的初地位次。如果是接入到圆教的情况,也可以分为教道、证道的不同,依此类推就可以知道了。

另外,别教和圆教接引通教的时候,只能接引通教的圣人(三地四地断除见惑名为圣人)而不能接引通教的贤人(一地二地只伏见思故名贤人),接引通教的真人(三至九地)而不接引俗人(前二地)。如果是圆教接引别教,那就是接引俗人(十信十住为上根被接、十行为中根被接、十回向为下根被接,此四十位即是俗人)而不接引真人(十地证得中道实相名为真人),接引贤人(即前四十位)而不接引圣人(即十地)。

再者,《法华玄义》是根据能诠的教法语言,从"教道"这个角度出发,全面指出了三种被接的情况。《止观》则是为了成就修观的缘故,而根据所诠的义理,从"证道"这个角度出发,只是指出了一种被接的情况(即别教与通教的修证位次最为接近,这又是从证道的角度来说的)。然而,"圆顿止观"的修行方法也说明被接的含义,这就是令修行人知道通达和闭塞的情况(通达就是指以圆教的思想修止观,闭塞就是指以前三教的思想修止观,从闭塞被接到通达就是被接),然后以可以思议的相对理论来显示不可思议的绝对理论(从可以思议的修证被接到不可思议的修证,也是被接的意思了)。如《辅行》卷三之三所述。

问:此藏通二教,同是三乘,同断四住,止出三界,同证偏真,同行三百由旬,同入化城,何故分二? 答:诚如所问,然同而不同,所证虽同,大小巧拙永异!此之二教,是界内教,藏是界内小拙,不通于大故小,析色入空故拙。此教三人,虽当教内,有上中下异,望通三人,则一概钝根,故须析破也。通教则界内大巧,大谓大乘初门故,巧谓体色入空故,虽当教中三人,上中下异,若望藏教,则一概为利。

[集注]然藏通三乘,断惑出界,理虽同,教行有异。大小约小衍,巧拙论体析。对界外方便等土,名界内教,以此二教,化界内也。不通于

大故小,不能远通常住故。析色入空者,外计邻虚①,不出断常。今总观色心生灭,非断非常,对破外道,汝析非正。如《止观》三②、《辅行》三下③。

通后别圆,故是初门。了知诸法,如幻如化,当体即空。

[今译] 藏教和通教的三乘学人,断除见思二惑出离三界生死,证悟偏真之理虽然相同,但是所秉承的教法和修行则是有所差异的。所谓大小是从小乘和大乘摩诃衍的角度来说的,巧拙则是从体空观和析空观的角度来讨论。相对于三界之外的方便有余土、实报庄严土、常寂光净土等情况,就名为三界之内的教法,因为藏教和通教所教化的众生都是在三界之内的六凡法界。不能通达于大乘法门所以就是小乘,不能通达到五百由旬之外的常住妙理的缘故。析色入空,胜论外道虚妄地执著邻虚尘真实不坏等等观点,都不外乎断见和常见两种。现在三藏教就是总观色心等法都是生灭变化、相似相续的。相续故非断,相似故非常,有针对性地来破斥外道的执著,指出他们的分析并不正确。如《止观》卷三、《辅行》卷三下所说。

通教能够通达于后面的别教和圆教,所以说是大乘的初门。能够明了地知道一切诸法,犹如虚幻的梦境,又如魔术师所变化出来的种种假相,诸法的当下本体就是空的,所以通教是修体空观。

问:教既大乘,何故有二乘之人? 答:朱雀门中,何妨庶民出入。故人虽有小,教定是大,大乘兼小,渐引入实,岂不巧哉!般若、方等部内共般若等,即此教也。

---

① 邻虚:又名邻虚尘。新译为极微。色法之最极少分,邻似虚空者,此为色法之根本。胜论外道谓此邻虚于三灾劫末时亦不坏,分散于虚空而常住。佛教之小乘有部宗,虽立极微为实有,然以为因缘所作,业力尽,极微亦坏,故明为无常生灭。这是内外道的区别之处。

② 参见《摩诃止观》卷第三(下):"破外道邻虚云:……"《大正藏》卷四十六,第32页上—中。

③ 参见《辅行》卷三之四:"言方分者……"《大正藏》卷四十六,第245页下—246页上。

略明通教竟。

[集注] 天子南门,谓之朱雀。渐引入实,明佛意也。《释签》四云:
"不同三藏四阿含等,别有部帙。今以诸部方等,诸般若中,但是三乘共
行,即判属通。"①今文通指般若、方等,下但云共般若等,盖方等弹斥,
共义稍疏故。

[今译] 在天子居住的皇宫里,朝南的大门,被称为朱雀。逐渐地
引导入诸法实相的境地,指明这就是佛度化众生的密意。《释签》卷
八说:"不同于三藏教的四阿含等教法,另外有自己单独的教法部帙。
现在是从诸部方等、诸部般若经典中,把只要是属于三乘学人共同修
行的方法和见解,都判别其属于通教的教法。"上述《四教仪》的文字
中通指般若、方等这两个部类,接下来又只是说"共般若等",这是因
为方等部的特点是以弹偏斥小为主,三乘共同的意义就稍显薄弱一
些了。

第三节　别　　教

次、明别教者,此教明界外,独菩萨法。教、理、智、断、行、位、
因、果,别前二教,别后圆教,故名别也。《涅槃》云:四谛、因缘
有无量相,非声闻、缘觉所知。诸大乘经,广明菩萨历劫修行,
行位次第互不相摄,此并别教之相也。

[集注]《四教义》一云:"别者,不共之名也。"②若名不共,但异藏
通,未异圆教,故但名别。此教,明因缘假名,无量四圣谛理,的化菩萨,
不涉二乘。

别义略明有八:谓教、理、智、断等也。教则独被菩萨,理则隔历三

---

① 见《释签》卷第八,《大正藏》卷三十三,第 870 页中。
② 见《大正藏》卷四十六,第 722 页上。

谛,智则三智次第,断则三惑前后,行则五行①差别,位则位不相收,因则一因迥出,果则一果不融(《释签》一:"在因说理,不在二边,故云迥出;复说果理,诸位差别,故云不融。"②)。

独被菩萨故别前,隔历次第故别后。《涅槃》云"等",乃《圣行品》明四种四谛中,无量四谛,即别教义。谓苦集灭道,各各因缘,皆有无量相,是菩萨法,岂二乘所知? 乃以涅槃对鹿苑说,故云"非声闻"等也。此证别前藏、通。

诸大乘经等者,《释签》四:"指华严、方等、般若中,历别行法,即是其相。然方等中,多以别行斥于小行。般若中,多以别法展转融通。华严,正当历别之行。"③如《别行玄》④下⑤、《别行记》下⑥,既时长行远,次第隔历。此证别后圆教。

[今译]《四教义》卷一说:"别教的别,就是不共的意思。"但如果称为不共,就只能表现出与藏通两教的差异,不能说明与圆教的不同,所以就命名为别教。别教阐明了因缘所生之法都是假名而立,以及无量四圣谛的道理,专门教化大乘的菩萨,而不涉及二乘的范围。

---

① 五行:就别教之意而论,五行之次第为:(一)圣行,为初地以前菩萨之自行。(二)梵行,为初地以前菩萨之化他。(三)天行,为初地以前菩萨之内证。(四)婴儿行,为初地以上菩萨随应善之现化。(五)病行,初地以上菩萨随应恶之现化。上记五种前后隔历,互不融即,称为次第五行。又此为别教之行,故称为别五行。

② 见《大正藏》卷三十三,第821页下。

③ 见《大正藏》卷三十三,第870页下。

④ 《别行玄》:即《观音玄义》之异名,又称《别行玄义》、《观音玄》、《观音经玄义》,二卷,智者大师述,门人灌顶记。对于《法华玄义》而说别行,即于《法华玄义》之外,别作玄义,使之流行的意思。收于《大正藏》卷三十四。

⑤ 《观音玄义》卷下说:"别教虽明中道,为钝根人方便说中,次第显理,广明历劫修行……此是从空出假观道种智,别教义也。"见《大正藏》卷三十四,第886页上一中。

⑥ 《观音玄义记》卷第三说:"诠中故异通,次第故异圆,故名为别。不共般若,不共二乘,全别前教;圆非不共,故未别后,不名不共,意在于兹。"见《大正藏》卷三十四,第910页下。

"别"字的意义大概而言有八种,即所谓教、理、智、断、行、位、因、果等。所有的言教都只能加被菩萨,义理上是隔历而不能相即的三谛之理,智慧有三智的前后次第之差别,断惑方面是依据三惑的前后次第而断,修行上有五种修行的差别,证位方面是每个位次都不能相互融摄,修行之因是超越二乘离二边的一因迥出,证果是一种四德三身的果报互不融会(《释签》卷一指出:在因位上所说之理,不落在二边以显中道,所以说是迥出;再说证得果报的道理,所证诸位都有次第的差别,所以说互不融会。)。

别教专门教化利根菩萨,所以就有别于前面的藏教和通教。又带有三谛隔历、次第差别的特性,所以也有别于后面的圆教。"《涅槃》云"等,《涅槃经》的《圣行品》所讲的四种四谛当中,第三种无量四谛,就是别教的意义。经中说到苦、集、灭、道四谛,每一谛的各种因缘,都具有无量无边的相状、形态,这种菩萨所修行的方法,岂是二乘人所能知道的? 这就是以涅槃时相对于鹿苑时而言,所以说"非声闻"等等。这就证明了别教的教法有别于前面藏、通两教。

诸大乘经等这一段话,《释签》卷四所指的是:"华严、方等、般若等教法当中,凡是隔历差别的修行方法,就是它的形像或状态。然而在方等教法中,很多地方都是以别教的行持情况来呵斥小乘的修行。在般若教法当中,大多是以别教的修行方法来展转相教、融会贯通。而在华严教法当中,则是正面地阐述了隔历次第的别教修行方法。"就像《别行玄》卷下、《别行玄记》卷下等所说的一样,既要经过长远时间的修行,又具备前后次第的隔历差别。以此证明差别于后面的圆教。

《华严》明十住、十行、十回向为贤,十地为圣,妙觉为佛。《缨络》明五十二位。《金光明》但出十地佛果。《胜天王》明十地。《涅槃》明五行。如是诸经增减不同者,界外菩萨随机利益,岂得定说。

[集注] 此出诸大乘经,行位次第之义。《华严》前无十信,后无等觉,于十住品前,明十梵行。自古讲者,指为十信。《四念处》三:"于十

住中,多明圆义。于登地中,多明别义。"①

故《华严》位,义通圆别。今且示别,故云住、行、向为贤,十地、妙觉为圣。《本业璎珞》②亦明六轮③(如法数④对)。《金光明》,指真谛所译者。《胜天王》即《般若》也。五行者,圣、梵、天、病、婴儿也。又《仁王般若》明五十一位,但无等觉。然上诸经,随机明位,虽增减不同,莫非次第,故属别也。

[今译] 这里指出各种大乘经典所描述的行位次第的不同意义。《华严经》所说的是前面没有十信,后面没有等觉,在十住品的前面,指出有十种梵行。自古以来讲经的人,都认为十种梵行就是十信。《四念处》卷三(初)说:《华严经》在十住当中,大多阐明圆教的义理。在登地当中,则大多是阐明别教的义理。

所以《华严经》所说的修证位次,其内在义理上是相通于圆教和别教的。现在这里要指出的是别教的修行位次,所以说十住、十行、十回向为三贤位,十地、妙觉为圣位。《本业璎珞经》也说明修行位次有六轮(如法数相对应)五十二个阶位。此处所说的《金光明经》,是指陈真谛所译的《金光明帝王经》,七卷(或六卷,今已失传)。《胜天王》是指《胜天王般若经》。五行,是指圣行、梵行、天行、病行、婴儿行。另外,《仁王般若经》说明了五十一个位次,只是没有等觉位。然而,上述诸种佛经,都是随着众生的不同根机来阐明修行位次,虽然有增减详略的不同,但

---

① 见《大正藏》卷四十六,第 567 页中。

② 《本业璎珞》:全称《菩萨璎珞本业经》,简称为《璎珞经》、《菩萨璎珞经》、《本业璎珞经》等,二卷,姚秦竺佛念译。收于《大正藏》卷二十四。另有十四卷《菩萨璎珞经》收于《大正藏》卷十四,也是姚秦竺佛念所译。

③ 六轮:轮表运转、摧破之义,指佛菩萨转动法轮,则能断除诸阶位之惑障。(一)铁轮位,即十信位。(二)铜轮位,即十住位。(三)银轮位,即十行位。(四)金轮位,即十回向位。(五)琉璃轮位,即十地位。(六)摩尼轮位,即等觉位。参见《止观辅行传弘决》卷一之五,《大正藏》卷四十六,第 180 页上。

④ 法数:指带有数字的佛教术语。如一心、二谛、三宝、四智、五蕴、六根、十二因缘、十八界、百法等。又作名数。佛典中列举法数时,通常都逐一增加,因此又称增一法门。如阿含部经典有《增一阿含经》,《四分律》有《毗尼增一》。

无非是说明隔历差别的修证次第，所以就都属于别教的范围了。

然位次周足，莫过《璎络经》。故今依彼，略明菩萨历位断证之相，以五十二位束为七科，谓信、住、行、向、地、等、妙。又合七为二：初凡、二圣。就凡又二：信为外凡；住、行、向为内凡，亦名为贤。约圣亦二：十地、等觉为因，妙觉为果。大分如此，自下细释。

[集注]《璎珞》凡圣位足，故今依彼，以明别义。

然凡圣位中，有教证二道，此本出乎《地论》①，今家借用，有二义焉：一者《玄》文借证权实部，二者《辅行》借消别门。良由《地论》两种教道皆为方便，两种证道皆为真实。义同部味，昔权今实，是故借用。若《辅行》借消别教教证者，由今别教，教权证实，既与三教一向不同，其义难晓。而地论师，教道方便，证道真实，名义宛同，故借用之。

如《辅行》云："是故今家，借用《地论》教证二道，以消别门。于中先须知于二意：一者约行，地前为教，登地为证。二者约说，为地前说，始终属教。"②乃至结云："若读《玄》文，善须晓此教证二道，则别门可消。"③

应知《地论》虽有四种，《玄》文借用，证权实部，但成二意，《辅行》借用，但成三义，何者？以由此教，行分教证，说唯教道，是则能诠之教，始终是权，所被之机，地前属权，初地证实。

旧④于借消别门，亦立四种者，且约说证道，为权为实？若权，则违

———————

① 《地论》：全称《十地经论》，又称《十地论》，十二卷，印度世亲著，北魏菩提流支、勒那摩提等译。收于《大正藏》卷二十六。

② 见《辅行》卷第三之三，《大正藏》卷四十六，第239页上。

③ 见《辅行》卷第三之三，《大正藏》卷四十六，第239页上。

④ 旧：这里是指古师及泽山，传记不详。见《四教仪集注辅宏记》卷十五说："旧立四种者，即古师及泽山，各约行、说立两种教证，两两共为四种也。"《卍续藏》第一〇二册，第689页下—690页上。

教权证实,借证权实之义;若实,则背有教无人之文。况《地论》正申《华严》十地,论师不分圆别之异,但约教证明方便真实,如云:若说十地已证之法,彼为实证。安可约彼立别说证?既云借证,可全同耶?

又别位中,复有竖入横学,两种四教。《释签》十云:"别教十住修生无生,十行修于无量,十向修于无作,登地证于无作,故云有四。又十行中习诸佛法,具足入于一十六门,亦名为四。问:住已习八,何故行中更习十六?答:前是自行,随用一门,后为化他,是故行中更习前八,是故十六俱须广习。"①更有三根出假,十信上根,十住中根,十行下根(四教俱论三根出假,如《止观》六②)。

又对五忍③:十信伏忍,十住信忍,十行去柔顺忍,十地无生忍,妙觉寂灭忍(《妙宗》④中亦对圆位⑤)。

若论真缘二修,则地前为缘修,登地为真修。缘谓作意缘念,真谓任运相应。元是地师之义,今家复加观义,空假为缘,中道为真,通圆亦有此之二义云云。六种性习,如下对。

――――――――――

① 见《大正藏》卷三十三,第 961 页上。
② 参见《摩诃止观》卷第六(下),《大正藏》卷四十六,第 79 页上—80 页上。
③ 五忍:忍者忍可,或安忍之义,即心安住于其理而不动摇。一、伏忍,别教菩萨于十住十行十回向三贤间,未断烦恼种子,而制伏之不使起之位;二、信忍,于初地至三地间,既见法性而得正信之位;三、顺忍,于四地至六地间,顺菩提道而趣向无生果之位;四、无生忍,于七地至九地间,悟入诸法无生理之位;五、寂灭忍,于第十地及妙觉间,诸惑断尽而涅槃寂灭之位。参见《法华玄义》卷十上,《大正藏》卷三十三,第 804 页上、806 页中。
④ 《妙宗》:全称《观无量寿佛经疏妙宗钞》,又称《妙宗钞》,六卷,宋代四明知礼大师述。在知礼大师的时代,受唐末五代战祸之影响,佛教教学萎顿不振,天台宗分裂为山家、山外二派。属于山家派之知礼大师于本书随文解释智者大师之《观经疏》,针对山外派之异议,倡导即心念佛之义,并倡色、心双具之说。收于《大正藏》卷三十七。
⑤ 《妙宗钞》卷四说:"若依别教十信伏忍,十住信忍,十行去顺忍,十地无生忍,妙觉寂灭忍。若约圆位五品伏忍,六根清净信、顺二忍,初住至等觉名无生忍,妙觉名寂灭忍。然别初地即圆初住,故引《仁王》以证今位。"见《大正藏》卷三十七,第 216 页中。

[今译]《菩萨璎珞经》对于修行所证得的境界,包括凡夫位和圣人位,都非常详细,所以现在就依据经文,来阐明别教修证次第的思想义理。

但是在凡夫以及圣人的修证位次中,各有教道和证道这两种情况,这种说法,本来出自《十地经论》,现在天台家把它用来解释别教的凡圣修证情况,这有两层含义:第一,《法华玄义》以此来证明教权证实的部类;第二,《辅行》以此来解释别教的义理。其重要原因就是《十地经论》中的两种教道都是属于方便权巧的施设,而两种证道则又都是究竟真实的施设。这里边的义理就相同于别教的部类以及时味,初地以前属于权巧的教道,登地之后属于真实的证道,所以就用教道和证道来解释别教的修证位次。比如《辅行》就借此来解释别教的教道和证道,因为现在所说的别教,是教权证实的情况,既然与藏、通、圆三教始终不同,就很难知晓它的内在义理了。而地论师所解释的这两种教道都属于方便、两种证道都是真实,名称和义理都宛然相同于别教,所以就借此来解释别教。

如《辅行》卷三之三说:"所以天台家,借用《十地经论》的教证二道,以此来解释别教的修证情况。这里首先要明白两点:第一从修行的角度来说,修行人在初地之前就是教道,登地之后就是证道。第二从说法的角度来说,为初地之前的行者(他人)说法,始终都属于教道(地前隔历差别,故属于权,为教道;登地证理同圆,故属于实,为证道)。"乃至总结说:"如果细读《法华玄义》,必须很好地理解教证二道的含义,那么对于别教的权实次第也就可以理解了。"

应该知道,虽然《十地经论》具有这两种教证的四道,但是《法华玄义》借此作为证明权实二部的根据,只是建立了两种意思,《辅行》借用这四种教道,也只是具有三种意义,为什么呢? 这是由于别教的义理,在修行上分为教道和证道两种,而在说法上却唯独只有教道一种。因此能诠的教法,始终都是权巧方便的教道而已;所被的根机,在初地之前属于权巧的教道,而从初地开始就证得了真实的证道(依别教理论,从说法的角度看,没有真实的证道,因为一落语言诠释,就都成为权巧方便了)。

过去有人在借用这四道来消解别教时,也建立了四种教证。那么,从说法的角度来看这个证道,到底是权巧还是真实呢?如果是权巧,那就有违教权证实,以及借此来证明权实的意义了;如果是真实,那就违背了有教而无人的说法。更何况《十地经论》是正面阐述《华严经》中十地的义理,地论师们没有分清楚圆教和别教的差异,只是从教道和证道来阐明方便和真实,比如他们说:如果讲说十地行人已经证得的修行方法,那么就是真实的证道。怎么可以依据地论师的观点来建立别教说法上的证道呢?上面既然说是"借此来证明",又怎么可以把它们看成是完全相同的呢?

另外,在别教的修证位次中,还有纵向竖入的修行和横向普遍地学习,这两种四教的情况。《释签》卷十说:"别教菩萨在十住位时修行生灭四谛和无生四谛,十行位时修行无量四谛,十回向位时修行无作四谛,登地之后就证得了无作四谛,所以说别教也有四教。再者,别教十行位的行者,就能从空出假修习佛法,需要遍学四教佛法,遍游四教四门,于别圆自行,于藏通利他,所以就具足入于一十六门,这也称为四教。问:在十住位的时候就已经修习别圆两教四门的八种法,为什么在十行位中还要修习十六门呢?答:前面的十住位修习是自行,随便用哪一门来修都可以,后面的十行位是化他,所以在十行位中还需要再修习前面藏通两教的八门,因此这四教的十六门都必须广泛全面地修习。"此外还有三种根性从空出假之差别,上根的人在十信位从空出假,中根的人在十住位从空出假,下根的人则到了十行位的时候才能从空出假(四教当中都提到了三种根性从空出假的情况,如《止观》卷六所说)。

还有,别教相对应的五忍是这样的:十信位对应伏忍,十住位对应信忍,十行位和十回向位对应柔顺忍,十地位对应无生忍,妙觉位对应寂灭忍(《妙宗钞》卷中指出这五忍也可以对应于圆教的证位情况)。

如果相对于别教来讨论真缘二种修行，那么在初地之前的修行就是缘修，登地开始就是真修。缘修即所谓的作意思维、缘虑观想等，真修即所谓任运自然与法相应。原先这种说法是地论师的主张，我们天台家又在此基础上加入了观照的意义，指出空观和假观就是属于缘修，而中道实相观则是属于真修。通教和圆教也同样都具有这两种意义的修行等等。关于六种性习，习种性乃至妙觉性，如下文所列的相互对应之情况。

一、十　信

初言十信者：

　　［集注］《四教义》四云：“此十通名信心者，信以顺从为义，若闻说别教，因缘假名，无量四谛，佛性之理，常住三宝，随顺不疑，名信心也。”①

　　［今译］《四教义》卷九说：这十信位的十个位次都通称为信心，因为信就是以顺从作为其内在意义，如果听闻到了别教之法，对于由众多因缘和合的一切万法都只是假名安立而已、无量相状的苦集灭道四圣谛、佛性圆满清净的道理、常住不灭的理体三宝等等说法，都能够随顺相信而没有丝毫怀疑，这就称为信心。

一信、二念、三精进、四慧、五定、六不退、七回向、八护法、九戒、十愿。

　　［集注］信常住理，名曰信心。忆念无忘，名曰念心。真精进趣，名精进心。心精智慧，名曰慧心。周遍湛寂，名曰定心。定光无退，名不退心。保持不失，名护法心。回向佛地，名回向心（今文回向，在护法前，此依旧译《璎珞经》说）。安住无失，名为戒心。十方随愿，名曰愿心（此依《楞严》，释十信名，但彼在圆）。

　　［今译］深信因缘假名无量四谛等常住的道理，名为信心。时常忆

────────

①　见《四教义》卷九，《大正藏》卷四十六，第753页上。

念常住之理而不遗忘，名为念心。别教初心观真谛之理，无有间杂，念念不退，名为精进心。专心精进修行，并以智慧进行抉择，不生过患，名为慧心。定慧双修，与真谛之理相应，湛然寂静，名为定心。定功日深，慧光开发，纵然遇到恶缘，亦能心不退转，名为不退心。绵绵密密地保护任持定中所证之境界，不让它退失，名为护法心。把所有的修行功德，都回归导向于佛的正觉心地当中，名为回向心（上文的回向心，排列在护法心之前，这是依据旧译《璎珞经》的说法）。安住于相似的定共戒和道共戒，任运自在地防止一切过错，名为戒心。随自己的本愿功德，而能游历十方，上求佛道，下化众生，名为愿心（这是依据《楞严经》来解释十信的名称，但是《楞严经》所说的十信位是属于圆教的修证次第）。

此十位，伏三界见思烦恼，故名伏忍位（外凡）。与藏教七贤位、通教干慧性地齐。

　　[集注]《妙玄》四云："此十信，习从假入空观，伏爱见论。"①《观音玄》下云："十信通伏诸惑，正伏四住。"②伏忍位，《辅行》九下云："《仁王》用五忍以判别位。"③《妙宗》中云："若依别教，十信伏忍。"④《仁王经疏》⑤中云："未得无漏，未能证，但能伏不能断，故为伏忍智也。"⑥

　　与藏通齐者，格量伏惑义齐也（下去格量准此）。

　　此位出假，即名上根。《净名疏》七云："菩萨化物心重，自行则轻，故慈悲重者，不务断结，从相似空解，即便出假，见思未断，故言有疾。"

---

　　①　见《大正藏》卷三十三，第 732 页上。
　　②　见《大正藏》卷三十四，第 886 页中。
　　③　见《大正藏》卷四十六，第 429 页下。
　　④　见《大正藏》卷三十七，第 216 页中。
　　⑤　《仁王经疏》：全称《仁王护国般若经疏》，五卷，智者大师说，灌顶记。系后秦鸠摩罗什所译《仁王般若波罗蜜经》二卷之注释书。初以五重玄义叙述经之大意，次为入文解释。收于《大正藏》卷三十三。
　　⑥　见《大正藏》卷三十三，第 269 页中。

[今译]《法华玄义》卷四说:"别教的十信位,就是修习从假入空观,从而调伏三界的见思烦恼。"《观音玄义》卷下说:"别教的十信位,就是普遍地调伏见思、尘沙、无明等诸惑,而正面地调伏四住烦恼。"伏忍位,《辅行》卷九下说:"《仁王般若经》用五种忍的位次来判释别教的修证次第。"《妙宗钞》卷中说:"如果根据别教的思想,十信位就是伏忍位。"《仁王经疏》卷中说:"还没有得到无漏的信心,就不能证得般若智慧,只是能够调伏三界的见思烦恼,而不能断除,所以这是伏忍的智慧。"

与藏教的七贤位、通教的干慧地、性地相等,是指衡量调伏见思惑的意义相等(以下的衡量也依此为标准)。

在这个位次就能修行从空出假观的人,就是上根之人。《净名经疏》卷七说:菩萨教化众生的心念比较猛利,自己修行反而比较不在意,所以慈悲心特别深重的,就不专门去断除结业烦恼,到证得相似空的见解之后,立即就能修从空出假观,见思惑还没有断除,所以说这是带病行医。(《辅宏记》说:有疾者,称为导师也。)

二、十　住

次明十住者:

[集注]《四教义》四云:"此十通名住者,会理之心名之为住。"①

[今译]《四教义》卷九说:这十个位次都称为"住",是因为融会般若理性的心,就叫做住。

一发心住 (断三界见惑尽,与藏教初果、通教八人见地齐)、二治地、三修行、四生贵、五具足方便、六正心、七不退(已上六住,断三界思惑尽,得位不退,与藏通二佛齐)。

[集注]于诸劫中,行十信心,不作邪见,广求智慧,名发心住。常

---

① 见《大正藏》卷四十六,第754页中。

随空心,净诸法门,名治地住。长养众行,名修行住。生在佛家,种性清净,名生贵住。多习无量善根,名具足方便住。成就第六般若法门,名正心住。入于无生毕竟空界,名不退住。

得位不退者,初住至七住位不退,八住至十向行不退,初地已上念不退。《妙玄》四:"见思破故,得位不退,真谛三昧成。尘沙破故,得行不退,俗谛三昧成。无明破故,得念不退,中道三昧成。"①

[今译] 于历劫修行当中,专心行持十种信心,从有入空证得真谛之理而不生邪见,广求般若智慧,名为初发心住。常随空心,修行空观,净八万四千法门,清净洁白,炼治心地,名为治地住。由于发明心地而继续长养圣胎,广修众波罗蜜之六度万行,名为修行住。由于知解而生到了佛的菩提心之家,诸佛皆从真如实际中生,种性清净,至尊至贵,名为生贵住。生于佛家之后,带真随俗而精进修习无量善根,努力于方便利益众生的事业,名为具足方便住。事相上的障碍逐渐消除,正理得到显发和把握,从而成就了第六般若波罗蜜的法门,名为正心住。断尽思惑,证入无生毕竟空的境界,永脱三界轮回,名为不退住。

得位不退,这是指从初住至七住的位次,就能证得"位次"上不再退转了;从八住至十回向的位次,就能证得"行为"上的不退转;从初地之后,就能证得"心念"上的不退转了。《法华玄义》卷四上说:见思惑破除了,就证得位不退,成就真谛三昧。尘沙惑破除了,就证得行不退,成就俗谛三昧。无明惑破除了,就证得念不退,成就中道三昧。

八童真、九法王子、十灌顶(已上三住,断界内尘沙,伏界外尘沙,前二不知名目)。

[集注] 不生邪倒破菩提心,名童真住。从佛王教而生于解,当绍佛位,名法王子住。观空无相,得无生心,法水灌顶,名灌顶住。

断界内尘沙等者,正修假观为伏,观成俗显为断。《辅行》一下云:

---

① 见《法华玄义》卷四上,《大正藏》卷三十三,第722页中。

"尘沙者,譬无知数多。"①然尘沙惑,只是通别见思,就所化众生得名。《妙宗》上云:"众生见思重数,如尘若沙。"②究论其体,即劣慧也。如《妙乐》云:"不染污无知,劣慧为体。"③以其不能分别药病等也。若知病识药,应病授药,令得服行,即断尘沙相也。懒于化导,为尘沙习。

且三品尘沙与三根出假何异?盖三品尘沙,约一人竖论,三根出假,约三人横辨。又三根出假,通乎四教,三品尘沙,局在别论。

[今译]不再产生凡夫、外道及二乘人的邪见颠倒来破坏正觉的菩提心,名为童真住。依从佛大觉法王的教诲,对佛法真理产生决定的理解,应当绍隆佛祖之位,名为法王子住。修习观照空、无相的本体,证得无生法忍,并得到甘露般的佛法妙水的灌顶,名为灌顶住。

所谓断界内尘沙,正在修习假观时是调伏了尘沙惑,假观成就之后俗谛之理得到显现就是断除尘沙惑。《辅行》卷一下说:"所谓尘沙,譬喻对一切事物现象的无知情况为数众多。"但是这个尘沙惑,也只是指界内外相通和差别的见思,从所教化众生的情况不同来命名的。《妙宗钞》卷上说:"众生的见思惑数量极多,如同灰尘一样微细,又像细沙一般数多。"探究尘沙惑的根本性质,就是陋劣的智慧。如《妙乐》卷一说:"不染污无知,就是以劣慧作为其根本的体性。"这是因为有尘沙惑存在就不能了知药性和病情等等。如果既了知病情,又认识药性,对应病情而授予药法,使病人服药奉行,这就是断除尘沙惑的具体表现了。懒于教化、引导众生,这就是尘沙惑的习气。

那么,三品尘沙与三根出假有什么差别呢?三品尘沙,是从一个人由低到高的纵向来讨论的;三根出假,则是从三个人根性不同的横向来辨别的。再者,三根出假,是相通于藏等四教,三品尘沙,是专指别教来说。

亦名习种性,用从假入空观,见真谛理,开慧眼,成一切智,行

① 见《大正藏》卷四十六,第165页下。
② 见《妙宗钞》卷二,《大正藏》卷三十七,第206页上。
③ 见《法华文句记》卷一(中),《大正藏》卷三十四,第163页中。

三百由旬。

[集注] 习种性者，《璎珞经》上卷（"贤"字函）明六种性，以对别位（《净名疏》第九，亦借别名以显圆），今家《玄签》、《四教义》、《戒疏》等，并依经列。《四念处》中，少有不次。又《地持论》①略明二种（亦名"经"，弥勒造，"贤"字函），如《戒疏》列六种后，复用二种，及对教证前后，生报佛法佛。并图示。

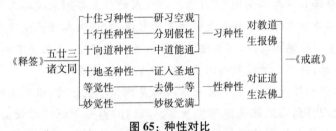

图65：种性对比

[今译] 习种性，《菩萨璎珞经》上卷（"贤"字函，《明北藏》"诗赞"字函，《明南藏》"职"字函）指出有六种性，以此来分别对应别教的修行位次（《净名经疏》卷九也是借用别教的名相来显示圆教的修证位次），现在天台家的《玄签》、《四教义》、《菩萨戒疏》等著作，都是依据此经来排列修行次第的。《四念处》卷中，稍微有一点与此次第不一样的地方。另外，《地持论》比较简略地说明有二种种性（也称为"经"，弥勒菩萨造，"贤"字函），如《菩萨戒疏》列举了六种性之后，又用二种种性，来对应教道和证道的前后次第，分别证得报身佛和法身佛。如图所示。

[集注] 六种性者，种别、性分也。《地持》第一云："种性者，名为种

---

① 《地持论》：又称《地持经》、《菩萨戒经》，十卷（或八卷），北凉昙无谶译。地持经虽称"经"，但本应属"论"，传说系无著记录弥勒之说法而成；然汉译《瑜伽师地论》则视其为弥勒菩萨所作；至于西藏译本，仍认为系无著之作品。本论与《瑜伽师地论·本地分》中之菩萨地为同本，然其中缺《发正等菩提心品》。异译本另有求那跋摩所译九卷本之《菩萨善戒经》。本论详说大乘菩萨修行之方便，内容分初方便处、次法方便处、毕竟方便处三部分，共二十七品。收于《大正藏》卷三十。

子,名为界,名为性(种子不同,有六界分)。"①又性通六位,种局在因,故前四名种,等觉虽因,望前称觉。二种者,《地持经》云:"略说二种:性种性者,是菩萨六入殊胜,展转相续,无始法尔,是名性种性。习种性者,若从先来,修善所得,是名习种性。"②

《戒疏》以六种对位后,复用二种者,以六位不出地前修习,登地证性,故用《地持》结摄六种,虽不显标,意必如是。况《梵网》③是《华严》结经④,《地持》正宗《华严》,故宜用彼《地持》二种,结摄《璎珞》六种。又与约行教证,其义宛齐,故复例之。

自古以《戒疏》文难,今准《旧注》⑤。《戒疏》云:"性习二种,若据位分,习种在前,性种在后。若据行论,性习同时,前后不定(标约行中义)。依体起用(缘中道理,起观行用),先明性种,后明习种。寻用取体(从自行用,取中道体),先习后性(自依体下释同时不定义)。与教证二

① 见《菩萨地持经》卷第一、《大正藏》卷三十,第888页中。

② 见《菩萨地持经》卷第一、《大正藏》卷三十,第888页中。

③ 《梵网》:全称《梵网经卢舍那佛说菩萨心地戒品第十》,又称《梵网菩萨戒经》、《梵网菩萨戒本》、《梵网经》,二卷,后秦鸠摩罗什译。上卷主要在说明卢舍那佛、十发趣心、十长养心、十金刚心及十地等;下卷则叙述应说十无尽藏戒品,以及说十重、四十八轻戒。收于《大正藏》卷二十四。

④ 结经:指于本经之后,更述要旨所演之经。为开经之对称。比如《无量义经》为《法华经》之开经,而《普贤观经》即为《法华经》之结经。又《法华玄义释签》卷十下以《像法决疑经》为《涅槃经》之结经。

⑤ 《旧注》:宋朝泽山与咸大师所著《菩萨戒疏注》,三卷,收于《卍续藏》第五十九册。《四教仪集注辅宏记》卷十五说:"《旧注戒疏》,有顶山《记》、泽山《注》,今恐指泽山《注》。"《卍续藏》第一〇二册,第702页上。《佛祖统纪》卷二十五说:"泽山(咸师)《菩萨戒疏注》(三卷,破顶山《记》)。"见《大正藏》卷四十九,第260页中。

泽山(? ~1163)法师与咸,字虚中,黄岩(今浙江黄岩)人,俗姓章。七岁依香积出家,首谒智涌,涌奇之,曰:"祖位再来也。"学成以妙年居第一座。涌没,证悟为继。已而悟迁上竺,乃举师以代。隆兴元年(1163)五月,别众端坐念佛而亡。瘗龛于寺之东冈。乾道三年(1167)夏,复从荼毗,五色舍利无算。所著《菩萨戒疏注》三卷、《金刚辨惑》一卷、《复宗》二卷、《法华撮要》一卷,素精于易,折衷诸解,以自名本取诸,咸因号泽山叟。传见《佛祖统纪》卷十六、《大正藏》卷四十九,第231页下—232页上。

道相似。就位以论,教道在前,证道在后(约行教证)。据行论之,教证同时,前后不定(此标约位教证)。依体起用,先证后教(望证道理,起教道用)。寻用取体,先教后证(寻教道用,取中道体)。习种能生报佛,性种能生法佛(地前既论自行修习,至果合生报佛。登地证性,合生法佛。智与体冥,任运起用,故不论应佛也。异解备诸章藻)。"①

《梵网经》中,更有六种:一习种性、二长养性(只是研习增长,与习种性通对十住)、三性种性、四不可坏性(俗谛建立,故不可坏,与性种通对十行)、五道种(十向)、六正法性(通收圣种、等、妙三种)。②

《四念处》三二一	信住习种性	前示《释签》依经对位,诸文并同,今《四念处》扶《大品》三观,约义结对,故少不同。信住同习空观,成一切智,故对习种;十行修假观,成道种智,故对道种;十向观中道一性,成一切种智,故对性种。由"道、性"二字义通两向,道有化道、中道,性论种性、一性,故得互通,取义而对也。
	十行道种性	
	十向性种性	
	十地圣种性	
	等觉性	
	妙觉性	

图66:六种性

[今译] 所谓六种性,"种"是种子的差别,"性"是指性能的分界。《地持经》卷第一说:"所谓种性,可以称为种子,也可以称为界限,也可以称为性能(由于种子内因的不同,因此就有六种界限的分别)。"另外,性能是相通于六个位次的,而种子却只是局限在因位上,所以前面四种性就都称为种子,等觉性虽然对于妙觉而言也属于因位,但是相对于前面的四种性就称为觉性了。所谓二种性,《地持经》说:简略地说二种性:第一、性种性,这是指菩萨的六根原本就通利殊胜,能使清净无漏善法展转相续,自无始以来法尔如此,即称为性种性。第二、习种性,如果是从以前乃至现在,通过修习善法而有所证得,这就

---

① 见《菩萨戒义疏》卷上,《大正藏》卷四十,第654页下。
② 《梵网经》卷下说:"若不解大乘经律,若轻若重,是非之相,不解第一义谛,习种性、长养性、不可坏性、道种性、正性,其中多少,观行出入十禅支、一切行法,一一不得此法中意。"见《大正藏》卷二十四,第1008页下—1009页上。

称为习种性。

《菩萨戒义疏》以上述六种性分别对应修证位次之后，还使用二种性来进行说明，这是因为六种性的修证位次不外乎初地之前的修行——习种性，以及登地之后所证得的境界——性种性，所以就用《地持经》的二种性来归结统摄《璎珞经》所说的六种性。虽然没有明显的标示，但其内在的意思确实如此。何况《梵网经》本身就是《华严经》的结经，《地持经》又是正面宗于《华严经》的，所以应该使用《地持经》的二种性，来归结统摄《璎珞经》的六种性。这样又能与修行方面的教道和证道的内在义理宛然等齐，因此这里又例举二种性。

过去有人以《菩萨戒义疏》来进行责难，现在就依据《菩萨戒疏注》为标准来讨论。《菩萨戒义疏》说：性种性和习种性这二种，如果根据证位情况来区分，习种性在前面，而性种性在后面。如果根据修行情况来讨论，性种性和习种性是同时并存的，前后并不固定（这是标明修行的内在含义）。如果从依体起用的角度来看（心缘中道实相之理，而起观照修行之妙用），则首先要明白性种性，然后才能明白习种性。如果从寻用取体的角度来看（由于用功修行，而证得中道实相之理体），则是首先有习种性，然后才具备性种性（从"依体起用"之下，解释"同时不定"的含义）。这与教、证二道颇为相似。如果就证位情况来说，教道在前面，而证道在后面。如果根据修行情况来说，则是教证二道同时并存，前后也是并不固定的（这是标明从修行的角度来看教证二道）。从依体起用的方面来看，首先是获得证道的实相，然后才能获得教道的妙用（相对于证道的中道之理体，而发起教道的后得智之妙用）。从寻用取体的角度来看，首先是教道，然后才是证道（由于依据教道修行的功用，而获得证道的中道理体）。习种性能够感得报身佛，性种性能够感得法身佛（初地之前的习种性只是讨论自己的修习，证果的时候就因此感得报身佛。登地之后证得性种性，便能感得法身佛。报身智慧与法身理体冥然合一，任运随缘而起妙用，所以就不讨论应化身的佛了。在其他文献里面，还有诸多不同的解释）。

在《梵网经》中，还指出有六种：一习种性、二长养性（只是通过研究学习而使种性增长，与习种性一样都是对应于十住）、三性种性、四不可坏性（从空出假观俗谛之理，所以一切万法都不可坏，与性种性一样都是对应于十行）、五道种（相对于十回向）、六正法性（包含了圣种性、等觉性、妙觉性三种）。

[集注] 从假入空观者，次第三观，出《璎珞经》。《观经疏》三云："假是虚妄，俗谛也；空是审实，真谛也。今欲去俗归真，故言从假入空观。"①《妙宗》上云："见思取境，无而谓有，虚假凡俗，知虚名谛。二空之理，是审实法，知实名谛。不究俗虚，莫知真实，要须照假，方得入空，是故名曰从假入空观。"②

《妙玄》三云："十住正修空，傍修假中。十行正修假，旁修中。"③《净名略记》下之上，若约别教为语，正观中道，为慧眼者，于十住中远所期耳。慧眼者，古德颂云：天眼通非碍，肉眼碍非通。法眼唯观俗，慧眼了知空。佛眼如千日，照异体还同。

一切智者，《观音玄义》下云："知一切内法内名，一切能知能解；一切外法外名，能知能解。但不能用一切道，起一切种，故名一切智。"④《玄记》下具释⑤。初住断见，即离四趣。身子昔生，至六住有退者，此见思俱断，思既未尽，见亦余残，故有退堕。如四明答日本难（《教行录》⑥）。

[今译] 从假入空观，这是别教次第三观的初观，次第三观出自于《菩萨璎珞本业经》。《观经疏》卷三说：假观是观一切法虚妄不实，观成

---

① 见《大正藏》卷三十七，第 187 页下。
② 见《大正藏》卷三十七，第 205 页下。
③ 见《大正藏》卷三十三，第 709 页下。
④ 见《大正藏》卷三十四，第 885 页上。
⑤ 《观音玄义记》卷三说："内法内名者，谓理内所诠法相，及能诠名字。外法外名者，即理外所诠法相，及能诠名。空观若成，于此名相，悉能体达无我我所。"见《大正藏》卷三十四，第 908 页下—909 页上。
⑥ 参见《四明尊者教行录》卷四，《大正藏》卷四十六，第 885 页下—886 页上。

之后即证得俗谛之理；空观是观一切法的真实本体，观成之后即证得真谛之理。现在想要去除世俗虚妄之执著而回归于真实理体，所以说从假入空观。《妙宗钞》卷上说：由于见思惑的存在而执著外境，本性非有却认为是实有，一切世俗现象都是虚妄的凡夫众生之假名安立，知道这一切原本就是虚妄的显现，就叫做俗谛。明白人我和法我，毕竟空无所有的道理，这就是观察到了诸法的真实本体，知道了一切法的真实本体，就叫做真谛。不能深究世俗一切法的虚妄现象，就不知道一切法的真实本体；必须要观照到一切法的虚妄性，才能证入诸法的空性，所以称为从假入空观。

《法华玄义》卷三说：十住位的菩萨正修空观，傍带着修习假观和中观。十行位的菩萨正修假观，旁修中观。《净名略记》卷下之上说：如果从别教的角度来说，正修中道实相观就是慧眼，这是指别教菩萨在十住位当中，逐渐开慧眼而明白二空之理，虽然距离中道实相还很遥远未能证得，但已能有所期盼而进行观修了。所谓慧眼，古德有颂文说：天眼能够通达事物的远近、高低、前后、内外、昼夜、明暗等等而没有障碍，凡夫肉眼对这些现象就产生障碍而不能通达了，法眼只会观察一切事物差别相状的俗谛之理，慧眼能够了知一切事物无分别空的真谛之理。佛眼譬如千日当空一样，既能照耀各种差异的现象，又能知道一切事物完全相同的本体。

一切智，《观音玄义》卷下（初）说："知道一切理体之内所诠的法相，以及理体之内能诠的名字，这一切都能了知，都能理解；对于一切理体之外的所诠法相，以及理体之外的能诠名字，也能了知，能够理解。但还不能利用这一切道，还不具备启发众生菩提种子的一切种智，所以叫做一切智。"《观音玄义记》卷三有详细的解释。别教初住位时断除见惑，就永远脱离了四趣的轮回苦果。舍利子在过去生中，修行到了六住位的时候还有退转，这个不退转的位次是指见思惑都必须断除，思惑既然还没有全部断除净尽，见惑也还留有残余的势力，所以就有退堕的可能了。如四明知礼大师回答日本法师的问难时所说的一样（见《四明尊者教行录》卷四）。

三、十　行

次明十行者：

[**集注**]《四教义》四云："此十通名行者，行以进趣为义。前既发真悟理，从此加修，从空入假，观无量四谛。"①

[**今译**]《四教义》卷四说：这十个位次都称为行，因为行就是以前进趣向作为其内在意义。前面的十住位菩萨既然已经启发真谛、开悟了真实理体，从这里继续更加努力地修习从空入假，而观照无量四谛的道理。

一欢喜、二饶益、三无违逆、四无屈挠、五无痴乱、六善现、七无著、八难得、九善法、十真实(断界外尘沙惑)。

[**集注**] 始入法空，不为邪动，名欢喜行。常化众生，使得法利，名饶益行。常修忍法，谦下恭敬，名无违逆行。行大精进，令一切至究竟涅槃，名无屈挠行。不为无明之所失乱，名无痴乱行。生生常在佛国中生，名善现行。于我我所，一切皆空，名无著行。菩萨成就难得善根，名难得行。说法授人，成物轨则，名善法行。二谛非如，亦非非相，名真实行。

[**今译**] 开始进入一切法毕竟空的境界，不再被外道邪见所动摇，名为欢喜行。常常教化众生，使之得到佛法的真实利益，名为饶益行。常常修习忍辱波罗蜜，谦虚谨慎，恭敬一切众生，名为无违逆行。修行勇猛的精进波罗蜜，使自己的一切思想行为都达到究竟涅槃，名为无屈挠行。不会被无明习气业障等等所干扰而迷失散乱，名为无痴乱行。生生世世常在佛教化的国土受生，名为善现行。对于我以及我所等主观和客观的境界，毫不执著而一切皆空，名为无著行。到达此位的菩萨，已经成就了非常难得的殊胜善根，名为难得行。能够宣说佛法而教

———————————

① 见《大正藏》卷四十六，第 754 页下。

授学人,成就众生如法如律的修行,名为善法行。对于真俗二谛都不执著,即不执著如如不动的真谛,也不执著并非无相的俗谛,双非空有而显但中之理,名为真实行。

亦云性种性,用从空入假观,见俗谛,开法眼,成道种智。

[集注] 性种性者,假观分别,十界差别种性也。从空入假观者,《观经疏》三云:"若住于空,与二乘何异? 不成佛法,不益众生。是故观空不住于空,而入于假。知病识药,应病授药,令得服行,故名从空入假观。"①道种智者,《观音玄》下云:"能知一切道种差别,则分别假名无谬,故名道种智。"②

诸文云:十住修空断见思,十行修假破尘沙,十向修中伏无明,此以观对位也。若云初住断见,二住至七住断思,八、九、十住断界内尘沙,十行断界外尘沙,此断惑分齐也。

《四念处》四云:"十住断界外上品尘沙,十行断中品尘沙,十向断下品尘沙(文言三品者,生无生八门为上品,无量四门为中品,无作四门为下品)。"③此以惑从教也。以别是界外教,或纯用假观摄故。

又此十行,明横学四,且无作四门,为圆为但? 若圆无作,十行位浅,尚未修中,如何能说以此化他耶? 若谓但中,《释签》五云:"各附彼教,而为相状。"④既附彼圆,岂应是但?

《杂编》⑤五云:"十向圆修,可由实道(智转行融,乃修圆中)。十行无作,且顺权方(只是但中无作),良以修中之位已深,出假之位尚浅。位深,故知昔日化他无非妙行;位浅,故知将来自行亦是但中。不可以实难权,以他妨自。"其说切当,学者知之!

───────

① 见《大正藏》卷三十七,第 187 页下。
② 见《大正藏》卷三十四,第 885 页上。
③ 见《大正藏》卷四十六,第 573 页中。
④ 见《释签》第九,《大正藏》卷三十三,第 876 页中。
⑤ 《杂编》:全称《义学杂编》,六卷,宋朝仁岳净觉法师所述。今亡佚。

附彼圆教，但为明于无作相状，能附岂可全同深位？然此出假，若果但中，圆机起时，何以赴之？当知圆机，自感圆应，十行出假，乃教道说，无稽之问，不足评矣！

[今译] 性种性，这是通过假观来分别一切万法，了知十法界各种差别现象的种性。从空入假观，《观经疏》卷三说："如果住著于空观当中，这与二乘的偏真有什么区别呢？这样不能成就佛法，也不能真正利益众生。所以别教的观空是不住著于空，而能从空进入到假观的俗谛当中。知道众生的习气业障等毛病，认识了如何对治这些毛病的良方妙药，对应病情而授予法药，令他们能依此方法修行，所以叫做从空入假观。"道种智，《观音玄义》卷下（初）说："能够知道一切法的规律种类因果等等的差别，就可以分析辨别世俗假名而不会错谬，所以称为道种智。"

有些文章说："十住位修习空观而断见思惑，十行位修习假观而破尘沙惑，十回向位修习中观而伏无明惑。"这是以所修观法来对应证得的位次。如果说初住位时就能断除见惑，二住至七住断除思惑，八、九、十住断除三界之内的尘沙惑，十行位断除三界之外的尘沙惑，这是从断除惑业的角度来分别予以对应。

《四念处》卷四说："十住位断除三界外的上品尘沙惑，十行位断除三界外的中品尘沙惑，十回向位断除三界外的下品尘沙惑（这段文字当中所说的三品，是以藏教生灭和通教无生这八门的尘沙惑为上品，别教无量四门的尘沙惑为中品，圆教无作四门的尘沙惑为下品）。"这是以尘沙惑的不同情况来对应于教法的差异。因为别教是属于三界之外的教法，并非不修空观和中观，只是此教普遍断除三界内外的尘沙惑，所以就纯用假观来收摄其余观法。

此外，别教的十行位，指出了能够横向修学四教的四门，那么他所修的无作四门，是属于纯圆的中道还是但中的中道？如果是纯圆无作的四门，别教十行位的菩萨智慧还比较浅薄，尚且不能自己修习中道实相观，又如何能够说此无作四门的妙法来教化他人呢？如果说是属于但中的中道观,《释签》卷五(初)说:"修行四教四门时,都是附随于各教,而以各教的形式作为修行的外在表现。"既然是附随于圆教,岂可以说是但中的中道观呢?

《义学杂编》卷五说:"十回向位进入圆教中道观的修习,这是从真实的圆教中道来说的(此时智慧转深,行为也能圆融无碍,就能修习圆教的中道实相观了)。十行位也可以修习圆教无作的中道观,这是权且顺从于方便角度来说的(因为此时所修的化他无作,也只不过是但中的无作而已),这是因为自己修习中道观的位次已经比较深入,出假教化他人的位次还是比较肤浅。位深,所以能够知道过去教化他人的方法,无非都是微妙的行为;位浅,所以也就知道将来自己的修行,也只是但中的无作。因此,不应该以真实的修行来责难权巧的说法,以教化他人的方便来妨碍自己修行的真实。"这种说法是确切可信的,学人应该明白!

所谓附随于圆教,只是为了说明附随于圆教无作的外在表现,能够附随的实际内涵怎么可以说完全相同于深位的圆教呢?然而这个别教十行位的从空出假观,如果真是但中无作的话,那么,在圆教根机现前的时候,又如何来对机施教呢?应当知道圆教的根机,自己就能感应到圆教的无作中道,别教十行位的从空出假观,乃是从教道的角度来说的。无稽之问,不值得评判讨论啊!

四、十　回　向

次明十回向者:

[集注]《四教义》四云:"此十通名回向者,回事向理,回因向果,回己功德普施众生,事理和融,顺入法界,故名回向。"①《四念处》三云:"别向圆修。"②雪川云:可由实道(《杂编》但不合云,只缘被接,方曰圆

---

①　见《大正藏》卷四十六,第755页上。
②　见《大正藏》卷四十六,第572页下。

修)。此据得意者,智转行融及证道说也。若三观次第,唯修但中,据不得意者,及教道说也。

[今译]《四教义》卷四说:这十个位次都称为回向,是指回事相而归于理性,回因地的修行而归于果觉的庄严,回自己的功德而普施给众生,事相和理性都能融会贯通,随顺真理而契入法界本体,所以叫做回向。《四念处》卷三说:别教的十回向位菩萨就能修习圆教的观法。雪川仁岳法师说:"这是从真实的圆教中道来说的(《义学杂编》,但是不宜说:只是从被接的角度来说,才可以说有圆修的情况)。"这是根据别教十回向位的菩萨能够得知佛的深意,智慧转深、修行更加圆融无碍,以及证道的角度来说的。如果从三观次第来看,只是修习但中的中道观而已,这是根据不能得知佛的深意,以及教道方面来说的。

一救护众生离众生相、二不坏、三等一切诸佛、四至一切处、五无尽功德藏、六入一切平等善根、七等随顺一切众生、八真如相、九无缚无著解脱、十入法界无量(伏无明习中观)。

[集注] 以无相心,常行六道,而入果报,不受而受,名救护众生离众生相。观一切法,有受有用,念念不住,名为不坏。三世佛法,一切时行,名等一切佛。以大愿力,入一切佛土,供养一切佛,名至一切处。以常住法,授与前人,名无尽功德藏。行无漏善,善而不二,名入一切平等善根。以观善恶无二一相,名等随顺一切众生。心得自在,等三世佛,常照有无,名真如相。以般若照三世诸法,是一合相,名无缚无著解脱。觉一切法,中道无相,名入法界无量。

伏无明习中观者,《集解》云:"空假之心,既已满足,正修中道第一义观,无明不起,忍伏故也。"①

[今译] 以不执著一切相的心态,常常往来于六道,而接受六道里

———————————
① 见《四教议集解》卷下,《卍续藏》第一〇二册,第102页上。

面的各种依正果报,以不受一切法的境界来感受六道众生的烦恼痛苦,名为救护众生离众生相回向。观察一切缘起幻有的诸法,具有各种感受和作用,能够做到念念不住,名为不坏回向。三世诸佛所有妙法,于一切时中认真修行,名为等一切佛回向。以广大誓愿的力量,普遍进入一切诸佛的清净刹土,而供养一切诸佛,名为至一切处回向。能够以法身常住的教法,教授给前来学习佛法的众生,名为无尽功德藏回向。修行无漏的善法,修习善法而能不落二边,名为入一切平等善根回向。能够观察善恶二法体性无有差别的平等一相,名为等随顺一切众生回向。自心得大自在,等同三世诸佛,常照有无二边,名为真如相回向。以般若妙慧观照十方三世一切诸法,境智两泯,能所双亡,成一合相,名为无缚无著解脱回向。觉悟了一切诸法,都是中道无相,万法俱寂,一派圆成,名为入法界无量回向。

伏无明习中观,《四教仪集解》卷下说:空观和假观的心境,既然已经圆满具足,现在就可以正式修习中道第一义的实相观,无明惑业不再起来动乱,这是降伏无明的忍力已经得到增强的缘故。

亦名道种性,行四百由旬①,居方便有余土(已上三十位为三贤,亦名内凡。从八住至此,为行不退位)。

[集注] 道种性者,始正修中,故名道,能生佛果,故名种。行四百由旬者,约生死处,加方便土;约烦恼,加尘沙;约观智,加假观;以此增前为四百也。方便有余土者,《观经疏》五云:"修方便道,断四住惑,故曰方便;无明未尽,故曰有余。"②

————————

① 四百由旬:为比喻修行佛道各种过程之用语。即意谓受持般若波罗蜜乃至正忆念,行人即渐次近于阿耨菩提;譬如人若欲过百由旬、二百由旬、三百由旬、四百由旬之旷野险道,依次先见放牧者、疆界、园林等诸相,故知即将近于城邑聚落。但《大智度论》则以为险道系指世间,百由旬指欲界,二百由旬指色界,三百由旬指无色界,四百由旬指声闻辟支佛道。

② 见《大正藏》卷三十七,第188页中。

行不退者,化他行满,无退转也。前七住还断惑证空,名位不退。后初地去,名念不退,中道正念,二边莫动。

[今译] 道种性,开始主要修习中道观,所以称为道;通过修行就能感得佛果,所以称为种。行四百由旬,这是从生死轮回的处所而言,加上方便有余土一百;从烦恼的角度来说,加上尘沙惑一百;从修观的智慧方面而言,加上假观一百;以这些再加上前面所说的各种角度之三百由旬就成为四百由旬了。方便有余土,《观经疏》卷五说:修习假观的方便道,断除四住之惑,所以叫做方便;无明惑还没有断尽,所以叫做有余。

行不退,这是指教化他人的功行具足,再也没有退转的可能了。前面七住位以及七住位之前的菩萨断除见思惑而证得真空之理,名为位不退。后面初地乃至初地之后的菩萨,就称为念不退,中道正念时常现前,空有二边不能使其动摇。

五、十　　地

次明十地者:

[集注]《四教义》四云:"此十通言地者,一能生成佛智,住持不动。二能与无缘大悲,荷负一切。故名为地也。"①

[今译]《四教义》卷四说:这十个位次都称为地的原因:一是能够生成佛的智慧,安住这种智慧可以保持不动;二是能够于无缘众生发起同体大悲的意念,拔苦与乐,荷负承载一切万物。所以名为地。

一欢喜(从此用中道观,破一分无明,显一分三德,乃至等觉,俱名圣种性),此是见道位,又无功用位,百界作佛,八相成道,利益众生。行五百由旬,初入实报无障阂土,初入宝所。

---

①　参见《四教义》卷十,《大正藏》卷四十六,第755页下。

[集注] 舍凡入圣，四魔①不动，到有无边，平等双照，名欢喜地。从此用中道观者，《四教义》四云："从此见佛性，发中道第一义谛观，双照二谛，心心寂灭，自然流入萨婆若海，证无作四谛，一实平等，法界圆融。"②

破一分无明，显一分三德者，无明乃是障中道之别惑，无明分破，中道分显。法身、般若、解脱是为三，常乐我净故称德。应知初地，所破无明，细分三品，中上虽破，犹在回向后心，至三品尽，方入初地。俱名圣种性者，据同证论。准经必须开等觉性。

见道位者，《四教义》四云："从初地至佛地，皆断无明。但以约位分为三道：初地名见谛道，二地至六地名修道，从七地以去名无学道。"③初地断无明别见④，发真中道，故云见道。《大经》云："自此已前，皆名邪见人"也，故知两教三乘，别教地前，未见中道，未断别见，皆名邪见人也。此约证道同圆，初地即同初住故也。

又无功用者，既至初地，不加功力，任运流入萨婆若海。

---

① 四魔：指恼害众生而夺其身命或慧命的四种魔类，即烦恼魔、蕴魔、死魔、天子魔四种。(一) 烦恼魔：指恼害众生身心的贪嗔痴等烦恼。(二) 蕴魔：指起种种障害而构成众生生命的色受想行识五蕴。又作阴魔、五蕴魔、阴界入魔等。(三) 死魔：指能断众生命根的死。(四) 他化自在天子魔：即欲界第六天的魔王及其眷属，以其憎嫉贤圣的无漏法，作出种种扰乱，妨害众生行善事，令无法成就出世间善根。又作天魔、天子魔。上述四魔之说明，仅就界内的分段生死而言。

此外，另有试图简别界外的变易生死而作说明者。如《摩诃止观》卷八之三谓有界外的四魔，即无常等四倒是界外烦恼魔，界外的五阴是阴魔，变易的死是死魔，界外虽已无欲界六天的天子魔，但在二十五三昧中的赤色三昧未究竟，故以义立为天子魔。

此外，《修习止观坐禅法要》将四魔的第四种称为鬼神魔，并将其分为精魅、堆剔鬼、魔恼三种。又，《摩诃止观》卷五之一将止观十境摄为四魔，以阴入境、业相境、禅定境、二乘境、菩萨境为阴魔，烦恼境、诸见境、增上慢境为烦恼魔，病患境为死魔，魔事境为天子魔。

② 见《四教义》卷十，《大正藏》卷四十六，第 755 页下。

③ 见《四教义》卷十，《大正藏》卷四十六，第 755 页下。

④ 别见：无明违背了一真法界之理，能所差别，理事相隔而不能圆融无碍，故称为别见。

百界作佛者，《四教义》四云："初发真中道，见佛性理，断无明见惑，显真、应二身。缘感即应百佛世界，现十法界身，入三世佛智地，能自利利他，真实大庆，故名欢喜地也。"①《辅行》七下引《璎珞》云："如初地百界，二地千界，乃至万亿等界，现身亦尔。"②

行五百由旬者，约生死处，加实报土；约烦恼，加无明；约观智，加中观。实报无障碍土者，《观经疏》云："行真实法，感得胜报，色心不相妨，故言无障碍。"③宝所者，喻分证寂光也。

[今译] 舍离凡夫的见地而进入圣人的境界，四魔不能动摇，超越了有边和无边，有无平等双遮双照，名为欢喜地。从此用中道观，《四教义》卷四说：从此见到了佛性，启发了中道第一义谛的实相观，双照二谛了了分明，双遮二谛心心寂灭，就能自然地流入到般若妙慧的萨婆若海之中，证得无作四谛之理，一乘实相万法平等，一真法界圆融无碍。

破一分无明，显一分三德。无明乃是障碍中道智慧的特别微细之惑，无明一分一分地被破除了，中道也同时一分一分地显发出来。三德就是指法身、般若、解脱这三者，此三者均具有常乐我净四种德性所以称为德。应当知道在证得初地的时候，所破除的无明惑，可以再细分为三品，中品和上品的无明虽然已经被破了，但此时仍然处于十回向最后阶段的心境当中，一直到这微细的三品无明全部破除净尽，方才证入初地的位次。这十地的十个位次都称为圣种性，这是根据他们一同证得无作四谛圆融中道之理来说的。如果根据《璎珞经》所说，圣种性必须包括等觉性。

见道位，《四教义》卷四说："从初地至佛地，都是在断除无明惑。只是按所证得的位次可分为三道：初地名为见道，二地至六地名为修道，从七地之后名为无学道。"初地断除了无明的别见，启发真正的中道实相观，所以称为见道。《大涅槃经》说："在初地以前，都叫做邪见人。"所以知道藏、通两教的三乘学人，别教初地之前，还没有见到中道实相，还

① 见《四教义》卷十，《大正藏》卷四十六，第755页下。
② 见《大正藏》卷四十六，第385页中。
③ 见《大正藏》卷三十七，第188页中。

没有断除无明别见,从中道实相的角度来说则都叫做邪见之人。这是从证道的方面来说,别教此时已经相同于圆教的证道,因为别教初地即与圆教初住相同了。

又无功用,既然到了初地,就不用再刻意地加功努力修行,就能任运自然地流入萨婆若海一真法界当中。

百界作佛,《四教义》卷四说:初地启发了一真法界的中道实相,见到了佛性理体,断除了无明别见之惑,显现了真身(法身)和应化身的二种身。随众生的缘分所感,就能应化百佛世界,变现十法界所有众生的身相,进入三世诸佛的一切智地,能够自利利他,真实是莫大的庆幸,所以称为欢喜地。《辅行》卷七下引《璎珞经》说:到了初地就能应化百佛世界,到了二地就能应化千佛世界,乃至万亿等佛的世界,现身应化也是这样。

行五百由旬,从生死的处所而言,三界、方便土四百再加上实报土一百;从断烦恼的角度来说,见思、尘沙四百再加上无明一百;从修观的智慧方面来说,空观、假观四百再加上中观一百。实报无障碍土,《观经疏》卷六说:"修行真实之法,感得殊胜的果报,物质世界的色相和精神世界的心念都能互相之间没有妨碍,所以说是无障碍。"宝所,比喻部分地证得了常寂光净土。

二离垢地、三发光地、四焰慧地、五难胜地、六现前地、七远行地、八不动地、九善慧地、十法云地(已上九地,地地各断一品无明,证一分中道)。

[集注]以正无相入众生界,同于虚空,名离垢地。光慧信忍,习佛之道,极净明生,名发光地。顺无生忍,观一切法,名焰慧地。顺忍修道,三界无明,莫不皆空,名难胜地。上顺诸法,观于三世,寂灭无二,名现前地。观诸烦恼,不有不无,常向上地,念念寂灭,名远行地。以无生观,舍于三界,名不动地。入于上观,光光佛化,无生忍道,名善慧地。入中道观,受佛职位,既同真如,亦等法界,妙云普覆,名法云地。

[今译] 以真正的无相智慧进入凡夫众生的世界,如同于虚空相似没有任何污垢,名为离垢地。光明智慧增长而上品信忍成就,修习成佛的道业,内心极为清净而光明智慧也随之出现,名为发光地。随顺于下品无生法忍,来观察一切法的现象和本质,以智慧的火焰烧尽一切烦恼惑业,名为焰慧地。随顺于中品无生法忍而修习佛道,三界之内的无明惑业,没有不消除空尽的,名为难胜地。随顺于上品无生法忍,观察十方三世一切诸法,都是寂灭性空无二无别,名为现前地。真正证得了下品无生法忍之后,观察有情众生的诸多烦恼体性,不有不无而离于二边的执著,常常精进地向上地的境界攀登,而心中却能念念寂灭,名为远行地。证得中品无生法忍,观诸法不生不灭,解脱了三界六道的各种束缚,名为不动地。证入上品的无生法忍,并以此为观法,观法通明自照照他,念念之中具足无量智慧光明,学佛化度众生,完全成就无生法忍之大道,名为善慧地。证入中道寂灭之理观,准备接受佛的事业和职位,既相同于真如实相,又相同于法界体性,智慧微妙说法如云,普覆一切众生,名为法云地。

六、等 觉 位

更断一品无明,入等觉位,亦名金刚心,亦名一生补处,亦名有上士。

[集注] 于十地后心用观,更断一品,方入等觉。《四教义》四云:"即是边际智①满,入重玄门②。若望法云,名之为佛。望妙觉名金

---

① 边际智:指等觉菩萨的智慧,因这种智慧是居于妙觉位的边际。见《大正藏》卷四十四,第700页中。

② 入重玄门:即指菩萨在成佛之前,于等觉位再度重返人间修习自凡夫以来所作之事,使其一一契合真理(即成就玄妙),此谓入重玄门、倒修凡事。别教菩萨于等觉位难以断除元品无明(即无始无明),故成为凡夫,与一切众生相互交往而入重玄门,以此修行之力量,而断除元品之无明(教道之重玄);圆教菩萨则普遍现身于世界而入重玄门(证道之重玄)。

刚心菩萨,亦名无垢地菩萨。三魔已尽,余有一品死魔在,断无明习也。"①

《集解》云:"解入百千三昧,照一相无相,寂灭无为。望于妙觉,犹有一等,比下名觉,故名等觉。所修观智,纯一坚利,喻若金刚,名金刚心文。"②

一生补处者,犹有一品无明,故有一生,过此一生,即补妙觉之处。《观音玄记》上云:"犹储君之义也。"③《妙宗》上云:"有惑可断,名有上士。"④

[今译] 于十地后心用中道寂灭之理观,再断一品无明,方能证入等觉位。《四教义》卷四说:就是得到了圆满的边际智,而进入重玄门。如果相对于法云地来说,就可以称之为佛了。但相对于妙觉佛果而言,就称为金刚心菩萨,也叫做无垢地菩萨。五阴魔、烦恼魔、天魔等三魔已经除尽,唯独还剩有一品死魔,还需要断除最后的无明习气。

《四教仪集解》卷下说:发广大智解而能够随心进入百千三昧,于三昧中观照一实相之理,而无生死相,无涅槃相,寂灭无为。相对于妙觉来说,还相差一个等级,对比于以下的十地而言,则可以称为觉,所以就叫做等觉。所修行的观察真理之智慧,纯一无杂坚固锐利,比喻就像金刚一般,名为金刚心。

一生补处,还剩有一品无明,所以还有一生,超越了这一生,就补上了妙觉佛果的极位。《观音玄义记》卷上说:就像准备登基的太子一样。《妙宗钞》卷上说:还有一品微细的无明惑可以断除,这就叫做有上士。

七、妙 觉 位

更破一品无明,入妙觉位,坐莲华藏世界,七宝菩提树下,大宝

---

① 见《四教义》卷十,《大正藏》卷四十六,第759页下。
② 见《四教议集解》卷下,《卍续藏》第一〇二册,第103页下—104页上。
③ 见《大正藏》卷三十四,第893页中。
④ 见《大正藏》卷三十七,第204页下。

华王座,现圆满报身,为钝根菩萨众,转无量四谛法轮,即此佛也。

[集注]《四教义》四云:"金刚后心,朗然大觉,妙智穷源,无明习尽,名真解脱。儵然无累,寂而常照,名妙觉地。"①

藏者,包含十方法界,悉在中也。②

七宝菩提树者,七宝众多,表无量故。大宝华王座者,《妙玄》七云:"或言寂灭道场,七宝华为座,身称华台,千叶上一一菩萨,复有百亿菩萨,如是则有千百亿菩萨。十方放白毫及分身光,白毫入华台菩萨顶,分身光入华叶菩萨顶,此名受法王职位,穷得诸佛法底,而得成佛。华台名报佛,华叶上名应佛。报应但是相关而已,不得相即,此是别佛果成相也。"③

钝根菩萨者,迷中重故,次第修证,迂通宝所,对圆名钝。

[今译]《四教义》卷四说:金刚心位的最后一刹那心,朗然独照功德圆满大觉现前,微妙的般若智慧已经穷源竭底,最后一品微细无明习气顿时除尽,名为真正解脱。儵然自在无牵无挂,照而常寂,寂而常照,名为妙觉地。

《菩萨戒义疏》卷上说:华藏世界的藏,意思是包含了十方法界,全部都显现在华藏世界里面。

七宝菩提树,七宝是指宝物众多,代表数量无量无边。大宝华王座,《法华玄义》卷七说:有人说佛成道时的寂灭道场,是以七宝华为座位,身体就被称为华台菩萨,一千瓣莲华的华叶上,每一瓣莲华都有一尊菩萨,每一尊菩萨又有百亿尊菩萨,这样就有千百亿尊菩萨。十方世界都放出白毫光明以及分身光明,白毫光明照射入华台菩萨的顶门,分身光明则照射入华叶菩萨的顶门,这就叫做受法王职位,穷尽了诸佛妙

---

① 见《四教义》卷十,《大正藏》卷四十六,第759页下。
② 见《菩萨戒义疏》卷上,《大正藏》卷四十,第570页上。
③ 见《大正藏》卷三十三,第766页下。

法的最深奥之处,而得以成就佛道。华台菩萨名为报身佛,华叶上面的菩萨名为应身佛。别教菩萨的报身和应身佛只是相互关联而已,并不能得以圆融相即不二,这就是别教佛果成就时的相貌。

钝根菩萨,因为迷失中道实相比较严重的缘故,需要经过次第逐步的修证,迂回曲折地通达到大圆满觉的宝所,相对于圆教来说就被称为钝根菩萨。

有经论说,七地已前,名有功用道;八地已上,名无功用道。妙觉位,但破一品无明者,总是约教道说。

[集注]《华严》云:菩萨未至第八地时,如人乘船欲渡大海,未至大海,多用功力,若至八地,从大方便,近佛智慧无功用心,不加功力。①

妙觉位,但破一品无明,未审据何文说。② 诸文但云:断十二品,称为妙觉也。

[今译]《华严经》卷二十六说:菩萨还没有到达第八地的时候,譬如有人乘船欲渡大海,未至大海,需要多加用功出力,如果到了八地,就可以依靠巨大的方便力,已经靠近佛的智慧而能够无功用心,就不用再加精进努力地做功夫了。

妙觉位,只是破除了一品无明,不知道这是根据什么文献来说的。诸多的典籍只是说:断除了十二品无明,就称为妙觉极果。

有处说,初地断见,从二地至六地断思,与罗汉齐者。此乃借

---

① 晋译《大方广佛华严经》卷二十六说:"佛子,譬人乘船欲渡大海,未至大海,多用功力,入海以风,无复艰碍,一日之行,过先功力,于百千岁,所不能及。菩萨亦如是,多集善根,乘大乘船,入菩萨所行大智慧海,不施功力,能近一切诸佛智慧,比本所行,若一劫、若百千万劫,所不能及。佛子,菩萨摩诃萨,至第八地,从大方便慧生,无功用心。"见《大正藏》卷九,第565页上。

② 《四教仪集注辅宏记》卷十六说:"此是玉玦断说,肇师云:出《楞严三昧经》,文云:首楞严定,非初地乃至九地所得,唯十地乃能得之。既十地方得,则转入佛地,但破一品无明也。"《卍续藏》第一〇二册,第720页下。

别教位名，名通教位耳。

［集注］至六地断思与罗汉齐者，取十度义，以第六般若空慧断惑故也，如《止观》第六借位中云云①。十度者，六度外加愿、智、力、方便。

［今译］至六地断思与罗汉齐，这是采取十地菩萨修行十度的意义来说的，因为修习第六般若空慧就能断除一切惑业，如《止观》第六借位中所说。所谓十度，就是在六度之外再加上愿、智、力、方便等四度。

有云：三贤十圣住果报，唯佛一人居净土。此借别教名，明圆教位也。

［集注］三贤者，别住、行、向，住果报土，义则属圆，此《仁王经》偈文②。

［今译］三贤，是指别教的十住、十行、十回向，三贤十圣安住于实报庄严净土，这种说法的内在意义属于圆教的观点，这句话是《仁王经》的偈颂。

如此流类甚众，须细知当教断证之位，至何位，断何惑，证何理。往判诸教、诸位，无不通达。

［集注］此乃观师，示人判教之方，能知此者，不但别门可通，于一切教，皆无壅矣！

［今译］这是谛观大师指示学人判教的方法，能够深入了解此中的道理，不但别教的修证门路可以通达知晓，而且对于一切佛法的教说修证次第，都没有壅塞阻碍了！

略明别教竟。

［集注］此教明纵横者，别论，不出性横修纵，因纵果横；通论，因果

---

① 《摩诃止观》卷六(上)说："旧云：六地断思尽，齐罗汉。"见《大正藏》卷四十六，第72页中。

② 见《佛说仁王般若波罗蜜经》卷上。罗什译《大正藏》卷八，第828页上；不空译《大正藏》卷八，第838页上。

各具纵横,性但有横,修具纵横。

初性横修纵者,《妙句》九云:"若但性德,三如来是横,修德,三如来是纵(前后而得),先法、次报、后应,亦是纵(一性二修)。"①

《记》九云:"性德之名,名通别教。别教虽有性德之语,三皆在性,而不互融,故成别义。若三在修,前后而得,道理成纵。"②又《妙宗》云:"别人不知本觉之性,具染恶德,是故染恶非二佛性,别修缘了,显本法身(修纵)。亦为不知本觉之性,具染恶德,不能全性起染恶修,乃成理体,横具三法(性横)。"③

次因纵果横者,《光明记》一云:"行、智、理三,次第资发,修时纵也;法、报、应三,果中齐显,证时横也。良由此教,本有法身,为惑所覆,故须别作缘了之功,相资显发。复由此教,性具三法,而不相收,故使三身横显。"④此指修纵,只是因纵,性横成于果横,修性因果相对别论也。

次因果各有纵横者,《文句》二云:"别家因时三法纵横,果时三法亦纵横。"⑤因纵如向,因横即性横也。果纵如《妙玄》九云:"法身本有,般若修成,解脱始满。"⑥果横亦如向说。须知此教因果三法,次第即纵,各异即横。《妙玄》五云:"资成在前,观照居次,真性在后。此三竖别,纵非大乘;此三并异,横非大乘。"⑦

次性但有横,修具纵横者,性横如上性中三法,未论起修无前后故,则无纵义。凡言修者,通因通果,因果既具各有纵横,修任运有也。

---

① 参见《法华文句》卷九下,《大正藏》卷三十四,第128页中。
② 见《大正藏》卷三十四,第330页下。
③ 参见《妙宗钞》卷二,《大正藏》卷三十七,第203页下—204页上。
④ 见《大正藏》卷三十九,第94页中。
⑤ 见《大正藏》卷三十四,第28页下。
⑥ 见《大正藏》卷三十三,第789页上。
⑦ 见《大正藏》卷三十三,第743页上。

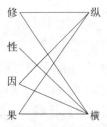

修纵者，即修德三如来也。性横者，即性德三如来也。因纵者，智行理三，次第资发。果横者，法报应三，果中齐显也。修纵者，如前。修横者，即果横也。因纵者，如向。因横者，即性横也。果纵者，法身本有，般若修成，解脱始满。果横者，如向。若别论，修纵性横，因纵果横。通而言之，修具纵横，性但有横，因果各具纵横也。

图67：修性因果纵横

[今译] 别教所阐明的纵横情况，如果从差别的角度来说，不外乎性德横遍一切时处，修德却有前后上下的纵向过程，在因地的位次上是有从低到高的纵向过程，而究竟的极果则是横遍于一切时处。如果从一般的角度而言，无论是因地上的修行，还是果德上的庄严，都各自具备了纵向和横向的两层含义；性德只有横遍一切时处的意思，而修德却具备了纵向和横向的两层含义。

首先，性德横遍一切时处而修德则属于纵向的情况：《法华文句》卷九说："如果只从性德方面而言，法报化三身的如来都是横遍一切时处的，从修德方面来说，三身如来就是具有纵的意义（前后分别而证得）。首先证得法身如来、其次证得报身如来、最后才证得应化身如来，这也就是纵的意思（第一种法身是从性德来说，后二种报身、应化身是从修德而言）。"

《法华文句记》卷九说："性德的名字，名义上相通于别教。别教虽然也有性德的说法，这三身如来都存在于性德之中，但是却不能彼此圆融相即，所以成了别教的意义。如果这三身如来从修德方面来看，就是具有前后次第而逐渐证得的意思，照理说这就构成了纵向三如来。"另外，《妙宗钞》说："别教行人不知道本觉佛性具有染恶的德性，所以染恶并非报身和化身这二种佛本具的佛性，需要另外修习缘因善心和了因慧心，才能显现本具的法身（这是修德方面的纵向情况）。也同样是不知道本觉的佛性具有染恶之德性，不能完全处于性德之中而生起染恶的修德，这就是性德成为横遍一切时处的理体，横向的具备三身如来的妙法(这是性德方面的横向情况)。"

其次,因地位次纵向而果德庄严横向的情况:《金光明经文句记》卷一说:"修行、智慧、理体这三者,在因地上次第修习相互资助而逐渐启发出来,这是修行时的纵向情况;法身、报身、应身这三者,在果觉中同时显现,这是证果时的横向情况。原因是别教认为,本来具有的法身如来,被无明等惑所覆盖,所以才必须经过缘因善心和了因慧心等的用功办道,相互资助而显发法身。另一个原因是别教认为,佛性本具这三身如来的妙法,但彼此之间并不相融互摄,所以使这三身如来能够横遍一切时处而显现。"这里指出的修德上的纵向,也只是因地上的纵向,性德上的横向,也成了果觉上的横向,这些说法都是从修德、性德、因地、果觉等相对和差别的角度加以讨论的。

再次,因地果觉两个方面都各自具有纵向和横向的情况:《法华文句》卷二说:"别教的义理,在因地时三身如来的妙法有纵有横,在果觉时三身如来的妙法也是有纵有横。"因纵方面的情况如上所述,因横方面的情况就是性德横遍一切时处的意思。果觉具有纵向的情况,如《法华玄义》卷九说:"法身德本来就有,般若德是通过修行才能成就的,解脱德是修行圆满了才能获得。"果横方面的情况也如上所述。必须知道别教的因果等三身如来之妙法,需要次第证得就是纵向的意思,三身如来各不相同就是横向的意思。《法华玄义》卷五说:"资成轨在最前面,观照轨位居其次,真性轨在最后面。这三法前后各自差别,纵向的情况并非圆教的大乘思想;这三法并列彼此不同,横向的情况也不是圆教的大乘思想。"

最后,性德只有横向而修德具备了纵向和横向的情况:性德横向的情况已如上述性德中之三法所说。还没有谈到依性德而起修德,不存在前后次第的情况,就没有纵向的意义了。凡是说到修德的,都相通于前因后果,因地和果觉既然各自都具备了纵向和横向的情况,那么修德也就自然具有纵向和横向的两种意义了。

第四节　圆　教

次、明圆教者。

[集注]《四教义》一云："圆以不偏为义,此教明不思议因缘,二谛中道,事理具足不别,但化最上利根之人,故名圆教也。"①

又云："圆教诠因缘即中道,不思议佛性涅槃之理,菩萨禀此教门,理虽非浅非深,而证者不无浅深之位。今明入道,亦具四门。而诸大乘经意,多用非空非有门,以明位也。"②《释签》五云："圆教菩萨,以界外灭谛为初门。"③

[今译]《四教义》卷一说:圆就是不偏的意思,圆所阐明的是不思议不生灭十二因缘、法性与无明为真俗二谛相即的中道之理、事造理具三千诸法圆融具足无二无别,专门教化最上利根之人,所以称为圆教。

又说:圆教所诠释的是因缘即中道,不可思议佛性涅槃的道理,利根菩萨禀持此教法门,在义理的理解和把握上虽然是非浅非深的,但是对于修证来说,不无浅深次第的差别。现在指明圆教修行的入道,也有四门。但是许多大乘经典之意,多是用非空非有门来阐明修证位次的。《释签》卷五说:圆教菩萨,是以三界之外的灭谛作为最初入门的下手处。

圆名圆妙、圆满、圆足、圆顿,故名圆教也(此释圆名)。

[集注] 三谛圆融,不可思议,名圆妙。三一相即,无有缺减,名圆满。圆见事理,一念具足,名圆足。体非渐成,故名圆顿。

[今译] 真俗中三谛圆融微妙,不可思议,名为圆妙。三谛一心中

---

① 见《大正藏》卷四十六,第722页中。
② 参见《四教义》卷十一,《大正藏》卷四十六,第760页上。
③ 见《大正藏》卷三十三,第885页中。

得,相即不二,无有缺减,名为圆满。同时圆满地见到事相和理性,一念具足三千诸法,名为圆足。诸法体性并非逐渐证成,所以就名为圆顿。

所谓圆伏、圆信、圆断、圆行、圆位、圆自在庄严、圆建立众生(此释圆法)。

[集注] 圆伏五住,圆常正信,圆断五住,圆行一行一切行,圆位位位相摄。妙用庄严,故云自在。四悉普益,故云建立。如《止观》一①。

[今译] 圆伏是圆伏五住烦恼,圆信是圆常正信即佛之理,圆断是圆满断除五住烦恼,圆行是指一行一切行,圆位是指位位相摄,妙用庄严所以称为自在,四悉檀普遍利益众生所以说圆建立众生。详见《摩诃止观》卷一。

诸大乘经论,说佛境界,不共三乘位次,总属此教也。

[集注] 一代教中,唯除鹿苑,显露无圆,诸大乘经,凡说圆法,皆佛境界也。不共三乘位次者,拣异别教,不共二乘,今圆是佛乘,故不共三乘也。

[今译] 在佛的一代时教当中,唯独除了鹿苑时的显露教法没有圆教之意,诸多大乘经典,凡是宣说圆法,都是佛的境界。不共三乘位次,这是拣择圆教既不同于别教的思想,又不同于二乘的教法,今圆教就是佛乘思想,所以不共三乘教法。

《法华》中,开、示、悟、入四字,对圆教,住、行、向、地,此四十位。《华严》云:初发心时,便成正觉,所有慧身,不由他悟,清净妙法身,湛然应一切。此明圆四十二位。《维摩经》云:薝蔔林中,不嗅余香,入此室者,唯闻诸佛功德之香。又云:入不二法门,《般若》明最上乘,《涅槃》明一心五行。又经云:有人入

———————
① 参见《大正藏》卷四十六,第2页上—下。

大海浴，已用一切诸河之水。又娑伽罗龙澍车轴雨，唯大海能受，余地不堪。又捣万种香为丸，若烧一尘，具足众气。如是等类并属圆教。

[集注] 开示悟入如前释。初发心者，三因性开发，即初住位，二住已去，莫不皆然！故结云：圆四十二位。薝蔔等者，薝蔔翻黄花，《观众生品》天女诃身子之文。净名空室，表常寂光。

入不二法门者，彼经三十一菩萨，各说入不二法门已。问文殊师利：何等是菩萨入不二法门？文殊曰：如我意者，于一切法，无言无说，无示无识，离诸问答，是为入不二法门。于是文殊问维摩诘：我等各自说已，仁者当说何等是菩萨入不二法门？时维摩诘默然无言。文殊叹曰：善哉！善哉！乃至无有文字语言，是真入不二法门。① 须知三十一菩萨，乃以有言言于无言，文殊乃以无言言于无言，净名乃以无言无言。故文殊叹云：是真入不二法门也。

《般若》明最上乘者，《金刚经》云："如来为发最上乘者说。"②《涅槃》云："复有一行是如来行，所谓大乘大般涅槃佛性之理。"③又经云者，《大经》云："譬如有人在大海浴，当知是人，已用一切诸河之水。"④《辅行》一上云："理具诸法如海水，修观行者如在浴也。行摄一切，名为已用。"⑤

娑伽罗，此翻咸海。如来龙王，圆顿教雨，为上根性，不雨三教下类之地。《首楞严》云："捣万种香为丸，若烧一尘，具足众气。"⑥《辅行》一上云："理性如丸，观行如烧，诸法顿发，名具众气。"⑦

---

① 参见《维摩诘所说经》卷中，《大正藏》卷十四，第 551 页下。
② 参见《大正藏》卷八，第 750 页下。
③ 参见《南本涅槃经》卷十一，《大正藏》卷十二，第 673 页中。
④ 参见《南本涅槃经》卷二十二，《大正藏》卷十二，第 753 页中。
⑤ 见《大正藏》卷四十六，第 155 页下—156 页上。
⑥ 见《摩诃止观》卷一所引，《大正藏》卷四十六，第 2 页下。
⑦ 见《大正藏》卷四十六，第 155 页下。

[今译] 开示悟入四字已如前所解释。初发心，指三因性由三种心开发之后，也就是初发心住的位次，从二住以后，无不如此！所以总结说：圆教有四十二个位次。"蕣葛"等句，蕣葛汉译就是黄花，这是《维摩诘经·观众生品》里面天女呵斥舍利弗的一段文字。净名空室，表示常寂光净土。

入不二法门，在《维摩诘经》中，先由三十一位菩萨，各自宣说入不二法门的情况之后，问文殊师利菩萨："如何是菩萨入不二法门？文殊菩萨回答说：根据我的看法，对于一切诸法，没有言语的宣说，没有标示和认知，远离一切问答议论，这就是入不二法门。于是文殊菩萨就问维摩诘：我们都已经各自宣说完毕，仁者应当接下来宣说：何等是菩萨入不二法门？此时维摩诘默然无言。文殊菩萨就赞叹说：善哉！善哉！乃至无有文字语言，才是真正的入不二法门。"必须知道这三十一位菩萨是以有语言来表述无言的道理，文殊是以无语言来表述无言的道理，净名则是直接以无言显示了无言的道理。所以文殊菩萨才赞叹说：这才是真正入不二法门。

《般若》明最上乘，《金刚经》说："如来为发最上乘者说。"《涅槃经》说："另外还有一种行就是如来行，即所谓大乘大般涅槃佛性的道理。"再者，所谓经云，是指《大涅槃经》说："譬如有人在大海里沐浴，应当知道这个人，已经使用了一切河流的水。"《辅行》卷一上说："理具三千诸法犹如大海之水，修观行者犹如在大海里沐浴。圆教观行摄持一切诸行，这就是已经利用的意思。"

娑伽罗，译为咸海。诸佛如来就像四海龙王，圆顿教法就像是大雨，为上等根性的众生说法，不说藏、通、别三教的教法，正如龙王降雨也不会落到贫瘠的土地上。《首楞严经》说：捣万种香作为香丸，如果焚烧其中的一小点，就具足了万种香的众多气味。《辅行》卷一上说：理性譬如香丸，观行譬如焚烧，三千诸法于一念中顿时圆发，名为具足众多的气味。

今且依《法华》、《缨络》，略明位次，有八：一、五品弟子位（外凡，出《法华经》），二、十信位（内凡），三、十住位（圣初），四、十行，五、十回向，六、十地，七、等觉（是因位末），八、妙觉（是果位）。

[集注]《法华》但有五品六根，《璎珞》具明五十二位。《妙乐》三云："若云圆位，六即亦足，何须更列四十二耶？以分真位长，故借别位分其品秩。"①或者据此谓圆教本无位次，但借别显圆。然《妙乐》意以五十二位，在经论中，多被别人，祖师用释圆位，故云借耳。

又有云：五十二位名虽在别，圆亦同用，以分浅深，岂可圆教全无位次？《大品》四十二字，《华严》初住八相，《法华》五品六根，皆圆位义也。故曰：显一理，则始终无二；存诸教，则因果历然！既禀教修行，安得无位耶？

又拣诸文，开合有四：一、开前合后，如《大经》三十三天（住、行、向为三十，地、等、妙为三）。二、合前开后，如《仁王》十四般若（合三十心为三，十地为十，等觉为一，总十四忍，转入佛心，名之为智）。三、前后俱开，如《大品》四十二字（对四十二位）。四、前后俱合，如《法华》开示悟入，及游四方（对四十位）《妙宗》上。又《楞严》明位有六十，前加三渐次（名字即），及立干慧地（观行即），向后地前，立四加行，并常五十二位，共成六十。

[今译]《法华经》只有五品弟子位和六根清净位，《璎珞经》详细地阐明了五十二个位次。《妙乐》卷三说："如果要说圆教的修行位次，光说一个六即也已经足够了，何必再排列四十二个位次呢？因为分真即的修行时间比较长，所以就借助于别教的位次来分清楚其前后的品类秩序。"有人根据这个也可以说圆教本身并没有修证的前后差别之位次，只是借助别教的次第来显示圆教的修证而已。但是，根据《妙乐》的意思，是因为这五十二个位次，在各种经论当中，大多是

① 见《大正藏》卷三十四，第195页下。

针对别教行人而设立的次第,天台祖师用此来解释圆教的位次,所以就说是"借"了。

又有人说:五十二个位次的名称虽然在别教,圆教也同样使用,以此分别修证功夫的浅深,怎么可以说圆教修行完全没有位次呢?《大品般若经》的四十二字,《华严经》的初住八相,《法华经》的五品六根,都具有圆教位次的意义。所以说:显示一佛乘的中道理性,则从始至终都是无二无别的;保存圆教的各种教法,则前因后果历然在目!既然能够禀教修行,怎么会没有修证的位次呢?

又拣择各种说法,从分开或合并来看,有四种情况:一、开前合后,如《大涅槃经》所说的三十三天(十住、十行、十回向为三十,十地、等觉、妙觉为三)。二、合前开后,如《仁王般若经》所说的十四般若(合三十心为三,十地为十,等觉为一,总十四忍,转入佛心,名之为智)。三、前后俱开,如《大品般若经》的四十二字(对十住、十行、十回向、十地、等觉、妙觉四十二位)。四、前后俱合,如《法华经》的开示悟入,以及游行四方(对四十位)。如《妙宗钞》卷上所说。再者,《楞严经》说明的位次就有六十个,在修证前加上三渐次(相当于名字即),以及建立了干慧地(相当于观行即),在十回向之后十地之前,又建立了四加行,合并通常所说的五十二位,总共就成为六十个位次了。

一、五 品 位
(一) 随 喜 品

初五品位者,一、随喜品。经云:若闻是经而不毁訾,起随喜心。问:随喜何法? 答:妙法。妙法者,即此心也。妙心体具,如如意珠,心佛及众生,是三无差别,此心即空、即假、即中。

[集注]《文句》八云:"随顺事理,无二无别,喜是庆己庆人。"①《妙

---

① 　见《大正藏》卷三十四,第138页中。

乐》十三云："事理只是权实异名,了此权实,即非权实,故无二无别,即随顺开权显实之事理也。言己人者,理有事故,故能庆人,事有理故,故能自庆。又不二而二,故庆己他;二而不二,了非己他。"①

《妙玄》五云："若人宿植深厚,或值善知识,或从经卷,圆闻妙理,谓一法一切法(假),一切法一法(空),非一非一切(中),不可思议,起圆信解。一心中具十法界,如一微尘有大千经卷,欲开此心,而修圆行。圆行者,一行一切行,谓十法成乘,十心成就,其心念念悉与诸波罗蜜相应,是名圆教初随喜品位。"②

妙法即是心者,《指要钞》上云："今家释经题法字,约此三法,各具三千,互具互融,方名妙法。然虽诸法彼彼各具,若为观体,必须的指心法三千。"《起信论》③云："所言法者,谓众生心。"④

妙心体具者,《止观》五云："一心具十法界,一法界又具十法界,十法界具百法界。一界具三十种世间,百法界即具三千种世间,此三千法,在一念心。若无心而已,介尔有心,三千具足。亦不言一心在前,一切法在后,亦不言一切法在前,一心在后。"⑤《辅行》五中云："言无心而已者,显心不无。言介尔者,谓刹那心,无间相续,未曾断绝,才一刹那,三千具足。若具三千,即具三德。又介尔者,介者,弱也,谓细念也。但异无心,三千具足。"⑥

如如意珠,《止观》五云："如如意珠,天上胜宝,状如芥粟,有大功能,净妙五欲,七宝琳琅。非内畜,非外入,不谋前后,不择多少,不作粗妙。称意丰俭,降雨穰穰,不添不尽。盖是色法,尚能如此,

---

① 参见《大正藏》卷三十四,第 344 页上。

② 参见《大正藏》卷三十三,第 733 页上。

③ 《起信论》:全称《大乘起信论》,一卷,马鸣菩萨造,梁真谛译。这是以如来藏为中心理论,为发起大乘信根而作的一部大乘佛法概要的论书。此论的异译本,有唐实叉难陀译的《大乘起信论》二卷,均收于《大正藏》卷三十二。

④ 见《大正藏》卷三十二,第 575 页下。

⑤ 见《大正藏》卷四十六,第 54 页上。

⑥ 参见《大正藏》卷四十六,第 295 页下—296 页上。

况心神灵妙,宁不具一切法耶?"①《记》中表法,约理解释,须者寻之。②

心佛众生,三无差别者,《释签》二云:当知三法,即是不思议广大法界。应了此理,具足佛法及众生法。虽复具足,心性冥妙,不一不多。又:众生及佛,不出于心,故无差别,名心法妙。是故结归三无差别,方名为妙。③《十义书》云:"以我一念心法,及一切众生,十方诸佛,各各论于事造,人人说于理具,而皆互具互摄,方名三无差别。"④又《指要钞》云:是则三法各具二造,方无差别。

此心即空假中,《拾遗记》下云:三观之首,皆言即者,指一念心即三谛故。言即空者,非即偏空,乃观一念即圆空也。此空能破三谛相著,故云一空一切空(三观悉彰,破相之用也)。言即假者,非即偏假,乃观一念即妙假也,此假能立三谛之法,故云一假一切假(三观悉彰,立法之功也)。言即中者,非即但中,盖指一念即具德中,此中能妙三谛之法,故云一中一切中(三观悉是,绝待之体也)。

[今译]《法华文句》卷八说:随顺于诸法的事相和理性,无二无别,喜是庆幸自己和庆祝他人。《妙乐》卷十三说:事理只是权巧方便和究竟真实的异名,了解这个权实,就是非权非实,所以能够无二无别,这就随顺开权显实的事理了。所谓自他,因为理性本来具有事相,所以能够庆祝他人;事相本来也具有理性,所以能够自己感到庆幸。再者,不二而二,所以庆幸自己和他人;二而不二,所以明了双非自己和他人。

《法华玄义》卷五说:如果有人宿世培植了深厚的善根,或者值遇善知识,或者从经卷当中,圆满地听闻了圆教的妙理,所谓一法一切法(假),一切法一法(空),非一非一切(中),不可思议,从而生起了圆

---

① 见《大正藏》卷四十六,第55页下。
② 参见《辅行》卷五之三,《大正藏》卷四十六,第299页上—下。
③ 参见《大正藏》卷三十三,第43页下—44页中。
④ 见《四明十义书》卷下,《大正藏》卷四十六,第846页中。

满的信解。知道了一念心当中具备了十法界，譬如一微尘就具有大千经卷一样，立即想要开启这个真心，继而修习圆教的观行。圆教的观行，就是指一行一切行，所谓十法成乘，依次观照使十心成就，其心念念都能与诸波罗蜜相应，这就称为圆教五品位最初的随喜品位。

妙法即是心，《指要钞》卷上说：天台宗解释《法华经》的经题这个"法"字，就认为心佛众生三法各自都具足三千诸法，互具互融，方可名为妙法。但是，尽管诸法彼此之间各自互具，如果作为观照的主体来看，还是必须确指这心法的三千诸法。《大乘起信论》说：所谓法，就是指众生的心。

妙心体具，《止观》卷五说：一心具足十法界，一法界又具足十法界，十法界互具而成为百法界。每一界又各具三十种世间，百法界就具足三千种世间，这三千法，就在一念心当中完全具足。如果没有起心动念则已，只要稍有起心动念，这三千诸法就在一念心中完全具足。也不能说一心在前，一切法在后；也不能说一切法在前，一心在后。《辅行》卷五中说：说没有起心动念则已，就显示了这个心是不可能没有的。所谓介尔，就是指一刹那的起心动念，没有间断地相似相续，从来就未曾断绝，只在一刹那间的起心动念，这个心就是三千法当下具足。如果具足了三千，也就具足了三德秘藏。另外，所谓介尔，介就是微弱的意思，这是指非常微细的念头。只要区别于无心，就是三千诸法当下具足。

如如意珠，《止观》卷五说："犹如如意珠一样，是天上的殊胜宝物，形状有如芥粟，具有极大的功能作用，能使人获得清净微妙的五欲快乐，得到琳琅满目的七宝珍玩。这些并非如意珠的里面所储蓄，也不是从如意珠的外面所加入，不能计算其妙用的前后，不能判断其数量的多少，不能测量其形相的粗妙。丰富俭约而称心如意，犹如天降甘露，穰穰丰饶，不多不少恰到好处。这如意珠只是色法而已，尚且能够如此，何况心神灵妙，怎么可能不具足一切诸法呢？"《辅行记》当中指出这是表示佛法的圆融微妙,从内在的义理来进行解释,需要详细了解的人可以去检阅原文。

心佛众生,三无差别,《释签》卷二说:应当知道这三法,就是不可思议的广大法界。应该了解此中的道理,一念心中具足了佛法以及众生法。虽然具足,但是心性冥然无相非常微妙,不一不多。再者,众生以及佛,都不超出现前一念心外,因此了无差别,这就称为心法妙。所以归纳为三法无有差别,方能名为真正的微妙。《四明十义书》说:就以我们现前的一念心法,以及一切众生法,十方诸佛法,各各都可以说是事造三千诸法,人人都可以说是理具三千诸法,而且都是互具互摄,这才能名为三无差别。另外,《指要钞》说:所以心、佛、众生的三法,各自都具备理事二种造作,方能解释三无差别。

此心即空假中,《拾遗记》卷下说:空假中三观的前面,都要说"即",这是指一念心即是三谛的缘故。所谓即空,并非即偏空的意思,乃是观一念心即圆空。圆空能够破除在三谛相上的执著,所以说一空一切空(三观同时彰显出来,这就是破除著相的功用)。所谓即假,并非即偏假的意思,乃是观一念心即妙假,这个妙假能够建立三谛之法,所以说一假一切假(三观同时彰显出来,这就是建立诸法的功用)。所谓即中,并非即但中的意思,这是指一念心即具足三德的不但中,这个不但中能够圆融微妙三谛之法的深刻含义,所以说一中一切中(三观都是如此,这就是绝待微妙的本体)。

常境无相,常智无缘。

[集注] 此境智冥一。

[今译] 这就是所观之境和能观之智冥然一体、圆融相即的意思。

无缘而缘,无非三观;无相而相,三谛宛然。

[集注] 而言境智也,《止观》第一常境常智后,复云:"以无缘智,缘

无相境,以无相境,相无缘智,智境冥一,而言境智。"①

《辅行》释云:"实相无相,无相亦无,实智无缘,无缘亦绝。何者?境虽无相,常为智缘;智虽无缘,常为境发。智虽缘境,称境无相;境虽发智,令智无缘。无缘而缘,照境无间,故云:以无缘智,缘无相境。无相而相,发智宛然,故云:以无相境,相无缘智。"②

[今译] 这是说明所观之境和能观之智的状况,《摩诃止观》卷一在解释了常境常智之后,又说:以无缘的能观智,缘于无相的所观境,以无相的所观境,反映到无缘的能观智当中,此时就是能观智和所观境冥然一体,合称为境智。

《辅行》解释说:所观的实相境本来就没有任何相状,连没有相状也没有,真实的能观智就是没有攀缘,连没有攀缘也不存在。为什么呢?所观境虽然没有相状,却能一直作为能观智的攀缘对象;能观智虽然没有攀缘,却能一直因为所观境而启发出来;能观智虽然攀缘了所观境,却总称说所观境是无相的;所观境虽然启发了能观智,也总是使能观智没有攀缘的痕迹。无缘而不妨攀缘,照见所观境而无有间断,所以说:以无缘的能观智,缘于无相的所观境;无相而不妨具足一切相,启发能观智却是宛然而有!因此说:以无相的所观境,启发无缘的能观智。

初心知此,庆己庆人,故名随喜。

[集注] 此结成随喜也。五品初心,知此妙心,体具事理三千境观之法,庆己有智慧,庆人有慈悲。

[今译] 这是总结随喜的情况。五品位最初之心,就知道这个微妙无比之心,当体具足事理三千境观之法,庆幸自己有此智慧,庆幸他人

---

① 见《大正藏》卷四十六,第9页下。
② 见《大正藏》卷四十六,第176页中。

有此慈悲。

内以三观,观三谛境。

[集注]《大意》云:"三谛三观三非三,三一一三无所寄,谛观名别体复同,是故能所二非二。"①

[今译]《止观大意》说:三谛和三观这三者,就是即三而又非三的关系,三谛一体或者一心三观都不能执著刻板。三谛和三观的名称虽然有所区别,但其体性又是完全相同的,所以能观和所观这二者,也就是即二而又非二的关系了。

外以五悔,勤加精进,助成理解。

[集注]《止观》七云:"唯《法华》别约六时五悔,重作方便(此约四种三昧相对而说,不可以光明弥陀亦论五悔为妨)。"②《修忏要旨》云:"所以悉称悔者,盖皆能灭罪故也。劝请则灭波旬请佛入灭之罪,随喜则灭嫉他修善之愆,回向则灭倒求三界之心,发愿则灭修行退志之过。"③《辅行》二上云:"于法无染曰精,念念趣求曰进。"④助成理解,一往分之,五悔为事名助,谛观为理解名正。

[今译]《摩诃止观》卷七说:唯有《法华经》特别从六时五悔的角度,重新依此作为入道修行的前方便(这是从四种三昧的角度相对而言,不能以光明忏法和弥陀忏法也说有五悔来非难)。《修忏要旨》说:之所以都称为悔,这是都能灭除罪障的缘故。劝请则能消灭波旬请佛入灭之罪,随喜则能消灭嫉妒他人修善之愆,回向则能消灭颠倒贪求于三界之心念,发愿则能消灭修行退志之过失。《辅行》卷二上说:"对于一切诸法没有污染叫做精,念念都能趣向菩提叫做进。""助成理解",按

---

① 见《大正藏》卷四十六,第 460 页中。
② 见《大正藏》卷四十六,第 98 页上。
③ 见《四明尊者教行录》卷二,《大正藏》卷四十六,第 869 页中。
④ 见《大正藏》卷四十六,第 186 页中。

一般的分法，修习五悔作为事相上的修行名为助行，而谛观实相作为理性上的解悟名为正修。

言五悔者，有二：一理、二事。

[**集注**]《止观》二云："事忏，忏苦道、业道；理忏，忏烦恼道。"①理事不出三种忏法。理谓无生妙忏，事谓取相作法。《光明文句》三云："行者应知三种忏法，无生是主，二为助缘，灰汁皂角，助于清水。若缺妙观，不名大乘，便同外道，无益苦行。须近善师，学忏悔处及忏悔法，方可行于道场事仪。故于诸事，皆用妙观，照而导之，使作法等，皆顺实理，悉为佛因。"②

又云："正助二忏，修逐根缘。自有一向修于正道，直登圆住，或内外凡；自有一向修于助道，如南岳立'有相安乐行'，不入三昧，但诵持故，亦能得见上妙色像。此二随根修入不同，若悟理时，必两舍也。自有正助相兼而修，或先正后助，或先助后正，或同时而修，今之所立，意在同修耳。"③

忏悔名，《光明文句》中云："忏者，首也；悔者，伏也。不逆为伏，顺从为首。又忏名白法，悔名黑法，白法须尚，黑法须舍。又忏名修来，悔名改往。又忏名披陈众失，悔名断相续心。又忏者名惭，悔者名愧，惭则惭天，愧则愧人。"④

《光明记》三云："然忏悔二字，乃双举二音。梵语'忏摩'，华言'悔过'。以由悔过，是首伏等五种之义。今既华梵二音并列，是故大师，以首释忏，以伏释悔，乃至惭愧对释忏悔，欲令禀者修首伏行及惭愧等。斯是善巧说法之相，故不可以华梵诂训而为责也。"⑤

---

① 见《大正藏》卷四十六，第 13 页下。
② 见《大正藏》卷三十九，第 115 页下。
③ 见《大正藏》卷三十九，第 114 页上。
④ 参见《金光明经文句》卷三，《大正藏》卷三十九，第 59 页上。
⑤ 见《大正藏》卷三十九，第 112 页中。

忏悔处,《光明文句》引《普贤观》,是名大忏悔,约中道为处也。名庄严忏悔,约俗为处也。名无罪相忏悔,约空为处也。若三种差别者,此是历别论处尔。即一而三,即三而一,此圆妙忏悔也。①

《记》云:"若于三谛历别而解,乃次第观,非今妙观。其妙观者,空即三谛,假中亦然,名即一而三;三谛俱空,假中亦然,名即三而一。行者应知三一相即,为彰忏悔处,绝乎思议。若以此语,增于言想,则永不识忏悔处也。然忏悔处,谁人不具?何法暂非?但为本迷,满目不见,全心不知。是故经云:于十力前,不识诸佛,劝求觅者,须亲善师,须资妙教,勤听勤闻,审读审思。若其然者,必于能诠,识所诠体,翛然虑外,无以状名,斯乃所求。法性道理,此理至妙,为忏法所依,故名为处。若依此处,而立行门,方得名为大乘忏也。"②

又:"忏之所依,如器淳朴,非砥不成。以何为砥?谓一实相,无别实相,即罪相是。得此处者,罪无不灭,德无不显。"③

忏悔法,《要旨》云:"一、作法忏,谓身口所作,一依法度。二、取相忏,谓定心运想,相起为期。三、无生忏,谓了我心自空,罪福无主,观业实相,见罪本源,法界圆融,真如清净。法虽三种,行在一时。"④《光明记》云:"此三种忏,同时而修,无生是正,二为助缘。斯乃正助一合而行,如膏益明,证理弥速也。"⑤又:"须了知大乘三忏,后一虽可独修,不进须假前二,前二不可暂离无生,得此意已,方可说行三种忏法。"⑥

① 参见《金光明经文句》卷三,《大正藏》卷三十九,第59页中。
② 参见《金光明经文句记》卷三(上),《大正藏》卷三十九,第113页中。
③ 见《金光明经文句记》卷三(上),《大正藏》卷三十九,第112页下。
④ 见《四明尊者教行录》卷二,《大正藏》卷四十六,第868页中。
⑤ 见《金光明经文句记》卷三(上),《大正藏》卷三十九,第116页中。
⑥ 见《金光明经文句记》卷三(上),《大正藏》卷三十九,第116页上。

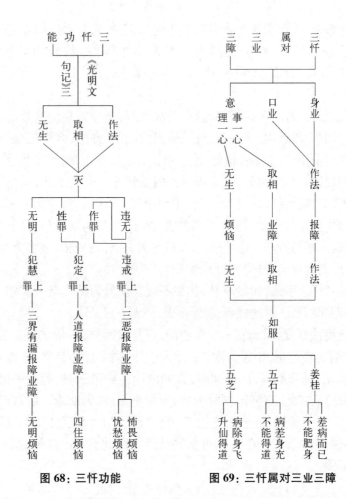

图 68：三忏功能　　　　**图 69：三忏属对三业三障**

[今译]《止观》卷二说："事相上的忏悔，就是忏悔苦道、业道的罪障；理体上的忏悔，则是忏悔烦恼道的罪障。"理体和事相都不外乎这三种忏悔方法。理忏是指无生妙忏，事忏则是指取相忏悔和作法忏悔。《金光明经文句》卷三说：修行者应该知道有三种忏悔的方法，无生忏是最主要的忏法，其余二种则是助缘的忏法，比如灰汁皂角等等，有助于清水而洗涤衣物。如果缺乏妙观的无生忏法，就不能称其

为大乘法，也就等同于外道的无益苦行了。必须亲近善知识，学习忏悔所观境以及忏悔方法，才可以进入道场举行事相仪式上的忏悔。所以对于诸种事相的行仪，都要用圆妙三观，照顾乃至引导到圆妙三谛的境界上，使作法忏悔和取相忏悔，都能顺从于中道实相之妙理，都成为入佛之前因。

又说：正助二种忏悔，修习的时候需要依据每个人的善根和机缘而分别对待。有些人可以一直修习正道，就能直登圆住，或者内凡位和外凡位；有些人可以一直修习助道，如南岳大师建立的"有相安乐行"，不用进入三昧正定，只要读诵受持《法华经》，也能得以见到上妙的色像。这二种人随其根机的差别而修习入门处也就不同，如果要证悟中道理性，则必须把这两种修法都舍掉。还有的人则可以正助相兼而修，或者先正修而后助修，或者先助修而后正修，或者同时而修，现在所立的忏悔，旨意就在于正助同时而修。

忏悔的名称，《金光明经文句》卷中（初）说：忏就是首的意思，悔就是伏的意思。不违逆即为伏，能顺从即为首。另外，忏也称为白法，悔也称为黑法，白法必须崇尚，黑法则必须舍弃。再者，忏称为修行将来，悔称为悔改以往。此外，忏是披露陈述众多的过失，悔是断除自己犯错误的相续心。还有，忏叫做惭，悔叫做愧，惭是惭对上天，愧是愧对他人。

《金光明经文句记》卷三说：这忏悔二字，乃是双举梵汉二种语音。梵语叫做"忏摩"，汉语称为"悔过"。由于诚心悔过，就具备了上面所说的首伏等五种意义。现在"忏悔"二字，既然是汉语和梵文二音并列，所以智者大师，就以首字来解释忏，以伏字来解释悔，乃至以惭愧二字对应解释忏悔二字，这是想使禀教的人能够修习首伏行以及惭愧行等。这是善巧说法的情况，因此不可以用汉文和梵文的诂训方法来进行责难。

忏悔处，《金光明经文句》引《普贤观经》称为大忏悔，是以中道第一义谛作为忏悔观照的对象。称为庄严忏悔的，是以俗谛作为忏悔观照的对象。称为无罪相忏悔的,则是以空观真谛作为忏悔观照的对象。如果说这三种忏悔有差别,这是隔历差别而讨论忏悔观照的对象。如果说是即一而三,即三而一的,这就是圆妙的忏悔了。

《金光明经文句记》说:如果从三谛隔历差别来进行理解,就属于次第观的忏悔,并非现在圆教的妙观忏悔。所谓妙观,空观就是三谛,假观和中观也是如此,这叫作即一而三;三谛都是空,三谛也都是假、都是中,这叫做即三而一。修行者应该了知三一相即的道理,这就是作为明显的忏悔观照之对象,断绝思虑和议论。如果因为这些语言,反而增加了语言和思想,那么永远也不能认识真正的忏悔处了。然而忏悔处,哪个人不是本来就具足的呢?哪种法门会稍有一丝一毫的不足呢?只是因为根本被迷惑了,虽然满目青山,却也不见春色,全心就是实相却也不能自知。所以佛经说:处于十力之前,不认识诸佛。奉劝求觅佛法者,必须亲近善知识,必须凭藉微妙的教理,勤奋地听闻,精审地阅读思考。如果能够这样的话,必定可以通过能诠的言教,而认识所诠的理体,翛然寂静于思维考虑之外,心行处灭不可言说,这就是真正所要追求的忏悔处啊。诸法体性的道理,这个道理是最为微妙了,也是忏法的依据所在,所以名为处。如果依据这个不可思议处,而建立修行的方便法门,这才得以称为大乘的忏悔。

又说:忏悔的依据所在,就如同制作陶器的淳朴工序一样,没有砧板作为底座就不能成功。以什么作为忏悔的砧板呢?即所谓的一实相,没有另外的实相,这个罪相本身就是实相。得到了这个实相之处的人,罪障没有不消灭,德行没有不显现的。

忏悔法,《修忏要旨》说:一、作法忏,所谓身口所作,一切都依据方法制度。二、取相忏,所谓定心运想,以见到好相为目的。三、无生忏,所谓了达我心自空,罪福无主,观察罪业的实相,照见罪业的本源,法界圆融,真如清净。方法虽然有三种,修行却是同在一时。《金光明经文句记》说:这三种忏悔,同时而修,无生是正修,其余二者作为助缘,这就是正助一起合而修行,譬如膏油以助灯火而使灯光更加明亮,证入中道理性也就更加迅速了。又说：必须了知大乘佛法的三种忏悔，最后一种虽然可以单独修习，但是如果单独修习不能进步的话，则必须借助于前面的二种，而前面二种却不可以片刻离开后一种无生忏，明白这个意义之后，才可以说是修行三种忏法。

言理忏者，若欲忏悔者，端坐念实相，众罪如霜露，慧日能消除。即此义也。

[集注]《光明记》三云："端坐者，身仪也。《禅波罗蜜》具出坐法，须者宜检。念实相者，忏罪观也。实相无相，当云何念？必以无念之念，念无相之相，以无相之相，相无念之念，若于念外别有实相，实相之外别有于念，则非此经念实相也。众罪等者，灭罪所以也。前念实相，盖体修恶即是性恶，性恶照明，斯为慧日，修恶体虚，如消霜露。"①

[今译]《金光明经文句记》卷三说："所谓端坐，就是身体的仪表。《释禅波罗蜜》详细地指出了端坐的方法，需要的人可以参阅。所谓念实相，就是忏罪的观照功夫。实相无相，应当如何念呢？必须是以无念之念，念无相之相，以无相之相，相摄于无念之念，如果于念之外另有实相，于实相之外另有此念，那就不是这部经所说的念实相了。众罪如霜露等，这个道理是能够灭罪的理由所在。前面说的念实相，就是要体悟修恶即是性恶，性恶观照明了，这就是慧日，修恶本体虚幻不实，譬如消除霜露。"

言事忏者，昼夜六时，三业清净，对于尊像，披陈过罪，无始已来，至于今身，凡所造作，杀父、杀母、杀阿罗汉、破和合僧、出佛身血，邪淫、偷盗、妄言、绮语、两舌、恶口、贪、瞋、痴等，如是五逆十恶，及余一切，随意发露，更不覆藏，毕故不造新。

[集注]昼夜六时等四句，明首伏法。无始下，明首伏词。杀父下，

---

① 见《大正藏》卷三十九，第 113 页上—中。

明五逆罪（杀，音弑），下杀于上也。《妙乐》八引《俱舍》云："五并业障摄，约处人除北，约人除扇㨙（此云"黄门"，敕佳反），四身一语业，三杀一虚诳，一杀生加行（出佛血）。无间一劫熟，随罪增苦增。八比丘分二（破僧），以为所破僧。"①具如《补注》九释。

《光明文句》中云："人从父母禀身，十月怀抱，三年鞠养，抚念惟惟，始能升头戴发，教方教数，始解作人。那忽违恩背义，而行弑逆，天虽大不覆此人，地虽厚不载此人，此人命终直入地狱。"②

十恶中应明杀生，释十恶名，如《法界次第》上九云云。口有四恶，或云五者，加无义语。

发露者，《要旨》云："罪根宜露，则众罪皆灭。"③若不发露，犯覆藏罪！如律中说。毕故不造新者，断相续心也。已作之罪，愿乞消除，未起之恶，更不敢造。

[今译] 昼夜六时等四句，阐明首伏等忏法。无始两个字以下，说明首伏忏法的文词。杀父之下，说明了五逆重罪（杀，音弑 shì），下一辈的人杀害上一代的人。《妙乐》卷八引《俱舍论》说："五逆重罪都是属于业障的范围，从处所而言，人间除了北俱庐洲以外，从人道本身来说，则除了男根损坏了的人（扇㨙，音 chuāi，此云"黄门"）。四种属于身业、一种属于语业，三种属于严重杀害、一种属于虚诳大妄语，一种属于杀生的加行（出佛身血，佛是不会被害而断命的，所以只属于方便或者加行）。堕于无间大地狱经过一中劫，受极重之苦，随着各自的罪业增重而受苦也相应增重。破坏八比丘以上的僧团，使之分裂为二个僧团（破僧），自己也知道或者认为所破坏的确实就是比丘僧团。"具体情况如《法华三大部补注》卷九所解释。

《金光明经文句》卷中说：人从父母禀承色身，母亲十月怀胎，生后抱持呵护，三年鞠养，抚育爱念惟精惟细，才能升头戴发，教育方向、教

---

① 见《大正藏》卷三十四，第 313 页中。
② 见《金光明经文句》卷三，《大正藏》卷三十九，第 59 页下。
③ 见《四明尊者教行录》卷二，《大正藏》卷四十六，第 869 页上。

导数数,才知道如何作人。怎么可以违恩背义,而行弑逆,上天虽然广大也不能覆盖此人,大地虽然厚实也不能运载此人,此人命终时就直接堕入地狱中。

十恶当中应该特别详细了解杀生的果报情况,解释十恶的名称,具如《法界次第》卷上所说,口业有四种恶,有人说是五种,就是再加上无义语一种。

发露,《修忏要旨》说:"犯罪的始末具体情况要发露出来,那么一切罪业也就都能消灭了。"如果不发露,又加上犯覆藏罪! 如律藏中所说。毕故不造新,就是断除将来还要造罪的相续心。已经造作的罪障,誓愿乞求消除,还没有生起的恶法,再也不敢造了。

若如是,则外障渐除,内观增明,如顺流舟,更加橹棹,岂不速疾,到于所止。修圆行者,亦复如是,正观圆理,事行相助,岂不速至,妙觉彼岸。

[集注] 若如是等者,《光明文句》中云:"若纯用正忏,亦不须助,若正道暗昧不明了者,修助以助之! 所谓灰汁、澡豆、皂荚、木槵,以助清水尔。"①如顺流舟等者,《光明文句记》三云:"正解如顺水,正观如顺风,可喻正道,能趣妙理。篙棹可喻旋礼等善,助于风水,舟岂不疾?"②

[今译] 若如是等,《金光明经文句》卷中说:如果纯粹修行正忏,就不须要助忏,如果修正忏的时候,正忏的道理还暗昧而不甚明了,则需要修助忏来辅助! 即所谓灰汁、澡豆、皂荚、木槵等,以此有助于清水的洗涤。如顺流舟等,《金光明经文句记》卷三说:正确的理解譬如顺水,正确的观行譬如顺风,这些可以比喻正道,能够趣向微妙的实相之理。篙棹可以比喻旋礼拜忏等善行,用以辅助正道的顺风流水,生命之舟岂有不速疾地到达目的地的道理!

---

① 见《大正藏》卷三十九,第59页下。
② 见《大正藏》卷三十九,第114页中。

莫见此说,便谓渐行,谓圆顿无如是行,谬之甚矣!

[集注]此斥偏执理性,无修无证者,谓即心是佛,若加修习则成渐次,非圆顿行。《辅行》七下云:"圆教位次者,先明五悔为入位之方,他人圆修,都无此意,将何以为造行之始? 但云一念即是如来,空谈举心无非法界,委检心行全无毫微。"①

[今译]这是喝斥片面地执著理性的无修无证之人,他们认为即心是佛,如果再加上修习则成为渐次,而非圆顿的修行了。《辅行》卷七下说:圆教的位次,首先说明五悔作为进入修证位次的前方便,其他人所谓圆修,都没有这一层意思,将以什么作为真正修行的开始? 只是会说一念即是如来,空谈什么举心无非法界,详细地检查这种人的心行状况,则完全没有一丝一毫的微少修行。

何处天然弥勒、自然释迦?

[集注]《辅行》七下引《弥勒问经》云:"弥勒昔行菩萨道时,但昼夜六时,勤修五悔,而得菩提。"②弥勒、释迦既是果人,由因克故,非天然等也。唯今天台建立解行,了修即性,全性起修,正助兼行,从因至果。故清凉国师云:"撮台衡三观之玄趣,使教合忘言之旨,心同诸佛之心,不假更看他面。"③

[今译]《辅行》卷七下引《弥勒问经》说:"弥勒菩萨在过去修行菩萨道的时候,就只是昼夜六时,勤奋地修习五悔,从而证得了菩提佛果。"弥勒菩萨、释迦如来等虽然是果觉位上的人,也都是由于在因地时精进修行而实现的,并非天生自然的啊。唯独现在天台宗建立了解行相应的修行模式,了知修德即是性德,从全性而起修,正修和助修同时

---

① 见《大正藏》卷四十六,第382页中。
② 见《大正藏》卷四十六,第384页中。
③ 唐清凉澄观述《大方广佛华严经随疏演义钞》卷二说:"撮台衡三观之玄趣,使教合亡言之旨,心同诸佛之心,无违教理之规,暗蹈忘心之域,不假更看他面。"见《大正藏》卷三十六,第17页上。

兼行,从因地以至果觉。所以清凉国师说:撮略了天台智者和衡山慧思的三观玄妙之旨趣,使教理符合于忘言绝虑的宗旨,自心等同于诸佛之心,再也不用依靠看他人的脸色来印证了。

若才闻生死即涅槃,烦恼即菩提,即心是佛,不动便到,不加修习,便成正觉者,十方世界,尽是净土,触向对面,无非觉者。

[集注] 举其所执之法,须知理虽平等,事有迷悟,何得便谓即是,不加修习?凡言即者,以显于离,如冰不离水,理须融冰,义同于离。十方世界尽是净土,此是依报论即。触向对面无非觉者,此是正报论即。谓三土皆即寂光,九界无非佛界,理实如然,非修莫克,故即云。

[今译] 这里再例举他人所执著的地方。必须知道理体虽然凡圣平等,事相却有迷悟不同,怎么可以就说即是,而不加修习呢?凡是说到"即佛"的,都是以此来显示凡夫执著心佛相离的情况,譬如冰不离水所以说即是,义理上必须是冰融于水,而实际意义上还是等同于水和冰的相离。十方世界尽是净土,这是根据依报来说即;触向对面无非觉者,这是从正报的角度来讨论即。所谓三土皆即寂光,九界无非佛界,道理确实就是这样的,但是,非经过努力修行不能兑现,所以就接下来继续阐明。

今,虽然即佛,此是理即。

[集注]《妙宗》上云:"然理即佛,贬之极也。以其全乏解行证即,但有理性,自尔即也。"①

[今译]《妙宗钞》卷上说:然而所谓的理即佛,是贬斥到了极点。因为它完全缺乏理解和修行而证得即佛,只是具有理性的佛,这是佛性自己所具备的"即"的意义。

亦是素法身,无其庄严,何关修证者也。

————————

① 见《大正藏》卷三十七,第200页中。

[集注] 无缘了功德庄严，法身体素，天龙之所忽劣。

[今译] 没有缘因佛性和了因佛性的功德庄严，法身之体朴素不显，不起微妙功用，天龙八部等也都忽劣而不起恭敬之心。

我等愚辈，才闻即空，便废修行，不知即之所由。鼠唧鸟空，广在经论，寻之思之。

[集注] 重斥所计。鼠唧鸟空者，《止观》八云："诸位全无，谬谓即是，犹如鼠唧，若言空空，如空鸟空。"①《辅行》八上云："不达谛理，谬说即名，何异怪鼠作唧唧声，即声无旨，滥拟生死即是涅槃，亦如怪鸟作空空声，岂得滥同重空三昧？"②此斥执理废行者，所谓即之所由，意开妙解，而立妙行，行可废乎？

[今译] 这是重新呵斥所执著计度的错误。鼠唧鸟空，《摩诃止观》卷八说：诸多的修证位次还完全没有，就谬误地说即是佛，犹如老鼠唧唧地叫，如果讲到空空的重空三昧时，犹如空中怪鸟发出的空空声。《辅行》卷八上说："不通达圣谛的真理，荒谬地谈论当下即佛的名称，何异怪鼠发出唧唧的声音，而这种声音并没有真正的旨趣，泛滥地以为生死即是涅槃，有如怪鸟发出空空的声音，怎么可以泛滥地等同于重空三昧呢？"这是呵斥执著理体而废除事相修行的人，所谓即佛的真正意趣所在，就是要使学人能够在自心中开启微妙正确的理解，从而建立微妙的佛法实践行履。事相上的修行可以废除吗？

二劝请者，劝请十方诸如来，留身久住济含识。

[集注]《辅行》七下云："大为二意：一者请住于世、二者请转法轮。"③
《大论》问：诸佛之法，法应说法，何须劝请？又若诸佛现见在前，请

① 见《大正藏》卷四十六，第104页下。
② 见《大正藏》卷四十六，第395页上。
③ 见《大正藏》卷四十六，第382页下。

佛可尔。今乃不见,云何可请? 答:佛虽必说,而不待请,请者得福,何得不请? 复次,佛法待请为说。又众生虽不面见诸佛,诸佛何尝不见其心,闻其所请? 假令诸佛不闻不见,请亦得福,何况闻见而无益耶?①

[今译]《辅行》卷七下说:劝请大概具有二层意义:一是请佛久住于人世间,二是请佛常转法轮。

《大智度论》卷七说:问:根据诸佛法的规律,照理就应该说法,又何必劝请之后才说法呢? 再说,如果诸佛出现在我人的眼前,请佛说法还能够做到。现在都见不到佛了,怎么进行劝请呢? 答:佛虽然必定会说法,而不需要等待劝请,但是能够请佛住世以及说法的人自己却能得福,怎么可以不请呢? 另外,佛法珍贵难得,因此一般要等待劝请之后才宣说。再者,众生虽然不见诸佛色身,但是诸佛又何尝不见众生心念,听闻到众生所劝请的语言? 即使诸佛对于众生的劝请和心念都是不闻不见的,这样的劝请也能得福,更何况能闻能见,这难道会没有利益吗?

三随喜者,随喜称赞诸善根。

[集注]《辅行》七下云:"佛转法轮,众生得三益②。我助彼喜者,喜前劝请也。过去下种,现在重闻,得成熟益;未曾下种,现在成种,未

---

① 参见《大智度论》卷七,《大正藏》卷二十五,第109页中—下。

② 三益:指修行有三种得益,这有两种情况:第一是种熟脱,此乃就所化实益之因果始终而分三类,亦即众生始于心田种下佛种,至最后得解脱,分为三个阶段,即:一、下种益,以农夫于田圃播下谷种,比喻佛以成佛得道之种子种入众生心田中,此即与佛法最初之结缘。二、调熟益,以种子发芽渐渐比喻众生心田之佛种渐熟。即已入于佛法之行中。三、解脱益,以谷物成熟可以收割比喻佛种之全部调熟,因圆果满,得解脱自在。

第二是菩萨因行六波罗蜜,得一切种智成就佛树,以叶、花、果三益利益众生,即:一、叶益,众生因菩萨而得离三恶道,是为叶益众生。二、花益,众生因菩萨而得生刹利大姓、婆罗门大姓、居士大家、四天王天处,乃至非有想非无想天处,是为花益众生。三、果益,菩萨得一切种智,令众生得须陀洹果、斯陀含果、阿那含果、阿罗汉果、辟支佛道、佛道。众生渐渐以三乘法,于无余涅槃而般涅槃,是为果益众生。天台家以此三益分别配于圆教观行即、相似即、分真即。

来方益。故三世益,皆因法轮,故我随喜,众生得益。"①《要旨》云:"随他修善,喜他得成。"②

[今译]《辅行》卷七下说:佛转法轮,众生得三益。我帮助他人而随其欢喜,就是欢喜前面所说的劝请。过去世曾经种下善根,现在世又重新听闻到佛法,这是得到了成熟的利益。过去世未曾种下善根的,就从现在开始种下去,在未来世也能得到利益。所以三世的利益,都是因为请转法轮的功德而来,是故我随喜,而众生得到了佛法的利益。《修忏要旨》说:随从他人修习善法,欢喜他人得到成就的利益。

四回向者,所有称赞善,尽回向菩提。

[集注]《止观》七云:"回众善向菩提,一切贤圣功德广大,我今随喜,福亦广大,众生无善,我以善施,施众生已,正向菩提,如回声入角,响闻则远,回向为大利。"③《辅行》七下云:"如回声入角等者,《大论》三十二云:回向者,如少物上王,如回声入角。问:菩萨功德胜于二乘,有何奇特? 答:今此不以功德比之,但以随喜回向心比。如巧匠指示,倍得价直(通值),执斧之人,倍用功力,直不足言。声闻自行,如执斧者,菩萨教他而行回向,犹如大匠。"④《要旨》云:"所谓回事向理,回自向他,回因向果。"⑤

[今译]《止观》卷七说:回转众多善法而趋向菩提,一切贤圣的功德极为广大,我今随喜,得福也非常广大,众生缺乏善心,我现在以善法布施给他们,布施给众生之后,功德正面趋向菩提佛果,譬如回转声音进入号角之内,响声就能传得很远,可见回向有巨大的利益。《辅行》卷

---

① 见《大正藏》卷四十六,第 383 页上。
② 见《四明尊者教行录》卷二,《大正藏》卷四十六,第 869 页下。
③ 见《大正藏》卷四十六,第 98 页中。
④ 见《大正藏》卷四十六,第 383 页下。
⑤ 见《四明尊者教行录》卷二,《大正藏》卷四十六,第 869 页下。

七下说："犹如回转声音进入号角等,《大智度论》卷三十二说:所谓回向,比如以很少的物品上献大王,譬如回转声音进入号角。问:菩萨所获得的功德超胜于二乘人所获得的功德,这有什么奇妙的差异呢? 答:现在这里不以功德来对比,只以随喜心和回向心来相比。譬如得到了善巧的工匠指示,就能创造成倍的价值,如果光靠执斧之人的苦力,加倍地付出功力,其所创造的价值也不足为言。声闻只管自己修行,有如执斧者出苦力,菩萨教化他人而又能够修行回向,犹如精通技术的大匠。"《修忏要旨》说:所谓回转事相而趋向理性,回转自修而趋向教化他人,回转因行而趋向果觉。

五发愿者,若无发心万事不成,故须发心以导前四。是为五悔。

[集注]《止观》七云:"愿者誓也。如许人物,若不分券,物则不定。施众生善,若不要心,或恐退悔,加之以誓。又无誓愿,如牛无御,不知所趣,愿来持行,将至所在,如坯得火,堪可盛物。二乘生尽,故不须愿。菩萨生生化物,须总愿、别愿。四弘是总愿,法藏华严所说,一一善行陀罗尼,皆有别愿。"①

一切诸愿,四弘摄尽,故名为总。故知一切菩萨,凡见诸佛,无不发于总愿、别愿。

[今译]《止观》卷七说:这里的发愿就是发誓的意思。譬如答应给人物品,如果不给契约,物品就不能确定了。布施给众生善法,如果没有至诚的真心,或许将来就会退失而后悔,所以要加上发誓来使其坚固。再说,如果没有誓愿,就像是顽劣的牛没有绳索来御制,便不知它将会趣向何处了,有愿力来扶持修行,将来就会到达目的地,譬如泥坯得到了火力的烧烤,就可以成为陶器而盛东西了。二乘人的分段生死已经断尽,所以不须发愿。菩萨生生世世教化众生,就必须要有总愿、

---

① 见《大正藏》卷四十六,第98页下。

别愿等。四弘誓愿就是总愿，法藏比丘、《华严经·净行品》所说的，一一善行以及陀罗尼等，都含有别愿。

一切诸愿，四弘誓愿就能完全收摄了，所以叫做总愿。因此知道一切菩萨，凡是见到了诸佛，没有不发总愿和别愿的。

下去诸位，直至等觉，总用五悔，更不再出，例此可知。

[集注]《光明文句》中云："当知忏悔位长，其义极广，云何而言，止齐凡夫？是故《五十校计经》①齐至等觉，皆令忏悔，即其义也。"②《记》三云："从造无间业者，上至圆教等觉，故云位长。位位横论，各有三障，烦恼头数，结业流类，苦报等差，故云义广。古人何为但在凡夫？大师本以三昧总持，说忏悔位，该亘凡圣，自然与《校计经》合，实匪寻经作此安布，行者知之。"③

[今译]《金光明经文句》卷中说：应当知道忏悔在修行过程中的位次是非常长远的，其意义也极为广大，怎么可以说忏悔的位次只是与凡夫等齐呢？所以《五十校计经》所说的齐到等觉位次的菩萨，都令其修习忏悔，就是这个意思。《金光明经文句记》卷三说：下自造作无间地狱恶业的人，上至圆教的等觉菩萨，所以说位次长远。在每个位次中横向的讨论，各自都具有三障：烦恼障的生起和数量，业障的流动和种类，报障的受苦情况等等，千差万别，所以说意义极为广大。古人为何认为忏悔只在凡夫众生呢？天台大师本来是以三昧的总持力，宣说忏悔的修证位次，该摄包罗了长远的凡圣之位，自然而然地与《五十校计经》吻合，其实并不是披寻经典之后再作出这样的安排布置，修行忏悔的人应该知道这一点。

----

① 《五十校计经》：又称《明度五十校计经》，二卷，即《大方等大集经》第五十九、六十卷的《十方菩萨品》，高齐那连提耶舍译。收于《大正藏》卷十三。
② 见《大正藏》卷三十九，第60页中。
③ 见《大正藏》卷三十九，第115页中。

（二）读 诵 品

二、读诵品者。经云：何况读诵受持之者。谓内以圆观，更加读诵，如膏助火。

[集注]《止观》七云："善言妙义，与心相会，如膏助火，是时心观益明，名第二品也。"①读诵如膏，圆观如火。《文句》八："看文为读，不忘为诵，信心故受，念力故持(经云，《法华·分别功德品》)。"②

[今译]《止观》卷七说："善于讲说微妙的佛法义理，并能与自心相互印证融会，譬如膏油能够帮助火光，这个时候的心观就更加明朗，名为第二读诵品。"读诵比如膏油，圆观比如火光。《法华文句》卷八指出：眼看文字为读，看过而不忘记为诵，对所读经文生起了信心所以叫做受，保持这种觉受而使其成为一种力量就叫做持(《四教仪》此处"经云"后面的"何况读诵受持"，出自《法华经·分别功德品》)。

（三）说 法 品

三、说法品者。经云：若有受持读诵，为他人说。内解转胜，导利前人，化功归己，心倍胜前。

[集注]《文句》八："宣传为说，圣人经书难解，须解释。"③《妙玄》五云："行者内观转强，外资又著，圆解在怀，誓愿熏动，更加说法，如实演布。说法开导，是前人得道全因缘，化功归己，十心则三倍转明，是名第三品位。"④《止观》七云："更加说法，转其内解，导利前人，以旷济故，化功归己。"⑤《释签》五云："故知以说法力，内熏自智，令倍清净。为说

---

① 见《大正藏》卷四十六，第98页下。
② 参见《大正藏》卷三十四，第107页下。
③ 见《大正藏》卷三十四，第107页下。
④ 见《大正藏》卷三十三，第733页中。
⑤ 见《大正藏》卷四十六，第98页下—99上。

圆常,内心无著,故名为净。化功归己,意在于斯。"①

问:南岳、天台皆云,为他损己,及《止观》中,令修三术②,诚勿领徒。又《辅行》七下云:"早领众者,名成损己,益他盖微。"③其如《玄》文、《止观》及今"说法品"皆云"说法开导,化功归己"耶?须知以慈忍无著之心说法则可。如云:三轨备足,方可宣通。如《四安乐行》方许说法,否则不许。若南岳、天台所云,盖寄自以诫他也。如《妙乐》一云:"今问弘经者,为名利壅己,为大悲益物?自行暗于妙宗,何殊无目而导?"④衣座室诫,思之自克。

问:今五品位,说法品中,化功归己,彼《止观》安忍中,正于五品,令修三术,诚勿领徒何耶?须知虽于品中,令修三术,意诫初心为他损己。又品位虽说,须守观心,若逐外有妨,是亦须诫。

[今译]《法华文句》卷八说:宣传名为说,圣人的经书很难理解,必须经过解释。《法华玄义》卷五说:修行者内观展转增强,外在事相上的修行又越发显著,圆满的理解已经在自己的心中生起,由于深广的誓愿熏习启动,再加上宣说一乘之佛法,如实无误地演说传布。说法开导众生,这是使眼前学人得以证道的全部因缘,教化众生的功德归到了自己的生命中,观照十法成乘的十种心就能三倍于以前而转向明了,这就叫做第三说法品的位次。《止观》卷七说:再加上说法,展转增上其内心对佛法的理解,教导利益眼前的学人,因为广泛地救济众生的缘故,教化的功德就还归于自己。《释签》卷五说:由此可知因为说法的力量,内在能够熏习自己的智慧,使之倍加清净。为众生宣说圆满常住的妙法,内

---

① 《释签》卷十说:"唯说圆常,内心无著,故名为净。如引《安乐行》云:但以大乘法答等。故知以说法力,内熏自智,令倍清净,化功归己,意在于斯。"见《大正藏》卷三十三,第888页中。

② 三术:一莫受莫著、二缩德露疵、三遁迹万里,外三术也。内三术:空、假、中。外障是软贼,谓名誉等,当修外术以治。内障是强贼,谓烦恼等,当修内术治也。参见《摩诃止观》卷七。

③ 见《大正藏》卷四十六,第386页中。

④ 见《大正藏》卷三十四,第151页下。

心就没有执著,所以叫做净。教化的功德归于自己,意义就在这里。

问:南岳慧思大师、天台智者大师都说因为利益他人而损失了自己功夫,以及《止观》中,令学人修习三术,教诫不要领导徒众。又《辅行》卷七下说:"过早领导徒众的,名誉成就之后便会损害自己,而利益他人也是很微薄的。"其他的就像《法华玄义》、《摩诃止观》以及现在所说的"说法品"却为什么都讲说法开导众生,教化的功德归于自己呢?必须知道这是指能够以慈悲、忍辱和没有执著的心说法才可以达到。如说:三轨完备具足,方才可以宣说佛法而没有障碍。如《四安乐行》那样才可以允许说法,否则就不能允许。至于南岳、天台等大师所说的话,这是根据自己的经验来教诫他人。如《妙乐》卷一说:"现在试问弘扬佛法讲解经典的人,是为了名利而堵塞自己,还是因为同体大悲而去利益众生呢?自己修行尚且迷昧于微妙的究竟宗旨,这与瞎子引路有什么区别呢?"披忍辱衣、入慈悲室、登法空座的教诫,对照自己仔细审察。

问:现在所说的五品位,在说法品当中,指出了教化他人的功德归于自己,而在《止观》所说十乘观法的能安忍当中,正是在说五品位的时候,令学人修习三术,劝诫不要领导徒众,这是为什么呢?必须知道虽然在五品位当中,令修三术,但其内在的意义却是在教诫初发心的学人,不要为了他人的微薄利益而损害自己。再说,五品位虽然这么讲,但关键是必须守护观察内心,如果因为追逐外物而有所妨碍,这也是必须教诫的。

(四) 兼 行 六 度

四、兼行六度。经云:况复有人能持是经,兼行布施等。福德力故,倍增观心。

[集注]《妙玄》五云:"上来前熟观心,未遑涉事。今正观稍明,即傍兼利物。能以少施与虚空法界等,使一切法趣檀,檀为法界,余五亦如是。事相虽少,运怀甚大,此则理观为正,事行为傍,故言兼行布施。

事福资理,则十心弥盛,是名第四品位。"①

[今译]《法华玄义》卷五说:前面所说的是首先熟练观心,却还未来得及牵涉事相。现在内心的正观已经稍微明显,就能兼行利益众生之事了。能够以微少布施的功德与虚空法界等无有异,使所修习的一切法都能趣向檀波罗蜜,檀波罗蜜就是法界,其余的五种波罗蜜也是如此。事相上的修习虽然很微少,但其发心却是非常广大,这是指以理性的观照作为正修,以事相的修行作为傍助,所以说是兼行布施。事相上的福德资助理性上的智慧,就能使十乘观法的十种心更加强壮,这就叫做第四品兼行六度的位次。

(五) 正 行 六 度

五、正行六度者。经云:若人读诵,为他人说,复能持戒等。谓自行化他,事理具足,观心无阂,转胜于前,不可比喻。

[集注]《妙玄》五:"行人圆观稍熟,理事欲融,涉事不妨理,在理不隔事,故具行六度。若布施时,无二边取著,十法界依正,一舍一切舍,财、身及命、无畏等施。若持戒时,性重讥嫌,等无差别,五部重轻,无所触犯。若行忍时,生法寂灭,荷负安耐。若行精进,身心俱净,无间无退。若行禅时,游入诸禅,静散无妨。若修慧时,权实二智,究了通达,乃至世智,治生产业,皆与实相不相违背。具足解释佛之知见,而于正观,如火益薪,此是第五品位。"②

《释签》五云:"事理不二,方名正行。若取其意,但用三藏事六度相,皆以实相融令不二,无非法界,即是其相。无畏等施者,论有三施,谓资生、无畏、法,舍于依正,名施资生。略不言法,故云等也。"③

《止观》七云:"正修六度,自行化他,事理具足,心观无碍,转胜于

———

①　见《大正藏》卷三十三,第733页中。
②　见《大正藏》卷三十三,第733页中。
③　见《大正藏》卷三十三,第888页中—下。

428

前,不可比喻,名第五品也。"①

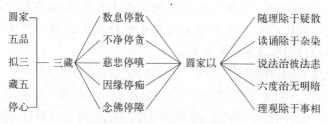

图 70：圆家五品拟三藏五停心

[今译]《法华玄义》卷五说：修行人的圆观稍微熟练了,理性和事相将要圆融无碍,涉及事相而不妨碍理性,处在理性当中而又不隔离事相,所以具足修行六度。在修布施的时候,没有能所二边的取相和执著,尽十法界中的依报和正报,一施舍就能一切都同时施舍,财物、身体以及生命、无畏都能平等地完全布施。在持戒的时候,性罪重戒以及只犯讥嫌的轻戒,也能平等而无有差别,五部律所制定的重戒轻戒,都不会有所触犯。在修忍辱的时候,生忍、法忍乃至寂灭忍,都能荷担负责而安心忍耐。在修行精进的时候,则能够色身和内心都清净,没有间杂没有退转。如果修禅定的时候,能够随意进入各种禅定,宁静和散乱都不妨碍。在修习般若智慧的时候,权巧方便和究竟真实这二种智慧,究竟明了而通达,乃至世间的知识才能,为谋生计经营产业,都能与诸法实相不相违背。已经具足解释佛之知见的能力,而对于自己的正观理性的修行,譬如大火得益于柴薪一样,这是第五品正行六度的位次。

《释签》卷五说：事相和理性相即不二,才可以叫做正行六度。如果掌握了其中的道理,就明白是用三藏教事六度的修行表现,都以实相理体来进行融会贯通,使其与理性相即不二,无非都是法界的全体,这就正行六度的外在表现。无畏等施,具体地说有三种布施,所谓资生、无畏、法,舍于依报和正报,名为施资生(即财施)。法施略而不谈,所以就

---

① 见《大正藏》卷四十六,第 99 页上。

用"等"字来表示。

《止观》卷七说：正修六度，自己修行加上教化他人，事相理性同时具足，内心的观照没有障碍，辗转增胜于前面的四品，并且没有办法拿它们来进行比较，这就叫做第五品。

[集注] 四信①五品对三慧。《文句》十云："初二是闻慧位，广闻广说是思慧位，观行想成是修慧位，自浅之深成六根清净十信位也。"②又云："前三人是闻慧位，兼行六度是思慧位，正行六度是修慧位。"③

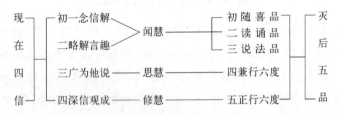

图71：四信五品对三慧

[今译] 四信、五品对应于三慧。《法华文句》卷十说：第一念信解和第二略解言趣是属于闻慧的位次，第三广闻广说是属于思慧的位次，第四观行想成则是属于修慧的位次，从浅入深而成就六根清净的十信位。又说："五品位的前三人属于闻慧之位，兼行六度属于思慧之位，正行六度则属于修慧之位。

[集注]《妙乐》十云："何故现在唯四信，灭后立五品？答：其义既齐，四五无别，但是灭后加读诵，为第二品耳。"④

───────────────

① 四信：依据《法华经》卷五分别功德品之说，将佛在世时弟子信解之不同，分为四阶位：一、一念信解，谓随所闻而开悟，信一切法皆是佛法，然仅止于自解，尚未能向他人说教者。二、略解言趣，谓稍具说法之能力，而略能向他人说教者。三、广为他说，谓广闻广解，能广为他人说法者。四、深信观成，谓信解、说法、观行具足，而能自观体得者。

② 见《大正藏》卷三十四，第138页上。

③ 见《大正藏》卷三十四，第138页中。

④ 见《大正藏》卷三十四，第343页下。

[今译]《妙乐》卷十说：为什么现在世间只有四信，而到了入灭之后却又建立五品呢？答：其内在意义是相同的，四信与五品并没有本质上的差别，只是在入灭之后加上读诵，作为第二品。

此五品位，圆伏五住烦恼，外凡位也。与别十信位同。

[集注]《妙玄》五云："五品已圆解一实四谛，其心念念与法界诸波罗蜜相应，遍体无邪曲偏等倒，圆伏枝客根本惑，故名伏忍。诸教初心无此气分文。① 又云：五品之位，理虽未显，观慧已圆，具烦恼性，能知如来秘密之藏，堪为世间作初依止。"②

《妙玄》五云："五品、六根为初依，十住为二依，十行、十回向为三依，十地、等觉为四依。"③《释签》六云："四依位者，以此四人并能化他故。以此位释于因人功用。"④此约观行成就，五品在十信前。若《普贤观》品信合说，盖赴机异尔。又吾祖位居五品，而云获旋总持者，然旋假入空，约位竖论，虽在六根七信以前，约观横辨，不妨通于五品。

[今译]《法华玄义》卷五说：五品位的时候已经圆满地理解了一佛乘实相的四谛之理，其心能够念念都与法界诸波罗蜜相应，全部的身心见解都没有歪邪扭曲偏激等颠倒的事情，圆伏枝末和根本的各种惑业，所以叫做伏忍位。其余三教的初心没有这种气分。又说：五品的位次，中道之理虽然还未显现，但是观照实相的智慧已经圆满具足，具有烦恼的性质，能够知道诸佛如来的秘密宝藏，有能力给世间人作初步的依止。

《法华玄义》卷五说：五品和六根可以作为初步的依止，十住可以作为第二步的依止，十行、十回向可以作为第三步的依止，十地、等觉可以作为第四步的依止。《释签》卷六说："四种依止的位次，因为这四种人

---

① 见《大正藏》卷三十三，第735页下。
② 见《大正藏》卷三十三，第736页下。
③ 见《大正藏》卷三十三，第736页下。
④ 见《大正藏》卷三十三，第892页中。

都有能力教化他人的缘故。以这些位次来解释在因地修行人的功德妙用。"这是从修习观行而得到成就的角度来说,五品位就在十信位之前。如果像《普贤观经》那样把五品位与十信位合起来说,这是为了契合众生的不同根机。再者,吾祖智者大师位居第五品,而又说是获得了旋总持陀罗尼,但是旋假入空,如果从修证位次由低到高的竖向来说,虽然是在六根清净的七信位之前,如果从一心三观的横向来说,也不妨相通于五品弟子位(因为已经知道一空一切空,一假一切假,一中一切中,初旋就是指一空一切空的旋假入空)。

二、六根清净位(十信)

次进六根清净位,即是十信。初信断见惑,显真理,与藏教初果,通教八人、见地,别教初住齐,证位不退也。次从二信至七信,断思惑尽,与藏通二佛,别教七住齐,三界苦集断尽无余。故《仁王》云:十善菩萨发大心,长别三界苦轮海。解曰:十善者,各具十善也。若别十信,即伏而不断,故定属圆信。

[集注]《妙玄》五云:"十信位者,初以圆闻,能起圆信,修于圆行,善巧增益,令此圆行,五倍深明。因此圆行,得入圆位。以善修平等法界,即入信心。乃至善修无著,即入愿心,是名十信位。《璎珞》云:一信有十,十信有百,百法为一切法之根本也。是名圆教铁轮十信位,即是六根清净。圆教似解,暖、顶、忍、世第一法。《普贤观》明无生忍前有十种境界,即此位也(普贤、释迦、分身、多宝四圣,及六根清净共为十种)。"[1]

《仁王》云者,波斯匿王所说偈也。十善者,《仁王疏》中云:"十信善者,有三品,上品善铁轮王,化一天下;中品善粟散王;下品善人中王。"[2]《妙乐》十云:"信信通皆具足十善,非谓专以人天不杀盗等,用对

---

① 见《大正藏》卷三十三,第733页下。
② 见《大正藏》卷三十三,第272页中。

十信。既云长别三界苦轮,当知须是断惑十信。"①

《释签》五云:"亦有人云:六根清净名为顿义,十善菩萨此是渐义。今文所引十善菩萨,以证六根,岂应引渐,而证于顿?故知二文俱顿明矣!但《仁王经》语其初后,《法华经》意,论其中间,人不见之,徒生异见。"②

[今译]《法华玄义》卷五说:"十信位,开始是因为圆闻妙法,就能生起圆信,接着就修圆满之行,非常善巧地增长功德利益,使自己所修的圆行,五倍深入而明了。由于这样的修习圆行,得以进入圆教的位次。因为善巧地修习平等法界观,就能进入最初的信心位。乃至善巧地修习无著行,就能进入第十的愿心位,这就是十信位。《璎珞经》说:一信当中具有十种情况,十信当中就具有一百种证道情况,这一百种法就是一切佛法的根本,这叫做圆教铁轮十信位,也就是六根清净位。圆教相似的理解,是暖、顶、忍、世第一法。《普贤观经》在说明无生忍之前,有十种境界,就是指这个位次(普贤色身、释迦如来、分身诸佛、多宝佛等四圣,加上六根清净位,总共为十种境界)。"

《仁王般若经》所说的,就是指波斯匿王所说的偈颂。十善,《仁王般若经疏》卷中说:十信善,有三品,上品善称为铁轮王,教化一四天下;中品善叫做粟散王;下品善就是人中王。《妙乐》卷十说:十信中的每一信全部都具足了十善,并不是说专门以人天乘的不杀生、不偷盗等,用来对应十信位。既然说"长别三界苦轮海",就应当知道必须是断除了见思惑的十信。

《释签》卷五说:也有人说:六根清净的名称具有顿教的意义,十善菩萨则是渐教的意义。现在所引的十善菩萨,是用来证明六根清净位,怎么可以引用渐教的意义,而来证明顿教的意义呢?所以知道这两段文字都是顿教的意义是很明显的!只是《仁王般若经》所说的是最初和

---

① 见《大正藏》卷三十四,第341页中。
② 见《大正藏》卷三十三,第889页上。

最后的情况,而《法华经》的经意,是在讨论处于这十个位次中间的情况,学人不明白这个道理,徒然产生分歧的意见。

然圆人本期不断见思、尘沙,意在入住,断无明见佛性。然譬如冶铁,粗垢先去,非本所期,意在成器,器未成时,自然先落,虽见先去,其人无一念欣心,所以者何? 未遂所期故。圆教行人,亦复如是,虽非本所望,自然先落。

[集注] 此明圆断之义,《辅行》六上云:"从初以来,三谛圆修,与次第义永不相关。此论粗惑任运断处,与次第齐。"① 又七下云:"五品已能圆伏五住,岂至此位别断见思? 但是圆修粗惑先断,犹如冶铁,粗垢先除。"②

《别行玄记》下云:"圆譬冶铁作器,别喻烧金作器。冶谓镕铸,淳朴顿融,任运粗垢先落。烧谓锻炼,物体犹坚,特要粗尘先去,然后融金,以除细垢。圆观顿穷法界,无意先观二谛,二惑任运先落。别观次第显中,有意先观二谛,故使二惑先除。"③

《指要钞》下云:"圆人始终用绝待智,顿亡诸法,理果尚亡,惑何次第? 只由此智,功力微著,故成疏亲。由疏亲故,惑落前后,名迷厚薄,智疏惑厚,智亲惑薄。传传明之,此乃约智分惑也。"④ 先达云:修观惑智一如,功成惑落前后。

[今译] 这是说明圆教断惑的意义,《辅行》卷六上说:从最初圆解妙法以来,就能三谛圆修,与次第修证的意义永远也不相关。这是讲圆教行人的粗重见思惑是任运断除的,所断除的惑业与次第修证而断除的情况相同。又在卷七下说:五品位就已经能够圆伏五住烦恼,哪里会

---

① 见《大正藏》卷四十六,第333页下。
② 见《大正藏》卷四十六,第385页上。
③ 见《大正藏》卷三十四,第910页下—911页上。
④ 见《天台藏》之《十不二门指要钞详解》卷二上,第434页。台湾湛然寺影印版。

到了这个位次还特别来断除见思惑呢？只是因为在圆教修行的过程中，对于粗重的见思惑自然会首先断除，犹如冶铁一样，铁上的粗垢自然会首先脱落。

《别行玄记》卷下说：圆教修行譬如冶铁制作铁器，别教修行比喻为烧金而制作金器。冶是指镕铸，经过了淳朴顿融的程序，粗垢自然首先脱落。烧是指锻炼，物体本身还是过于坚韧，特别需要把粗尘首先除去，然后才能进行融金的工序，以去除微细的尘垢。圆教的观行是顿穷法界，无意首先观察二谛之理，见思二惑是任其自然地首先脱落。别教的观行是次第显示中道，必须有意首先观察二谛之理，所以使见思二惑首先断除。

《指要钞》卷下说："圆教行人始终利用绝待的观智，当下顿亡诸法，理体果觉尚且冥然亡绝，见思等惑哪里还有什么次第呢？只是由于圆教的观智，用功得力的情况有微少和显著的差异，所以就有观智的疏亲之别。由于疏亲的缘故，惑业的脱落也就有前后不同，这叫做迷惑的程度有厚薄之分，观智疏远的迷惑就较厚，观智亲切的迷惑则较薄。可以从各个方面来对其阐述，这里就是从观智的角度来分析惑业的情况。"过去的大德说："正在修观的时候是惑智一如的，功夫成熟了则有惑业脱落的前后之别。"

永嘉大师云："同除四住，此处为齐，若伏无明，三藏则劣。"即此位也。解曰：四住者，只是见思，谓见为一，名见一切处住地。思惑分三：一、欲爱住地，欲界九品思。二、色爱住地，色界四地各九品思。三、无色爱住地，无色界四地各九品思。此之四住，三藏佛与六根清净人同断，故言"同除四住"也。言"若伏无明，三藏则劣"者，无明即界外障中道之别惑，三藏教止论界内通惑，无明名字尚不能知，况复伏断？故言三藏则劣也。

[集注]《永嘉集》云："然三藏之佛，望六根清净位，有齐有劣。同除四住，此处为齐；若伏无明，三藏则劣，二乘可知。"①此本是《妙玄》位妙中文，《永嘉集》中引用之耳。

昔传唐末五代，台教湮没，因钱氏读《永嘉集》至此不解，问于韶国师。国师指为台教中语，当问螺溪义寂法师，师奏海东盛行。遂求于高丽，由是观师赍教部来使，始复兴焉。今称永嘉，盖有由矣！

《释签》六云："有齐有劣者，惑尽处齐，观行闻教，是则为劣。亦以佛位格者，为顺教道故也。"②

[今译]《永嘉集》说："三藏教的佛果，对望于圆教的六根清净位，有相齐的地方，也有比六根位更加低劣的地方。同样断除了四住烦恼，在此处就是等齐的；如果说伏无明，三藏教则显得低劣，二乘果位就可想而知了。"这句话本来是《法华玄义》迹门十妙的位妙中之文字，《永嘉集》中的话就是引用它的啊。

昔日传说唐末五代时，台宗的教典湮没殆尽，因为吴越王钱弘俶读《永嘉集》至此处不能理解，就请问德韶国师。国师指出这是台教典籍中的语言，应当去请问螺溪义寂法师，义寂法师启奏说在海东高丽尚有台教盛行。于是吴越王就派遣使臣到高丽求取，由此，谛观大师赍持教部来到中国，天台宗也因此得以复兴。现在这里引用永嘉大师的话，是有缘由的啊！

《释签》卷六说：关于有等齐也有低劣，见思惑断尽的地方是等齐的，所修观行和所闻教理，则是低劣的。这里也以三藏教的佛位来进行比较，是为了顺从教道的缘故。

次从八信至十信，断界内外尘沙惑尽，假观现前，见俗谛理，开法眼，成道种智，行四百由旬。与别教八、九、十住及行、向位

---

① 见《大正藏》卷四十八，第392页下。
② 见《大正藏》卷三十三，第892页下。

齐。行不退也。

　　[集注] 虽约位断证，格量似齐，圆别即离，不可一混。又此六根，明下根出假，功逾十向。此是相似圆融三谛，不同次第出假之位。又五品明中根出假，五品之初为上根，亦约观行，论坐道场度众生等。又《辅行》五上云：以初住为真出假位。①

　　[今译] 虽然说从位次的断惑证真的角度比较衡量似乎等齐，但是圆教和别教的相即和相离的思想，却不可以混为一谈。再者，六根清净位指出了下等善根的人能够从空出假时，其功德能力就超越了别教的十回向。这是六根位的相似圆融三谛，不同于别教次第出假十回向的位次。此外，圆教五品位指出了中等善根人的从空出假，五品位的初品就能从空出假的是上等善根，到了这些位次也可以从观行的角度来说成佛坐道场以及转法轮度众生等事业。又《辅行》卷五上说：以初住位作为真正的从空出假的位次。

三、十　住

次入初住，断一品无明，证一分三德，谓：解脱、般若、法身。此之三德，不纵不横，如世伊三点，若天主三目，现身百界，八相成道，广济群生。

　　[集注] 此明断惑证理，全体起用。三德次第，本法身、般若、解脱，今顺初住，缘、了、正三心开发，而为次也。言不纵不横者，异乎别教非纵即横也。《释签》六云："虽一点在上，不同点水之纵，三德亦尔，虽法身本有，不同别教为惑所覆；虽二点在下，不同烈火之横，三德亦尔，以（《释签》中作"虽"字者误，《妙宗》引作"以"字者正）二德修成，不同别人，理体具足，而不相收。"②

---

　　①　《辅行》卷五之四说："三教出假通名爱见，从初发心常观中道，故永不同毒伪空假。"见《大正藏》卷四十六，第301页中。
　　②　见《大正藏》卷三十三，第900页上一中。

如《妙宗》云:"三虽性具,缘了是修;二虽是修,非适今有。二若非修,三法则横;二若非性,三法则纵。"①

三点三目,出《大经·哀叹品》②。西方有新旧二伊,旧伊如横川走火点水之纵;新伊如此方草书下字,细画相贯,不纵不横。摩醯首罗,有三目八臂。八相者,《华严》云"或见入胎"等,皆云"或"者,一一相中,皆有八相故。③

[今译] 这是阐明断除无明惑而证得中道实相之理,全体而起妙用的情况。获得三德的前后次第,本来依次是法身、般若、解脱,现在这里是根据初住菩萨,缘因善心、了因慧心、正因理心等三心开发的顺序,作为次第的。所谓不纵不横,这是差别于别教的非纵即横。《释签》卷六说:虽然一点在上面,但是不同于三点水的纵向排列,三德也是如此,虽然法身本有,但是不同于别教所说的为无明烦恼等惑所覆盖。虽然二点在下面,但又不同于烈火的横向排列,三德也是如此,因为(《释签》中作"虽"字者误,《妙宗》引作"以"字者正)般若和解脱二德是属于修习而成,但是不同于别教的行人,理体本来具足,而不能相摄互收。

如《妙宗钞》所说:三因佛性虽然都是自性本具,但是缘因和了因需要通过修行才能成就,缘因和了因二者虽然是通过修行而成,但又不是现在才有的。缘了二因如果不是属于修成的,这三法就会成为横向的

---

① 见《大正藏》三十七,第 203 页下。

② 《南本涅槃经》卷二说:"何等名为秘密之藏?犹如伊字,三点若并,则不成伊,纵亦不成。如摩醯首罗面上三目,乃得成伊。三点若别,亦不得成。我亦如是,解脱之法亦非涅槃,如来之身亦非涅槃,摩诃般若亦非涅槃,三法各异亦非涅槃。我今安住如是三法,为众生故名入涅槃,如世伊字。"见《大正藏》卷十二,第 616 页中。

③ 晋译《华严》卷二十三说:"一切诸佛,从兜率天下、入胎、处胎、初生、出家、成佛道时,劝请转大法轮、示入大涅槃。"见《大正藏》卷九,第 454 页中。

八十《华严》卷五十八说:"菩萨摩诃萨,于兜率天,临下生时,从随好中,放大光明,名曰眼庄严,示现菩萨种种诸业。时诸人天,或见菩萨住兜率天,或见入胎,或见初生,或见出家,或见成道,或见降魔,或见转法轮,或见入涅槃。"见《大正藏》卷十,第 310 页下。

并列关系;缘了二因如果不是自性本具的,那么这三法又会成为纵向的上下关系了。

三点和三目的比喻,出自《大涅槃经·哀叹品》。西方有新旧两种伊(∴)字,旧伊字就像横川竖三(这是指三点或横或竖也不圆)或者走火之横和三点水之纵那样;新伊字则如汉字草书的"下"字一样,三点之间带有微细的线条而相互连贯,不纵不横。摩醯首罗具有三目八臂。八相,《华严经》说"或见入胎"等,每一相都说了"或"字,这是因为每一相当中,都具有八相,因众生的根性不同而所见有别。

《华严经》云:"初发心时,便成正觉,所有慧身,不由他悟。清净妙法身,湛然应一切。"解曰:初发心者,初住名也。便成正觉者,成八相佛也,是分证果,即此教真因。谓成妙觉,谬之甚矣! 若如是者,二住已去诸位徒施。若言重说者,佛有烦重之咎。虽有位位各摄诸位之言,又云发心究竟二不别,须知摄之所由,细识不二之旨。龙女便成正觉,诸声闻人受当来成佛记莂,皆是此位成佛之相。慧身即般若德,了因性开发;妙法身即法身德,正因性开发;应一切即解脱德,即缘因性开发。如此三身发得本有,故言不由他悟。中观现前,开佛眼,成一切种智。行五百由旬,到宝所! 初居实报无障阂土,念不退位。

[集注] 此下引经释出,就斥他谬。虽云各摄诸位,须知摄之所由者,由理具故。虽云发心究竟不别,细识不二之旨者,旨在于即。即具之理虽尔,浅深之事,位那不分? 即故初后不二,六故初后不滥。位位各摄诸位者,如《大品》初阿后荼,中四十字。初阿字门,具四十二字,后荼字门亦然。又如《华严》一地具诸地功德。

《大经》云:"发心究竟二不别,如是二心前心难。"[1]发心即初住,究

---

[1]　见《南本涅槃经》卷三十四,《大正藏》卷十二,第838页上。

竟即妙觉。龙女成佛,文从权说,以证圆经,成佛速疾。若实行不疾,权行徒施。权实义等,理不徒然。如《妙乐》八云云①。诸声闻,授劫、国、名号,与物结缘。②

发得本有者,《妙宗》上云:"今初住所发三法,皆性具故,发则俱发。从智证法,从法起应,即非一时,三身顿得,故非前后。不纵不横,复见于此。从始圆修一心三观,今圆三智一心中得,即以此智,证得法身。智性即色,三一体融,名妙色身。此身湛寂,如鉴无情,形对象生,山毫靡间,名应一切。三身三德,体离纵横。"③

中观现前者,既三因开发,应三智圆明,五眼洞照! 今但云佛眼种智者,中必双照,三智具足,四眼入佛眼,同名为佛眼。《辅行》三上云:"如河入海,失本河名,何以故? 肉天二眼,有漏因缘,慧法二眼,习气未尽,故舍本位,入佛眼中。"④

[今译] 下面引《华严经》来解释圆教理论的出处,并就此喝斥他人的谬误。虽然说是每个位次都容摄了其余的诸位,但必须知道这容摄的原因所在,就是由于理体本具的缘故;虽然说是最初发心和最终究竟成佛没有区别,但也要仔细认识这不二的旨趣,旨趣就在于相即的道理。相即和本具的道理虽然是这样的,但是在浅显和深入的事相上,证果位次怎么可以不加以区分呢? 由于相即的缘故,最初和最后就是相即不二的;由于六即佛之六个阶位的缘故,最初和最后就不会混滥不分了。每一个位次都各自容摄了其余的诸位,譬如《大品般若经》的最初阿字到最后荼字,中间有四十个字。最初的阿字门,具足了四十二字,最后的荼字门也是如此。又比如《华严经》所说的一地就具足了其余诸地的功德。

《大涅槃经》说:"最初发心和最后究竟成佛这二者没有区别,就这

---

① 参见《大正藏》卷三十四,第 314 页中。
② 参见《大正藏》卷三十四,第 257 页中。
③ 参见《大正藏》卷三十七,第 204 页上。
④ 见《大正藏》卷四十六,第 230 页上。

两种心而言,还是前一种发心更加难得。"发心是指初住,究竟是指妙觉佛果。龙女成佛,这些文字都是从权巧方便的角度来说,用以证明圆教思想所依据的经典,和成佛速度之快捷。如果真实圆满的修行不能快捷,那么权巧方便的修行就徒劳了。权巧和真实的内在意义都是平等不二的,因此在理性上也就不会徒然施设。如《妙乐》卷八所说的那样。又说:佛给诸位声闻弟子,授记了成佛的劫数、国土以及名号等等,与众生广结法缘。

发得本有,《妙宗钞》卷上说:现在这里初住位所启发的三法,都是自性本具的缘故。启发了一法则三法同时都被启发出来,从观智证得法身,从法身现起应化身,即使不是一时完成,而三身顿得,所以也不是前后次第。不纵不横的圆教理论,在这里又得到了证明。从一开始圆修一心三观,一直到圆满三智一心中证得,就是以此观智,证得清净法身。智性与妙色相即不二,三身一体圆融无碍,就叫做妙色身。这个佛身湛然寂然,比如镜子照无情物体,只要有形之物与其相对,就有影像从镜子当中出现,不管是大山还是毫毛都不会有间隔,这叫应一切境的应化身。三身与三德,其体性永远脱离纵向或者横向的局限。

中观现前:既然三因得到了开发,就应该三智圆明显现,五眼洞然照耀!现在只说佛眼种智,是因为中观必定是真俗双照,三智同时具足,其余的四眼并入佛眼,一同被称为佛眼。《辅行》卷三上说:譬如江河流入大海,就失去原来的河名,为什么呢?肉眼天眼这二眼,是有漏的因缘所生之法,慧眼法眼这二眼,无明习气还未断除净尽,所以舍离了它们本来局限的位置,而都并入佛眼当中。

次从二住至十住,各断一品无明,增一分中道。与别教十地齐。

四、十行至十地

次入初行,断一品无明。与别教等觉齐。

次入二行。与别教妙觉齐。从三行已去,别教之人,尚不知名字,何况伏断?以别教但破十二品无明故,故以我家之真因,为汝家之极果!只缘教弥权,位弥高,教弥实,位弥下。譬如边方未静,借职则高,定爵论勋,其位实下。故权教虽称妙觉,但是实教中第二行也。

次从三行已去至十地,各断一品无明,增一分中道,即断四十品惑也。

五、等 觉 位

更破一品无明,入等觉位,此是一生补处。

　　[集注] 次从二住等者,《妙玄》五云:"即是十番进发无漏,同见中道佛性,第一义理。以不住法,从浅至深,住佛三德,及一切佛法,故名十住位。"①

　　次入初行等者,《妙玄》五云:"即是从十住后,实相真明,不可思议,更十番智断,破十品无明,一行一切行,念念进趣,流入平等法界海,诸波罗蜜任运生长,自行化他,功德与虚空等,故名十行位也。"②

　　我家真因者,《妙玄》五云:"若十地十品破无明,圆家十住亦十品破无明。设开十地为三十品,只是圆家十住三十品齐。若与而为论,圆家不开十住,合取三十心为三十品,与别家十地三十品等者,则十地与圆家十回向齐。若夺而为论,别家佛地与圆家初行齐。与而为论,别家佛地与圆家初地齐。故知别教权说,判佛则高,望实为言,其佛犹下。譬如边方未静,授官则高,定爵论勋,置官则下。别教权说,虽高而粗,圆家实说,虽低而妙!以我之因,为汝之果。"③爵者,封也。爵有五等,谓:公、侯、伯、子、男。勋者,功也。

---

　　①　见《大正藏》卷三十三,第734页中。
　　②　见《大正藏》卷三十三,第734页中一下。
　　③　见《大正藏》卷三十三,第737页上一中。

十向者,《妙玄》五云:"即是十行之后,无功用道,不可思议。真明念念开发一切法界,愿行事理,自然和融,回入平等法界海,更证十番智断,破十品无明,故名回向也。十地位者,即是无漏真明,入无功用道。犹如大地,能生一切佛法,荷负法界众生,普入三世佛地。又证十番智断,破十品无明,故名十地位也。"①

等觉者,《妙玄》五云:"观达无始无明源底,边际智满毕竟清净,断最后穷源微细无明,登中道山顶,与无明父母别,是名有所断者,名有上士也。"②等觉位中,正习俱断,如今文云"更破一品无明",并上《妙玄》文断正也。

《净名疏》二云:"无复余习者,圆教始从初住,终至法云,圆断诸见,犹有习在。等觉入重玄门,千万亿劫重修凡事,见理分明,习气微薄,事等微烟。"③此断习也。又《净名疏》五云:"住等觉地,余有一品及习气在。"④

[今译] 次从二住等,《法华玄义》卷五说:就是经过了十番精进开发无漏智慧,同见中道佛性,第一义谛之理。就是以无所住的妙法,从浅至深,而安住于佛的三德之中,以及住于一切佛法之中,所以叫做十住位。

次入初行等,《法华玄义》卷五说:这是从十住位之后,对于诸法实相真实明了,言忘虑绝不可思议,再经过十番的观智和断除无明,破十品无明,修一行就能具足一切行,念念之间都可进趣,自然流入平等法界海,对于诸波罗蜜也能任运生长,自行化他,功德与虚空平等无有边际,所以叫十行位。

我家真因等,《法华玄义》卷五说:"如果十地菩萨也只是破十品无明,圆教却是在十住位的时候也能破十品无明。假设分开十地为三十

① 见《大正藏》卷三十三,第 734 页下。
② 见《大正藏》卷三十三,第 734 页下。
③ 见《大正藏》卷三十八,第 578 页中。
④ 见《大正藏》卷三十八,第 636 页中。

品无明，也只是与圆教十住开始的三十品等齐。如果就一般而言，圆教不分开十住十行十回向，合取三十心而成为三十品，这与别教十地的三十品相等，那么别教的十地也就与圆教的十回向位等齐了。如果严格来说，别教的佛地与圆教的初行等齐。就一般放开来说，别教的佛地就与圆教的初地等齐。所以知道别教的位次从权巧方便来说，判断成佛之位就高，从究竟真实而言，其成佛之位还是比较低下。譬如边方未得安宁，授予的官位就会高，安宁之后判定爵位讨论功勋，设置官位就会比较低下。别教属于权巧之说，虽然位高，但实际上比较粗浅，圆教属于真实之说，虽然位低，但实际上却很微妙！这是以圆教之因地，作为别教之果位。"爵，就是封爵的意思。爵有五等，所谓：公、侯、伯、子、男。勋，就是功勋的意思。

十回向，《法华玄义》卷五说：就是在十行位之后，以无功用道，不可思议。真正明了念念开发一切法界，愿行和事理，都能自然和融贯通，回入平等法界海，再证得十番智断过程，破除十品无明，所以叫回向。十地位，就是无漏真明，进入无功用道。犹如大地，能生一切佛法，荷负法界众生，普遍地进入三世佛地。又经过证得十番智断，破十品无明，所以叫十地位。

等觉，《法华玄义》卷五说："观智到达了无始无明的根源之处，边际智都已经圆满具足而能毕竟清净，断最后穷源微细的一品无明，攀登中道山的顶峰，与无明父母告别，这就是所谓的有所断者，叫做有上士。"在等觉位次当中，正使和习气都断，如上所说更加破除一品无明，以及上述《法华玄义》引文所说断正品无明。

《净名疏》卷二说："所谓再也没有剩余的习气了，是说圆教开始从初住，最终至法云地，圆断各种知见，还有习气存在；等觉菩萨进入重玄门，千万亿劫重新修习凡夫菩萨所作之事，见理特别分明，习气已经微薄，从事相上说就等于微细的青烟（火炭灰等，早已不在）。"这是指断除习气。另外，《净名疏》卷五说："住于等觉的地位，还剩余有一品无明以及习气存在。"

六、妙觉位

进破一品微细无明,入妙觉位,永别无明父母,究竟登涅槃山顶。诸法不生,般若不生,不生不生,名大涅槃。以虚空为座,成清净法身,居常寂光土,即圆教佛相也。

[集注]《观经疏》三云:"究竟佛者,道穷妙觉,位极于荼,故唯佛与佛,乃能究竟诸法实相,边际智满,种觉顿圆。无上士者,名无所断;无上士者,更无过者。"①

《妙宗》上云:"今此极位,乃究竟具诸位功德,故引《法华》,唯我释迦与一切佛,乃能究竟诸法之权、实相之实。达无明底,到诸法边,名边际智,不思议权智也。今已究竟,故名为满。依种种法,证本圆觉,不思议实智也。此觉极满,名为顿圆。复用第七无上士号,显智断极。有惑可断,名有上士,等觉位也。无惑可断,名无上士,即是妙觉。断德究竟,名大涅槃云云。"②

无明父母者,《楞伽经》云:"弑无明父,断贪爱母。"③

涅槃山顶,喻更无过上也。诸法是境,般若是智,境智寂灭,名大涅槃。

以虚空为座者,义彰法身体遍也。

成清净法身者,指修即性,增胜而说也。若论教主,亦名尊特,亦名胜应。

《妙玄》七云:"或言道场以虚空为座,一成一切成。毗卢遮那,遍一切处,舍那释迦成,亦遍一切处。三佛具足,无有缺减,三佛相即,无有一异。《法华》八方,一一方各四百万亿那由他国土,安置释迦,悉是遮那。《普贤观经》云:释迦牟尼名毗卢遮那,此即圆佛果成相也。"④《文

---

① 见《大正藏》卷三十七,第 187 页中。
② 见《大正藏》卷三十七,第 204 页下。
③ 《楞伽阿跋多罗宝经》卷第三说:"大慧,云何众生母?谓爱。更受生贪喜俱,如缘母立,无明为父,生入处聚落。断二根本,名害父母。"见《大正藏》卷十六,第 498 页上。
④ 见《大正藏》卷三十三,第 766 页下。

句》一云：“隐前三相，唯示不可思议如虚空相，即圆佛自觉觉他。”①《妙乐》一云：“若隐前三相，从胜而说，非谓太虚，名为圆佛。”②

《光明记》一云：“此教所说，世间相常，故一切法无非中道。虽与别人同见尊特，彼兼别修，此皆性具。故龙女云：微妙净法身，具相三十二。欲彰全性，是故从胜特名法身。”③

常寂光土者，《观经疏》六云：“常即法身，寂即解脱，光即般若，是三点不纵横并别，名秘密藏。诸佛如来所游居处，真常究竟，极为净土。”④

[今译]《观经疏》卷三说：究竟即佛，修道穷究妙觉极果，位次已经到了极致的荼字，所以唯有佛与佛，才能究竟诸法的实相，边际智也得以圆满，佛种妙觉顿时彻底圆满。无上士，也叫做无所断；无上士，是再也没有超过其上的意思。

《妙宗钞》卷上说：现在这里所说的极果之位，乃是究竟具足以前诸位的功德，所以引《法华经》的经文，唯我释迦如来与一切诸佛，才能究竟诸法的权实等相之真实。抵达无明的根底，到达诸法的边际，名为边际智，这就是不可思议的权巧之智。现在已经究竟彻底，所以叫做边际智满。依靠种种方法，而证得本具的圆满究竟妙觉，这就是不可思议的真实之智。这个妙觉已经极致圆满，所以名为顿圆。再用十种尊号的第七种无上士的尊号，显示智断已经到了极致。有惑可以断的，叫做有上士，就是等觉位的菩萨。没有惑可以断了，叫做无上士，就是妙觉佛果。断德圆满究竟了，叫做大涅槃。

无明父母，《楞伽经》说：弑害无明之父，断除贪爱之母。

涅槃山顶，比喻再也没有超过其上的。诸法就是境界，般若就是智慧，境界和智慧都寂灭无余了，就叫做大涅槃。

---

① 见《大正藏》卷三十四，第4页下。
② 见《大正藏》卷三十四，第163页中。
③ 见《大正藏》卷三十九，第86页下。
④ 见《大正藏》卷三十七，第188页下。

以虚空为座,其内在意义是彰显了法身本体遍一切处。

成清净法身,这是指修德即性德,从修证本体殊胜的情况来说的。如果从教主的角度来说,也称为尊特身,也称为胜应身。

《法华玄义》卷七说:"或者说佛成道的时候,在寂灭道场是以虚空为座,一尊佛成就了,一切佛也都同时成就了。毗卢遮那佛,清净法身遍一切处,卢舍那佛和释迦佛成就了,也同样是遍一切处。三身佛同时具足,没有任何缺减,三身佛同时相即,没有任何差别。《法华经》所说的八方,每一方各自都有四百万亿那由他国土,安置释迦牟尼佛,这都是毗卢遮那佛。《普贤观经》说:释迦牟尼名为毗卢遮那,这就是圆教佛果的成佛相状。"《法华文句》卷一说:隐没了前面的三种相,唯独示现不可思议如虚空的相状,就是圆教佛的自觉觉他。《妙乐》卷一说:如果隐没了前面三种相,这是指从更加超胜的角度而说的,并不是说像虚空一样,才叫做圆教的佛果。

《金光明经文句记》卷一说:圆教说道:世间相常住,所以一切法无非都是中道实相。虽然与别教的行人一同见到了尊特身,而别教却是兼带着隔历差别的修行,圆教则是从始至终都是自性本具。因此龙女说:微妙清净的法身,具足三十二相。这是为了彰显全部都是自性本具,所以就把胜应身和尊特身也都叫做法身了。

常寂光土,《观经疏》卷六说:常就是法身德,寂就是解脱德,光就是般若德,这三德就像伊字三点,不纵不横,也不能合并或分开,名为秘密藏。诸佛如来所游历居住的处所,都是真实恒常而究竟圆满的,都是极为清净庄严的净土。

第五节 六 即 论

然圆教位次,若不以六即判之,则多滥上圣,故须六即判位。

[集注] 六即位者,义蕴佛经,名出智者。如贫女宝藏,力士额珠等,在诸文所明,或显法门高深,或明修观位次。今文备明圆位之后,复

明六即,欲越上慢、自屈之过。《辅行》一下云:"此六即义,起自一家,深符圆旨,永无众过。暗禅者,多增上慢。文字者,推功上人,并由不晓六而复即。"①

《辅行》一上云:"即者,《广雅》云:合也。若依此释,仍似二物相合名即,其理犹疏。今以义求,体不二故,故名为即。"②《妙宗》上云:"六种即名,皆是事理体不二义。"③

[今译] 六即位,意义蕴含在佛经当中,名称出自于智者大师。譬如贫女宝藏、力士额珠等,是在诸多的经文当中所阐明的,或者显示了法门的高深莫测,或者说明了修观的前后位次。现在《四教仪》在完整地阐述圆教的修证位次之后,再进一步说明六即,是想要超越增上慢和自卑的过失。《辅行》卷一下说:这六即的意义,起自天台一家,深刻地符合圆教的旨趣,永远都没有任何过失。暗证的修习禅定者,大多会生起增上慢心。依文字而通达教理者,往往高推圣境而推功给上根利智之人,这都是由于不晓得"六而常即"的道理。

《辅行》卷一上说:即者,《广雅》说:合的意思。如果依据这种解释,仍然好像是二物相合叫做即,这个道理还是不够贴切。现在从其内在的意义来推求,就是指本体不二的缘故,才叫做即。《妙宗钞》卷上说:六种即的名称,都是从事相和理体两个方面来说的,都是说明事相和理性的本体相即不二的意思。

一、理　即

谓一切众生皆有佛性,有佛无佛,性相常住。又云:一色一香无非中道等言,总是理即。

[集注]《金錍》云:"言佛性者,佛是果人,言一切众生,皆有果人之

_____

① 见《大正藏》卷四十六,第179页上。
② 见《大正藏》卷四十六,第149页下。
③ 见《大正藏》卷三十七,第200页上—中。

性。"①《观经疏》二云："斯理灼然，世间常住，有佛不能益，无佛不能损；得之不为高，失之不为下，故言众生即是佛，理佛也。"

《妙宗》上云："世间常住者，即十法界，三十世间，一一皆住真如法位。法位常故，世间亦常。"②今云性相者，十如中举初二也。性以据内，自分不改；相以据外，揽而可别。

色香等者，《辅行》一上云："此色香等，世人咸谓以为无情，然亦共许色香中道。无情佛性，惑耳惊心。"③六尘中趣举二种，圆观诸法，无非中道，故《四念处》第四明："唯色、唯声、唯香"等义。④

如《观经疏》引《涅槃经》云："一切众生即是佛，如贫女舍宝，众物俱存，力士额珠，圆明顿在。《如来藏经》⑤举十喻：弊帛裹黄金、土模内像、暗室瓶盆、井中七宝，本自有之，非适今也。《净名》云：一切众生皆如也。《宝箧》⑥云：佛界众生界，一界无别界。"⑦

理即者，《妙宗》上云："良由众生，性具染恶，不可变异，其性圆明，名之为佛。性染性恶，全体起作，修染修恶，更无别体，全修是性，故得迷事，无非理佛。即以此理，起惑造业，轮回生死，而全不知。事全是理，长劫用理，长劫不知，不由不知，便非理佛。以全是故，名理即佛；以不知故，非后五即。然理即佛，贬之极也。以其全乏解行证即，但有理

①　见《大正藏》卷四十六，第783页中。
②　见《大正藏》卷三十七，第201页上。
③　见《大正藏》卷四十六，第151页下。
④　《四念处》卷四说："若圆说者，亦得唯色、唯声、唯香、唯味、唯触、唯识。若合论，一一法皆具足法界诸法等。"见《大正藏》卷四十六，第578页下。
⑤　《如来藏经》：一卷，汉译本有二：一为《大方等如来藏经》，东晋佛陀跋陀罗(359～429)译于元熙二年(420)。一为《大方广如来藏经》，唐代不空(705～774)译于天宝五年至大历六年间(746～771)。均收于《大正藏》卷十六。此二译本大同小异，惟不空所译之经文内容较丰富详细。
⑥　《宝箧》：全称《大方广宝箧经》，三卷，刘宋求那跋陀罗译。佛在祇园先说法，文殊后来与须菩提应答，而使之默，舍利弗、目连等各述文殊之智慧辩才。收于《大正藏》卷四十。
⑦　见《大正藏》卷三十七，第187页上。

性自尔即也。又理即佛,非于事外指理为佛,盖言三障理全是佛。又复
应知不名障即佛,而名理即佛者,欲彰后五,有修德是,此之一位,唯理
性是也。又障即佛,其名犹通,以后五人,皆了三障,即是佛故。"①

[今译]《金刚錍》说:所谓佛性,佛是果觉圆满之人,这是说一切众
生,都具有果觉圆满之人的德性。《观经疏》卷二说:这个道理非常明
显,所谓世间有相诸法就是常住真如之理,有佛出世不能使其得到增
益,无佛出世不能使其受到损害;得到了不会因此而更高,失去了也不
会因此而更低,所以说众生即是佛,这就是理即佛。

《妙宗钞》卷上说:"世间常住,就是指十法界、三十种世间,一一诸
法都安住于真如法位之中。真如法位是真常的缘故,所以世间相也就
是真常的。"现在所说的性相,是在十如中例举最初的二种。性是一切
事物内在的本体,这是指自性不会改变;相是一切事物外在的表现,这
是指现象可以把握和分别。

色香等,《辅行》卷一上说:"这里所说的色香等等,世俗上的人都说
这些是无情,然而也共同赞许色香都是中道。但是讲到无情具有佛性,
便立刻使其耳闻感到迷惑、心思感到惊疑。"于六尘中随意例举了色尘
和香尘二种,圆观一切诸法,无非都是中道实相,所以《四念处》卷四,说
明了"唯色、唯声、唯香"等意义。

比如《观经疏》引《涅槃经》说:"一切众生即是佛,譬如贫女家中
的宝藏,众多宝物都完全存在其中;又如大力士额头上的明珠,圆满
光明当下就在。《如来藏经》列举了十个比喻:弊帛里面包裹的黄金、
泥土模子里的佛像、暗室之中的瓶盆什物、水井当中的七宝等等,这
些都是本来就有的,并不是到了现在才有。《净名经》说:一切众生皆
是如如不动的。《宝箧经》说:佛界与众生界,就是一界而没有另外的
法界。"

理即,《妙宗钞》卷上说:"根本原因是众生自性具足污染和邪恶,

---

① 见《大正藏》卷三十七,第 200 页中。

不可以改变原来的样子，而其自性又是圆满光明，这就称为佛。自性的污染或者自性的邪恶，当其全体生起作用的时候，就是修染和修恶，这修染和修恶也没有另外的自体，全部修染修恶都是自性的作用，所以就会迷惑于事物的表面现象，这一切无非都是属于理即佛。就是依靠这个理体，起惑造业，轮回生死，而全然不自知。事相完全都是理体，长劫以来起用的都是理体之微妙作用，而众生却长劫以来都不知道，但并不会由于不知道，就不是理体上的佛了。正因为全体是佛的缘故，名为理即佛；由于不知道的缘故，不同于后面所说的五即。然而理即佛，也是贬低到了极致的称呼啊！因为它完全缺乏由理解、修行和证悟而得之当体即佛，只是具有理性自己就是这样的即佛而已。再者，理即佛，不是在事相之外来指出理体是佛，是说连三障的理体也完全就是佛。其次，还应该知道不叫做障即佛，而称为理即佛的原因，是要彰显后面所说的五种即佛具有修德，修德也是当体即佛，而理即佛这个位次唯有理性是佛。另外，障即佛，这个名称也可以说得通，因为后面五个位次上的人，都明了三障的本身就是佛的缘故。"

二、名 字 即

次、从善知识，及从经卷，闻见此言，为名字即。

[集注]《止观》一云："理虽即是，日用不知。以未闻三谛，全不识佛法。如牛羊眼，不解方隅。或从知识，或从经卷，闻上所说，一实菩提，于名字中，通达解了，知一切法皆是佛法，是为名字即。"①

《妙宗》上云："名字即佛者，修德之始，闻前理性，能诠名也。然有收简，收则耳历法音，不问明昧，异全不闻，俱在此位。简则未得圆闻，齐别内凡，尚属理即，以七方便未解妙名，岂知即佛。"②

---

① 见《大正藏》卷四十六，第10页中。
② 见《大正藏》卷三十七，第201页中。

[今译]《止观》卷一说：理体虽然即是佛，众生却日用而不自知。因为没有听闻到三谛的道理，完全不认识佛法的真相。譬如牛羊的眼睛不识方向一样。或者从善知识处，或者从经卷当中，听闻到了上述所说的一乘真实圆满菩提，对于这个名字当中的内涵，能够通达理解明了，知道了一切法皆是佛法，这就是名字即的位次。

《妙宗钞》卷上说：名字即佛，这是修德的开始，听闻前面所说的理性即佛的道理，能诠释圆满真理的名称。然而这当中又有几种情况的不同，广义地说，就是耳朵经历了圆满教法的声音，不管是明白还是迷昧，这就有别于完全没有听闻的人，这一类也都在这个位次里面了。狭义地说，没有得到圆满的听闻和理解，还是等齐于别教的内凡位，还是属于理即佛的范围，因为在七方便位，还不能理解微妙的圆教之名称，岂能知道当体即佛呢？

三、观 行 即

依教修行，为观行即(五品位)。

[集注]《止观》一云："若但闻名口说，如虫食木，偶得成字，是虫不知，是字非字。必须心观明了，理慧相应，所行如所言，所言如所行，是名观行。"①《妙宗》上云："始自圆闻，观佛妙境，至识次位，勤行五悔，若未发品，此等行人，皆属名字。故知名字，其位甚长。境观相资，尘念靡间，方能得入观行位也。"②

[今译]《止观》卷一说：如果只是听到了当体即佛的名字以及口头上称说，譬如虫食木头，偶尔会成为文字，而虫本身并不知道这到底是不是文字。必须内心的观照明明白白，理体与观慧相应，所做的事情就像所说的话一样，所说的话也就像所做的事情一样，这就称为观行即佛。《妙宗钞》卷上说：从开始听闻到圆满的教法，观修当体即

---

① 见《大正藏》卷四十六，第10页中—下。
② 参见《大正藏》卷三十七，第201页下—202页上。

佛的微妙境界,一直到十乘观法的第八识次位,精进修行五悔,如果还没有开发五品位的初品,这样的修行人,都属于名字即佛的范围。所以晓得名字即佛,它的修证位次非常长远。要到了外境和内观相资相融,外在六尘与内在一念没有丝毫的间隔,方能得以证入观行即佛的位次。

四、相 似 即

相似解发,为相似即(十信)。

[集注]《止观》一云:"以其逾观逾明,逾止逾寂,如勤射邻的,名相似观慧。"①《观经疏》云:"相似者,二物相类,如鍮②似金,若瓜比瓝,犹火先暖,涉海初平。"③

《妙宗》上云:"约四喻明相似,行人本觉,寂照及双,相似而发,成相似位。三种之觉,此觉似真,若鍮若瓜,比金比瓝,此之二物,喻始似本。如将至火,先觉暖气,行欲近海,预睹平相,此之二事,喻于相似,近乎分真。前二约法论似,后二约位论似。"④

[今译]《止观》卷一说:因为行者越修观就越明了,越修止就越寂静,譬如精勤地把箭射向靶心的临近,这叫相似即佛的观慧。《观经疏》卷二说:相似,就是指两种事物相类似,犹如鍮石相似于黄金,葫芦瓜相似于瓝瓜(hù,葫芦的一个变种),犹如靠近火焰先觉得有暖气,走近大海先看到平静的海面。

《妙宗钞》卷上说:从四个比喻来说明相似位的情况,修行人发明了本觉佛性,从而精进修习止观,使心寂照以及双是双非,相似地证得了中道之理,成就相似位。三种圆教三观的觉照,这个觉照相似于真实的

① 见《大正藏》卷四十六,第10页下。
② 鍮:音 tōu,一种黄色有光泽的矿石,即黄铜矿或自然铜。唐慧琳《一切经音义》:"鍮石似金而非金也。"
③ 见《大正藏》卷三十七,第187页上—中。
④ 见《大正藏》卷三十七,第203页上。

中道佛性，犹如鍮石和葫芦瓜，相似黄金和瓠瓜，用这两种物来比喻始觉相似于本觉。譬如将要接触到火，首先就感受到暖气；将要走近大海时，就先看到平静的海面，这两种事情，比喻相似即佛的位次，已经接近分真即佛了。前二者是从修行证得之法的角度来说相似，后二者是从修行证得之位次来讨论相似。

五、分 证 即

分破，分见，为分证即（从初住至等觉）。

[集注]《止观》一云："因相似观力，入铜轮位，初破无明，见佛性，开宝藏，显真如，名发心住。乃至等觉，无明微薄，智慧转著。若人应以佛身得度者，即八相成道，应以九法界身得度者，以普门示。"①《妙宗》上云："虽得相似，尚属缘修。今则亲证，属于真修。分破无明，《起信论》中称随分觉。寂照双融，本觉真佛，分分而显，从所显说，名为分真；从能显言，名为分证。四十一位，皆受此名。"②

[今译]《止观》卷一说：因为相似观照的力量，进入了铜轮位，最初破除了一品无明，真正见到佛性，开启了生命的秘密宝藏，显现了真如自体，这就称为发心住。从此一直到等觉位，无明逐渐地微薄，智慧逐渐地显著。如果有人应该以佛身得度的，就示现八相成道，应该以九法界的各种身相得度的，就以普门示现度化众生。《妙宗钞》卷上说：虽然证得相似位，但是还属于缘理观修的情况。现在则是亲自证得了中道佛性，这就属于真实的修行了。分破无明，《大乘起信论》中称为随分觉。寂照双融，本觉真佛，一分一分地显现，从所显的角度来说，名为分真即佛；从能显的角度而言，名为分证即佛。初住到等觉的四十一个位次，都用这个名称。

---

① 见《大正藏》卷四十六，第 10 页下。
② 见《大正藏》卷三十七，第 203 页中。

六、究 竟 即

智断圆满,为究竟即(妙觉位)。

[集注] 如前引《观经疏》①,释妙觉义。

[今译] 如前面所引的《观经疏》卷三解释妙觉佛果的意义。

约修行位次,从浅至深,故名为六。约所显理体,位位不二,故名为即。是故深识六字,不生上慢;委明即字,不生自屈。可归可依,思之择之。

略明圆教位竟。

[集注] 约修行位次等者,《止观大意》云:"即故初后俱是,六故初后不滥,理同故即,事异故六。"②六种即名,既皆是事理体不二义,是故六即皆具事理两种三千故。理同故即,理造也;事异故六,事造也。如《义书》云:"修善修恶,事造三千(六也。理即迷逆是修恶,名字已去顺性是修善)。性善性恶,理造三千(即也)。"③但即不妨六,六处常即,故得六而复即也。

[今译] 约修行位次等,《止观大意》说:"由于即的缘故,最初和最后都是佛;由于六的缘故,最初和最后不能混滥。理性完全相同所以是即佛,事相有所差异所以就是六。"六种即的名称,既然都是事理相即,体性不二的意思,所以六即都具备了事相和理性这两种三千。理性相同所以就是即,这是指理造三千;事相差异所以就是六,这是指事造三千。如《四明十义书》说:"修善和修恶,都属于事造三千(就是六的意思。理即迷逆就是修恶,名字即之后的五即随顺自性是修善)。性善和性恶,都是属于理造三千(就是即的意思)。"但是,即不妨碍六的差别,六也是永远处于即的状态之中,所以才可以说六而又是即啊。

---

① 见《观经疏》卷三,《大正藏》卷三十七,第187页中。
② 见《大正藏》卷四十六,第459页下。
③ 参见《大正藏》卷四十六,第841页上。

第五章 依 教 立 观

然依上四教修行时，各有方便、正修，谓二十五方便、十乘观法。若教教各明，其文稍烦，义意虽异，名数不别，故今总明，可以意知。

[集注] 然前明四教释经方轨，正为开解。若依解立行，必须各明方便、正修。故所列方便，则通四教，但十乘且就圆论，盖立行以圆为正也。不明四种三昧（常坐、常行、半行半坐、非行非坐），及十境者（阴、烦、病、业、魔、禅、见、慢、乘、萨），盖录《大本》纲要，非《止观》意，故不委也。

《妙玄》明入体之门，四教四门，门门十乘。若《止观》十境，境境十乘，惟明圆行。《义例》云：“若无十境，乘则无体；若无十法，名坏驴车。”①以阴等十，为所观境，以不思议境等，为能观观故。

[今译] 然而，前面所阐明的四教是解释佛经的方法和轨则，正是为了开示学人能够理解佛法的权实差别等。如果依据所理解的道理来建立实践的修行，就必须四教各自阐明修行的方便、正修等。因此这里所列的二十五方便，虽然是通用于四教的，但所述的十乘观法，却只是就圆教的思想来讨论，因为建立实践方法还是以圆教的观行作为真正的修行。不阐明四种三昧（常坐、常行、半行半坐、非行非坐），以及十境（阴、烦、病、业、魔、禅、见、慢、乘、萨）的原因，是由于《四教仪》所抄录的是《法华玄义》的纲要，并非《止观》的大意，因此就不详细地加以论述了。

《法华玄义》阐明契入佛性本体的门径，四教各自都有四门，门门都

---

① 见《止观义例》卷下，《大正藏》卷四十六，第 453 页上。

有十乘观法。而《止观》所说的十境，境境都有十乘观法，这就只是阐明圆教的观行了。《止观义例》卷下说："如果没有十境，那么十乘观法就没有其所依止的根本；如果没有十乘观法，那这就叫做坏驴车。"以阴界入境等十境，作为所观的境，以不思议境等十乘观法，作为能观的观。

第一节　二十五方便

言二十五方便者，束为五科：一具五缘、二呵五欲、三弃五盖、四调五事、五行五法。

[集注]《止观》四："方便名善巧。善巧修行，以微少善根，能令无量行成解发，入菩萨位。"①《止观》四云："圆教以假名、五品观行等位，去真犹遥，名远方便。六根清净，相似邻真，名近方便（约内外凡位）。今就五品之前，假名位中，复论远近。二十五法为远方便；十种境界，为近方便。横竖该罗，十观具足，成观行位。能发真似，名近方便。"②《辅行》四上具释③。

又二十五法，为通方便，通四三昧故。方等梦王，法华六时五悔，为别方便，四三昧中，别于一种三昧所用故。

束为五科者，《止观》四云："夫道不孤运，弘之在人。人弘胜法，假缘进道，所以须具五缘。缘力既具，当割诸嗜欲。嗜欲外屏，当内净其心。其心若寂，当调试五事。五事调已，行于五法，必至所在。乃至三科出《大论》，一种出《禅经》（具五缘），一是诸禅师立（调五事）。"④

《止观》云："譬如陶师，若欲得器，先择良处（具缘）；息余际务（呵欲）；治身内疾（弃盖）；调于泥轮（调五事）；作而不废（行五法）。"⑤得此

① 见《大正藏》卷四十六，第35页下。
② 见《大正藏》卷四十六，第35页下。
③ 详见《大正藏》卷四十六，第252页上。
④ 见《大正藏》卷四十六，第35页下、36页上。
⑤ 参见《大正藏》卷四十六，第35页下—36页上。

譬意,五如指掌,若欲造修,当寻《止观》云云。

[今译]《止观》卷四(初)说:方便也叫做善巧。妥善巧妙地修行,以微少善根,能使无量的修行成就而解悟开发,进入菩萨的位次。《止观》卷四(初)说:"圆教因为假名的名字即、五品的观行即等位次,距离分真即比较遥远,所以叫做远方便。六根清净位的相似即,已经邻近于分真即,就叫做近方便(这是从内凡位和外凡位来说的)。现在就从五品位之前,在假名位当中,再分开来讨论远方便和近方便。二十五法作为远方便。十种境界,就作为近方便;横向和竖向同时包括在内,十种观法也圆满具足,这就形成了观行位。这样观照能够开发分真或者相似的证悟,叫做近方便。"《辅行》卷四上(初)有详细的解释。

另外,二十五法,也可作为普通修行的前方便,因为通用于四种三昧的缘故。方等三昧需要先求梦王的征兆,法华三昧的六时五悔等,都作为特别修行的前方便,在四种三昧中,就只为特定的某一种三昧所使用。

束为五科,《止观》卷四(初)说:佛法之道不会独自运行,把它弘扬开来就在于人。人们要弘扬这殊胜的佛法,就要凭藉各种条件才能进入正道,因此必须具备五种条件。因缘条件既然都具足了,应当割舍诸般嗜欲。嗜欲从外部摒除之后,应当从内部清净自心。自心如果能够安然寂静,就应当调节尝试修五种事。五种事得到调节之后,还要实行五种方法,这样就必定可以到达目的地了。乃至上述的五科当中,有三科出自《大智度论》,一种出《达磨多罗禅经》(具五缘),一种是诸禅师所建立(调五事)。

《止观》卷四说:"譬如制作陶器的技师,如果要制作陶器,首先选择良好的处所(具缘),放下其余无关的杂务(诃欲),调治自身内部的疾病(弃盖),调节制陶的泥轮工具(调五事),进行操作而不懈怠中止(行五法)。"明白了这个譬喻的意义,这五科的内涵就了如指掌了,如果要实践修行,应当寻找《止观》卷四的原文,详细阅读。

一、明 五 缘

初，明五缘者：

[集注]《禅经》云："四缘虽具足，开导由良师。故用五法为入道梯凳，一缺则妨事。"①《辅行》四上云："大小两乘，以戒为本，是故先明。内禁虽严，必资衣食。进修定慧，须藉空闲。处虽空闲，假绝缘务。四缘虽具，开导由师。"②

《止观大意》云："一、衣食具足，离希望缘故。二、持戒清净，离恶道因故。三、闲居静处，离愦闹事故。四、息诸缘务，弃猥杂业故。五、须善知识，有谘疑地故。"③

[今译]《禅经》说："具五缘的前四缘虽然具足了，但开导修行方法则必须由良师胜任。所以用五法作为入道的梯凳，如果有一缘缺少了，那就会妨碍修行的大事。"《辅行》卷四上说："大小两乘，都是以戒律作为修行的根本，所以要首先说明。内心的戒禁虽然严格，但必须具备资身的衣食。而进修禅定和智慧，也必须凭藉空闲的地方。处所虽然能够空闲，但还要假借谢绝外缘事务。前四缘虽然能够自己成办，但是开导却要由明眼的良师担任。"

《止观大意》说："一、衣食具足，离开了希望获得的外缘。二、持戒清净，远离了恶道的起因。三、闲居静处，离开了愦闹的事情。四、息诸缘务，放弃了琐碎杂乱的行为。五、须善知识，具有可以谘询佛法、解决疑问的地方。"

一、持戒清净。如经中说，依因此戒，得生诸禅定，及灭苦智慧，是故比丘，应持净戒。有在家、出家，大小乘不同。

[集注]《法界次第》上云："戒以防止为义。"④《戒疏》上云："梵音

---

① 见《摩诃止观》卷四(上)所引，《大正藏》卷四十六，第36页上。
② 见《大正藏》卷四十六，第252页下—253页上。
③ 见《大正藏》卷四十六，第460页上。
④ 见《大正藏》卷四十六，第670页下。

尸罗。《大论》云：秦言性善，亦云清凉。以其能止破戒热恼，从能得名，亦名波罗提木叉，译言'保解脱'。又名净命，亦言成就威仪。"①

如经中说者，《遗教经》也。《辅行》四上云："引证道定，复以律仪而为根本。"②

在家戒者，五戒、八戒，于五更加不坐高广床、不着花鬘衣、不往观听歌舞，故名八戒。

出家戒者，比丘、比丘尼、沙弥、沙弥尼、式叉摩那(此云学法女)。小乘沙弥十戒、比丘二百五十戒。颂曰：四重(夷)十三(残)二不定，三十九十(提)四提尼(尼)，一百众学(吉)七灭诤，总论二百五十戒。

若论五篇者，夷(四波罗夷：淫、盗、杀、妄)、残(十三僧残)、提(三十尼萨耆，九十波逸提，共百二十)、尼(四提舍尼)、吉(突吉罗，即一百众学)。若论六聚，更加偷兰遮。若云七聚，开吉罗，为恶作、恶说(结罪齐五，报劫齐六，因果杂摄齐七。兰有三品，不入正篇。不定七灭诤篇聚不摄，亦属吉罗。报劫齐六者，以六聚受报劫数，与等活等上六狱劫数相齐。因果杂摄齐七者，以恶作恶说，是吉聚之因，并前五聚之果，故为七聚，如《翻译名义》)。

大乘即《梵网》十重、四十八轻。凡有心者，皆得受之！更有《大论》十戒，《大经》十戒，及五支戒③，通大小乘，具如《妙玄》三、《释签》四、《止观》四、《辅行》四上。

[今译]《法界次第》卷上说："戒是以防非止恶为根本意义。"《菩萨戒经疏》卷上(初)说："梵语为尸罗。《大智度论》说：秦言称为性善，也叫清凉。因为戒律能够停止因破戒带来的热恼痛苦，这是从戒律的功

———————

① 见《大正藏》卷四十，第563页中。
② 见《大正藏》卷四十六，第254页下。
③ 五支戒：由大涅槃心一理之根本所开出之五种支末事戒。即根本业清净戒、前后眷属余清净戒、非诸恶觉觉清净戒、护持正念念清净戒、回向阿耨多罗三菩提戒。南本《涅槃经》卷十一《圣行品》说之。智者大师则以四重或十善性戒为根本业清净戒，偷兰遮等余四篇为前后眷属余清净戒，定共戒为非诸恶觉觉清净戒，道共戒为护持正念念清净戒，大乘戒为回向阿耨多罗三藐三菩提戒。

用而得到的名称。也叫做波罗提木叉,译为保解脱。又称为净命,也叫作成就威仪等等。"

如经中说,这是指《佛遗教经》。《辅行》卷四上说:引导修行人证道以及禅定,又以戒律威仪而作为根本。

在家戒,是指五戒、八戒,于五戒再加上不坐高广大床、不著香花鬘衣、不去观看跳舞听闻歌曲,所以叫做八戒(按:八关斋戒应该加上不非时食)。出家戒,有比丘、比丘尼、沙弥、沙弥尼、式叉摩那(译为学法女)等戒。小乘有沙弥十戒、比丘二百五十戒。关于二百五十戒的颂说:四重(波罗夷)十三(僧残)二不定,三十九十(波逸提)四提尼(提舍尼),一百众学(突吉罗)七灭诤,总论二百五十戒。

如果分为五篇来说,就是波罗夷(四波罗夷:淫、盗、杀、妄)、僧残(十三僧残)、波逸提(三十尼萨耆,九十波逸提,共百二十)、提舍尼(四提舍尼)、突吉罗(突吉罗,即一百众学戒法)。如果分为六聚来说,就再加上偷兰遮。如果分为七聚来说,就分开突吉罗,而成为恶作、恶说两种(结罪相可以从五篇来说,犯戒受报的劫数可以从六聚来说,因果夹杂一同收摄可以从七聚来说。偷兰遮有三品,都不放入正篇之内。二不定法和七灭诤法篇,聚都不收摄,也是属于突吉罗。果报的劫数可以从六聚来说,是因为六聚所受的果报劫数,与等活地狱等最上面六个地狱的果报劫数相等。因果夹杂一同收摄可以从七聚来说,这是因为恶作和恶说,就是突吉罗聚的真正原因,加上前面五聚的果报,所以就成为七聚了。如《翻译名义集》所说那样)。

大乘戒,就是《梵网经菩萨戒》所说的十重、四十八轻戒。凡是具有理解授戒师语言能力的众生,都可以得到受戒!另外还有《大智度论》所说的十戒,《大涅槃经》所说的十戒,以及五支戒,相通于大乘和小乘,详细情况如《法华玄义》卷三末、《释签》卷四、《止观》卷四、《辅行》卷四上所说。

二、衣食具足。

[集注]《止观》四云:"衣以蔽形遮丑陋,食以支命填饥疮,身安道

隆,道隆则本立,形命及道,赖此衣食。此虽小缘,能办大事,裸馁不安,道法焉在? 故须衣食具足也。"①

[今译]《止观》卷四说:衣服用来遮蔽形体的丑陋,食物用来支持生命以填补饥渴病苦,身体安好则能使道业兴隆,道业兴隆则生命的根本就建立起来了,形体寿命以及道业,都依赖衣服和饮食。这虽然是小小的条件,却能成办成佛度众生的大事,裸露饥馁身心不安,道业佛法哪里还会存在呢? 所以必须衣食具足。

衣有三:一者、如雪山大士,随所得衣,蔽形即足,不游人间,堪忍力成故。二者、如迦叶等,集粪扫衣,及但三衣,不畜余长。三者、多寒国土,如来亦许三衣之外,畜百一众具。

[集注]雪山大士,绝形深涧,不涉人间,结草为席,被鹿皮衣,无受持说净等事。堪忍力成,不须温厚,不游人间,无烦支助,此上人也。十二头陀,但畜三衣,不多不少。出聚入山,被服齐整,故立三衣,此中士也。多寒国土,听百一助身,要当说净,趣足供事,无得多求,多求辛苦,守护又苦,妨乱自行,复扰檀越。少有所得,即便知足,下士也。②

《辅行》四上云:十二头陀等者,此云抖擞。一兰若、二常乞食、三粪扫衣、四一坐食、五节量食、六中后不饮浆、七塚间、八树下坐、九露坐、十常坐、十一次第乞、十二三衣。

今文以十二头陀中,粪扫三衣合为中士。言三衣者,但三衣也。出聚落则著僧伽黎,加二衣上;入大众则著郁多罗僧,加五条上;入山林则唯著安陀会。为惭愧故,为多寒故,许其重著。皆威仪整肃,长物善根,故云被服齐整。下根者,此土多寒,根性又薄,大圣一许,三品通开(故三衣外,听畜百一,及许畜长。但三衣为上,畜百一为中,畜长为下,故云通开。此依律说,与今少异。今取雪山为上品故)。

---

① 见《大正藏》卷四十六,第41页下。
② 见《大正藏》卷四十六,第41页下。

若畜百一,记忆而已,有云加法(萨婆多云:百一之物,各得畜一,百一之外,皆是长物。言记忆者,于百一物,心中但自记忆一种,谓是我物。有云加法者,加法受持,如《六物图》①)。若畜长说净,则加法受持(百一之外,若畜长物,定须说净。词云:大德一心念,此是某甲长衣未作净,为净故,施与大德)。②

粪扫衣者,南山云:世人所弃,无复堪用,义同粪扫,体是贱物,离自贪著,不为王贼所贪,常得资身长道。

三衣者,一僧伽黎,此云"杂碎衣",条相多故,从用则名"入王宫聚落衣"。二郁多罗僧,名中价衣,从用名"入众衣"。三安陀会,名下衣,从用名"院内行道杂作衣"。若云袈裟,此云不正色染,亦名坏色,即《戒本》中三种染坏,皆如法也。一者青色、二者黑色、三者木兰色,如《六物图》。若据律文,以粪扫衣及但三衣为上,百一为中,余长为下。今文以雪山大士被鹿皮衣为上,故以粪扫衣但三衣为中,畜百一及畜余长为下。

上云不畜余长,应更云不畜百一。下畜百一众具,亦应更云畜余长也。

[今译]《止观》卷四说:雪山大士,寄身于高山深涧水边林下,形单影只,不涉及人间事务,以野草织成席子,以鹿皮为衣服,没有受持说净等等事相上的麻烦。堪能忍耐的力量成就了,不须要温暖优厚的生活环境,不游于人世间,也不用麻烦别人给予支持帮助,这是上等根器的人。修习十二种头陀苦行,只是蓄存如来所制的三衣,不多不少。偶尔来到村庄,或者进入到深山里面,身披法服威仪齐整,所以需要三衣,这是中等根器的人。在多寒的地方,佛也听许比丘具备百一物来资助色身,但是应当经过了说净之后才能接受。旨趣在于具足修行所需的事

①《六物图》:全称《佛制比丘六物图》,一卷,宋元照撰于元丰三年(1080,一说元照之师慧鉴著)。系律藏中比丘所必持之六种生活用具(僧伽梨、郁多罗僧、安陀会、钵多罗、尼师坛、漉水囊)的图解。收在《大正藏》第四十五册。

② 参见《大正藏》卷四十六,第262页中—263页中。

物，不能多求，因为多求本身已是苦，求到之后还要守护又是苦，妨碍扰乱自己修行，又干扰了檀越信众。稍微有所得，就马上知足，这是下等根器的人。

《辅行》卷四上说："十二头陀，头陀汉译为抖擞，共有十二种具体的行为，分别是：一在阿兰若寂静处住、二常行托钵乞食、三穿着人家丢弃的粪扫衣、四一次性坐食完毕、五节量接受饮食、六日中之后就不再饮浆类等食品、七常在塚间修习禅观、八在树下打坐入定、九在露天的地方打坐、十常时打坐而肋不着席、十一次第行乞不择贫富、十二但具三衣不多不少。

"这里是以十二头陀的粪扫衣和但三衣合起来作为中士的条件。所谓三衣，是指唯独具备三衣。出去到村庄里就著僧伽黎，加在二衣的上面；回来进入大众僧团当中就著郁多罗僧，加在五条衣的上面；进入到山林里就只著安陀会。因为心怀惭愧的缘故，因为国土多寒的缘故，佛允许这样的人多加穿著。这些都需要威仪整齐严肃，增长众生的善根，所以说身披法服威仪齐整。下等根器，比如我们中国多有寒冷时节，众生根性又比较薄弱，如来大圣一时开许，关于衣物情况就分三品来通融地给予开许（所以在三衣之外，还听许储蓄百一等物，也允许储蓄长物。能够但三衣的作为上品，储蓄百一种物的作为中品，储蓄长物的就作为下品，所以说通融地给予开许。这是根据戒律来说的，与现在所说的三品稍微有点差异。因为现在所采取的是雪山大士作为上品的缘故）。

"如果蓄百一物，就只是用心记识忆念就可以了，也有说需要加法受持的（萨婆多部说：所谓百一之物，就是指每一种物品都可以储蓄一份，除百一物之外，其余的都是长物。所谓记忆，就是指对于百一物的领受，只在心中自己记得忆念一种，说这是我的物品。所谓加法，就是指加法受持，如《六物图》所说的那样）。如果储蓄长物而说净，则需要加法受持（百一物之外，如果还储蓄长物，一定须要说净。说净的词是：大德一心念，此是某甲长衣未作净，为净故，施与大德）。"

粪扫衣，终南山道宣律师说：世人所抛弃的，不堪再使用的衣服，其意义相同于粪扫,本质是指很贱的物品,为了远离自心的贪著,也不会被有权势的人和盗贼所贪著,常能够资养身体而增长道业。

三衣,一是僧伽黎,汉译为"杂碎衣",条相非常多的缘故,从作用上说,则名为"入王宫聚落衣"。二是郁多罗僧,名为中价衣,从作用上说,名为"入众衣"。三是安陀会,名为下衣,从作用上说,名为"院内行道杂作衣"。如果说袈裟,汉译为不正色染衣,也叫坏色衣,就是《戒本》中三种颜色所染的坏色衣,都是如法的。三种染衣是:一青色、二黑色、三木兰色,详如《六物图》所说。如果根据戒律的明文规定,就是以粪扫衣以及只具备这三衣作为上品,百一物作为中品,其余储蓄长物作为下品。现在上文是以雪山大士被鹿皮衣作为上品,所以就以粪扫衣和但三衣作为中品,储蓄百一物以及储蓄其余长物作为下品。

上述《四教仪》所说的"不畜余长",应该更改为"不畜百一"。接下去说的"畜百一众具",也应该更改为"畜余长"。

食亦有三:一者、上根大士,深山绝世,菜根草果,随得资身。二、常乞食。三、檀越送食,僧中净食。

[**集注**]《止观》四云:"一、深山绝迹,去远人民,但资甘果美水,一菜一果而已,或饵松柏,以续精气,如雪山甘香藕等,如是食者,上士也。二、阿兰若处,头陀抖擞,分卫①自资,七佛皆明乞食法,《方等》、《般舟》、《法华》皆云乞食也。路径若远,分卫劳妨,若近人物相喧,不远不近,乞食便易,是中士也。三、既不能绝谷饵果,又不能头陀乞食,外护檀越送食供养,亦可得受。又僧中如法洁净食,亦可得受,下士也。"②

《辅行》四下云:"分卫者,此云乞食。《十住婆娑》云:乞食有十利云

---

① 分卫:即乞食。指修道者每日至民家门前接受饭食等物的给与。又作团堕或托钵。音译为宾荼波底迦、傧荼夜波多、宾荼夜。印度多抟食作团,堕叠于钵中;团堕乃就乞得之食而译。据《释氏要览》卷上引《僧祇律》谓,乞食分施僧尼,卫护令修道业,故称分卫。

② 见《大正藏》卷四十六,第42页上。

云。僧中净食,仍为下根,岂可安坐房中,私营别味?"①

[今译]《止观》卷四说:一、深山绝壁没有行人踪迹,离开人群非常遥远,只有资身的甘果和美味的泉水,一些野菜和野果而已,或者就吃松花柏子,用来延续精神和力气,比如雪山当中的甘香藕等,这样的饮食,就是上品的修行者。二、在阿兰若处,头陀抖擞,以乞食来资养身体,过去七佛都说明了乞食的方法,《方等经》、《般舟三昧经》、《法华经》都说明以乞食资身。如果路径过于遥远,乞食劳累而多妨碍,如果过于接近则人物相互喧闹,应该住在距离村庄不远不近的地方,乞食就方便容易,这是中品的修行者。三、既不能到深山绝谷去吃野果,又不能行头陀苦行而乞食,这时如果有外护的檀越信众送食供养,也可以接受。另外,在僧团当中如法获取洁净的饮食,也可以接受,这是下品的修行者。

《辅行》卷四下(初)说:"分卫,汉译为乞食。《十住毗婆娑》说:'乞食具有十种利益。'在僧团当中净食,也仍然属于下根的人,怎么可以安坐在自己的房间中,私自营造特别的美味饮食呢?"

三、闲居静处。不作众事名闲,无愦闹处名静。处有三,例衣食可知。

[集注]《止观》四云:"若深山远谷,途路艰险,永绝人踪,谁相恼乱?恣意禅观,是处最胜。二头陀抖擞,极近三里,交往亦疏,觉策烦恼,是处为次。三兰若伽蓝,闲静之寺,独处一房,不干事物,正谛思维,是处为下。"②

[今译]《止观》卷四说:如果在深山远谷,路途艰难危险,永远没有行人的踪迹,那还有谁来相恼乱呢?可以随心所欲地修习禅观,这样上品的地方是最殊胜的。第二种头陀抖擞,最近的距离村庄也有三里路,交往也比较疏远,也能较好地觉策烦恼,这是中品的处所。第三种在阿

---

① 参见《大正藏》卷四十六,第 263 页下、264 页上。
② 参见《大正藏》卷四十六,第 42 页中一下。

兰若伽蓝,闲静的寺院,独自处于一个房间,不干涉他人事物,正心谛观心性而思维妙理,这样的地方是下品的修行处所。

四、息诸缘务。息生活,息人事,息工巧技术等。

[**集注**]《止观》四云:"缘务妨禅,由来甚矣!兰若比丘,去喧就静,云何营造缘务?坏兰若行,非所应也!缘务有四:一生活、二人事、三技能、四学问。一、生活缘务者,经纪生方,触途纷纠,得一失一,丧道乱心。二、人事者,庆吊俯仰,低昂造聘,此往彼来,来往不绝。三、技能者,医方卜筮,泥木彩画,棋书咒术等是也。四、学问者,读诵经论,问答胜负等是也。领持记忆,心劳志倦,言论往复,水浊珠昏,何暇更得修止观耶?此事尚舍,况前三务!"①今云等者,等于学问也。

[**今译**]《止观》卷四说:"杂缘世务妨碍禅定,自古以来就非常厉害!安住在阿兰若的比丘,去除喧哗热闹而依从于安静的地方,怎么可以又营造杂缘世务,而破坏阿兰若的清净修行呢?这实在是不应该啊!杂缘世务有四种:一生活方面、二人事方面、三技能方面、四学问方面。一、生活方面的缘务,经营管理忙于生计,接触到各种纷纠,有得有失,乃至丧失道业烦乱心神。二、人事方面的缘务,庆祝吊丧,俯仰应对,低昂造聘,此往彼来,来往不绝。三、技能方面的缘务,行医开方,卜卦问筮,泥木彩画,棋书咒术等等。四、学问方面的缘务,读诵经论,问答胜负等。领纳受持,记识忆念,心劳志倦,言论往复,水浊珠昏,哪里还有空闲再来修习止观呢?这样的事情尚且要完全舍弃,更何况前面所说的三种世务!"这里说的"等",就是指等同于各种学问知识的学习。

五、近善知识。有三:一外护善知识、二同行善知识、三教授善知识。

[**集注**]《止观》四云:"夫外护者,不拣白黑,但能营理所须,如母养

————————

①　见《大正藏》卷四十六,第 42 页下—43 页上。

467

儿,如虎衔子,调和得所。旧行道人,乃能为耳,是名外护。二、同行者,更相策发,不眠不散,日有其新,切磋琢磨,同心齐志,如乘一船。互相敬重,如视世尊,是名同行。三、教授者,内外方便,通塞妨障,皆能决了,善巧说法,示教利喜①,转破人心。于诸方便,自能决了,可得独行,妨难未谙,不宜舍也。"②

教授者,《辅行》四下云:"宣传圣言,名之为教,训诲于我,名之为授。"③

通名善知识者,《法华疏》云:"闻名为知,见形为识,是人益我菩提之道,名善知识。"

[今译]《止观》卷四说:一、外护善知识,不用挑拣白衣的在家人或者黑衣的出家人,只要能够经营合理的修行所须物品即可,譬如母亲抚养儿子,又如老虎叼衔虎子,能够调和得所。有修行经验的道人,可以做这样的善知识,这就叫做外护。二、同行善知识,彼此之间能够相互策励启发,不昏沉睡眠也不散乱懒惰,每日都有新的进步,切磋琢磨,同心齐志,譬如共乘一船。彼此互相敬重,都把对方看作世尊一样,这就叫做同行。三、教授善知识,内外方便,通达或者阻塞,妨难与障碍等,都能解决明了,能善巧讲说佛法,开示教导,使见闻者获得利益,欢喜成就,能辗转破除凡人的执著之心。行人对于各种方便教法,都能够独立决断,就可以独自修行;如果对于各种妨碍障难还不能熟悉,那就还不应该舍离这样的善知识。

教授,《辅行》卷四下说:宣传圣人的言论,就称为教,用圣人的言教来训导教诲我,就称为授。

通名善知识,《法华经疏》说:听闻他的名声就是知,看见他的形像

---

① 示教利喜:为示、教、利、喜之并称。即佛陀说法教化之四种次第。又作示教赞喜、示教照喜。一、示,即显示其义,如示人之善、不善,示事之应行、不应行,或分别生死与涅槃,三乘与六波罗蜜等义。二、教,即教导其行,如教导众生舍恶行善。三、利,即获得义利,谓众生未得善法之味时,为免其心退,遂导之勤苦修行,则可得法味大利益。四、喜,即欢喜行成,谓随众生所行而赞叹之,使其心喜。

② 参见《大正藏》卷四十六,第43页上一中。

③ 见《大正藏》卷四十六,第266页下。

就是识,这样的人能够利益我成就菩提之道,这就叫做善知识。

二、诃 五 欲

第二,诃五欲:

一、诃色,谓男女形貌端严,修目高眉,丹唇皓齿,及世间宝物,玄黄朱紫,种种妙色等。

[集注]《止观》四云:"五尘非欲,而其中有味,能生行人须欲之心,故言五欲。常能牵人入诸魔境,虽具前缘,摄心难立,是故须诃。乃至此五过患者,色如热金丸,执之则烧;声如涂毒鼓,闻之必死;香如憋龙气,嗅之则病;味如沸蜜,汤舌则烂,如蜜涂刀,舐之则伤;触如卧狮子,近之则啮。上代名僧诗云:远之易为士,近之难为情。香味颓高志,声色丧躯龄。"①五中皆有依正二报。

[今译]《止观》卷四说:"色声香味触等五尘的本身并不是欲,但会使人产生各种感受,能够生起修行人须求欲望的心念,所以说是五欲。五欲时常能够牵引修行人进入诸魔的境界,虽然具备了前面所说的五种外缘,但对于收摄自心还是比较困难的,所以必须呵斥五欲。乃至深刻认识这五欲的过患,色欲譬如火热的金丸,执之则会烧手;声欲譬如涂了毒药的大鼓,闻到声音就必定死亡;香欲譬如嗔恶憋龙的毒气,嗅到就会生病;味欲譬如沸腾的甜蜜,舌头舐到就会腐烂,又如蜂蜜涂抹的刀刃,舌头舐之就会受伤;触欲譬如卧地的狮子,走近就会被噬啮(niè)。上代有一位名僧关于五欲的诗说:远之易为士,近之难为情。香味颓高志,声色丧躯龄。"这五种欲当中都具有依正二种报应。

二、诃声,谓丝竹环佩之声,及男女歌咏声等。

[集注]丝竹者,丝曰弦,竹曰管,具有八音:金、石、丝、竹、匏②、

---

① 参见《大正藏》卷四十六,第43页下、44页上。
② 匏:páo,中国古代八音之一,如笙、竽等。

土、革、木。环佩者,在指者为环,佩谓佩带,并是饰女身者。歌咏者,《止观》四云:"即是娇媚妖词,淫声染语。"①《辅行》四下引提波延那仙人,闻舍脂语失通;五百仙人在雪山中住,闻甄迦罗女歌声,失诸禅定云云。②

[今译] 丝竹,丝是指带有丝弦的乐器叫做弦乐器,竹是指以竹管制成的乐器叫做管乐器,具有八种声音:金、石、丝、竹、匏、土、革、木。环佩,戴在手指上的装饰品叫作环,佩就是佩戴的意思,这些都是装饰在女人身上的。歌咏,《止观》卷四说:这里是指娇媚妖艳的歌词,淫秽的声音和杂染的语言。《辅行》卷四下引提波延那仙人,听到舍脂夫人的柔软细语而失却神通;五百仙人在雪山中住,听到甄迦罗女的歌声,都失掉各种禅定。

三、诃香,谓男女身香,及世间饮食香等。

[集注]《辅行》四下云:"人谓著香少过,今则不然!开结使门,杜真正路,百年持戒,能一时坏。"③

[今译]《辅行》卷四下说:有人说贪著香气过失不大,现在我们要明白绝非如此!贪著香气就会打开结使惑业的大门,杜绝真如本性的正路,就算有一百年的持戒功夫,也可能会因此而毁于片刻。

四、诃味,谓种种饮食,肴膳美味等。

[集注]《辅行》四下云:"以著味故,当受洋铜灌口,以著味故,堕不净中。"④

[今译]《辅行》卷四下说:因为贪著味欲的缘故,将来会接受烊铜灌口的苦报,由于贪著味欲的缘故,将来还会堕落到不净的地方。

---

① 见《大正藏》卷四十六,第44页上。
② 参见《大正藏》卷四十六,第269页下。
③ 见《大正藏》卷四十六,第270页上。
④ 见《大正藏》卷四十六,第270页中。

五、诃触,谓男女身分,柔软细滑,寒时体温,热时体凉,及诸好触等。

[集注]《辅行》四下云:"触欲者,生死之本,系缚之缘。何以故?余欲于四根各得其分,唯此触欲,遍满身受。生处广故,多生染著,此著难舍。若堕地狱,还以身触,受苦万端,此触名为大黑暗处。"①

[今译]《辅行》卷四下说:触欲,这是众生轮回生死的根本,是系缚在三界之内的缘由。为什么呢?其他四欲在眼耳鼻舌等四根中各自得到相对应的一分,唯独触欲,是遍满全身的感受。产生欲乐的范围宽广的缘故,容易更多地产生染污贪著,而这个贪著也是最难舍弃的。如果堕落地狱,还是以身触的感受,受苦万端,这个触欲就叫做大黑暗处。

三、弃五盖

第三,弃五盖。谓贪欲、瞋恚、睡眠、掉悔、疑。

[集注]《止观》四云:"通称盖者,盖覆缠绵,心神昏暗,定慧不发,故名为盖。前诃五欲,乃是五根对现在五尘发五识。今弃五盖,即是五识转入意地。追缘过去,逆虑未来,五尘等法,为心内大障。

"乃至贪欲盖起,追念昔时粗弊五欲,思想计校,心生醉惑,忘失正念等。

"瞋恚盖者,追想是人恼我,恼我亲,称唤我怨,三世九恼,怨对结恨,心热气粗,忿怒相续等。

"睡眠盖者,心神昏昏为睡,六识暗塞、四支倚放为眠。眠名增心数法,乌暗沉塞,密来覆人,难可防卫等。

"掉悔者,若觉观偏起,属前盖摄。今觉观等起,遍缘诸法,乍缘贪欲,又想瞋恚,及以邪痴,焰焰不停,卓卓无住,乍起乍伏,种种纷纭,身无趣游行,口无益谈笑,是名为掉。掉而无悔,则不成盖。以其掉故,心地思惟,谨慎不节,云何乃作无益之事?实为可耻!心中忧悔,懊结绕

① 见《大正藏》卷四十六,第270页中。

心,则成悔盖。

"疑盖者,此非见谛障理之疑,乃是障定疑也。疑有三种:一疑自者,谓我身低下,必非道器,是故疑自。二疑师者,此人身口,不称我怀,何必能有深禅好慧?师而事之,将不误我?三疑法者,所受之法,何必中理?三疑犹豫,常在怀抱,禅定不发,设发永失,此是疑盖之相也。

"若贪欲盖重,当用不净观弃之。若嗔恚盖多,当念慈心,灭除恚火。若睡盖多者,当勤精进,策励身心。若掉散者,应用数息。若三疑在怀,当作是念:我身即是大富盲儿,具足无上法身财宝,烦恼所翳,道眼未开,要当修治,终不放舍!又无量劫来,习因何定?岂可自疑,失时失利?若疑师者,我今无智,上圣大人,皆求其法,不取其人。若疑法者,我法眼未开,未别是非,凭信而已!佛法如海,唯信能入。"①

[今译]《止观》卷四说:"这五种都通称为盖,就是覆盖遮蔽纠缠不休,令心神昏暗,禅定和智慧都不能开发,所以名之为盖。前面所呵斥的五欲,乃是五根相对于当时的五尘而发出五识。现在这里舍弃五盖,就是指五识转入到第六意识当中,追念攀缘过去,思维考虑未来,这些五尘境界等法成为心内的大障碍。

"乃至贪欲盖生起来的时候,就会追念过去的粗弊五欲,思想计校,内心产生陶醉迷惑,从而忘失正念等。

"嗔恚盖,追想这个人恼害我,恼害我的亲人,称赞我的怨敌。一世中有这三种恼害,三世就有九恼,由于怨对而内心结恨,使心热恼血气粗浊,忿恨恼怒相续不断。

"睡眠盖,心神昏昏就是睡,六识暗蔽阻塞、四肢倚放就是眠。眠也叫做增心数法,乌黑暗昧昏沉阻塞,悄悄地前来覆盖住修行人的觉照之心,很难防卫。

"掉悔,如果觉观心偏重一方面而生起来,这是属于前面几种盖所摄的范围。现在觉观心平等地生起来,普遍地攀缘诸法,一会儿攀缘贪

---

① 参见《大正藏》卷四十六,第44页下—45页下。

欲,一会儿又想到嗔恚,以及邪见愚痴,像火焰一样燃烧不停,超越常规而无法止住,乍起乍伏,种种纷纭变化,身体漫无目的地游动行走,嘴上做些无益的谈笑,这就称为掉。如果只有掉而没有悔,就不会构成盖。由于有掉的缘故,在心里暗自思惟,该谨慎行事还不够节制,怎么可以做这些无益的事情呢?实在可耻啊!于是心中产生忧愁悔恨,懊恼的结使缠绕在心中,这就构成悔盖了。

"疑盖,这里不是指障碍见到真谛理解佛法的怀疑,而是指障碍禅定的怀疑。怀疑有三种:一疑自己,认为自身条件低下,必定不是修道的根器,所以就怀疑自己。二疑师,这个人的身口表现不能使我称心满意,不一定有甚深的禅定和极好的智慧吧?如果把他当作自己亲近的师父而奉事之,会不会耽误我啊?三疑法,所受持的修行方法不一定符合佛法的中道正理吧?这三种疑惑和犹豫常常挂在心中,禅定就不会开发出来,假设已经开发出来了也会因此而永远失去,这就是疑盖的具体表现。

"如果贪欲盖比较严重,应当使用不净观来对治舍弃。如果嗔恚盖比较多,应当常念慈悲心,以此来灭除嗔恚的火焰。如果睡眠盖较多,应当勤奋精进,策励自己的身心。如果掉悔散乱,应当用数息观对治。如果有三种怀疑存在心中,那就应当这样思维:我是具有巨大财富的盲儿,具足了无上法身的财宝,由于烦恼翳所障碍的缘故,现在道眼还未开启,应当进行修理治疗,无论如何也不能放弃!再者,从无量劫以来,根机和习惯拿什么来判定呢?怎么可以自我怀疑,而失去时机和真实利益?如果怀疑老师,就要想:我现在没有智慧,古德圣贤都是只管诚心求法,而不挑剔弘扬正法的人。如果怀疑所修的法门,就要想:我现在法眼还未开启,未能辨别是非,只凭坚定不移的信心!佛法犹如大海,深广无边,唯有深信不疑才能进入其中。"

四、调 五 事

第四,调五事。谓调心不沉不浮,调身不缓不急,调息不涩不滑,调眠不节不恣,调食不饥不饱。

[**集注**]《止观》四云:"土水不调,不任为器。五事不善,不得入禅。眠食两事,就定外调之,三事就入出住调之。调食者,增病、增眠、增烦恼等食,则不应食也,安身愈疾之物,是所应食。略而言之,不饥不饱,是食调相。

"调眠者,眠是眼食,不可苦节,增于心数,损失工夫,复不可恣!上诃盖中,一向除弃,为正入定障故,此中在散心时,从容四大故,各有其意。略而言之,不节不恣,是眠调相。

"三事合调者,三事相依,不得相离。初入定时,调身令不宽不急;调息令不涩不滑;调心令不沉不浮,调粗入细住禅中。随不调处,觉当检校,调使安隐。若出定,从细至粗,备如《次第禅门》也。"①

《辅行》四下云:"故禅门中调身云,夫坐者,须先安处,使久无妨。若半跏,以左压右,牵来近身,使与左右臂齐。若欲全跏,更跹右以压左。宽衣带,周正身,勿令坐时,更有脱落。手以左压右,重累相当,置右脚上,亦令近身,当心安置。挺动支节,七八许度,如按摩法,勿曲勿耸,正头直项,令鼻对脐,不偏邪,不低昂。身如矿石,无得骚动,无宽急过,是身调相。

"调息者,身既调已,次开口吐胸中气,自恣而出,使身中百脉处,皆悉随气出。次闭口,鼻中纳清气,如是至三,若息已调,一度亦足。次闭口唇,齿才相拄,舌向上腭,闭眼才令断外光。次简息风气,息若调者,则易入定。

"次调心者,一者调乱,令不越逸。二者调心,令沉浮得所。若心沉时,紧念鼻端,若心浮时,安心向下云云。"②

[**今译**]《止观》卷四说:"泥土和水量不调和,就不能制作成陶器。五事不妥善处理,就不能进入禅定境界。睡眠和饮食这两件事,是在修

① 参见《大正藏》卷四十六,第47页上—中。
② 见《大正藏》卷四十六,第275页中—下。

禅定之外进行调节，其余三事是在入、住、出禅定的时候进行调节。调食，凡是会增加疾病、增加睡眠、增加烦恼等的食品，都不应该食用，能够安宁身心治疗疾病的食物，则应该食用。简单地说，不饥饿也不饱满，这是饮食调和的表现。

"调眠，睡眠是眼睛的粮食，不可以过度困苦节制，增加了心数烦恼，损失禅定的工夫。当然更不可以恣意贪睡！上面呵斥五盖当中的睡眠盖，一向是完全摒弃睡眠的，因为那是正在修行进入禅定的障碍。这里则是指在平时散心的时候，要使四大得到协调，各自都有其内在的意义。简单地说，不节制也不恣意，就是睡眠调和的表现。

"三事合调，这三事相依在一起，不可以相离。开始入定时，调和身体使之不宽不急，松紧适宜；调和气息使之不要阻涩停滞也不要过于浮滑；调和心态使之不要低沉昏暗也不要浮动散乱，调节粗浊的身心进入细致的身心状态而安住于禅定之中。对不调和的地方，觉察到了就应当随时检校，调节而使其安隐。如果将要出禅定了，就从细至粗慢慢出来，详细情况如《次第禅门》所说。"

《辅行》卷四下说："所以禅门中关于调身，说：所谓坐，首先要安排好坐禅的地方，使得久坐也没有妨碍。如果是半跏趺，就以左脚压在右脚的上面，把脚板牵过来靠近身体，使两个膝盖的距离与左右两个肩膀的距离等齐。如果要全跏趺，就再接着把右脚压在左脚上面。宽松衣带，全身如法端坐，不要在坐禅时，还有衣裳脱落下来的情况出现。手掌就以左手压在右手的上面，重叠整齐恰到好处，安置在右脚上，也使之靠近身体，安置在身体正中。接着要挺动身体的支节，大约七八次，如按摩的方法一样，不要歪曲也不要挺竿，端正头部，伸直颈部，令鼻尖正对于肚脐，既不偏斜，也不低昂。身体犹如系船的石墩一样，没有任何骚动，没有松紧不宜的过失，这是身体调和的表现。

"调息，身体已经调节好了，其次就是开口吐出胸中浊气，自然而然地吐出去，使身中四肢百脉的浊气，全部都随着气息吐出去。然后闭口，在鼻中接纳清气，这样吐纳三遍，如果气息已经得到调和，吐纳一次也就可以了。接着闭上口唇,上下牙齿要稍微地相拄,舌头舔向上腭,闭上眼睛以刚好隔断外面的光线为度。随后拣择判断呼吸的情况是属于息、风,还是气,息如果调节得当,就容易进入禅定。

"然后调心,第一调节妄想,令心不要东奔西跑。第二调节心念,令心能够沉浮适当得所。如果心低沉了,就紧念鼻端;如果心漂浮了,就安心向下系念肚脐下二寸处等等。"

五、行 五 法

第五,行五法。一欲,欲离世间一切妄想颠倒,欲得一切诸禅定智慧门故。二精进,坚持禁戒,弃于五盖,初中后夜,勤行精进故。三念,念世间欺诳,可轻可贱,禅定智慧,可重可贵。四巧慧,筹量世间乐,禅定智慧乐,得失轻重等。五一心,念慧分明,明见世间可患可恶,善识禅定智慧功德可尊可贵。

[集注]《止观》四云:"上二十法虽备,若无乐欲希慕,身心苦策,念想方便,一心决志者,止观无由现前。若能欣喜无厌,晓夜匪懈,念念相续,善得其意,一心无异,此人能进前路!一心譬船柁,巧慧如点头,三种如篙橹,若少一事,则不安稳。"①

[今译]《止观》卷四说:上面所说的二十种方便法虽然已经比较完备,但是如果没有美好的愿望和希求美慕之心、身心的苦节策励、念想等方便对治,以及一心一意的坚决意志,止观境界就不会现前。如果能够对修习止观欣喜无厌,晓夜不懈,念念相续,善于领悟其中的道理,一心一意而不夹杂异念,这样的人就必定能够在修行的道路上稳步前进!一心譬如船柁,巧慧譬如摇柁的人在点头,其余三事譬如摇船的篙橹,如果缺少了其中的任何一事,就不能安稳地到达彼岸了。

此二十五法,为四教前方便,故应须具足。若无此方便者,世

---

① 见《大正藏》卷四十六,第48页上。

间禅定,尚不可得,岂况出世妙理乎！然前明教,既渐顿不同,方便亦异,依何教修行,临时审量耳。

[集注]《止观》四云："此二十五法,通为一切禅慧方便,诸观不同,故方便亦转。譬如曲弄既别,调弦亦别。"①

[今译]《止观》卷四说：这二十五法,相通于一切修习禅定智慧的前方便,各种禅观的方法不同,所以前方便也就随着而改动了。譬如歌曲的曲调既然不同,调弦的方法也就有了差别。

第二节　十乘观法

次明十乘观法,亦四教名同义异。今且明圆教,余教例此。

[集注]《大本》十乘,虽通四教,但十法名同,偏圆义异。今拣偏明圆,故云且明圆教。

《辅行》五上云："观法非十,对根有殊,虽复根殊,但是一不思议观,观不思议境,乃至离爱,不离境故。又次位下三,虽非观法,并由观力,相从名观,故名十观。又备此十,令观可成,故名成观,亦名成乘。前之四法,用无前后,通塞等三,成就前四。次位等三,以判前七。"②

《辅行》七下云："故知前七,正明车体,及以具度,后三只是乘之所涉,若无所涉,运义不成,是故十法,通名乘也。"③

[今译]《法华玄义》所说的十乘观法,虽然相通于四教,但是这十法的名称相同,而偏狭和圆满的内在义理却有所差异。现在拣去偏狭来说明圆满的义理,所以说暂且说明圆教的十乘观法。

《辅行》卷五上说：观法并没有十种,只是相对的根机有所不同,虽然根机不同,却只有一个不思议观,这是因为从第一观不思议境乃至第

---

① 见《大正藏》卷四十六,第48页下。
② 参见《大正藏》卷四十六,第291页中。
③ 见《大正藏》卷四十六,第387页上—中。

十离法爱,都不能离开这个阴界入境的缘故。再者,知次位以下的三种,虽然不是观法,但都是因为观的力量才会出现,有这种从属关系也可叫做观,所以就名为十观。另外,具备这十种观,就使行人修习观法能够成就,所以名为十法成观,也叫做十法成乘。十法中的前四法,在使用时并没有前后的差别,第五识通塞等三法,能够成就前面四法的妙用。知次位等三法,是用来判断前面七法的修证情况。

《辅行》卷七下说:所以说前面的七种观法,是正面的说明车体,以及以器具渡到彼岸,后面三种只是车乘的所涉之处,如果没有所涉之处,则运载的意义就不能成立了,所以这十种法,都叫做乘。

一、观不思议境:谓观一念心,具足无减,三千性相,百界千如。即此之境,即空、即假、即中,更不前后,广大圆满,横竖自在。故《法华经》云:其车高广(上根正观此境)。

[集注] 此初乘观,忘能所故,从境受名。又为九乘本,称本修九,方堪入位。

谓观一念心等者,即现前阴妄,一刹那心,称性而观,具三千法,不唯三科拣境,明一念心,正当于此拣思议心,取不思议心也。故《妙乐》一云:"拣境及心。"①《光明记》一云:"须去思议,取不思议,方名拣心。"②即达阴境,成不思议境也。

既云三千性相,复云百界千如者,以三千法约百界千如,历三世间而论也。

即此之境等者,即境为观,即空假中,境观不二,三一互融,更不前后,亦不一时,不纵不横,绝思绝议。此境周遍,故广大;无法不备,故圆满。横周十界,竖彻三谛,横竖相即,故云自在。《法华》车体,其在

---

① 见《大正藏》卷三十四,第165页上。
② 见《金光明经玄义拾遗记》卷第四说:须弃思议,取不思议,方名简心。《大正藏》卷三十九,第30页下。

是欤!

其车高广,《文句》五云:"假名车有高广相,譬如来知见深远,横周法界之边际,竖彻三谛之源底。"①

上根等者,《义例》云:上根之人,即于境种而生于果。为中下根,复论九乘。②《大意》云:"又此十法,虽俱圆常,圆人复有三根不等。上根唯一法,中根二或七,下根方具十。"③

然此不思议境,在《止观》中,具明三境:一、性德境,观一念心,具三千法。二、修德境,推本具心,离四性④计。三、化他境,解离四性,无妨四说。盖即性德,而为修德,如《辅行》云:"其实但推,本具理心。"⑤当修德时,而有化他之解,非即说法也。

如《辅行》云:"初心依理生解,与起教后心不同。"⑥虽分三境,只在一心,用观推求,正在修德。盖末代行者,离四句外,无修观处。今文云具足无减等,即性德也。即空假中,即性而修也。如《义书》第二义云:"心具三千是假,此之三千(假观)非法性(自生)无明(他生),自、他、共、离而造故(空观),约此空假,遮照不偏,名为中道。"⑦

又《辅行》释修德云:"不得而得,三谛宛然。"⑧不得者,空观遮情也;而得者,假观照性也;遮照不偏,中道在焉。今缺明化他境者,修德离四性时,而有无妨四说之解,即化他也。

[今译] 这是最初乘的观法,因能所双忘的缘故,从所观境而受这个名称。此观为其余九乘的根本,这个根本观修相应了,再修习其余九

① 见《大正藏》卷三十四,第72页上。
② 参见《大正藏》卷四十六,第453页中。
③ 见《大正藏》卷四十六,第460页上。
④ 四性:即是《中论》所说的"诸法不自生,亦不从他生,不共不无因,是故知无生"。参见《摩诃止观》卷十,《大正藏》卷四十六,第64页上一中。
⑤ 见《辅行》卷五之三,《大正藏》卷四十六,第296页下。
⑥ 参见《辅行》卷五之三,《大正藏》卷四十六,第298页上。
⑦ 见《四明十义书》,《大正藏》卷四十六,第835页下。
⑧ 见《辅行》卷五之三,《大正藏》卷四十六,第297页下。

乘观法，才能够进入修证的位次。

所谓观一念心等，就是指现前的一念阴妄之心，一刹那间生起来的妄想心，称性而观，具足三千诸法，不只是在五阴、十二入、十八界这三科当中拣择所观之境，来指明一念妄想心为所观境，而应当在这一念心中拣去可以思议的妄想心，选取不可思议的妄想心。所以《妙乐》卷一说：拣择阴界入境以及可以思议的妄想心。《金光明经文句记》卷一说："必须去除可思议的妄想心，采取不可思议的妄想心，方可名为拣择妄想心。"就是通达五阴之境，而成为不可思议的所观境。

既说三千性相，又说百界千如，因为三千诸法是从百界千如各具三世间的角度来讨论的。

即此之境等，就是把所观境与能观心统一相即，即空、即假、即中，所观境与能观心相即不二，三观一心相互融摄，不是前后各别，也不是一时全同，不是纵向次第，不是横向排列，弃绝思维和议论。这个不思议境周遍含融，所以就是广大。没有一法不具备，所以是圆满具足。横向周遍十界，竖向贯彻三谛，横竖相即不二，所以叫做自在。《法华经》中所说的车体，就是指这个意思吧！

其车高广，《法华文句》卷五说：从假名的角度来看，这个车具有高大广阔的相状，这是譬喻如来的知见深广远大，横向周遍法界之边际，竖向贯彻三谛之源底。

上根等，《止观义例》说：对于上根的人来说，就在观不思议境的种子当中而生出微妙的果实。相对中根和下根的人来说，就需要接着讨论以下的九乘观法了。《止观大意》说：这十乘观法，虽然都是属于圆满常住的教法，但是圆教行人又有三种根性的不同。上根的人只修习第一观不思议境便可成就，中根的人还需要修习第二或者一直修到第七种观法才能成就，下根的人才需要完整地修习十乘观法。

然而，这个不思议境，在《止观》当中，详细地说明了具有三种境：第一、性德境，就是观现前的一念心，具足三千诸法。第二、修德境，推求众生本具之心，原本就是远离四性的偏执。第三、化他境，理解远离四性之心,但又不妨利用这四性来说明问题。这就是性德的全部,而作为修德的全部,比如《辅行》说:"真实的理性本来没有任何过错,只是从修行的角度来说,必须通过推检来说明远离四性的执著,针对理体来说,都是每个心中本来就具备的。"正当修德的时候,而有如何教化他人的理解,这并不是从说法度众生的角度来说。

如《辅行》说:"初心依据理论而产生相似的理解,与依教修行之后的内心领悟是不同的。"虽然分为三种境,但也只在一心而已,用观法来进行推求,这正是修德的表现。末法时代的修行者,离开四句之外,就没有可以修观的地方了。现在这里说具足无减等,就是指性德而言。即空即假即中,也就是即性德而全是修德。如《四明十义书》第二义说:一心具备三千诸法就是假,这三千诸法(假观)并非法性(自生)和无明(他生)二者,自己生、由他生、共同生、相离生而造成的缘故(空观),从这空观和假观,双遮双照而不偏向任何一面,就称为中道观。

又《辅行》解释修德说:"观一切法不可得,而又清清楚楚地现前,空假中三谛之理宛然明了。"不得,就是用空观来遮遣凡夫众生的情见执著;而得,就是用假观来照见诸法之本性;双遮双照而不偏倚,中道就在这里了。现在缺少说明化他之境,修德远离四性的时候,而有不妨用四说的理解,这就是化他境了。

二、真正发菩提心:谓依妙境,发无作四弘誓愿,悯己悯他,上求下化。故经云:又于其上,张设幰盖。

[集注]《辅行》五中问:"应先起誓,后观妙境,何故境后,方云发心?答:境前非不发心,具如'五略'中意。今发重为成观,故须缘理益他。"①

《大意》云:"观境不悟,须加发心。此人无始,已起弘誓。今由观境,不契于理,重须发誓。于静心中,思维彼我,鲠痛自他,无量劫来,沉

①　见《大正藏》卷四十六,第 300 页上。

回生死,纵发小志,迷菩提心。我今虽知,行犹未备,故重发誓言等。"①

张设幰盖者,《文句》五云:"譬四无量,众德之中,慈悲最高,普覆一切也。"②

[今译]《辅行》卷五中问:应该先发起誓愿,然后观察不可思议的妙境,为什么却要在不可思议境观之后,才说发心呢?答:观不思议境之前并非不发心,详细情况如"五略"中所表达的意思。现在这里重新发大宏誓愿是为了成就前面的观法,所以必须从道理上发起利益他人的大愿。

《止观大意》说:观不思议境不能开悟,就必须加上发心。这种人从无始劫以来,已经发起过大宏誓愿,现在由于观不思议境,不能契入真理,必须重新发起誓愿。在自己的静心之中,思维他人和自我,对于自他的轮回生死,如鲠在喉而痛苦难忍,无量劫以来,沉沦轮回在生死海中,纵然发过一些微小的志愿,也是迷失了菩提心。我现在虽然知道这个道理,但在实修上还未能达到,所以需要重新发大愿立誓言等。

张设幰盖,《法华文句》卷五说:这是譬喻四无量心,在众多的德行之中,慈悲最高,能够普遍地覆盖一切。

三、善巧安心止观:谓体前妙理,常恒寂然名为定;寂而常照名为慧。故经云:安置丹枕(车内枕)。

[集注]《辅行》五中云:"善以法性,自安其心,故云安心。"③《大意》云:"安心者,先总次别。所言总者,以法界为所安,以寂照为能安。若知烦恼,及以生死,本性清净,名之为寂。本性如空,名之为照。此烦恼生死,复名法界。即此法界,体用互显,体是所安之法界,用是能安之寂照。所言别者,虽复安之,弥暗弥散,良由无始习性不同,故今顺性,

---

① 见《大正藏》卷四十六,第460页中。
② 见《大正藏》卷三十四,第72页上。
③ 见《大正藏》卷四十六,第301页中。

逐而安之，谓宜听宜思，宜寂宜照，随乐随治，随第一义。何以故？有因寂照而善根增长，有不增长；有因寂照烦恼破坏，或有不破，见理亦然。或闻思而回转，或闻思相资。未可卒具，细寻方晓。"①

今文略明总安心，故云常恒等也。

安置丹枕者，《文句》五云："若车内枕者，休息身首，譬一行三昧，息一切智、一切行也。丹即赤光，譬无分别法也。"②《妙乐》六云："智首行身，三昧如枕，所息得理，法理而然。赤光等者，无他法间，名无分别，以光譬智，故云智光。朱正紫间，故以赤表无杂之光。南山注经音云：西方无木枕，皆以赤皮，内著绵毛，用倚卧也，赤而且光。"③《辅行》七下云："若车内枕，休息众行，即安心也。"④

[今译]《辅行》卷五中说：善于用诸法本性，安顿自心，所以说安心。《止观大意》说：所谓安心，首先总相的安心，其次别相的安心。所谓总相安心，就是以法界作为所安的境界，以寂照作为能安的心。如果知道了烦恼以及生死，本性都是清净的，这叫做寂。本性清净譬如虚空离一切相，这叫做照。这个烦恼和生死，本身又叫做法界。就是这个法界，本体和妙用相互显现，本体就是所安的法界，妙用就是能安的寂照。所谓别相安心，虽然用前面的方法进行了安心，但仍然还有暗顿和散乱出现，这是由于无始以来的各人习性不同，所以现在修行也要随顺各人的习性，寻找合适的方法使之安心。所谓适宜听闻、适宜思维，适宜寂静、适宜观照，随其意乐而随时进行对治，使之随顺于第一义谛的究竟真理。为什么呢？有的人因为寂照而善根增长，有的人却不能因此得到增长；有的人因为寂照而使烦恼破坏，或许有的人却不能因此而破坏烦恼，悟见真理也是如此。或者对于听闻和思维二者有所偏好，或者听闻和思维二者能够相资而互为增上。这里不能详细讨论，仔细探寻方

① 见《大正藏》卷四十六，第 460 页下。
② 见《大正藏》卷三十四，第 72 页上。
③ 见《大正藏》卷三十四，第 268 页中。
④ 见《大正藏》卷四十六，第 387 页上。

能知晓。

　　现在这里是简略地说明总相的安心,所以说常恒寂然等。

　　安置丹枕,《法华文句》卷五说:如果是车内的丹枕,能使身体以及头部得到休息,这是譬喻一行三昧,停息一切分别的智慧、一切著相的行为。丹是赤色的光,譬喻为无分别法。《妙乐》卷六说:智慧是首,行为是身,三昧如丹枕,所停息的地方非常合理,诸法之理本来就是这样的。赤光等,没有其他的法间杂在其中,叫做无分别,以光来譬喻智慧,所以说是智光。朱色是正色紫色是间色,所以就用赤色来表示没有杂色的光。南山注经音说:西方没有木制的枕头,都是以赤色的兽皮,内部装进绵毛,用来倚靠而卧,赤色而且具有光明。《辅行》卷七下说:就像是车内的丹枕,休息停止各种行为举动,这就是安心。

四、破法遍:谓以三观破三惑,三观一心,无惑不破。故经云:其疾如风。

　　[集注]《大意》云:"众教诸门,大各有四,乃至八万四千不同,莫不并以无生为首。今且从初于无生门遍破诸惑,复以无生度入余门,纵横俱破,令识体遍。"①

　　《辅行》七上云:"今一心具三,破次第之三,故云一心三观,破竖通塞。三观一心,能破横者,彼横三观,离属三人,并在初心,故三不合一。今以三只是一,破彼分张之三,故云三观一心,破横通塞。应知一心三观与三观一心,言互理同,为破横竖,翻对而说。"②

　　八正道中行,速疾到萨婆若,故云其疾如风。

　　[今译]《止观大意》说:在众多教法当中的各种入门方法,大概说来有四种,详细分析则有八万四千法门之不同,这些法门全部都以无生作为首要的入门之处。这里先从最初的无生门来普遍破除诸多惑业,

---

　　① 见《大正藏》卷四十六,第460页下。
　　② 见《大正藏》卷四十六,第360页中。

再利用无生法门而进入其余诸门的修习,则纵横执著都被破斥,而达到非纵非横,令修习者认识到诸法本体的普遍性。

《辅行》卷七上说:一心具足三观,破斥了次第隔历的三观,所以说一心三观,能破除竖向次第的局限,从而通达实相没有任何阻塞。三观一心,能够破除横向排列的局限,横向的三观,分离开来就属于三个不同的人所观,都是在初步观心的阶段,所以三观不能合而为一。现在圆教就是以三观只是在于一心,破除了别教分开来的三观,所以说三观一心,能破除横向排列的局限,从而通达实相没有任何阻塞。应当知道一心三观与三观一心,在语言上互相转换而在义理上却是完全相同的,为了破除横向和竖向的局限,才正翻相对地进行解说。

在八正道当中修行,迅速地到达萨婆若海,所以说其疾如风。

五、识通塞:谓苦、集、十二因缘、六蔽、尘沙、无明为塞,道、灭、灭因缘智、六度、一心三观为通。若通须护,有塞须破,于通起塞,能破如所破,节节检校,名识通塞。经云:安置丹枕(车外枕)。

[集注]《大意》云:"虽知生死烦恼为塞,菩提涅槃为通,复应须识于通起塞,此塞须破,于塞得通,此通须护。如将为贼,此贼岂存?若贼为将,此将岂破?节节检校,无令生著。著故名塞,破塞存通,非唯一辙,有心皆尔。念念常须检校通塞。"①

安置丹枕者,《文句》五云:"车若驾运,随所到处,须此支昂。譬即动而静,即静而动。"②《妙乐》六云:"丹枕云支昂者,即车外枕,车住须支,支之恐昂,故云支昂。支,持也;昂,举也。譬动静相即者,车行枕闲(即动而静),车息枕用(即静而动)。用时常静,闲时常动,实体与用,亦复如是。自因之果,法性无动,所以如风不移,寂然而到。万行无作,众

———
① 见《大正藏》卷四十六,第460页下。
② 见《大正藏》卷三十四,第72页上。

智莫观,此则三德,俱不二也。以三即一,故使尔耳!"①

《辅行》七下云:"若车外枕,或动或静,动静只是通塞义也。"②

[今译]《止观大意》说:虽然知道了生死烦恼就是阻塞,菩提涅槃就是通达,但还必须认识到在通达的时候产生了阻塞,这种阻塞必须破除,在阻塞的时候得到了通达,这种通达却必须保护。譬如大将变为敌人,这种敌人岂可让他存在?如果敌人变成大将,这种大将岂可以破除?时时处处认真地检查校对,不要令自己产生执著。执著了就叫做阻塞,要破除阻塞而保持通达,并非只有一种轨则,只要有心就都是这样的。所以念念之中必须时常检查校对是通达还是阻塞。

安置丹枕,《法华文句》卷五说:车如果驾驭运载起来,随其所到之处,都要用这个丹枕来支撑而使其不翻倒。譬喻即动而能静,即静而能动。《妙乐》卷六说:丹枕理解为支昂,这是指车外面的枕,在停车时必须支撑,支撑着是因为恐它仰天翻倒,所以叫做支昂。支,就是支持;昂,就是上举。譬如动静相即,车行动的时候,枕就闲着(即动而静),车停息的时候,枕就使用(即静而动)。用的时候一直安静不动,闲的时候一直行动不停,其实理体和妙用也是如此。从因地的修行到果觉的证得,法性一直没有动摇,所以如风一样不用移动自身,就寂然而到达目的地了。万行俱修却无半点造作,众多的智慧也没有观照可言,这样就能明白三德涅槃,也都是相即不二的。因为三就是一,所以才这样啊!

《辅行》卷七下说:犹如车外面的枕,或者行动或者安静,动静也只是通达和阻塞的意义(就是通塞相即的道理)。

六、道品调适:谓无作道品,一一调停,随宜而入。经云:有大白牛等(已上五中根)。

[集注]《大意》云:"约门遍破,于理又昧,应须七科次第调试,若不

---

① 见《大正藏》卷三十四,第268页中。
② 见《大正藏》卷四十六,第387页上。

尔者,此之道品,为谁施设? 以破遍门,虽观阴境,阴上未分念处名故,况有六科,展转调停,故用此门,检校铨择。"①

实相为车体,道品为前导,故喻白牛。

白牛等者,等于经中"肤色充洁,形体姝好,有大筋力,行步平正"文也。《大意》以中根至七乘,今至第六者,以正助分中下也。

[今译]《止观大意》说:从佛法的入门处普遍地进行破斥,但对于法性理体还是暗昧不懂,应该对七科三十七道品进行次第地调试,否则,这个道品调适,又是为了谁而施设的呢? 因为破除了普遍的入门之处,虽然观五阴境,但在五阴境上并未分别出四念处等名,更何况还有其余的六科,需要展转调停,所以用道品调适这个法门,来检校权衡适合自己修行的道品。

实相作为车的主体,三十七道品作为运载的前导,所以比喻为大白牛。

白牛等,这个"等"字就是等于《法华经》中所说的"肤色充洁,形体姝好,有大筋力,行步平正"等文字。《止观大意》说中根之人还需要从第二至第七乘的修习,现在这里说修至第六乘,这是根据正修和助道来区分中根、下根的。

七、对治助开: 谓若正道多障,圆理不开,须修事助,谓五停心及六度等。经云: 又多仆从(此下为下根)。

[集注]《大意》云:"七助道对治者,《涅槃》云: 众生烦恼非一种,佛说无量对治门。夫不信有对治之人,当知此人未晓正行。若识已身正行未办,良由事恶,助于理恶,共蔽理善,令不现前。事恶若去,理善易明。故先修事度,以治事恶,事恶倾已,理善可生。"②

[今译]《止观大意》说:"第七助道对治,《涅槃经》说: 众生的烦恼并非只有一种,佛因此说了无量无边的对治法门。如果不相信有对治

----

① 见《大正藏》卷四十六,第 460 页下—461 页上。
② 参见《大正藏》卷四十六,第 461 页上。

法门的人,应当知道这种人还不晓得什么是真正的修行。如果知道自身的正行道品还未能成办道业,这是由于事恶存在,助长了理恶的生存,并且共同遮蔽了理善,使诸法实相不得现前。事恶如果去除了,理善就非常容易显现明了。所以首先要修习事六度,以此对治事恶,事恶全部去除之后,理善自然就会生起来了。"

八、知位次:谓修行之人,免增上慢故。

[集注]《大意》云:"下根障重,非唯正助不明,却生上慢,谓已均佛,未得谓得,未证谓证。须知次位,使朱紫不滥!若未证得而谓证得,非唯失位,却堕泥犁。故小乘经中,四禅比丘谓为四果;大乘经中,魔与菩萨授跋致记,若生取著,必同魔属,尚失人天,何关至道? 故大小经论,咸明次位。"①于此知位次中,弥修五悔。

[今译]《止观大意》说:"下根之人业障深重,不但正修道品和助修六度等都不能明了,而且还产生增上慢,说自己已经与佛平等,未得到却说已经得到,未证悟却说已经证悟。因此必须知道修行证道的次位,使朱紫各色不会混滥!如果还未证得而说自己已经证得,不但会失去已经获得的位次,而且还要堕落在泥犁地狱之中。所以在小乘的经典中,有证得四禅的比丘就说自己已经证得四果阿罗汉的记载;在大乘经典中,有六欲天魔给修行的菩萨授跋致的记别(授记其为一生补处的菩萨)的记载,如果产生贪取的执著,必定会混同于魔王眷属,甚至会失去人天的资格。这跟至高无上的佛法大道有什么关系呢?所以大小乘的经论,都要说明修行证果的次位。"在这个知位次的修行过程中,就要多多地修行五悔之法。

九、能安忍:谓于逆顺,安然不动,策进五品,而入六根。

[集注]《大意》云:"圆顿行人,初入外凡,外招名利,内动宿障。宿

① 见《大正藏》卷四十六,第 461 页中。

障纵薄,名利弥至。为众围绕,废损自行,因兹破败,岂能进道? 外人视之,犹谓大圣! 如树抱蝎,表似内虚。唯当自勉,不为所动,得入内凡,名为似位。"①

谓于逆顺等者,逆是烦恼业、定见慢等。从内来破者,当以内三术治之,谓空假中也。顺则名誉罗罥,利养毛绳,眷属集树,妨蠹内侵,枝叶外尽。从外来破者,当以外三术去之,一莫受莫著、二缩德露玼、三一举万里。(如《止观》七下。)②

[今译]《止观大意》说:圆顿根机的修行人,最初进入外凡位,外面就会招来名闻利养,内心也会启动宿世的业障。宿世业障纵然比较微薄,名利却会越来越多。经常为众人所围绕,这样就有损于自己修行,也因此而使修行遭到破坏,哪里还能增进道业呢? 外行的人看他,还会说他就是大圣人! 譬如大树抱着蝎子一样,表面好像一棵树,而内心却已经很空虚。所以应当自我勉励,不为名闻利养所动摇,这样就能进入到内凡位,名为相似位。

谓于逆顺等,逆是指烦恼业障、定见傲慢等等。如果从内心来进行破除,应当以内三术来对治,所谓即空、即假、即中这一心三观。顺就是指名誉犹如罗网,利养就像绳索,眷属好似集中在树上的鸟类,妨害生命的蠹虫在树的内部侵犯,枝叶茂盛的外在现象也就枯萎殆尽了。如果从外面来破除,应当以外三术来去除,第一是不接受也不贪著,第二是隐藏道德显露瑕疵,第三是飘然远去一举万里。(如《止观》卷七下所说的那样。)

十、离法爱:谓莫著十信相似之道,须入初住真实之理。经云:乘是宝乘,游于四方(游四十位),直至道场(妙觉位)。

[集注]《大意》云:"若专住似位,名为法爱。已得相似,六根互用;

---

①　见《大正藏》卷四十六,第 461 页中。
②　参见《大正藏》卷四十六,第 99 页中。

已破两惑，永无坠苦。爱此似位，名为顶堕。若修离爱，进入铜轮，名为十住。分身百界，一多相即，身土既尔，己他亦然！十身利生，四土摄物。"①

[今译]《止观大意》说：如果专门安住在相似的位次，就叫做法爱。已经获得了相似的证悟，六根之间都能互为作用；已经破除了见思和尘沙两种惑，永远不会堕落在苦趣之中。爱惜这个相似的位次，就名为顶堕。如果继续修习第十离法爱，从而进入铜轮位，这就叫做十住位。能够分身百佛世界，一多相即圆融，自身和净土既然能够这样，自己和他人也是如此！能够以十法界的身相利益众生，用四种净土摄受一切众生。

---

① 见《大正藏》卷四十六，第461页中。

总　　结

谨案台教《广本》,抄录五时八教,略知如此。

[集注] 此结所录,五时八教,天台判释仪式也。

[今译] 这是总结上文所抄录的内容,五时八教,属于天台宗的判释仪式。

若要委明之者,请看《法华玄义》十卷,委判十方三世诸佛说法仪式,犹如明镜。及《净名玄义》中四卷,全判教相。

[集注] 所判圣教,一期施化之相也。《妙乐》一云:"《净名》前《玄》,总有十卷。因为晋王著《净名疏》,别制略玄,乃离前玄,分为三部,别立题目,谓《四教》六卷、《四悉》两卷、《三观》两卷。"①后人合六为四,今云《净名玄义》中四卷是也。

[今译] 所判的圣教,就是佛一期施化的教相。《妙乐》卷一说:"《净名经》前面的《玄义》,总共有十卷。智者大师因为晋王的启请而著《净名疏》,另外又制作了《略玄》,此乃分离前面的玄义,而分为三部,另外加上标题,即是《四教义》六卷、《四悉檀》两卷、《三观义》两卷。"后人合六卷而成为四卷,就是现在这里所说的《净名玄义》中的四卷。

自从此下,略明诸家判教仪式耳。

[集注] 今依大本《玄义》,抄录纲要,彼文今师判教之后,备叙诸

_____

① 见《大正藏》卷三十四,第159页中。

家,今略去而不明也。如是则显上一书,判释仪式在今天台。然所判是如来说法仪式,能判是大师判教仪式,两种不分而分,须善识焉。

　　[今译]　现在依据大本《法华玄义》,抄录纲要,《天台四教仪》原著在天台大师的判教之后,还详细地叙述了其他诸家的判教情况,现在省略而不明了。这样就显示出上述这一部书,所判释的仪式就是天台宗的判教。然而,所判的是如来说法的仪式,能判的是智者大师判教的仪式,两种仪式不分而分,必须善于识别。

后 记

人生有限,岁月无常! 转瞬间,辞亲出家已经二十年过去了。回首往事,不胜感慨,无限感恩!

感慨的是,我的剃度恩师了识长老、我的根本上师元音阿阇黎、鼓励我出去求学的世乐法师都相继往生了,使我失去了慧命的依赖,失去了孝敬的机会。感慨的是,多年来我亲近过的许多同学道友,随着岁月的流逝而渐行渐远,终至看不见他们的身影、听不到他们的声音;每每思此,便有"不堪人世飘零感"!

感恩的是,在二十年来的修学路上,遇到了无比尊贵的善知识、同参道友、护法善信、良朋好友。诸位师友的教导、开示、提携、点拨,使我深深地感到佛法深妙、佛恩浩荡,感激不已!

记得在中国佛学院读研究生的时候,本来我想攻读"天台宗"的专业,后来因为教务处安排我读了"佛教文献学"的专业,同时允许我旁听王新导师讲授的天台宗研究生课程。王新老师严谨审慎、慈悲博大的治学态度和修证,令我沐浴在天台教海里,感到无比的欣慰,充满法喜。直到毕业,准备去普陀山闭关专修时,王老师还赠给我日文《天台宗概要》和《天台三大部集注》,感恩之情,永铭五内!

记得^上传_下印老法师曾经赠送给我中国佛学院铅印的《天台四教仪集注》上下册,并在封面上题字"元蒙润大师著",教诲我要认真学习,说:"如果能把这部《集注》看透了,天台教法便全在里面。"并给我们讲授《天台四教断证图》、《天台六即颂略释》等。传老的开示和指导,始终伴随着我的天台修学道路,真是受用无穷! 今天这本《〈天台四教仪集注〉译释》能够顺利完成，也与传老当初的开导鼓励密切相关。二〇〇六年中国佛学院新址奠基时，见到了传老，他幽默地说："你别胡搞啊！别把身体搞得那么瘦啊！"智慧慈悲的善知识，往往如此。本书完稿之后，请传老作《序》，老和尚欣然应允，诱奖有加，更是感恩不尽！

二〇〇七年六月二十八日在诸山大德的共同见证下，我继承了香港上觉下光长老的法嗣，成为天台教观第四十七代嗣法门人。值此拙著出版之际，觉公师父上人亲笔为本书题写"教观总持"以资勉励，彰显了法脉传承之慈教，感恩之情，难以言表！

世事纷纭，禅心清凉！到普陀山佛学院忝列天台教席至今已八个年头了。戒修法师三年的护关，使我顺利完成了本书的初稿。能忍法师安排我担当天台宗研究生导师，促使我更加认真地修学天台教理。师友情谊，弥足珍惜！

本书初稿完成于二〇〇二年，由于事务繁忙，即搁置囊中无暇整理，恍惚间六七年过去了。普陀山佛教文化研究所净旻法师多次督促我将之整理出版，作为佛学院将来的教材使用。法师对天台教观研习有素，大力弘扬，对我帮助很大。法师见到好书就会多买一些来赠送给好乐天台的同仁，诸如《太虚大师全书》、《天台藏》、《法华藏》等都赠与我，如不好好读书，真有愧对之感！法师也是上觉下光长老的天台法子，法门师兄弟之间，以法相见，亦属幸会。

这次整理书稿时，宗慧法师校对了《天台四教仪集注》原文，道见师、则庄师校对了全部文稿，慧联居士帮忙联系打印清样，上海古籍出版社刘海滨先生等人为本书的编辑校对付出了很多心血。值此付梓之际，对他们的付出，致以崇高的敬意和衷心的谢忱！

本书可以作为学习《天台四教仪》的参考书，为了忠于原著，所以整体框架、段落层次、语句构造等都是遵从原典。阅读时或许会有零散之感，实为遗憾！本人另有拙著《化法四教讲话》，即依此框架结构而写，但论述行文更流畅、一气呵成，拟待日后再行出版流通，以飨读者。虽然我们已经尽心努力了，但是各种各样的纰漏之处还是在所难免，诚挚希望诸位大德读者朋友,不吝斧正,期盼再版时能够臻于完善。

时值初夏,蝉鸣深树,槛外清清流水,山上阵阵松涛,都飘入我久远的梦境,真美!爰作《踏莎行·安福寺》:

其　一

道远天高,心开眼注,留连飘渺如烟雾。回观当下本悠然,可叹人间情如故。

雀噪幽林,蝉鸣古树,桃源已在寻思处。迥然忘却世间愁,平心不觉风光露。

其　二

烹茶汲泉,讽经吃素,尘缘转向禅缘路。青山绿水自无言,便胜却诗歌无数。

天圣山前,莲花拥簇,琉璃净土相安住。乐音树下奏无生,松涛明月交光处。

天台子　达照　和南
二〇〇二年八月二十九日初稿
完成于普陀山佛学院妙莲华关房
二〇〇九年五月二十九日修改稿
完成于浙江文成县天圣山安福寺
二〇一一年八月十五日终校稿
完成于浙江温州市松台山妙果寺